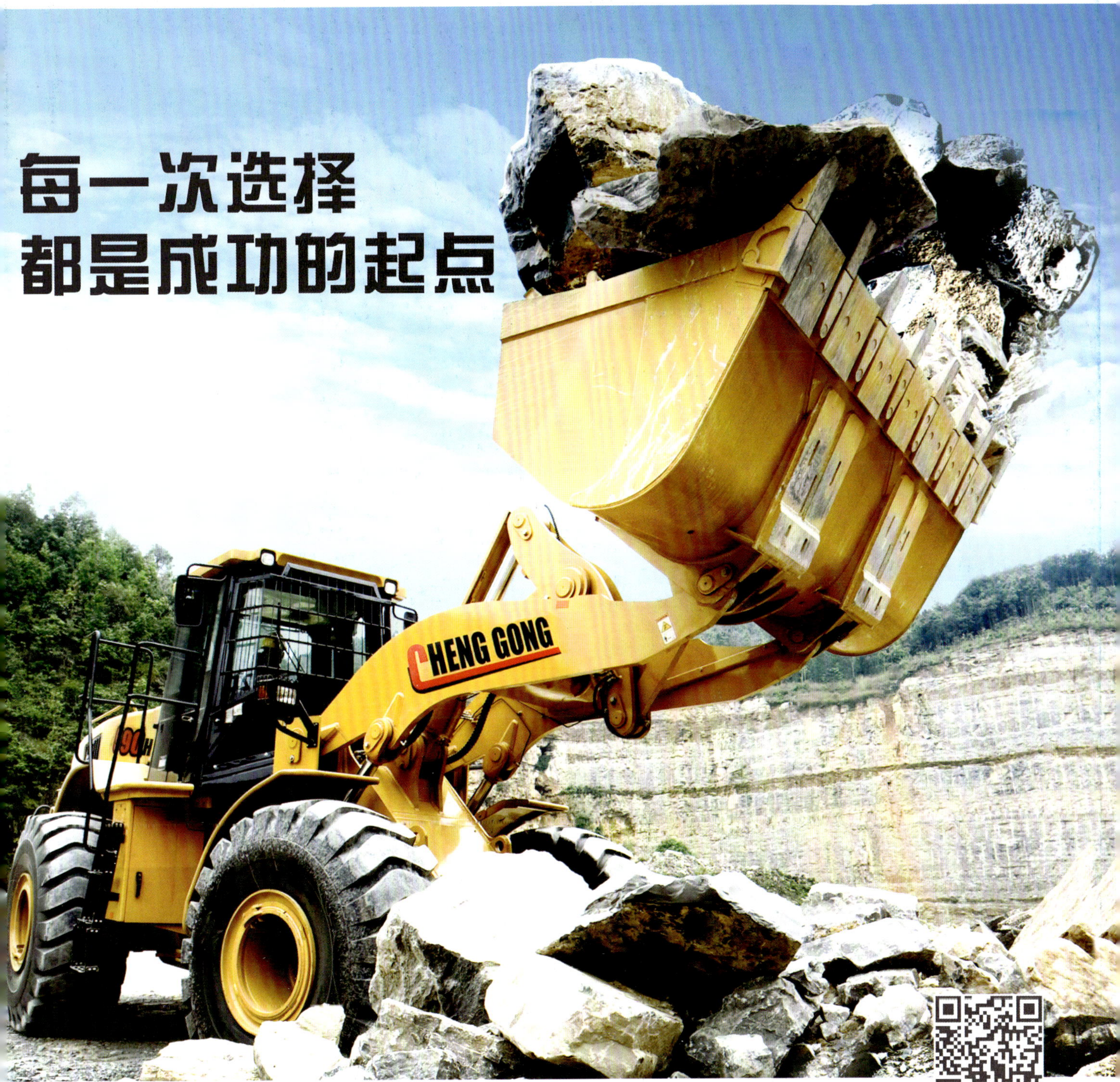
每一次选择
都是成功的起点
CHENG GONG

CAT

品，帮助客户持续成功。

古、山西	服务热线：400-650-1100
	服务热线：400-881-8829
湖南、新疆	服务热线：400-033-6320
宁夏、青海	服务热线：400-887-0829

携手永茂

熔炼可靠本
助力创
销售服务热线

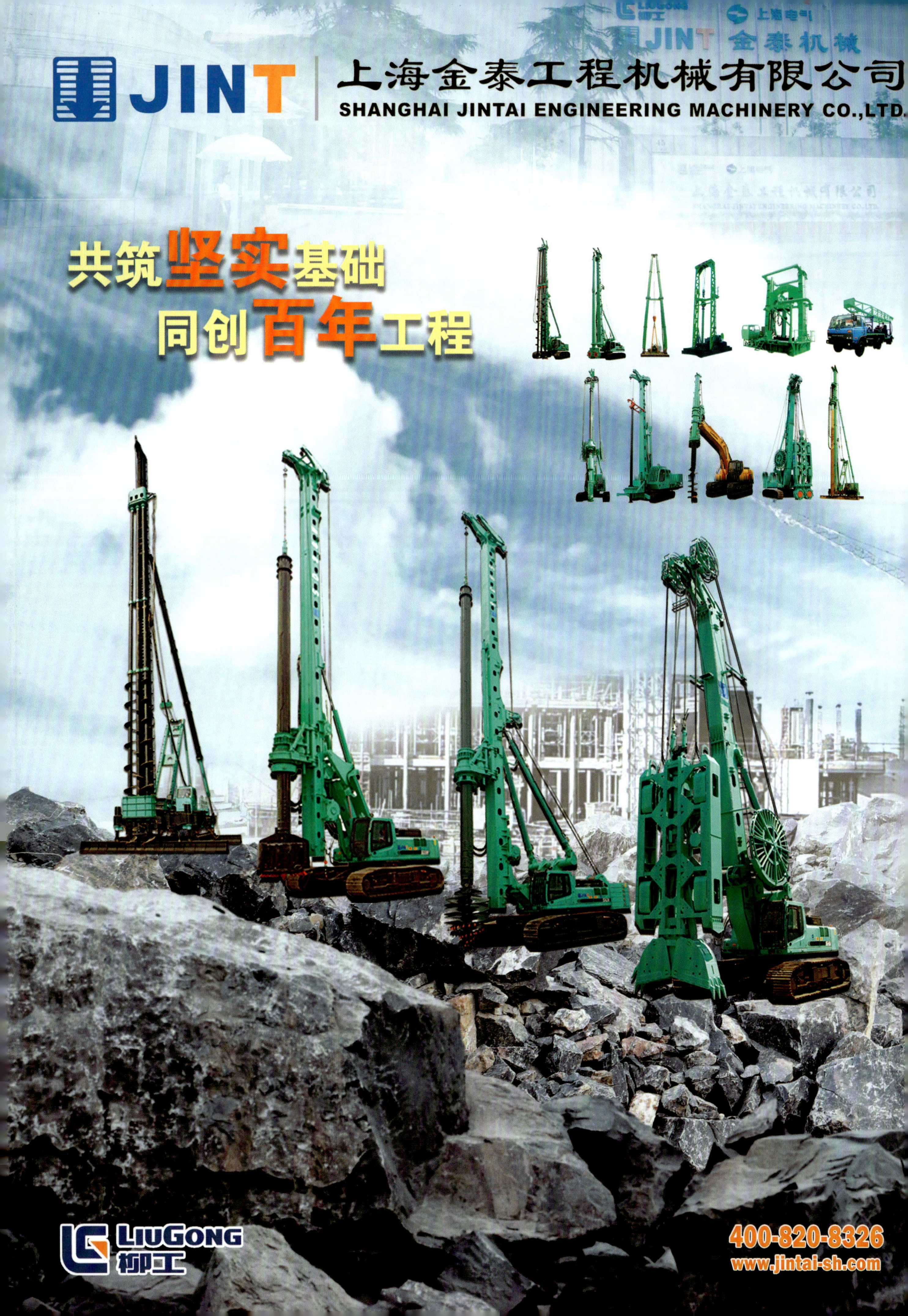
JINT
上海金泰工程机械有限公司
SHANGHAI JINTAI ENGINEERING MACHINERY CO.,LTD.
共筑坚实基础
同创百年工程
LIUGONG
柳工
400-820-8326
www.jintai-sh.com

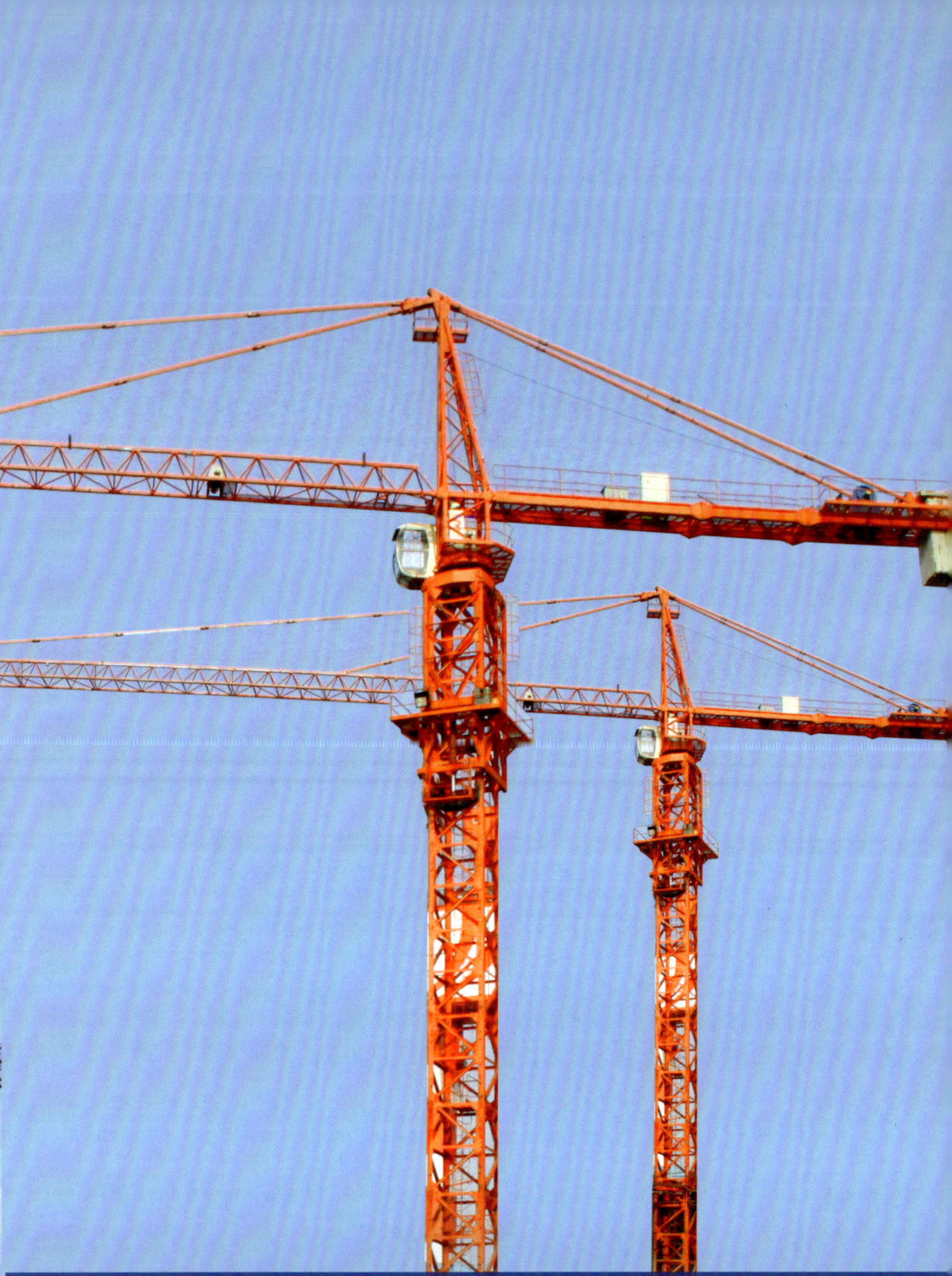

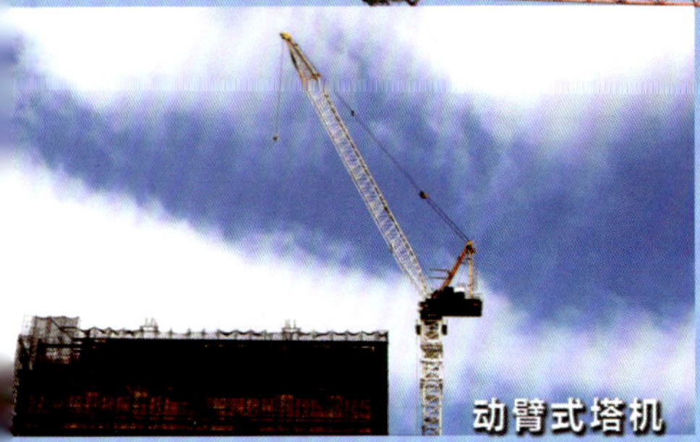

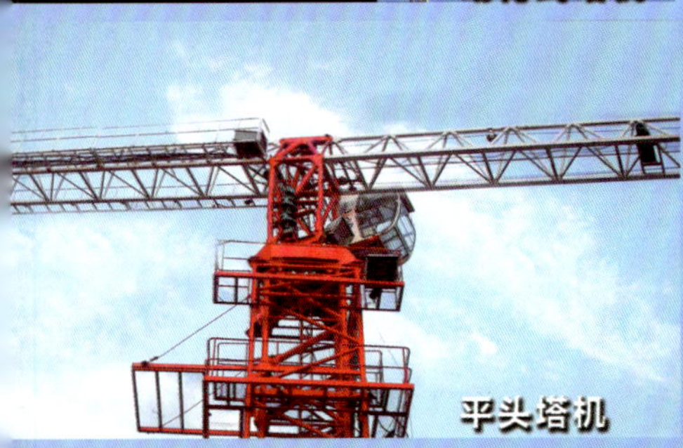

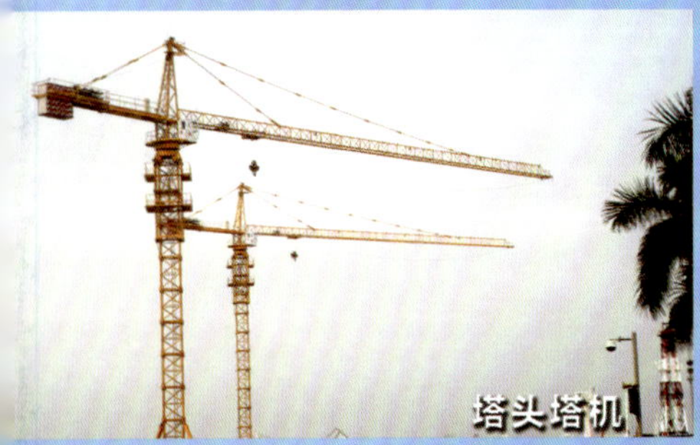

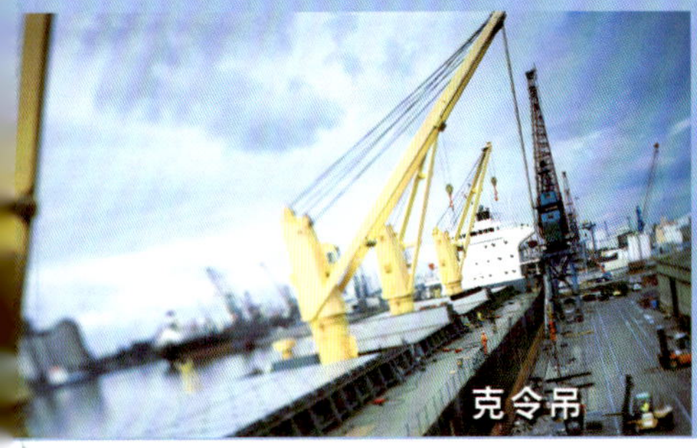

畅销塔式起重机

型号	最大起重量	端部起重量	独立高度	最大附着高度	工作幅度
QTZ6010	6.0t	1.0t	45m	140m	60m
QTZ5610	6.0t	1.0t	45m	140m	56m

1. 下回转，驾驶室下置，压重式，便于地面操作，减轻上部重量
2. 塔身机构为伸缩式，便于运输拆装
3. 整体拖运，快速拆装，即架设即使用
4. 无传统塔机的混凝土基础，压重可以重复使用，无残留混凝土基础垃圾
5. 工作幅度大，标准节可同QTZ5613通用，兼顾新老客户需求

AB-S系列塔式起重机安全监测控制系统

· 国家住房与城乡建设部门指定研发单位，
· 通过建设部门科技计划项目验收
· 目前国内先进，功能齐全，执行标准严格的检测仪器
· 遍布全国的塔机安全监控平台
· 中国建筑塔机安全监控系统规程编制者

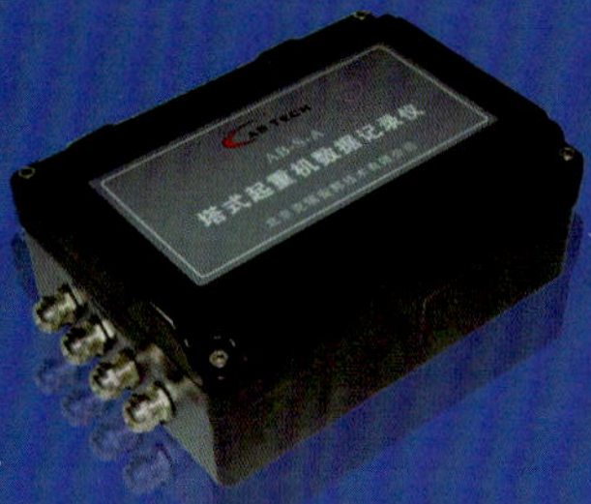

KRHI 克瑞集团

总部地址：北京市中关村科技园石景山园实兴大街30号西山汇B区8号楼8层
电话：010-57551166
传真：010-57551177
销售热线：0371-69529806 69529803
传真：0371-69529816
网址：www.cnkerui.com
E-mail：keruijituan@cnkerui.com

www.b-china.cn
www.bauma-china.com

weibo.com/baumachina

公众账号：baumaChina上海宝马展
搜微信号：baumachina

精筑四海
恒通天地

中国国际工程机械
建材机械
工程车辆及设备博览会

■ **300,000**
m^2
堪比42个足球场的震撼展示

■ **200,000**
名专业观众八方而至

■ **3,000**
家展商悉数亮相

bauma China — 中国领先商展 发掘危机中的商机

繁荣时强势增长，逆势中攫取商机。自2002年成功展示，bauma China与中国工程机械发展轨迹紧密结合，契合中国及亚洲市场的发展需求，成为供应商及专业观众把握行业风向，洞悉市场动态的上佳商业交流平台。历届展会上，众多工程机械跨国巨头和自主品牌制造商纷纷推出其创新产品，彰显其企业优势，使展会成为中国乃至亚洲工程机械行业不容错过的重磅行业盛会。眼下全球经济持续疲软，工程机械如何面对高起的库存，如何创新突围，bauma China 2014将为您发掘危机中的商机，助您精筑四海，恒通天地！

想了解更多详情，索取展会信息，请填写以下信息后传真给我们或扫描此二维码在线填写

慕尼黑展览（上海）有限公司
传真：+86 21 20205666，电话：+86 21 20205500，电子邮件：baumachina@mmi-shanghai.com

公司名称：________ 所属行业：________ 网站：________
联系人姓名：________ 职位：________ 电子邮箱：________
邮编：________ 电话：________ 传真：________
地址：________ 手机号码：________

gynj

CRCC 中国铁建

中国铁建重工集团有限公司

集团公司总部办公楼

技术中心大楼

中国铁建重工集团装备制造总厂（湖南长沙）

中国铁建重工集团道岔分公司（湖南株洲）

中铁隆昌铁路器材有限公司（四川隆昌）

中铁株洲桥梁有限公司（湖南株洲）

诚信　创新永恒

精品　人品同在

身为中铁轨道系
业，在湖南、四
州等地建立了11
中国轨道交通创

迅速地发展了地
的盾构/TBM专
先的高速度和舒
钢结构拥有南北
领域。
“原始创新、集
权的核心技术，
参与了9个国家
、研制、试验

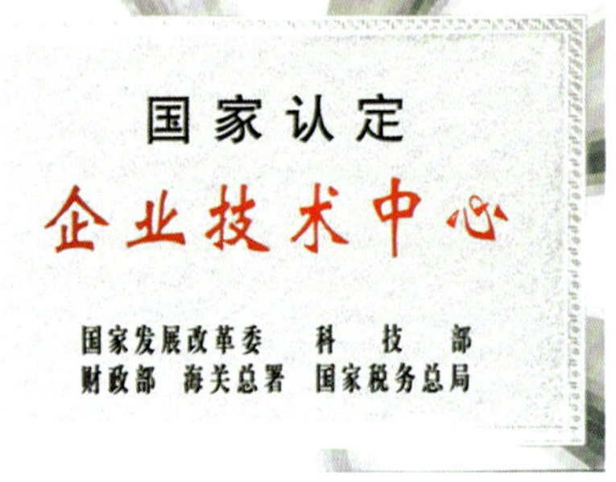

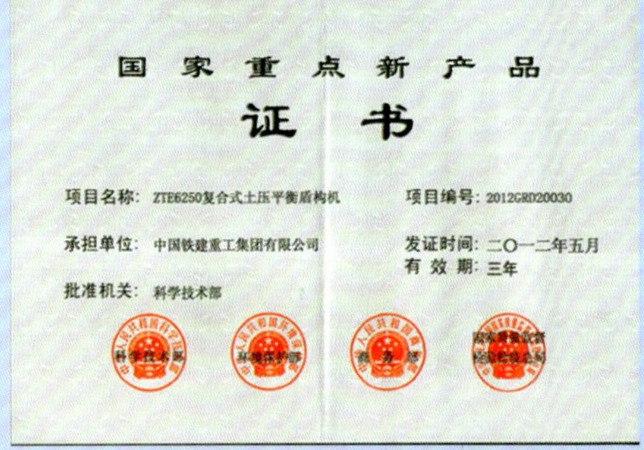

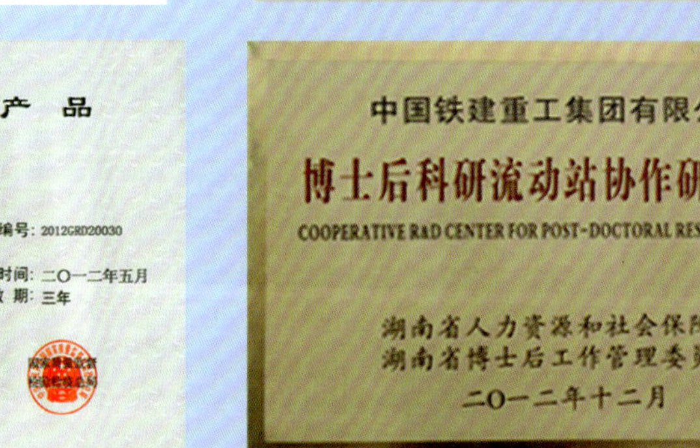

中国铁建

中国铁建重工集团有限公司

中国铁建重工集团有限公司（简称铁建重工）隶属于世界五百强中国铁建股份有限公司，其统集团，是集高端地下工程装备、轨道装备以及重型钢结构的研究、设计、制造于一体的专业化川、河北和甘肃等地建立了多个制造基地，拥有8个成建制的子分公司，在长沙、北京、四川、兰个研究院，是国家重点高新技术企业、 国家两化融合示范企业、中国工程机械制造商50强企业、新力企业50强。

铁建重工瞄准“世界一流、国内领先”的目标，坚持“自主创新，科研兴企”战略，高起点下工程装备、轨道装备、重型钢结构三大产业板块，拥有国内生产能力强大、设备齐全、工艺先业生产线。拥有世界上先进的道岔、弹条扣件、闸瓦生产线，高速道岔和高速弹条扣件刷新了中国适度水平，大量使用在京沪、武广、沪杭等高速铁路，同时出口到美国和加拿大等北美国家。重两大生产基地，其产品广泛应用于锅炉、电厂、铁路站房、铁路电气化、桥梁制造以及城市建设

铁建重工积极发挥建筑施工行业优势，充分利用中国铁建长期积累的施工技术与施工经验，成创新、协同创新、持续创新”的自主创新模式，掌握了多项具有世界领先水平和完全自主知识相继研发了300多项我国施工领域急需又领先世界水平的高端地下工程装备和轨道装备，先后承科技计划项目以及多个省市科技重大专项，率先在行业通过了国家企业技术中心认定，打造了研于一体的科技创新平台，研发应用水平始终与全球前沿科技保持同步。

地址：湖南省长沙市国家级经济技术开发区东七路88号

电话：0731-84071802　　传真：0731-84071700　　http://www.tjzgjt.com

不畏艰险　勇攀高峰
领先行业　创誉中外

中铁建钢结构有限公司（河北涿州）

中铁建特种装备工程有限公司

中国铁建重工集团兰州隧道装备有限公司（甘肃兰州）

株洲中铁电气物资有限公司（湖南株洲）

司

地下工程装备

长沙地铁二号线
区间贯通

“湘星号”顺利贯通

长沙地铁二号线
区间贯通

成型隧道

中国铁建

中国铁建重工集团有限公

全系列土压平衡盾构机

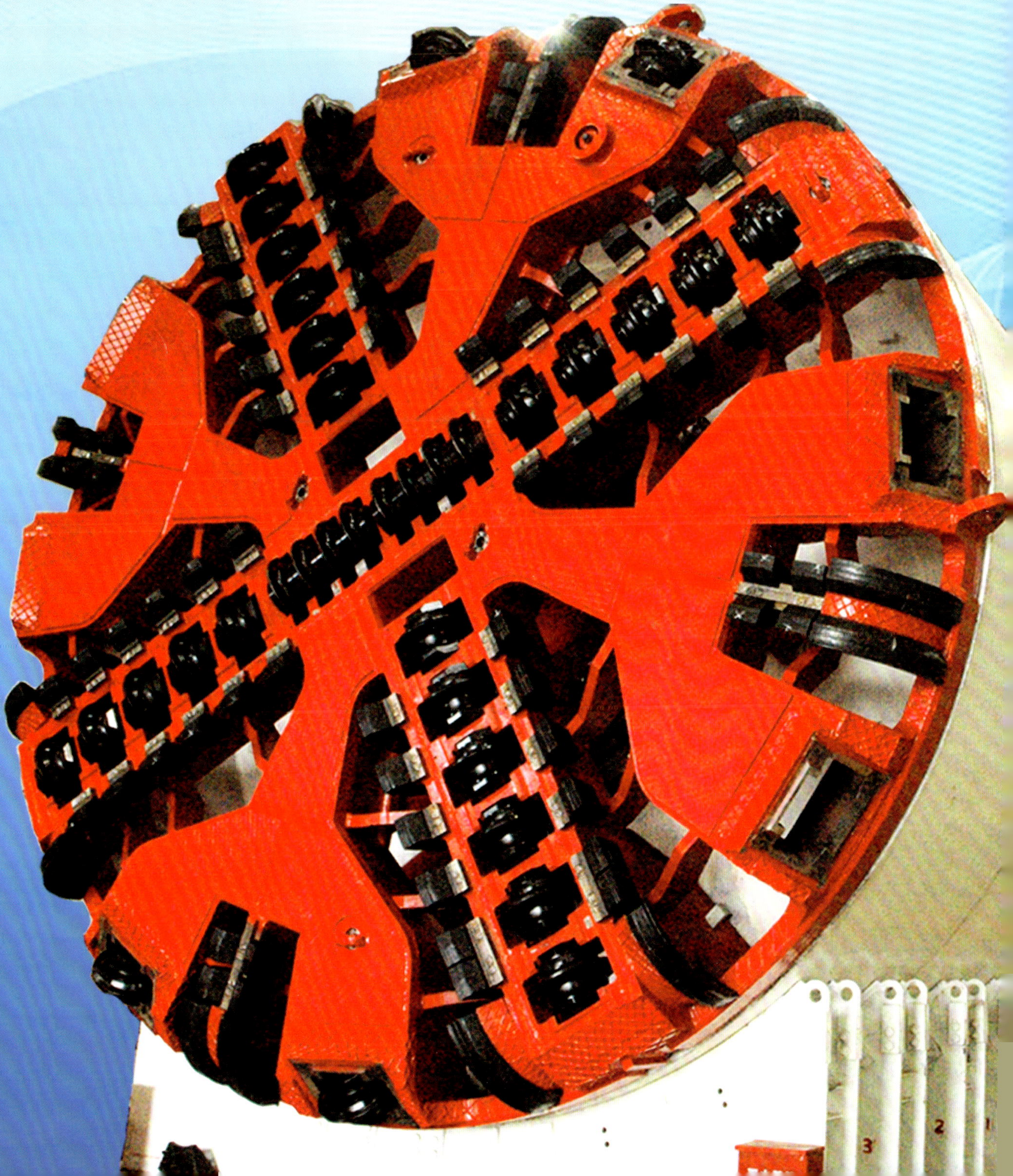

司

地下工程装备

全系列硬岩隧道掘进机

长距离大坡度斜井TBM

中国铁建重工集团有限公司

弹条扣件与闸瓦系列

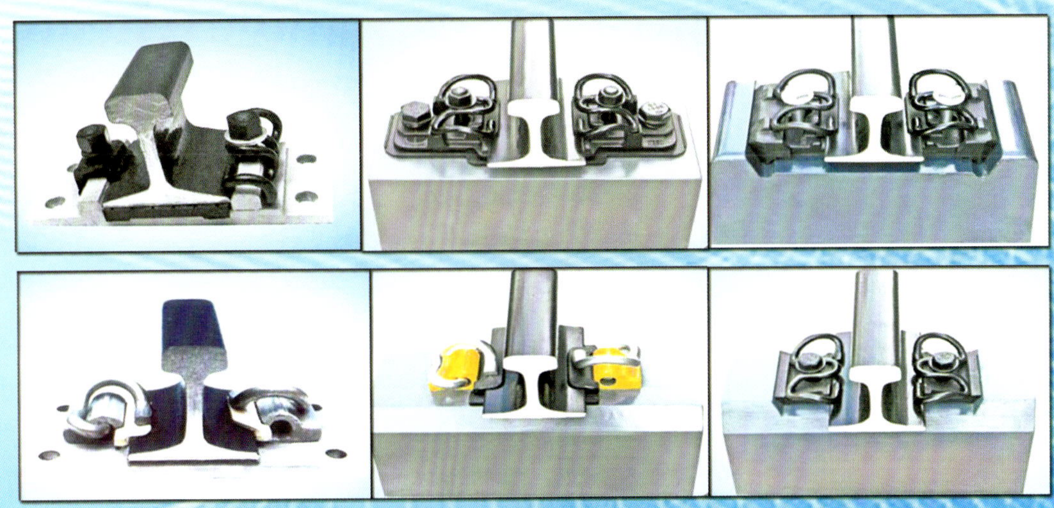

高速、普速铁路弹条扣件系列

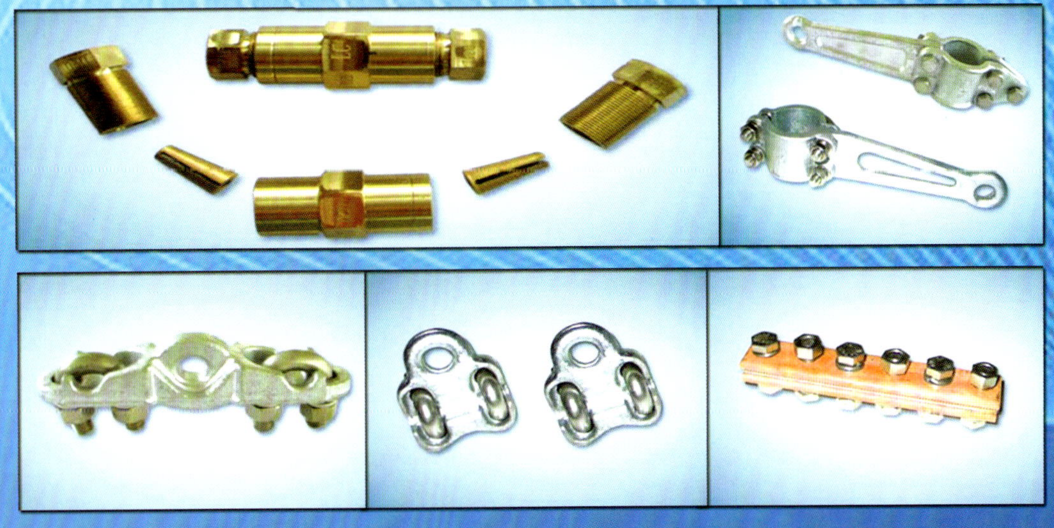

金具产品

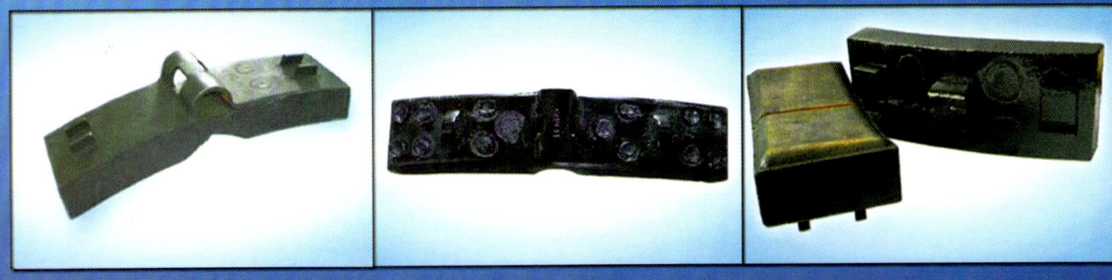

闸瓦产品

司

轨道装备

道岔产品系列

高速道岔

普速道岔

电气化制品系列

横腹杆式预应力接触网砼支柱

环形等径接触网砼支柱

格构式钢支柱

H型钢支柱

中国铁建重工集团有限公司

地下工程装备

矿山法隧道施工机械系列

HPS3016混凝土喷射台车

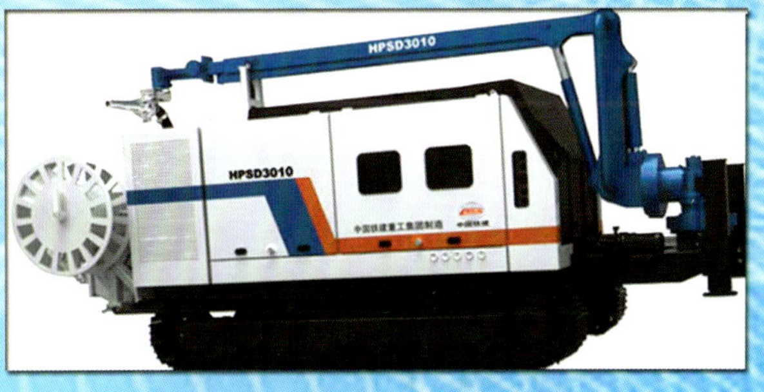

HPSD3010混凝土喷射台车

HPS10 + HBS30喷射机组

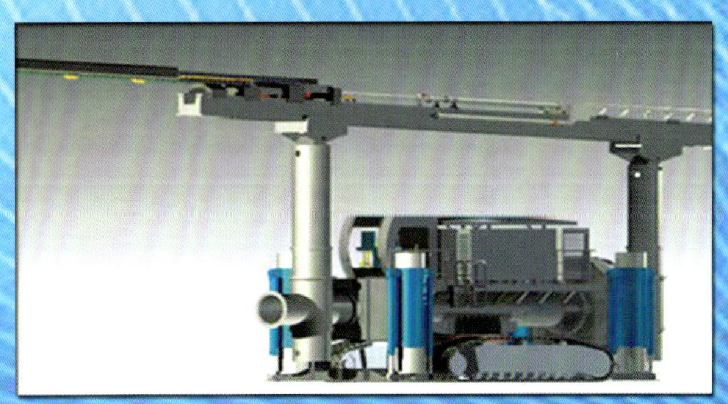

隧道预切槽成套设备

深基础机械系列

链刀式连续墙设备

混凝土制品系列

混凝土管片

无碴轨道板

SK-1型轨枕

WG-1轨枕

道岔扳

轨枕及岔枕

钢结构系列

天津彩虹大桥

中国银行大厦钢桁架

中科院图书馆

新丰电厂空冷钢结构

中国机械工业年鉴系列

中国工程机械工业年鉴

2013

中国机械工业年鉴编辑委员会
中国工程机械工业协会
编

《中国工程机械工业年鉴》2013年刊设置综述篇、行业篇、企业篇、市场篇、统计资料、标准索引、政策法规及大事记栏目，集中反映了2012年工程机械行业的发展情况，详细记载了挖掘机械、铲土运输机械、工程起重机、工业车辆、路面与压实机械、混凝土机械、凿岩机械与气动工具、桩工机械、掘进机械及工程机械配套件等分行业的发展情况，全面地提供了工程机械市场状况，系统地公布了工程机械行业各项经济技术指标、进出口统计数据，突出报道了工程机械行业企业的创新情况等。

《中国工程机械工业年鉴》主要发行对象为政府决策机构、机械工业相关企业决策者和从事市场分析、企业规划的中高层管理人员以及国内外投资机构、贸易公司、银行、证券、咨询服务部门和科研单位的工程项目管理人员等。

图书在版编目（CIP）数据

中国工程机械工业年鉴．2013/中国机械工业年鉴编辑委员会，中国工程机械工业协会编．—北京：机械工业出版社，2013.10

（中国机械工业年鉴系列）

ISBN 978-7-111-44300-1

Ⅰ．①中… Ⅱ．①中… ②中… Ⅲ．①工程机械—机械工业—中国—2013—年鉴 Ⅳ．①F426.4-54

中国版本图书馆CIP数据核字（2013）第235656号

机械工业出版社（北京市西城区百万庄大街22号　邮政编码 100037）

责任编辑：王亚水

北京宝昌彩色印刷有限公司印制

2013年10月第1版第1次印刷

210mm×285mm• 19.7 印张 • 50 插页 •540 千字

定价：360.00 元

凡购买此书，如有缺页、倒页、脱页，由本社发行部调换

购书热线电话（010）88379821、88379830

封面无机械工业出版社专用防伪标均为盗版

中国机械工业年鉴系列

作为『工业发展报告』

记录企业成长的每一阶段

中国机械工业年鉴

编辑委员会

中国工程机械工业年鉴

『鉴』证行业发展
挖掘企业亮点

中国工程机械工业年鉴
执行编辑委员会

中国工程机械工业年鉴

『鉴』证行业发展
挖掘企业亮点

中国工程机械工业年鉴特约顾问单位特约顾问

（按姓氏笔画排列）

特约顾问单位	特约顾问
山东临工工程机械有限公司董事长	王志中
广西柳工机械股份有限公司董事长	王晓华
浙江海宏液压科技股份有限公司总经理	王静波
维特根（中国）机械有限公司总裁兼董事总经理	韦筆图
抚顺永茂建筑机械有限公司总经理	田若南
厦门思尔特机器人系统有限公司销售总监	付文辉
克瑞集团总裁	付进廷
力士德工程机械股份有限公司总经理	代永海
四川成都成工工程机械股份有限公司董事长	白　旭
厦门厦工机械股份有限公司执行总裁	白飞平
杭州前进齿轮箱集团股份有限公司总经理	冯　光
河北钢铁集团宣工公司董事长	冯喜京
大连升隆机械有限公司董事长	曲永哲
贵州詹阳动力重工有限公司总裁	吕　黔
中国铁建重工有限公司董事长兼总经理	刘飞香
山东天工岩土工程设备有限公司总裁	刘学锦
浙江高宇液压机电有限公司总经理	池建伟
陕西同力重工股份有限公司总经理	许亚楠
浙江长盛轴承技术有限公司董事长	孙志华
北京华德液压工业集团有限责任公司总经理	杜旭东
英轩重工有限公司董事长	李世勇
无锡市小天鹅建筑机械有限公司总经理	李石生
中铁隧道装备制造有限公司董事长	李建斌
唐山开元机器人系统有限公司总经理	李宪政
住重中骏（厦门）建机有限公司总经理	杨泽湧
中国国机重工集团有限公司董事长	吴培国
山河智能装备股份有限公司董事长	何清华
烟台艾迪精密机械股份有限公司董事长	宋　飞
山推工程机械股份有限公司董事长	张秀文
上海隧道工程股份有限公司机械制造分公司总经理	张闵庆

中国工程机械工业年鉴

『鉴』证行业发展
挖掘企业亮点

中国工程机械工业年鉴
特约顾问单位特约顾问

（按姓氏笔画排列）

特约顾问单位	特约顾问
山东云宇机械集团有限公司董事长兼总经理	张建明
安徽叉车集团有限责任公司董事长	张德进
卡特彼勒（中国）投资有限公司董事长	陈其华
杭州凯和精工机械有限公司总经理	陈晓云
川崎精密机械商贸（上海）有限公司总经理	陈爱明
上海金泰工程机械有限公司总经理	林　坚
青岛新型建设机械有限公司董事长	林礼津
中交天和机械设备制造有限公司副总经理	周　骏
合肥长源液压股份有限公司董事长	周明长
杭州爱知工程车辆有限公司董事长	於晓宇
杭叉集团股份有限公司董事长兼总经理	赵礼敏
意宁液压股份有限公司总经理	胡世璇
福建晋工机械有限公司总经理	柯金鐫
江麓机电集团有限公司董事长兼党委书记	柳秀导
河谷（佛山）汽车润滑系统制造有限公司董事长	姚燕业
一汽解放汽车有限公司无锡柴油机厂厂长	钱恒荣
马鞍山统力回转支承有限公司董事长、总经理	侯　宁
新魁液压技术有限公司总经理	徐永江
浙江西普力密封科技有限公司总经理	奚为民
方圆集团有限公司董事长	高　秀
三一集团总裁	唐修国
中航力源液压股份有限公司董事长	姬苏春
珠海仕高玛机械设备有限公司董事长	黄志辉
江苏骏马压路机械有限公司总经理	黄金涛
利星行机械（昆山）有限公司董事长	傅耀生
宁波如意股份有限公司董事长	储吉旺
北京南车时代机车车辆机械有限公司执行董事总经理	靳勇刚
中联重科股份有限公司董事长	詹纯新
廊坊德基机械科技有限公司总经理	蔡群力
洛阳至圣科技有限公司总经理	翟智慧

中国工程机械工业年鉴

『鉴』证行业发展
挖掘企业亮点

中国工程机械工业年鉴
特约顾问单位特约编辑

（按姓氏笔画排列）

特约顾问单位	特约编辑
上海金泰工程机械有限公司	丁　伟
厦门思尔特机器人系统有限公司	丁江妮
杭州凯和精工机械有限公司	马燕虹
三一集团	王务超
意宁液压股份有限公司	王秀波
唐山开元机器人系统有限公司	王建胜
大连升隆机械有限公司	王培良
克瑞集团	邓焕玉
抚顺永茂建筑机械有限公司	史　勇
珠海仕高玛机械设备有限公司	吉同胜
维特根（中国）机械有限公司	朱咏梅
无锡市小天鹅建筑机械有限公司	仲小萍
山河智能装备股份有限公司	任奇志
杭州前进齿轮箱集团股份有限公司	刘志华
英轩重工有限公司	衣晓明
山东天工岩土工程设备有限公司	杜振兴
山东临工工程机械有限公司	李连刚
烟台艾迪精密机械股份有限公司	李娇云
贵州詹阳动力重工有限公司	杨　飞
廊坊德基机械科技有限公司	杨丽娟
新魁液压技术有限公司	吴光美
杭叉集团股份有限公司	何玲娣
方圆集团有限公司	汪新军
河北钢铁集团宣工公司	宋学镜
利星行机械（昆山）有限公司	张　丽
中交天和机械设备制造有限公司	张天举
浙江长盛轴承技术有限公司	陆晓林
住重中骏（厦门）建机有限公司	陈　宁
力士德工程机械股份有限公司	陈吉光
洛阳至圣科技有限公司	范绪光

中国工程机械工业年鉴

『鉴』证行业发展
挖掘企业亮点

中国工程机械工业年鉴
特约顾问单位特约编辑

（按姓氏笔画排列）

特约顾问单位	特约编辑
河谷（佛山）汽车润滑系统制造有限公司	郑吉明
浙江高宇液压机电有限公司	项玲媛
四川成都成工工程机械股份有限公司	胡　健
北京华德液压工业集团有限责任公司	饶　涛
厦门厦工机械股份有限公司	高万居
川崎精密机械商贸（上海）有限公司	黄　溪
江麓机电集团有限公司	黄帅丹
上海隧道工程股份有限公司机械制造分公司	黄迎燕
合肥长源液压股份有限公司	黄春江
北京南车时代机车车辆机械有限公司	常春南
中国铁建重工有限公司	麻成标
杭州爱知工程车辆有限公司	梁永红
浙江西普力密封科技有限公司	董　一
青岛新型建设机械有限公司	韩亭海
中铁隧道装备制造有限公司	焦卫华
浙江海宏液压科技股份有限公司	谢长德
一汽解放汽车有限公司无锡柴油机厂	鲍旭平
广西柳工机械股份有限公司	谭金红
山推工程机械股份有限公司	谭念华
福建晋工机械有限公司	颜阿三
宁波如意股份有限公司	潘志光
陕西同力重工股份有限公司	冀　鹏
江苏骏马压路机械有限公司	薄桂兰
中国国机重工集团有限公司	魏　峰

中国工程机械工业年鉴

『鉴』证行业发展
挖掘企业亮点

中国工程机械工业年鉴 编辑出版工作人员

总 编 辑 郭 锐

主 编 李卫玲

副 主 编 刘世博 肖新军

执行主编 赵 敏

责任编辑 王亚水

市场编辑 陈 霞 马焕英 蒋 斌

图文设计 张慕原

地 址 北京市西城区百万庄大街22号（邮编100037）

编 辑 部 电话（010）88379830 传真（010）88379812

发 行 部 电话（010）68326643 传真（010）68326017

E-mail:cmiy@mepfair.com

http://www.cmiy.com www.mepfair.com

前　　言

2012 年，工程机械行业的经济运行形势十分严峻，全行业企业加快转型升级，转变发展方式，加大重大技术装备产品和新技术新产品的研发和制造力度，努力克服前期高速发展带来的问题和困难，在稳定发展国内市场的同时，大力开拓国际市场，加快品牌培育和市场服务体系建设，在国内市场出现大幅度下滑的阶段取得了行业总体稳定发展的成绩。2012 年工程机械行业完成营业收入 5626 亿元，比上年增长 2.96%，工程机械产品出口 186.21 亿美元，比上年增长 14.5%。

2012 年，工程机械行业 13 个重点联系企业集团营业收入 3 698.6 亿元，同比下降 3.68%；利润总额 223.43 亿元，同比下降 34.1%。营业收入利润率由 2011 年的 8.83%，下降到 2012 年的 6.04%。

2012 年我国工程机械进出口贸易额为 243.12 亿美元，比上年下降 4.13%。其中进口额 56.91 亿美元，比上年下降 37.4%；出口额 186.21 亿美元，比上年增长 14.5%，贸易顺差 129.3 亿美元，比上年同期扩大 57.52 亿美元。

在行业经济形势不利的情况下，各企业努力提高产品的技术和质量水平，为新一轮行业的快速发展积极准备、积蓄能量。全行业在产品高端化、大型化、节能型，以及市场细分方面取得了重要成果，给目前在低迷的市场环境中的工程机械行业以新的发展动力，也充分显示了行业对工程机械未来发展的信心。

2013 年，《中国工程机械工业年鉴》已连续出版 13 期了，作为行业的宣传窗口，她一如既往地以其独特的功能，引导企业更快、更好地发展，发挥重要的作用。我们希望通过《中国工程机械工业年鉴》与广大企业、用户和关心我国工程机械行业的读者，共同见证中国工程机械工业勇于创新的辉煌历程。

中国工程机械工业协会会长：

2013 年 9 月

索引

『鉴』证行业发展
挖掘企业亮点

广告索引

索引

『鉴』证行业发展
挖掘企业亮点

专题索引

品牌故事专栏

中国工程机械优秀企业
展示窗

中国工程

SHANTUI 山推

机械优秀企业Logo集锦

CATERPILLAR
卡特彼勒

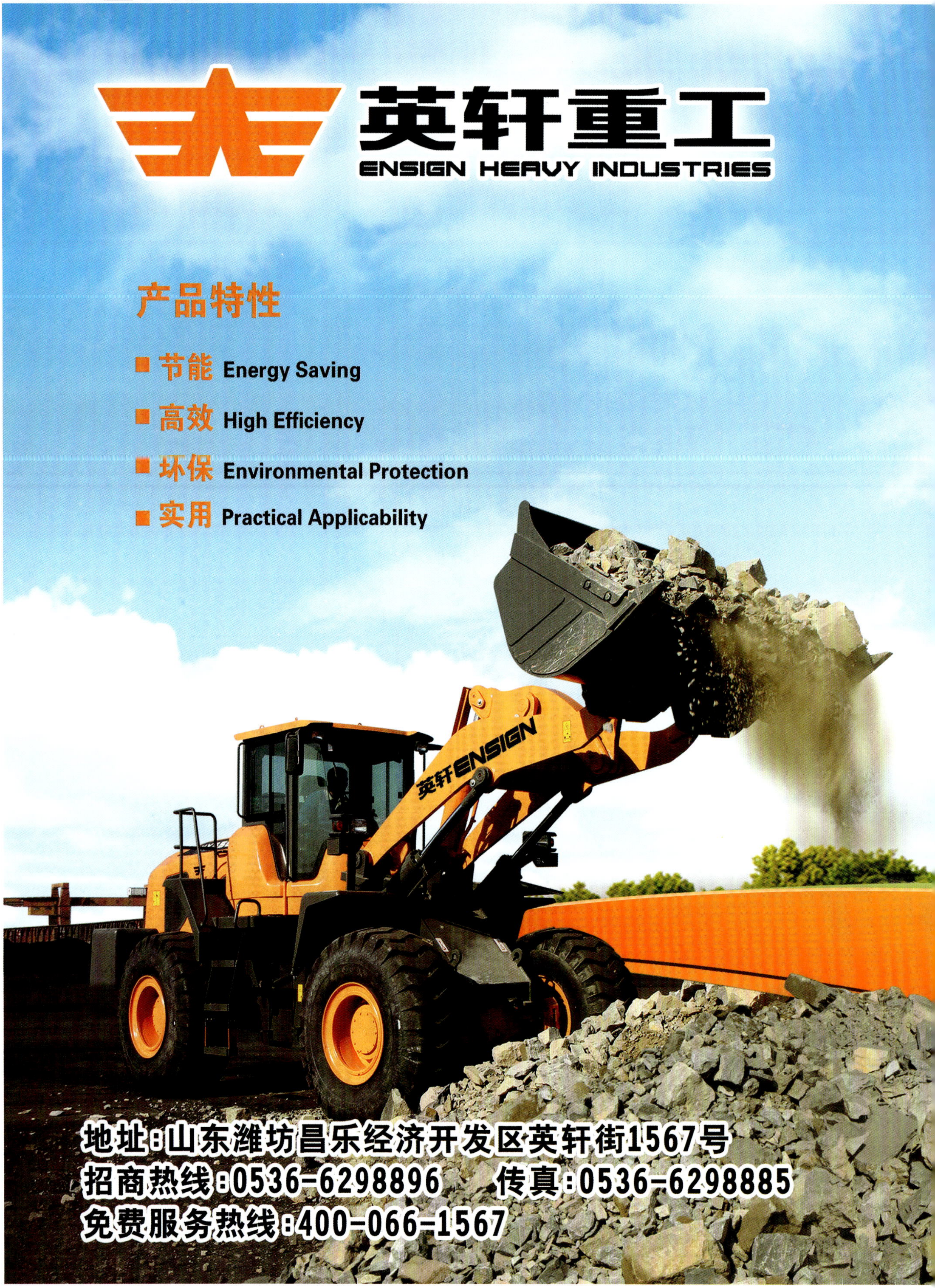
英轩重工
ENSIGN HEAVY INDUSTRIES
产品特性
节能 Energy Saving
高效 High Efficiency
环保 Environmental Protection
实用 Practical Applicability
英轩ENSIGN
地址:山东潍坊昌乐经济开发区英轩街1567号
招商热线:0536-6298896 传真:0536-6298885
免费服务热线:400-066-1567

www.ensignhi.com

我们用心诠释产品的服务之道

客户的需求是我们创新的不竭动力。在英轩我们只认可优质高效的产品服务。
聆听客户的需求，紧扣市场脉搏，洞察发展趋势，谋求产品创新……
我们以行动兑现承诺！用心诠释，用爱传递，践行感心服务，创新服务之道。

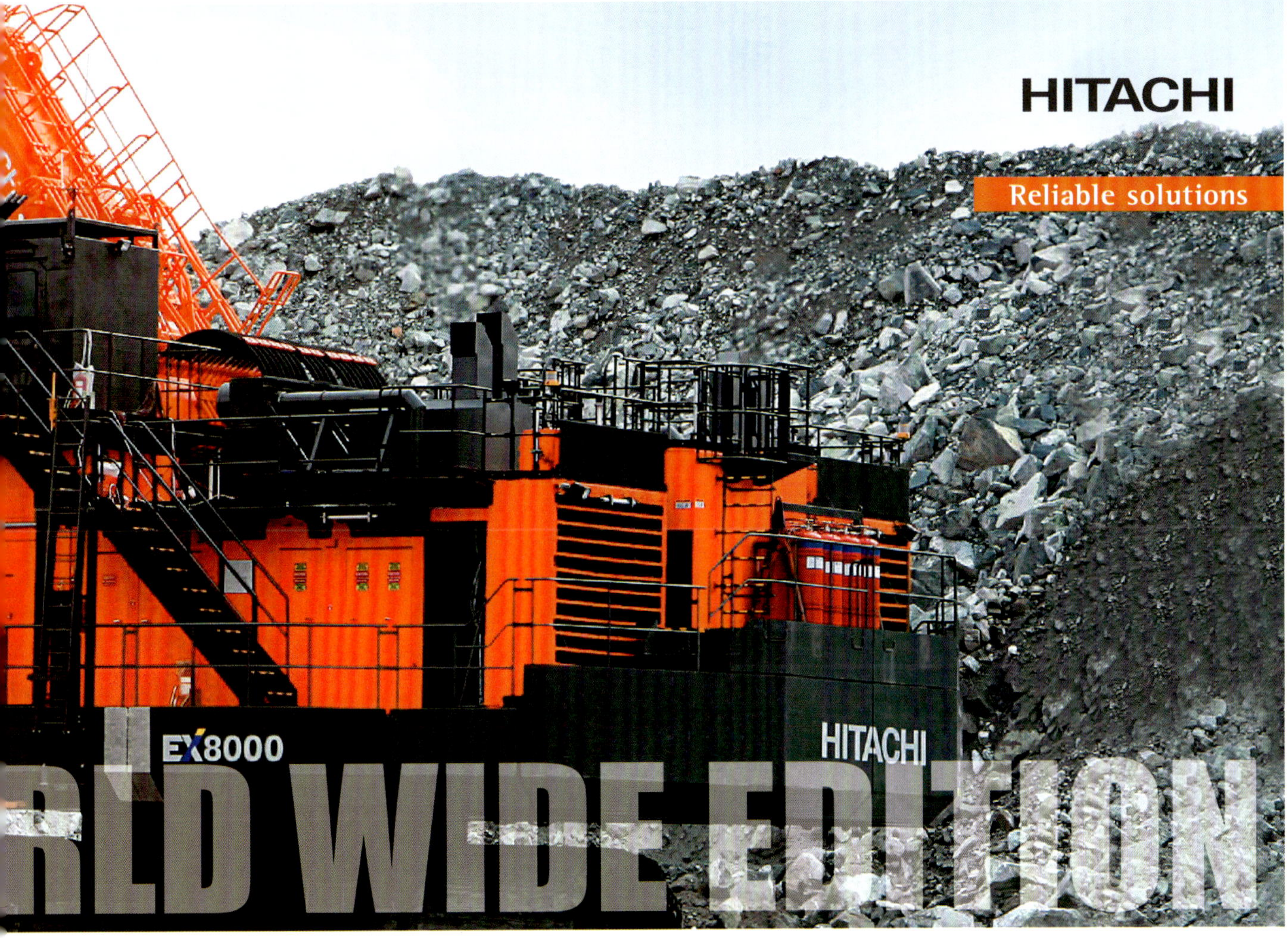

全方位解决方案

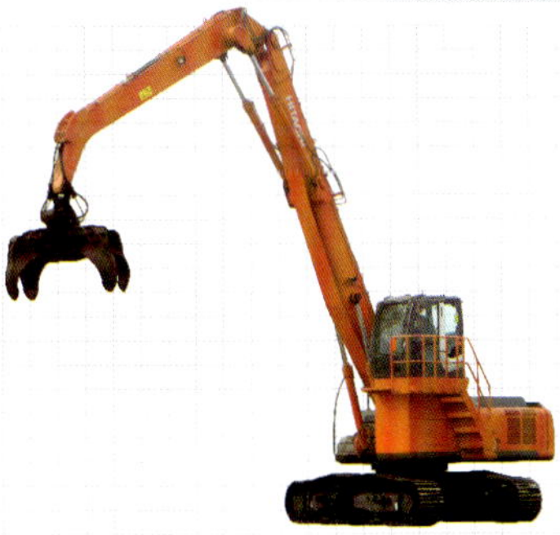

物料装卸机

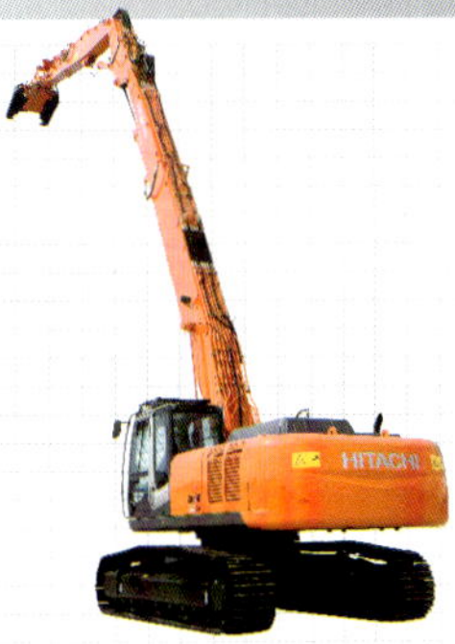

高空拆除机

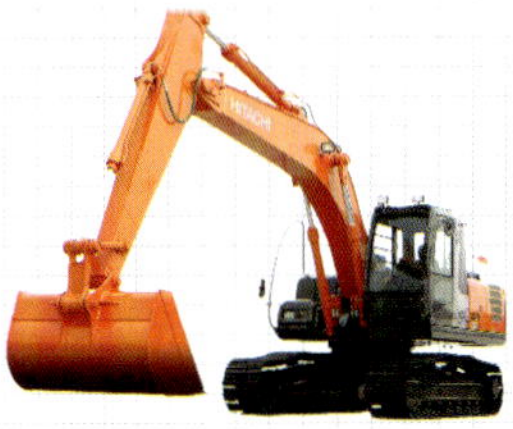

船内装卸用挖掘机

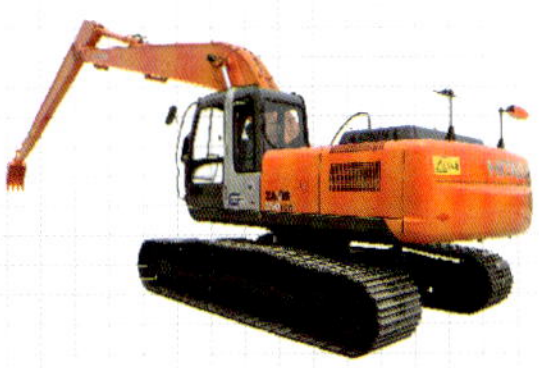

超长臂工作装置挖掘机

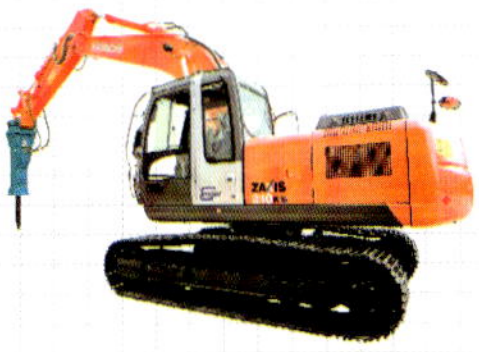

K型机

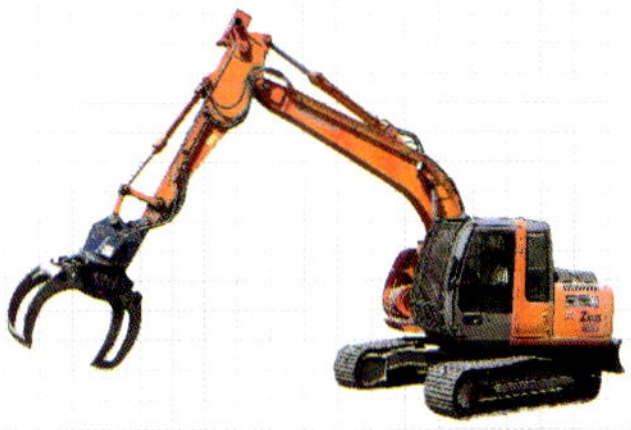

林业式样机

日立建机(上海)有限公司

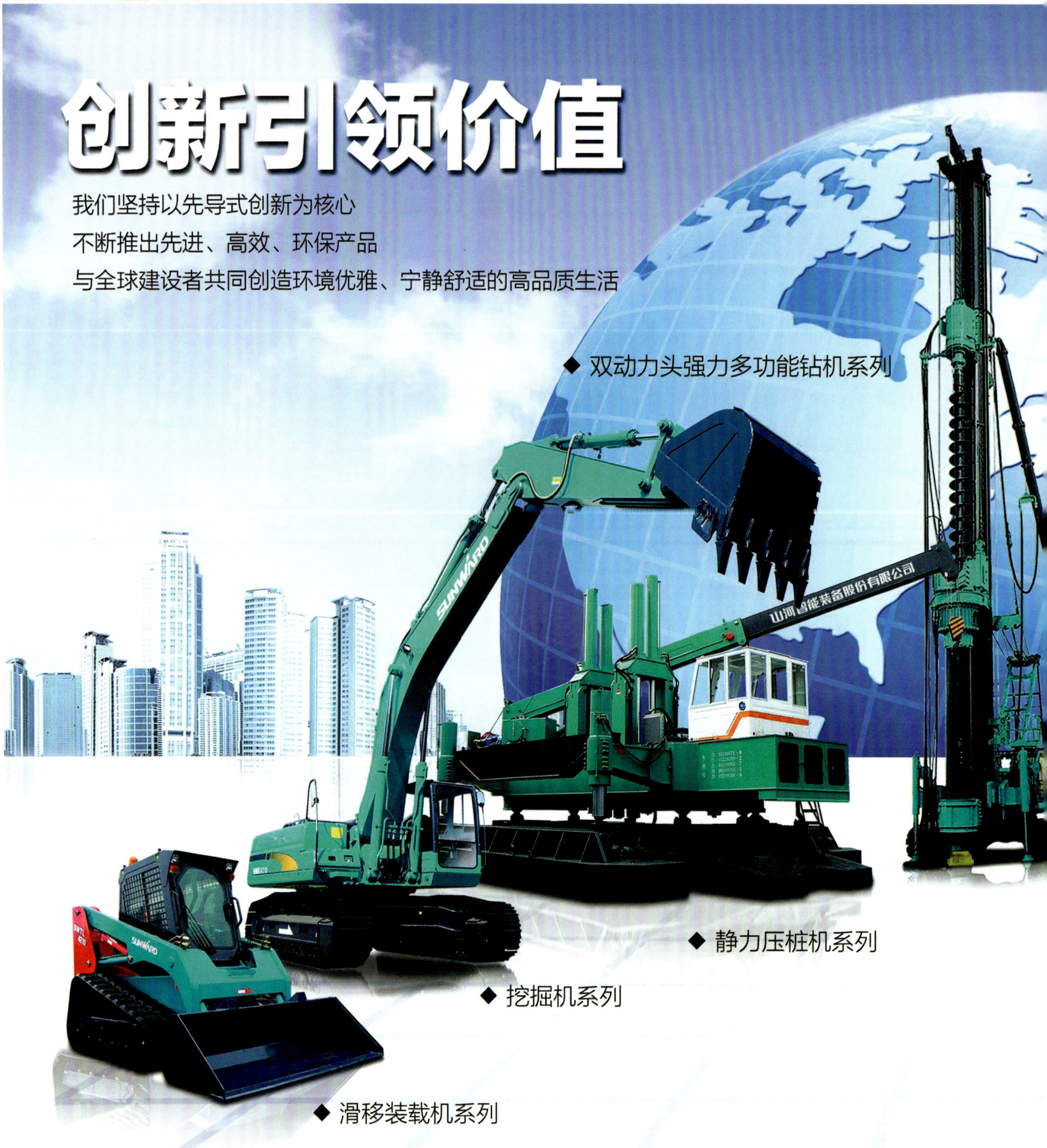
创新引领价值
我们坚持以先导式创新为核心
不断推出先进、高效、环保产品
与全球建设者共同创造环境优雅、宁静舒适的高品质生活
◆ 双动力头强力多功能钻机系列
SUNWARD
山河智能装备股份有限公司
◆ 静力压桩机系列
◆ 挖掘机系列
◆ 滑移装载机系列

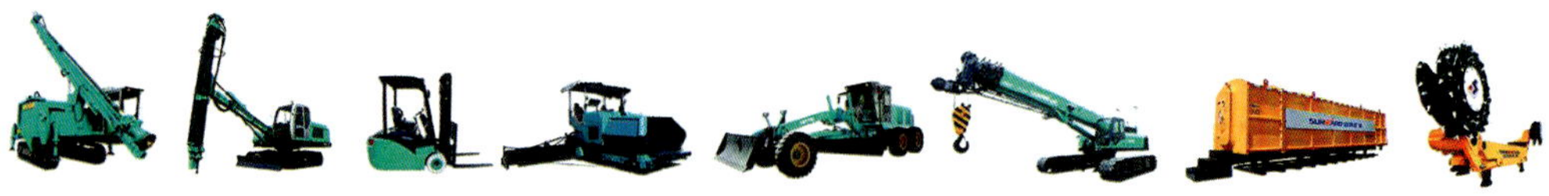

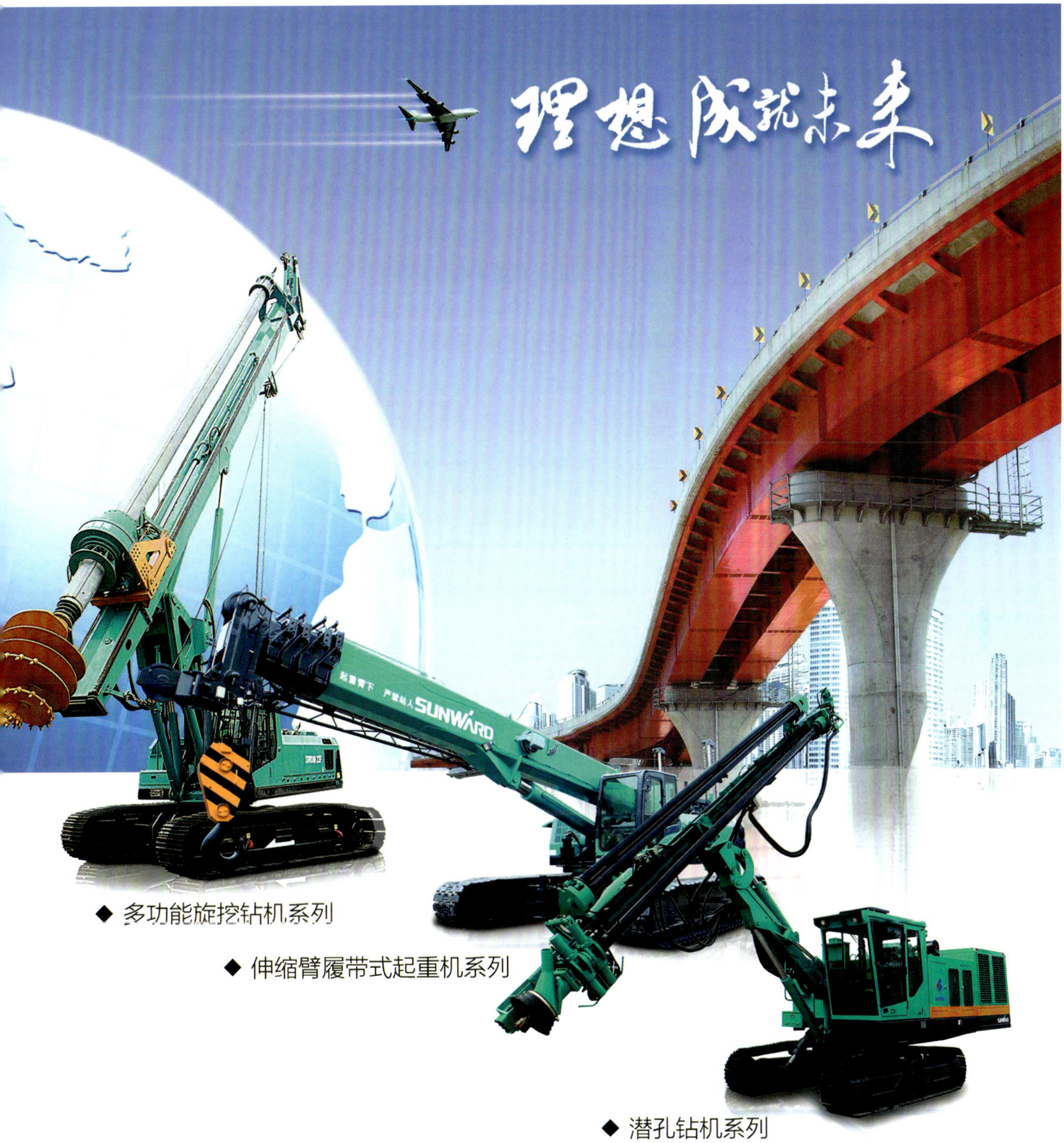
理想成就未来
起重臂下 严禁站人 SUNWARD
◆ 多功能旋挖钻机系列
◆ 伸缩臂履带式起重机系列
◆ 潜孔钻机系列

3687771 传真：+86-29-38001213 客服：4006-863-853 网址：www.sntonly.com

利星行機械
LEI SHING HONG MACHINERY
CAT
地址：江苏省昆山市昆太路432号
电话：0512-57663168
传真：0512-57663131
邮编：215337
服务热线：400-881-8829
网址：www.lsh-cat.com
高效节能
"油"您掌控
CAT
320D GC

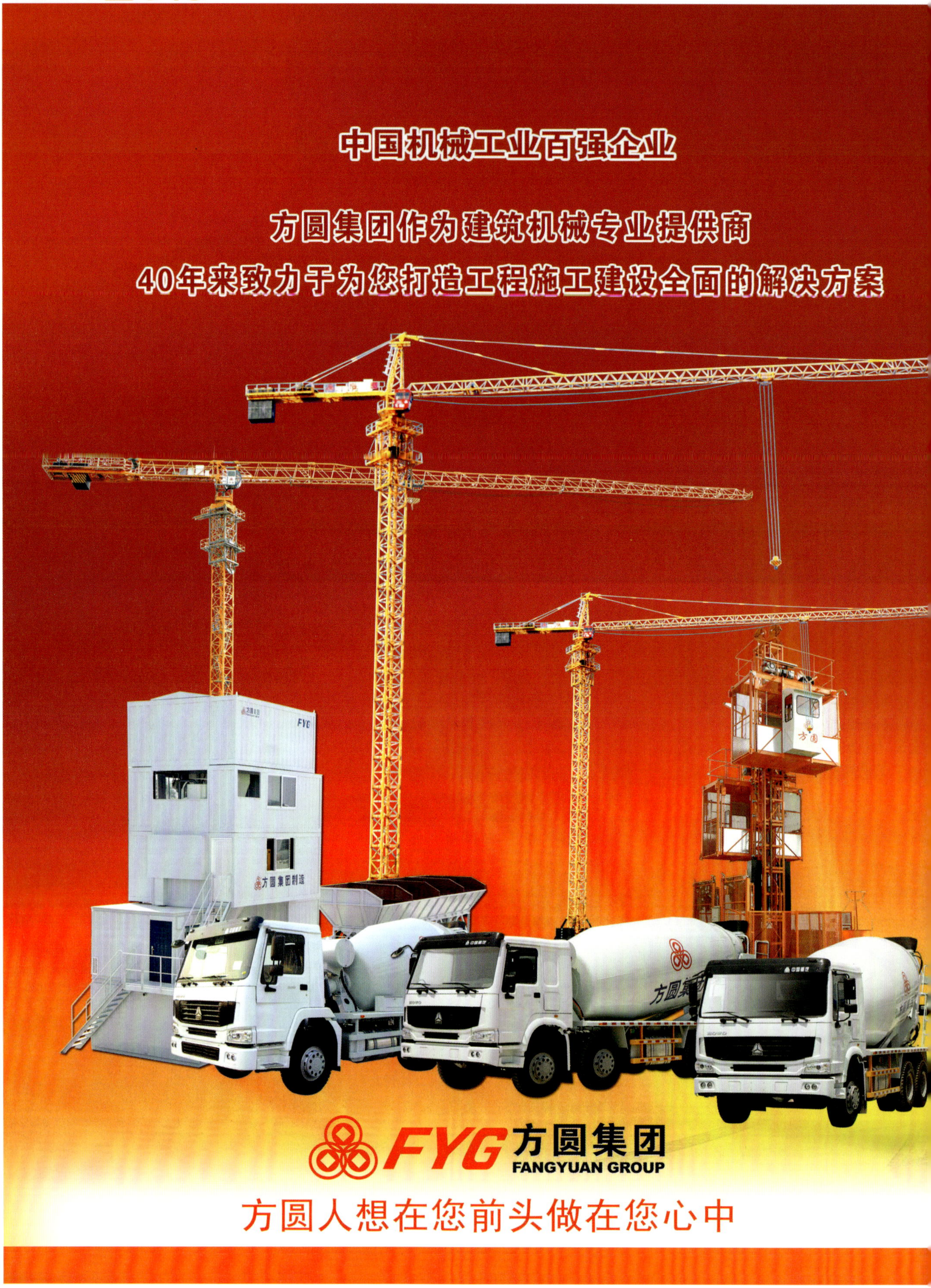
中国机械工业百强企业
方圆集团作为建筑机械专业提供商
40年来致力于为您打造工程施工建设全面的解决方案
FYG 方圆集团
FANGYUAN GROUP
方圆人想在您前头做在您心中

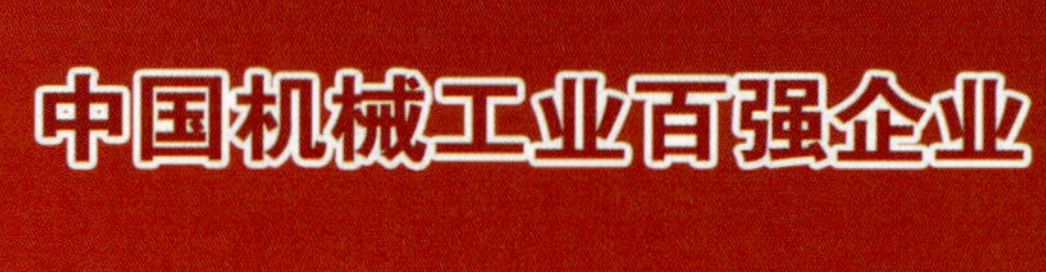

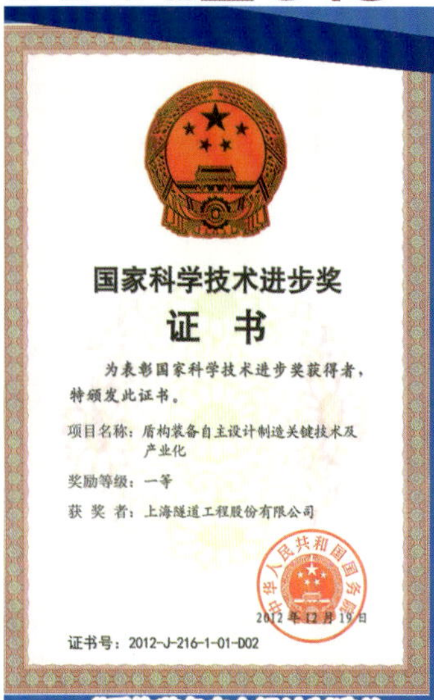

国家科学技术进步奖

证 书

为表彰国家科学技术进步奖获得者，特颁发此证书。

项目名称：盾构装备自主设计制造关键技术及产业化

奖励等级：一等

获 奖 者：上海隧道工程股份有限公司

2012年12月19日

证书号：2012-J-216-1-01-D02

“盾构装备自主设计制造关键技术机产业化”获得“2012年国家科技进步奖一等奖”

国家“863”项目、φ11.22m泥水平衡盾构

国家“863”项目、地铁土压平衡盾构批量生产

- 上海隧道工程股份有限公司机械制造公司是上海城建隧道股份全资全属企业，获得瑞士SGS颁发的国际质量管理体系、环境管理体系、职业健康安全管理体系认证，是具有一定规模的专业设计制造盾构、顶管、钢模、管模等地下工程机械的高新企业。
- 企业自1958年开始研制盾构装备以来，凭借着雄厚的科研能力和制造技术，多次承接国家“863”项目，产品拥有完全自主知识产权和多项专利。先后制造了网格式、土压平衡式、泥水平衡式、复合式等各类盾构掘进机。
- 分公司生产各种形式的顶管掘进机广泛应用于自来水管道、排污管道、输气管道、电缆管道、地下人行通道等各种隧道施工，直径范围为0.6~10.4m。
- 企业形成了一套完整的“隧道衬砌高精度钢模设计制造”核心专有技术，拥有多项专利，编制了“插入式振捣高精度管片钢模标准”。

  产品销往全国各大省市及香港、台湾地区，并出口日本、马来西亚、新加坡、印度等国家。

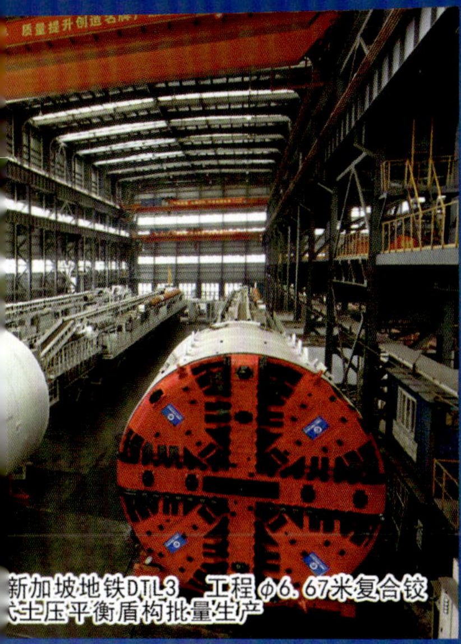
新加坡地铁DTL3 工程φ6.67米复合铰
土压平衡盾构批量生产

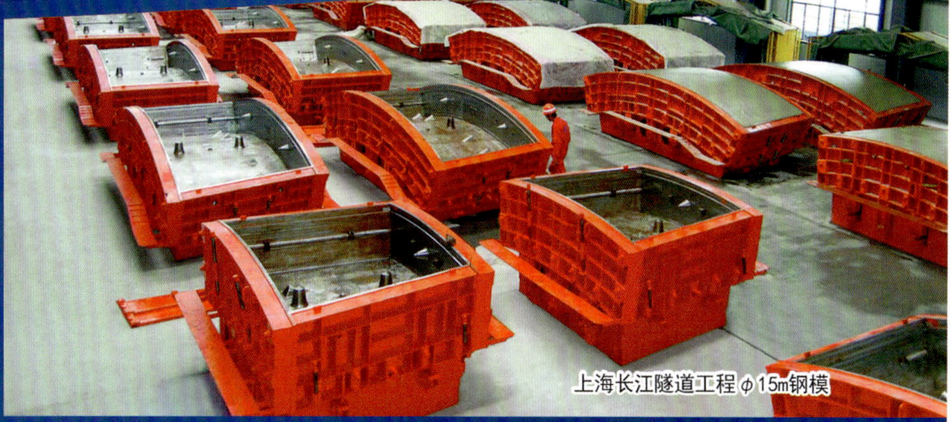
上海长江隧道工程φ15m钢模

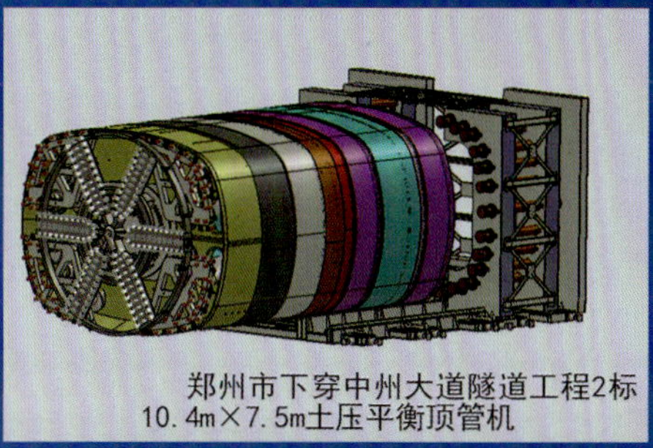
郑州市下穿中州大道隧道工程2标
10.4m×7.5m土压平衡顶管机

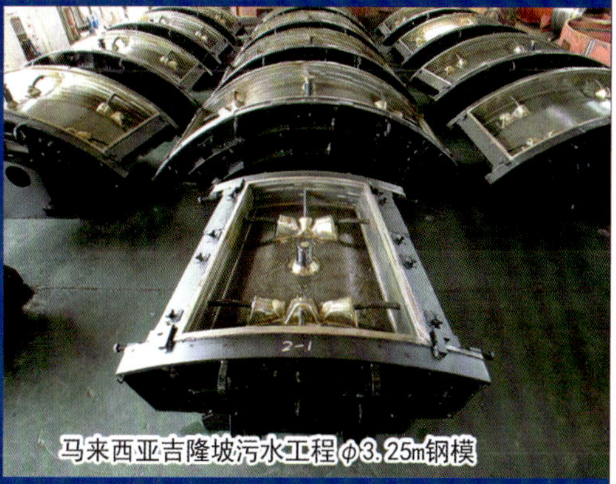
马来西亚吉隆坡污水工程φ3.25m钢模

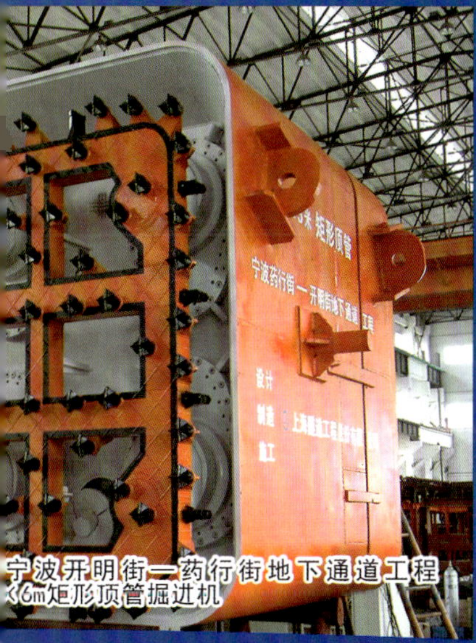
宁波开明街—药行街地下通道工程
×6m矩形顶管掘进机

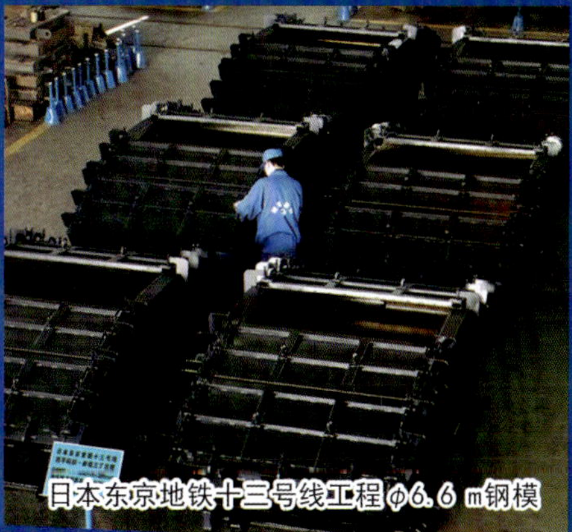
日本东京地铁十三号线工程φ6.6 m钢模

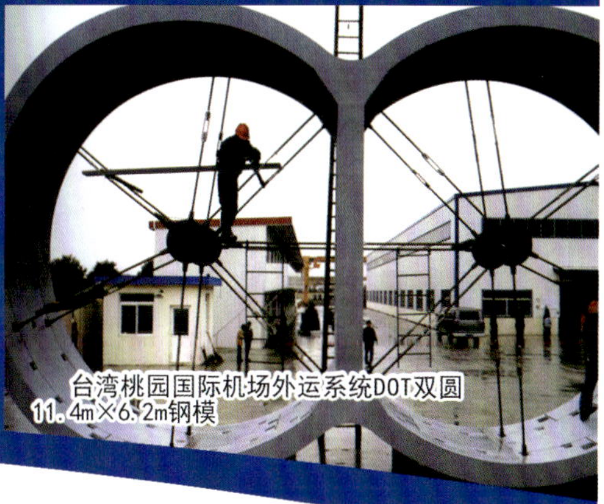
台湾桃园国际机场外运系统DOT双圆
11.4m×6.2m钢模

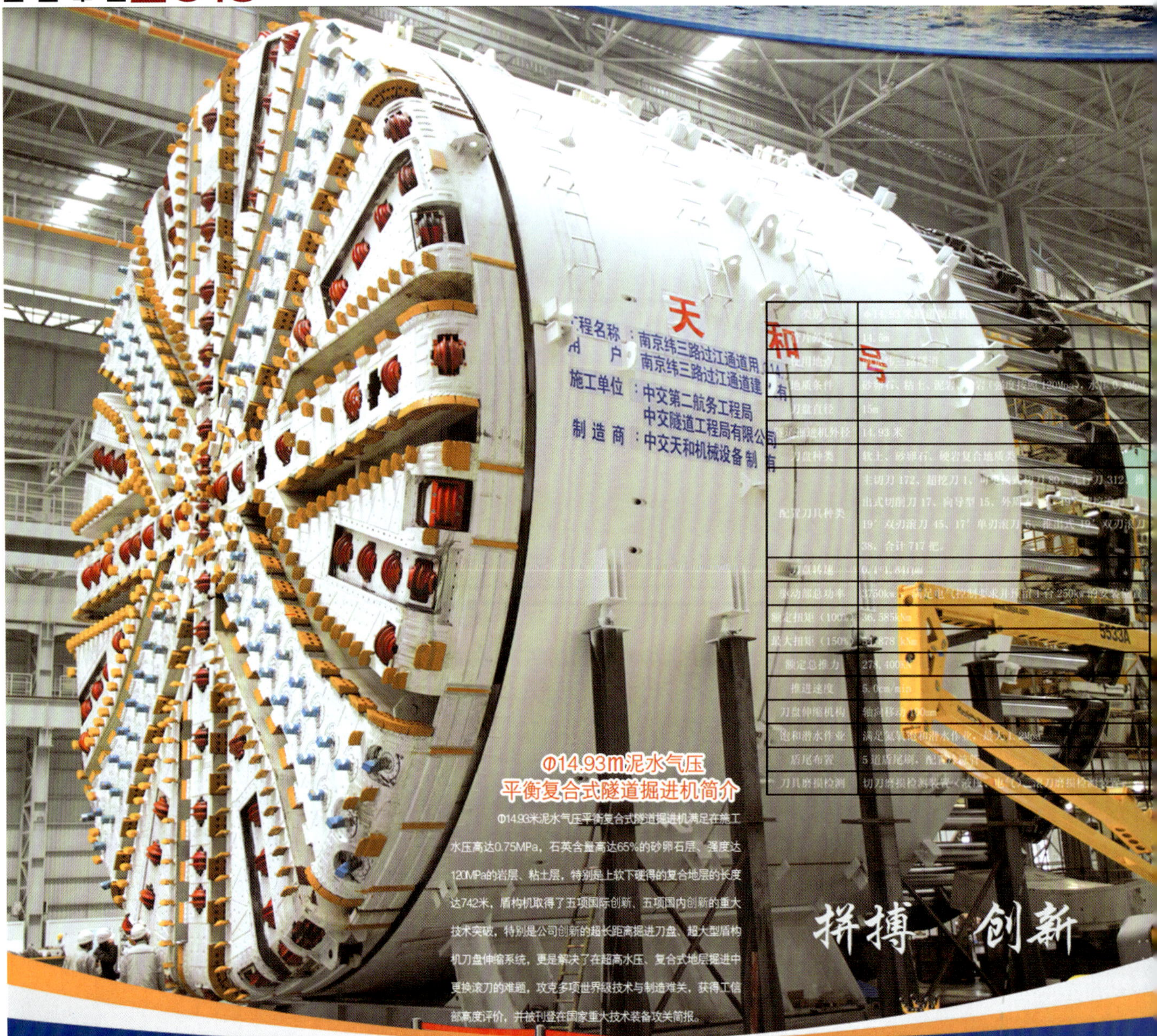

类型	[illegible]
[illegible]	14.5m
使用地点	[illegible]三路隧道
地质条件	砂卵石、粘土、泥岩、[illegible]岩（强度接近120Mpa），水压0.8[illegible]
刀盘直径	15m
盾构掘进机外径	14.93米
刀盘种类	软土、砂卵石、硬岩复合地质类
配置刀具种类	主切刀172、超挖刀1、[illegible]80、先行刀312、推出式切削刀17、向导型15、外周[illegible]、19″双刃滚刀45、17″单刃滚刀6、推出式19″双刃滚刀38，合计717把。
刀盘转速	0.1～1.84rpm
驱动部总功率	3750kw，满足电气控制要求并预留1台250kw的安装位置
额定扭矩（100%）	36,585kNm
最大扭矩（150%）	[illegible]878kNm
额定总推力	27[illegible],400kN
推进速度	5.0cm/min
刀盘伸缩机构	轴向移动[illegible]0cm
饱和潜水作业	满足氦氧饱和潜水作业，最大1.[illegible]Mpa
盾尾布置	5道盾尾刷，配置[illegible]
刀具磨损检测	切刀磨损检测装置（液压、电气）、滚刀磨损检测装置

Φ14.93m泥水气压平衡复合式隧道掘进机简介

Φ14.93米泥水气压平衡复合式隧道掘进机满足在施工水压高达0.75MPa，石英含量高达65%的砂卵石层、强度达120MPa的岩层、粘土层，特别是上软下硬得的复合地层的长度达742米，盾构机取得了五项国际创新、五项国内创新的重大技术突破，特别是公司创新的超长距离掘进刀盘、超大型盾构机刀盘伸缩系统，更是解决了在超高水压、复合式地层掘进中更换滚刀的难题，攻克多项世界级技术与制造难关，获得工信部高度评价，并被刊登在国家重大技术装备攻关简报。

中交天和机械设备制造有限公司
TIANHE Mechanical Equipment Manufacturing Co., LTD.

中交天和机械设备制造有限公司位于江苏常熟高新技术产业园，占地面积31万m^2，注册资本金3亿元人民币。主营隧道掘进机（盾构机）。发明专利16项，新型专利4项。兼营盾构机的现场安装、大修、转场和技术咨询。公司拥有各类车间7万余平方米，最大起重能力250t，装配车间可同时组装2台直径17m的盾构机。拥有加工直径18m，加工承台600t的单柱数控立式铣车床、卷板宽度达4.6m的120mm数控万能卷板机等各类设备百余台。

公司已交付各类盾构机40余台，广泛应用于上海、天津、南京、宁波、北京、沈阳、昆明、杭州及苏州等地，适用于软土、砂卵石、岩石等地层。已交付的国产较先进φ14.93m泥水气压复合盾构机已投入南京过江隧道，施工水压高达0.75MPa，岩石强度达120MPa，具有世界领先水平。

地 址/Address：江苏省常熟市高新技术产业园义虞路75号　邮 编：215557　网 址/Website：www.ccccth.co

上海地铁用大深度新型Φ6.36m盾构机简介

华东地区用Φ6360 土压平衡式盾构机
本盾构机及用于粘土、砂卵石、漂石等地质条件

特　点

1．满足隧道埋深45m、穿越地下水丰富的地质条件下的施工要求。

2．刀盘的设计与刀具的配置，满足在N值接近于0的地质条件下的施工与沉降控制。

3．推力高达48 000kN，速度适用于在缓慢推进的工况下施工。

4．增大土体改良力度—合理配置了多台添加剂注入设备，可满足加泥、加泡沫、加水等的要求，并在刀盘上、隔板上、固定搅拌翼、螺旋输送机上合理地布置了一定数量的添加剂注入口，满足在复杂地层中掘进的需求。

硬岩、孤石、富含水地层地铁用复合式盾构机简介

针对土砂的流动性强、岩层强度可达150MPa、砂卵石、粘土、丰富地下水，有孤石等特点的施工条件，我公司开发全断面硬岩、透水性强的复合底层中使用的盾构机。

Φ6.43m盾构特点

1．刀盘、壳体具有足够的强度。
2．可有效的防止中心部结泥饼。
3．有效的切削、良好的土砂流动性。
4．足够的刀具、快速良好的施工。
5．足够的润滑与可靠的土砂流动性，减少刀具磨损，以确保刀具最大的使用寿命。

浙江高宇液压机电有限公司成立于2006年4月，坐落于我国重要的液压零部件生产基地、全国历史文化名城——浙江省临海市，是专业从事各类液压零部件的研发、生产和销售的国家高新技术企业。经过多年的发展，现已形成年产各类液压零部件20万台(套)的生产能力。

本公司主要产品包括液压阀和液压泵两大类，涵盖了工程机械液压工作系统、传动系统、转向系统、制动系统，广泛应用于工程机械及专用车辆等领域。公司产品共30多个系列200多种产品规格，主导产品市场占有率高达42%，具备较强的市场竞争力和品牌影响力。

公司技术力量雄厚，科研技术人员结构合理，各具特长，公司的技术中心为"省级企业技术中心""省级高新技术企业研究开发中心"。通过不断加大研发投入，公司自主研发出一系列具有国内领先水平的核心技术和成果，目前共有专利11项，其中发明专利2项，多项产品通过浙江省新产品新技术鉴定，主要指标处于国内领先(先进)水平，另外公司还参与了JB/T 11303—2013等6项行业标准的制订和修订工作。

公司技术中心还建有液压阀共性基础工艺技术研发平台，对清洁度控制涉及的铸件清砂、去刺、防锈、油道清洗、油液污染度控制以及精密孔加工技术等关键工艺技术组织专项研究。

目前公司正在推行TS16949质量体系标准，通过精益化生产，完善质量体系，保证为客户提供优质的产品和服务。凭借过硬的产品质量和良好的口碑，公司已与山东临工、徐工集团、柳工股份、中国龙工、厦工股份、山东山工、成都成工、常林股份、斗山工程机械、福田重工等国内外知名的工程机械、工业车辆主机客户建立了长期稳定的合作关系，并连续多年被上述客户评为优秀供应商。

2012年，公司制定了五年战略规划：在保持装载机配套产品行业领先的基础上，向高端产品和市场发展，销售收入年均增长率30%以上，成为工程机配套件行业一流民族品牌。

专注致远 · 联合共赢

浙江高宇液压机电有限公司
地址：浙江省临海市大洋街道柘溪村　邮编：317000
电话：0576-85317151　　传真：0576-85128292　　http：//www.zjgaoyu.com

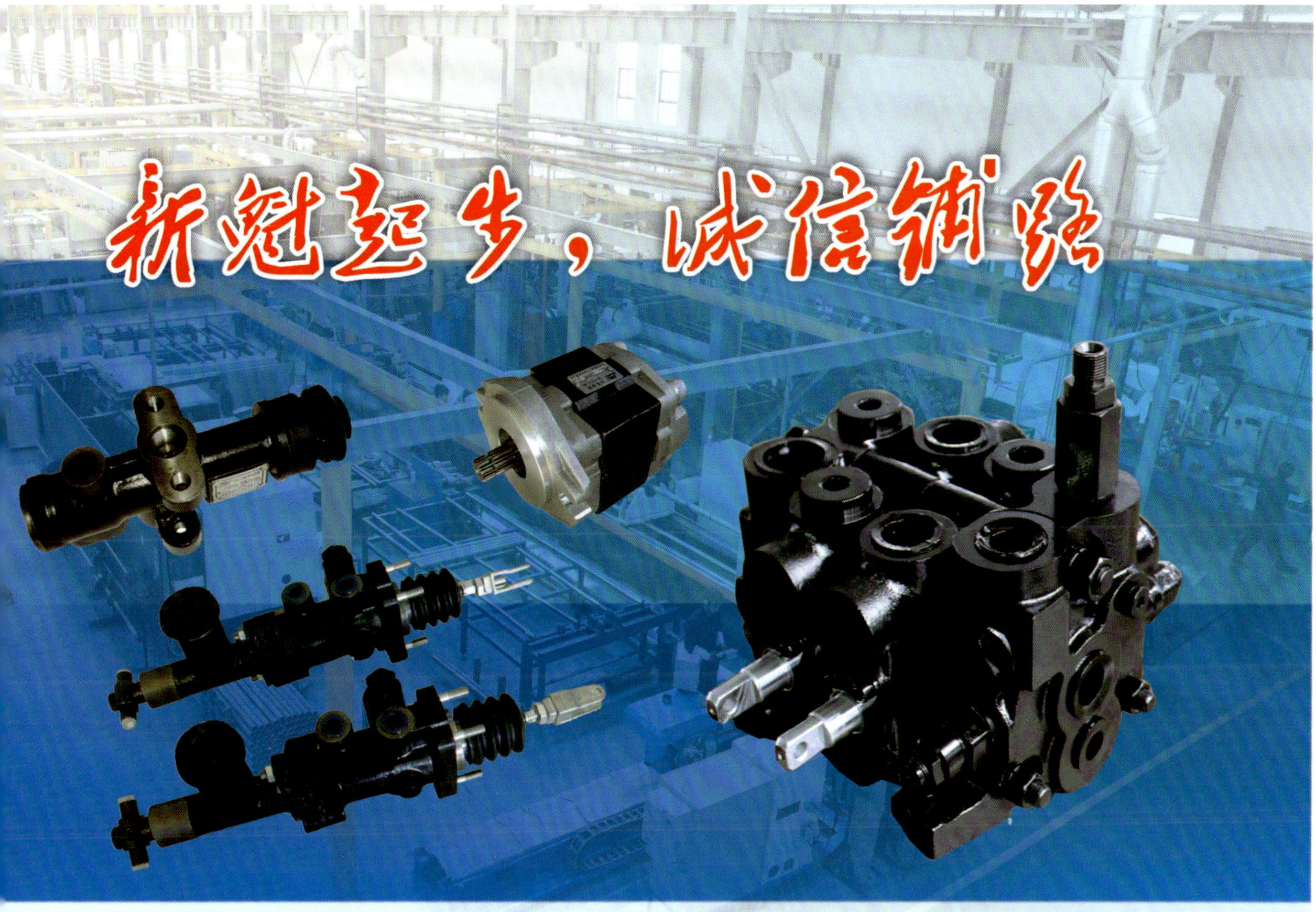

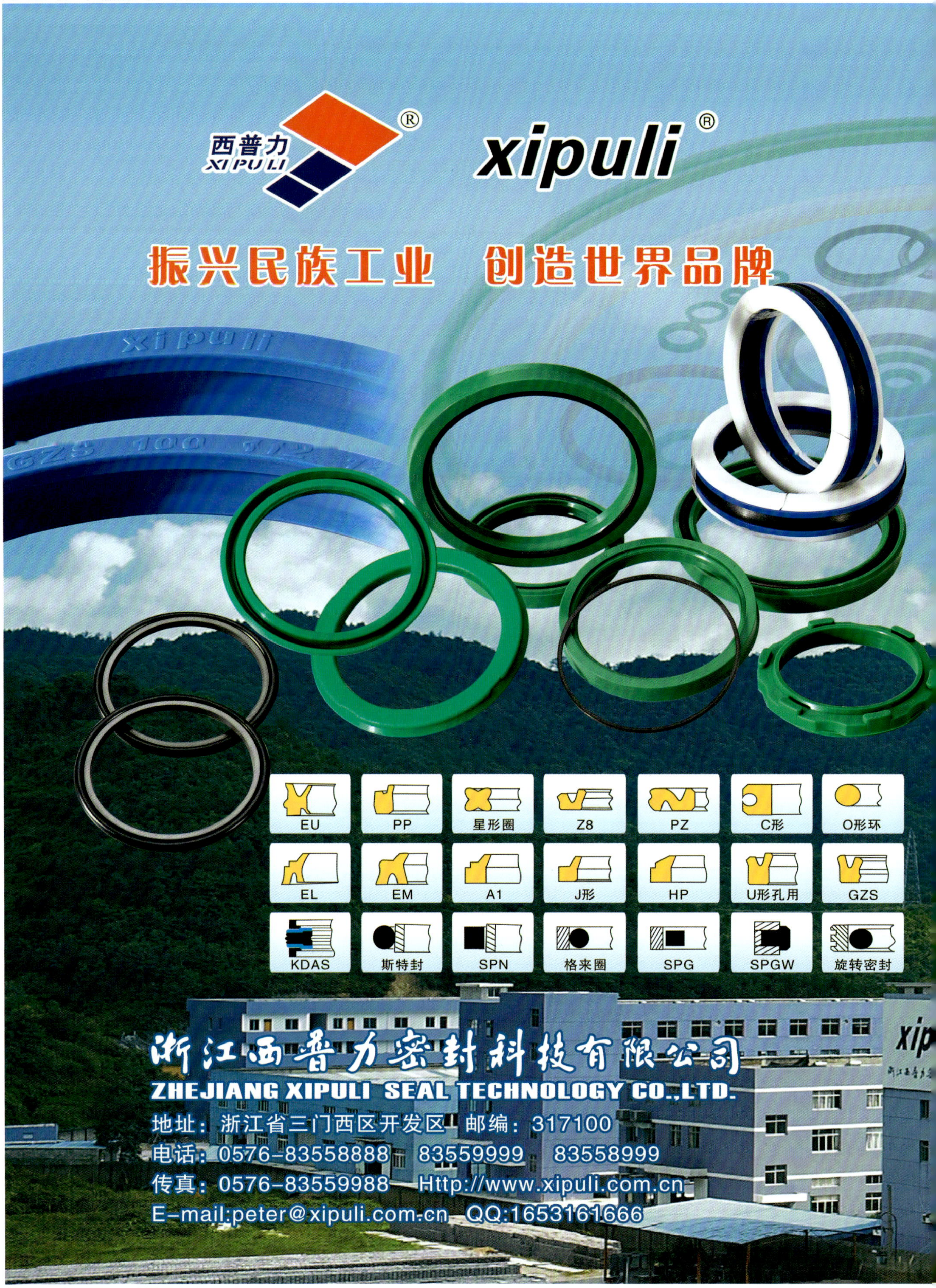
西普力
XI PU LI
xipuli
振兴民族工业 创造世界品牌
EU
PP
星形圈
Z8
PZ
C形
O形环
EL
EM
A1
J形
HP
U形孔用
GZS
KDAS
斯特封
SPN
格来圈
SPG
SPGW
旋转密封
浙江西普力密封科技有限公司
ZHEJIANG XIPULI SEAL TECHNOLOGY CO.,LTD.
地址：浙江省三门西区开发区 邮编：317100
电话：0576-83558888 83559999 83558999
传真：0576-83559988 Http://www.xipuli.com.cn
E-mail:peter@xipuli.com.cn QQ:1653161666

力源液压
LIYUAN
力量之源
L10VS0140
TMJ35.3
SMJ27.4
L11VL0190

源远流长
中航力源液压是国家高新技术企业和全国基础件特定振兴企业
从事高压轴向柱塞式液压泵/马达研发、生产
是国内航空工业和液压行业上市公司
力源液压具有强大的生产能力和新产品的设计开发能力
自行研制开发的L2F L4V L7V L8V L10V SMU TMU等系列的高压柱塞泵/马达
在国内同行业市场覆盖面和占有率居于领先地位
广泛配套于国内航空、航天、工程机械、建筑机械、矿山机械、
冶金机械、船舶机械、工业机械、铁路机车等行业
中航力源液压股份有限公司
Avic Liyuan Hydraulic Co.,Ltd.
地址：贵阳市乌当区新添寨北衙路501号
电话：0851-6320501
传真：0851-6320001
网址：www.zhlyyy.com
L2FE107
L6VE107
L4VTG90
LL2FM90

优秀产品　按时交货

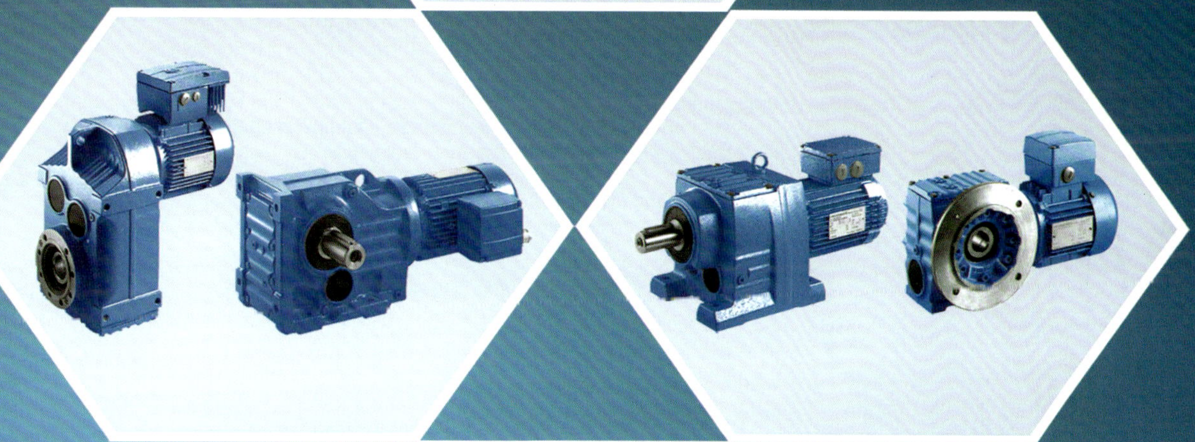

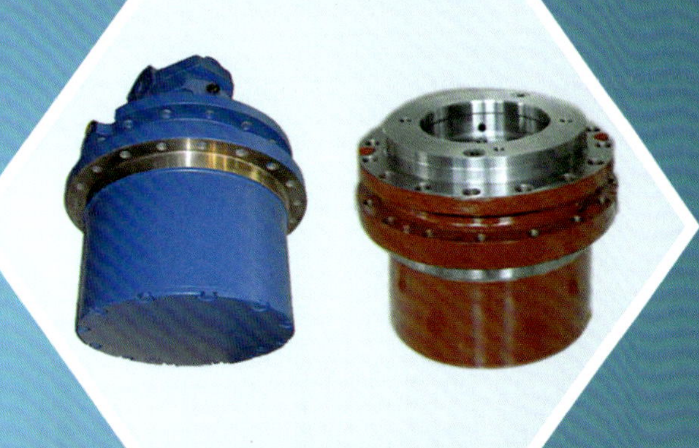

Your Partner for Self-lubricatingBearing Application
总有一款适合您设备的自润滑轴承

Bi-metallic Boundary lubrication wrapped Bearings
双金属边界润滑卷制轴承

Material characteristic 材料特性

This bearing is a wrapped bearing. The material is based on a carbon steel shell with a sintered bronze alloy as lubricating layer. Different types of oil grooves, indents or holes on the bearing layer are made for the oil deposition to achieve the marginal lubrication properties. It is most suitable for heavy load and low speed applications as well as medium speed and moderate speed applications.

以优质低碳钢为基体，表面烧结铜合金作为减摩材料，并经卷制成型。根据使用工况不同可在轴承表面加工出各种类型的油槽、油穴或油孔以起到储油作用，实现边界润滑。特别适用于重载低速、中载中速等工况条件。

Metallic Self-lubricating Bearings
金属基自润滑轴承

Material characteristic 材料特性

The bearing material is high strength solid bronze or low friction metal alloy shell embedded or dispersed with solid lubricants. During the operation, the solid lubricants can be released to form a lubricating film achieving the self-lubricating feature. This bearing is most suitable for the applications under heavy load and low speed with impact resistance requirements and high restarting frequency is needed.

以高强度铜合金或其他低摩擦合金材料为基体，根据使用工况在金属表面嵌入或弥散分布固体润滑剂，固体润滑剂在轴承运行过程中释放并形成固体润滑膜，从而达到自润滑的作用。特别适用于重载低速、抗冲击强度要求高且启动频繁的工况条件。

Metal-polymer Composite Bearings
金属塑料自润滑卷制轴承

Material characteristic 材料特性

The bearing material is based on carbon steel bonded with polymer composite layer by sintered bronze powder. The advantages of thin wall thickness and low friction factor enables the bearings to be suitable for the dry operation condition and the applications with oiling hard access.

以优质碳素钢为基体，中间烧结铜粉层，表面覆着高分子复合材料作为轴承耐磨材料，具有壁薄、承载能力高、摩擦系数低以及耐磨性能好等特点，特别适用于无法加油和不能加油的工况条件。

Bronze wrapped Boundary lubrication wrap
铜基边界润滑卷制轴承

This bearing is wrapped wit
high load and good wear resis
into the oil indents or oil
oil or grease can form a lubr
and expand the durability of
low speed applications with

以铜合金为基体经卷制成型的一
工的油穴或油孔可以存储油脂，
低摩擦系数和提高使用寿命的目
况条件。

·CSB w
capital
·2 facili
·Hi-Tec
·Provin
·ISO90
and IS
Htt

Hig
高承
App
运用

浙江长盛轴承技术有限公司 ZHEJIANG CSB BEARINGTECHNOLOGIES CO., LTD. 地址：浙江嘉善

ished in 1995, and has registered
RMB;
0 employees;
se with over 42 patents granted;
ıbricating material R&D center;
SO/TS16949:200 quality management system
!004 environment management system approved.

csb.com.cn

· 成立于1995年6月，2011年9月改制为股份有限公司，注册资金7 500万。
· 高新技术企业，获得各项专利42项。
· 嘉善高分子材料省级高新技术特色产业基地骨干企业，省级自润滑材料研发中心。
· 公司是全国滑动轴承标准化技术委员会自润滑轴承分技术委员秘书处单位，是行业标准的主要制定者之一。
· 主持或参与制定的滑动轴承国家标准10项已发布，正在制定的有12项。
· 获得ISO9001:2000,ISO/TS16949:2002质量管理体系认证，同时获得ISO14001:2004环境管理体系认证。

tal-Polymer Composite Bearings
属塑料复合轴承
plication: Hydraulic cylinder , pumps
用：液压缸、液压泵等

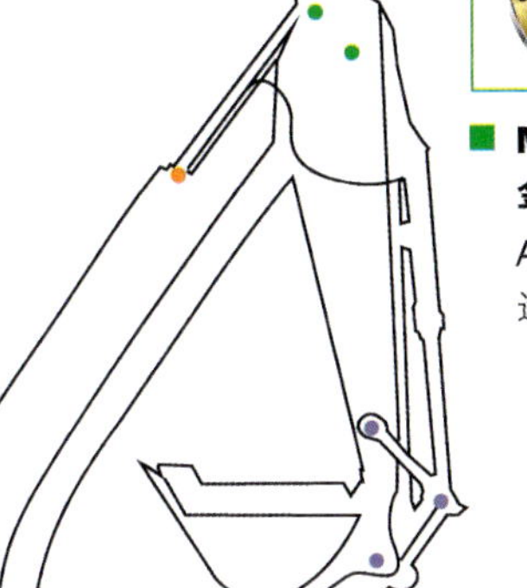

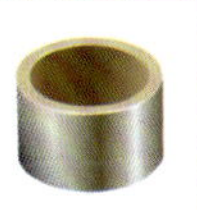

■ Metallic Self-lubricating Bearings
金属自润滑轴承
Application: Arm Bushes
运用：关节部位

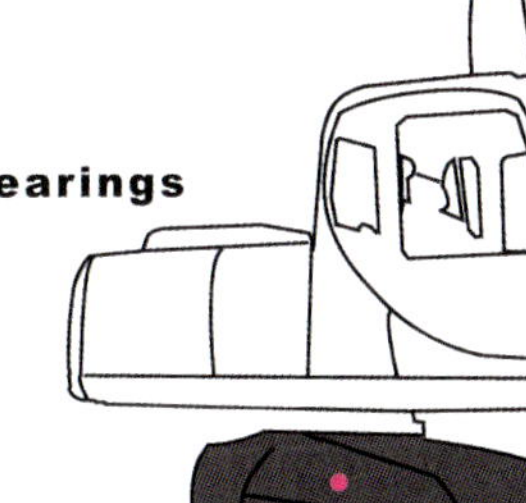

ad Harden Steel Bearings
轴承
Bucket Bushes
粉尘接触部位

■ Bi-metallic Composite Bearings
双金属复合轴承
Application: Track roller, Carrier roller, Idle roller
运用：支重轮、拖带轮、引导轮

rings

aterial characteristic 材料特性

alloy. It is a thin bearing with e oil or grease could be deposited ring the operation, the deposited ilm to reduce the friction factor ng. It is suitable for medium load heavy containment.

载高、耐磨性好的薄壁轴承。表面加运行初期建立润滑油膜，从而起到降适用于中载低速、粉尘污染严重的工

Harden steel Boundary lubrication Bearings
钢基高承载边界润滑轴承

Material characteristic 材料特性

The hardened steel bearing is designed with specially aligned oil grooves and oil loops with special self-lubricating coatings for improving the bearing performance. The new designation can dramatically expand the oiling period results into a longer durability of the bearing service. It is suitable for heavy impact load applications with dusts and containments.

通过热处理、表面合理的油路设计和自润滑材料的涂覆来提升传统钢基轴承的性能，以达到延长加油周期提高轴承使用寿命的目的，适合于粉尘污染严重，需要耐高强度冲击负载的工况条件。

园区长盛路138号(314100)　电话：0573-84183287 84184850 84184307　传真：0573-84183450, 84185526

公司简介

中国国机重工集团有限公司(国机重工)成立于2011年1月，是世界500强企业中国机械工业集团有限公司(国机集团)的全资子公司，是由国机集团旗下工程机械业务资源重组整合改制而成立的大型装备制造企业集团。

国机重工现有28家控股和参股企业，其中1家上市公司、4家海外公司，拥有天津、常州、洛阳、西南(泸州)四大产业基地。与工程机械行业世界知名企业韩国现代、日本小松、美国特雷克斯等组建合资企业，合作机构遍布全球100多个国家和地区。

电话：+86 10 5738 7999　传真：+86 10 5738 7977
邮编：100102　网址：www.sinomach-hi.com
地址：北京朝阳区广顺大街16号华彩大厦

挖掘机 »»

国机重工挖掘机设备系列——采用先进的制造技术，主要部件均采用世界知名品牌。产品具有大功率、低油耗、高耐久性等显著特点。

电话：+86 10 5738 7999　传真：+86 10 5738 7977
邮编：100102　网址：www.sinomach-hi.com
地址：北京朝阳区广顺大街16号华彩大厦

压路机 »»

国机重工 洛阳基地—我国压路机的诞生地，我国目前大型的压实机械大型专业化生产基地。具有年产压路机6 000 台、推土机2 000 台、液压挖掘机10 000 台的综合生产能力。

配件及服务电话：0379-64929476
邮编：471003
电话：0379-63416236　63416238
邮箱：ytjggs@126.com
网址：www.changlin.com.cn
地址：中国洛阳建设路23号

卡拉马，智利北部城市，距首都圣地亚哥约1500km，以“世界大型露天铜矿”而闻名于世的丘基卡马塔（Chuquicamata）铜矿就坐落于这里。2011年，小松与丘基卡马塔铜矿携手开始了一项具有划时代意义的探索性工程——在大型露天矿山现场导入“无人驾驶矿用卡车运行系统”。尽管自始至终都处于无人驾驶状态，在既定的线路上，小松930E矿用自卸卡车不断地重复着直行、转弯、停止，绕过障碍物的动作，灵活地朝着目的地行进，独自完成装车、运搬、卸载作业。

经严酷作业环境下的严格验证及不断改良，该工程取得圆满成功，对车辆行走的控制精度最终达到了10cm的高精度。基于先端ICT（信息通讯技术）应用的小松无人驾驶矿用自卸卡车运行系统，在极大地提升矿区安全生产水平的同时，帮助用户完美地解决了偏远矿山熟练操作手短缺等经营难题。

KOMATSU | 小松

小松(中国)投资有限公司

地址：中国上海浦东新区陆家嘴环路1000号
恒生银行大厦33楼　邮编:200120
电话：021-68414567
传真：021-68410250 68410251
http://www.komatsu.com.cn

中国兵器工业集团
NORINCO GROUP
江麓机电集团有限公司
JIANGLU MACHINERY & ELECTRONICS GROUP CO.,LTD.
JIANGLU
江麓
JIANGLU
责任成就未来
2202
江麓
施工升降机
沙漠植被机
垃圾压实机
森林消防车
高机动抢险车
矿山救援车
风电设备
汽车无级变速器
地址：湖南省湘潭市解放北路
销售热线：0731-58283476 58295968
http://www.jianglu.com.cn
服务热线：400-8007666 8096956
传真：0731-58283335
服务监督：0731-58295081

天工开物　科技领先

山东天工岩土工程设备有限公司位于美丽的江北水城——聊城，是集设计、研发、生产、销售、服务于一体的高新技术企业，全国盾构刀具、矿山刀具、工程刀具重点生产企业。公司恪守“先做人，再做产品，产品即人品”的经营理念，设计、制造一流产品，销往澳大利亚、日本、韩国、俄罗斯、巴西及土耳其等十几个国家和地区及全国各地，并得到矿山开采、盾构施工、工程建设行业的普遍好评。公司销售收入、利税、出口创汇在全国钎钢钎具行业名列前茅，为促进中国工程机械技术进步和发展做出了积极贡献。

山东天工岩土工程设备有限公司

地址：山东省聊城市东昌府区凤凰工业区经四西路 6 号　邮编：252000　电话：0635-5089887 5089558
传真：0635-2929008　网址：www.techgong.com.cn　邮箱：441465477@qq.com

南车制造 装备世界
MADE IN CSR, TO EQUIP THE WORLD
绿荫服务：
400-650-0392
主营方向：桩工机械、履带式起重机械、混凝土成套设备、特种工程机械、自卸车、制动系列产品

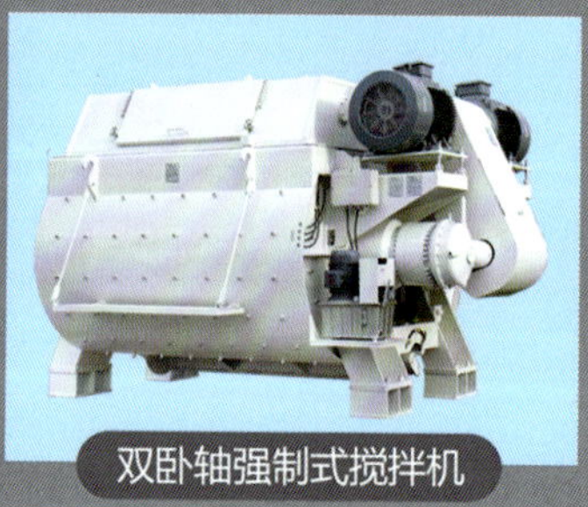

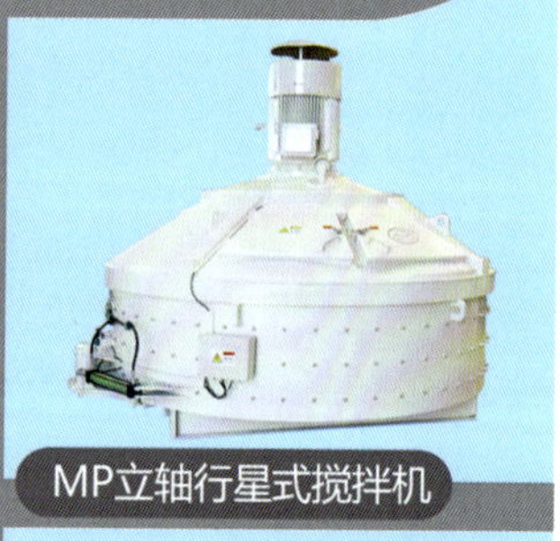

JUNMA
江苏骏马压路机械有限公司
JIANGSU JUNMA ROAD ROLLER CO.,LTD.
JM814/816/818/820型
振动压路机
JM813型
全液压振动压路机
YZC4.5H型
振动压路机
YZC6型/YZDC6型
振动/振荡压路机
JMS08H型
振动压路机
JM818
JUNMA 骏马
JM813H
JMS08H

China
Construction Machinery Industry Yearbook

洛阳至圣科技有限公司地处洛阳市国家高新技术开发区，注册资金 1 000 万元，年营业额 5 000 万元，主要从事建筑机械和各种工业配料系统的研究和制造。产品广泛应用于建材、耐火材料及煤炭等行业。主导产品有成套混凝土制造设备和干粉砂浆制造设备、煤矿矿山所用的定量装车机以及附加剂生产线等。是洛阳同行业早期取得国家制造计量器具许可证及国际质量管理体系认证书的厂家，公司成立 12 年来，积累了大量的技术资源，主要人员具有着 30 余年的搅拌站制造经验。并在搅拌站整体设计、搅拌主机、精确称量、粉料仓除尘等方面拥有多项国家专利。2008 年，公司根据市场需求，开发了煤矿、矿山广泛适用的定量汽车装车机系统，填补了国内空白。2011 年底，公司在高新区的新厂区落成，通过生产规模的不断扩大，目前已达到钢材 60 000 余吨的生产能力。现公司员工 300 余人，其中外联设备制造、安装、调试、维修人员共 120 人，公司倡导“主动式”服务体系，以技术创新和优质的售后服务，是企业发展的中坚力量，由此带动整体产品销售，稳步发展，实现共赢。公司始终以“德高、智强、行健，共创美好人生”为宗旨，坚持诚信为本，把用户需求当作公司工作首要目标。

近年来，公司共申请国家专利近 30 余项，发明专利 2 项。主要针对粉尘治理和节能环保投入了很大的研发力量，2011 年 6 月，“智慧仓”系统的研制并投入使用，彻底根治了困扰行业多年的粉尘污染难题，2012 年 8 月，公司向洛阳国家高新技术开发区递交了“智慧仓”系统的可行性报告，高新区领导给予了高度的重视，并获得财政专项资金支持，同时也肯定了公司在技术研发方面所做出的成绩，并且也为行业发展做出了应有的贡献。

洛阳至圣科技有限公司

电话：0379-64288966 64288968
营销中心：0379-64122082
13939910121
技术支持：13598168548
产品服务：15978663234
服务热线：4000582995
地址：河南省洛阳市国家高新产业开发区
邮编：471031

公司网站

新浪微博

微信公众平台

西林
XILIN
宁波如意股份有限公司
宁波如意股份有限公司创建于 1985 年，系国家出口免验企业、国家高新技术企业、省级企业技术中心。主要生产系列叉车、电动车、堆垛车、防爆车、手动液压搬运车、拉紧器等机电出口产品。
公司产品陆续被评为“中国驰名商标”“浙江省著名商标”“中国名牌产品”“浙江省名牌产品”。“西林”产品享誉147个国家和地区。
XILIN
出口免验证书
宁波如意股份有限公司
地址：浙江省宁海县桃源北路656号
电话：0574-65552001
传真：0574-65583733
E-mail：ruyi@xilin.com
http：// www.xilin.com
吉祥如意
兴旺发达

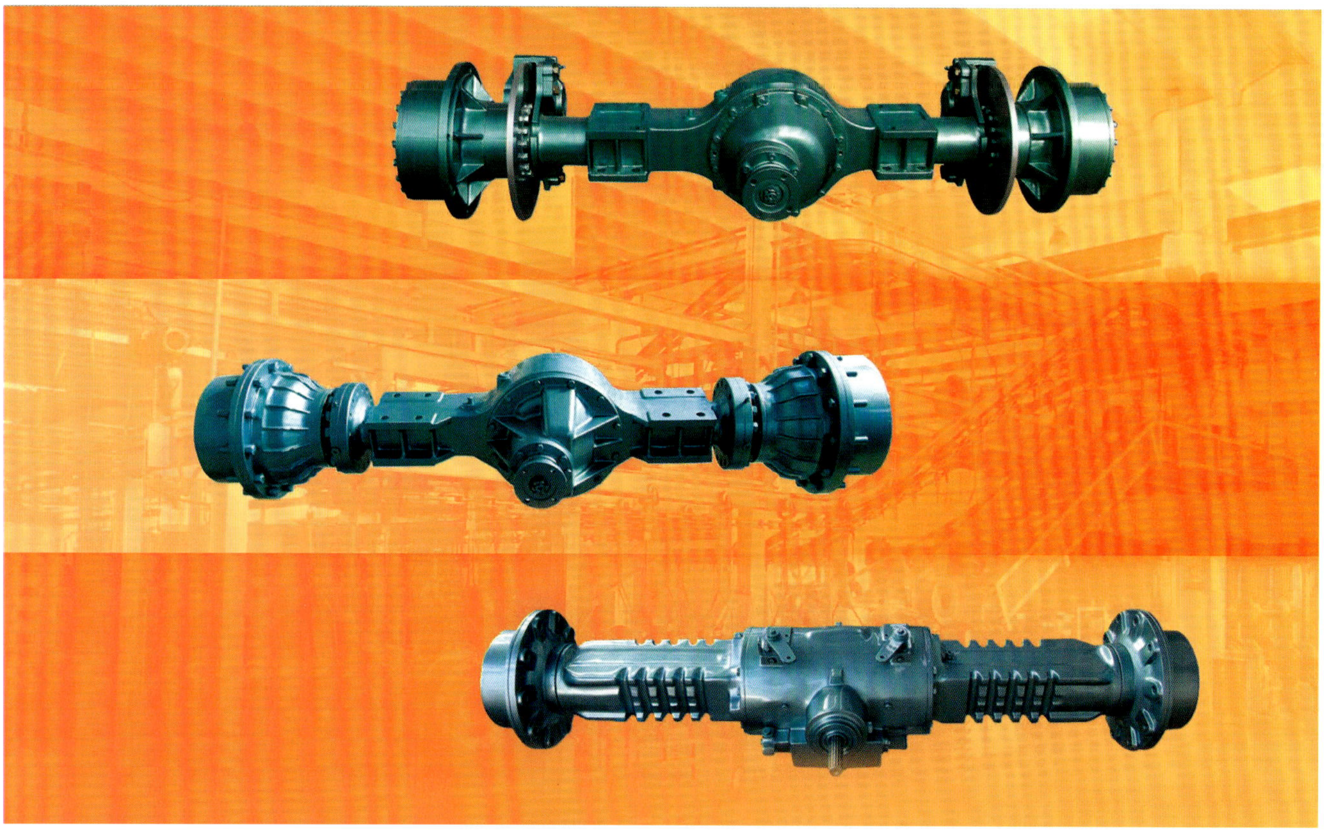

华德液压
成就中国液压工业梦想
华德液压是国内较高水平的液压元件和液压成套设备生产基地，生产的液压泵马达、液压阀、液压成套设备、减速机、油缸、液压铸件及密封件等产品广泛运用于工程机械、机床、冶金、船舶、航天及军工等领域，华德液压拥有庞大的客户群体，产品远销亚洲、欧洲及美洲等国家和地区。
销售服务热线：400-000-6987
http://www.huade-hyd.com.cn

iNi® 意宁液压股份有限公司

公司简介:

- 注册资本：贰亿贰仟伍佰万元
- 建筑面积:15万m^2
- 员工人数:550人
- 年销售额:4亿元
- 各种加工中心:68台
- 其他数控设备:90台
- 各种试验检测设备:63套
- 三坐标测量仪:3台

主要产品:

- 6、8、12、16、20、25t挖掘机液压行走及回转装置
- 12、15、20、25、28t旋挖钻机履带行走、回转及主、辅绞车
- 高空作业车轮子驱动　● IGC行星减速机
- 普通型液压绞车 车用液压绞车 船用液压绞车
  自由下放绞车 内藏式绞车 电动绞车
- 三种系列大扭矩液压马达　● 恒功率高压变量柱塞油泵
- IGT静液压驱动装置　● IGH液压回转装置

INM系列马达

IHM系列马达

IGM系列马达

壳转轮子驱动装置

轴转回转装置

轮子驱动装置

6t挖机回转马达

8t挖机回转马达

16t挖机回转马达

6t挖机行走马达

8t挖机行走马达

16t挖机行走马达

高速内藏绞车

低速内藏绞车

自由下放绞车

普通液压绞车

北仑总部厂房

春晓分公司厂房

意宁液压股份有限公司
（原宁波大港意宁液压有限公司）

地址：中国浙江宁波北仑坝头西路288号
电话：0574-86300164 86115076
传真：0574-86115082 86115071
网址：http://www.china-ini.com
邮箱：ini@china-ini.com

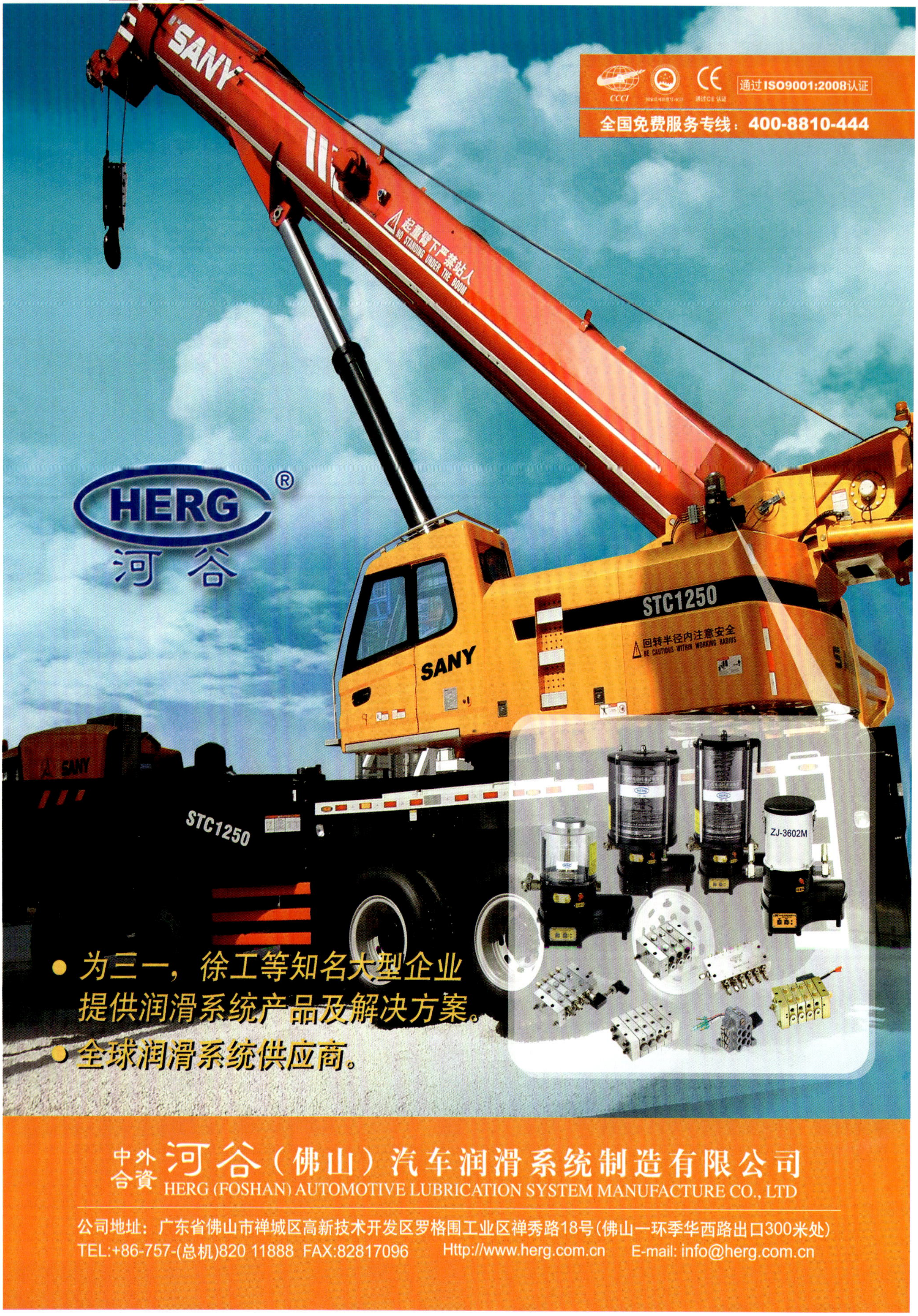
CCCI
通过CE认证
通过ISO9001:2008认证
全国免费服务专线：400-8810-444
SANY
起重臂下严禁站人
NO STANDING UNDER THE BOOM
HERG®
河谷
STC1250
回转半径内注意安全
BE CAUTIOUS WITHIN WORKING RADIUS
SANY
STC1250
ZJ-3602M
为三一，徐工等知名大型企业
提供润滑系统产品及解决方案。
全球润滑系统供应商。
中外合資 河谷（佛山）汽车润滑系统制造有限公司
HERG (FOSHAN) AUTOMOTIVE LUBRICATION SYSTEM MANUFACTURE CO., LTD
公司地址：广东省佛山市禅城区高新技术开发区罗格围工业区禅秀路18号（佛山一环季华西路出口300米处）
TEL:+86-757-(总机)820 11888 FAX:82817096 Http://www.herg.com.cn E-mail: info@herg.com.cn

年鉴网
中国机械工业年鉴社官网

中国工业年鉴出版基地
"创新引领未来，品质成就梦想"
2013年中国工程机械配套件行业年会成功召开
中国机械工业年鉴网

综合索引

『鉴』证行业发展
挖掘企业亮点

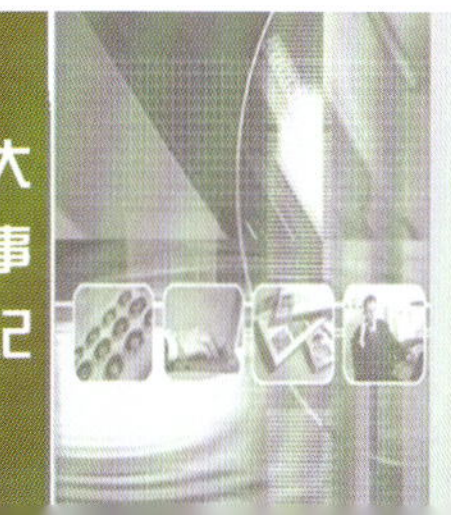

中国机械工业年鉴系列

《中国机械工业年鉴》
《中国电器工业年鉴》
《中国工程机械工业年鉴》
《中国机床工具工业年鉴》
《中国通用机械工业年鉴》
《中国机械通用零部件工业年鉴》
《中国模具工业年鉴》
《中国液压气动密封工业年鉴》
《中国重型机械工业年鉴》
《中国农业机械工业年鉴》
《中国石油石化设备工业年鉴》
《中国塑料机械工业年鉴》
《中国齿轮工业年鉴》
《中国磨料磨具工业年鉴》
《中国机电产品市场年鉴》
《中国热处理行业年鉴》

编辑说明

一、《中国机械工业年鉴》是由中国机械工业联合会主管、机械工业信息研究院主办、机械工业出版社出版的大型资料性、工具性年刊，创刊于1984年。

二、根据行业需要，1998年中国机械工业年鉴编辑委员会开始出版分行业年鉴，逐渐形成了“中国机械工业年鉴系列”。该系列现已出版了《中国电器工业年鉴》《中国工程机械工业年鉴》《中国机床工具工业年鉴》《中国通用机械工业年鉴》《中国机械通用零部件工业年鉴》《中国模具工业年鉴》《中国液压气动密封工业年鉴》《中国重型机械工业年鉴》《中国农业机械工业年鉴》《中国石油石化设备工业年鉴》《中国塑料机械工业年鉴》《中国齿轮工业年鉴》《中国磨料磨具工业年鉴》《中国机电产品市场年鉴》和《中国热处理行业年鉴》。

三、《中国工程机械工业年鉴》于2000年创刊，2002年起开始与中国工程机械工业协会正式合作，2013年为第13版。该年鉴记载了工程机械行业的运行情况、产品状况、市场分析、产销情况及发展趋势，全面系统地提供了工程机械行业的主要经济技术指标。

四、《中国工程机械工业年鉴》2013年刊由综述篇、行业篇、企业篇、市场篇、统计资料、标准索引、政策法规、大事记八部分构成。

五、统计资料中的数据由中国工程机械工业协会提供，数据截止到2012年12月31日。

六、在年鉴编纂过程中得到了中国工程机械工业协会及各分会，行业企业和多年从事工程机械研究的专家、学者大力支持和帮助，在此表示衷心感谢。

八、由于水平有限，难免出现错误及疏漏，敬请批评指正。

中国机械工业年鉴编辑部
2013年9月

目录

『鉴』证行业发展

挖掘企业亮点

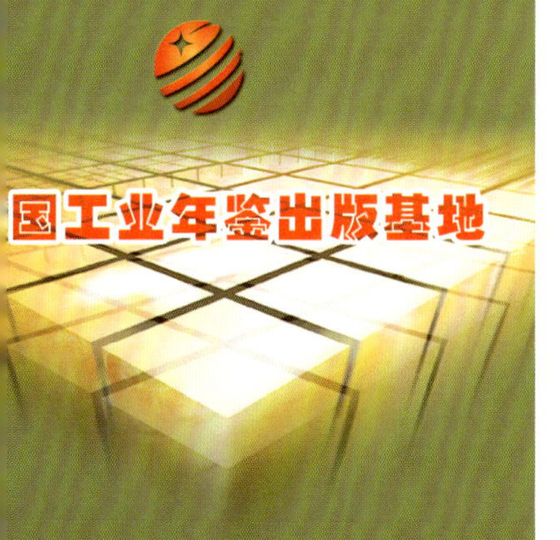

综 述 篇

行 业 篇

企 业 篇

市 场 篇

目录

『鉴』证行业发展

挖掘企业亮点

国工业年鉴出版基地

统计资料

标准索引

政策法规

大事记

Kawasaki
Powering your potential

发展历程

1916年　在川崎造船厂生产径向形柱塞泵
1962年　开始生产斜轴式轴向柱塞泵、马达
1968年　搬迁至新设立的西神户工厂,成立液压机械事业部
开始研发斜盘式轴向柱塞泵、马达
1986年　川重液压株式会社成立，同时进行液压机械事业部产品的服务维修等业务
1993年　在英国设立了 Kawasaki Precision Machinery（UK）Ltd.
开始生产Staffa Motor并负责川崎液压件在英国及欧洲区域的销售、维修服务
在美国、设立了Kawasaki Motors Corp.,USAにPrecision Machinery Division
负责川崎液压件在美国及美洲等区域的销售、维修服务，实现Sun Hydraulics Corporation公司的合作并合资销售插装阀。
2002年　从川崎重工业（株）独立出来，和川重液压技术公司（株）一起成立了（株）川崎精密机械公司
2005年　川崎精密机械（苏州）有限公司成立
2010年　与川崎重工统一、改名为川崎重工业株式会社精密机械公司。

西神户工厂概要

公司名称　川崎重工业株式会社精密机械公司
地　　址　日本兵库县神户市西区枦谷町松本234号
业务内容　液压件的设计、开发、制造、销售以及售后服务
占地面积　228 000㎡

发展历程

2002年　江苏省南京市以液压件的销售为主设立了中国代表处
2004年　和KYB公司合资成立了双凯液压(上海）商贸有限公司
2005年　在江苏省苏州市成立川崎精密机械（苏州）有限公司
2007年　成立川崎精密机械（苏州）有限公司上海销售分公司
2010年　成立川崎精密机械商贸(上海)有限公司
2011年　成立川崎精密机械商贸(上海)有限公司浦西分公司，负责川崎液压件售后服务和再制造

概要

公司名称　川崎精密机械商贸（上海）有限公司
地　　址　中国上海市黄浦区西藏中路168号都市总部大楼17楼
成立日期　2010年2月23日
资 本 金　4亿日元（川崎重工100%出资）
业务内容　液压件以及零部件的销售、进出口

概要

公司名称　川崎精密机械（苏州）有限公司
地　　址　中国江苏省苏州市高新区建林路668号
成立日期　2005年12月26日
量 产 日　2006年8月
资 本 金　15亿日元（独资）
总投资额　35亿日元
业务内容　液压件的制造、销售、售后服务
工厂占地面积　41 497㎡
第一工厂　13 467㎡
第二工厂　12 992㎡

概要

公司名称　川崎春晖精密机械（浙江）有限公司
地　　址　中国浙江省上虞市经济开发区亚厦大道200号
成立日期　2009年8月5日
量 产 日　2010年4月
资 本 金　10亿日元
总投资额　25亿日元
业务内容　液压件的制造、销售、售后服务
工厂占地面积　63 800㎡（事务所 900㎡、工厂 10 600㎡）

川崎精密机械商贸（上海）有限公司

地址：上海市黄浦区西藏中路168号都市总部大楼17楼1701室　　邮编：200001
电话：021-33663800　　传真：021-33663808

目录

『鉴』证行业发展

挖掘企业亮点

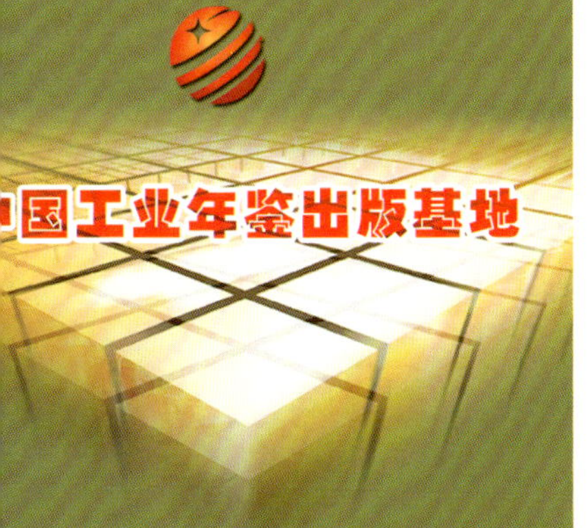

Overview

Trades

Enterprises

Market

Statistical data

LITTLE
SWAN
无锡市小天鹅建筑机械有限公司
企业研制开发的风力发电机风叶检修平台
企业开发生产的施工升降机
企业开发生产的高处作业吊篮
公司地址：江苏省无锡市惠钱路55号
销售热线：0510-83708365
传真：0510-83705102
网址：www.lsjzjx.net
邮 箱：ls@lsjzjx.cn
小天鹅建筑机械
无锡市小天鹅建筑机械有限公司
2010-2012年连续两届被评为
全国建设机械与电梯行业
用户满意产品
中国质量协会建设机械行业分会
二〇一二年十一月
资质证书

目录

『鉴』证行业发展
挖掘企业亮点

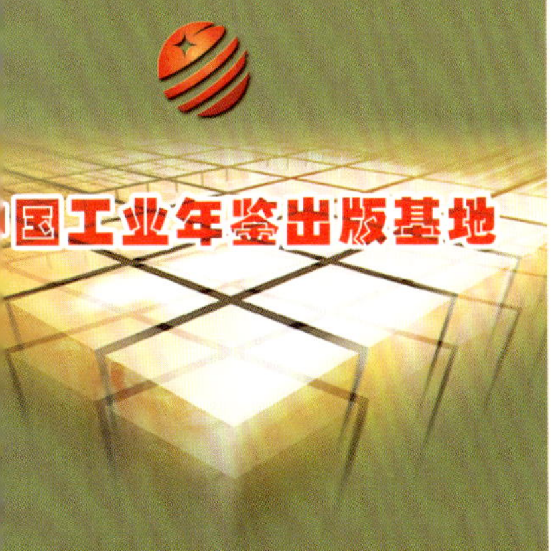

Index of standards

Policy and legislation

Chronicle of events

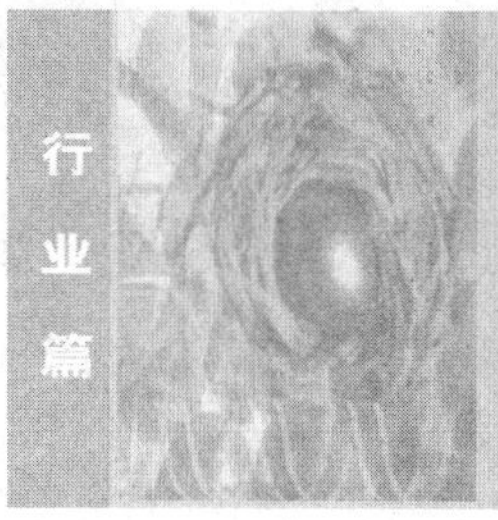

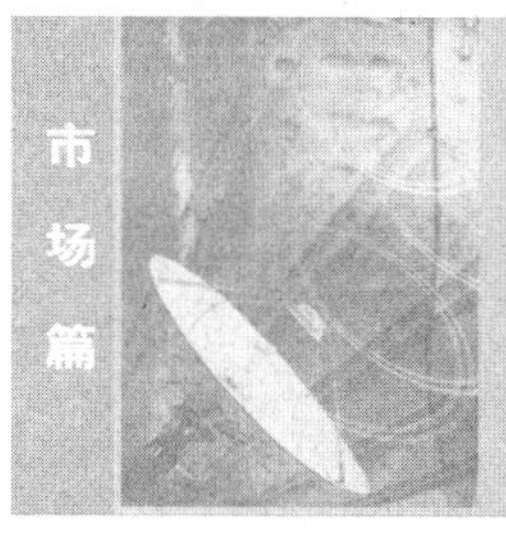

综述篇

论述工程机械行业发展成就，分析总结2012年工程机械行业发展现状，介绍工程机械行业发展战略性新兴产业的情况

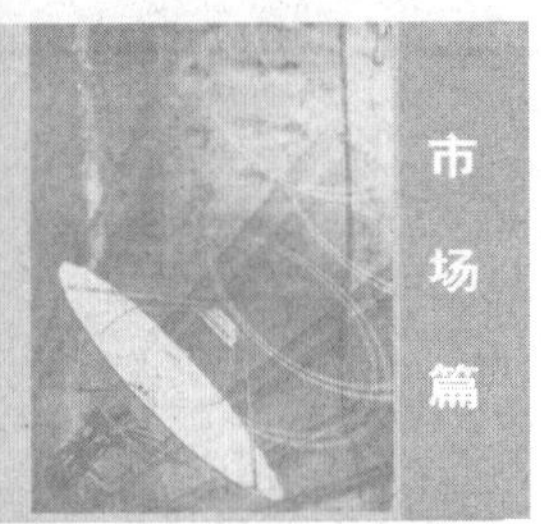

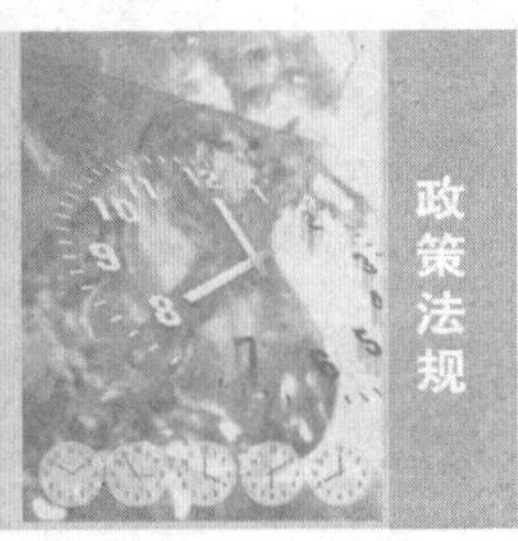

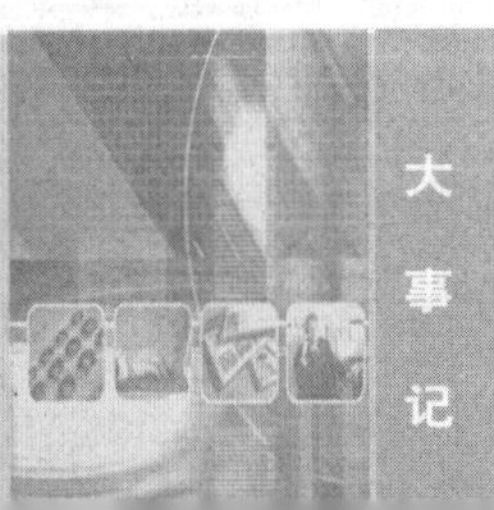

综述篇

2012 年工程机械行业发展综述

一、工程机械行业 2012 年的运行情况

（一）全行业主攻高端，推进转型升级取得成效

一年来，各企业抓住市场调整的大好时机，苦练内功，创新发展，不再片面地追求发展的规模和速度，而是使用好市场倒逼机制，积极调结构，转方式，把提高产品品质，提升品牌价值，狠抓科学管理作为工作重点，更加注重发展的质量和效益。全行业在主攻高端，推进转型升级方面取得了成效。

2012 年，由上海隧道工程股份有限公司、中铁隧道集团有限公司、中铁隧道装备制造有限公司等单位合作完成的“盾构装备自主设计制造关键技术及产业化”项目获 2012 年度国家科学技术进步奖一等奖；徐工集团的“基于大型工程机械自主创新的徐工科技创新体系工程”获得国家科技进步奖二等奖。根据行业企业申报，另有 28 项工程机械产品及技术获中国机械工业科学技术奖。其中，中联重科的碳纤维复合材料臂架系列泵车及其关键技术、徐工建机的超大型履带起重机关键技术及产业化获得一等奖。三一重工和长安大学的液压驱动平地机关键技术研究及应用等 10 项获得二等奖；三一重工的 HIPS30 混凝土湿喷机等 16 项获三等奖。

节能减排、绿色、低碳、再制造和一批产品大型化、轻量化、节能型方面的关键核心技术攻关取得重要成果。

积极变革运营模式、管控模式和商业模式，调整产业结构、产品结构、技术结构和组织结构，努力实现在规模、内力、产品、市场、核心板块的有效突破，成为行业排头兵企业 2012 年的发展共识。

（二）以高质量、高技术为特征的高端装备获得新突破

为迎接市场挑战，各相关企业不断加大科研投入，加强自主创新，以高质量、高技术为特征的高端装备层出不穷，重大技术装备智能化、自主化水平不断提高，许多领域取得新的突破。

在 2012 年 11 月开幕的 bauma China2012（上海）展览会上，工程机械行业企业竞相把近两年开发研制的成果在展会上亮相，大吨位液压挖掘机、大型节能型装载机、大功率推土机、高性能液压平地机、大型履带起重机、全地面起重机、汽车起重机、轮胎起重机、随车起重机、大型高性能叉车、混凝土机械及路面机械等，令人目不暇接，此外属具、配套件、功能部件等都给人耳目一新的感觉。

由此可见，在行业经济形势不利的情况下，各企业坚定信心、克服困难，努力提高产品的技术和质量水平，为新一轮行业的快速发展积极准备、积蓄能量。全行业在产品高端化、大型化、节能型，以及市场细分方面取得了重要成果，给目前在低迷的市场环境中的工程机械行业以新的发展动力，也充分显示了行业对工程机械未来发展的信心。

（三）加大力度实施国际化战略，全球化步伐加快

2012 年，我国工程机械行业对外经贸合作得到快速发展，全行业出口产品技术水平明显改善，出口增长率稳步提高。据海关统计，全国工程机械出口 186.21 亿美元，比上年增长 14.5%，贸易顺差 129.29 亿美元，比上年同期扩大 57.52 亿美元。

2012 年，出海远航、跨国营运，是我国工程机械企业的突出特点，各相关企业积极采取措施，力争

在全球当地化产品、技术、人才、销售、服务和文化融合方面取得新的突破。

徐工同德国施维英战略合作和其混凝土机械制造基地的建成投产为徐工进入世界工程机械前列奠定了基础。以并购欧洲两家零部件企业为基础,建设徐工欧洲研发中心,进而在全球布局上释放出更大活力和竞争力。除巴西工厂和工程技术中心外,徐工在印度尼西亚、南非、东欧、印度的基地稳步实施,计划建成海外销售服务备件网点200个左右,在国际上提升徐工品牌价值。

2012年,中联重科通过回购意大利CIFA公司其他私募股权投资机构股权,实现对CIFA的整体收购,完成了始于2008年的CIFA并购案。以此案为范例,将"包容、共享、责任"的新形象展示给全世界,以资本为纽带,持续加大对海外市场的投入,设立美国研发中心,完善全球网络体系,贴近客户,拓展海外市场;复制、推广与CIFA协同融合的成功经验,运用资本优势,积极争取在海外资源整合上有更大的发展。

2012年,三一重工收购德国普茨迈斯特,做到强强联合,优势互补,收购丰富了三一的产品组合,提升了研发创新能力、国际运营管理经验和国际营销、服务水平,也巩固了三一在国际混凝土机械制造领域的突出地位。

2012年1月10日,柳工成功收购波兰工程机械企业HSW。这是第一个由中国企业参与的波兰国有资产私有化项目,也是迄今为止中国在波兰最大的投资项目,同时也是柳工目前最大的海外投资项目,是柳工全球化进程的一座重要里程碑。经历了最短时间的磨合,在企业全体人员的辛勤努力下,截至目前柳工波兰公司业绩出色,已经成功扭转该企业长期亏损局面,给予中波两方以信心。

2012年,中国工程机械工业协会参加主办了印度尼西亚雅加达国际工程机械展和上海baumaChina展,组织参加了法国工程机械展等世界级的展会,为各企业产品海外宣传和拓展国际市场提供帮助。

(四)工程机械高端配套件有所突破

为切实落实《机械基础件、基础制造工艺和基础材料产业"十二五"发展规划》(简称三基规划),解决工程机械高端液压元件长期依赖进口的要害问题,工业和信息化部装备司会同中国工程机械工业协会、中国液压气动密封件工业协会组织建立"工程机械高端液压元件与系统产业化及应用协同工作平台"(以下称平台)。立足市场需求驱动,政府引导,行业协会组织协调,工程机械企业、液压元件企业、相关配套件及材料生产企业、科研院所与高等院校自愿参加的政、产、学、研、用相结合的开放的产业化协同工作平台,是更为完善、更有实效、更有持续性的新型自主创新体系。平台工作正在稳步推进,将作为一种新型自主创新体系运行。

(五)工程机械行业经济运行呈低速运行态势

1.产销持续下滑,降幅趋于稳定,销量持续低水平徘徊

2012年以来,工程机械主要产品产销均在上年同期较高基数的基础上出现了较大幅度的下降,其中:挖掘机、汽车起重机、压路机、摊铺机累计销量的降幅均超过30%。叉车、平地机降幅较小。工程机械行业2012年主要产品销量见表1。工程机械行业主要产品2011—2012年各月累计销量对比见图1。2012年主要产品累计销量降幅见图2。

表1　2012年工程机械行业主要产品销量

序号	产品名称	主要产品销量(台)		
		2012年	2011年	同比增长(%)
1	装载机	173 692	246 981	−29.7
2	推土机	10 169	13 094	−22.3
3	平地机	4 201	5 059	−17.0
4	工程起重机	23 040	35 457	−35.0
5	工业车辆	291 333	313 847	−7.17
6	压路机	13 289	21 617	−38.5
7	摊铺机	2 169	3 266	−33.6
8	挖掘机	115 661	173 712	−33.4
	总计	633 554	813 033	−22.1

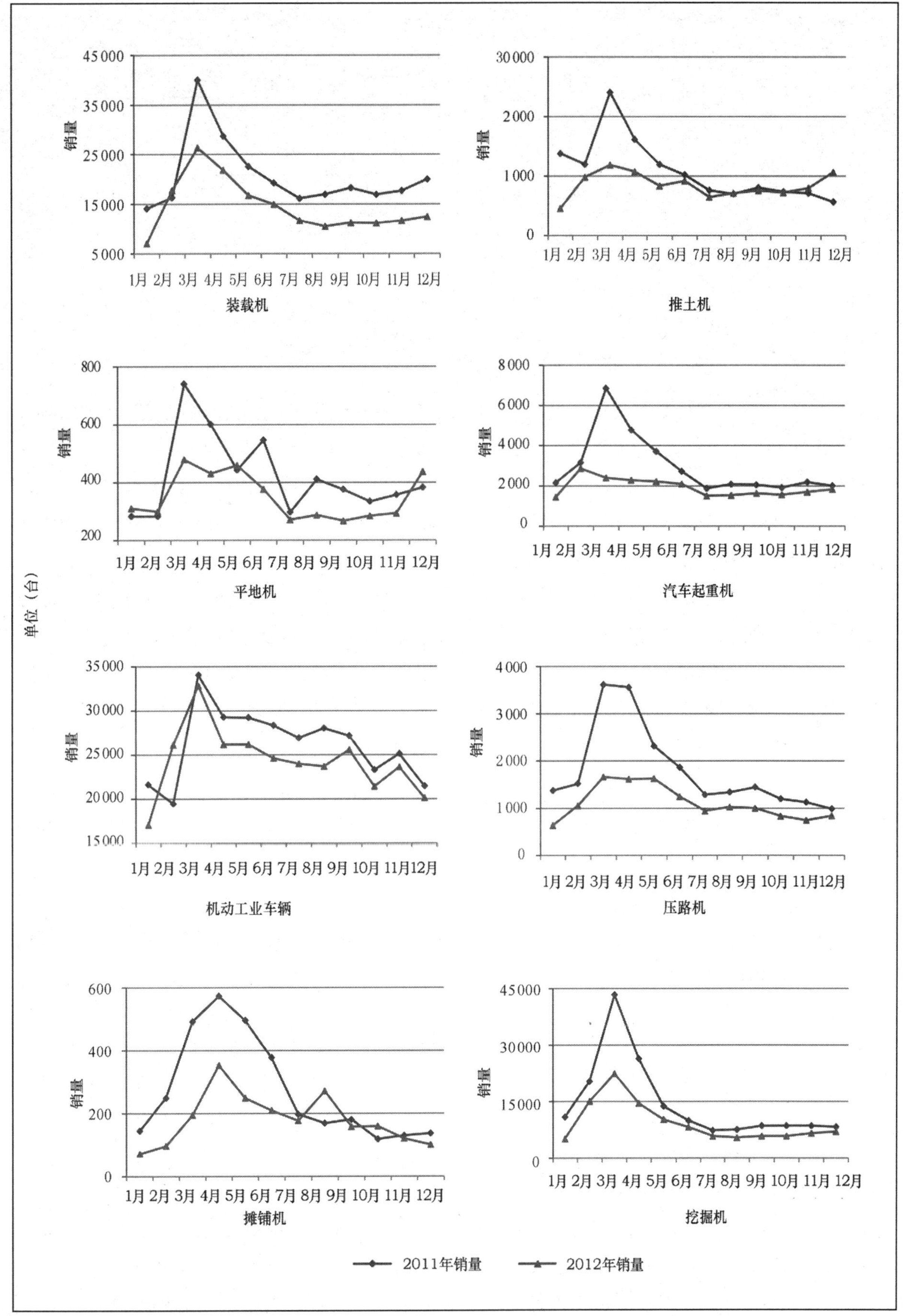

图1　工程机械行业主要产品2011—2012年各月累计销量对比

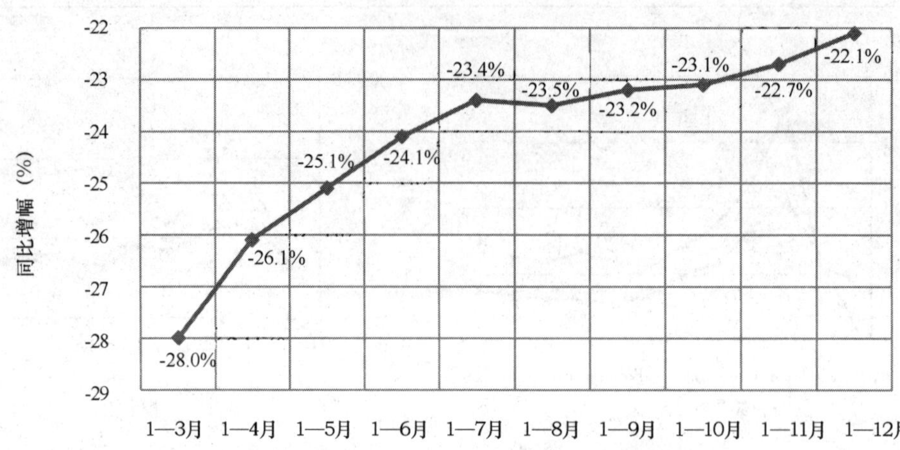

图2　2012年主要产品累计销量降幅

2012年，由于上年年初基数较高，而第二季度及以后销量快速下降，当年在年初惯性下降之后，第二季度降幅开始收窄，后几个月各产品销量基本稳定在较低的水平上。

2.工程机械企业经济效益继续下降，利润总额继续严重缩水

2012年，工程机械行业13家重点联系企业集团营业收入3 698.5亿元，同比下降3.68%；利润总额223.43亿元，同比下降34.1%；利润降幅与营业收入增幅相差超过30个百分点。

财务费用和利息支出大幅度上升。2012年，财务费用同比增长73.8%，利息支出同比增长55.38%。

2012年13家集团应收账款达910亿元，同比增长61.27%。产成品库存额257.9亿元，去库存的工作量十分繁重。

行业经济运行情况与上年同期呈现巨大反差，大多数企业资金情况和效益状况为企业的经营带来了巨大困难，是工程机械行业多年不遇的困难局面。2012年工程机械行业重点联系企业集团经济效益完成情况见表2。

表2　2012年工程机械行业重点联系企业集团经济效益完成情况　（单位：万元）

序号	指标名称	合计	同比增长（%）	序号	指标名称	合计	同比增长（%）
1	营业收入	36 984 671	−3.68	9	资产合计	38 305 863	20.35
2	营业成本	31 101 164	−1.08	10	流动资产平均余额	25 817 432	23.05
3	营业税金及附加	124 385	0.66	11	其中：应收账款	9 100 862	61.27
4	销售费用	1 447 183	−3.45	12	存货	6 106 531	2.84
5	管理费用	1 316 287	7.54	13	其中：产成品	2 578 603	−8.86
6	财务费用	574 210	73.79	14	应交增值税	957 053	1.05
7	其中：利息支出	582 166	55.38	15	从业人数（人）	184 008	−3.62
8	利润总额	2 234 325	−34.08	16	工资总额	1 227 756	5.09

3.出口增势减缓，进口持续下降

2012年，我国工程机械进出口贸易额为243.12亿美元，比上年下降4.13%。其中进口额56.91亿美元，比上年下降37.4%；出口额186.21亿美元，比上年增长14.5%；贸易顺差129.29亿美元，比上年扩大57.52亿美元。2008—2012年各月进口额见图3。

2012年工程机械产品出口市场中，非洲拉美、东盟、美国和欧盟仍是我们的主要市场。俄罗斯、东盟、非洲拉美、美国出口增长较快，日本略有增长，韩国、印度，以及中国香港下降较大。2008—2012年各月出口额见图4。

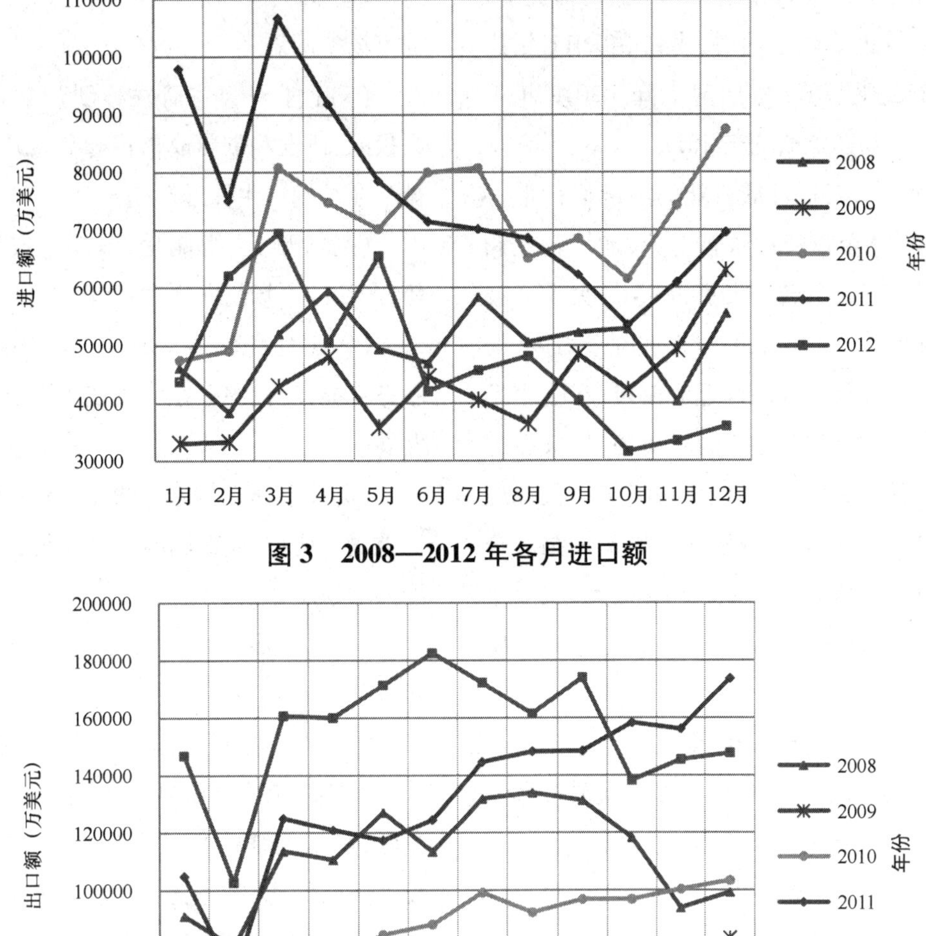

图 3　2008—2012 年各月进口额

图 4　2008—2012 年各月出口额

2012 年工程机械进出口贸易特点：

一是进口保持较低水平。受国内市场不振的影响，各月进口额呈现震荡下行态势。全年最低单月进口额仅为 3.16 亿美元，低于国际金融危机后 2009 年水平，为 2007 年 2 月以来最低月度进口额。主要产品中：履带挖掘机和零部件下降较多，其中履带挖掘机累计进口同比减少 14.6 亿美元，同比下降 48.88%；零部件进口同比减少 15.71 亿美元，同比下降 41.21%。两类产品合计下降占工程机械进口总额同比下降金额的 89.14%。

进口来源国：欧盟、美国、日本、韩国仍占有绝对比重，合计占进口总额的 91.85%。除美国进口增长外，其余均有下降，日本、韩国降幅较大，分别下降 54.38%和 47.34%。此外，从东盟、印度、非洲拉美和中国香港等地区进口额增幅较高。

二是出口高速增长的势头发生改变，趋势不容乐观。在 2011 年出口连续高速增长之后，2012 年出口增幅明显下降，尤其是从下半年开始，出口额增幅明显下降，到第四季度出现各月出口额同比下降。全年累计出口额已经从上半年累计增幅的 36.9%，下降到 14.5%。海外市场需求低迷开始在工程机械行业显现，为今后工程机械产品出口带来阴影。后两月下降较多的有：委内瑞拉、德国、印度、阿根廷、意大利、土耳其、英国、日本、加拿大、韩国、伊朗、墨西哥以及中国香港。

三是受进口下降拖累，进出口贸易总额徘徊于

2011年同期水平。在国内市场持续不振的情况下，进口出现连续较大降幅。同时，出口在2011年连续高增长的情况下，2012年明显下降。2012年工程机械进出口贸易总额略低于2011年。

总之，2012年，工程机械行业的经济运行形势十分严峻，全行业企业经过艰苦努力，加大企业调整力度，加快转型升级，转变发展方式，加大重大技术装备产品和新技术新产品的研发和制造力度，努力克服前期高速发展带来的问题和困难，在稳定发展国内市场的同时，大力开拓国际市场，加快品牌培育和市场服务体系建设，在国内市场出现大幅度下滑的时期，取得了行业总体稳定发展的成绩。全年工程机械行业完成营业收入5 626亿元，比上年增长2.96%；工程机械产品出口186.21亿美元，比上年增长14.5%。

二、工程机械行业存在的问题

（1）工程机械市场需求持续不振，市场转暖预期推迟，部分企业已经放弃了年初制定的经营目标。

（2）国家相关的稳增长措施拉动需求的效果目前在工程机械行业尚不明显。

（3）企业经营利润下降，营业成本增加，部分企业应收账款居于高位，资金压力明显加大，企业间三角债严重，将对2013年工程机械行业经济运行产生不利影响。

（4）市场需求未见明显改善和社会库存量较大，去库存压力将持续。

（5）出口额增长出现波动，且出口额占全行业销售收入的权重仍然较小，且国际贸易摩擦显著增多，出口的持续增长存在不确定性。

（6）部分领域产能增速过快，部分产品产能过剩，投入产出失衡。

（7）零首付、低首付，账期过长等营销方式仍然存在，销售手段不断升级，行业自律经受严重考验。

三、2013年行业发展预测

（1）工程机械市场竞争加剧，倒逼行业转型升级和结构调整。

（2）行业面临进一步整合，优势企业将获得新的市场空间。

（3）企业对自主研发和创新空前重视，不断加大投入，研发和创新成果将对我国乃至世界工程机械产业结构产生深远影响。

（4）大型化、智能化、节能型成为主流发展趋势，产品的市场指向更加精细。

（5）工程机械行业进一步提升服务品牌，延伸服务功能，现代服务业将成就工程机械行业新一轮发展。

（6）企业国际竞争力将进一步加强，出口所占比重继续增加，应对国际贸易摩擦显著和贸易壁垒能力增强。

（7）关键零部件能力的提升，助力主机产品国际竞争力增强。

2013年，国家将深入贯彻落实党的十八大精神和中央经济工作会议要求，牢牢把握科学发展这个主题，紧紧围绕转变经济发展方式这条主线，积极发展结构优化、技术先进、清洁安全、附加值高、吸纳就业能力强的现代产业体系，提高工业发展质量和效益，努力从工业大国向工业强国转变，为加快推进国家现代化奠定坚实的物质基础。工程机械作为我国工业领域的重点行业之一，尚处于成长期，必将受到重视和支持，当前的调整是国家主动调控的结果，属理性回归，符合预期，有利于工程机械行业调整转型、创新升级，有利于继续保持长期健康稳定快速发展。

考虑到目前国家的预调微调政策到工程机械行业作用需要时间，即使有大政策出台，也有滞后期。因此，2013年上半年工程机械行业低位运行的压力仍然较大。从经济指标上看，由于2012年上半年同比降幅较大，2013年中国工程机械同比增幅将呈现前稳后高态势，全年销售收入将平稳增长，比2012年增长13%左右。

〔供稿人：中国工程机械行业协会吕莹〕

2012年中国工程机械主要设备保有量

截止到2012年底,中国工程机械主要产品保有量约为561~608万台。其中液压挖掘机134.1~145.3万台,73.5kW(100马力)以上推土机7.8~8.4万台,装载机162.8~176.3万台,平地机3.2~3.4万台,摊铺机1.9~2.1万台,压路机12.1~13.1万台,轮式起重机22.4~24.3万台,塔式起重机30.4~32.9万台,叉车150.2~162.7万台,混凝土搅拌输送车20.8~22.5万台,混凝土泵车5.2~5.6万台,混凝土泵6.6~7.2万台,混凝土搅拌站3.9~4.3万台。2003—2012年国内工程机械主要产品销量见表1。2003—2012年工程机械主要产品进出口量统计见表2。2003—2012年国内市场工程机械主要产品实际需求量见表3。2003—2012年国内产品销售额与固定资产投资额比例关系见表4。2003—2012年我国工程机械进出口贸易额见表5。

主要设备保有量自2005年以后,取消了电梯与扶梯,主要原因是可与世界各国统计的范围相一致,更具有可比性。取消了铲运机,因自2000年以来其销售量逐年减少,至2012年仅几十台,与工程机械总量相比可忽略,故未计入。

表1 2003—2012年国内工程机械主要产品销量

年份	挖掘机		装载机		平地机		73.5kW(100马力)以上推土机	
	销量(台)	同比增长(%)	销量(台)	同比增长(%)	销量(台)	同比增长(%)	销量(台)	同比增长(%)
2003	33 982	72.4	69 666	60.7	1 727	54.2	6 579	37.0
2004	33 614	-1.1	91 334	31.0	1 788	3.5	5 611	14.7
2005	33 862	0.7	107 354	17.5	1754	-1.9	5 096	-9.2
2006	49 625	46.6	129 834	20.9	2245	28.0	5 925	16.3
2007	71 241	43.5	161 628	24.5	3893	73.4	7 207	21.6
2008	82 975	16.5	162 335	0.4	4320	11.0	8 722	21.8
2009	101 559	22.4	149 355	-8.0	3608	-16.5	8 599	1.4
2010	179 296	76.5	228 219	52.8	4531	25.6	13 911	61.8
2011	193 891	8.1	258 901	13.4	5259	16.1	13 115	-5.7
2012	130 624	-32.6	181 522	-29.9	4347	-17.3	101 69	-22.5

年份	压路机		摊铺机		轮式起重机		塔式起重机		叉车	
	销量(台)	同比增长(%)	销量(台)	同比增长(%)	销量(台)	同比增长(%)	销量(台)	同比增长(%)	销量(台)	同比增长(%)
2003	12 308	38.2	1 306	23.2	9 706	51.0	10 486	6.7	40 724	23.5
2004	10 702	-13.0	1 363	4.4	11 645	20.0	8 255	-21.3	51 393	26.2
2005	8 113	-24.2	906	-33.5	11 012	-5.4	12 693	53.8	75 733	47.3

（续）

年份	压路机		摊铺机		轮式起重机		塔式起重机		叉车	
	销量（台）	同比增长（%）	销量（台）	同比增长（%）	销量（台）	同比增长（%）	销量（台）	同比增长（%）	销量（台）	同比增长（%）
2006	8 740	7.7	1 136	25.4	14 465	31.4	19 422	53.0	97 520	28.8
2007	9 437	8.0	1 347	18.6	20 862	44.2	31 020	59.7	152 415	56.3
2008	10 885	15.3	1 436	6.6	21 419	2.7	27 918	-10.0	168 119	10.3
2009	19 852	82.4	1 678	16.9	28 494	33.0	29 300	5.0	138 908	-17.4
2010	26 281	32.4	3 019	79.9	35 143	23.3	43 400	48.1	232 389	67.3
2011	22 217	-15.5	3 386	12.1	35 455	0.9	53 000	22.1	313 847	35.1
2012	13 782	-38.0	2 179	-35.6	23 073	-34.9	43 000	-18.9	291 333	-7.2

年份	混凝土泵		混凝土搅拌站		混凝土搅拌车		混凝土泵车	
	销量（台）	同比增长（%）	销量（台）	同比增长（%）	销量（台）	同比增长（%）	销量（台）	同比增长（%）
2003	2 966	22.2	894	67.7	3 103	-16.3	858	120.6
2004	2 268	-23.5	1 320	-16.4	6 371	87.9	1027	20.0
2005	2 090	-7.6	723	-45.2	4 060	-36.3	955	-7.0
2006	3 490	67.0	1 975	173.2	5 091	25.4	1 919	100.9
2007	4 238	21.4	3 000	51.9	9 856	93.4	4 271	122.6
2008	4 492	6.0	3 180	6.0	12 352	25.3	4 527	6.0
2009	5 186	15.4	4 949	55.6	23 539	90.6	5 880	29.9
2010	6 959	34.2	5 977	20.8	35 386	50.3	7 964	35.4
2011	10 762	54.6	6 897	15.4	46 370	31.0	12 030	51.1
2012	11 246	4.5	7 075	2.6	44 646	-3.7	10 866	-9.7

表 2　2003—2012 年工程机械主要产品进出口量统计　（单位：台）

年份	分类	挖掘机	装载机	筑路机及平地机	73.5kW（100 马力）以上推土机	压路机	摊铺机	叉车	轮式起重机	塔式起重机	混凝土泵	混凝土搅拌车
2003	进口量	28 200	441	196	812	886	227	15 394	628	61	1 492	695
	出口量	790	384	68	307	461	29	2 727	172	243	357	230
2004	进口量	18 673	568	74	723	682	229	14 872	706	43	6 914 *	418
	出口量	2 874	917	142	642	725	47	9 691	216	359	1 069	186
2005	进口量	18 017	396	118	433	537	115	10 970	301	61	6 070	143
	出口量	3 839	4 130	4 903	1 085	1 457	84	16 407	457	708	692	262
2006	进口量	28 397	469	277	445	696	182	10 722	209	40	3 080	80
	出口量	8 004	9 357	4 388	1 573	2 667	162	26 492	1 484	1 748	1 149	603
2007	进口量	33 789	502	45	640	481	150	11 781	521	43	793	32
	出口量	8 709	23 307	5 078	2 995	5 231	273	48 547	4 645	3 007	1 893	2 677

（续）

年份	分类	挖掘机	装载机	筑路机及平地机	73.5kW（100 马力）以上推土机	压路机	摊铺机	叉车	轮式起重机	塔式起重机	混凝土泵	混凝土搅拌车
2008	进口量	34 387	591	32	855	453	190	10 482	41	54	340	1
	出口量	8 653	27 303	6 015	4 492	7 031	584	60 086	6 088	4 265	2 149	3 263
2009	进口量	23 613	736	34	467	393	242	5 601	89	31	290	0
	出口量	3 527	15 388	2 509	2 281	5 577	824	27 397	2 540	1 586	2 677	1 667
2010	进口量	41 766	682	83	446	603	514	9 620	58	59	451	0
	出口量	5 166	24 996	3 125	3 081	9 800	464	46 851	2 505	1 980	2 983	1 884
2011	进口量	31 784	640	50	340	797	573	10 631	49	66	372	1
	出口量	8 474	38 489	5 424	4 150	12 816	804	83 705	3 604	2 295	2 621	2 980
2012	进口量	14 005	507	31	183	379	213	8 087	31	35	223	7
	出口量	14 939	44 942	4 655	4 544	3 560	894	97 042	5 409	2 375	2 716	4 724

表 3　2003—2012 年国内市场工程机械主要产品实际需求量　（单位：台）

年份	挖掘机	73.5kW（100 马力）以上推土机	装载机	摊铺机	叉车	压路机	轮式起重机	塔式起重机	混凝土搅拌车	混凝土拖泵
2003	61 392	7 084	69 723	1 504	53 391	12 733	10 162	10 304	3 568	4 101
2004	48 848	5 370	90 985	1 545	56 574	9 847	12 332	7 931	6 061	8 113
2005	48 040	4 444	103 620	937	70 296	7193	10 856	12 046	3 941	7 468
2006	70 018	4 797	120 946	1 156	81 750	6 769	13 190	10 317	4 568	5 421
2007	96 321	4 852	138 823	1 124	115 649	7 082	16 738	28 056	7 211	3 138
2008	108 709	5 085	135 623	1 042	118 515	4 307	15 372	23 707	9 090	2 683
2009	121 645	6 785	134 703	1 096	117 112	14 668	26 043	27 745	21 872	2 799
2010	215 896	11 276	203 905	3 069	195 158	17 084	32 696	41 479	33 502	4 427
2011	217 201	9 305	221 052	3 155	240 773	10 198	31 900	50 771	43 391	8 513
2012	129 690	5 808	137 087	1 498	202 378	10 601	17 695	40 660	39 929	8 753
合计	1 117 760	64 806	1 356 467	16 126	1 251 596	100 482	186 984	253 016	173 133	55 416

表 4　2003—2012 年国内产品销售额与固定资产投资额比例关系

年份	销售收入（不含进出口）（亿元）	同比增长（%）	国内实际使用工程机械金额（亿元）	同比增长（%）	全社会固定资产投资额（亿元）	工程机械使用金额占全社会固定资产投资额比例（%）
2003	1 036	34.0	1 304	39.0	55 567	2.35
2004	1 157	11.7	1 386	4.8	70 477	1.97
2005	1 262	9.1	1 291	−6.9	88 604	1.46
2006	1 620	28.4	1 557	20.6	109 998	1.42
2007	2 223	37.2	1 976	26.9	137 324	1.44

（续）

年份	销售收入（不含进出口）（亿元）	同比增长（%）	国内实际使用工程机械金额（亿元）	同比增长（%）	全社会固定资产投资额（亿元）	工程机械使用金额占全社会固定资产投资额比例（%）
2008	2 773	24.7	2 299	16.3	172 828	1.33
2009	3 157	13.8	3 070	33.5	224 599	1.41
2010	4 367	38.2	4 355	41.9	278 122	1.57
2011	5 465	21.8	5 176	18.6	311 485	1.66
2012	5 626	3.0	4 903	-5.3	374 676	1.31

表 5　2003—2012 年我国工程机械进出口贸易额

年份	进口		出口		贸易差（进口/出口）
	金额（亿美元）	同比增长（%）	金额（亿美元）	同比增长（%）	
2003	35.62	74.5	10.50	41.4	3.4：1
2004	36.43	2.3	18.52	76.6	1.97：1
2005	30.64	-15.9	29.40	58.8	1.04：1
2006	39.31	28.3	50.12	70.5	0.78：1
2007	49.41	25.7	86.97	73.5	0.57：1
2008	60.16	21.8	134.22	54.3	0.45：1
2009	51.48	-14.4	77.05	-42.6	0.66：1
2010	83.99	63.2	103.41	34.2	0.81：1
2011	90.45	7.7	159.09	53.8	0.57：1
2012	56.91	-37.1	186.21	17.1	0.31：1

统计方法说明：

（1）统计的年份。经走访有关施工部门，他们认为政府有关部门规定的工程机械使用期为 10 年，基本符合目前我国大部分工程机械的实际使用状况。虽有些进口的先进设备，特别是大型设备使用年限超过 10 年，有的甚至使用了 20 多年，设备状况仍属正常，但考虑到大部分设备的使用状况，我们在统计中仍以 10 年为准。

（2）国内实际需求量的统计方法：境内企业当年销售量+同类产品当年进口量-同类产品当年出口量=当年国内市场实际需求量。

（3）将 2003～2012 年的当年国内实际需求量相加后，拟再增加 20%即为全国保有量。因为在统计中有以下三个因素：统计数据的不完整；未进入海关统计范围的进口量，如赠送、走私、以零件的名义进口整机等；使用年限有超过 10 年等。所以拟增加 20%的量值，但也有的专家认为增加的量值应以 30%为宜，所以给出了一个幅度。

（4）混凝土泵车、混凝土搅拌站在海关至今没有单列税号，只能以国内销量进行估算。平地机与筑路机海关统计在同一税则号中，故无法准确统计平地机的实际进出口量，其保有量为估算值。塔式起重机 2012 年还有数万台小型、简易的产品未统计在内。

（5）中国工程机械工业协会统计部及有关分会做了大量的统计工作，在此一并致谢。

（6）以上数据因种种原因统计不全，仅供参考，有不妥之处望请指正。

〔撰稿人：中国工程机械工业协会韩学松〕

加快发展战略性新兴产业

——工程机械高端制造

《国务院关于加快培育和发展战略性新兴产业的决定》确定了我国未来经济社会发展的战略重点和方向是战略性新兴产业，并且根据我国国情和科技、产业基础，又制定出现阶段重点要发展的节能环保、新一代信息产业、生物、高端装备制造、新能源、新材料、新能源汽车七大新兴产业。从 2012 年开始，国家发展和改革委员会、财政部已将战略性新兴产业列入国家财政重点支持的发展项目。

高端装备制造是战略性新兴产业的重要组成部分，自从 2008 年国际金融危机爆发以来，以美国、德国、日本为首的世界装备制造业强国，又把传统制造业列为经济复苏的重要国策。2011 年 6 月 24 日，美国总统科学和技术顾问委员会（PCAST）和总统信息与技术顾问委员会（PITAC）联合向美国总统呈交了专题报告，提出要确保美国在高端装备制造业中的领先地位；德国总理默克尔说："我在任期内将不遗余力地推动中小企业国际化发展的脚步，德国中小型企业是装备制造业的脊梁，德国机械制造、金属加工技术是无人能敌的，政府的支持和企业的创新转型发展，一定会给德国装备制造业注入新的发展活力"。可见，发达国家仍然把发展装备制造业作为富民强国的国策。在这种情况下，我国发布了《工业转型升级规划（2011～2015）》国发〔2011〕47 号，对发展高端装备制造业提出了指导性意见，并把关键基础技术、关键零部件、基础装备制造的研发与创新放在了首要位置，抓住了产业转型升级发展的龙头，为装备制造业转型升级提出了明确目标。

工程机械是我国装备制造业的重要组成部分，主要服务于各类建设工程项目的施工、维护及相应的机械化作业。我国工程机械行业从组建的那一天起，就奠定了该行业在国防建设和国民经济发展中的重要地位，特别是高端工程机械产品更是代表着我国高端装备制造业的水平。

我国工程机械制造业与其他制造业相比，起步较晚，但经过各方努力和社会需求的强劲拉动，工程机械的发展从无到有、从易到难、从小到大，特别是改革开放路线的实施，使我国用了 50 年的时间，就完成了发达国家百年的发展里程。如今，我国工程机械制造规模已发展成为世界排名第一，2012 年出口额达到 186 亿美元，占主营业务收入的 20%，有 10 家企业已进入国际工程机械行业 50 强排名，在国内和国际市场上与发达国家品牌展开竞争和博弈。伴随着这场博弈，我国工程机械在今后 10～15 年中，有可能发展成为国际先进的高端装备制造业。

依据我国工程机械行业发展现状及在国内外装备制造业中的地位，可以看出我国工程机械行业有着良好的发展基础和发展前景，其产品体系、规模、部分企业知名度、市场与服务体系等方面，在国内外均享有一定的声誉，是工程机械行业"国际俱乐部"中的主要成员和竞争伙伴。然而，我国工程机械技术水平、企业与国际先进水平和竞争伙伴之间还存在着相当大的差距。面对国内外经济发展走势低速及结构性和区域性错综复杂的矛盾，工程机械行业的竞争压力、环境压力和发展压力巨大，独善其身的发展道路已经走到尽头，只能在竞争与合作中求发展。要竞争，就要提高核心竞争力，而发展战略性新兴产业就是提高整个行业竞争力的根本途径。通过战略性新兴产业发展，带动和提升核心竞争力，才能把我国工程机械行业改造成为创新活力强、基础扎实、产品先进、质量可靠、企业知名、全球品牌的高端装备制造业。

在我国装备制造业中，工程机械已发展成为营业收入超 6 000 亿元的大产业链，产品销售和消耗量均名列世界第一位。我们取得这样大的成绩，其中一部分是以牺牲环境和过度消耗资源换来的。现在每年要产出带有燃油动力的工程机械主机百万台，消耗钢材近 2 000 万 t，燃油 6 500 万 t，大部分工程机械主机燃油发动机的排放还停留在国Ⅱ的标准上，大气环境污染严重，液压和润滑油跑冒滴漏时有发生，安全事故不断。与发达国家先进产品比较，我国工程机械大部分产品属于中低端水平，能耗高、效率低、故障多，大修期寿命短，维修备件消耗大，这是极大的浪费。所以，发展工程机械战略性新兴产业，其目的就是要彻底改变发展理念和发展思路，无论是产业政策、技术路线，还是新产品开发，新材料、新工艺、信息化水平，都要以节能、降耗、产品绿色制造、绿色作业为基本出发点，从基础做起，才能促进我国工程机械产业发展转型升级，提高发展质量。

回顾我国工程机械 50 年发展历程，随着国家宏观经济发展不断调整和体制机制的改革，工程机械行业发展一路走来，虽然起起落落，终究取得了举世瞩目的成就。但是，与发达国家先进水平比较，产品性能、可靠性、寿命、品牌、服务、试验研发体系等仍有较大差距，生产规模与技术水平没有得到同步发展，造成这种发展格局的主要原因，是受我国计划经济和政企合一管理体制的长期影响，行业发展中长期存在的保守观念难以改变，甚至有的成为阻碍行业发展的死结，譬如：重主机轻配套、重产能轻研发、重模仿轻自主创新、企业重组整合中“宁当鸡头不当凤尾”等，特别是对于基础技术的研究更缺少投入，体制机制不顺畅。要更新改变这种老观念，历史经验告诉我们，必须继续通过改革的手法，提出针对性的产业政策和技术路线，落实发展目标、重点任务、资金筹措、人才培养、创新体制与机制、知识产权保护、市场法则等环节，一句话，更新发展理念是发展工程机械战略性新兴产业的灵魂。

当今工程机械高端制造业融合了现代节能、环保、信息化、新材料、新结构等方面多种核心技术。根据这些技术路线，要把握好世界新科技、产业革命的新动向和历史机遇，要面向国内外市场需求，开阔视野、深入理解战略性新兴产业的发展内涵。发展战略性新兴产业，一定要尊重科学发展规律，既要有超越，更要有脚踏实地、循序渐进的技术路线，克服主观臆断、浮躁、急功近利、脱离实际的发展思维。要坚持充分发挥市场的基础作用与政府的引导推动相结合；坚持科学创新与实现产业化相结合；坚持整体推进与重点领域跨越发展相结合；坚持提升长远竞争力与支撑当前发展相结合。结合我国工程机械发展现状和存在问题，工程机械战略性新兴产业的发展重点，应落实到观念和理念创新、基础技术创新、研发试验系统创新、关键核心零部件技术创新、制造装备和生产组织结构创新。并以自主创新为主，吸收国际先进技术，不断改造传统产品，促进转型升级，由粗放型发展逐步改造为精细化发展、科学发展。

所谓“基础技术创新”，就是围绕着工程机械主机产品创新的一系列相关技术，它既包括整机集成创新的研发手段和贴近市场的研发理念，更主要的是为集成创新提供各种基础技术支撑，没有先进可靠的基础技术支撑，整机集成创新就是一句空话。现在我国工程机械产品集成创新虽然取得了长足进步，但有些是形象工程，采用一些进口零部件东拼西凑，研制出来的整机产品中看不中用，整机维修、备件供应等成本居高不下。工程机械产品整机技术水平，主要从原材料开始，到柴油发动机动力、电动力、液压系统、传动部件、控制系统、工作装置等，构成了整机创新体系与技术路线，其中一个关键技术节点达不到要求，整机技术水平就会大打折扣。

传统产业升级、转型是战略性新兴产业发展的又一个重要内涵，特别是高端装备制造业，是国民经济发展的脊梁，量大面广，产业链条宽、广、长。工程机械是其中产业之一，在国内外市场上，已经形成短兵相接的竞争状态，因此加快转型升级发展，跃升为国际工程机械制造强国是当务之急。

我国工程机械战略性新兴产业发展总体目标，应围绕提高创新能力、基础技术、节能减排、关键核心零部件开发、新材料新工艺、循环经济、绿色制造等领域展开，以自主创新为主，收购兼并国外先进企业，吸收国际先进技术，改造传统产业，促进转型升级。同时发展大型重大施工装备、轨道交通与海洋工程专用施工装备、大型生态建设工程装备、抢险应急救灾装备等。

在行业创新体系建设中，应关注和选择创新意识强、有规模、市场竞争力强的企业为创新主体，规划和制定国家级、省市级、公司级的产品和企业创新目录。使竞争机制与国家战略性新兴产业政策密切结合，推动行业科技创新平台（联盟）的组建，提高主机企业与相关合作伙伴的粘合力。平台的定位，要着力应用技术研究，与市场挂钩。要充分发挥国家级行业协会的作用，组织专家协助政府制定创新专项的实施规划，协助政府和企业进行协调攻关、沟通、督促，把政策取向真正落实到项目上。重大创新项目，如果没有专项实施规划，没有主体企业协同配合，没有科研体系和财政政策的支持，项目也必将落空。

关于工程机械战略性新兴产业发展具体目标和措施，本文不展开阐述（可参阅《中国战略性新兴产业研究与发展—工程机械》一书）。

〔撰稿人:茅仲文〕

2012 年工程机械产品质量检验情况

一、综述

工程机械行业是国民经济发展的重要支柱产业之一，随着近 10 年来我国工程机械的快速发展，在国内外市场、生产规模、产业领域、技术进步、产品质量、标准化体系建设等方面有了长足的进步。10 年来，我国工程机械行业在发展方式转变、经济结构调整方面取得明显成效，产销量双双跃居世界第一，综合实力迅速增强，国际竞争力和产业地位大大提升。

从 2011 年开始，国民经济发展放缓，工程机械行业经过高增长后开始转向平稳发展期，行业进入了调整期。2012 年，行业发展减速，持续徘徊，这是理性回归的表现，在这个时期中国工程机械企业能够积极调结构、转方式，加快科技创新，加强产品创新、品牌创新、机制创新，努力提高产品质量和品牌价值，夯实发展基础，攻坚高端市场，中国工程机械行业步入了可持续发展期。

近年来，工程机械行业试验体系建设有了显著的变化。行业检测机构加快了检测手段的提升和检测技术研究的投入，在整机检测、零部件检测及产品可靠性研究等方面，取得了明显的进步。

二、叉车产品可靠性状况

近几年，国内部分大型企业，开发的一些新产品，技术性能完全可以和国外先进产品媲美，但由于有相当一部分整机的可靠性达不到满意的指标，产品价格一直处于中等水平，这不仅影响了企业的经济效益，也制约了行业的健康发展。

在随机抽取的 2012 年 50 项试验报告的相关数据中，可以看出可靠性方面与上年相比有所提高。目前，主机配套件还存在质量不稳定，可靠性差、工艺制造和检测手段薄弱、技术研发能力不强等问题。配套件质量和可靠性差，往往是造成主机整体质量及可靠性水平不过关的主要原因。我国叉车与国际品牌叉车的可靠性差距表现为早期故障率高，小毛病多，渗漏问题严重。国家工程机械质量监督检验中心对2012年度50台叉车产品的可靠性试验进行了统计。叉车产品按平均无故障间隔时间统计结果见表1。叉车产品按故障类别统计结果见表2。叉车产品按故障模式统计结果见表3。叉车产品按故障所属系统统计结果见表4。叉车产品按液压系统故障分类统计结果见表5。

表1　叉车产品按平均无故障间隔时间统计结果

年份	样本数量	标准要求（MTBF）(h)	MTBF平均值(h)	
			内燃叉车	蓄电池叉车
2012	内燃叉车：30台 蓄电池叉车:20台 (其中8台内燃叉车、5台蓄电池叉车均无任何故障)	内燃叉车:≥60 蓄电池叉车:≥50	340.20	176.87

表2　叉车产品按故障类别统计结果

故障类别	总故障次数（次）	故障次数（次）	占总故障次数的比例（%）
致命故障	98	0	0
严重故障		0	0
一般故障		40	40.8
轻微故障		58	59.2

表3　叉车产品按故障模式统计结果

故障模式	故障次数（次）	占总故障次数的比例（%）
泄漏	63	64.3
电气	0	0
装配	14	14.3
加工	3	3.1
焊接	0	0
配套件	17	17.3
轮胎	1	1.0
设计	0	0

表4　叉车产品按故障所属系统统计结果

故障所属系统	故障次数（次）	占总故障次数的比例（%）
发动机	4	4.1
传动系统	4	4.1
转向系统	2	2.0
制动系统	3	3.1
行驶系统	1	1.0
电气系统	21	21.4
液压系统	53	54.1
工作装置	7	7.1
其他	3	3.1

表5　叉车产品按液压系统故障所属系统统计结果

液压系统故障所属系统	故障次数（次）	占总故障次数的比例（%）
泵	1	1.9
阀	1	1.9
电机	0	0
油缸	0	0
油管、管接头	32	60.4
密封件	19	35.8

综合分析认为，近几年，蓄电池叉车的可靠性指标平稳；内燃叉车产品的可靠性指标增长显著。建议继续加强零部件（密封件、电气系统等）的入厂检验以及装配过程的质量控制。

虽然我们在可靠性方面取得了一些进展，但国内产品在可靠性和操作舒适性上与国外产品还存在一定差距，无论从设计、生产还是质量控制等方面都还有待加强，综合对比应从以下几个方面入手来提高产品的质量和可靠性，从而全面提升产品及企业的竞争能力。

1.完善可靠性标准和指标评价体系

目前，我国叉车行业可靠性技术标准还不完善。应该组织有关部门制定和完善产品可靠性技术标准和可靠性指标评价体系，确立适合国内叉车行业的合理指标限值，对产品可靠性定期考核，包括零部件的考核，科学评价并向社会和用户公布。确立自己企业的可靠性目标，形成企业标准。

2.提高主要零部件、配套件的质量

提高整机产品可靠性水平，必须从零部件入手。发动机、驱动桥、变速箱、液压泵、阀等基础件与专用配套件的研究不够，关键零部件技术质量水平落后长期制约着整机技术质量的提升，与主机开发脱节，形不成同步开发、优化配套件的体系，制约了整机产品的更新换代速度。零部件的差距主要在可靠性和环保要求上，首先要保证材料的质量，然后是企业要从设计、工艺、制造等方面也要保证零部件的可靠性。配套件厂也要切合主机厂的发展开发与新产品技术性能相适应的配套产品，争取用最好的配套件，生产最好的产品。

3.提高可靠性周期

为提高叉车可靠性，除了按照标准要求的时间外，必须进行相应的可靠性增长试验。可靠性增长试验是一个循环的周期性试验，是从可靠性试验到故障分析、改进、再试验的不断循环过程。每经过一次循环，产品的缺陷减少，可靠性也会有一定程度的提高，并可在试验中寻找产品的薄弱环节。例如曼尼通的新产品出厂要求要运行 1 400h 强化试验，更有一些实力较强的外资企业新产品可靠性试验要求一直跑出重大故障为止。

4.加强产品可靠性试验工作

经过设计、加工、装配完成了整机的装配，要保证达到预期的效果，还必须经过自己严格试验才能发现产品的缺点，对于新产品的开发，一定要在恶劣的环境条件下开展可靠性试验工作，要针对试验中暴露出的问题彻底改进。对于已经批量生产的产品要进行定期抽样可靠性考核，发现性能下降等应及时改进。

5.加强售后服务和信息反馈

评价产品好坏的是用户，因此，应加强对用户的调查和可靠性跟踪，找出问题加以解决，并建立良好的售后网络。使用多维一体的质量与可靠性信息反馈网络，很容易找出多车相同故障的问题，以便更加有效地推进产品可靠性的提高。

三、观光车产品可靠性状况

在型式试验和产品调研中，观光车产品的可靠性逐年增强，首次平均故障时间越来越长。在目前中国的旅游市场上，主要景区的主要观光车用车品牌有苏州益高、柳州五菱、东风电动、广州朗晴等，由于准入门槛低、技术含量不太高，国内市场在2013 年将会继续保持上升的发展趋势，预计在今后的 2~3 年中将发展为 200 家左右，那时的市场竞争也将日渐激烈，趋向完全竞争的市场结构。由于国内旅游观光车市场容量有限，所以观光车生产企业需要在未来重点解决技术创新、生产质量改进、市场服务提升和可靠性提高等关键性的问题。

1.健全、完善观光车的配套体系。

观光车在中国市场上出现的时间并不长，相关配套体系的建设还不够完善，很多观光车生产企业过分强调经济利益的最大化，在新产品研发和质量改进方面的投入还相对不足，缺乏行业内部的有效分工与协作。目前，观光车的主要配套件如电机、电控装置、蓄电池等的知名生产企业不是很多，可选择的空间也不是很大，进而影响了整个行业的持续发展能力。对此，观光车的生产企业一定要积极向国内外的优秀企业学习，在产品的研制开发方面应密切关注质量、性能、可靠性，多加强行业内部的分工与协作，用现代化的生产设备提高产品的质量和产品的配置，打造观光车精品，以质量和信誉赢得用户。

2.尽快制定可靠性方面的技术标准

由于中国的观光车行业还缺少产品的国家标准，导致行业内部的生产与市场竞争相对混乱，使得更多企业在发展过程中忽视了质量和技术上的持续投入。对此，应尽快制定可靠性方面的技术标准，提高行业的准入门槛，对观光车行业的发展进行正确的引导，促进观光车行业的健康发展。

3.走专业化、规模化的发展道路

中国的旅游市场是多元的，是不断变化的，不同的景区可能对观光车有着不同的市场需求，需要生产企业进行个性化的制作。同时，随着行业内部竞争的加剧，利润空间的缩小，观光车生产企业必须走上专业化、规模化的发展道路，借助质量上的改进、生产效率的提升和成本的节约赢取更多的市场竞争优势。

4.加强试验力度

国内企业普遍对产品试验不太重视，尤其是产品的可靠性试验。几乎没有几家企业能够自发地进行可靠性试验，只是被动地应付国家的相关检查。其实，真正优秀的产品正是通过一次一次高强度的试验而产生的，必须通过不断的试验，改进其薄弱环节，方能使产品的质量不断提升，成为真正值得用户信任的产品。建议企业能够自发地对典型产品进行试验，条件不具备的可以委托行业优秀的检测机构进行试验，全方位地提升产品品质。

四、挖掘机产品可靠性状况

2012 年我国挖掘机行业技术质量较 2011 年有了进一步的提升，主要挖掘机生产企业有 20 多家，占全行业数量的 1/3。虽然经过 10 多年的快速发展，我国工程机械行业在多数产品领域以较高的性价比成为市场主流，实现了可替代进口。但其中，挖掘机市场长时间内仍以国外品牌为主，其总体市场份额远超过自主品牌，主要原因就是国内品牌在研发水平和质量可靠性两个方面的问题上依然没有根本解决。

挖掘机的质量问题主要出现在结构件、电控系统、发动机、液压系统以及销轴、四轮一带等零部件上。结构件问题主要是由于设计、制造、加工工艺原因，以及未按要求使用形成动臂、斗杆承受侧向载荷或垂向冲击载荷，造成早期疲劳断裂、撕裂、开焊等。电控系统问题主要是由于匹配性差、元件不稳定等原因造成失效。因国内大多采用进口发动机，出现故障大多与保养、使用、油料有关，其他故障一般多与设计、制造、装配有关。挖掘机厂家应考虑与发动机制造商联合开发适用于中国燃油质量和排放标准的电喷发动机。伴随国家标准对发动机节能、排放的要求不断提高，国内企业在发动机的技术储备上应提早进行研究。

2012 年从挖掘机行业质量总体情况来看，中(15~35t)、小(15t 以下)吨位挖掘机产品，自主品牌的平均故障间隔时间已接近甚至超过外资品牌，可靠性有较大提升，但大(35t 以上)吨位挖掘机外资品牌可靠性仍占优势。调查显示，无论中外品牌，液压系统均为故障率较高的系统，而自主品牌电气系统的故障率远高于国外品牌，车身及结构系统附件的故障率则是国外品牌较高。自主品牌挖掘机在整机可靠性方面的提升，是我国工程机械行业的一个重大进步。更好的品质，相对较低的价格，将为广大用户创造更多价值。但同时也要看到，在大吨位挖掘机方面，自主品牌仍需努力；在液压系统的核心部件等方面，仍然依赖进口，是我国工程机械行业未来必须突破的瓶颈。

产品的可靠性目前仍是衡量产品质量的主要指标之一，对 2012 年度挖掘机行业工业性试验中发生的故障，按照故障类别、故障模式、故障所属系统等进行统计分析，希望对行业产品可靠性的提高有所帮助。国家工程机械质量监督检验中心对 2012 年度的 81 台挖掘机产品的可靠性试验进行了统计。挖掘机产品按故障类别统计结果见表 6。挖掘机产品按故障模式统计结果见表 7。挖掘机产品按故障所属系统统计结果见表8。挖掘机产品按液压系统故障分类统计结果见表9。

表6 挖掘机产品按故障类别统计结果

故障类别	总故障次数（次）	故障次数（次）	占总故障次数的比例（%）
致命故障	47	0	0
严重故障		0	0
一般故障		34	72.3
轻微故障		13	27.7

表7 挖掘机产品按故障模式统计结果

故障模式	故障次数（次）	占总故障次数的比例（%）
泄漏性故障	8	17.1
堵塞性故障	3	6.4
松脱性故障	9	19.1
断裂性故障	7	14.9
损伤性故障	18	38.3
失调性故障	1	2.1
退化性故障	1	2.1
其他	0	0

表8 挖掘机产品按故障所属系统统计结果

故障所属系统	故障次数（次）	占总故障次数的比例（%）
发动机	14	29.8
传动系统	0	0
转向系统	0	0
制动系统	0	0
行驶系统	1	2.1
电气系统	5	10.6
液压系统	18	38.3
工作装置	7	14.9
其他	2	4.3

表9 挖掘机产品按液压系统故障所属系统统计结果

液压系统故障所属系统	故障次数（次）	占总故障次数的比例（%）
泵	1	5.6
阀	1	5.6
马达	3	16.7
油缸	6	33.3
油管、管接头	3	16.7
密封件	4	22.1

产品质量是在产品具有一致性的前提下通过可靠性指标和寿命来评价的，但是我们的企业往往不能够有效地保证产品的一致性；企业内部对于生产制造工艺一致性的工作涉及精准的制造装备，完整、正确、统一的技术文件，运行有效的质量保证体系，一支训练有素的团队，和谐的企业文化等各个方面，而这些方面并不是一朝一夕能完善的，需要企业结合自身实际、市场反馈等信息不断地改进和提高。

五、装载机产品可靠性状况

装载机的可靠性水平是影响产品质量的重要因素，也是企业制造技术工艺水平、质量保证能力等综合实力的体现。国产装载机行业经过近几年的努力，产品质量尤其是可靠性水平有了显著提升，但与国外同类产品比较，国产装载机产品仍然存在使用寿命短、早期故障率高、配套件质量不稳定等问题。以下通过2012年部分装载机可靠性试验数据的统计分析，以期反映出装载机行业整体可靠性水平现状及制约行业产品可靠性的关键因素，帮助国产装载机可靠性水平的提升。国家工程机械质量监督检验中心对2012年度的27台装载机产品的可靠性试验进行统计。2012年的27台试验样机，共发生140次故障。装载机产品按平均无故障间隔时间统计结果见表10。装载机产品按故障类别统计结果见表11。装载机产品按故障模式统计结果见表12。装载机产品按故障所属系统统计结果见表13。

表 10　装载机产品按平均无故障间隔时间统计结果

年份	样本数量	标准要求（MTBF）（h）	MTBF 平均值（h）
2012	27	≥100	358.0

表 11　装载机产品按故障类别统计结果

故障类别	总故障次数（次）	故障次数（次）	占总故障次数的比例（%）
致命故障	140	0	0
严重故障		0	0
一般故障		84	60.0
轻微故障		56	40.0

表 12　装载机产品按故障模式统计结果

故障模式	故障次数（次）	占总故障次数的比例（%）
泄漏性故障	79	56.4
堵塞性故障	5	3.6
松脱性故障	17	12.1
断裂性故障	5	3.6
损伤性故障	11	7.9
失调性故障	23	16.4
退化性故障	0	0

表 13　装载机产品按故障所属系统统计结果

故障所属系统	故障次数（次）	占总故障次数的比例（%）
发动机	20	14.3
传动系统	17	12.1
转向系统	6	4.3
制动系统	12	8.6
行驶系统	16	11.4
电气系统	16	11.4
液压系统	38	27.1
工作装置	1	0.7
其他	14	10.0

从以上统计结果可以看出，我国装载机产品早期故障无明显变化，可靠性水平趋于稳定。平均无故障间隔时间基本保持在 300h 以上，而国外如卡特、小松、斗山等公司的装载机平均无故障工作时间可以达到 500～1 000h，两相比较，差距依然明显。

从统计结果可以看到故障中来自发动机、液压系统、电气系统故障仍占有较大比重。而装载机上的发动机、液压元件、电气元件主要来自配套企业，这说明装载机主机生产企业仍需加强对配套件的质量控制。其次，虽然近几年装载机主机制造企业认识到了产品质量是企业的生命，在提升产品质量上下了很大工夫，取得了一定成效，但应该看到在改进产品设计制造工艺，如装配工艺上仍然存在一定的提升空间。另外一个客观原因是由于国内市场残酷的低价竞争，装载机制造企业利润微薄，往往不得不在价格与质量之间作出取舍，以牺牲一定的可靠性来求得产品价格优势。如此恶性循环，严重制约全行业的质量进步。最后，一个严重影响着国产和进口装载机可靠性同时又没有引起行业足够重视的因素是售后服务，装载机的工作环境比较恶劣，正确的操作、定期维护保养对提高装载机作业可靠性有着重要意义。很多大的故障，都源于平时错误的操作习惯及对装载机的维护、保养不及时。国外装载机在国内主要面向高端市场，这类用户管理规范，操作人员素质相对较高，国产装载机主要面对的是中低端市场，这类用户管理水平参差不齐，操作人员多数素质较低，技术不熟练，企业本应对这类客户加强培训指导，可事实却是国外装载机企业在售后服务中对装载机操作、维护、保养的培训占有相当的比重，而国内装载机企业的售后服务主要精力用在产品维修和解决质量纠纷上，而疏于对用户的培训和指导，从而进一步拉大了国产装载机与国外装载机的可靠性差距，使得国产装载机早期故障频发，甚至使用寿命大幅缩短。

发动机、驱动桥、变速箱、液压泵、阀、电控部件等关键零部件技术质量水平的落后，长期制约着整机技术质量的提升，成为装载机行业追赶国际水平发展的瓶颈。就目前看,我国装载机制造关键零部件的核心技术仍掌握在别人手中,高端装载机的关键部件如发动机、驱动桥、变速箱、液压泵、阀等多是国外知名企业的产品。国家和企业充分认识到了这一点,提升发动机、桥箱、液压件制造技术和工艺水平是当前行业技术质量工作的重点。

六、推土机产品可靠性状况

推土机行业经过几十年的发展,经历了修造、仿制、引进消化等阶段之后,取得了长足的进步。但由于对国外的技术仅停留在消化、吸收和提高国产化率的低层次上,没有上升到形成产品开发能力和技术创新能力的高度,引进的新技术又出现新的差距。产品的可靠性方面,与国外产品相比仍有很大差距。

影响产品性能和质量的因素很多,但产品的可靠性仍是主要因素之一。国家工程机械质量监督检验中心对2012年度的推土机产品可靠性试验进行了统计。推土机产品平均无故障间隔时间见表14。推土机产品按故障类别统计结果见表15。推土机产品按故障模式统计结果见表16。推土机产品按故障所属系统统计结果见表17。推土机产品按故障原因统计结果见表18。

表14 推土机产品平均无故障间隔时间

年份	样本数量	标准要求(MTBF)(h)	MTBF平均值(h)
2012	5	≥150	410

表15 推土机产品按故障类别统计结果

故障类别	总故障次数(次)	故障次数(次)	占总故障次数的比例(%)
致命故障	13	0	0
严重故障		0	0
一般故障		12	92.3
轻微故障		1	7.7

表16 推土机产品按故障模式统计结果

故障模式	故障次数(次)	占总故障次数的比例(%)
泄漏性故障	5	38.5
堵塞性故障	1	7.7
松脱性故障	0	0
断裂性故障	3	23.1
损伤性故障	2	15.4
失调性故障	0	0
退化性故障	1	7.7
其他	1	7.7

表17 推土机产品按故障所属系统统计结果

故障所属系统	故障次数(次)	占总故障次数的比例(%)
动力系统	2	15.4
传动系统	0	0
行走系统	3	23.1
制动系统	1	7.7
电气系统	0	0
液压系统	7	53.8
操纵系统	0	0
工作装置	0	0
其他	0	0

表18 推土机产品按故障原因统计结果

故障原因	故障次数(次)	占总故障次数的比例(%)
设计	1	7.7
工艺	1	7.7
使用	1	7.7
制造	2	15.4
零部件质量缺陷	7	53.8
其他	1	7.7

通过对推土机故障情况的统计,可以看出:①液压系统故障占比较大,说明液压件制造质量还有较大的提升空间;②零部件质量缺陷占比较大,说明外协件质量控制措施有待改进。

七、压路机产品可靠性状况

2012年,在国内压路机市场,振动压路机占据主导地位。根据国家工程机械质量监督检验中心所进行的11台压路机试验,其中振动压路机10台,8台出现故障,故障次数11次,其中轻微故障5次,一般故障6次。国内压路机可靠性指标普遍偏低的现象已存在多年,用户反映也很强烈。企业对产品可靠性试验验证工作的忽视,造成了产品早期故障率高,给用户和企业自身都带来了较大的经济损失。可靠性指标偏低一直是制约我国压路机整体水平提高的关键因素,提高产品的可靠性指标不仅可以提高产品质量,而且可以在客户心中树立起良好的企业形象,在行业内提升自身的地位,从而提高企业的经济效益。

目前我国压路机存在的故障主要有以下几个方面:

1.电气故障

电气故障是振动压路机的常见故障,绝大多数都是轻微故障,例如顶灯导线接触不良、熔丝损坏等。2012年做过的可靠性试验中,振动压路机出现故障3次,其中轻微故障2次,一般故障1次,在振动压路机的故障次数比例中占27.3%,在轻微故障次数比例中占40.0%,在一般故障次数比例中占16.7%。

2.密封性故障

密封性故障是困扰国产工程机械产品质量多年的难题,泄漏问题也是压路机的常见故障。2012年做过的可靠性试验中,振动压路机出现故障3次,均为一般故障,在振动压路机的故障次数比例中占27.3%,在一般故障次数比例中占50.0%。

3.机械故障

压路机的机械故障主要发生在结构件和发动机系统上,例如燃油管断裂、风扇皮带松动等。2012年做过的可靠性试验中,振动压路机出现故障2次,轻微故障1次,一般故障1次,在振动压路机的故障次数比例中占18.2%,在轻微故障次数比例中占20.0%,在一般故障次数比例中占16.7%。

4.连接件松动故障

连接件松动故障多为连接零部件的螺栓螺母松脱。2012年做过的可靠性试验中,振动压路机出现故障3次,轻微故障2次,一般故障1次,在振动压路机的故障次数比例中占27.3%,在轻微故障次数比例中占40.0%,在一般故障次数比例中占16.7%。

通过分析2012年压路机可靠性试验数据,能够发现一些问题:不同厂家、不同类型的压路机会多次出现相同类型的故障,说明生产厂家对产品的故障不够重视。多次的维修会给企业增加一定的成本,而有些故障是可以被有效避免的,应定时进行保养,确保机器能够正常工作。产品经久耐用的问题以及可靠性的问题若不加以改进提高,随着国外品牌的发展,国内产品的竞争力将会受到影响。

八、工程起重机产品可靠性状况

虽然影响产品性能和质量的因素很多,但产品的可靠性仍是目前影响我国工程起重机行业产品质量和赢利能力的主要因素。多年来,国家工程机械质量监督检验中心进行了大量的工程起重机产品的可靠性试验,积累了丰富的试验数据。通过对2012年20台起重举升类专用车新产品试验中所发生的48次故障情况统计,结果表明:我国起重举升类专用车行业产品质量不断提高,样机在试验中很少发生致命故障和严重故障,主要是一般故障,占总故障次数比例为89.2%。

由于起重举升类专用车液压系统分上车液压系统和下车液压系统两部分,液压系统比其他工程机械复杂,液压元件较多,如汽车起重机的上车液压系统就包括起升油路、回转油路、变幅油路、伸缩油路和先导控制油路,因此起重举升类专用车出现故障排在前三位的依次是液压系统、工作装置、电气系统,分别占总故障次数的44.1%、22.2%和23.2%。按故障模式统计,排在前两位的为退化性故障和泄漏性故障,分别占总故障次数的比例为46.2%和18.4%。退化性故障多为密封件失效造成的。泄漏分为内漏和外漏两种。内漏是液压元件内部部件磨损或损坏造成的，例如伸缩液压缸活塞的密封件损坏，进油腔的液压油漏入了回油腔，造成液压缸动作缓慢；外漏是液压系统内的油液流到液压系统外部的泄漏，外泄漏主要产生在液压系统液压管路、液压阀、液压缸和液压泵（液压马达）的外部，即向零部件的外面渗漏，具体表现为管接头、密封件、元件接合面、壳体及系统自身原因而引起的油液泄漏。

近几年，我国开发的一系列新一代起重举升类专用车取得了巨大技术进步，大吨位、新技术、结构新颖的产品不断推向市场。但国产起重机与国外产品可靠性和质量稳定性上还存在不小的差距：液压系统存在渗漏和异响，电气元件老化、接触不良、失灵，机构存在异响、操作不便、不可靠，桥箱漏油、漏气、断齿、操作不灵，操纵室漏水、焊缝开裂、密封老化脱落等。

九、提升产品可靠性的有效途径

1.保证产品的一致性

提高产品的可靠性是我们永远的追求。纵观产品故障模式和分布，不难发现故障过于离散，即使是集中的故障群，其失效模式也是多种多样的，原因是我们的产品缺乏一致性。也就是说，解决好一致性是提升产品可靠性的基础。保证产品一致性的五个要素包括：精准的制造装备；正确、完整、统一、齐全的技术文件；运行有效的质量保证体系；训练有素的团队；优良的企业文化。

2.重视健全的研发体系和试验体系的建设

实现了产品的一致性，产品的故障分布就会集中，失效模式将趋于固定，这就为解决问题创造了条件，执行方法也就有了针对性。同样，健全的研发体系和试验体系是解决问题的保障，这个体系可以是企业自身的，也可以是社会资源，但应纳入企业的管理体系。同时，针对工程机械产品液压系统和电气系统等关键零部件早期故障多的特点，配套件和主机企业均应重视试验技术研究，重视零部件可靠性试验台的建设，为新产品研发提供试验装备、试验技术和基础试验数据。

产品可靠性是一个系统性的综合问题，不仅与主机制造商有关，还取决于整个国家的工业水平。技术差距是客观存在的，我们应该正确看待，应充分发挥我们的服务优势，建立行之有效的服务体系，提高服务的及时性和有效性；还应充分利用工程机械主要配套件进口关税降低的契机，形成国际化配套局面，提高整机的可靠性水平以及继续利用价格优势进一步扩大市场份额。同时在优势的低端产品领域，应与国内配套商紧密联合起来，形成专业化配套化生产厂家群体，共同进行技术革新，应用新技术，借此进一步提升工程机械产品的可靠性。

十、工程机械试验检验情况

产品试验检验是产品从设计、研发、生产到投入市场的基本而重要的手段，无论是进入国内市场还是国际市场，产品都需要大量的试验检验验证。几十年来，以国家工程机械质量监督检验中心为代表的第三方检测机构，为我国工程机械产品技术质量的提高，行业的发展进步发挥了重要的作用。

试验检验作为政府监管的重要技术手段，在政府推行特种设备、3C 认证、汽车产品《公告》等质量、安全监督管理的过程中，发挥着非常重要的作用。试验检验的类型多种多样，目前国家工程机械质量监督检验中心开展的检验类型有型式试验、强制性项目检验、特种设备制造许可试验、3C 认证检验、产品质量抽查、质量鉴定、仲裁检验与司法鉴定、CE/e-mark/GOST 认证检验、零部件试验、科技成果国家级鉴定检测、国内外产品的比对分析试验、标准验证试验、军民用产品的招标试验、委托性试验等。2012 年进行的各类试验检验 5 458 项。其中特种设备制造许可检验和鉴定评审、CE 认证、CQC 标志认证是工程机械行业比较特殊的检验工作，除了对产品的质量控制以外，对制造资质、环境、质量体系等也提出了具体要求。

1.特种设备制造许可检验和鉴定评审

从 2003 年起我国特种设备行政许可制度实施 10 年以来，有效地规范行业企业的生产经营活动，产品安全质量水平不断提升，年事故率不断下降。

随着法律法规的健全与完善，特别是《中华人民共和国特种设备安全法》的颁布，对这些特种设备的安全进行了规范，标志着我国对特种设备安全监管在法制化的轨道上迈出了新步伐。随着许可制度的不断深入，近几年来获证企业的数量保持在一定规模，新申请企业数量逐步减少，新产品的开发推进步伐也趋于平稳。

2012 年，国家工程机械质量监督检验中心在国家质检总局特种设备安全监察局（简称特设局）核准的范围内共完成特种设备境内外检验 397 余台，特种设备制造条件鉴定评审 120 家企业，其中包括 3 200t、3 600t 履带起重机等超大型特种设备，覆盖了国内 20 多个省、直辖市，以及日、美、德等国。

为了更好地促进特种设备行政许可制度实施，使国家对厂车的特种设备行政许可管理更科学、更规范并更具有可操作性，作为技术支撑机构，国家工程机械质量监督检验中心积极配合特设局进行了《场（厂）内专用机动车辆安全监察规定》《场（厂）内专用机动车辆型式试验规则》《场（厂）内专用机动车辆制造许可规则》《起重机械型式试验规则》和《场（厂）内专用机动车辆作业人员考核大纲》等规章及相关文件的制修订工作。

2.CE 认证

近年来，随着我国经济与国际接轨速度的加快，工程机械产品的质量不断提高，与国外先进国家的差距不断缩小，我国工程机械产品不再满足出口到第三世界，工程机械出口到欧盟市场的份额在迅速增大，CE 认证业务的需求越来越多。为了帮助行业主机厂产品进入欧盟走向世界，2009 年，国家工程机械质量监督检验中心与欧洲认证组织有限公司（ECO）及其中国分支洛阳意中技术咨询有限公司（以下简称 ECO 意中公司）合作，开展 CE 认证合作业务，质检中心也正式成为欧盟官方认可的 CE 认证签约实验室，为中国企业获得 CE 认证提供法规咨询、产品检测和产品认证的一条龙服务，使中国工程机械和车辆产品能够更加便捷地通过 CE 认证并快速进入欧盟市场，进一步推动中国工程机械产品出口事业的发展。至 2012 年年底，经过三年多的 CE 认证业务开展，国家工程机械质量监督检验中心与 ECO 意中公司合作，进行了 276 个型号的 CE 认证检验，并于 2012 年在起重机领域颁发了首张 CE 认证证书。

3.CQC 标志认证

为了加强对土方机械产品的监管力度，促进与国际认证制度接轨，2011 年年初，中国工程机械工业协会、中国质量认证中心和国家工程机械质量监督检验中心三家机构联合共同推动在土方机械行业开展 CQC 标志认证，编制了《土方机械认证规则》（CQC13—444201—2011），2011 年 8 月，在北京举行了中国土方机械 CQC 标志认证新闻发布会。柳工、山推、龙工、日立、徐工、三一、玉柴 7 家国内外龙头企业成为首批获证企业，涉及推土机、挖掘机、装载机、压路机等产品。

土方机械产品的 CQC 标志认证是自愿性认证，按照国际惯例，其认证模式采用了型式试验+初始工厂审查+获证后一致性监督的模式。认证范围涉及挖掘机、推土机、平地机、压路机、吊管机、回填压实机、铲运机、水平定向钻机、自卸车、装载机、挖掘装载机、特殊土方机械 12 大类土方机械产品。土方机械产品认证以施行 CQC 标志的方式表明产品符合相关的质量、安全、性能等认证要求，CQC 标志认证重点关注安全、性能等直接反映产品质量和影响人身和财产安全的指标，旨在维护广大客户利益，促进提高产品质量，增强国内企业的国际竞争力。

通过一年 CQC 标志认证业务的开展，截至 2012 年年底，共有 24 家生产企业进行了 CQC 标志认证申请，其中已发证企业 14 家，涉及柳工、山推、龙工、日立、徐工、三一、玉柴、福田雷沃、雷沃青岛、山工、成工、卡特等企业，发出证书 35 张。

十一、结束语

经过近 10 年的发展，中国工程机械行业的核心竞争力，已经实现了实质性的提高。中国企业在产品、研发、技术以及企业运营、海外渠道构建等方面，已经实现了跨越性发展。中国品牌在世界的影响力正进一步深化提升。我国工程机械行业各类产品的技术水平及可靠性大多已达到甚至超过了国际先进水平，在世界工程机械领域有了诸多响当当的中国品牌。

近年来，全球经济蹒跚前行，中国经济深度调整，中国工程机械产业也就此告别了持续10年的高速增长，转而进入稳健发展阶段。这一时期，中国工程机械企业加快调整产品结构，提升产品科技水平，提高产品整体质量，整个行业正在经历着由大到强的转变，由制造向“智造”的转变。但实现由大到强，从制造到“智造”的终极跨越，是充满艰难和挑战的，是长期性的转型过程，工程机械行业企业依然任重而道远。

〔撰稿人：国家工程机械质量监督检验中心罗慧英、赵亮、许炜、史文辉、范晓兰、刘中星、王青松〕

2012年中国工程机械行业年度十大新闻

由中国工程机械工业协会主办，工程机械与维修杂志社主承办，行业内多家主流媒体联合承办的“2012年中国工程机械十大新闻”评选活动，经过来自中国工程机械工业协会领导以及行业主流媒体主编的热烈讨论和投票，最终确定。

1.国内工程机械市场进入寒冬，各项经济指标同比下滑

2012年，中国工程机械市场需求疲软，企稳预期一再推迟。据中国工程机械工业协会对重点联系的13家大型企业集团初步统计结果显示，2012年1月—11月，营业收入同比下滑2.79%，利润总额同比下滑31.3%。同时，挖掘机械、铲土运输机械、路面与压实机械以及工程起重机械等销量同比下滑率均在20%以上，仅混凝土机械、风动工具等同比略有增长。另一方面，盲目追求市场占有率，造成无序的市场竞争、销售门槛下降，导致新机库存、二手工程机械市场增量大幅攀升。

2.行业出口额再创新高，全年预计达190亿美元

2012年前11个月，中国工程机械产品累计出口额达到171.46亿美元，同比增长18.4%。其中，整机出口117.05亿美元，同比增长22%；零部件出口54.41亿美元，同比增长11.36%。出口额较大的地区和国家包括非洲、拉丁美洲、东盟、欧盟、美国和俄罗斯等。预计中国工程机械产品全年出口额将达190亿美元，再创新高，同比增长近20%。

3.技术创新引领转型升级，传递产业发展正能量

面对市场波动，处于调整期的工程机械企业加快转型升级，夯基础、攻高端、优化产能、提高产品品质，产业发展不断释放正能量。2012年2月，徐工的“全地面起重机关键技术开发与产业化”荣获国家科学技术进步奖二等奖；7月，三一重工作为企业代表在全国科技创新大会上作了“自主创新 助推民族工程机械振兴”的典型发言；9月，中国工程机械行业32项科技成果荣获“2012年度中国机械工业科学技术奖”，其中中联重科的“碳纤维复合材料臂架系列泵车及其关键技术”和徐工的“超大型履带式起重机关键技术及产业化”获得一等奖。不仅如此，政产学研用五位一体的工程机械配套件国产化工作平台也在2012年取得了阶段性成果。

4.国际标准化组织/起重机技术委员会秘书处落户中国,由标准执行者向组织者转变

2012 年 7 月 17 日,国际标准化组织/起重机技术委员会(ISO/TC96)秘书处换届,经国际标准化组织技术管理局(ISO/TMB)和国家标准化管理委员会批准,ISO/TC96 秘书处落户中联重科股份有限公司。该秘书处落户中国是继北京建筑机械化研究院承担 ISO/TC195 联合秘书处工作之后我国工程机械行业实质性参与国际标准化工作的又一大突破。ISO/TC96 秘书处落户中国充分体现了中国起重机械产业在全球的重要地位,同时提升了中国起重机产业参与国际标准化制定的话语权。

5.中国工程机械工业协会取得行业信用等级评价资质,致力行业信用秩序提升

行业信用评价工作是商务部和国资委为了整顿和规范行业信用秩序和竞争环境,共同组织开展的一项行业企业诚信经营信用等级评价工作。2012 年 7 月 30 日,商务部信用工作办公室和国资委行业协会联系办公室联合发文,公布了中国工程机械工业协会为行业信用评价参与单位。至此,中国工程机械工业协会可在商务部信用办和国资委协会办的监督指导下全面开展工程机械行业企业信用等级评价工作。

6.海外并购频发,国际化战略步步推进

2012 年,中国工程机械企业通过海外并购增强自身发展的内生力,国际化战略步步推进。1 月,三一重工宣布成功并购德国普茨迈斯特,柳工成功收购波兰 HSW 公司工程机械业务单元;7 月,徐工收购德国施维英公司 52%股权;12 月,潍柴动力与德国凯傲集团完成投资交易,潍柴动力投资总额达 7.38 亿欧元,收购凯傲 25%的股权及从林德物料搬运有限公司收购其液压业务 70%的股权。

7.中国工程机械工业协会掘进机械分会成立,20 大类产品全部拥有专属行业组织

2012 年 7 月 26 日,在工信部、国资委和民政部等相关部委的支持和领导下,中国工程机械工业协会掘进机械分会成立。近几年来,国内掘进机械产业快速发展,产业规模接近百亿元。按中国工程机械工业协会对行业产品的类组划分,行业全部产品共划分为 20 大类,掘进机械分会的成立使得行业 20 大类产品都有了专属的行业组织。至此,中国工程机械工业协会的分支机构达到 30 个。

8.积极参与国际大展,中国工程机械产业形象融入世界

2012 年 11 月 27 ~ 30 日在上海举办的行业盛会 bauma China2012 逆市而上,观众数量、展商数量和展示面积均创新高。2012 年,在中国工程机械工业协会的组织下,中国工程机械制造商积极参与法国 INTERMAT、俄罗斯 CTT、澳大利亚 MENSW、中东 INTERMATMIDDLEAST、韩国 CONEXKOREA、印度尼西亚 ICON&BIMEX2012、巴西 M&TEXPO 等国际大型及区域型展会,有力推进了海外市场的拓展。

9.易极拍卖落锤,无底价拍卖首次中国上演

2012 年 11 月 18 日,由易极环中(北京)拍卖有限公司举办的工程机械二手设备无底价拍卖会在河北徐水举行。此次拍卖吸引了来自全国各地的几百位客户参加,并将全部 57 台设备成功拍出。此次拍卖是中国工程机械市场上的首场无底价拍卖。

10.三一欲将总部迁出湖南落户京城

2012 年 11 月 21 日,一条“三一集团职能总部和各核心事业部将迁往北京昌平,长沙将仅保留泵送事业部”的消息引发了行业内外密切关注。2012 年 11 月 30 日,三一重工股份有限公司发布公告称:此次搬迁只涉及总部少数部门和人员,泵送事业部、汽车起重机、路面机械以及在湘所有工厂和项目均不在搬迁之列,公司在湖南的产值、税收和就业基本不受影响。

〔供稿单位:中国工程机械工业协会〕

2013年度中国机械工业科学技术奖工程机械行业初审推荐获奖项目

2013年度，行业共有20多家单位通过网络申报系统报送了44项评审项目，涉及起重机械、土方机械、路面机械、混凝土机械、工业车辆、配套件等多类产品及制造关键技术，申报项目呈现出创新点多、技术含量高、社会效益和经济效益显著等特点。

经评委们严谨细致的评审，初审共推荐一等奖项目1个，二等奖项目7个，三等奖项目12个。2013年度确定6个申报项目因经济效益、专利授权、成果鉴定等问题缓评。

2013年度中国机械工业科学技术奖工程机械行业初审推荐获奖项目见表1。

表1　2013年度中国机械工业科学技术奖工程机械行业初审推荐获奖项目

项目编号	项 目 名 称	申 报 单 位	推荐等级
1310041	工程机械超高强钢臂架设计及制造关键技术研究与产业化	中联重科股份有限公司	一等奖
1310034	大功率推土机关键技术及产业化	山推工程机械股份有限公司	二等奖
1310011	RT100越野轮胎起重机	徐工集团徐州重型机械有限公司	二等奖
1310001	千吨级全地面起重机关键技术研究及应用	三一汽车起重机械有限公司	二等奖
1310020	XZ5000水平定向钻机	徐州徐工基础工程机械有限公司	二等奖
1310043	混凝土精细化成套生产线及关键技术	中联重科股份有限公司	二等奖
1310005	XE700C液压挖掘机	徐州徐工挖掘机械有限公司	二等奖
1310033	节能环保型D系列挖掘机关键技术研究及产业化	广西柳工机械股份有限公司	二等奖
1310002	系列轮胎式起重机关键技术研究与产业化开发	中联重科股份有限公司	三等奖
1310029	智能化钢筋部品生产成套设备研究与产业化开发	中国建筑科学研究院、廊坊凯博建设机械科技有限公司、北华航天工业学院、沈阳建筑大学	三等奖
1310035	2~8t内燃牵引车研发及产业化	安徽合力股份有限公司	三等奖
1310018	XAP160型沥青混合料搅拌设备	徐工集团工程机械股份有限公司道路机械分公司	三等奖
1310014	XR320D旋挖钻机	徐州徐工基础工程机械有限公司	三等奖
1310042	工程起重机安全监测与控制	中联重科股份有限公司	三等奖
1310037	D800-42超大型塔式起重机及关键技术	中联重科股份有限公司	三等奖
1310026	泵车臂架焊接柔性生产线	中联重科股份有限公司	三等奖

（续）

项目编号	项 目 名 称	申 报 单 位	推荐等级
1310040	高效、可靠、无滴漏水平整体式垃圾压缩机	中联重科股份有限公司	三等奖
1310007	XZJ5315JQJ 20m 桁架式桥梁检测车	徐州徐工随车起重机有限公司	三等奖
1310006	天然气装载机	徐工集团工程机械股份有限公司科技分公司	三等奖
1310032	大型平地机关键技术研究及产业化	广西柳工机械股份有限公司	三等奖
1310025	提高挖掘机动臂体加工效率及质量	广西玉柴重工有限公司	缓评
1310030	五自由方向铰链转向装置	贵州詹阳动力重工有限公司	缓评
1310036	推头斜置式水平直压垃圾压缩成套设备	中联重科股份有限公司	缓评
1310038	QAY500 全地面起重机	中联重科股份有限公司	缓评
1310031	节能高效挖掘机电液控制关键技术及产业化应用	广西柳工机械股份有限公司	缓评
1310023	挖掘机覆盖件新材料（SMC）的研究	广西玉柴重工有限公司	缓评

〔供稿单位：中国工程机械工业协会〕

以生产发展情况、市场及销售、产品进出口情况、科技成果及新产品等方面为重点，阐述工程机械各分行业2012年的发展状况

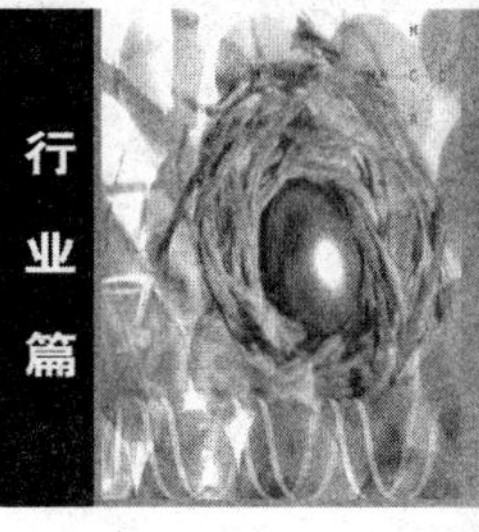

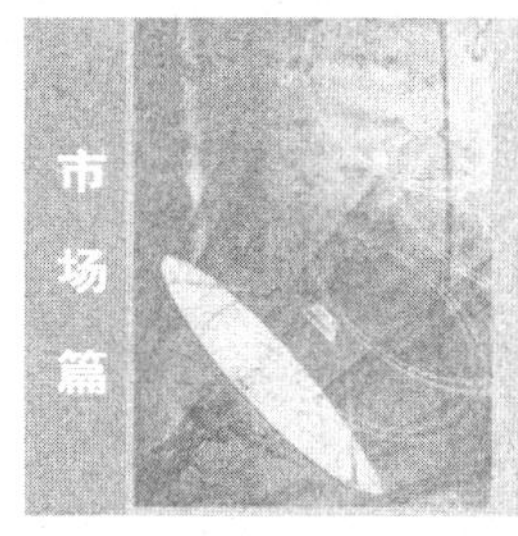

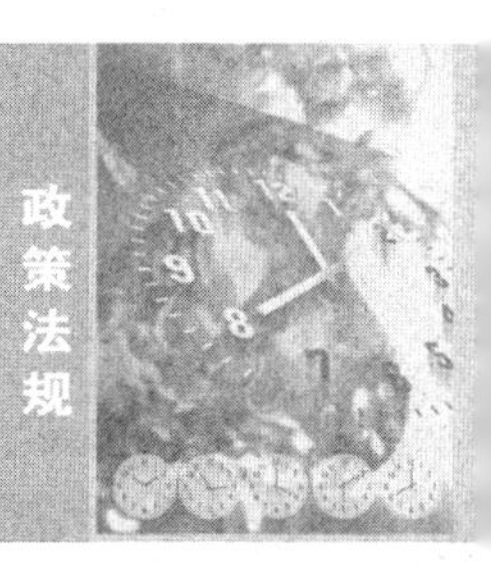

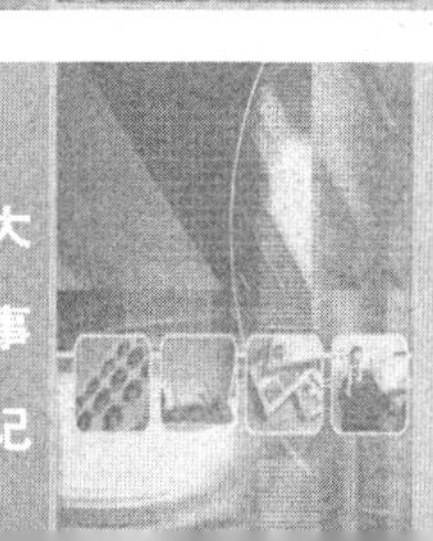

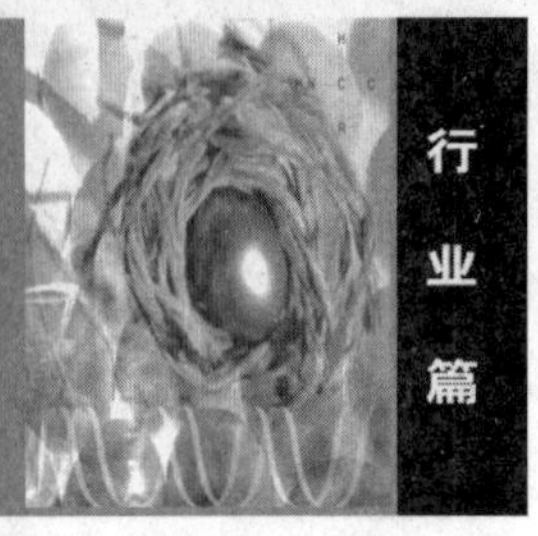

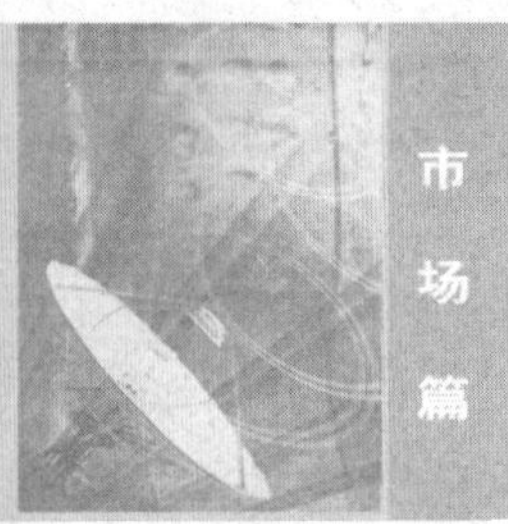

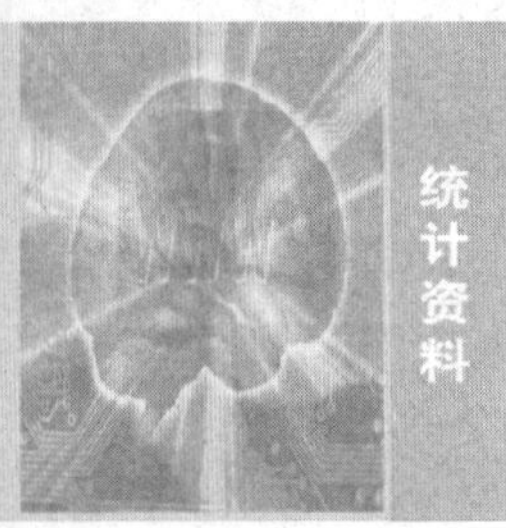

行业篇

挖 掘 机 械

生产发展情况

挖掘机械分会调研数据表明，我国生产挖掘机械的企业约60家，纳入分会统计的有28家，规划产能60多万台(调查统计值)，代理商200多家，共生产和销售500多种不同型号和规格的挖掘机械产品，单台整机重量为0.8～390t。截至2012年年底，我国挖掘机械市场10年市场保有量为1 149 862台，8年市场保有量为1 045 670台，6年市场保有量为931 733台。我国主要挖掘机械制造企业见表1。

表1　我国主要挖掘机械制造企业

品牌分类	主要挖掘机械制造企业名称
日系品牌	日立建机(中国)有限公司、成都神钢建设机械有限公司、杭州神钢建设机械有限公司、小松山推机械有限公司、小松(常州)工程机械有限公司、小松(山东)工程机械有限公司、住友建机(唐山)有限公司、久保田建机(无锡)有限公司、石川岛中骏(厦门)建机有限公司、竹内工程机械(青岛)有限公司等
韩系品牌	斗山工程机械(中国)有限公司、现代(江苏)工程有限公司、现代京城工程机械有限公司等
欧美品牌	卡特彼勒(徐州)有限公司、沃尔沃建筑设备(中国)有限公司、利勃海尔(中国)有限公司、阿特拉斯工程机械有限公司、杰西博工程机械(上海)有限公司、凯斯工程机械(上海)有限公司等
中资品牌	三一重机有限公司、广西玉柴重工有限公司、广西柳工机械股份公司、厦门厦工机械股份有限公司、福田雷沃国际重工股份有限公司、山东临工工程机械有限公司、力士德工程机械股份有限公司、龙工(上海)挖掘机制造有限公司、徐州徐工挖掘机械有限公司、中联重科股份有限公司(渭南)土方机械分公司、中国国机重工集团有限公司、山重建机有限公司、山河智能装备股份有限公司、贵州詹阳动力重工有限公司、山东卡特重工有限公司、熔盛机械有限公司、广西开元机器制造有限责任公司、上海彭浦机器厂有限公司等

注:表内企业排名不分先后。

市场与销售

1.总体情况

根据中国工程机械工业协会挖掘机械分会秘书处的行业统计，纳入统计的28家主机制造企业2012年全年销售各类型液压挖掘机产品115 661台，较上年同期下降34.3%。其中第一季度共销售44 166台，较上年同期下降40.8%；第二季度共销售34 526台，较上年同期下降32.6%；第三季度共销售17 286台，较上年同期下降28.2%；第四季度共销售19 683台，较上年同期下降24.9%。2008—2012年我国挖掘机械市场销量走势见图1。

从2008年以来增长率变化情况来看，2012年1—9月同比增长率趋势和2008年走势很相近，不过2008年1—9月一致处于正增长状态，但由于受国际金融危机影响从2008年第四季度开始出现负增长，此趋势一直持续到2009年5月。2012年前5个月的增长率走势和2009年前5个月增长率走势也很相近，不过当时受“四万亿”投资影响，2009年6月开始实现正增长，而2012年6月之后，在无利好政策出台的形势下，降幅持续扩大。第四季度降幅有所收窄，但主要原因在于2011年第四季度销量的大幅下滑。2008—2012年我国挖掘机械市场销量增速走势见图2。

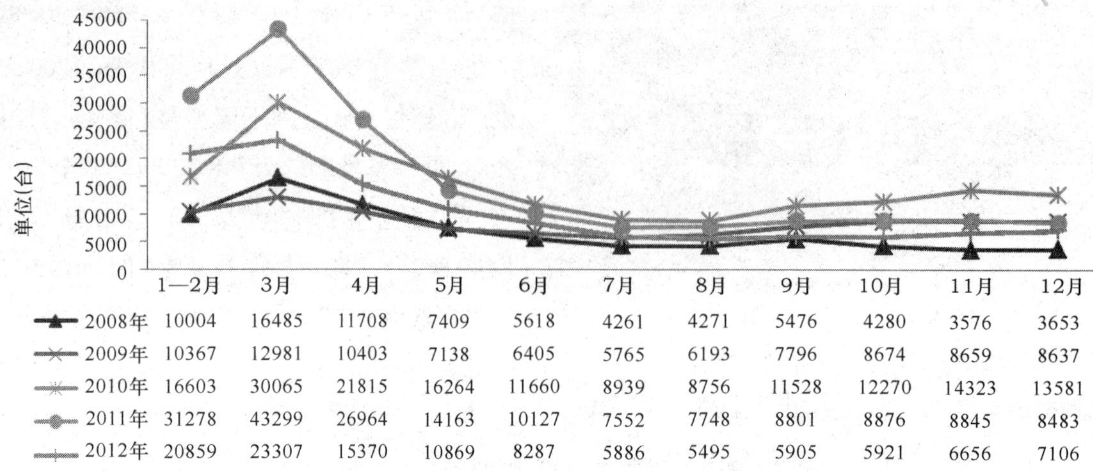

图 1　2008—2012 年我国挖掘机械市场销量走势

数据来源:中国工程机械工业协会挖掘机械分会。

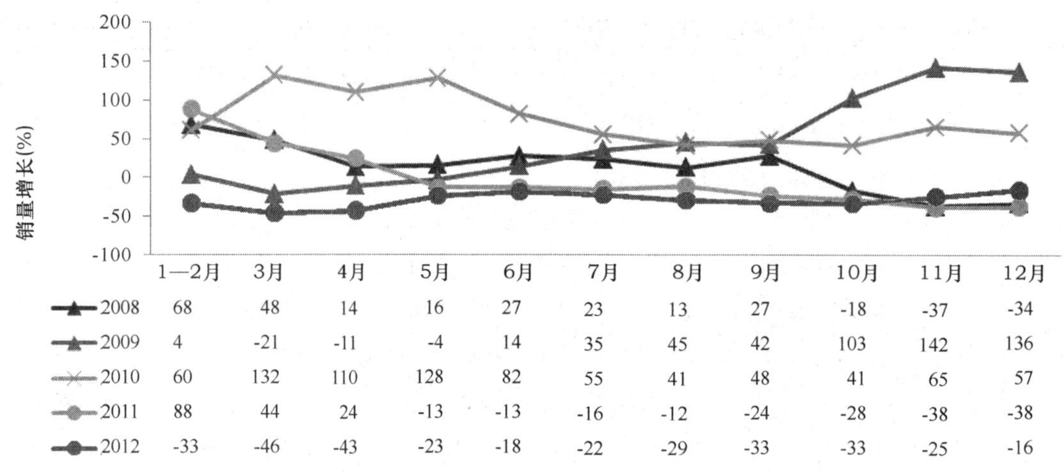

图 2　2008—2012 年我国挖掘机械市场销量增速走势

数据来源:中国工程机械工业协会挖掘机械分会。

2.市场格局

自 2010 年第一季度以来,国产品牌挖掘机的市场份额不断上扬,继 2010 年第二季度超越韩系品牌之后,又在 2011 年第一季度超过了日系品牌,虽然在 2012 年第一季度和第三季度市场份额有小幅下挫,但仍然占据着将近 50%的市场份额;日系和韩系品牌挖掘机的市场份额整体呈现下降的趋势,虽然在 2012 年第一季度有所回升,但第二、三季度又有所下降,目前都是各自市场份额的历史最低点;欧美品牌挖掘机的市场份额近年来正在稳步提高,但在 2012 年第四季度有所回落。2010—2012 年我国挖掘机械市场格局走势见图 3。

尽管 2012 年绝大多数国产品牌销量同比出现不同程度的下滑,但是要好于行业整体水平。而日系品牌则出现较大幅度下滑,以卡特彼勒、沃尔沃、阿特拉斯和利勃海尔为代表的欧美系挖掘机经受住了市场的考验,整体销售较上年略有上升。从 2012 年的销量来看,斗山和小松势均力敌,现代、日立建机、神钢、卡特彼勒以及沃尔沃之间的竞争也十分激烈。虽然国产品牌的市场占有率进一步提升,但在我国的主场作战,在销量前十位品牌中,依然是国外品牌占据优势,国产品牌仅有 3 个,分别为三一重机、玉柴以及柳工。2012 年我国挖掘机械市场格局见表 2。

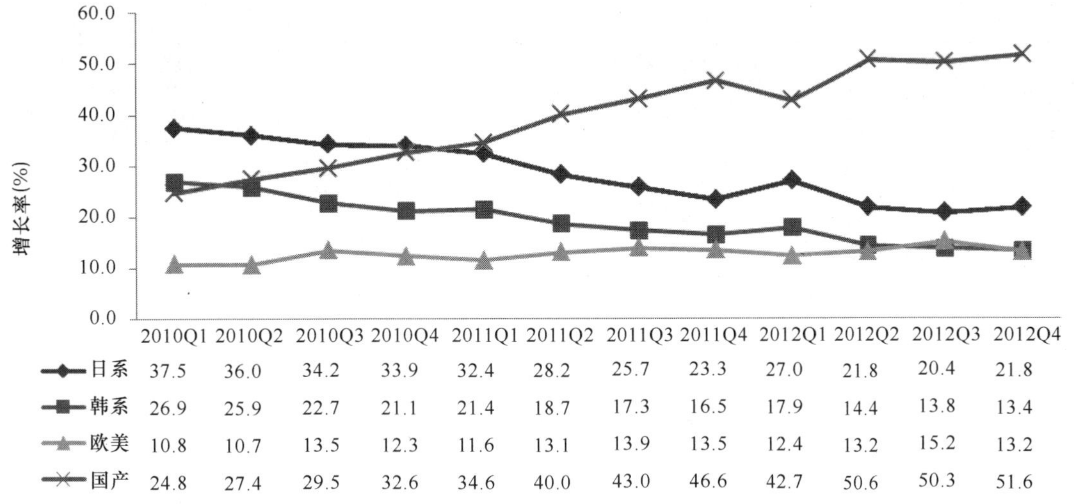

图3　2010—2012年我国挖掘机械市场格局走势

数据来源:中国工程机械工业协会挖掘机械分会。

表2　2012年我国挖掘机械市场格局

品牌	企业名称	2012年销量(台)	同比变化(%)	市场份额(%)	市场份额变化率(%)
日系	小松中国	9 183	-54.4	23.5	-5.4
	日立	8 383	-45.1		
	神钢	7 787	-39.9		
	住友建机	1 485	-41.3		
	洋马	338	-		
韩系	斗山	9 175	-45.3	15.3	-4.0
	现代京城	4 437	-37.9		
	现代江苏	4 103	-59.6		
欧美	卡特彼勒	7 636	-32.0	13.1	0.5
	沃尔沃	6 789	-28.4		
	利勃海尔	381	-28.8		
	阿特拉斯	322	-45.6		
	徐挖	7	-98.3		
中资	三一	15 619	-24.2	48.1	9.0
	玉柴	5 499	-44.4		
	柳工	5 295	-28.8		
	山重建机	4 536	-19.5		
	山东临工	4 091	68.8		
	福田雷沃	4 010	-27.4		
	厦工机械	3 443	-19.0		
	山河智能	3 102	-38.1		
	中联重科	3 089	64.9		

（续）

品牌	企业名称	2012年销量（台）	同比变化（%）	市场份额（%）	市场份额变化率（%）
中资	力士德	2 784	-2.6	48.1	9.0
	卡特重工	1 140	-27.8		
	熔盛机械	1 121	-		
	广西开元	1 031	-18.0		
	詹阳动力	752	-		
	彭浦机器厂	123	-76.7		

数据来源：中国工程机械工业协会挖掘机械分会。

3.国内市场

根据中国工程机械工业协会挖掘机械分会统计，纳入统计的28家主机制造企业2012年在国内市场（不含港澳地区）累计共销售各类型液压挖掘机产品107 631台，较上年同期下降37.3%。其中第一季度共销售42 444台，较上年同期下降42.4%；第二季度共销售32 295台，较上年同期下降35.5%；第三季度共销售15 223台，较上年同期下降33.7%；第四季度共销售17 669台，较上年同期下降29.0%。2012年挖掘机械各省区（直辖市）销售情况见表3。

表3　2012年挖掘机械各省区（直辖市）销售情况

地区	省市名称	2012年销量（台）	同比增长（%）	市场占有率（%）
东部	山东	7 010	-34.7	29.9
	江苏	5 690	-47.7	
	浙江	3 508	-38.9	
	辽宁	3 441	-53.4	
	河北	3 130	-47.1	
	北京	2 662	-32.8	
	福建	2 257	-43.8	
	广东	2 154	-26.3	
	上海	992	-46.0	
	海南	810	-52.2	
	天津	570	-52.4	
	港澳	9	28.6	
	合计	32 233	-42.7	
中部	河南	6 235	-30.5	32.0
	安徽	6 136	-40.6	
	湖北	5 705	-32.7	
	山西	5 154	-10.7	
	湖南	4 663	-28.6	
	江西	2 861	-46.3	

（续）

地区	省市名称	2012 年销量（台）	同比增长（%）	市场占有率（%）
中部	黑龙江	1 969	-58.6	32.0
	吉林	1 679	-62.3	
	合计	34 402	-37.0	
西部	四川	6 430	-42.9	38.1
	广西	4 910	-26.2	
	云南	4 729	-26.1	
	内蒙古	4 547	-33.6	
	贵州	4 524	-29.3	
	新疆	4 215	-24.0	
	陕西	3 696	-28.1	
	重庆	2 820	-44.8	
	甘肃	2 653	-20.2	
	宁夏	1 230	-49.7	
	青海	847	-27.7	
	西藏	404	4.4	
	合计	41 005	-32.4	

数据来源：中国工程机械工业协会挖掘机械分会。

在国内销售的各机型挖掘机械中，小于 6t、6~10t、10~15t 的销量同比降幅相对较小，低于 27%；20t、21t、22t、25t、30t、35t 降幅相对较大，均在 40%以上；40t 与上年基本持平。较 2011 年，小于 6t、6~10t、10~15t、40t 销量占整体销量的比例有所提高，其中 6~10t 提高了 4.3%；20t、21t、22t、25t、30t、35t 销量占比有所降低，其中降幅最大的是 22t，下降了 2.7%。2012 年我国挖掘机械国内市场分机型销量见表 4。

表 4　2012 年我国挖掘机械国内市场分机型销量

机型	2012 年		2011 年		同比增长（%）	占比增长（%）
	销量（台）	占比（%）	销量（台）	占比（%）		
<6t	12 147	11.3	15 793	9.2	-23.1	2.1
6~10t	30 606	28.4	41 803	24.4	-26.8	4.0
10~15t	12 630	11.7	16 732	9.8	-24.5	1.9
20t	6 083	5.7	12 568	7.3	-51.6	-1.7
21t	12 479	11.6	23 227	13.5	-46.3	-1.9
22t	7 871	7.3	17 251	10.1	-54.4	-2.7
25t	7 675	7.1	15 077	8.8	-49.1	-1.7
30t	3 904	3.6	8 004	4.7	-51.2	-1.0
35t	9 652	9.0	16 645	9.7	-42.0	-0.7
40t	4 584	4.3	4 499	2.6	1.9	1.7
总计	107 631		171 599		-37.3	

数据来源：中国工程机械工业协会挖掘机械分会。

2012年销量排名前列的产品及其性能：

(1)小松PC360-7：为小松36吨级大型挖掘机。该机型配置大容量、高耐磨铲斗，其强化的动臂、斗杆和转台设计实现了工作中的强力挖掘和快速行走。其耐久性和可靠性保证机器长期稳定施工，坚固的机器设计保证了强力挖掘和快速行走，发动机油路过滤保护，动臂、斗杆和铲斗强度进一步提高，满足用户长时间、高强度的施工要求。安全舒适的驾驶室，低噪声设计，降低了驾驶员耳部噪声；新型减振器大幅降低了驾驶员座椅处的振动；外气导入型大容量全自动空调使驾驶室全年保持较舒适的温度。

(2)三一SY75C：是继SY75C-8之后推出的新一代-9系列挖掘机。-9系列在液压系统、驾驶室布局等诸多方面做了改进，使之更符合用户的使用习惯。目前标配为五十铃4JG1PAC发动机，功率为40.9kW/2 100(r/min)，型式为四缸四冲程直喷。液压系统采用川崎液压泵。

(3)三一SY215C-9：是在215C-8基础上改进的，215是三一最成熟的主打产品。三一重机SY215C-9挖掘机，具备高效率、低能耗的特点。该机采用高品质的核心部件，使作业稳定可靠；其科学的人性化设计，使得机手工作更加舒适，设备保养更便捷。

(4)沃尔沃EC360BLC：是沃尔沃36吨级大型挖掘机，其整机质量近37t，由功率为198kW的沃尔沃D12D发动机驱动，具备不同动臂及斗杆长度的多个子型号供用户选择。该机采用沃尔沃D12D发动机，该发动机为涡轮增压式四冲程柴油发动机，带水冷、电控直喷式和增压空气冷却器，此发动机特为挖掘机使用而研制，具有燃油经济性高、噪声水平低，工作寿命长等特点。驾驶室安装在液压阻尼安装座上，以降低振动和冲击。前挡风玻璃可以向上推进到顶篷里去，前下方挡风玻璃可以拆除掉，玻璃储存在门中。可调节座椅和操纵杆可以按照驾驶员的要求独立移动。座椅有八种不同的调节位置和一个安全带，保证驾驶员的舒适和安全。

(5)神钢SK210LC-8：神钢21吨级-8系列加长履带挖掘机。整机质量21.2t，配置日野HinoJ05E发动机，额定功率114kW，斗容量1m^3。

(6)日立ZX70：是日立ZX系列7t挖掘机，配备五十铃CC-4JG1发动机，额定功率40.5kW。用户给出的评价是油耗较低，驾驶室的设计体现了人性化的特点。

(7)玉柴YC60-8：是玉柴重工挖掘机产品中销量最大的型号之一，也是我国用户非常熟悉的玉柴YC60-7挖掘机的升级版。YC60-8是玉柴重工6t小型挖掘机，是玉柴系列产品中较为成熟的一款机型。这款小挖的总重量为5.8t，可配置康明斯、洋马或玉柴自制的45kW发动机，斗容0.22m^3。

出口情况

根据中国工程机械工业协会挖掘机械分会秘书处统计，纳入统计的28家主机制造企业2012年累计共出口各类型液压挖掘机产品8 021台，较上年同期增长77.1%。其中第一季度共出口1 713台，较上年同期增长89.7%；第二季度共出口2 231台，较上年同期增长91.5%；第三季度共出口2 063台，较上年同期增长80.8%；第四季度共出口2 014台，较上年同期增长52.5%。在行业不景气的形势下，出口逆势增长，且呈现出成倍增长的势头，但出口销量整体规模较小，暂时还不能影响到行业整体销量。2008—2012年我国挖掘机械市场出口变化情况见图4。

从2012年的出口情况看，挖掘机出口市场进一步放缓，三一重工、柳工两家企业仍然占据主导地位。可见在国内市场不景气的情况下，越来越多的企业走出国门，开拓新兴市场。目前，我国挖掘机械出口以亚非拉等发展中国家为主，随着亚非拉经济的持续快速增长，亚非拉国家也制定了大规模的基础设施投资规划并有望实施。这将有效拉动我国挖掘机械产品的出口增长。

从各机型出口情况看：20t增长最快，销量同比增长401.7%，占比增加7.1个百分比；22t、25t、35t销量同比也分别有116.2%、169.5%和99.1%的增长。2012年我国挖掘机械市场分机型出口情况见表5。

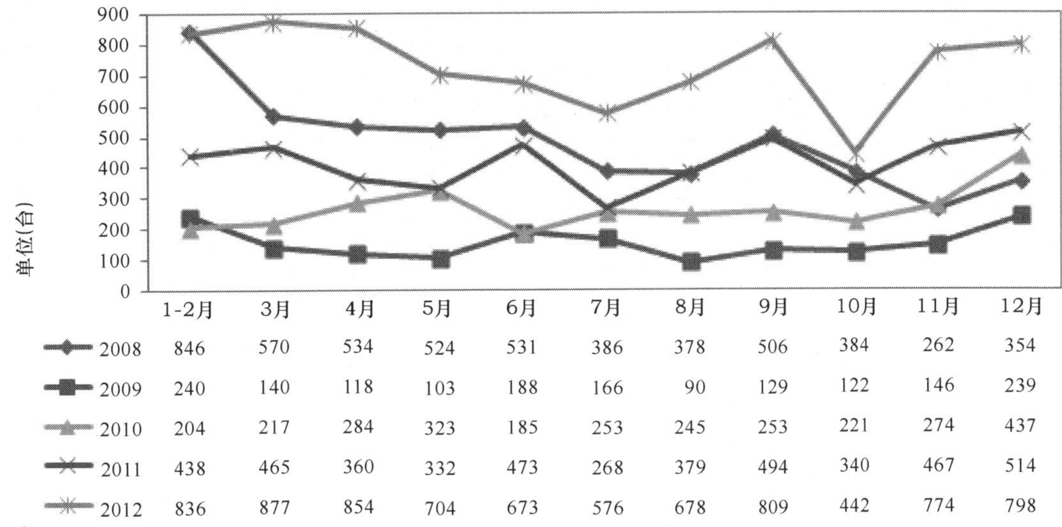

图 4　2008—2012 年我国挖掘机械市场出口变化情况

数据来源:中国工程机械工业协会挖掘机械分会。

表 5　2012 年我国挖掘机械市场分机型出口情况

机型	2012 年		2011 年		同比增长	占比增加
	销量(台)	占比(%)	销量(台)	占比(%)	(%)	(百分点)
<6t	787	9.8	853	18.8	-7.7	-9.0
6~10t	485	6.0	320	7.1	51.6	-1.1
10~15t	665	8.3	344	7.6	93.3	0.7
20t	873	10.9	174	3.8	401.7	7.1
21t	2 046	25.5	1 162	25.7	76.1	-0.2
22t	1 697	21.2	785	17.3	116.2	3.9
25t	256	3.2	95	2.1	169.5	1.1
30t	140	1.7	154	3.4	-9.1	-1.7
35t	908	11.3	456	10.1	99.1	1.2
40t	164	2.0	187	4.1	-12.3	-2.1
总计	8 021		4 530		77.1	

数据来源:中国工程机械工业协会挖掘机械分会。

行业发展趋势

挖掘机产业是具有强烈投资拉动型的产业,需要产业相关方更多地发挥作用,否则我国挖掘机产业发展的可持续性将受到挑战。未来几年,我国挖掘机的发展趋势有 6 个方面。一是竞争加剧,虽然挖掘机行业的整体利润率在逐步降低,但总体上还是要高于其他一些行业,挖掘机械行业需要理性发展、良性竞争;二是挖掘机行业产业集中度还很低,行业的分化会逐步展开,企业淘汰率增高,我国挖掘机企业格局还远没到"大局已定";三是挖掘机关键零部件(如发动机、液压件、电器件、系统集成等)产业发展潜力巨大;四是挖掘机产业的区域集中化趋势将加强,产业集群将成为挖掘机产业发展的重要形态;五是挖掘机产业的自主研发能力将趋于增强;六是我国挖掘机企业将逐步走向世界形成以我国企业为主的国际性大企业。

综上所述,挖掘机械分会预测,2013 年全年销量 12 万台,2014 年全年销量 13.4 万台,2015 年全年销量 15 万台。我国挖掘机械市场销量预测见图 5。

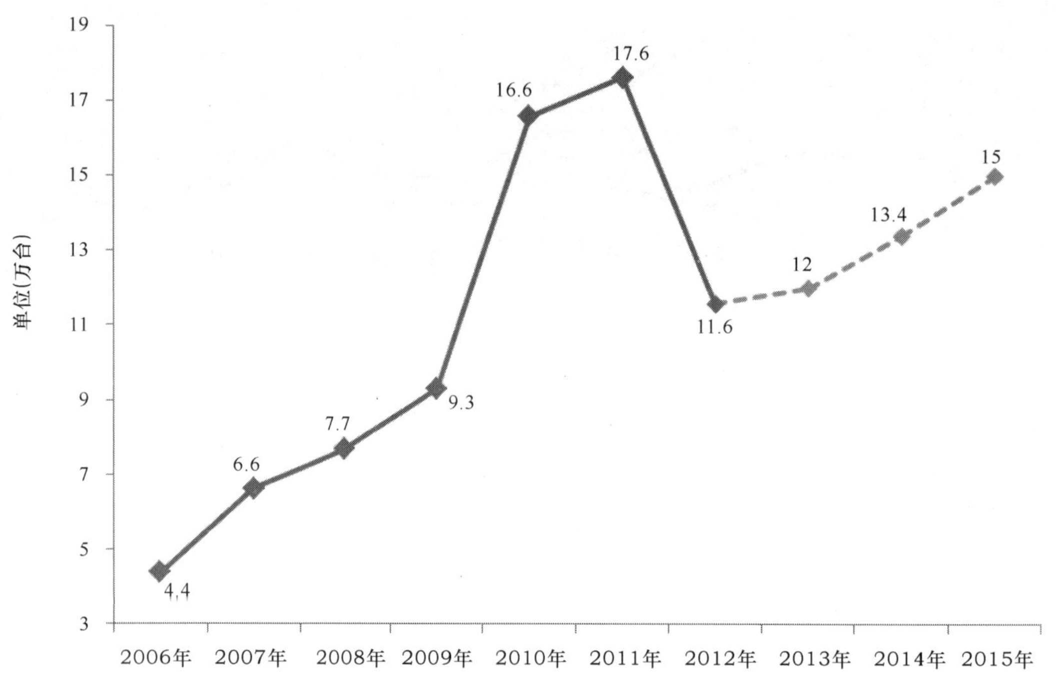

图 5　我国挖掘机械市场销量预测

数据来源:中国工程机械工业协会挖掘机械分会。

〔撰稿人:中国工程机械工业协会挖掘机械分会〕

铲土运输机械

行业发展概况

2012 年受国家宏观政策的影响,铲土运输机械行业的复苏情况并不良好,市场需求也十分有限,铲土运输机械行业经济增速持续下降,全年平均降幅接近 30%。企业营业收入急剧下滑,甚至不少小型企业由于经营方式不合理、产能分配不当、恶意竞争等因素的共同作用,将面临被兼并、转产或倒闭,其中包括产能低于 2 000 台的企业,企业的生存将受到很大挑战,行业再现以资源重组为主要方向的企业整合。从竞争态势上看,国外企业将进一步加大入主我国铲土运输机械行业的力度。类似卡特山工、沃尔沃临工、神钢成工以及韩国斗山、韩国现代和日本小松等品牌,在我国的市场占有率已超过 25%,国内装载机企业从以前的 99%以上的市场占有率已经下降到了目前的 75%以下。2012 年铲土运输机械行业企业主营业收入、利润总额情况见表 1。

表 1　2012 年铲土运输机械行业企业主营业收入、利润总额情况

序号	企 业 名 称	营业收入(万元)	利润总额(万元)	经济效益综合指数(%)
1	山东临工工程机械有限公司	1 611 730	138 976	256.33
2	广西柳工机械股份有限公司	1 262 967	33 808	139.56
3	湘电集团有限公司	1 256 271	2 655	147.72

（续）

序号	企业名称	营业收入（万元）	利润总额（万元）	经济效益综合指数（%）
4	山推工程机械股份有限公司	1 048 475	5 417	282.86
5	厦门厦工机械股份有限公司	814 983	14 438	125.40
6	中国龙工控股有限公司	775 660	31 639	133.56
7	成都神钢工程机械（集团）有限公司	735 432	6 445	98.36
8	内蒙古北方重型汽车股份有限公司	266 519	24 291	385.68
9	山东山工机械有限公司	227 265	-9 961	177.75
10	山东鹏翔汽车有限公司	175 249	620	129.38
11	郑州宇通重工有限公司	169 477	1 006	
12	福田雷沃国际重工有限公司	164 169	-4 318	61.45
13	天津建筑机械厂	159 343	2 072	149.64
14	常林股份有限公司	136 799	1 130	116.28
15	力士德工程机械股份有限公司	120 010	15 624	375.99
16	泰安航天特种车有限公司	92 364	702	103.64
17	德州德工机械有限公司	81 025	3 611	172.24
18	利勃海尔机械（大连）有限公司	50 036	1 636	339.34
19	河北宣化工程机械股份有限公司	42 599	1 105	67.32
20	本溪北方机械重汽有限责任公司	27 455	-103	52.77
21	内蒙古一机集团大地工程机械有限公司	24 058	503	109.51
22	三一矿机有限公司	22 359	1 113	
23	山东一能重工有限公司	17 000	1 880	186.72
24	中环动力（北京）重型汽车有限公司	10 688	-1 073	16.56
25	徐州金正公路工程机械有限公司	9 955	621	
26	北京首钢重型汽车制造股份有限公司	3 802	-1 156	-52.89
27	烟台工程机械有限公司	1 801	-522	-91.98
28	陕西通运重工有限公司		154	

数据来源：中国工程机械工业协会铲土运输机械分会。

市场销售情况

1.装载机

目前，国内轮式装载机保有量约为70万台，主要分布于采矿、基础设施建设、交通物流等领域。受信贷紧缩、投资放缓、煤矿整顿等不利因素的影响，装载机市场持续低迷。据中国工程机械工业协会铲土运输机械分会统计数据显示，2012年我国境内28家主要装载机制造商共销售装载机173 692台，同比下降29.61%，下半年同比降幅超过30%，与上半年相比有明显的下降趋势。2011—2012年我国装载机市场销售量及同比增长情况见表2。

表2 2011—2012年我国装载机市场销售量及同比增长情况

月度	2011年销售量（台）	2012年销售量（台）	同比增长（%）	月度	2011年销售量（台）	2012年销售量（台）	同比增长（%）
1月	14 128	7 092	-49.80	7月	16 167	11 713	-27.55
2月	16 304	17 797	9.16	8月	16 972	10 521	-38.01
3月	39 989	26 355	-34.09	9月	18 046	11 271	-37.54
4月	28 688	21 844	-23.86	10月	16 935	11 195	-33.89
5月	22 569	16 754	-25.77	11月	17 686	11 681	-33.95
6月	19 240	14 994	-22.07	12月	20 029	12 475	-37.72
上半年累计	140 918	104 836	-25.60	全年累计	246 753	173 692	-29.61

数据来源：中国工程机械工业协会铲土运输机械分会。

装载机主流机型产品销量均有不同程度的下滑，3t和5t产品分别下降19.32%和36.38%，6t及6t以上的产品虽然占总量的比重仍然较小，但具体销售数量有较大幅度的增长。使用起来更灵活，功能更多样的挖掘装载机和滑移装载机在2012年发展迅速，同比增长分别为24.01%和91.41%。滑移装载机和挖掘装载机在国内市场具有相当大的潜力。2011—2012年我国装载机市场各吨位销售情况见表3。

表3 2011—2012年我国装载机市场各吨位销售情况

吨位（t）	2011年销售量（台）	2012年销售量（台）	占总销售量比重（%）	同比增长（%）	吨位（t）	2011年销售量（台）	2012年销售量（台）	占总销售量比重（%）	同比增长（%）
<1.5	5 473	2 460	1.42	-55.05	6~7（含6t）	1 434	1 844	1.06	28.59
1.5~2（含1.5t）	10 861	11 363	6.54	4.62	≥7	326	483	0.28	48.16
2~3（含2t）	4 888	3 585	2.06	-26.66	滑移装载机	489	936	0.54	91.41
3~5（含3t）	59 771	48 223	27.76	-19.32	挖掘装载机	1 291	1 601	0.92	24.01
5~6（含5t）	162 220	103 197	59.41	-36.38					

数据来源：中国工程机械工业协会铲土运输机械分会。

2012年，山东地区的销售量依然保有较大优势，河南地区排在次席，内蒙古、江苏以及山西依次排在三至五位，江苏市场需求提升最大，销售量占全国总量比重增加了1.5个百分点，排在后五位的省市依然为青海、天津、上海、海南、西藏。2011—2012年我国装载机市场省、自治区、直辖市及其他销售情况见表4。

表 4　2011—2012 年我国装载机分地域销售情况

省、自治区、直辖市	2011 年销售量（台）	2011 年市场占有率（%）	2012 年销售量（台）	2012 年市场占有率（%）	同比增长（%）	省、自治区、直辖市	2011 年销售量（台）	2011 年市场占有率（%）	2012 年销售量（台）	2012 年市场占有率（%）	同比增长（%）
北京	6 024	2.44	3 954	2.28	−34.36	湖南	5 679	2.30	3 970	2.29	−30.09
天津	4 187	1.70	2 156	1.24	−48.51	湖北	6 229	2.52	4 325	2.49	−30.57
河北	12 301	4.99	6 601	3.80	−46.34	河南	13 420	5.44	8 964	5.16	−33.20
山西	12 512	5.07	7 118	4.10	−43.11	海南	1 963	0.80	1 067	0.61	−45.64
内蒙古	12 013	4.87	7 338	4.22	−38.92	四川	9 691	3.93	6 384	3.68	−34.12
黑龙江	5 974	2.42	3 966	2.28	−33.61	云南	7 653	3.10	4 924	2.83	−35.66
辽宁	8 238	3.34	5 180	2.98	−37.12	贵州	5 785	2.34	3 754	2.16	−35.11
吉林	5 512	2.23	3 409	1.96	−38.15	重庆	4 630	1.88	2 898	1.67	−37.41
上海	2 374	0.96	1 538	0.89	−35.21	西藏	1 366	0.55	731	0.42	−46.49
江苏	7 921	3.21	7 286	4.19	−8.02	陕西	9 926	4.02	6 591	3.79	−33.60
山东	18 305	7.42	13 036	7.51	−28.78	宁夏	5 112	2.07	3 276	1.89	−35.92
安徽	5 862	2.38	4 886	2.81	−16.65	甘肃	6 321	2.56	4 593	2.64	−27.34
浙江	5 035	2.04	3 571	2.06	−29.08	新疆	9 295	3.77	5 236	3.01	−43.67
江西	5 908	2.39	3 618	2.08	−38.76	青海	3 825	1.55	2 169	1.25	−43.29
福建	7 262	2.94	4 187	2.41	−42.34	出口	25 168	10.20	30 050	17.30	19.40
广东	5 490	2.22	3 362	1.94	−38.76	其他	69	0.03	85	0.05	23.19
广西	5 703	2.31	3 469	2.00	−39.17	合计	246 753	100.00	173 692	100.00	−29.61

数据来源：中国工程机械工业协会铲土运输机械分会。

2012 年产销同比实现增长的企业有安徽合力、山推股份以及凯斯、卡特彼勒、利勃海尔、沃尔沃等外资企业。2011—2012 年我国主要装载机生产企业销售情况见表 5。

表 5　2011—2012 年我国主要装载机生产企业销售情况

生　产　企　业	2011 年销售量（台）	2012 年销售量（台）	同比增长（%）	2011 年市场占有率（%）	2012 年市场占有率（%）
广西柳工机械股份有限公司	30 882	32 728	5.98	12.52	18.84
山东临工工程机械有限公司	38 898	32 258	−17.07	15.76	18.57
中国龙工控股有限公司	44 460	25 754	−42.07	18.02	14.83
厦门厦工机械股份有限公司	31 521	21 777	−30.91	12.77	12.54
徐工集团科技分公司	18 510	16 016	−13.47	7.50	9.22
山东山工机械有限公司	13 546	7 958	−41.25	5.49	4.58
福田雷沃国际重工股份有限公司	9 404	6 919	−26.42	3.81	3.98

（续）

生 产 企 业	2011 年销售量（台）	2012 年销售量（台）	同比增长（%）	2011 年市场占有率（%）	2012 年市场占有率（%）
成都神钢工程机械（集团）有限公司	10 017	6 630	−33.81	4.06	3.82
常林股份有限公司	34 997	5 838	−83.32	14.18	3.36
德州德工机械有限公司	2 971	4 271	43.76	1.20	2.46
山东一能重工有限公司	2 416	2 615	8.24	0.98	1.51
山推工程机械股份有限公司	1 208	2 460	103.64	0.49	1.42
斗山工程机械有限公司	2 367	2 119	−10.48	0.96	1.22
力士德工程机械股份有限公司（原山东常林）	1 757	1 388	−21.00	0.71	0.80
郑州宇通重工有限公司	899	1 113	23.80	0.36	0.64
安徽合力股份有限公司装载机分公司	471	721	53.08	0.19	0.42
小松（中国）投资有限公司	268	288	7.46	0.11	0.17
徐州金正公路工程机械有限公司	242	239	−1.24	0.10	0.14
烟台工程机械有限公司	235	167	−28.94	0.10	0.10
国机重工（洛阳）有限公司	1 419	158	−88.87	0.58	0.09
凯斯工程机械（上海）有限公司	101	155	53.47	0.04	0.09
卡特彼勒（中国）投资有限公司	69	134	94.20	0.03	0.08
利勃海尔机械（大连）有限公司	25	107	328.00	0.01	0.06
沃尔沃建筑设备（中国）有限公司	45	72	60.00	0.02	0.04
陕西中联重科土方机械有限公司	4			0.00	
厦门市装载机有限公司		952			0.55
现代（山东）重工业机械有限公司		855			0.49
河北宣化工程机械股份有限公司*	2	4	50.00		
山河智能装备股份有限公司*	335	191	−42.99		
山东云宇机械集团有限公司*		1 161			

注：1.数据来源于中国工程机械工业协会铲土运输机械分会。

2. * 企业根据 2012 年报，其他根据 2012 月报。

2.推土机

据中国工程机械工业协会铲土运输机械分会统计，2012 年我国境内 11 家主要推土机制造企业共销售推土机 10 169 台，同比下降22.34%。2012 年在国内市场共销售推土机 6 020 台，占销售总量的 59.20%，与上年同期相比下降37.22%。2012 年下半年推土机市场逐步企稳，销售量逐步回升，四季度销售量增速实现增长，12 月同比增长幅度最大，同比增长 88.34%，主要是国内市场企稳回升和国外市场订单猛增双重因素作用的结果。2011—2012 年我国推土机市场销售情况见表 6。

表 6　2011—2012 年我国推土机市场销售情况

月份	2011 年销售量（台）	2012 年销售量（台）	同比增长（%）	月份	2011 年销售量（台）	2012 年销售量（台）	同比增长（%）
1 月	1 379	460	-66.64	7 月	761	649	-14.72
2 月	1 197	982	-17.96	8 月	701	714	1.85
3 月	2 408	1 185	-50.79	9 月	804	758	-5.72
4 月	1 615	1 075	-33.44	10 月	737	724	-1.76
5 月	1 194	837	-29.90	11 月	711	800	12.52
6 月	1 021	919	-9.99	12 月	566	1 066	88.34
上半年累计	8 814	5 458	-38.08	全年累计	13 094	10 169	-22.34

数据来源：中国工程机械工业协会铲土运输机械分会。

由于出口拉动，推土机产品需求向大吨位产品转移。与上年相比，绝大多数产品需求量均有不同程度的下降，其中：88～102kW（120～139 马力）区间、103～117kW（140～159 马力）区间降幅最大，均超过了 45%；294kW（400 马力）以上产品同比有所增长，增幅超过 35%。主打产品仍然是 118～132kW（160～179 马力）区间的产品，2012 年的销量为 5 652 台，占销售总量的 55%。2011—2012 年我国推土机市场销售情况见表 7。

表 7　2011—2012 年我国推土机市场销售情况

功率（马力）	2011 年销售量（台）	2011 年销售量（台）	占总销售量的比重（%）	同比增长（%）
<100	81	55	0.54	-32.10
100～119	294	238	2.34	-19.05
120～139	578	297	2.92	-48.62
140～159	453	236	2.32	-47.90
160～179	7 848	5 652	55.58	-27.98
230～319	1 406	1 273	12.52	-9.46
320～399	384	378	3.72	-1.56
180～229	1 981	1 946	19.14	-1.77
≥400	69	94	0.92	36.23
总计	13 094	10 169	100.00	-22.34

注：1.数据来源于中国工程机械工业协会铲土运输机械分会。

2.1 马力＝735.5W。

2012 年，湖北、山东、黑龙江、江苏及河南五省的需求相对比较旺盛，推土机销售量超过 300 台，而青海、海南以及西藏三省销量不足 50 台。2011—2012 年我国推土机分地区销售情况见表 8。

表 8　2011—2012 年我国推土机分地区销售情况

省、自治区、直辖市	2011 年		2012 年		同比增长（%）	省、自治区、直辖市	2011 年		2012 年		同比增长（%）
	销售量（台）	市场占有率（%）	销售量（台）	市场占有率（%）			销售量（台）	市场占有率（%）	销售量（台）	市场占有率（%）	
安徽	633	4.83	297	2.92	-53.08	内蒙古	319	2.44	251	2.47	-21.32
北京	181	1.38	121	1.19	-33.15	宁夏	105	0.80	105	1.03	0.00
福建	81	0.62	55	0.54	-32.10	青海	54	0.41	40	0.39	-25.93
甘肃	101	0.77	92	0.90	-8.91	山东	622	4.75	445	4.38	-28.46
广东	435	3.32	274	2.69	-37.01	山西	307	2.34	204	2.01	-33.55
广西	317	2.42	265	2.61	-16.40	陕西	151	1.15	125	1.23	-17.22
贵州	485	3.70	294	2.89	-39.38	上海	73	0.56	88	0.87	20.55
海南	60	0.46	37	0.36	-38.33	四川	292	2.23	145	1.43	-50.34
河北	350	2.67	148	1.46	-57.71	天津	142	1.08	78	0.77	-45.07
河南	336	2.57	312	3.07	-7.14	西藏	57	0.44	34	0.33	-40.35
黑龙江	739	5.64	418	4.11	-43.44	新疆	150	1.15	190	1.87	26.67
湖北	548	4.19	540	5.31	-1.46	云南	418	3.19	189	1.86	-54.78
湖南	321	2.45	136	1.34	-57.63	浙江	263	2.01	126	1.24	-52.09
吉林	321	2.45	137	1.35	-57.32	重庆	295	2.25	78	0.77	-73.56
江苏	714	5.45	382	3.76	-46.50	出口	3 505	26.77	4 149	40.80	18.37
江西	156	1.19	98	0.96	-37.18	其他	51	0.39	140	1.38	174.51
辽宁	512	3.91	176	1.73	-65.63	合计	13 094	100.00	10 169	100.00	-22.34

数据来源：中国工程机械工业协会铲土运输机械分会。

2012 年山推销售推土机 6 324 台，虽然同比下降 22.47%，但仍继续稳稳占据推土机市场销售的头把交椅。排在第二位的陕西中联，2012 年同比增长 15.38%，但仍与山推有较大的差距。宣工以 765 台的销量排在第三位，同比下降 31.88%。从 2012 年的销售数据来看，只有中联重科、内蒙古大地及厦工销售比上年同期表现好，厦工同比增长 40.70%，是增幅最大的品牌，其他厂商都出现不同程度的下滑。2011—2012 年我国主要推土机生产企业销售情况见表 9。

表 9　2011—2012 年我国主要推土机生产企业销售情况

生产企业	2011 年销售量（台）	2012 年销售量（台）	同比增长（%）	2011 年市场占有率（%）	2012 年市场占有率（%）
山推工程机械股份有限公司	8 157	6 324	-22.47	62.30	62.19
河北宣化工程机械股份有限公司	1 123	765	-31.88	8.58	7.52
天津建筑机械厂	889	649	-27.00	6.79	6.38
上海彭浦机器厂有限公司	706	394	-44.19	5.39	3.87

（续）

生产企业	2011年销售量（台）	2012年销售量（台）	同比增长（%）	2011年市场占有率（%）	2012年市场占有率（%）
陕西中联重科土方机械有限公司	689	795	15.38	5.26	7.82
国机重工（洛阳）有限公司	445	346	-22.25	3.40	3.40
广西柳工机械股份有限公司	503	319	-36.58	3.84	3.14
内蒙古一机集团大地工程机械有限公司	335	350	4.48	2.56	3.44
厦门厦工机械股份有限公司	86	121	40.70	0.66	1.19
卡特彼勒（中国）投资有限公司	120	89	-25.83	0.92	0.88
郑州宇通重工有限公司	27	17	-37.04	0.21	0.17

数据来源：中国工程机械工业协会铲土运输机械分会。

3.平地机

据中国工程机械工业协会铲土运输机械分会统计，2012年，我国境内13家主要平地机企业销售平地机4 201台，同比下降16.96%。2012年在国内市场共销售平地机2 013台与上年同期相比下降25.00%，占销售总量的47.92%。国内市场持续低迷。2012年下半年平地机市场销售有明显回升，降幅进一步收窄，2013年将逐步实现同比增长。2012年8月、9月遭遇市场低潮，降幅接近30%，9月销售268台，为全年最低销售量；12月平地机销售437台，同比增长14.10%，环比增长48.63%，这是当年下半年以来首次同比、环比同时增长，也是全年增长幅度最大的月份。2011—2012年我国平地机市场销售情况见表10。

表10　2011—2012年我国平地机市场销售情况

月份	2011年销售量（台）	2012年销售量（台）	同比增长（%）	月份	2011年销售量（台）	2012年销售量（台）	同比增长（%）
1月	284	314	10.56	7月	298	272	-8.72
2月	284	297	4.58	8月	411	288	-29.93
3月	740	479	-35.27	9月	376	268	-28.72
4月	601	431	-28.29	10月	335	285	-14.93
5月	443	459	3.61	11月	358	294	-17.88
6月	546	377	-30.95	12月	383	437	14.10
上半年累计	2 898	2 357	-18.67	全年累计	5 059	4 201	-16.96

数据来源：中国工程机械工业协会铲土运输机械分会。

2012年平地机产品的市场集中度进一步提高，除140~154kW（190~209马力）区间的中功率产品同比增长以外，其余产品同比都出现不同程度的下滑，小功率产品和162kW（220马力）产品下滑程度剧烈。2011~2012年我国平地机各吨位销售情况见表11。

表 11　2011—2012 年我国平地机各吨位销售情况

功率(马力)	2011 年销售量(台)	2012 年销售量(台)	占总销量比重(%)	同比增长(%)
<130	39	3	0.07	-92.31
130~159	98	72	1.71	-26.53
160~179	1 563	1 275	30.35	-18.43
180~189	1 742	1 253	29.83	-28.07
190~199	307	459	10.93	49.51
200~209	396	412	9.81	4.04
210~219	526	511	12.16	-2.85
220~249	349	201	4.78	-42.41
250~299	12	11	0.26	-8.33
≥300	27	4	0.10	-85.19
小计	5 059	4 201	100.00	-16.96

注:1.数据来源于中国工程机械工业协会铲土运输机械分会。
　2.1 马力 = 735.5W。

2012 年,除江苏、新疆、内蒙古及河南的平地机销售量均超过 100 台外,其他省市平地机市场需求普遍不高,只有上海、四川、西藏、浙江和重庆 5 个地区维持同比增长。2011—2012 年我国平地机分地区销售情况见表 12。

表 12　2011—2012 年我国平地机分地区销售情况

省、自治区、直辖市	2011 年		2012 年		同比增长(%)	省、自治区、直辖市	2011 年		2012 年		同比增长(%)
	销售量(台)	市场占有率(%)	销售量(台)	市场占有率(%)			销售量(台)	市场占有率(%)	销售量(台)	市场占有率(%)	
安徽	106	2.10	73	1.74	-31.13	内蒙古	176	3.48	118	2.81	-32.95
北京	72	1.42	66	1.57	-8.33	宁夏	58	1.15	28	0.67	-51.72
福建	60	1.19	46	1.09	-23.33	青海	59	1.17	24	0.57	-59.32
甘肃	69	1.36	68	1.62	-1.45	山东	151	2.98	98	2.33	-35.10
广东	61	1.21	53	1.26	-13.11	山西	86	1.70	65	1.55	-24.42
广西	50	0.99	34	0.81	-32.00	陕西	83	1.64	63	1.50	-24.10
贵州	25	0.49	25	0.60	0.00	上海	26	0.51	63	1.50	142.31
海南	21	0.42	18	0.43	-14.29	四川	52	1.03	54	1.29	3.85
河北	86	1.70	84	2.00	-2.33	天津	53	1.05	39	0.93	-26.42
河南	153	3.02	112	2.67	-26.80	西藏	23	0.45	29	0.69	26.09
黑龙江	159	3.14	81	1.93	-49.06	新疆	271	5.36	152	3.62	-43.91
湖北	52	1.03	38	0.90	-26.92	云南	62	1.23	45	1.07	-27.42
湖南	68	1.34	55	1.31	-19.12	浙江	50	0.99	51	1.21	2.00
吉林	73	1.44	45	1.07	-38.36	重庆	32	0.63	39	0.93	21.88
江苏	278	5.50	210	5.00	-24.46	出口	2375	46.95	2188	52.08	-7.87
江西	49	0.97	44	1.05	-10.20	军工	10	0.20	8	0.19	-20.00
辽宁	110	2.17	85	2.02	-22.73	合计	5059	100.00	4201	100.00	-16.96

数据来源:中国工程机械工业协会铲土运输机械分会。

2012年，徐工销售平地机1 580台，虽然同比下降17.28%，但仍继续稳稳占据平地机市场的头把交椅。排在第二位的常林，市场占有率为14.73%，仍与徐工有较大的差距。从2012年的销售数据来看，只有山推、三一、卡特彼勒、沃尔沃比上年表现好，沃尔沃同比增幅达到130.77%，是增长最大的品牌。2011—2012年我国主要平地机生产企业销售情况见表13。

表13　2011—2012年我国主要平地机生产企业销售情况

生产企业	2011年销售量（台）	2012年销售量（台）	同比增长（%）	2011年市场占有率（%）	2012年市场占有率（%）
徐州徐工筑路机械有限公司	1 910	1 580	-17.28	37.75	37.61
常林股份有限公司	638	619	-2.98	12.61	14.73
鼎盛重工机械有限公司	959	540	-43.69	18.96	12.85
广西柳工机械股份有限公司	697	509	-26.97	13.78	12.12
山推工程机械股份有限公司	240	279	16.25	4.74	6.64
三一重工股份有限公司	211	230	9.00	4.17	5.47
厦门厦工机械股份有限公司	279	226	-19.00	5.51	5.38
山东山工机械有限公司	0	92			2.19
卡特彼勒（中国）投资有限公司	54	73	35.19	1.07	1.74
沃尔沃建筑设备（中国）有限公司	13	30	130.77	0.26	0.71
成都神钢工程机械（集团）有限公司	24	12	-50.00	0.47	0.29
国机重工（洛阳）有限公司	34	10	-70.59	0.67	0.24
天津山河装备开发有限公司	0	1			0.02

数据来源：中国工程机械工业协会铲土运输机械分会。

产品出口情况

2012年，我国共出口装载机30 050台，占总销售量的17.30%，同比增长19.40%，相对于国内市场的持续低迷，出口的强势表现令人欣慰。2012年下半年装载机出口增幅明显下降，同时国内市场不见复苏，使得2012年下半年装载机市场形势异常严峻。对比2011年出口情况，临工2012年出口同比增长超过60%，徐工科技、龙工出口同比增长超过20%。安徽合力和山推股份装载机出口同比增长幅度最大，分别增长150%和105%。出口主力机型仍为5t与3t产品，与国内需求情况相似。与上年同期相比，装载机市场出口表现良好，除了1t及以下产品有下降之外，大多数吨位产品都有较大幅度的增长，特别是滑移装载机，出口订单大增。

在总量同比下降的情况下，推土机产品出口保持了较高增长。2012年，我国共出口推土机4 149台，同比增长18.37%，这是我国推土机出口市场自2009年开始连续三年稳步增长。与此同时，推土机出口销售所占比重自2009年的18.0%提升到2012年的40.8%，是出口比重提升最快的工程机械产品。2012年推土机出口的主要国家依然是缅甸、埃塞俄比亚、南非等国家，出口的中大功率产品有所增加，162~235kW（220~319马力）段增幅最大。

2012年我国平地机出口市场也经历了大起大落，我国共出口平地机2 188台，同比下降7.87%，主要出口国家为日本、美国、加拿大和巴西。2012年我国主要铲土运输机械产品出口情况见表14，2012年铲土运输机械分类产品进出口情况见表15。

表 14　2012 年我国主要铲土运输机械产品出口情况

月份	装载机			推土机			平地机		
	出口量（台）	占比（%）	同比增长（%）	出口量（台）	占比（%）	同比增长（%）	出口量（台）	占比（%）	同比增长（%）
1 月	1 364	19.23	11.17	234	50.87	-19.31	199	63.38	51.91
2 月	2 413	13.56	56.89	290	29.53	40.10	151	50.84	51.00
3 月	3 771	14.31	40.03	384	32.41	15.32	285	59.50	90.00
4 月	2 888	13.22	29.51	470	43.72	57.72	197	45.71	-18.93
5 月	3 130	18.68	34.39	356	42.53	11.25	219	47.71	26.59
6 月	2 630	17.54	-5.36	409	44.50	10.84	204	54.11	-35.44
7 月	2 194	18.73	15.17	269	41.45	-5.61	133	48.90	-18.40
8 月	2 145	20.39	2.98	278	38.94	1.46	122	42.36	-54.98
9 月	2 391	21.21	10.90	287	37.86	-20.94	135	50.37	-39.73
10 月	2 392	21.37	39.31	310	42.82	1.97	134	47.02	-36.49
11 月	2 215	18.96	4.73	321	40.13	26.38	151	51.36	-31.67
12 月	2 517	20.18	5.05	541	50.75	160.10	258	59.04	50.00

数据来源：中国工程机械工业协会铲土运输机械分会。

表 15　2012 年铲土运输机械分类产品进出口情况

税号	指标名称	进口量（台）	同比增长（%）	进口额（万美元）	同比增长（%）	出口量（台）	同比增长（%）	出口额（万美元）	同比增长（%）
84295100	前铲装载机	396	-28.13	7 600.53	65.27	41 626	15.84	188 321.81	17.80
84291110	履带式推土机 $P>235.36\mathrm{kW}$ (320hp)	83	-17.82	5 990.26	-4.47	465	55.52	9 170.9	98.97
84291190	其他履带式推土机	81	-62.50	1 240.03	-48.61	3 957	6.03	38 922.8	-1.23
84291910	其他推土机 $P>235.36\mathrm{kW}$ (320hp)	19	-13.64	1 395.09	-11.58	20	-28.57	124.82	-43.35
84291990	未列名推土机	0		0		102	12.09	870.36	-10.54
84292010	筑路机及平地机 $P>235.36\mathrm{kW}$ (320hp)	8		587.24	-27.85	15		192.04	33.78
84292090	其他筑路机及平地机	23	-45.24	1 315.77	52.08	4 375	-19.12	39 240.41	-17.47
84293010	斗容量超过 $10\mathrm{m}^3$ 的铲运机	0		0		280	2 233.33	1 868.56	388.24
84293090	其他铲运机	94	-13.76	4 277.6	-19.49	482	47.85	52 657.61	31.19
84306920	其他非自推进铲运机	48	-75.13	11.78	-81.03	11 649	7.73	1 161.82	7.51

数据来源：海关总署。

科技成果及新产品

临工 LG955N 轮式节能型装载机集成应用临工第二代专用传动系统、电控热能管理模块、分级变量转向系统、小阻力轻量化铲入机构的节能技术，综合节能达到20%左右。采用铰接式加强型箱式车架结构，圆锥滚子轴承和关节轴承复合铰接结构，可靠性高；轴距加长，作业行走更加稳定、高效；通过 NVH 分析，优化悬置减振系统，整机振动降低40%，噪声降低 5dB(A)，达到二阶段排放标准，噪声控制达到国内装载机最好水平。该产品在 2012 年底上市之初便短时间销售 38 台，市场认可度很高。

山推推出了 SD90-5 推土机，它是国内最大功率推土机，总功率 708kW，重 100 余吨，整机主要性能指标达到国际先进水平。SD90-5 推土机的成功研制，打破了国外产品对我国长期的技术封锁及市场垄断，形成了山推专有技术，显著提高了我国推土机产品的国际竞争力，成为世界上第三个能够生产 671kW(900hp)以上级别推土机的国家。

利勃海尔 L580 轮式装载机的静液压驱动系统是其系列中的一个独特的特性，同传统机械式驱动的轮式装载机相比，燃油消耗可减少 25%。假设工作条件相同，L580 工作时每小时节省燃油量可达 5L 以上，同时实际操作效率也很高，噪声也很低。如此的高效率低能耗也减少了对环境的污染，运行 1 000h 后 CO_2 排放量可减少 15t。

徐工 GR300A 全轮驱动平地机采用前轮液压辅助驱动，根据作业工况，可将前轮置为驱动轮或自由轮，实现 6 轮、4 轮及 2 轮驱动。前轮辅助驱动采用 PLC 与后轮档位联锁控制，6 轮驱动时，前轮可提供不小于整机 20% 的牵引力。配合铰接式车架及单液压缸大转向角前桥，可以使整机最小转弯半径到 8.5m，为国内外同类产品中最小值，满足在狭窄工况下作业的需要。

徐工推出升级版 LNG 型装载机。新一代的产品相较于使用传统柴油发动机的装载机可大幅度降低使用成本，并且作业强度越高，LNG 系列装载机的节油效果越突出。LNG 是国家倡导的清洁能源代表，碳排放比传统产品减少一半，可吸入颗粒物排放基本为零。

沃尔沃 L105 型轮式装载机是沃尔沃建筑设备推出的中型轮式装载机，功率强大，由强劲的沃尔沃六缸柴油发动机作为核心部件，可以在低转速下提供高扭矩，因此，它的燃油经济效益与其高性能一样出众。另外，发动机电子控制单元(E-ECU)配置的软件可以精确计算满足当前作业条件的燃油喷射量，从而确保最佳性能和长时间的使用寿命。

常林 980H 轮式装载机采用美国 CUMMINS-M11 系列带中冷增压柴油机技术，双泵合流，大幅降低油耗排放。国内独特的带真空装置的液压油箱，大大延长液压系统元器件的使用寿命；顶架合件结构的前车架和柱式框架式结构的后车架，强度大，刚性高。

山工 SEM658C 轮式装载机采用国Ⅱ排放发动机，优化了动力系统，提高了举升能力，具有更高的生产率和燃油效率，19MPa 工作液压系统压力，高效节能；单杆操纵，省力快捷；卡特技术，电控定轴式变速器，行业内可靠性，耐久性领先；独特设计四片式前后桥，制动效率高，可靠性及耐久性卓越；转向压力提高，转向更轻松快捷；发动机安装增加减振装置，进一步改进驾驶室密封性，降低震动和噪声。

山工 SEM922 平地机进行全新冷却系统设计，满足-40～50℃环境温度工作要求；国Ⅱ排放配备增压中冷的发动机，扭矩储备大、动力强劲；国际先进技术变速器，电液控制动力换档，前六后三档位；三段式驱动后桥，配备无滑转(NO-SPIN)差速器，可靠持久；宽大舒适的驾驶室位于前车架上，视野清晰，操控方便，并可选配防翻滚驾驶室(ROPS)；标配进口力士乐变量柱塞泵，按需分配流量，节约能耗；卡特彼勒独有比例优先、压力补偿控制阀(PPPC)令机具操控更灵敏，提高了机器整体性能和效率；电-液控制牵引架定位销和七孔连杆迅速获得最广泛的铲刀定位；世界级平地机的铲刀控制系统以及应用范围；优化的铲刀弧度以及大的喉部间隙使物料具有良好的通过性、流动性，可提高生产效率；独特的前桥设计，行业领先的轮胎倾斜角度及转向角度，使机器的可操作性最大化；多种工作机具选配，可以满足客户的不同工况需求。

山推 SD08YE 全液压推土机根据整机匹配条件与原则，实现了作业过程中自动变速控制（发明专利：ZL201010151890.8），保证了整机良好的动力性、经济性、操控性。建立了由变量泵—变量马达组成的静压传动系统动态分析模型，实现了滑移转向、带载转向作业、直线行走自动纠偏、极限功率控制（发明专利：ZL201010151874.9）等功能。应用了局域网通信控制系统，建立了高效稳定的数据交换平台，实现了机器故障自动检测、诊断、报警（发明专利：ZL201010151875.3）；研制的手掌指令电控系统，提高了机器操控的灵活性、舒适性。制定了整机性能控制策略与控制方法，编制了控制软件，实现了基于高作业生产率与良好燃油经济性相统一的整机驱动系统综合控制，经国家工程机械质量监督检验中心测试，技术指标达到国际先进水平。

〔撰稿单位：中国工程机械工业协会铲土运输机械分会〕

工程起重机

我国工程起重机（包括汽车起重机、全地面起重机、履带起重机、随车起重机和轮胎起重机）行业从 2003 年起，已经经历了十年的快速发展。2003~2006 年工程起重机销量年年突破 1 万台，2007~2008 年年销量突破 2 万台，2009 年销量突破 3 万台，2010 年开始，年销量突破 4 万台。

2011 年，我国工程起重机全行业增速放缓，总趋势是上半年高速增长，下半年开始下滑，但最终实现全年小幅度的正增长，销售量、销售额、利润总额等指标仍创历史最高纪录。进入 2012 年行业的生产和销售形势大幅下滑，下行的拐点出现，高速增长的时代结束了。这将意味着 2013 年行业将在 2012 年的基础上进入稳定的、低增长发展阶段。

2012 年，全行业营业收入 372 亿元，同比下降 12.9%；利润总额 36.38 亿元，同比下降 36.6%；工业增加值 62 亿元，同比下降 27.9%；工程起重机总销售量达到 3.5 万台，同比下降 25.6%。这是近十年来，全行业首次全面负增长。2012 年我国工程起重机行业主要经济指标见表 1。

表 1　2012 年我国工程起重机行业主要经济指标

年份/同比增长	营业收入（万元）	工业增加值（万元）	利润总额（万元）	产品销量（台）
2012 年	3 720 019	620 082	363 812	35 071
2011 年	4 271 372	860 361	574 017	47 109
同比增长（%）	−12.9	−27.9	−36.6	−25.6

注：表 1 产品销量中包含强夯机和履带式抓料机。

主要生产企业概况

2012 年，汽车起重机主要生产企业有 10 家，全地面起重机生产企业有 3 家，履带起重机主要生产企业有 5 家，随车起重机主要生产企业有 10 家。2012 年销售额在 10 亿元以上的有 5 家企业。全行业的亏损企业占 38%。龙头企业徐工集团徐州重型机械有限公司（以下简称徐重）2012 年销售额达 195 亿元，同比下降 7.8%，占全行业销售收入的 52.4%，比上年提高 2.9 个百分点；利润总额达 16.6 亿元，同比下降 35.4%，占全行业利润总额的 45.6%，比上年提高 0.9 个百分点。

稳居行业第二位的中联重科股份有限公司工程起重机分公司（以下简称中联起重机）的销售收入达到 88.3 亿元，同比下降 22.7%；利润总额达到 15.4 亿元，同比下降 45%，占全行业利润总额的 42.3%，比上年下降 6.6 个百分点。

辽宁抚挖重工机械股份有限公司(以下简称抚挖)销售收入和利润总额同比分别下降5.4%和5.8%。上海三一科技有限公司(以下简称上海三一)的销售收入同比下降8.7%,利润总额同比下降了66.4%。马尼托瓦克东岳重工有限公司和四川长江工程起重机有限责任公司在2012年跌出了行业前10位。

徐州徐工随车起重机有限公司(以下简称徐随)是国内第一大随车起重机生产企业,2012年的销售收入同比增长28.9%,利润总额增长3.3%,是唯一一家生产随车起重机并进入起重机行业前10位的企业,并继续占据行业排名第六位。

哈尔滨工程机械制造有限责任公司和江苏八达重工有限公司跃入行业前10位,主要经济指标都有较大幅度的增长。2012年营业收入前10位的企业主要经济指标见表2。

表2　2012年营业收入前10位的企业主要经济指标

序号	生产企业	营业收入(万元)		工业总产值(万元)		工业增加值(万元)		利润总额(万元)	
		2012年	2011年	2012年	2011年	2012年	2011年	2012年	2011年
1	徐工集团徐州重型机械有限公司	1 950 735	2 114 680	1 915 802	2 049 955	312 032	250 961	165 677	256 527
2	中联重科工程起重机分公司	883 182	1 143 157	859 963	1 137 470	161 705	329 866	153 897	280 818
3	三一汽车起重机械有限公司	347 719	389 988	229 155	346 841	25 580	76 859	58 071	38 011
4	上海三一科技有限公司	129 226	141 541	109 040	169 136	20 101	87 157	3 080	9 159
5	辽宁抚挖重工机械股份有限公司	100 818	106 580	97 796	112 158	21 515	49 858	10 079	10 700
6	徐州徐工随车起重机有限公司	86 179	66 919	75 599	60 730	60 488	47 111	5 519	5 343
7	北起多田野(北京)起重机有限公司	28 279	31 906	32 077	28 472	4 117	2 891	113	-115
8	安徽柳工起重机有限公司	26 524	47 806		47 809			-8 457	-9 228
9	哈尔滨工程机械制造有限责任公司	17 302	15 568	19 855	18 947	3 453	2 967	585	536
10	江苏八达重工有限公司	17 170	10 788	20 089	12 644	3 602	2 502	2 052	572

产品市场销售情况

据工程起重机分会对会员单位的统计,2012年销售各类工程起重机35 071台,同比下降25.6%。其中:汽车起重机2012年销售22 783台,同比下降35.4%;全地面起重机销售272台,同比增长30.1%;随车起重机2012年销售10 130台,同比增长7.3%;履带起重机2012年销售1 732台(包括强夯机285台),同比下降14.6%;轮胎起重机销量154台,销量较少的格局仍未改变。汽车起重机销售量占工程起重机销售量的比例自2011年首次低于80%,2012年为65%,比2011年又下降9.88个百分点。随车起重机销量占比2011年首次上升到20%,2012年占比达到28.8%,提高8.85个百分点。全地面起重机和履带起重机的占比都有所提高,表明市场结构有较大改变,更趋于合理。2012工程起重机销售情况详情见表3。

表3　2012工程起重机销售情况

产品名称	销售量(台)			各类产品占比(%)		
	2012年	2011年	同比增长(%)	2012年	2011年	2010年
汽车起重机	22 783	35 248	-35.4	64.96	74.84	80.5
全地面起重机	272	209	30.1	0.78	0.43	0.41
随车起重机	10 130	9 440	7.3	28.88	20.03	14.8

（续）

产品名称	销售量(台)			各类产品占比(%)		
	2012年	2011年	同比增长(%)	2012年	2011年	2010年
履带起重机	1 732	2 028	−14.6	4.94	4.30	3.8
轮胎起重机	154	184	−16.3	0.42	0.47	0.49
合　　计	35 071	47 109	−25.6	100.00	100.00	100.00

注：表3数据包括出口量。

1.汽车起重机（含全地面起重机）

2012年，几大类工程起重机中，汽车起重机（含全地面起重机）销售2.3万台，同比下降35%，还不及2009年的销售量。从2月份起，销售量由每月2 000多台逐月下滑至7月份的1 501台，到达谷底。8—12月略有回升，也仅在1 500~1 900台低位徘徊。2012年汽车起重机（含全地面起重机）月销售情况见表4。

表4　2012年汽车起重机月销售情况　（单位：台）

年份/同比增长	1月	2月	3月	4月	5月	6月	7月	8月	9月	10月	11月	12月	合计
2012年	1 381	2 926	2 397	2 281	2 217	2 094	1 501	1 533	1 627	1 573	1 696	1 829	23 055
2011年	2 157	3 148	6 860	4 785	3 698	2 717	1 878	2 072	2 046	1 905	2 184	2 007	35 457
同比增长(%)	−36.0	−7.1	−65.1	−52.3	−40	−22.9	−20.1	−26	−20.5	−17.4	−22.3	−8.5	35.0
月累计同比增长(%)	−36	−19	−45	−47	−46	−43	−41	−40	−39	−38	−36	−35	

汽车起重机（不含全地面起重机）从最大起重量8t至160t，共21个系列产品。其中最大起重量小于等于50t的共计销售21 115台，同比下降37.3%；最大起重量大于50t、小于等于100t的销售1 430台，同比增长4.2%；最大起重量大于100t的销售238台，同比增长28.6%。在总销售量同比下降35.4%的背景下，中大吨位起重机同比却增长，显示需求结构在2012年有了新的变化，反映了市场对中大吨位起重机需求的增加。

2012年汽车起重机年销售量达到千台以上的企业减少至3家，分别是：徐工集团徐州重型机械有限公司、中联重科工程起重机分公司、三一汽车起重机械有限公司。这三大企业总的销售量达2万多台，占全行业汽车起重机销售量的91.4%，销售台数占全行业的比例分别为54.1%、26%、11.4%。在12个主要生产汽车起重机的企业中，仅1个企业实现了销售量同比增长，其余都为下降，有8家企业同比下降幅度超过35%的平均降幅。2012年徐重、中联起重机、三一汽车起重机械有限公司的销售额占全行业汽车起重机销售额的比例分别为52.4%、28.5%、12%，三家销售额共计占到全行业的92.9%。汽车起重机的生产集中度进一步提高，达到历史最高水平。

全地面起重机在2012年逆势而上，徐重、中联起重机、三一汽车起重机械有限公司共销售了272台，同比增长30.1%。其中160~240吨级的销售量达122台，同比增长8%；260~500吨级销售147台，同比增长53%；徐重还成功销售了800吨级和1 200吨级的全地面起重机。这些表明我国全地面起重机朝着大型和超大型化发展，以满足市场的需求。徐重、中联起重机、三一汽车起重机械有限公司全地面起重机的销量占比分别为47.4%、28%和24.6%。2012年部分企业汽车起重机销售情况和市场占有率见表5。

表 5　2012 年部分企业汽车起重机销售情况和市场占有率

企业名称	销售量(台)			市场占有率(%)		
	2012 年	2011 年	同比增长(%)	2012 年	2011 年	2010 年
徐州重型机械有限公司	12 452	18 351	-32.1	54.1	51.8	51.7
中联重科工程起重机分公司	5 992	9 399	-36.2	26.0	26.5	25.1
三一汽车起重机械有限公司	2 626	3 520	-25.4	11.4	9.9	5.7
安徽柳工起重机有限公司	648	1 441	-55.0	2.8	4.1	6.0
四川长江工程起重机有限责任公司	197	484	-59.3	0.9	1.4	3.5
马尼托瓦克东岳重工有限公司	380	817	-53.5	1.6	2.3	3.2
其他企业	760	1 445	-47.4	3.4	4.0	4.8
合　　计	23 055	35 457	-35.0	100.0	100.0	100.0

注:汽车起重机数据包括全地面起重机。

2.履带起重机

2012 年履带起重机销售 1 732 台(包括强夯机 285 台和履带式抓料机 105 台),同比下降14.6%。月销售高峰出现在 3 月,销售量达 212 台。从季度销售情况分析:第二季度销量最高,达到 568 台,第三季度下滑幅度较大,第四季度略有回升。2012 年履带起重机季度销售情况见表 6。

表 6　2012 年履带起重机季度销售情况

2012 年	一季度	二季度	三季度	四季度	合计
销量(台)	371	568	360	433	1 732
同比增长(%)	-17.9	-6.0	-19.6	-17.4	-14.6

2012 年销售的履带起重机(不含强夯机和抓料机),35~200t 占 86.9%,比 2011 年下降2.1个百分点;200~400t,占 8.9%,提高0.5个百分点;而 400t 以上的占 4.7%,提高 2.1 个百分点,销售量比上年净增 12 台。

履带起重机生产企业主要有 4 家,2012 年履带起重机的销售额在 10 亿元以上的企业依次是中联起重机、上海三一、徐工建设机械分公司和抚挖。这四大企业销售额占全行业的 94.6%,比上年提高 1.6 个百分点。四大企业销售量占全行业的 89%,比上年下降 3 个百分点,这是由于郑州宇通和北京南车分享了市场 9.6%的份额。郑州宇通履带起重机年销售量达到 96 台,北京南车以销售 33 台履带起重机的业绩进入行业;江苏八达以销售 105 台履带式抓料机的业绩在行业中独树一帜。2012 年履带起重机生产企业前 4 位销售情况见表 7。

表 7　2012 年履带起重机生产企业前 4 位销售情况

企业名称	2012 年(台)	2011 年(台)	同比增长(%)
中联重科工程起重机分公司	320	539	-40.6
上海三一科技有限公司	429	346	24.0
徐工集团建设机械分公司	348	418	-16.7
辽宁抚挖重工机械股份有限公司	302	438	-31.1

2012 年汽车起重机、全地面起重机、履带起重机生产、销售的趋势是小吨位占比有所收窄,大吨位产品的占比有所提高。近儿年来,我国吊装市场对国产大吨位及超大吨位起重机的信任和需求在增加,所以大型的、高技术含量的起重机成为我国大企业追求的目标。在 2012 年市场不景气的形势下,徐重、中联起重机、上海三一和三一汽车起重机械有限公司等企业加大了新产品开发力度和资金投入,在 2012 年上海宝马展览会上呈现出不少亮点。

3.随车起重机

随车起重机行业从 2006 年起进入了较快发展

阶段。2008年销售量就增长到4 000多台,2010年突破6 000多台,2011年又突破9 000多台。但2012年放慢了增长的步伐。

随车起重机2012年销售量超过1万台,包括整机和上吊部分。全年销售量同比增长达7.3%;销售额超过13亿元,同比增长13%。销售高峰出现在3月、4月、5月,月销量都在1 000台以上。从7月开始有较明显下滑,但趋势平缓。随车起重机受大经济形势的影响虽小于汽车起重机和履带起重机,但同比增长的幅度达到近几年最低。年销售量在500台以上的生产企业有徐州徐工随车起重机有限公司、石家庄煤矿机械有限责任公司随车起重机分公司、湖南大汉起重科技有限公司和牡丹江专用汽车制造有限公司。随车起重机最大生产企业是徐随,2012年的销售量达5 000多台,同比增长8.3%,销售量在行业中占比达到50%以上。2012年随车起重机主要生产企业销售情况见表8。

表8 2012年随车起重机主要生产企业的销售情况

生产企业	销量(台)		
	2012年	2011年	同比增长(%)
徐州徐工随车起重机有限公司	5 236	4 833	8.3
石家庄煤矿机械有限责任公司随车起重机分公司	1 634	1 676	-2.5
湖南大汉起重科技有限公司	1 160	757	53.2
牡丹江专用汽车制造有限公司	749	909	-17.6
泰安古河随车起重机有限公司	400	243	64.6
长春市神骏专用车制造有限公司	341	465	-27.3
沈阳广成重工有限公司	114	161	-29.2
郑州宇通重工有限公司	101	60	68.3

轮胎起重机仍然停留在年销售量100多台的水平,同比下降1.9%。主要生产企业有哈尔滨工程机械制造有限责任公司和江苏八达重工机械有限公司。

2012年,在市场比较低迷的情况下,部分企业对产品做了一定的调整。生产履带起重机的企业扩大了强夯机的生产,2012年共销售强夯机280多台,同比增长24%。郑州宇通履带起重机销售量下降,但增加了随车起重机的销售量,随车起重机的销售量同比增长68%。重庆大江信达车辆股份有限公司汽车起重机销售量大幅下降,专用汽车销售却大幅增大。在2012年我国港口更新设备的形势下,哈尔滨工程机械制造有限责任公司的轮胎起重机销售量同比增长47.2%,江苏八达重工机械有限公司履带抓料机销售量同比增长了123%。所以企业的产品要更贴近市场,差异化生产,这对中小企业尤为重要。

产品出口情况

据中国工程机械工业协会工程起重机分会对会员单位的统计,2012年工程起重机出口比上年有所增长,出口总量4 198台,同比增长27.6%;出口额超过63亿元,同比增长34%。其中:汽车起重机和全地面起重机出口3 044台,同比增长28.3%;出口金额超过50亿元,同比增长65.7%,占总出口额的79.4%。随车起重机出口485台,同比增长12.5%;出口金额超过12亿元,同比下降24%。履带起重机出口669台,同比增长53.4%;出口金额0.75亿元,同比增长34.9%。

出口主要企业有徐重、中联起重机、上海三一、三一起重机械、抚挖和徐随。徐重出口汽车起重机和全地面起重机达到1 700多台,同比增长12%,占行业出口量的56.3%;中联起重机出口汽车起重机900多台,同比增长37.7%;三一起重机械出口汽车起重机和全地面起重机300多台,同比增长116.3%。徐随出口随车起重机600多台,同比增长49%,占行业随车起重机出口量的94%。履带起重机出口的主要企业仍然是徐工建设机械分公司、中联起重机、上海三一和抚挖。2012年工程起重机出口情况见表9。

表 9　2012 年工程起重机出口情况

（单位：台）

产品名称	2012 年	2011 年	同比增长（%）
汽车起重机和全地面起重机	3 044	2 372	28.3
随车起重机	485	479	12.5
履带起重机	669	436	53.4
轮胎起重机	0	4	
总计	4 198	3 291	27.6

科技成果及新产品

2012 年市场相对饱和，产能过剩，需求下降。这对工程起重机的生产和销售来说是一个拐点，但给行业结构调整带来了新的机遇，企业间的兼并重组继续进行。尤其值得关注的是，龙头企业纷纷在技术创新和产品的转型升级上取得不凡的成绩，例如徐重研制了目前世界最大吨位的 4 000 吨级的履带起重机、100 吨级的动臂塔机、折臂式汽车起重机、轮式桁架臂起重机、越野轮胎起重机等新产品，并且实现了新产品 QAY800 和 QAY1200 全地面起重机的销售；中联起重机成功研制了 2 000 吨级的全球最大吨级的全地面起重机；上海三一研发了 3 600吨级履带起重机；三一起重机械多种新产品投放到市场等。2012 年全行业的研发能力、制造能力、产品的技术含量和质量进一步提升，企业的科学管理和对市场的掌控不断深化。2013 年我国起重机行业将在 2012 年的基础上进入健康的、理性的、稳定的发展阶段。

〔撰稿人：中国工程机械工业协会工程起重机分会沈永明〕

工　业　车　辆

2012 年，由于国内经济发展速度放缓和国际发达国家经济恢复依然缓慢、发展中国家受通货膨胀拖累等因素的共同影响，工业车辆市场出现了金融危机后的首个负增长，市场竞争更加激烈，月销售量呈现出前高后低的走势，全年总销售量未能超过 30 万台，成为了继 2011 年最高纪录后的次高纪录，继续保持全球第一大销售市场的位置。

生产发展情况

根据中国工程机械工业协会工业车辆分会月统计报告分析，2011 年第三季度开始受国内经济调整影响，工业车辆的需求量出现下滑，进入 2012 年后这种趋势没有得到根本的改变，全年生产情况相比前几年的大起大落平稳很多。2012 年工业车辆产品分类及主要生产企业见表 1。

表 1　2012 年工业车辆产品分类及主要生产企业

产品分类	企业名称
内燃叉车	安徽叉车集团有限责任公司、杭叉集团股份有限公司、大连叉车有限责任公司、台励福机器设备（青岛）有限公司、凯傲宝骊（江苏）有限公司、厦门厦工机械股份有限公司、江苏靖江叉车有限公司、上海上力叉车有限公司、一拖（洛阳）搬运机械有限公司、广西柳工机械股份有限公司、山东光明机器制造有限公司、宝鸡叉车制造公司五厂、宜昌金轮叉车有限责任公司、镇江福马叉车有限公司、三一集团（三一港口机械有限公司）、龙工（上海）叉车有限公司、安徽江淮银联重型工程机械有限公司、宁波如意股份有限公司、浙江诺力机械股份有限公司、杭州友高精密机械有限公司、浙江美科斯叉车有限公司、安徽合叉叉车有限公司、湖南山河智能机械股份有限公司、浙江中力机械有限公司、山东山推机械有限公司、芜湖瑞创叉车有限公司、林德（中国）叉车

（续）

产品分类	企业名称
内燃叉车	有限公司、上海海斯特叉车制造有限公司、斗山工程机械(中国)有限公司、北京现代京城工程机械有限公司、丰田产业车辆(上海)有限公司、伟轮叉车(东莞)有限公司、小松(中国)投资有限公司、TCM(安徽)机械有限公司、青岛克拉克物流机械有限公司、卡哥特科(上海)贸易有限公司、三菱重工叉车(大连)有限公司
电动叉车(包括电动平衡重乘驾式叉车、电动乘驾式仓储叉车、电动步行式仓储叉车)	安徽叉车集团有限责任公司、杭叉集团股份有限公司、大连叉车有限责任公司、台励福机器设备(青岛)有限公司、凯傲宝骊(江苏)有限公司、厦门厦工机械股份有限公司、江苏靖江叉车有限公司、上海上力叉车有限公司、一拖(洛阳)搬运机械有限公司、广西柳工机械股份有限公司、无锡汇丰机器有限公司、龙工(上海)叉车有限公司、无锡大隆电工机械厂、安徽江淮银联重型工程机械有限公司、宁波如意股份有限公司、浙江诺力机械股份有限公司、杭州友高精密机械有限公司、浙江美科斯叉车有限公司、安徽合叉叉车有限公司、浙江中力机械有限公司、山东山推机械有限公司、芜湖瑞创叉车有限公司、林德(中国)叉车有限公司、永恒力叉车(上海)有限公司、丰田产业车辆(上海)有限公司、上海力至优叉车制造有限公司、小松(中国)投资有限公司、北京现代京城工程机械有限公司、斗山工程机械(中国)有限公司、上海海斯特叉车制造有限公司、伟轮叉车(东莞)有限公司、TCM(安徽)机械有限公司、青岛克拉克物流机械有限公司、三菱重工叉车(大连)有限公司、科朗叉车商贸(上海)有限公司
轻小型搬运车辆(包括手动叉车)	杭叉集团股份有限公司、浙江诺力机械股份有限公司、宁波如意股份有限公司、无锡汇丰机器有限公司、无锡大隆电工机械厂、湖北金茂机械科技有限公司、湖北宏力液压科技有限公司

根据世界工业车辆统计协会规定，工业车辆分为机动工业车辆和非机动工业车辆，机动工业车辆又分为五大类，即第Ⅰ类电动平衡重乘驾式叉车、第Ⅱ类电动乘驾式仓储叉车、第Ⅲ类电动步行式仓储叉车、第Ⅳ类内燃平衡重式叉车(实心轮胎〕、第Ⅴ类内燃平衡重式叉车(充气轮胎)。2011—2012年工业车辆主要产品产销存情况见表2。2012年工业车辆主要生产企业经济指标完成情况见表3。2010—2012年部分重点企业主要经济指标变化情况见表4。

表2　2011—2012年工业车辆主要产品产销存情况　（单位:台）

产品名称	产量		销售量		库存量	
	2011年	2012年	2011年	2012年	2011年	2012年
电动平衡重乘驾式叉车	29 449	29 109	30 035	29 909	1 028	794
电动乘驾式仓储叉车	11 075	12 155	11 846	13 094	337	237
电动步行式仓储叉车	40 739	34 978	41 325	37 030	22	534
内燃平衡重式叉车	230 130	203 125	230 641	208 629	9 071	5 844

表3　2012年工业车辆主要生产企业经济指标完成情况　（单位:万元）

企业名称	工业总产值(当年价)	工业增加值	营业收入	利润总额
安徽叉车集团有限责任公司	646 060	141 919	606 604	44 814
杭叉集团股份有限公司	753 266	67 963	748 948	31 881
大连叉车有限责任公司	44 821	8 077	42 312	131

（续）

企业名称	工业总产值（当年价）	工业增加值	营业收入	利润总额
浙江诺力机械股份有限公司	123 151	33 098	122 578	8 552
浙江美科斯叉车有限公司	48 145	3 678	47 008	2 248
宁波如意股份有限公司	74 031	7 852	71 377	3 620
江苏靖江叉车有限公司	21 114	3 167	22 372	151

表4　2010—2012年部分重点企业主要经济指标变化情况

企业名称	年度	工业总产值（当年价）（万元）	工业增加值（万元）	营业收入（万元）	利润总额（万元）	从业人员平均人数（人）	工资总额（万元）	资产合计（万元）
安徽叉车集团有限责任公司	2010	590 509	126 230	502 279	46 131	6 492	28 882	404 483
	2011	713 669	144 634	642 096	51 527	7 487	34 955	491 185
	2012	646 060	141 919	606 604	44 814	7 622	38 728	529 724
杭叉集团股份有限公司	2010	618 887	44 200	713 051	25 431	2 333	10 577	257 455
	2011	648 159	65 164	837 361	19 383	2 555	14 082	268 561
	2012	753 266	67 963	748 948	31 881	2 195	17 776	284 030
大连叉车有限责任公司	2010	63 512	17 574	57 257	2 606	757	1 995	53 763
	2011	59 137	15 532	54 747	2 456	814	2 532	50 318
	2012	44 821	8 077	42 312	131	868	3 289	44 800
浙江诺力机械股份有限公司	2010	102 820	29 594	101 475	7 166	1 535	5 802	61 731
	2011	134 072	40 137	129 549	8 782	2 040	7 391	77 537
	2012	123 151	33 098	122 578	8 552	1 661	6 828	74 356
宁波如意股份有限公司	2010	64 780	10 457	58 818	1 822	934	4 647	35 552
	2011	79 624	73 728	74 168	955	945	5 835	37 159
	2012	74 031	7 852	71 377	3 620	964	6 969	40 280

市场销售

2012年，工业车辆市场销售情况延续了2011年下半年下跌的走势，继续呈现出前高后低的态势。工业车辆分会2012年采录汇总报告销售量数据显示，参加分会统计的机动工业车辆制造企业共销售288 662台，与上年同期的310 189台相比，下降了6.94%；非机动工业车辆销售量为1 363 764台，与上年同期的1 655 876台相比，下降了17.64%。2012年机动工业车辆各月销售情况见表5。

表5　2012年机动工业车辆各月销售情况　（单位：台）

类别名称 / 月份	Ⅰ类	Ⅱ类	Ⅲ类	Ⅳ类+Ⅴ类	Ⅰ～Ⅲ类	Ⅰ+Ⅳ+Ⅴ类	Ⅰ～Ⅴ类
	电动平衡重乘驾式叉车	电动乘驾式仓储叉车	电动步行式仓储叉车	内燃平衡重式叉车〔实心、充气轮胎〕	电动叉车	平衡重式叉车	工业车辆
1	1 970	1 581	1 964	11 512	5 515	13 482	17 027

（续）

类别名称 / 月份	Ⅰ类 电动平衡重乘驾式叉车	Ⅱ类 电动乘驾式仓储叉车	Ⅲ类 电动步行式仓储叉车	Ⅳ类+Ⅴ类 内燃平衡重式叉车〔实心、充气轮胎〕	Ⅰ~Ⅲ类 电动叉车	Ⅰ+Ⅳ+Ⅴ类 平衡重式叉车	Ⅰ~Ⅴ类 工业车辆
2	2 325	896	2 515	20 289	5 736	22 614	26 025
3	2 580	1 076	3 454	25 677	7 110	28 257	32 787
4	2 211	1 298	3 476	19 183	6 985	21 394	26 168
5	2 570	1 016	3 370	19 224	6 956	21 794	26 180
6	2 660	1 119	3 336	17 345	7 115	20 005	24 460
7	2 678	1 069	3 187	16 724	6 934	19 402	23 658
8	2 653	914	3 066	17 054	6 633	19 707	23 687
9	2 638	980	3 140	17 416	6 758	20 054	24 174
10	2 587	1 049	2 560	15 212	6 196	17 799	21 408
11	2 692	1 019	3 471	16 364	7 182	19 056	23 546
12	2 345	1 077	3 491	12 629	6 913	14 974	19 542
合　计	29 909	13 094	37 030	208 629	80 033	238 538	288 662

1.内燃叉车销售情况

2012年，共销售内燃平衡重乘驾式叉车208 629台，与上年同期的230 641台相比，下降了9.54%。其中：柴油叉车194 502台，汽油叉车（含双燃料）14 127台。2012年与2011年内燃叉车各月销售趋势见图1。

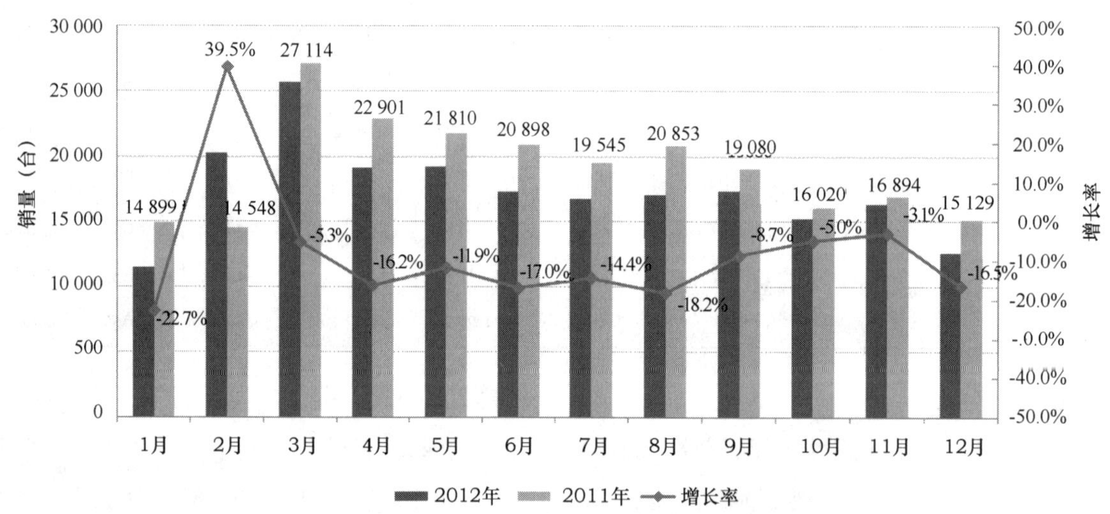

图1　2012年与2011年内燃叉车各月销售趋势

按销售量统计排在前十位的企业是：安徽叉车集团有限责任公司、杭叉集团股份有限公司、龙工（上海）叉车有限公司、台励福机器设备（青岛）有限公司、广西柳工机械股份有限公司、安徽江淮银联重型工程机械有限公司、浙江省美科斯叉车有限公司、凯傲宝骊（江苏）叉车有限公司、三菱重工叉车（大连）有限公司、厦门厦工叉车有限公司。排在前五位企业的销售量为143 163台，占内燃平衡重乘驾式叉车销售量的68.16%；排在前十位企业的销售量为169 126台，占内燃平衡重乘驾式叉车销售量的80.52%。

2.电动叉车销售情况

电动叉车(包括电动平衡重乘驾式叉车和各类电动仓储叉车)2012 年销售量为 80 033 台,与上年同期的 80 498 台相比,下降了 0.58%。2012 年与 2011 年电动叉车各月销售趋势见图 2。

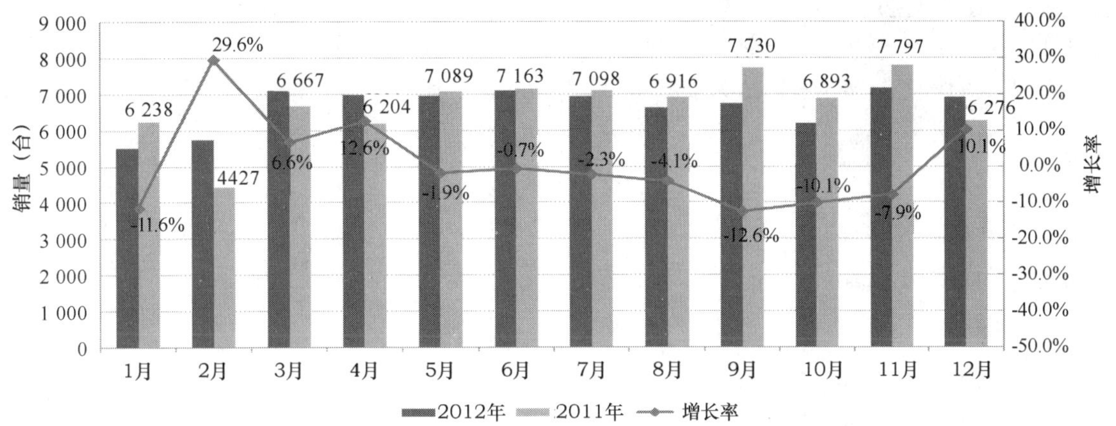

图 2　2012 年与 2011 年电动叉车各月销售趋势

(1)电动平衡重乘驾式叉车分吨位销售情况。2012 年全国共销售电动平衡重乘驾式叉车 29 909 台,与上年同期的 30 035 台相比,下降了 0.42%。

按销售量统计排在前六位的企业是:安徽叉车集团有限责任公司、杭叉集团股份有限公司、林德(中国)叉车有限公司、丰田产业车辆(上海)有限公司、台励福机器设备(青岛)有限公司、上海力至优叉车制造有限公司。排在前三位的企业销售量为 16 589 台,占电动平衡重乘驾式叉车销售量的 55.29%。排在前六位企业的销售量为 22 018台,占电动平衡重乘驾式叉车销售量的 73.39%。

电动平衡重乘驾式叉车的销售情况如下:0.0~1.199 吨位级销售量为 732 台,占总销售量的 2.45%;1.2~1.999 吨位级销售量为 12 327 台,占总销售量的 41.22%;2.0~2.499 吨位级销售量为7 212 台,占总销售量的 24.11%;2.5~2.999 吨位级销售量为 4 498 台,占总销售量的 15.04%;3.0 吨位以上级销售量为 5 140 台,占总销量的 17.19%。

(2)电动仓储叉车(包括电动乘驾式仓储叉车、电动步行式仓储叉车等)销售情况。2012 年全国共销售电动仓储叉车 50 124 台,与上年同期的 50 508 台相比,下降了 0.76%。

按销售量统计排在前六位的企业是:浙江诺力机械股份有限公司、浙江中力机械有限公司、安徽叉车集团有限责任公司、杭叉集团股份有限公司、林德(中国)叉车有限公司、宁波如意股份有限公司。排在前三位企业的销售量为 25 886 台,占电动仓储叉车销售量的 50.92%;排在前六位企业的销售量为 42 947 台,占电动仓储叉车销售量的 84.49%。

3.各地区叉车销售情况

从 2012 年销售的212 958台机动工业车辆的流向看,沿海地区和经济发达地区市场情况仍然较好,边远地区和经济欠发达地区叉车销售市场情况逐年向好。2012 年叉车按地区销售情况见表 6。2012 年各省叉车销售数量和占有市场份额情况见表 7。

表 6　2012 年叉车按地区销售情况

地区	销售量(台)	2012 年市场份额(%)
东北	14 362	6.74
华北	26 738	12.56
华东	103 249	48.48
中南	47 064	22.10
西南	11 540	5.42
西北	10 005	4.70

表7　2012年各省叉车销售数量和占有市场份额情况

序号	省、市、自治区	销售量（台）	2012年市场份额（%）	2011年市场份额（%）	市场份额同比增长（百分点）	序号	省、市、自治区	销售量（台）	2012年市场份额（%）	2011年市场份额（%）	市场份额同比增长（百分点）
1	江苏	27 552	12.94	12.48	0.46	17	山西	3 134	1.47	1.80	-0.33
2	广东	24 441	11.48	11.89	-0.41	18	广西	3 779	1.77	1.79	-0.02
3	山东	23 241	10.91	10.37	0.54	19	陕西	3 276	1.54	1.77	-0.23
4	浙江	19 464	9.14	8.15	0.99	20	吉林	3 743	1.76	1.64	0.12
5	上海	14 619	6.86	6.46	0.40	21	江西	3 356	1.58	1.56	0.02
6	河北	8 514	4.00	4.13	-0.13	22	新疆	3 372	1.58	1.33	0.25
7	福建	8 261	3.88	3.97	-0.09	23	内蒙古	1 892	0.89	1.25	-0.36
8	河南	8 004	3.76	3.51	0.25	24	重庆	2 948	1.38	1.23	0.15
9	辽宁	7 367	3.46	3.64	-0.18	25	云南	2 677	1.26	1.21	0.05
10	安徽	6 756	3.17	3.26	-0.09	26	甘肃	1 917	0.90	1.05	-0.15
11	北京	6 729	3.16	3.74	-0.58	27	海南	1 070	0.50	0.63	-0.13
12	湖北	5 915	2.78	2.77	0.01	28	贵州	1 368	0.64	0.58	0.06
13	天津	6 469	3.04	2.71	0.33	29	青海	668	0.31	0.35	-0.04
14	四川	4 459	2.09	2.29	-0.20	30	宁夏	772	0.36	0.35	0.01
15	湖南	3 855	1.81	2.03	-0.22	31	西藏	88	0.04	0.10	-0.06
16	黑龙江	3 252	1.53	1.97	-0.44						

4.轻小型搬运车辆市场情况

2012年，中国工程机械工业协会车辆分会会员单位报告的非机动工业车辆销售量为1 363 764台（另外，贴牌200 302台，含贴牌总销售量为1 564 066台），与上年同期的1 655 876台（另外，贴牌30 155台，含贴牌总销售量为1 686 031台）相比，下降了17.64%。

5.固定平台搬运车销售情况

2012年，固定平台搬运车销售量为66台，与上年同期的86台相比，下降了23.26%。

6.牵引车销售情况

2012年，牵引车销售量为1 456台（其中电动牵引车为648台、内燃牵引车为808台），与上年同期的923台相比增长了57.75%。从近年牵引车销售情况来看，整体数量在增长，电动牵引车在其中的比例也在逐年增加。

按销售量排在前五位的企业是：江苏靖江叉车有限公司、林德（中国）叉车有限公司、大连叉车有限责任公司、卡哥特科（上海）贸易有限公司、芜湖瑞创叉车有限公司。排在前三位企业的销售量为928台，占牵引车销售量的63.74%；排在前六位企业的销售量为1 104台，占牵引车销售量的75.82%。

进出口情况

2012年，出口叉车及装有升降或搬运装置的工业车辆共1 783 947台，与2011年的出口量1 870 262台相比，下降了4.62%；出口金额1 569 407 754美元，与上年的出口金额1 321 538 437美元相比，增长了18.76%。这些工业车辆出口到190个国家和地区。我国外贸进出口中工业车辆近年来出口情况见表8。

表 8　我国外贸进出口中工业车辆近年来出口情况

年度	出口量		出口额		年度	出口量		出口额	
	数量（台）	同比增长（%）	金额（美元）	同比增长（%）		数量（台）	同比增长（%）	金额（美元）	同比增长（%）
2005	913 835	9.85	295 980 207	45.81	2009	942 242	-43.46	466 315 333	-54.85
2006	1 252 820	37.05	459 960 810	55.40	2010	1 580 085	67.69	756 331 867	62.19
2007	1 710 729	36.60	789 904 667	71.73	2011	1 870 262	18.36	1 321 538 437	74.73
2008	1 666 411	-2.59	1 032 741 549	30.74	2012	1 783 947	-4.62	1 569 407 754	18.76

1.2012 年机动工业车辆出口情况

2012 年机动工业车辆出口 97 786 台，与上年的 84 249 台相比，增长了 16.07%；其中：电动叉车（含巷道堆垛机）出口为 43 229 台，与上年的出口量 33 689 台相比，增长了 28.32%；内燃叉车（含集装箱叉车）出口 54 557 台，与上年的50 560台相比，增长了 7.91%。2005—2012 年机动工业车辆出口数量、金额情况见表 9。2005—2012 年机动工业车辆出口数量趋势见图 3。

表 9　2005—2012 年机动工业车辆出口数量、金额情况

年度	出口量		出口额		年度	出口量		出口额	
	数量（台）	同比增长（%）	金额（美元）	同比增长（%）		数量（台）	同比增长（%）	金额（美元）	同比增长（%）
2005	16 462	69.78	178 385 261	74.78	2009	27 558	-54.32	309 421 396	-57.18
2006	26 588	61.51	290 735 210	62.98	2010	47 143	71.07	517 832 892	67.36
2007	48 871	83.81	529 515 401	82.13	2011	84 249	78.71	1 014 556 246	95.92
2008	60 333	23.45	722 682 384	36.48	2012	97 786	16.07	1 251 750 489	23.38

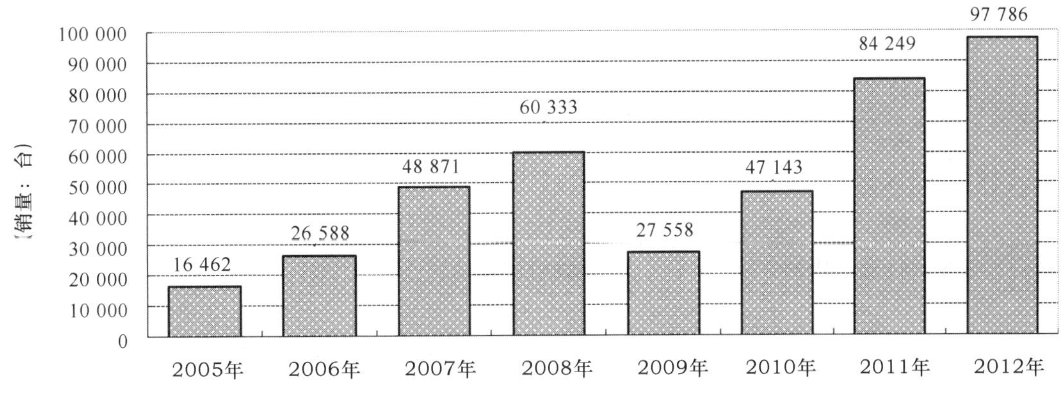

图 3　2005—2012 年机动工业车辆出口数量趋势

（1）机动工业车辆出口各洲数量占比情况。2012 年机动工业车辆出口 97 786 台中，美洲占 32.84%、亚洲占 26.77%、欧洲占 26.00%、非洲占 9.23%、大洋洲占 5.16%。其中：电动叉车（含巷道堆垛机）出口 43 229 台中，美洲占 41.77%、欧洲占 30.26%、亚洲占21.97%、大洋洲占 3.58%、非洲占 2.42%；内燃叉车（含集装箱叉车）出口 54 557 台中，亚洲占 30.58%、美洲占 25.77%、欧洲占 22.63%、非洲占 14.62%、大洋洲占 6.41%。机动工业车辆出口各洲数量比例情况见表 10。

表10 机动工业车辆出口各洲数量比例情况

洲名称	机动工业车辆		电动叉车		内燃叉车	
	出口量(台)	占比(%)	出口量(台)	占比(%)	出口量(台)	占比(%)
亚洲	26 180	26.77	9 497	21.97	16 683	30.58
非洲	9 022	9.23	1 045	2.42	7 977	14.62
欧洲	25 426	26.00	13 081	30.26	12 345	22.63
美洲	32 116	32.84	18 059	41.77	14 057	25.77
大洋洲	5 042	5.16	1 547	3.58	3 495	6.41
合计	97 786	100.00	43 229	100.00	54 557	100.00

(2)机动工业车辆出口各洲同比增长情况。机动工业车辆出口97 786台中,非洲同比增长32.81%、亚洲同比增长22.17%、美洲同比增长20.40%、大洋洲同比增长6.24%、欧洲同比增长3.34%。其中出口电动叉车(含巷道堆垛机)43 229台中各洲的同比增长情况分别是,美洲同比增长85.51%、非洲同比增长32.95%、亚洲同比增长12.50%、欧洲同比增长3.04%、大洋洲同比下降23.83%;出口内燃叉车(含集装箱叉车)54 557台中各洲的同比增长情况分别是,非洲同比增长32.80%、大洋洲同比增长28.73%、亚洲同比增长28.45%、美洲同比下降17.02%、欧洲同比增长3.65%。机动工业车辆出口各洲同比增长情况见表11。2012年各种类型叉车出口前5位的国家见表12。

在机动工业车辆的出口中,电动叉车43 229台,占出口量的44.21%;内燃叉车54 557台,占出口量的55.79%。2012年机动工业车辆出口构成比例变化情况见表13。

表11 机动工业车辆出口各洲同比增长情况

洲名称	机动工业车辆进口量			电动叉车进口量			内燃叉车进口量		
	2011年	2012年	同比增长(%)	2011年	2012年	同比增长(%)	2011年	2012年	同比增长(%)
亚洲	21 430	26 180	22.17	8 442	9 497	12.50	12 988	16 683	28.45
非洲	6 793	9 022	32.81	786	1 045	32.95	6 007	7 977	32.80
欧洲	24 605	25 426	3.34	12 695	13 081	3.04	11 910	12 345	3.65
美洲	26 675	32 116	20.40	9 735	18 059	85.51	16 940	14 057	-17.02
大洋洲	4 746	5 042	6.24	2 031	1 547	-23.83	2 715	3 495	28.73
合计	84 249	97 786	16.07	33 689	43 229	28.32	50 560	54 557	7.91

表12 2012年工业车辆按各种类型的叉车出口前5位的国家

名次	电动叉车		内燃叉车		其他未列名叉车	
	国家	出口量(台)	国家	出口量(台)	国家	出口量(台)
1	美国	13 601	俄罗斯	5 487	美国	368 988
2	德国	3 150	巴西	4 337	德国	241 463
3	泰国	2 189	澳大利亚	2 935	俄罗斯	106 809
4	比利时	2 146	土耳其	2 786	法国	55 256
5	俄罗斯	1 922	阿根廷	2 669	比利时	50 012

表13　2012年机动工业车辆出口构成比例变化情况

年份	机动工业车辆合计（台）	电动叉车		内燃叉车	
		出口量（台）	占比（%）	出口量（台）	占比（%）
2011年	84 249	33 689	39.99	50 560	60.01
2012年	97 786	43 229	44.21	54 557	55.79

2. 2012年非机动工业车辆（轻小型搬运车辆）出口情况

2012年出口非机动工业车辆（轻小型搬运车辆）为1 686 161台，与上年同期的1 786 013台相比，下降了5.95%。2012年非机动工业车辆（轻小型搬运车辆）各月出口情况见表14，2012年非机动工业车辆各月出口情况见图4。

表14　2012年非机动工业车辆（轻小型搬运车辆）各月出口情况　　（单位：台）

月份	1月	2月	3月	4月	5月	6月
轻小型搬运车辆	148 894	73 380	162 676	128 871	160 372	156 005
	7月	8月	9月	10月	11月	12月
	168 554	155 371	166 238	135 137	162 822	167 693

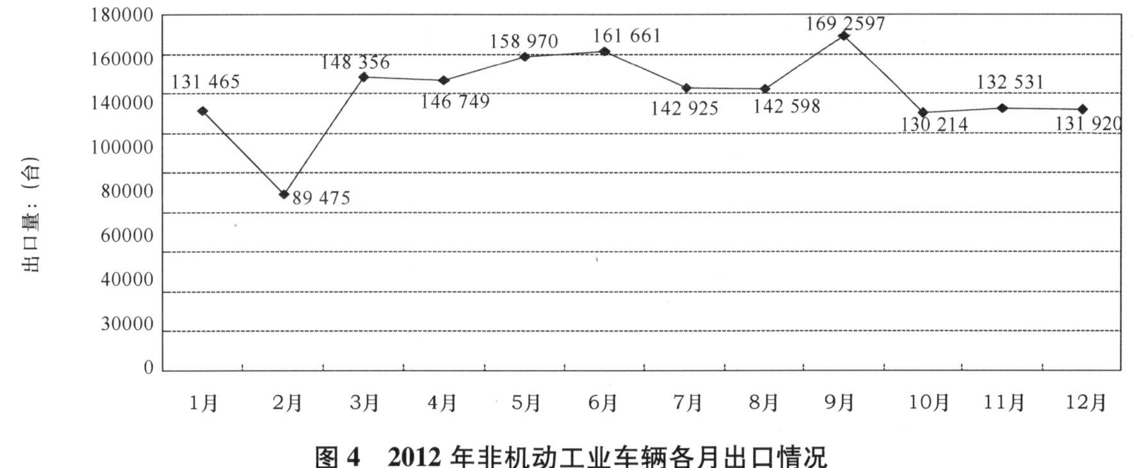

图4　2012年非机动工业车辆各月出口情况

（1）2012年非机动工业车辆（轻小型搬运车辆）出口各洲情况。2012年非机动工业车辆（轻小型搬运车辆）出口各洲情况见表15。

表15　2012年非机动工业车辆出口各洲情况

洲名称	出口量（台）	占比（%）	洲名称	出口量（台）	占比（%）
亚洲	323 390	19.18	美洲	513 437	30.45
非洲	39 727	2.36	大洋洲	34 577	2.05
欧洲	775 030	45.96	合计	1 686 161	100.00

从表15看出，欧美占非机动工业车辆（轻小型搬运车辆）出口总量的76.41%，其中：欧洲占45.96%，美洲占30.45%，亚洲只占19.18%。

（2）2012年非机动工业车辆（轻小型搬运车辆）出口欧洲排列前10位国家的出口量和占比情况。2012年非机动工业车辆出口欧洲前10位国家的出口量和占比情况见表16。

表16　2012年非机动工业车辆出口欧洲前10位国家的出口量和占比情况

序号	地区国家	出口量（台）	占比（%）	序号	地区国家	出口量（台）	占比（%）
	欧洲	775 030		6	英国	41 340	5.33
1	德国	241 463	31.16	7	意大利	39 297	5.07
2	俄罗斯联邦	106 809	13.78	8	瑞典	36 022	4.65
3	法国	55 256	7.13	9	西班牙	25 349	3.27
4	比利时	50 012	6.45	10	波兰	24 387	3.15
5	荷兰	43 154	5.57				

从表16看出上万台以上的10个国家占欧洲总量775 030台的85.56%，德国占欧洲总量的31.16%。

（3）2012年非机动工业车辆（轻小型搬运车辆）出口美洲排列前10位国家的出口量和占比情况。2012年非机动工业车辆出口美洲前10位国家的出口量和占比情况见表17。

表17　2012年非机动工业车辆出口美洲前10位国家的出口量和占比情况

	地区国家	出口量（台）	占比（%）		地区国家	出口量（台）	占比（%）
1	美国	368 988	71.87	6	智利	11 612	2.26
2	巴西	35 317	6.88	7	秘鲁	6 554	1.28
3	加拿大	27 563	5.37	8	哥伦比亚	5 791	1.13
4	墨西哥	24 270	4.73	9	厄瓜多尔	4 189	0.82
5	阿根廷	14 629	2.85	10	委内瑞拉	3 671	0.71

3.2012年中国工业车辆进口情况

2012年，进口叉车及装有升降或搬运装置的工业车辆12 970台，与上年的进口量15 632台相比，下降了17.03%；进口金额为321 267 736美元，与上年的进口金额368 447 853美元相比，下降了12.81%。其中：电动叉车（含巷道堆垛机）为6 660台，与上年的进口量9 264台相比，下降了28.11%；内燃叉车为1 738台（其中集装箱叉车34台），与上年的进口量1 912台相比，下降了9.10%；未列名叉车4 572台，与上年的进口量4 456台相比，下降了2.60%。工业车辆近年来进口情况见表18。

表18　工业车辆近年来进口情况

年度	进口量（台）	同比增长（%）	进口金额（美元）	同比增长（%）	年度	进口量（台）	同比增长（%）	进口金额（美元）	同比增长（%）
2005	14 920	-1.21	238 796 519	14.49	2009	9 652	-30.09	293 627 560	-14.45
2006	14 938	0.12	285 835 052	19.70	2010	14 644	51.72	389 169 560	32.54
2007	16 549	10.78	347 486 220	21.57	2011	15 632	6.75	368 447 853	-5.32
2008	13 807	-16.57	343 233 710	-1.22	2012	12 970	-17.03	321 267 736	-12.81

2012年,进口的工业车辆来自29个国家和地区。进口的机动工业车辆8 398台中,欧洲占52.07%、美洲占13.73%、亚洲占33.75%、大洋洲占0.45%。其中进口电动叉车(含巷道堆垛机)6 660台中,欧洲占61.77%、美洲占13.63%、亚洲占24.47%、大洋洲占0.12%;进口内燃叉车(含集装箱叉车34台)1 738台中,欧洲占14.90%、美洲占14.10%、亚洲占69.28%、大洋洲占1.73%。

科研成果及新产品

2012年工业车辆行业科技成果及新产品情况见表19。2012年工业车辆行业部分企业新产品情况见表20。

表19 2012年工业车辆行业科技成果及新产品情况

序号	获奖企业	项目名称	证书类别	获奖等级	批准机关
1	安徽叉车集团公司	新系列CPD10-70交流电瓶叉车研发	国家火炬计划项目		科学技术部
		K系列CPC45内燃平衡重式叉车	安徽省高新技术产品		安徽省科技厅
		K系列CPC(D)30-40内燃平衡重式叉车	安徽省高新技术产品		安徽省科技厅
		5~10t自动换挡变速箱	安徽省新产品		安徽省经济委员会
		2~3.5t液力带泵柔性连接变速箱	安徽省新产品		安徽省经济委员会
		K系列2~3.5t内燃平衡重式叉车	安徽省新产品		安徽省经济委员会
		K系列4~4.5t内燃平衡重式叉车	安徽省新产品		安徽省经济委员会
		CPCD120-460内燃平衡重式叉车	2012年度国家重点新产品		科学技术部
		CPCD120-460内燃平衡重式叉车	安徽省2012年度重点新产品		安徽省科技厅
		28~46t重型系列内燃叉车研发及产业化	机械工业科技进步奖	二等	中国机械工业联合会
2	杭叉集团股份有限公司	4~5t J系列大吨位电动叉车	浙江机械工业科学技术奖	一等	
		GB/T 27544—2011 工业车辆 电气要求;GB/T 18849—2011 机动工业车辆 制动器性能和零件强度	2012年度杭州市标准创新贡献企业和杭州市研制与采用先进技术标准奖	二等	杭州市技术标准推进领导小组办公室
		2~6t电动牵引车	杭州市科技进步奖	三等	
3	浙江诺力机械股份有限公司	剪叉蓄电池前移式堆高车	国家火炬计划项目	通过验收	科学技术部
		电动叉车系列产品研究及产业化	国家火炬计划项目	通过立项	科学技术部
		ET10蓄电池牵引车	省级工业新产品计划		浙江省
		RT25坐驾式门架大前移叉车	省级工业新产品计划		浙江省
		DAWP23.16SA内燃折叠伸缩式高空作业平台	省级工业新产品计划		浙江省
		EAWP16SA电动曲臂高空作业平台	省级工业新产品计划		浙江省
4	浙江美科斯叉车有限公司	智能窄巷超高堆垛车	国家火炬计划项目		科学技术部

表20　2012年工业车辆行业部分企业新产品情况

企 业 名 称	新产品名称
安徽叉车集团公司	CPCD50-75　K系列5~7.5t内燃平衡重式叉车
	CP(Q)YD50-70　5~7t汽油液化气内燃平衡重式叉车
	CPQD50-70　5~7t汽油内燃平衡重式叉车
	QYCD30　3t内燃牵引车
	QYD250　25t交流蓄电池牵引车
	ZL30G　装载机
	CPD15SH　后驱三支点电动叉车
	CPD70　7t电动叉车
杭叉集团股份有限公司	RS45-31CH-W45　45t正面吊车
	CPD85-XC2　8.5t蓄电池平衡重式叉车
	CPD7.5-D2　0.75~1t迷你型mini平衡重式电叉
	QDD5-SC1E、QDD5-SC1　舵柄式牵引车
	CPD10/1518/20/25/30/35-AD2/AC3(F)/AC4(F)、CPD25-ALC3(F)/AC4(F) A系列蓄电池叉车
	CPCD100-AG17/CPCD100-AG41、CPCD70-AG42 5~10t A系列内燃叉车
	CSD15-Z1S 人上行三向堆垛车
龙工(上海)叉车有限公司	LG20DR前移式蓄电池叉车
	LG20BE三支点蓄电池平衡重式叉车
	LG35GLT液压石油气平衡重式叉车
	LG12ED电动托盘堆垛车
	LG20ET电动托盘搬运车
台励福机器设备(青岛)有限公司	7L升级版叉车
	全交流座驾式2t前移式叉车
林德(中国)叉车有限公司	132系列：电动低位拣选车N20
	1169系列：电动托盘堆垛叉车L14C
	1283系列：柴油/液化石油气叉车HT25/30Ts
	372系列：电动托盘堆垛叉车L14-16
浙江诺力机械股份有限公司	CD20两门架双提升电动堆高车
	FE4P30蓄电池平衡重式叉车
	LPF25全电动高速搬运车
宁波如意股份有限公司	QDD40W步行式牵引车
	CQD20H前移式叉车
	CPD20A-C冷库用三支点叉车
	CDD15S-R双托盘堆垛车
	CBD15W全电动托盘搬运车
	高位拣选设备关键技术的研究与开发
	新型电动车操纵舵把

未来行业应关注的主要问题

中国工业车辆从生产第一台叉车的1953年开始到2012年,整整过去了60年,业内专家认为应该划分为三个大的发展阶段,分别是:第一阶段——工业车辆初始创业时期(1953~1977年),第二阶段——工业车辆行业形成时期(1978~2000年),第三阶段——工业车辆快速发展时期(2001~2011年)。在过去的几个阶段涌现出一大批业内优秀企业,他们的发展之路各不相同,但成功总是与她所在的时期、推出的产品和切入市场的模式等密不可分,从而形成了中国工业车辆行业目前的格局。

2012年,由于国内外环境的共同影响以及行业自身发展规律,业内普遍意识到高速跳跃式增长的时代已经过去,大家今后共同面对的将是一个崭新的发展阶段,即稳步提升发展阶段。很多企业已经开始对市场需求、竞争环境、政策导向、企业发展进行新的定位和思考,前面的成功不能代表未来,新的发展机遇和更激烈复杂的竞争环境正在到来。随着2012年国内经济增长速度的放缓,长期掩盖在高速发展环境下的一些问题日益突出,行业如何发展?企业如何走下去?业内的关键问题是什么?在前几年开展了很多的讨论,讨论的结论同时也被市场所验证。关键零部件、高端核心技术缺失,如何摆脱过去跟随模仿式发展方式、同质化竞争环境,服务和市场营销模式落后,这些都是浮现在表面的问题,根本问题应该是眼前利益与长远发展之间平衡的问题。

对于未来市场发展,我们应该充满信心。“十八大”的召开提出了“两个全面”的目标,也就是全面建成小康社会,全面深化改革开放;同时提出了“两个加快”的任务,也就是加快完善社会主义市场经济体制、加快转变经济发展方式。对于与社会发展密切相关的物流行业来说,将在其中扮演越来越重要的角色。在中国工业车辆步入新的发展阶段的同时,恰逢这一难得的市场机遇期,行业和企业要努力认清形势,把握好发展方向,积极参与改革、创新和转型,推动行业向健康可持续发展的方向迈进。行业和企业应关注定位调整、创新转型、环保节能。

1.认清形势、主动调整

定位是基础,企业根据发展形势、自身规划确定自身的定位,主动调整战略、战术。内资企业重点关注如何摆脱同质化竞争,努力延续成功经验,形成新的优势和提升综合实力,才能在竞争中脱颖而出。如果不能适时调整,未来5~10年内生存的艰难程度可想而知。对于外资企业,中国市场由于建成小康社会的根本目标,对产品的需求还是以替代人工、高性价比产品为主,对高端产品的需求虽会不断上升,但还不是主流。我国虽然是世界最大的市场,但市场份额和增长速度与行业整体发展相距较远,弃之可惜食之乏味,要想改变现状,途径又是那些?收购、合作、代工还是自身扩大规模,需要决心和定位。

2.推动创新、完成转型

金融危机后,销售量翻番,但更多的企业盈利不如从前甚至亏损,市场竞争越来越激烈,但无论结果如何,脱离了正常的市场发展规律都没有真正的赢家。如何摆脱目前的困境,在差异化上下工夫,实现合理分工将是行业内企业健康、可持续发展的必经之路。关注技术、质量、服务,唯有创新方可提升自身竞争的资本,形成差异,实现从成本驱动、速度优先的粗放式发展方式向创新驱动、效益优先的集约化发展方式转变。

3.节能环保、绿色产品

资源缺乏、环境改善摆在每一个人面前,已到了异常严峻的时刻,节能环保型产品必将成为未来发展趋势,部分行业已先行一步将产品向这一领域延伸并积极研发。从目前现状来看,未来节能环保型产品既是市场需求,也是市场潮流,可以明确的是在不久的将来,产品节能低碳与否,将成为衡量产品技术含量的新标准。不仅是中国,也是世界各个地区和国家未来面临的问题,主机企业和配套件供应商需要积极跟进国内和世界相关政策,清晰判断未来主流产品的技术方向,积极应对,抓紧研发出相对应产品,满足大环境对产品的需求。

〔撰稿人:中国工程机械工业协会工业车辆分会张洁〕

路面与压实机械

2012年，国际金融危机深层次的影响仍在不断显现，我国经济发展面临的困难增多，经济增长速度放缓。国家按照稳中求进的总要求，继续加强和改善宏观调控，坚持实施积极的财政政策和稳健的货币政策，同时不断加大预调和微调力度，把稳增长放在更加重要的位置。我国路面与压实机械和工程机械市场一样，形势比上年更加严峻，销量大幅回落，行业生产企业面临库存积压、应收账款增加、成本上升、资金短缺等许多困难。2012年是我国路面与压实机械行业近十年来压力最大的一年。在低迷的市场形势下，我国路面与压实机械中压路机、沥青混凝土摊铺机和路面铣刨机三大类产品内销及出口表现不一。压路机主要生产企业全年销售压路机13 289台，同比下降38.53%。其中内销9 954台，同比下降44.55%，占总销量的74.90%，内销依从度同比下降8.15个百分点；外销3 335台，同比下降9.00%，占总销量的25.10%，对外依从度同比增长8.15个百分点。沥青混凝土摊铺机主要生产企业全年销售沥青混凝土摊铺机2 169台，同比下降33.59%。其中内销2 065台，同比下降34.15%，占总销量的95.21%，内销依从度同比下降0.81个百分点；外销104台，同比下降20.00%。占总销量的4.79%，对外依从度同比增长0.81个百分点。路面铣刨机主要生产企业全年销售路面铣刨机226台，同比下降11.72%。其中内销217台，同比下降2.69%，占总销量的96.02%，内销依从度同比增加8.91个百分点；外销9台，同比下降72.73%。占总销量的3.98%，对外依从度同比下降8.91个百分点。同时，路面与压实机械行业通过调整结构、转变方式、加强创新，使我国路面与压实机械产品技术进一步发展，产品质量和可靠性不断提高。2012年路面与压实机械市场形势表明，我国路面与压实机械行业高速增长的局势不会再现，已经回归到缓慢、平稳发展的正常轨道。

压　路　机

生产发展情况

1.行业产品构成及生产企业

压实机械包括压路机、回填压实机（又称垃圾压实机）和夯实机械3大类机械。我国压实机械以压路机为主。压路机分为静碾压路机、轮胎压路机、振动压路机和冲击压路机四类产品。目前，我国压路机的生产企业有国有企业、民营企业和外资企业几十个，其中主要生产企业有20多个。压路机和回填压实机的产品分类及2012年主要生产企业见表1。

表1　压路机和回填压实机产品分类及2012年主要生产企业

产品分类		企业名称
压路机	静碾压路机	徐工集团工程机械股份有限公司科技分公司、国机重工（洛阳）建筑机械有限公司、柳工无锡路面机械有限公司、山推工程机械股份有限公司、龙工（上海）路面机械制造公司、洛阳路通重工机械有限公司、江苏骏马压路机械有限公司、常林股份有限公司、山东临工工程机械有限公司
	轮胎压路机	徐工集团工程机械股份有限公司科技分公司、国机重工（洛阳）建筑机械有限公司、厦工（三明）重型机器有限公司、柳工无锡路面机械有限公司、龙工（上海）路面机械制造公司、山推工程机械股份有限公司、洛阳路通重工机械有限公司、三一重工股份有限公司、常林股份有限公司、山东公路机械厂、湖南江麓重工科技有限公司、山东临工工程机械有限公司、青岛科泰重工机械有限公司、戴纳派克（中国）压实摊铺设备有限公司、宝马格（中国）压实机械有限公司、维特根（中国）机械有限公司

（续）

产 品 分 类		企 业 名 称
压路机	振动压路机	徐工集团工程机械股份有限公司科技分公司、国机重工（洛阳）建筑机械有限公司、厦工（三明）重型机器有限公司、柳工无锡路面机械有限公司、中联重科股份有限公司、三一重工股份有限公司、龙工（上海）路面机械制造公司、山推工程机械股份有限公司、洛阳路通重工机械有限公司、常林股份有限公司、湖南江麓重工科技有限公司、鼎盛重工机械有限公司、江苏骏马压路机械有限公司、山东公路机械厂、青岛科泰重工机械有限公司、山东临工工程机械有限公司、山东山工机械有限公司、合肥永安绿工程机械有限公司、卡特彼勒（中国）投资有限公司、沃尔沃建筑设备（中国）有限公司、宝马格（中国）压实机械有限公司、戴纳派克（中国）压实摊铺设备有限公司、维特根（中国）机械有限公司
	冲击压路机	厦工（三明）重型机器有限公司
回填压实机（垃圾压实机）		厦工（三明）重型机器有限公司、国机重工（洛阳）建筑机械有限公司、柳工无锡路面机械有限公司、山推工程机械股份有限公司、徐工集团工程机械股份有限公司科技分公司、龙工（上海）路面机械制造公司

2.压路机主要生产企业产品的产销存情况

2012 年，我国经济增长速度放缓，国家继续加强宏观调控，公路建设投入明显减少，我国压路机市场进一步滑入低谷，销量不但大幅回落，而且自 2011 年 4 月以来，连续 20 个月同比负增长，全年压路机市场形势呈现出十分低迷的状态。压路机主要生产企业产品全年的产量和销量比上年大幅下降，库存也显著减少。据中国工程机械工业协会路面与压实机械分会统计，2011—2012 年压路机主要生产企业产品产销存情况见表 2。

表 2　2011—2012 年压路机主要生产企业产品产销存情况

序号	企 业 名 称	产量（台）			销量（台）			库存（台）		
		2012 年	2011 年	同比增长（%）	2012 年	2011 年	同比增长（%）	2012 年	2011 年	同比增长（%）
1	徐州集团工程机械股份有限公司科技分公司	2 393	4 278	−44.06	2 393	4734	−49.45		556	
2	国机重工（洛阳）建筑机械有限公司	586	1 406	−58.32	1 055	1 458	−27.64		481	
3	洛阳路通重工机械有限公司	1 312	2 244	−41.53	1 312	2 244	−41.53			
4	厦工（三明）重型机器有限公司	1 368	1 764	−22.45	1 455	1 960	−25.77	148	235	−37.02
5	常林股份有限公司	653	759	−13.97	734	778	−5.66	77	228	−66.23
6	柳工无锡路面机械有限公司	1 054	1 889	−44.20	1 166	2 280	−48.86			
7	三一重工股份有限公司	891	825	8.00	891	825	8.00			
8	中联重科股份有限公司	83	85	−2.35	161	168	−4.17			
9	山推工程机械股份有限公司	894	1 475	−39.39	933	1 653	−43.56	23	237	−90.30
10	山东公路机械厂		76		43	76	−43.42			
11	湖南江麓重工科技有限公司	47	113	−58.41	58	70	−17.14	91	102	−10.78
12	鼎盛重工机械有限公司		18		11	62	−82.26			
13	龙工（上海）路面机械制造公司	698	1 476	−52.71	698	1 635	−57.31		750	
14	沃尔沃建筑设备（中国）有限公司		197		117	197	−40.61			
15	维特根（中国）机械有限公司		263		254	263	−3.42			
16	戴纳派克（中国）压实摊铺设备有限公司		781		385	781	−50.70			

（续）

序号	企业名称	产量（台）			销量（台）			库存（台）		
		2012年	2011年	同比增长（%）	2012年	2011年	同比增长（%）	2012年	2011年	同比增长（%）
17	卡特彼勒（中国）投资有限公司				16	31	-48.39			
18	宝马格（中国）压实机械有限公司		286		195	286	-31.82			
19	江苏靖江骏马压路机有限公司		756		551	756	-27.12			
20	山东临工工程机械有限公司	38			303	491	-38.29			
21	青岛科泰重工机械有限公司	402	528	-23.86	402	528	-23.86			
22	山东山工机械有限公司	27	418		156	341	-54.25			

国内销售情况

1.压路机国内销售情况

据中国工程机械工业协会路面与压实机械分会统计，2012年我国压路机主要生产企业产品国内销量同比大幅下降，占比也比上年减少。2011—2012年压路机国内销售情况见表3。

表3 2011—2012年压路机国内销售情况

2012年		2011年		同比增长（%）
销量（台）	占比（%）	销量（台）	占比（%）	
9 954	74.90	17 952	83.05	-44.55

2.压路机月度销售情况

2012年我国压路机市场开局低迷，1月份销量重现多年前只有几百台的景象，同比下降52.65%。2、3月份销量虽有增长，但远未能走出销量同比大幅回落的阴影。3月份销量达到全年的最高点，同比下降仍高达53.60%。4、5月份销量开始下降，6月份销量出现较大幅度下滑。6月份以后，市场便一蹶不振，8、9月份虽略有反弹，但销量也只有1 000台左右。4季度进入市场的淡季，销量更不可能有较大增长。2012年与2011年压路机月度销售走势比较见图1。

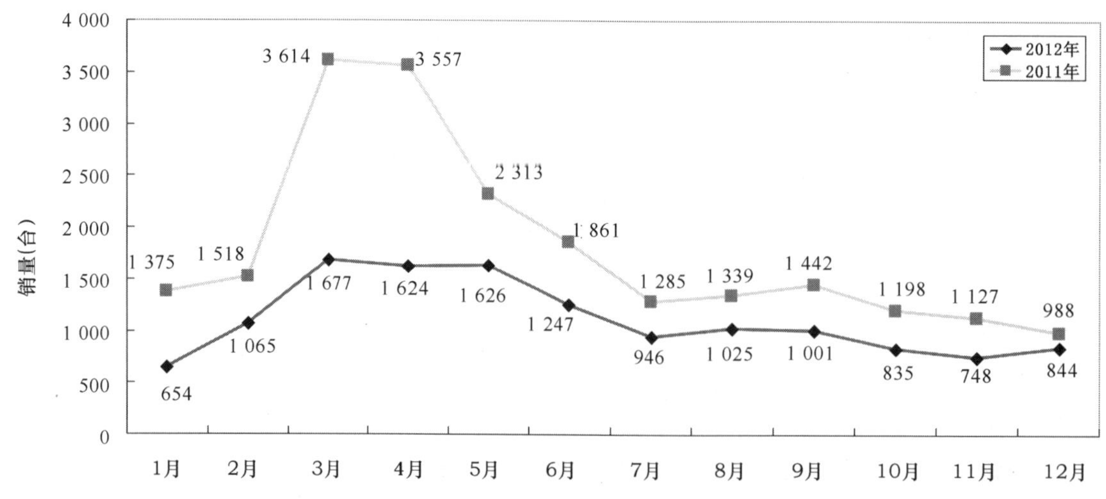

图1 2012年与2011年压路机月度销售走势比较

3.压路机主要生产企业产品销售情况

据中国工程机械工业协会路面与压实机械分会的统计，2011—20112年压路机主要生产企业产品销售情况见表4。

表 4　2011—2012 年压路机主要生产企业产品销售情况　　（单位:台）

序号	企业名称	静碾压路机			轮胎压路机			其他压路机		
		2012年	2011年	同比增长（%）	2012年	2011年	同比增长（%）	2012年	2011年	同比增长（%）
1	徐工集团工程机械股份有限公司科技分公司	86	192	-55.21	342	710	-51.83			
2	国机重工（洛阳）建筑机械有限公司	25	83	-69.88	57	83	-31.33			
3	洛阳路通重工机械有限公司	14	40	-65.00	130	327	-60.24			
4	厦工（三明）重型机器有限公司				68	72	-5.56	136	114	19.30
5	常林股份有限公司	33	85	-61.18	23	34	-32.35			
6	柳工无锡路面机械有限公司	93	303	-69.31	46	92	-50.00			
7	三一重工股份有限公司				200	158	26.58			
8	山推工程机械股份有限公司	67	125	-46.40	14	31	-54.84			
9	山东公路机械厂				9	17	-47.06			
10	湖南江麓重工科技有限公司				4	20	-80.00			
11	龙工（上海）路面机械制造公司	18	71	-74.65	5	19	-73.68			
12	维特根（中国）机械有限公司				4	4	0			
13	戴纳派克（中国）压实摊铺设备有限公司				2	5	-60.00			
14	宝马格（中国）压实机械有限公司				1	1	0			
15	江苏靖江骏马压路机有限公司	152	148	2.70						
16	山东临工工程机械有限公司	7	0		4	0				
17	青岛科泰重工机械有限公司				58	128	-54.69			

序号	企业名称	机械单钢轮振动压路机			液压单钢轮振动压路机			双钢轮振动压路机		
		2012年	2011年	同比增长（%）	2012年	2011年	同比增长（%）	2012年	2011年	同比增长（%）
1	徐工集团工程机械股份有限公司科技分公司	1 162	2 494	-53.41	296	714	-58.54	210	353	-40.51
2	国机重工（洛阳）建筑机械有限公司	375	644	-41.77	19	32	-40.63	93	104	-10.58
3	洛阳路通重工机械有限公司	411	1 057	-61.12	399	277	44.04	209	359	-41.78
4	厦工（三明）重型机器有限公司	430	958	-55.11	500	494	1.21	51	83	-38.55
5	常林股份有限公司	610	632	-3.48	53	26	103.85	6	1	500.00
6	柳工无锡路面机械有限公司	716	1 557	-54.01	255	259	-1.54	22	47	-53.19
7	三一重工股份有限公司	162	12	1 250.00	281	253	11.07	239	402	-40.55
8	中联重科股份有限公司				79	63	25.40	82	105	-21.90
9	山推工程机械股份有限公司	757	1 457	-48.04	84	32	162.50	1	0	
10	山东公路机械厂	1	4	-75.00	5	1	400.00	28	53	-47.17
11	湖南江麓重工科技有限公司				50	43	16.28			

（续）

序号	企业名称	机械单钢轮振动压路机			液压单钢轮振动压路机			双钢轮振动压路机		
		2012年	2011年	同比增长（%）	2012年	2011年	同比增长（%）	2012年	2011年	同比增长（%）
12	鼎盛重工机械有限公司	11	62	-82.26						
13	龙工（上海）路面机械制造公司	503	1 327	-62.09	52	51	1.96	24	45	-46.67
14	沃尔沃建筑设备（中国）有限公司				3	2	50.00	91	192	-52.60
15	维特根（中国）机械有限公司				10	18	-44.44	175	162	8.02
16	戴纳派克（中国）压实摊铺设备有限公司				52	93	-44.09	227	503	-54.87
17	卡特彼勒路面机械有限公司				2	1	100.00	6	25	-76.00
18	宝马格（中国）压实机械有限公司				20	39	-48.72	99	192	-48.44
19	江苏靖江骏马压路机有限公司	89	105	-15.24	44	55	-20.00	41	142	-71.13
20	山东临工工程机械有限公司	292	491	-40.53						
21	青岛科泰重工机械有限公司				267	214	24.77	68	185	-63.24
22	山东山工机械有限公司	156	341	-54.25						

序号	企业名称	5t以下振动压路机			垃圾压实机		
		2012年	2011年	同比增长（%）	2012年	2011年	同比增长（%）
1	徐工集团工程机械股份有限公司科技分公司	297	270	10.00	0	1	-100
2	国机重工（洛阳）建筑机械有限公司	469	512	-8.40	17	0	100
3	洛阳路通重工机械有限公司	149	184	-19.02			
4	厦工（三明）重型机器有限公司	232	205	13.17	38	34	11.76
5	常林股份有限公司	9					
6	柳工无锡路面机械有限公司	24	19	26.32	10	3	233.33
7	三一重工股份有限公司	9					
8	山推工程机械股份有限公司				10	8	25.00
9	山东公路机械厂	0	1				
10	湖南江麓重工科技有限公司				4	7	-42.86
11	龙工（上海）路面机械制造公司	96	121	-20.66		1	-100
12	沃尔沃建筑设备（中国）有限公司	23	3	666.67			
13	维特根（中国）机械有限公司	65	79	-17.72			
14	戴纳派克（中国）压实摊铺设备有限公司	104	180	-42.22			
15	卡特彼勒路面机械有限公司	8	5	60.00			
16	宝马格（中国）压实机械有限公司	75	54	38.89			
17	江苏靖江骏马压路机有限公司	225	306	-26.47			
18	青岛科泰重工机械有限公司	6	1	500.00	3	0	

4.压路机销量构成

2012年,我国压路机市场的主导产品仍然是机械式单钢轮振动压路机,销量约占压路机总销量的42.7%。与2011年相比,压路机主要生产企业生产销售的产品中,机械式单钢轮振动压路机所占比例下降最大,约8.8个百分点;液压单钢轮振动压路机所占比例增长约6.3个百分点;5t以下压路机所占比例增长约5.5个百分点。2012年压路机各类产品销量构成见图2。

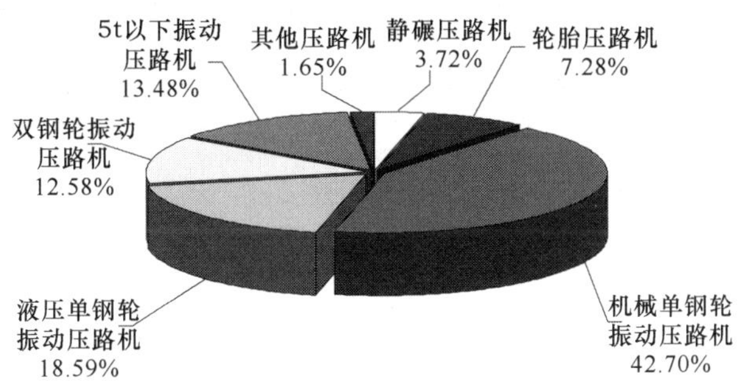

图2 2012年压路机各类产品销量构成

注:图中其他压路机包括垃圾压实机。

2011—2012年压路机产品销量构成见表5。

表5 2011—2012年压路机产品销量构成

产 品	2012年		2011年		同比增长(%)
	销量(台)	占比(%)	销量(台)	占比(%)	
静碾压路机	495	3.72	1 047	4.84	-52.72
轮胎压路机	967	7.28	1 701	7.87	-43.15
机械单钢轮振动压路机	5 675	42.70	11 141	51.54	-49.06
液压单钢轮振动压路机	2 471	18.59	2 667	12.34	-7.35
双钢轮振动压路机	1 672	12.58	2 953	13.66	-43.38
5t以下振动压路机	1 791	13.48	1 940	8.97	-7.68
垃圾压实机	82	0.62	54	0.25	51.85
其他压路机	136	1.03	114	0.53	19.30

5.压路机主要生产企业产品市场占有率

2012年,在压路机市场整体大幅下滑的形势下,绝大多数压路机生产企业产品销量同比大幅下降,只有三一重工股份有限公司有所增长。2012年销售1 000台压路机以上的企业有:徐工集团工程机械股份有限公司科技分公司、厦工(三明)重型机器有限公司、洛阳路通重工机械有限公司、柳工无锡路面机械有限公司、山推工程机械股份有限公司和国机重工(洛阳)建筑机械有限公司6家企业。2012年压路机主要生产企业市场占有率见图3。

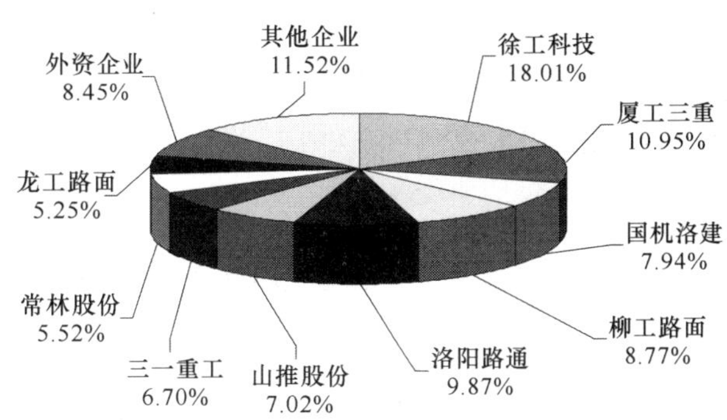

图3 2012年压路机主要生产企业市场占有率

6.压路机区域销售情况

2012年,压路机各区域销量同比普遍大幅下降,东北区销量同比下降最大,约51%;西南区下降约50%;华南区、西区、中区和北区下降约42%~47%;东北区下降最小,约25%。2012年压路机部分区域销售占比情况见图4。2011—2012年压路机部分区域销售情况见表6。

2012年,31个省、自治区、直辖市中,唯有上海市压路机销量与去年持平,其余各省、自治区、直辖市压路机销量同比都有不同程度的下降。

2011—2012年压路机省、自治区、直辖市销售情况见表7。

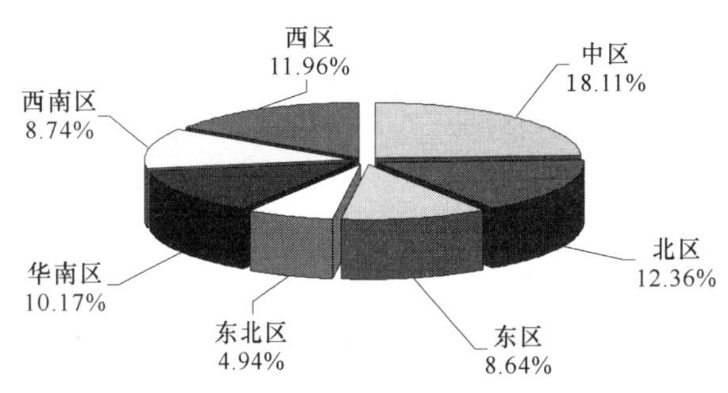

图4 2012年压路机部分区域销售占比情况

表6　2011—2012年压路机部分区域销售情况

区　域	2012年		2011年		同比增长（%）
	销量（台）	市场占有率（%）	销量（台）	市场占有率（%）	
中区（江苏、安徽、山东、河南）	2 406	18.11	4 493	20.78	-46.45
北区（北京、天津、河北、山西、内蒙古）	1 642	12.36	3 113	14.40	-47.25
东区（浙江、江西、福建、上海）	1 148	8.64	1 540	7.12	-25.45
东北区（黑龙江、吉林、辽宁）	656	4.94	1 337	6.18	-50.93
华南区（广西、广东、湖北、湖南、海南）	1 351	10.17	2 347	10.86	-42.44
西南区（四川、重庆、云南、贵州）	1 162	8.74	2 313	10.70	-49.76
西区（西藏、新疆、甘肃、青海、宁夏、陕西）	1 589	11.96	2 809	12.99	-43.43

表7　2011—2012年压路机省、自治区、直辖市销售情况

省、自治区、直辖市	2012年		2011年		同比增长（%）	省、自治区、直辖市	2012年		2011年		同比增长（%）
	销量（台）	市场占有率（%）	销量（台）	市场占有率（%）			销量（台）	市场占有率（%）	销量（台）	市场占有率（%）	
江苏	714	5.37	1687	7.80	-57.68	广西	302	2.27	515	2.38	-41.36
安徽	398	2.99	879	4.07	-54.72	广东	357	2.69	648	3.00	-44.91
山东	565	4.25	892	4.13	-36.66	湖北	311	2.34	475	2.20	-34.53
河南	729	5.49	1035	4.79	-29.57	湖南	255	1.92	549	2.54	-53.55
北京	401	3.02	717	3.32	-44.07	海南	126	0.95	160	0.74	-21.25
天津	153	1.15	378	1.75	-59.52	四川	442	3.33	695	3.22	-36.40
河北	380	2.86	693	3.21	-45.17	重庆	161	1.21	524	2.42	-69.27
山西	387	2.91	675	3.12	-42.67	云南	282	2.12	629	2.91	-55.17
内蒙古	321	2.42	650	3.01	-50.62	贵州	277	2.08	465	2.15	-40.43
浙江	330	2.48	474	2.19	-30.38	西藏	70	0.53	98	0.45	-28.57
江西	255	1.92	372	1.72	-31.45	新疆	471	3.54	1013	4.69	-53.50
福建	352	2.65	483	2.23	-27.12	甘肃	310	2.33	462	2.14	-32.90
上海	211	1.59	211	0.98	0	青海	107	0.81	277	1.28	-61.37
黑龙江	199	1.50	513	2.37	-61.21	宁夏	151	1.14	323	1.49	-53.25
吉林	156	1.17	303	1.40	-48.51	陕西	480	3.61	636	2.94	-24.53
辽宁	301	2.27	521	2.41	-42.23						

进出口情况

1.我国压实机械产品进出口情况

据海关总署统计，2012年我国压实机械产品进口数量和金额同比都大幅下降。压实机械产品出口数量同比虽有较大增长，但出口金额同比却有所减少。2011—2012年我国压实机械产品进出口情况见表8。

表 8　2011—2012 年我国压实机械产品进出口情况

名称	进口						出口					
	数量(台)			金额(万美元)			数量(台)			金额(万美元)		
	2012年	2011年	同比增长(%)	2012年	2011年	同比增长(%)	2012年	2011年	同比增长(%)	2012年	2011年	同比增长(%)
机重 18t 及以上压路机	14	55	-74.55	127.74	328.09	-61.07	1 061	1 094	-3.02	7 060.42	6 330.31	11.53
其他机动压路机	365	742	-50.81	1 039.17	2 216.48	-53.12	11 553	11 722	-1.44	28 617.43	33 634.70	-14.92
未列名捣固机及压路机	0	5		0	143.18		32 599	21 079	54.65	3 510.21	3 288.72	6.73
压实机械合计	379	802	-52.74	1 166.91	2 687.75	-56.58	45 213	33 895	33.39	39 188.06	43 253.73	-9.47

2.我国压路机产品出口主要国家(地区)和出口量值

据海关总署统计,2012 年我国压路机产品出口主要国家(地区)和出口量值见表 9。

表 9　2012 年我国压路机产品出口主要国家(地区)和出口量值

国家(地区)	数量(台)	金额(万美元)	国家(地区)	数量(台)	金额(万美元)
机重 18t 及以上压路机					
蒙古	133	620.51	莫桑比克	18	153.25
埃塞俄比亚	62	648.38	加蓬	13	119.66
安哥拉	50	344.75	泰国	13	92.85
哈萨克斯坦	34	167.77	印度尼西亚	11	95.15
阿尔及利亚	30	163.78	乌兹别克斯坦	11	53.28
肯尼亚	30	205.32	赤道几内亚	11	89.39
老挝	25	172.92	菲律宾	10	72.26
塔吉克斯坦	19	140.85	毛里塔尼亚	10	53.97
其他机动压路机					
日本	798	905.75	乌兹别克斯坦	80	437.44
印度尼西亚	745	3 578.87	伊朗	75	177.12
吉尔吉斯斯坦	276	880.07	肯尼亚	71	298.42
阿尔及利亚	176	548.57	坦桑尼亚	69	298.15
埃塞俄比亚	153	684.36	土库曼斯坦	66	223.81
南非	113	377.90	柬埔寨	61	284.51
尼日利亚	90	318.20	乌干达	57	311.28
安哥拉	86	507.09	加纳	53	251.24

（续）

未列名捣固机及压路机					
国家(地区)	数量（台）	金额（万美元）	国家(地区)	数量（台）	金额（万美元）
日本	11 108	925.79	伊拉克	868	24.17
阿拉伯联合酋长国	2 450	49.12	泰国	751	5.83
阿尔及利亚	1 862	42.64	印度尼西亚	663	151.32
斯里兰卡	876	19.98	秘鲁	607	34.86

未列名捣固机及压路机					
国家(地区)	数量（台）	金额（万美元）	国家(地区)	数量（台）	金额（万美元）
吉布提	203	21.42	巴基斯坦	164	7.55
菲律宾	199	52.72	沙特阿拉伯	128	14.96
墨西哥	188	13.49	加纳	124	195.7
孟加拉国	170	7.81	安哥拉	110	21.87

3.压路机出口量

2012年压路机出口量与上年相比有所下降。据中国工程机械工业协会路面与压实机械分会统计，2011—2012年压路机出口量见表10。

表10　2011—2012年压路机出口量

2012年		2011年		同比增长（%）
数量（台）	占比（%）	数量（台）	占比（%）	
3 335	25.10	3 665	16.95	-9.00

4.压路机出口量构成

2012年，出口的压路机产品中，液压单钢轮振动压路机和机械单钢轮振动压路机占比仍然较大。与上年相比，液压单钢轮振动压路机出口量及其占比明显增长，超过了单钢轮振动压路机。2011—2012年压路机主要生产企业产品出口量构成见表11。

5.压路机主要生产企业产品出口情况

据中国工程机械工业协会路面与压实机械分会统计，2012年压路机主要生产企业产品出口情况见表12。

表11　2011—2012年压路机出口量构成

产　品	2012年		2011年		同比增长（%）
	数量（台）	占比（%）	数量（台）	占比（%）	
静碾压路机	41	1.23	124	3.38	-66.94
轮胎压路机	167	5.01	327	8.92	-48.93
机械驱动单钢轮振动压路机	1 298	38.92	1 483	40.46	-12.47
液压驱动单钢轮振动压路机	1 325	39.73	1 202	32.80	10.23
双钢轮振动压路机	152	4.56	235	6.41	-35.32
5t以下振动压路机	266	7.98	255	6.96	4.31
垃圾压实机	12	0.36	3	0.08	300.00
其他压路机	74	2.21	36	0.99	102.78

表 12　2012 年压路机主要生产企业产品出口情况

序号	企业名称	2012 年		2011 年		同比增长（%）
		出口量（台）	占比（%）	出口量（台）	占比（%）	
1	徐工集团工程机械股份有限公司科技分公司	634	19.01	812	22.16	-21.92
2	国机重工（洛阳）建筑机械有限公司	195	5.85	262	7.15	-25.57
3	洛阳路通重工机械有限公司	246	7.38	378	10.31	-34.92
4	厦工（三明）重型机器有限公司	632	18.95	428	11.68	47.66
5	常林股份有限公司	105	3.15	173	4.72	-39.31
6	柳工无锡路面机械有限公司	605	18.14	682	18.61	-11.29
7	三一重工股份有限公司	120	3.60	3	0.08	3 900.00
8	中联重科股份有限公司	7	0.21	0	0.00	
9	山推工程机械股份有限公司	413	12.38	309	8.43	33.66
10	湖南江麓重工科技有限公司	24	0.72	12	0.33	100.00
11	鼎盛重工机械有限公司	10	0.30	60	0.16	-83.33
12	龙工（上海）路面机械制造公司	161	4.83	247	6.74	-34.82
13	维特根（中国）机械有限公司	11	0.33	23	0.22	-52.17
14	戴纳派克（中国）压实摊铺设备有限公司	4	0.12	8	0.33	-50.00
15	江苏靖江骏马压路机有限公司	8	0.24	5	0.14	60.00
16	山东临工工程机械有限公司	19	0.57	33	0.90	-42.42
17	青岛科泰重工机械有限公司	118	3.54	160	4.37	-26.25
18	山东山工机械有限公司	23	0.69	70	1.91	-67.14

6.压路机主要生产企业产品出口国家（地区）和量值

2012 年压路机主要生产企业产品出口国家（地区）和量值见表 13。

表 13　2012 年压路机主要生产企业产品出口国家和地区和量值

序号	企业名称	规格型号	数量（台）	金额（万美元）	出口国家（地区）
1	柳工无锡路面机械有限公司		605	2 483.6	柬埔寨等
2	山推工程机械股份有限公司	SR12	136		俄罗斯
		SR14	35		哈萨克斯坦
		SR16	35		菲律宾
		SR18	74		尼日利亚、委内瑞拉
		SR20	87		乍得、多哥
		其他压路机	46		赞比亚、肯尼亚
3	龙工（上海）路面机械制造公司		161	640.8	俄罗斯、西班牙、印度尼西亚、南非、哈萨克斯坦、越南、泰国、阿根廷、蒙古

（续）

序号	企 业 名 称	规格型号	数量（台）	金额（万美元）	出口国家（地区）
4	常林股份有限公司	小型机	4	11.0	秘鲁、肯尼亚、乌拉圭
		YZ12	46	222.2	哈萨克斯坦、肯尼亚、俄罗斯
		YZ14	49	190.4	哈萨克斯坦、阿塞拜疆
		YZ16	1	4.0	坦桑尼亚
		YZ20J	2	8.6	坦桑尼亚、印度
		8272	2	10.4	哥伦比亚、肯尼亚
		8302	1	5.6	库克群岛
5	湖南江麓重工科技有限公司		24	93.0	阿富汗、埃塞俄比亚、尼日利亚

科技成果与新产品

2012 年压路机主要生产企业产品获奖情况见表 14。

表 14　2012 年压路机主要生产企业产品获奖情况

企 业 名 称	产 品 名 称	奖励项目名称	获奖等级	获奖时间
徐工集团工程机械股份有限公司科技分公司	XS302 型全液压单钢轮振动压路机	2013 中国工程机械年度产品 TOP50	应用贡献金奖	2012 年 3 月
国机重工（洛阳）建筑机械有限公司	LRS230-2 型轮胎压路机	2013 中国工程机械年度产品 TOP50	年度产品奖	2012 年 3 月
青岛科泰重工机械有限公司	KS255S 型全液压单钢轮振动压路机	2013 中国工程机械年度产品 TOP50	年度产品奖	2012 年 3 月
戴纳派克（中国）压实摊铺设备有限公司	CC624HF 型双钢轮振动压路机	2013 中国工程机械年度产品 TOP50	年度产品奖	2012 年 3 月
山推工程机械股份有限公司	SR20-5、SR26-5 全液压振动压路机	2012 年山东省机械工业科技进步奖	三等奖	2012 年 7 月
	SR23MR 垃圾压实机	2012 年山东省机械工业科技进步奖	三等奖	2012 年 7 月
山东临工工程机械有限公司	LG5822 压路机		二等奖	2012 年 7 月 2012 年 7 月
	LGS820B 压路机	2012 年山东省机械工业科技进步奖	三等奖	2012 年 7 月
国机重工（洛阳）建筑机械有限公司	LSS2501 振动压路机	中国国机重工集团科技进步奖	二等奖	2012 年 11 月
	LLC226/228 系列垃圾压实机	中国国机重工集团科技创新奖		2012 年 7 月
	LSS2501 振动压路机			

沥青混凝土摊铺机

生产发展情况

1.行业产品构成及主要生产企业

我国沥青混凝土摊铺机行业产品主要包括履带式沥青混凝土摊铺机和轮胎式沥青混凝土摊铺机两大类产品。履带式和轮胎式沥青混凝土摊铺机按行走传动方式又分为液压式和机械式。目前我国生产沥青混凝土摊铺机的主要生产企业有 10 多家。沥青混凝土摊铺机产品分类及 2012 年主要生产企业见表 15。

表 15　沥青混凝土摊铺机产品分类及 2012 年主要生产企业

序号	主要生产企业名称	机械式							液压式									
		≤4.5m		4.5~6m（含）		6~8m（含）		8m~8.5m以上	≤4.5m		4.5~6m（含）		6~8m（含）		8~9.5m（含）		9.5~12m（含）	12m以上
		轮胎式	履带式	轮胎式	履带式	轮胎式	履带式	履带式	轮胎式	履带式	轮胎式	履带式	轮胎式	履带式	轮胎式	履带式	履带式	履带式
1	徐工集团道路机械事业部								●	●	●		●		●	●	●	
2	江苏华通动力重工有限公司	●	●	●	●		●	●				●		●		●	●	●
3	鼎盛重工机械有限公司											●		●		●		
4	三一重工股份有限公司													●		●	●	●
5	中联重科股份有限公司															●	●	●
6	中交西安筑路机械有限公司	●		●	●						●			●		●		●
7	成都市新筑路桥机械股份有限公司										●			●		●	●	
8	柳工无锡路面机械有限公司													●		●		
9	沃尔沃建筑设备(中国)有限公司														●	●		
10	维特根(中国)机械有限公司								●	●		●	●	●		●	●	●
11	戴纳派克(中国)压实摊铺设备有限公司								●	●					●	●	●	●
12	住重中骏(厦门)建机有限公司											●						
13	卡特彼勒路面机械有限公司											●	●					
14	陕西建设机械股份有限公司															●	●	

说明：打●的产品为企业 2012 年销售的产品。

2.沥青混凝土摊铺机主要生产企业产品产销存情况

2012 年，在我国经济增长速度放缓、工程机械行业长时间低位运行的形势下，沥青混凝土摊铺机市场也和压路机市场一样，十分低迷。沥青混凝土摊铺机主要生产企业全年销量大幅回落，处于较长时间同比负增长状态。2011—2012 年沥青混凝土摊铺机主要生产企业产品产销存情况见表 16。

表 16　2011—2012 年沥青混凝土摊铺机主要生产企业产品产销存情况

序号	企业名称	产量（台）			销量（台）			库存（台）		
		2012年	2011年	同比增长（%）	2012年	2011年	同比增长（%）	2012年	2011年	同比增长（%）
1	徐工集团道路机械事业部		765		557	742	-24.93		125	
2	江苏华通动力重工有限公司				226	391	-42.20			
3	鼎盛重工机械有限公司		92		32	80	-60.00			
4	三一重工股份有限公司		738		518	738	-29.81			
5	中联重科股份有限公司		300		192	398	-51.76			

（续）

序号	企业名称	产量（台）			销量（台）			库存（台）		
		2012年	2011年	同比增长（%）	2012年	2011年	同比增长（%）	2012年	2011年	同比增长（%）
6	中交西安筑路机械有限公司	60	56	7.14	47	75	-37.33			
7	成都市新筑路桥机械股份有限公司		89		45	89	-49.44			
8	柳工无锡路面机械有限公司		23		16	17	-5.88		15	
9	沃尔沃建筑设备（中国）有限公司				88	154	-42.86			
10	维特根（中国）机械有限公司				170	259	-34.36			
11	戴纳派克（中国）压实摊铺设备有限公司				111	166	-33.13			
12	住重中骏（厦门）建机有限公司				4	5	-20.00			
13	卡特彼勒路面机械有限公司				2	1	100.00			
14	陕西建设机械股份有限公司	154	159	-3.14	161	151	6.62		15	

2.沥青混凝土摊铺机主要生产企业产品月度销售情况

2012年，我国沥青混凝土摊铺机市场开局低开低走，1月份销量同比下降50.34%。2、3、4月销量同比仍然跌幅很大，分别同比下降61.04%、59.76%和38.05%。4月份销量为全年最高点，5、6、7月份销量连续下滑。8月份销量突然较大幅增长，同比增长60.36%，打破了全年月销量同比负增长的局面。但好景不长，9月份销量又大幅下降。10月份重现月销量同比增长34.45%之后，11、12月份又重返销量同比负增长的状态。2012年与2011年沥青混凝土摊铺机产品月度销售走势比较见图5。

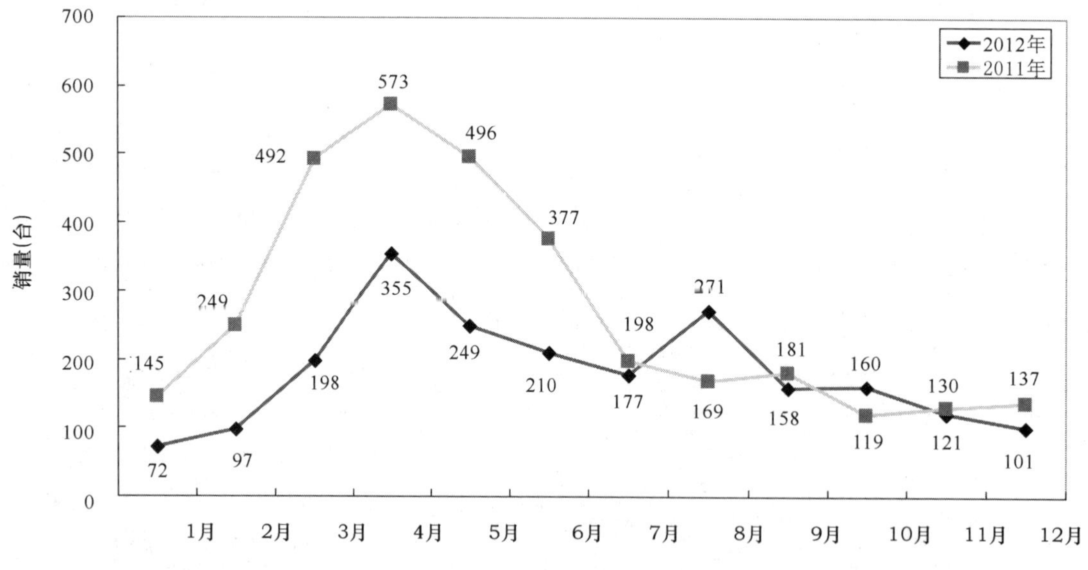

图5 2012年与2011年沥青混凝土摊铺机产品月度销售走势比较

3.沥青混凝土摊铺机主要生产企业产品销售情况

据中国工程机械工业协会路面与压实机械分会统计，2012年沥青混凝土摊铺机主要生产企业产品销售情况见表17。

表 17　2012 年沥青混凝土摊铺机主要生产企业产品销售情况　　（单位：台）

序号	企业名称	机械式							液压式										合计
		≤4.5m		4.5~6m		6~8m		8m~8.5m以上	≤4.5m		4.5~6m		6~8m		8~9.5m		9.5~12m	12m以上	
		轮胎式	履带式	轮胎式	履带式	轮胎式	履带式	履带式	轮胎式	履带式	轮胎式	履带式	轮胎式	履带式	轮胎式	履带式	履带式	履带式	
1	徐工集团道路机械事业部								47		23	25		70		271	69	52	557
2	江苏华通动力重工有限公司	57	4	12	16		18	5				2		17		64	22	9	226
3	鼎盛重工机械有限公司											7		15		10			32
4	三一重工股份有限公司													10		304	185	19	518
5	中联重科股份有限公司															132	48	12	192
6	中交西安筑路机械有限公司	18		12	3						2			2		8		2	47
7	成都市新筑路桥机械股份有限公司										1			10		29	5		45
8	柳工无锡路面机械有限公司													2		14			16
9	沃尔沃建筑设备（中国）有限公司															58	30		88
10	维特根（中国）机械有限公司								10	4		1	2	4		69	2	78	170
11	戴纳派克（中国）压实摊铺设备有限公司								1	2					1	54	26	27	111
12	住重中骏（厦门）建机有限公司											4							4
13	卡特彼勒路面机械有限公司											1	1						2
14	陕西建设机械股份有限公司															18	143		161

4.沥青混凝土摊铺机主要生产企业产品销量构成

2012 年，8~9.5m 沥青混凝土摊铺机仍然是我国沥青混凝土摊铺机市场的主导产品，约占总销量的 48%。销量第二位的是 9.5~12m 沥青混凝土摊铺机，约占总销量的 24%。2012 年液压式沥青混凝土摊铺机主要生产企业产品销量构成见图 6。

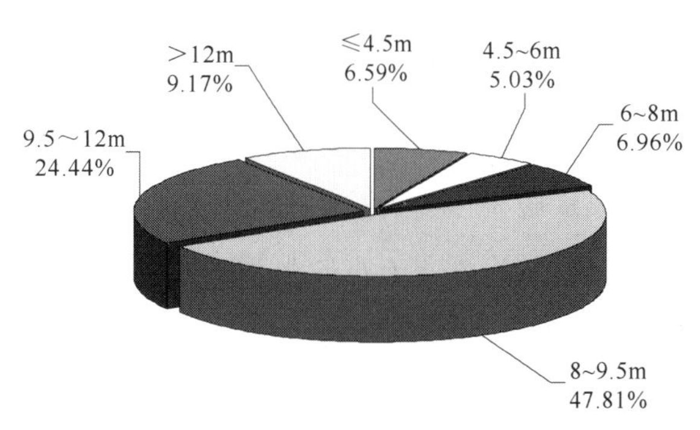

图 6　2012 年液压式沥青混凝土摊铺机主要生产企业产品销量构成

与上年相比，2012 年履带式和液压式沥青混凝土摊铺机占比略有增长，轮胎式和机械式沥青混凝土摊铺机占比略有减少，表明我国沥青混凝土摊铺机用户的使用水平和要求不断提高。沥青混凝土摊铺机各类产品中，唯有9.5～12m 液压式沥青混凝土摊铺机销量同比有较大增长，增长 44.4%，其他沥青混凝土摊铺机产品销量都大幅下降；9.5～12m 和>12m液压式沥青混凝土摊铺机占比分别增长了 13.2 个百分点和 2.2 个百分点，其他沥青混凝土摊铺机占比略有减少。主要原因是：2012 年高等级沥青道路工程比例增加和沥青路面施工工艺又有向宽幅摊铺转变的趋势。2011—2012 年沥青混凝土摊铺机主要生产企业产品销量构成见表 18。

表 18　2011—2012 年沥青混凝土摊铺机主要生产企业产品销量构成

产　品		2012 年		2011 年		同比增长（%）
		销量（台）	占比（%）	销量（台）	占比（%）	
按驱动方式	轮胎式	187	8.62	322	9.86	-41.93
	履带式	1 982	91.38	2 944	90.14	-32.68
按行走方式	机械式	145	6.69	303	9.28	-52.15
	液压式	2 024	93.31	2 963	90.72	-31.69
按摊铺宽度	≤4.5m	143	6.59	259	7.93	-44.79
	4.5～6m	109	5.03	168	5.14	-35.12
	6～8m	151	6.96	295	9.03	-48.81
	8～9.5m	1 037	47.81	1 948	59.64	-46.77
	9.5～12m	530	24.44	367	11.24	44.41
	>12m	199	9.17	229	7.01	-13.10

5. 沥青混凝土摊铺机主要生产企业产品市场占有率

2012 年，在沥青混凝土摊铺机市场大幅缩小的形势下，除陕西建设机械股份有限公司和卡特彼勒路面机械有限公司销量同比有所增长外，其他主要生产企业销量同比都有不同程度的下降。2012 年沥青混凝土摊铺机销量占据行业前七名的企业是：徐工集团道路机械事业部、三一重工股份有限公司、江苏华通动力重工有限公司、中联重科股份有限公司、维特根（中国）机械有限公司、陕西建设机械股份有限公司和戴纳派克（中国）压实摊铺设备有限公司。2012 年沥青混凝土摊铺机主要生产企业产品市场占有率见图 7。

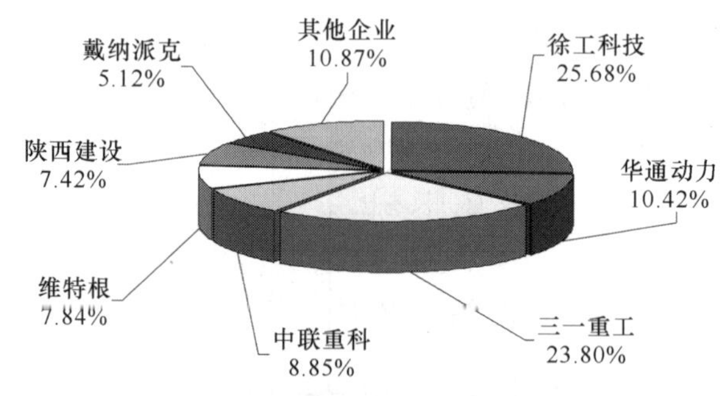

图 7　2012 年沥青混凝土摊铺机主要生产企业产品市场占有率

6. 沥青混凝土摊铺机主要生产企业产品区域销售情况

2012 年沥青混凝土摊铺机主要生产企业产品部分区域销售情况见图 8。

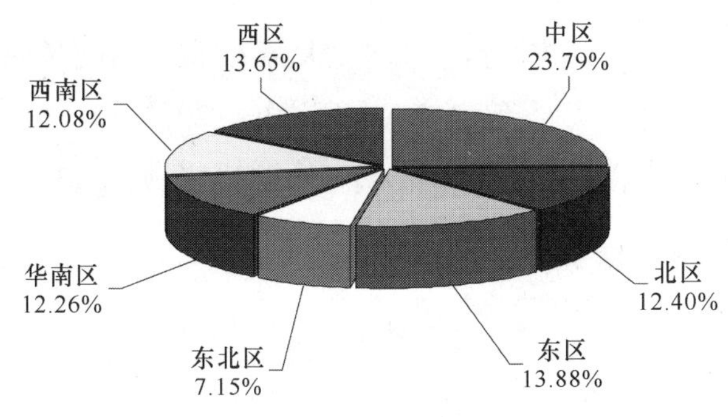

图 8　2012 年沥青混凝土摊铺机主要生产企业产品部分区域销售情况

注：图内不含出口部分。

2012 年，沥青混凝土摊铺机主要生产企业产品区域销量同比普遍下降。北区销量同比下降最大，减少约 46%；东北区次之，销量同比减少约 44%；西区、华南区、西南区和中区销量同比减少约 23%～40%；东区销量同比下降最少，下降约 10%。2011—2012 年沥青混凝土摊铺机主要生产企业产品部分区域销售情况见表 19。

表 19　2011—2012 年沥青混凝土摊铺机主要生产企业产品部分区域销售情况

区　域	2012 年		2011 年		同比增长（%）
	销量（台）	市场占有率（%）	销量（台）	市场占有率（%）	
中区（江苏、安徽、山东、河南）	516	23.79	857	26.24	-39.79
北区（北京、天津、河北、山西、内蒙古）	269	12.40	496	15.19	-45.77
东区（浙江、江西、福建、上海）	301	13.88	334	10.23	-9.88
东北区（黑龙江、吉林、辽宁）	155	7.15	279	8.54	-44.44
华南区（广西、广东、湖北、湖南、海南）	266	12.26	386	11.82	-31.09
西南区（四川、重庆、云南、贵州）	262	12.08	401	12.28	-34.66
西区（西藏、新疆、甘肃、青海、宁夏、陕西）	296	13.65	383	11.73	-22.72

7. 沥青混凝土摊铺机主要生产企业产品省、自治区、直辖市销售情况

2012 年，31 个省、自治区、直辖市中，只有上海市和甘肃省沥青混凝土摊铺机销量分别增长 50%和19.61%，其余各省、自治区、直辖市沥青混凝土摊铺机销量同比都有不同程度的下降。2011—2012 年沥青混凝土摊铺机主要生产企业产品省市销售情况见表 20。

表 20　2011—2012 年沥青混凝土摊铺机主要生产企业产品省市销售情况

地　区	2012 年	2011 年	市场占有率（%）	同比增长（%）	地　区	2012 年	2011 年	市场占有率（%）	同比增长（%）
江苏	226	410	10.42	-44.88	广西	48	72	2.21	-33.33
安徽	87	125	4.01	-30.40	广东	87	101	4.01	-13.86
山东	104	197	4.79	-47.21	湖北	60	96	2.77	-37.50
河南	99	125	4.56	-20.80	湖南	54	87	2.49	-37.93
北京	54	131	2.49	-58.78	海南	17	30	0.78	-43.33
天津	26	93	1.20	-72.04	四川	95	140	4.38	-32.14
河北	72	90	3.32	-20.00	重庆	38	105	1.75	-63.81
山西	59	94	2.72	-37.23	云南	61	86	2.81	-29.07
内蒙古	58	88	2.67	-34.09	贵州	68	70	3.14	-2.86
黑龙江	40	101	1.84	-60.40	西藏	11	18	0.51	-38.89
吉林	44	77	2.03	-42.86	新疆	98	124	4.52	-20.97
辽宁	71	101	3.27	-29.70	甘肃	61	51	2.81	19.61
浙江	112	135	5.16	-17.04	青海	26	37	1.20	-29.73
江西	64	86	2.95	-25.58	宁夏	13	37	0.60	-64.86
福建	59	69	2.72	-14.49	陕西	87	116	4.01	-25.00
上海	66	44	3.04	50.00					

进出口情况

1. 我国沥青混凝土摊铺机产品进出口情况

据海关总署统计，2012年我国沥青混凝土摊铺机产品进口数量和金额同比大幅下降；出口数量同比也有所减少，但出口额有所增长。2011—2012年我国沥青混凝土摊铺机产品进出口情况见表21。

表21　2011—2012年我国沥青混凝土摊铺机产品进出口情况

进口情况						出口情况					
数量(台)		同比增长(%)	金额(万美元)		同比增长(%)	数量(台)		同比增长(%)	金额(万美元)		同比增长(%)
2012年	2011年		2012年	2011年		2012年	2011年		2012年	2011年	
202	569	-64.50	3 492.98	9 676.9	-63.90	446	512	-12.89	4 028.46	3 691.46	9.13

2. 我国沥青混凝土摊铺机产品主要出口国家和出口量值

据海关总署统计，2012年我国沥青混凝土摊铺机产品主要出口国家和出口量值见表22。

表22　2012年我国沥青混凝土摊铺机产品主要出口国家和出口量值

国家	数量(台)	金额(万美元)	国家	数量(台)	金额(万美元)
安哥拉	28	182.21	哈萨克斯坦	14	161.22
蒙古	19	220.60	菲律宾	12	55.24
乌兹别克斯坦	17	280.42	朝鲜	11	6.06

3. 沥青混凝土摊铺机主要生产企业产品出口量

2012年沥青混凝土摊铺机主要生产企业产品出口量同比下降比较大。据中国工程机械工业协会路面与压实机械分会统计，2011—2012年沥青混凝土摊铺机主要生产企业产品出口量见表23。

表23　2011—2012年沥青混凝土摊铺机主要生产企业产品出口量

2012年		2011年		同比增长(%)
数量(台)	占比(%)	数量(台)	占比(%)	
104	4.79	130	3.98	-20.00

科技成果与新产品

2012年沥青混凝土摊铺机主要生产企业产品获奖情况见表24。

表24　2012年沥青混凝土摊铺机主要生产企业产品获奖情况

企业名称	产品名称	奖励项目名称	获奖等级	获奖时间
中联重科股份有限公司	SUPER130超级摊铺机	2012年度中国机械工业科学技术奖	二等奖	2012年11月
江苏华通动力重工有限公司	SPSE90型多功能摊铺机		三等奖	2012年11月

路面铣刨机

生产发展情况

1. 行业产品构成及生产企业

我国路面铣刨机行业产品主要是自行式路面铣刨机。自行式路面铣刨机包括轮胎式路面铣刨机和履带式路面铣刨机两大类产品。目前，我国路面铣刨机的主要生产企业有10多家，生产40多种规格、型号的轮胎式和履带式自行式路面铣刨机。路面铣刨机产品分类及2012年主要生产企业见表25。

表25　路面铣刨机产品分类及2012年主要生产企业

序号	主要生产企业名称	主要产品型号	
		轮胎式	履带式
1	徐州徐工筑路机械有限公司	XM50、XM100、XM101、XM100H、XM101H、XM103、XM130	XM200
2	江苏华通动力重工有限公司	LXZY500B、LXZ100D、LXH100D、LXH1300D、LXZY1000、LXZY1300	HM2100
3	中联重科股份有限公司		BG1000B、BG2000D、BG2100C
4	三一重工股份有限公司		SM2000、SM2000C
5	卡特彼勒路面机械有限公司		PM102、PM200、PM201、PM565B
6	鼎盛重工机械有限公司	LXL100、LXL1200、LXL1300	LX1300、LX200
7	戴纳派克(中国)压实摊铺设备有限公司	PL350、PL500	PL2000、PL2100
8	柳工无锡路面机械有限公司	563	568
9	中交西安筑路机械有限公司	LX120、LXD120	LX200、XM200
10	沈阳北方交通重工集团	KFX500、KFX1000、KFX1000DB、KFX1000QDB	KFX2000E、KFX220、KFX2000、KFX1300Q、KFX1000Q
11	陕西建设机械股份有限公司	CM1000	CM2000
12	西安宏大交通科技有限公司	HD1000	HD2000、HD2200

2. 路面铣刨机主要生产企业产品产销存情况

2012年，在我国经济增长速度放缓的形势下，路面铣刨机市场形势也基本上处于低位运行状态。年销量同比下降，但总体形势比压路机市场和沥青混凝土摊铺机市场要好。因为路面铣刨机是道路养护机械，所以受2012年公路建设投入明显减少的影响比压路机和沥青混凝土摊铺机小，而且随着我国公路里程的不断增加，道路养护机械市场在增长。据中国工程机械工业协会路面与压实机械分会统计，2011—2012年路面铣刨机主要生产企业产品产销存总量见表26。

表26　2011—2012年路面铣刨机主要生产企业产品产销存总量

项　目	2012年	2011年	同比增长(%)
产 量(台)	171	216	-20.83
销 量(台)	226	256	-11.72
库 存(台)	31	34	-8.82

2012年，路面铣刨机生产企业产品产销量同比普遍有不同程度的下降，只有个别企业产品产销量同比有所增长。2011—2012年路面铣刨机主要生产企业产品产销存情况见表27。

表27　2011—2012年路面铣刨机主要生产企业产品产销存情况

序号	企业名称	产量(台)			销量(台)			库存(台)		
		2012年	2011年	同比增长(%)	2012年	2011年	同比增长(%)	2012年	2011年	同比增长(%)
1	徐州徐工筑路机械有限公司	100	143	-30.07	113	128	-11.72	29	30	-3.33
2	江苏华通动力重工有限公司				37	42	-11.9			
3	中联重科股份有限公司	17	24	-29.17	17	24	-29.17			

（续）

序号	企业名称	产量(台)			销量(台)			库存(台)		
		2012年	2011年	同比增长(%)	2012年	2011年	同比增长(%)	2012年	2011年	同比增长(%)
4	三一重工股份有限公司	43	32	34.38	42	30	40.00	1		
5	柳工无锡路面机械有限公司				5	10	-50.00			
6	陕西建设机械股份有限公司	7	17	-58.82	7	14	-50.00		4	
7	卡特彼勒路面机械有限公司	1			1	5	-80.00			
8	戴纳派克(中国)压实摊铺设备有限公司				2	3	-33.33			
9	天津山河装备开发有限公司	3			2			1		

国内销售情况

1. 路面铣刨机主要生产企业产品国内销售情况

2012年，路面铣刨机主要生产企业产品国内销量同比有所下降，但下降幅度不大。占比比上年增加约9个百分点。据中国工程机械工业协会路面与压实机械分会统计，2011—2012年路面铣刨机主要生产企业产品国内销售情况见表28。

表28　2011—2012年路面铣刨机主要生产企业产品国内销售情况

2012年		2011年		同比增长(%)
销量(台)	占比(%)	销量(台)	占比(%)	
217	96.02	223	87.11	-2.69

2. 路面铣刨机主要生产企业产品月度销售情况

2012年我国路面铣刨机市场开局低开低走，三月份销量猛然剧增，打破了一、二月份销量同比负增长的局面。四月份又开始下滑，四、五月份销量同比为负增长。六月份以后虽然已进入市场淡季，但市场形势同比有所好转，下半年除九月份以外，每个月的销量同比基本上都有所增长，并一直保持到年末。2012年与2011年路面铣刨机主要生产企业产品月度销售走势比较见图9。

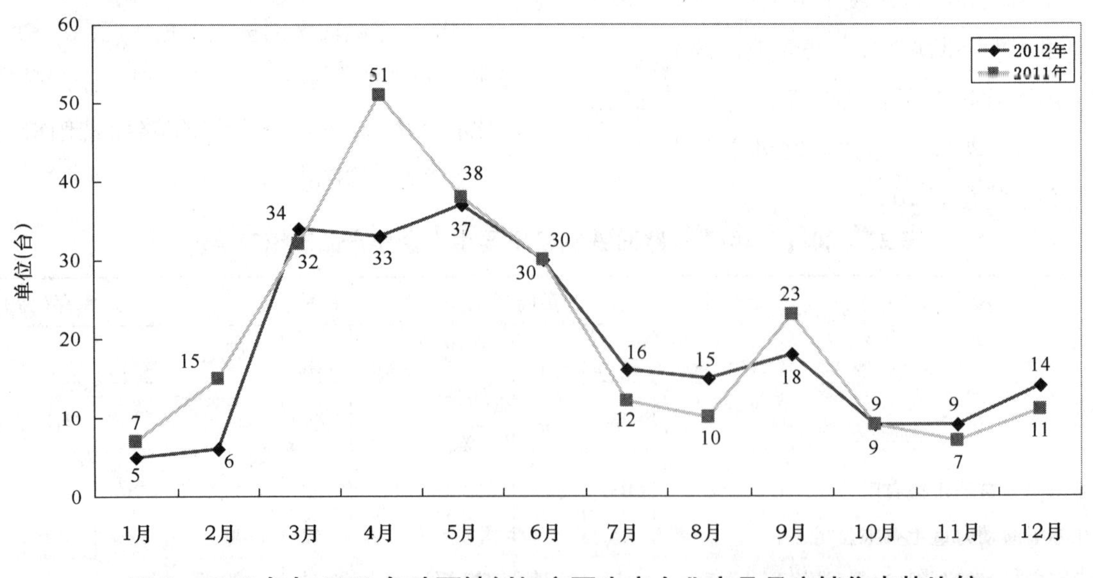

图9　2012年与2011年路面铣刨机主要生产企业产品月度销售走势比较

3. 路面铣刨机主要生产企业产品销售情况

2012 年，路面铣刨机主要生产企业销量同比都不同程度下降，只有三一重工股份有限公司路面铣刨机销量同比有较大增长，增长 40%。

据中国工程机械工业协会路面与压实机械分会统计，2012 年路面铣刨机主要生产企业产品销售情况见表 29。

表 29 2012 年路面铣刨机主要生产企业产品销售情况

序号	企业名称	销量(台)				
		1m 以下	1m 及相当于 1m	1~1.5m(含)	1.5~2m(含)	2m 以上
1	徐州徐工筑路机械有限公司	40	38	12	6	17
2	江苏华通动力重工有限公司	13	18	6		
3	中联重科股份有限公司			2	8	7
4	三一重工股份有限公司			2	40	
5	柳工无锡路面机械有限公司		5			
6	陕西建设机械股份有限公司				7	
7	卡特彼勒路面机械有限公司				1	
8	戴纳派克(中国)压实摊铺设备有限公司	2				
9	天津山河装备开发有限公司		2			

4. 路面铣刨机主要生产企业产品销量构成

2012 年，我国路面铣刨机市场销量最大的产品是 1m 及相当于 1m、1.5~2m 和 1m 以下路面铣刨机，这三种产品的销量约占总销量的 80%，1~1.5m 和 2m 以上路面铣刨机均占总销量的 10% 左右。据中国工程机械工业协会路面与压实机械分会统计，2012 年路面铣刨机主要生产企业产品销量构成见图 10。

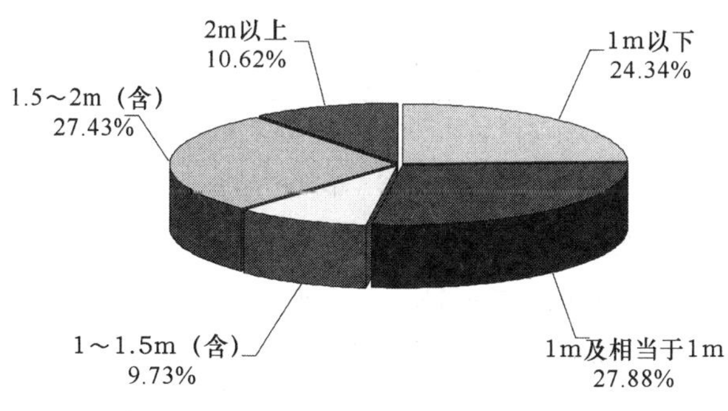

图 10 2012 年路面铣刨机主要生产企业产品销量构成

与 2011 年相比：1m 以下路面铣刨机销量有很大增长，增长约 139%，所占比例增加约 15 个百分点。表明我国小型路面养护工程的量增多，路面养护机械化程度提高；1~1.5m 路面铣刨机销量也有较大增长，约增长 22%，所占比例约增加 2.7 个百分点；其他路面铣刨机产品销量都有所下降。其中 1m 及相当于 1m 路面铣刨机下降最大，约下降 47%，所占比例约减少 18.6 个百分点。2011—2012 年路面铣刨机主要生产企业产品销量构成见表 30。

表 30 2011—2012 年路面铣刨机主要生产企业产品销量构成

产品	2012 年		2011 年		同比增长（%）
	销量（台）	占比（%）	销量（台）	占比（%）	
1m 以下	55	24.34	23	8.98	139.13
1m 及相当于 1m	63	27.88	119	46.48	-47.06
1~1.5m(含)	22	9.73	18	7.03	22.22
1.5~2m(含)	62	27.43	69	26.95	-10.14
2m 以上	24	10.62	27	10.55	-11.11

5. 路面铣刨机主要生产企业产品市场占有率

2012 年路面铣刨机主要生产企业产品市场占有率见图 11。

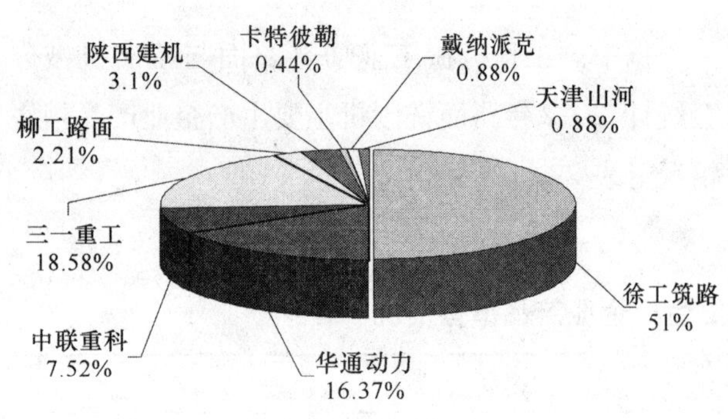

图11 2012年路面铣刨机主要生产企业产品市场占有率

出口情况

2012年，路面铣刨机主要生产企业产品出口量与上年相比下降很大。据中国工程机械工业协会路面与压实机械分会统计，2011—2012年路面铣刨机主要生产企业产品出口量见表31。

表31 2011—2012年路面铣刨机主要生产企业产品出口量

2012年		2011年		同比增长（%）
出口量（台）	占比（%）	出口量（台）	占比（%）	
9	3.98	33	12.8	-72.73

科技成果与新产品

2012—2013年路面铣刨机主要生产企业产品获奖情况见表32。

2012年路面铣刨机主要生产企业新产品开发情况见表33。

表32 2012—2013年路面铣刨机主要生产企业产品获奖情况

企业名称	产品名称	奖励项目名称	获奖等级	获奖时间
徐州徐工筑路机械有限公司	XM200D型铣刨机	2012年度中国机械工业科学技术奖	二等奖	2012年11月
	XM101型铣刨机	2013中国工程机械年度产品TOP50	市场表现金奖	2013年3月

表33 2012年路面铣刨机主要生产企业新产品开发情况

企业名称	新产品名称	工作进度
中交西安筑路机械有限公司	RX2000沥青路面冷铣刨机	产品已完成工业性试验，正在进行市场推广

其他路面机械

其他路面机械产品获奖情况。2012—2013年其他路面机械获奖情况见表34。

其他路面机械新技术研究情况。2012年其他路面机械新技术研究情况见表35。

表34 2012—2013年其他路面机械产品获奖情况

企业名称	产品名称	奖励项目名称	获奖等级	获奖时间
江苏华通动力重工有限公司	WBS700E型稳定土搅拌设备	2013中国工程机械年度产品TOP50	年度产品奖	2013年3月
河南陆德筑机股份有限公司	PMT460型沥青混合料搅拌热设备			
福建铁拓机械有限公司	TS3020型沥青厂拌热再生成套设备	2013中国工程机械年度产品TOP50	年度产品奖	
浙江美通机械制造有限公司	LMT5250TYHB型储料养护车			
山东迅力特汽车有限公司	LZQ5250GS型洒水车	2012年山东省机械工业科技进步奖	三等奖	2012年7月
诸城汽车厂	BJS153GSS-1洒水车			
中交西安筑路机械有限公司	JD3000型热再生沥青搅拌成套设备	2013中国工程机械年度产品TOP50	年度产品奖	2013年3月
	J5000型集装箱式沥青混合料搅拌设备	2011年度中交股份科技进步奖	二等奖	2012年12月
	HRS150场拌热再生设备		三等奖	

表 35　2012 年其他路面机械新技术研究情况

企业名称	新技术名称	工作进度
中交西安筑路机械有限公司	厂拌热再生技术	完成专利申请,制造出配合搅拌设备的厂拌热再生装置
	CIR(就地冷再生装置)技术国产化研究	已完成 CR4000 型就地冷再生机的总体方案设计,进入样机试制阶段

〔撰稿人:中国工程机械工业协会路面与压实机械分会吴竟吾〕

混凝土机械

行业发展情况

2012 年混凝土机械全年运行举步维艰。虽然在上年的惯性下一季度高速运行,但下半年出现剧烈的变化。2012 年混凝土机械行业主要企业经济指标完成情况见表 1。

表 1　2012 年混凝土机械行业主要企业经济指标完成情况　　(单位:万元)

序号	企业名称	工业总产值(当年价)	工业销售产值(当年价)	工业增加值(生产法)	营业收入	利润总额
1	中联重科股份有限公司	9 263 613.0	9 252 620.0	1 930 643.0	9 025 181.0	921 623.0
2	三一重工股份有限公司	8 257 422.0	8 178 155.0		8 236 876.0	738 095.0
3	方圆集团	125 863.1	126 934.0	727.0	177 662.5	16 046.3
4	华菱星马汽车(集团)股份有限公司	136 692.0	143 718.0	46 320.0	138 106.0	2 656.0
5	青岛新型建设机械有限公司	111 557.0	116 207.0		116 207.0	9 534.0
6	浙江省建设机械集团有限公司	125 202.0	125 202.0	11 409.0	103 274.0	4 115.0
7	上海华东建筑机械厂有限公司	41 779.0	44 274.0	1 888.0	46 654.0	-3 118.0
8	徐州天地重型机械制造有限公司	31 988.0	31 056.0	14 317.0	26 543.0	1 064.0
9	扬州柳工建设机械有限公司	13 694.0	16 905.0	599.0	16 918.5	-1 471.0
10	韶关新宇建设机械有限公司	6 943.0	8 111.0	141.3	8 211.1	-1 887.33
11	佛山市云雀振动器有限公司	7 113.0	7 647.0	278.0	7 647.0	117.0

数据来源:中国工程机械工业协会。

市场销售情况

根据中国工程机械工业协会混凝土机械分会的统计,2012 年全国混凝土机械行业的销售额为1 000亿元左右,基本与上年持平。2012 年三一重工股份有限公司和中联重科股份有限公司仍然是混凝土机械行业的两大巨头,三一重工在国内、国外需求不足的情况下基本保住了上年的经营业绩,中联重科则在逆势中有所增长。2012 年这两家企业混凝土机械销售额之和达到 560 亿元左右,占全国混凝土机械行业总销售额的 56%。

徐工集团在近两年内对混凝土机械非常重视,投入也较多,加上品牌的影响力等因素,这两年混凝土机械销售的份额有了明显的提升,2012 年占全国 7%~8%的份额。

根据中国工程机械工业协会统计:2012 年混凝

土输送泵(拖泵)销售11 246台,同比增长4.5%;混凝土搅拌楼(站)7 075台,同比增长2.6%;混凝土搅拌运输车44 646辆,同比下降3.7%;混凝土泵车10 866台,同比下降9.7%。2012年混凝土机械产销存情况见表2。2012年混凝土机械主要产品进出口情况见表3。

表2 2012年混凝土机械产销存情况

企 业 名 称	产品类别	单位	产量	销售量	库存
方圆集团	混凝土搅拌机	台	3 602	3 600	23
上海华东建筑机械厂有限公司	混凝土搅拌机	套	60	64	39
韶关新宇建设机械有限公司	混凝土搅拌机	台	6	6	0
青岛新型建设机械有限公司	混凝土搅拌机	台	1 345	1 341	88
方圆集团	混凝土搅拌站	台	430	428	2
上海华东建筑机械厂有限公司	混凝土搅拌站	台	48	43	10
山东鸿达建工集团有限公司	混凝土搅拌站	台	120	118	2
韶关新宇建设机械有限公司	混凝土搅拌站(楼)	台	22	22	0
青岛新型建设机械有限公司	搅拌站(楼)	台	865	890	11
徐州天地重型机械制造有限公司	搅拌站(楼)	套	79	79	0
广西玉柴专用汽车有限公司	混凝土搅拌运输车	辆		14	7
方圆集团	混凝土搅拌运输车	辆	120	120	0
上海华东建筑机械厂有限公司	混凝土搅拌运输车	辆	904	868	186
中集车辆(集团)有限公司	混凝土搅拌运输车	辆	5 480	5 380	100
山东鸿达建工集团有限公司	混凝土搅拌运输车	辆	220	212	8
东风实业(十堰)车辆有限公司	混凝土搅拌运输车	辆	11	11	0
徐州天地重型机械制造有限公司	混凝土搅拌运输车	辆	68	56	12
山推工程机械股份有限公司	混凝土搅拌运输车	辆	658	859	530
扬州柳工建设机械有限公司	混凝土搅拌运输车	辆	453	543	0
方圆集团	混凝土泵	台	80	80	0
青岛新型建设机械有限公司	混凝土泵	台	703	706	51
徐州天地重型机械制造有限公司	拖式混凝土泵	台	30	23	7
山东鸿达建工集团有限公司	混凝土泵车	辆	110	107	3
徐州天地重型机械制造有限公司	混凝土泵车	辆	16	7	9
广东力士通机械股份有限公司	混凝土泵车	辆	73	73	0
广西柳工机械股份有限公司	混凝土泵车	辆	0	35	0
华菱星马汽车(集团)股份有限公司	重型混凝土泵车	辆	29	11	0
广西建工集团建筑机械制造有限责任公司	布料杆	台	2	0	2
佛山市云雀振动器有限公司	混凝土振动器	台	28 434	27 638	6 239
佛山市云雀振动器有限公司	插入式振动棒	条	132 686	133 057	15 815
华菱星马汽车(集团)股份有限公司	重型散装水泥运输车	辆	566	613	0
青岛新型建设机械有限公司	配料机	台	936	955	64

（续）

企业名称	产品类别	单位	产量	销售量	库存
徐州天地重型机械制造有限公司	其他混凝土机械	台	89	81	8
中联重科股份有限公司	混凝土机械	台	23 079	22 141	
三一重工股份有限公司	混凝土机械	台	29 513	29 632	456
浙江省建设机械集团有限公司	混凝土机械	台	2 903	2 703	200

数据来源：中国工程机械工业协会。

表3　2012年混凝土机械主要产品进出口情况

产品名称	出口				进口			
	数量（台）	增长（%）	金额（万美元）	增长（%）	数量（台）	增长（%）	金额（万美元）	增长（%）
混凝土泵	2 716	3.62	4 870	-9.12	223	-40.05	706.74	-35.94
混凝土搅拌机械	757 777	5.04	37 832	17.03	1 925	13.37	9 956.46	-18.45
混凝土搅拌运输车	4 724	58.52	26 201	57.75	7	600.00	95.26	480.15

数据来源：中国工程机械工业协会。

科研成果与新产品

2012年混凝土机械行业在促进行业技术进步方面做了很多努力，也取得了不少成绩。

2012年混凝土机械行业销售情况虽然表现平平，但企业在技术进步方面一直没有放松。例如：福建南方路面机械有限公司和山东圆友重工科技有限公司的7m^3混凝土搅拌主机都已完成试制，并装成搅拌楼（站）抓紧进行试验考核；中联重科80m碳纤维臂架混凝土泵车在山西灵石工地实现现场成功泵送，101m碳纤维臂架混凝土泵车于2012年9月底在中联重科试制成功下线，这是碳纤维新材料在混凝土机械方面首次应用，臂架长度得到吉尼斯纪录的认可；三一重工泵送设备在上海中心大厦工地实现580m国内最高泵送高度的纪录；福田雷沃国际重工股份有限公司、三一重工、徐工集团和中联重科等多家企业生产销售了以天然气作燃料的环保型混凝土搅拌运输车，节能环保型混凝土搅拌站（楼）更得到广大用户的认可和青睐。在节约原材料、提高混凝土标号、实现零排放等方面行业许多厂家都做了不少工作，取得了一些阶段性成果，正在逐步推广应用。混凝土搅拌机叶片衬板和混凝土输送泵的眼镜板、切割环等易损件耐磨材料的研究也取得了不少成果。

发展趋势

（1）由于混凝土机械已经发展到成熟阶段，技术开发、市场开发、产能扩张等方面企业做了很多努力，混凝土机械用户相对比较成熟，因此2011年的爆发式增长很难出现。

（2）我国经济要保持一定的增长速度，2013年混凝土机械将保持上年的产销总量。主要因为这两年我国市场已经透支，混凝土机械产品社会存量相对较大，低首付和零首付所发生的回购二手机也占有相当的份额。

（3）世界上混凝土泵车三大品牌企业都已被中国企业所收购，混凝土机械行业的竞争由国际竞争转化为国内竞争。特别是当前行业产能过剩、销售不太景气的情况下，如何“调结构，促增长”成为混凝土机械行业的共同课题。

〔撰稿人：中国工程机械工业协会混凝土机械分会盛春芳　陈润余〕

凿岩机械与气动工具

生产和发展情况

2012年,国家面对复杂多变的国际形势和国内经济运行出现的新情况、新问题,坚持以科学发展为主题,以加快转变经济发展方式为主线,按照稳中求进的工作总基调,实施了积极的财政政策和稳健的货币政策,不断加强和改善宏观调控,固定资产投资结构进一步改善。凿岩机械与气动工具行业在国家政策的支持和市场的推动下,行业发展不断调整完善,生产出具有国内先进水平和国际领先的产品,并形成了具有一定知名度的品牌,行业基本形成了市场所需的产品体系。

凿岩机械与气动工具行业产品主要分为凿岩机械和气动工具两大类。凿岩机械类产品主要包括凿岩钻车系列、凿岩钻架系列、气动腿式凿岩机、气动手持式凿岩机、气动导轨式凿岩机、液压凿岩机、内燃凿岩机、电动凿岩机和气动潜孔冲击器等系列,凿岩机械广泛应用于开采矿业、开山筑路、兴修水利、开凿隧道和国防施工建设及其他土石方工程;气动工具类产品主要包括气砂轮、气钻、气扳机、气螺刀、气动马达等回转式系列和气铲、气镐、捣固机等冲击式系列,气动工具广泛用于汽车、飞机、船舶及各种机器装配维修和市政工程维护等。

从凿岩机械产品看,气动凿岩机产品国内市场已趋于饱和,市场占有率为90%以上,基本上抵挡国外品牌产品进口,是民族工程机械工业的一面旗帜,并有一定批量产品出口发展中国家,其整体质量已达到国际先进水平。气腿式凿岩机仍占据着市场主流地位,其国内主要代表生产企业是天水风动机械有限责任公司等;电动、内燃凿岩机因有特定的市场需求,国内企业生产的产品质量水平也在不断提高,但产品整体技术水平与国际先进水平还存在着一定差距,其国内主要代表生产企业有洛阳风动工具有限公司、宜春风动工具有限公司等;液压凿岩机、全液压凿岩钻车系列产品目前国内市场占有率比较低,其技术含量高,产品价格高,但具有节能环保、高工效特点。液压凿岩机、全液压凿岩钻车国内企业生产的产品整体技术水平与国际水平相比,还存在着比较大的差距,尤其是缺乏自主知识产权和核心技术,国内主要代表生产企业有天水风动机械有限责任公司等,多家企业从事该类产品的研发工作,并取得了一定的成效。液压技术是一种颠覆性技术,能促进工程机械行业革命性发展。液压凿岩机、全液压凿岩钻车系列产品是国家一直鼓励发展的产品,符合国家产业发展政策,该系列产品也是我国凿岩机械行业未来发展的方向。

从气动工具产品看,我国气动工具行业发展整体是比较好的,民营和家族私营企业发展比较快,并多以中小型企业为主,生产形成了一定规模,其特点是:注重节能高效,外观精美,小巧玲珑,使用寿命长,安全性高,价格适宜,产品品种多,投入少,转型快,产品整体质量已跻身国际水平。其国内主要代表生产企业有天水风动机械有限责任公司、青岛前哨精密机械公司、山东春龙风动机械有限公司、上海上船利富船舶工具有限公司、山东同力达智能机械有限公司、上海民生电器有限公司及上海气动工具厂等。

凿岩机械与气动工具行业一直围绕中国工程机械行业"十二五"规划提出的发展战略要求,根据中国机械工业联合会、中国机械工业品牌战略推进委员会的有关办法和程序,会同中国工程机械工业协会与企业共同致力于自主产品品牌的培育工作,加强了品牌建设意识,提高了产品质量的稳定性。诚信经营,大部分企业建立实施了质量、环境或职业健康安全等管理体系,并取得良好的信誉,部分企业自主品牌产品具有一定的与国际品牌竞争的优势。我国凿岩机械与气动工具产品分类及主要生产企业见表1。2012年凿岩机械与气动工具行业主要生产企业经济指标完成情况见表2。

表 1　我国凿岩机械与气动工具产品分类及主要生产企业

产品分类		主要生产企业名称
凿岩机械	气腿式凿岩机	天水风动机械有限责任公司、浙江衢州煤矿机械总厂有限公司、沈阳风动工具厂有限公司、湘潭风动机械有限公司、洛阳风动工具有限公司、浙江红五环机械有限公司、宜春风动工具有限公司
	手持式凿岩机	天水风动机械有限责任公司、沈阳风动工具厂有限公司、衢州煤矿机械总厂有限公司、浙江红五环机械有限公司、湘潭风动机械有限公司
	内燃、电动凿岩机	洛阳风动工具有限公司、宜春风动工具有限公司
	凿岩钻架	天水风动机械有限责任公司、南京工程机械厂有限公司
	凿岩钻车	天水风动机械有限责任公司、南京工程机械厂有限公司、浙江红五环机械有限公司
	冲击器	天水风动机械有限责任公司、洛阳风动工具有限公司、南京工程机械厂有限公司、广州市天凿精机机械械有限公司
	气动绞车	烟台市石油机械厂、黄石市黄风机械有限公司
气动工具	回转类产品	青岛前哨精密机械公司、天水风动机械有限责任公司、上海气动工具厂、上海约纳森工具制造有限公司、镇江市丹徒风电机械厂、天津市柏益风动工具有限公司、徐州信义风动工具有限公司、徐州三刃风动工具有限公司、上海民生电器有限公司、上海上船利富船舶工具有限公司、镇江玛维克工具制造有限公司、上海山研机械科技有限公司、山东春龙风动机械有限公司、山东同力达智能机械有限公司
	冲击类产品	南京工程机械厂有限公司、天水风动机械有限责任公司、义乌市风动工具有限公司、上海气动工具厂、上海约纳森工具制造有限公司、徐州三刃风动工具有限公司、宜春风动工具有限公司、徐州信义风动工具有限公司、上海山研机械科技有限公司、上海上船利富船舶工具有限公司、杭州风动工具制造有限公司、山东春龙风动机械有限公司、宁波市鄞州甬盾风动工具制造有限公司、天水风动机械配件有限公司

表 2　2012 年凿岩机械与气动工具行业主要生产企业经济指标完成情况（单位:万元）

序号	单位名称	工业总产值（当年价）	主营业务收入	工业增加值（生产法）	利润总额
1	天水风动机械有限责任公司	25 926	21 775	11 909	2 326
2	南京工程机械厂有限公司	6 058	5 401	1 237	-767
3	沈阳风动工具厂有限公司	561	440	73	-80
4	浙江衢州煤矿机械总厂有限公司	34 905	37 175	6 198	1480
5	青岛前哨精密机械有限责任公司	10 054	10 717	4 323	2 286
6	湘潭风动机械有限公司	3 337	3 270	177	66
7	洛阳风动工具有限公司	8 404	8 667	3 313	1 334
8	徐州三刃风动工具有限公司	379	408		-18
9	上海气动工具厂	748	1 662	108	-8
10	上海民生电器有限公司	1 947	1 989	670	51
11	烟台市石油机械有限公司	4 540	3 938	1 028	14

（续）

序号	单 位 名 称	工业总产值（当年价）	主营业务收入	工业增加值（生产法）	利润总额
12	义乌市风动工具有限公司	1 680	1 640	840	55
13	镇江丹凤机械有限公司	397	271		-7
14	山东同力达智能机械有限公司	43 693	43 693	4 635	2 269
15	天水风动机械配件有限公司	578	559	173	63
16	上海上船利富船舶工具有限公司	398	2 265		
17	天津市柏益风动工具有限公司	560	383	446	3
18	杭州风动工具制造有限公司	1 065	1 015		66
19	山东春龙风动机械有限公司	6 410	6 020	3 082	435
20	宁波市鄞州甬盾风动工具制造有限公司	1 255	1 244	337	23
	合 计	152 895	152 532	38 549	9 591

根据行业协会统计，有 20 家企业提供相关数据统计结果，2012 年完成工业总产值（当年价）152 895万元，比上年增长 4.27%，其中新产品产值 17 389 万元（所占总产值比重 11%），比上年增长 11.68%；2012 年完成工业增加值（生产法）38 549 万元，比上年下降 5.81%；2012 年完成工业销售产值（当年价）150 578 万元，比上年增长 8.83%，其中出口交货值 6 962 万元，比上年增长 17.96%；2012 年营业收入 152 532 万元，实现利润总额 9 591 万元，分别比上年增长 9.28%、下降 21.77%。2012 年凿岩机械生产 1 007 200 台（套），销售 1 049 204 台（套），分别比上年增长 51.27%、68.19%；年底库存 75 039 台（套），下降 13.11%。2012 年气动工具生产608 929台（套），销售 594 990 台（套），年底库存 93 642 台（套），分别比上年下降 9.90%、增长 8.81%、下降33.65%。2012 年凿岩机械与气动工具行业主要产品产销存情况见表 3。

表 3　2012 年凿岩机械与气动工具行业主要产品产销存情况

产品名称	计量单位	2012 年			2011 年	生产量同比增长（%）
		生产量	销售量	年末库存	生产量	
一、凿岩机械	台	1 007 200	1 049 204	75 039	665 840	51.27
1.凿岩机	台	108 858	99 285	22 121	103 290	5.39
（1）气动凿岩机	台	87 571	79 862	18 750	86 128	1.68
①手持式	台	3 927	3 761	2 123	4 594	-14.52
②气腿式	台	72 712	66 113	11 676	79 989	-9.10
③向上式	台	800	540	303	550	45.45
④导轨式	台	900	690	355	995	-9.55
⑤气腿	台	9 232	8 758	4 293		
（2）内燃凿岩机	台	18 020	16 526	2 913	13 557	32.92
（3）电动凿岩机	台	3 267	2 897	458	3 605	-9.38
2.凿岩钻车	台	7	6	16	32	-78.13

（续）

产品名称	计量单位	2012年			2011年	生产量同比增长
		生产量	销售量	年末库存	生产量	(%)
3.钻架	台	286	291	55	304	-5.92
4.气动绞车	台	457	485	0	311	46.95
5.冲击器	台	19	82	261	542	-96.49
6.气马达	台	11 515	11 836	1 057	11 077	3.95
7.其他	台	886 058	937 219	51 529	550 284	61.02
二、气动工具	台	608 929	594 990	93 642	675 860	-9.90
1.回转类产品	台	203 778	200 888	44 333	448 995	-54.61
(1)气钻	台	20 538	18 666	5 485	22 774	-9.82
(2)气砂轮	台	74 576	78 469	8 029	297 927	-74.97
(3)气扳机	台	108 374	103 533	30 723	124 035	-12.63
(4)搅拌机	台	290	220	96	4 259	-93.19
2.冲击类产品	台	185 961	168 199	25 059	178 993	3.89
(1)气镐	台	159 534	142 243	21 703	144 489	10.41
(2)气铲	台	16 187	15 927	2 354	21 025	-23.01
(3)捣固机	台	10 240	10 029	1 002	13 479	-24.03
3.其他	台	219 190	225 903	24 250	47 872	357.87
三、配件	t	729	522	610	689	5.81
附:空压机	台	4	183	198	858	-99.53

目前部分企业暂未加入协会，故这些企业在行业数据统计中暂未涵盖进去。从上述统计数据来看，凿岩机械生产量、销售量增长比较快，气动工具生产量稍有下降、销售量有所上升，但实际上，气动工具生产企业主要是民营企业，从生产规模上，以小型企业为主，资金投入少，行业企业众多，每年都有生产变化或转型，变化的数量比较多。但从行业总体发展上看，经营情况呈平稳运行态势。凿岩机械气动工具行业各大类系列产品生产销售情况，虽然年增长或下降幅度有所不同，但是行业企业整体仍然处于正常发展轨道上。

产品进出口情况

国内凿岩机械进口的产品，主要用于国家重点工程，主要进口具有新技术、高性能、节能环保特点的全液压钻车、液压凿岩机产品，这也说明高新知识产权和核心技术目前仍然掌握在主要发达国家的国际知名企业手中，而国内品牌气动凿岩机、凿岩钻架系列产品和气动工具系列产品以其自身优势和适合国内市场客户使用的特点，基本上替代进口。2012年出口额有所下降，与国内经济发展的要求是不匹配的，这也反映了具有新技术、高性能、节能环保特点的国内品牌全液压钻车、液压凿岩机产品，在国外市场上缺乏与国外品牌竞争的优势。提高全液压钻车、液压凿岩机产品的质量、可靠性，研发具有自主知识产权和核心技术的产品，研发具有自主品牌的全液压钻车、液压凿岩机的产品，是整个行业与企业发展的必由之路。

科研成果与新产品

近年来，凿岩机械与气动工具行业把先进技术和人才资源开发相结合作为行业发展的战略基点。目前行业内中小型、民营企业开始重视CAD软件技术，三维动态技术得到了应用，大大缩短了新产品的研发周期,减少了企业经营风险。行业内已有多家企业被各自所在省认定为省级工程技术中心和省级企业技术中心,有多家企业被国家认定为国家级企业技术中心,并得到国家产业政策与财政政策的支持。行业内多家企业依据各自省市工业发展特点和科研优势,通过了省市级新产品及科技成果鉴定,成果显著并获多项省市科技进步奖、优秀新产品奖及省市级高新技术企业称号。行业整体增强了自主创新能力,推动了科技进步,本土品牌产品竞争力也不断增强。有的企业努力研发液压凿岩机、全液压凿岩钻车系列产品,已取得了一定的成绩并得到市场客户的认可。

我国凿岩机械与气动工具行业产品质量在竞争中得到不断提升,产品在外观造型和表面质量,技术配置和产品可靠性,应用新技术、新工艺、新材料方面缩短了与国际先进水平的差距。尤其是气动工具产品节能高效,外观精美,安全性高,价格适宜,产品品种众多,在市场中具有一定的优势,其中以被市场誉为"迷你"型的产品居多,备受市场客户的青睐。行业多家企业荣获省级名牌产品和中国机械工业用户满意产品称号。凿岩机械气动工具行业的主要企业进一步提高了对对产品的升级换代和改善产品结构必要性和重要性的认识,根据企业自身特色模式和生产特点,以节能减排为目标,以传统产品的升级换代和产品结构调整为着力点,加快高新技术的转换和市场特需产品的生产,不断促进产品升级,并向行业之外的产品领域发展,产品结构逐步多元化。通过建立具有国内、国际竞争力的产品体系,全面提高产品层次,不断探索并走出一条科技含量高、经济效益好、资源消耗低、环境污染少、人力资源优势得到充分发挥的新型工业化之路。目前,在产品零件专业化分工、社会化协作方面也有明显的提高。

我国凿岩机械与气动工具行业是整个工程机械行业中的一个小行业,中小型、民营企业在行业中占据较大比重,国家宏观经济政策的调整,对行业影响比较大。另外,凿岩机械与气动工具行业企业自主知识产权和研发核心技术及市场竞争力不强,产品更新换代迟缓,产品的同质化的现象比较严重,部分假冒伪劣产品生产者铤而走险,假冒伪劣产品一直出现于市场上,造成残酷的价格战,制约了全行业的发展。这也给行业协会提出了新的工作要求,加强行业科学标准制定,促进企业规范运作,会同会员企业共同打击生产假冒伪劣产品者,协调引导凿岩机械气动工具行业企业,依据市场客户需求,针对市场细分研发产品,提高企业抗风险能力,提升企业核心竞争力,抓机遇迎挑战,大力开拓国内国外市场,花大力气促进企业、行业可持续、健康稳步发展。

〔撰稿人:中国工程机械工业协会凿岩机械与气动工具分会于洪刚〕

桩工机械

生产发展情况

桩工机械作为工程建设的主要设备,其发展主要受到国家交通运输业、能源、建筑业发展的影响。近年来,国家建设的发展,尤其是高铁建设为桩工机械行业带来了快速发展机遇。然而,2012 年,随着整个工程机械行业发展形势的走低,主营桩工机械的企业也面临新的机遇与挑战,推陈出新、扩大出口,桩工机械企业的 2012 年是充实而忙碌的一年。根据桩工机械分会对 18 家主要生产企业的统计,2012 年各类桩工机械生产量为 2 861 台,销售量为 2 754 台。其中 14 家主要生产企业 2012 年工业总产值为 577 938 万元,营业收入为 525 709 万元。桩工机械行业产品分类及主要生产企业见表 1。2012 年主要产品产销存情况见表 2。

表 1　桩工机械行业产品分类及主要生产企业

产品分类	主要生产企业
柴油打桩锤	
D 系列筒式柴油打桩锤	上海工程机械厂有限公司、广东力源液压机械有限公司
DD 系列导杆式柴油打桩锤	江苏东达工程机械有限公司、中国人民解放军六四零九工厂建机公司、东台市巨力机械制造有限公司
液压打桩锤	
HHP 系列液压打桩锤	广东力源液压机械有限公司
振动桩锤	
DZ、DZS 系列振动桩锤	浙江振中工程机械有限公司、瑞安八达工程机械有限公司
DZJ 系列变矩振动桩锤	上海工程机械厂有限公司、浙江振中工程机械有限公司
DZM 系列液压振动桩锤	广东力源液压机械有限公司
钻孔机	
步履式长螺旋钻孔机	河北新钻钻机有限公司、郑州勘察机械有限公司、文登市卓力桩机有限公司、威海海泰起重机械有限公司、方圆集团海阳起重机公司、浙江振中工程机械有限公司、瑞安八达工程机械有限公司、河北新河华泰桩工机械公司、郑州市鑫源桩工机械厂、河南三力机械制造有限公司
电动、液压履带式长螺旋钻孔机	威海海泰起重机械有限公司、文登市卓力桩机有限公司、方圆集团海阳起重机有限公司
旋挖钻机	北京市三一重机有限公司、中联重工科技发展有限公司上海分公司、湖南山河智能机械有限公司、北京南车时代车辆机械有限公司、徐州徐工基础工程机械有限公司、山东福田雷沃重工有限公司、内蒙古北方重型汽车有限公司、上海金泰工程机械有限公司、郑州富岛机设备有限公司、湖南奥盛特重工科技有限公司、浙江振中工程机械有限公司、山推工程机械股份有限公司、山东鑫国重机科技有限公司、北京德睿琪科技开发有限公司、郑州宇通重工有限公司、河南三力机械制造有限公司
KP、GPS、QJ 系列钻孔机(工程钻机)	上海金泰工程机械有限公司、郑州勘察机械有限公司
液压静压桩机	湖南山河智能机械有限公司、广东力源液压机械有限公司、东台市巨力机械制造有限公司、湖南泰唐重工机械有限公司
桩架	
走管式桩架	瑞安八达工程机械有限公司
轨道式桩架	江苏东达工程机械有限公司
步履式桩架	上海工程机械厂有限公司、浙江振中工程机械有限公司、瑞安八达工程机械有限公司、江苏东达工程机械有限公司
DH、SF 系列履带式三支点桩架	上海工程机械厂有限公司、北京市三一重机有限公司
地下连续墙施工机械	
多轴连续墙钻孔机	上海金泰工程机械有限公司、上海工程机械厂有限公司

（续）

产品分类	主要生产企业
地下连续墙抓斗	上海金泰工程机械有限公司、上海工程机械厂有限公司、北京市三一重机有限公司、中联重工科技发展有限公司上海分公司、北京南车时代车辆机械有限公司
地基加固机械	
振冲器	江阴市振冲机械制造有限公司

表2　2012年桩工机械主要产品产销存情况　（单位:台）

序号	产品名称	产量	销售量	库存量
1	柴油打桩锤	498	405	90
2	液压打桩锤	44	43	3
3	打桩架	210	184	32
4	静压桩机	230	225	11
5	旋挖钻机	1 699	1 713	174
6	其他钻机	105	110	16
7	连续墙抓斗	34	34	11
8	其他桩工机械	41	40	10
	总计	2 861	2 754	347

国内销售情况

2012年上半年工程机械形势低迷，桩工行业需求放缓、价格下滑、成本上升、资金紧张等影响了行业运行。下半年随着三季度我国基建、地产投资反弹和政府对西部地区基础设施建设的加速，包括交通、水利、城市建设、资源开发等在内的开发项目相继地展开，为桩工机械的销售提供了趋好的市场环境。

1.旋挖钻机

2012年旋挖钻机的销售量达到1 699台，与上年主要厂家销售量基本持平。作为桩工板块“排头兵”企业，三一集团有限公司、中联重科股份有限公司、徐州徐工基础工程机械有限公司和湖南山河智能装备股份有限公司4家企业的旋挖钻机总销售量达到1 175台，占2012年年销量的69.16%，继续保持了行业领先优势。

2.其他桩工机械产品

桩工机械的其他产品的销售情况：柴油打桩锤和打桩架的销售量分别增长16.06%和10.18%；地下连续墙抓斗的销售量与上年持平；静压桩机销售量较上年下降66%。其他各类钻机的销售量较上年下降81.64%，显示出行业在调整，生产集中度在进一步提高。

海外销售情况

2012年我国桩工机械企业有效应对市场需求减弱的压力，提升市场营销能力，拓展海外市场，然而由于受金融危机的持续影响，特别是占旋挖钻机出口市场70%以上的中东地区，石油价格大幅下跌，对工程机械的需求锐减，因此对桩工机械的海外市场造成一定的影响。根据桩工机械分会对三一集团有限公司、中联重科股份有限公司、徐州徐工基础工程机械有限公司等14家大型企业集团的统计，2012年出口交货值为51 531万元，较2011年同期下降46.48%。

2012年外资企业国内主要情况为：宝峨（天津）机械工程有限公司6月举行了新工厂奠基典

礼;德国宝峨公司当年在天津和上海设有两家独资工厂,进口德国关键部件组装 BG 系列旋挖钻机、GB 系列地下连续墙液压抓斗以及车载钻机。

科研成果与新产品

2012 年面对行业调整的不利形势,我国桩工机械企业苦练内功、夯实基础、创新发展,通过产品技术和品质提升等实现自我发展。在 2012 上海宝马展上,各主要生产企业桩工产品集结亮相,其中包括徐工基础的 XR460D 旋挖钻机(亚洲最大吨位自制底盘旋挖钻机)、三一桩机的以 SR200、SR280R 和 SR360 产品为代表的第三代旋挖钻、中联重科的 ZR420 型旋挖钻机、上海金泰的 SX30 双轮铣、山河智能的 SWSD 双动力头强力多功能钻机、宇通重工的 YTR360C 履带式旋挖钻机。参展产品集中体现了高配置、低油耗、高效、安全、可靠的卓越品质与绿色环保产品理念。上海金泰的 SZ80-35 型液压多功能钻机、中联重科的 ZR420 型旋挖钻机获得 2012 中国工程机械 TOP50 年度产品奖,中联重科旋挖钻机关键配套件研制取得突破。

2012 年桩工机械产品为我国桥梁、水利、房地产等基础设施建设贡献了力量。徐工的 XR460D 旋挖钻机攻克徐州市东三环高架桥施工难题,三一集团的新产品 SR180 型旋挖钻机被客户誉为“工民建及小型桥梁桩之王”,中联集团旋挖钻机设备参与了中天“未来方舟”项目施工建设,山河智能多功能旋挖钻机助力南水北调工程,宇通重工旋挖钻机助力郑州高架路建设,福田雷沃的 FR630D 旋挖钻机助力兰渝铁路建设,上海金泰的小型旋挖钻机成功进军新疆市场。

行业关注的热点议题

在市场保有量迅速增长、施工单价持续降低、出口市场不利的情况下,我国旋挖钻机生产企业如何提高客户购买意向、把握优质客户、降低客户逾期风险,成为企业首要考虑的问题。

在基础部件价格持续上涨、企业利润持续降低的情况下,如何保证研发投入,如何保证产品升级换代等问题,成为各企业可持续发展的重要课题。

进入 2013 年以来,中国经济运行中“稳增长”和“调结构”并举的趋向日渐显现,但国内外的宏观经济环境仍将对桩工机械市场产生现实及潜在的影响,随着市场竞争的加剧,企业应该如何应对市场压力,形成良性竞争格局,促进行业的健康发展,是行业需要认真研讨及关注的话题。

〔撰稿人:中国工程机械工业协会桩工机械分会庞闵〕

掘 进 机 械

掘进机械是工程机械中的一类重要产品,主要应用于水平方向的隧道、巷道、管孔的机械化施工。根据工程机械协会标准《工程机械的定义和类组划分》的分类,掘进机械主要包括全断面隧道掘进机(盾构机,硬岩掘进机、顶管机等,水平定向钻,悬臂式巷道掘进机等产品,其主导产品是全断面隧道掘进机。

全断面隧道掘进机

全断面隧道掘进机是目前世界上最先进的隧道专用施工机械,也是高端装备制造业的标志性产品之一。自英国在 1825 年首次使用盾构机开掘海底隧道开始,其越来越广泛地应用于各类隧道建设,经过多年的技术发展,自 20 世纪 50 年代以后,达到技术成熟并大规模使用。目前,据不完全统计,全球全断面隧道掘进机已累计生产达 7 000 多台,保有量在 4 000 台左右。

全断面隧道掘进机是集机械、电子、液压、控制、信息技术于一体的复杂集成系统。由于工作环境特殊,故对产品的稳定性、可靠性、适应性要求极高,因此在相当长的时间里,全断面隧道掘进机的研发制造和使用将是我国制造业和施工企业的软肋。实际上，21世纪之前，全断面隧道掘进机市场和技术基本被美、日、欧等发达国家的专业公司垄断，主要有德国海瑞克、维尔特，美国罗宾斯，日本三菱重工、日立造船、小松、川崎重工、石川岛等。

2005年以后，随着我国大规模基础设施建设的持续展开，尤其是城市地铁、引水工程、过江隧道等工程的大量上马，国内市场对全断面隧道掘进机的需求急剧扩大。一方面市场的需求刺激了国内一批企业通过技术引进、合资合作全面进军全断面隧道掘进机产业；另一方面政府主管部门认识到全断面隧道掘进机产业的重要性和发展潜力，给予了足够的关注和支持，如把大型泥水平衡式盾构机的研发列入了科技部"863"课题计划，推动其设计、试验科研工作的开展。经过短短几年的发展，在激烈的市场竞争中，一批国内企业脱颖而出，一大批工程技术人员在大量的设计制造和施工实践中成长起来，我国企业可以说基本掌握了常规的全断面隧道掘进机的设计制造和施工技术。截至2012年年底，国内企业的市场份额已经占到全国市场的70%以上，几个顶尖企业的生产条件和制造能力，已经超过多数国际知名企业，基本具备了自主研发能力和自主知识产权，产品开始进入国际市场。我国全断面隧道掘进机产业规模和市场规模为全球首位。

当前，我国全断面隧道掘进机产业发展中还存在很多不足之处，如产业结构分散、核心零部件技术未掌握、标准缺失、行业管理薄弱及市场竞争不规范等问题，有待今后解决。2012年国内全断面隧道掘进机主要生产企业销售情况见表1。

表1　2012年国内全断面隧道掘进机主要生产企业销售情况

序号	企业名称	数量（台）	销售额（亿元）	备注
1	中铁隧道装备制造有限公司	31	14.0	复合式土压、泥水式
2	中国铁建重工集团有限公司	30	12.6	土压平衡式
3	北方重工集团有限公司	7	8.3	双护盾硬岩、土压式、双模式、敞开式硬岩
4	上海隧道工程股份有限公司	6	2.3	复合土压，矩形顶管机
5	秦皇岛天业通联重工股份有限公司	1	1.5	硬岩掘进机
6	徐工集团凯宫重工南京有限公司	4	1.8	土压平衡式
7	上海力行工程技术发展有限公司	3	1.1	土压平衡式、顶管机
8	无锡盾建重工制造有限公司	2	0.8	土压平衡式
9	海瑞克股份公司	32	15.0	土压平衡式、泥水平衡式、顶管机
10	小松公司	3	1.2	1台泥水平衡式、2台土压平衡式
11	中交天和机械设备制造有限公司	5	6.5	1台14.93m泥水复合式、3台租赁
12	湖北天地重工有限公司	4	1.2	
13	三一重机股份有限公司	1	0.4	土压平衡式
14	中国南车集团成都隧道装备有限公司	2	0.6	
15	大连重工起重集团有限公司	5	1.7	
16	其他	5	1.5	
	合　计	141	70.5	

全断面隧道掘进机主要企业情况：

中铁隧道装备制造有限公司是中国中铁股份有限公司的直属子公司，注册地为郑州。公司经营盾构及隧道施工系列设备的研发、设计、制造、组装调试、维修改造、租赁、掘进、技术咨询服务、配件销售、钢模具设计制造等，以盾构产业化为主线，能生产ϕ4～12m

的土压盾构、泥水盾构、复合盾构、单/双护盾盾构、敞开式硬岩盾构等,以及系列隧道专用设备和各类配套产品,年产能力达40台(套)以上。自1984年以来,已生产各类全断面隧道掘进机近90台。该公司技术力量雄厚,有自主开发能力,施工服务经验丰富,产品在国内市场占有率高,并且开始打入海外市场,是行业排头兵企业之一。

中国铁建重工集团有限公司是中国铁建股份有限公司于2007年组建的工业机械制造专业化集团。公司总部设在长沙,在湖南、四川、河北、甘肃、北京、上海等地有多个制造基地和研究机构。其业务范围除研发制造各类全断面隧道掘进机外,还有混凝土机械、桩工机械、矿山法隧道机械、特种施工装备和道岔、闸瓦、弹条扣件等轨道专用产品以及钢结构件。该公司厂房设备条件好,具有较强的科研和自主开发能力,是国家"十二五""863"计划重点项目"大直径全断面隧道掘进设备及重大工程机械设备"的牵头单位。该公司自成立以来,已生产各类盾构机50余台,是行业排头兵企业之一。

北方重工集团有限公司是由原沈重集团公司和沈矿集团公司合并重组组建的国有独资公司。公司下属的盾构机分公司是专门从事全断面隧道掘进机研发设计、生产制造、总装调试、施工服务的专业公司。2007年,公司并购了德国维尔特和法国NFM公司;2010年,又从德国MTS公司引进了微型盾构技术,使公司的研发技术水平得到很大提升。公司的厂房、设备和配套能力较强,并建有全国最大的盾构试验室。公司自成立以来,已生产各类土压式、泥水式、复合式盾构机和微型盾构机、顶管机、敞开式和护盾式硬岩掘进机等60余台,是行业排头兵企业之一。

上海隧道工程股份有限公司创始于1965年,是我国软土隧道施工的开拓者。其下属的机械制造分公司,是我国最早研制生产盾构机的企业,2004年,隧道股份公司联合同济大学等5家科研院所,组建了上海盾构设计试验研究中心有限公司,并于同年研制出首台具有自主知识产权的ϕ6.34m土压平衡式盾构机。公司"十一五"期间完成了"863"项目ϕ11.22m泥水平衡盾构机。多年来,公司与法、日、美、德等国家的多家国际知名企业进行合作和技术交流,积累了丰富的全断面隧道掘进机的研发、制造和施工经验,并生产了泥水平衡式、土压平衡式、复合铰接式、双圆盾构机,以及硬岩掘进机、矩形顶管机等各类全断面隧道掘进机共计170余台。此外,公司还具有较强的盾构机维修改制能力和地铁管片钢模制造能力,是行业排头兵企业之一。

海瑞克股份公司(Herrenknecht AG)是目前全球最大的隧道施工设备专业制造公司,总部在德国,有3 300名员工和68家子公司,能生产直径0.1~19m的各类隧道掘进机械,并提供全方位服务。公司已累计生产了1 200台各类隧道掘进机,应用于世界各地。2010年,公司营业收入达9.5亿欧元。

自2000年以来,海瑞克在我国销售了超过260台隧道掘进机,陆续和我国多家公司开展合资合作、技术引进、技术支持,除在北京开办海瑞克公司代表处外,还分别在广州、成都、昆明、上海、武汉、无锡、香港开设了7家子公司,进行盾构机的组装、销售和服务。随着我国企业的发展壮大,海瑞克的产品在我国市场的占有率逐年下降,但其在技术、质量和品牌上的优势依然存在,仍然具有相当强的市场竞争力。

秦皇岛天业通联重工股份有限公司是2000年成立的民营上市公司,公司业务包括装备制造、采矿、氟化工、工程服务等,其子公司北京华隧通掘进装备有限公司是从事掘进机械研发制造的专业公司。该公司和北方交通大学、石家庄铁道大学等高校深度合作,并先后引进日立造船、意大利塞里公司技术,自2009年起已生产各类全断面隧道掘进机10余台。该公司注重市场开发和产学研结合,具有相当的发展潜力。

水平定向钻

水平定向钻是在不开挖地表面的条件下,铺设多种公用设施(管道、电缆等)的一种施工机械,广泛应用于供水、电力、电信、天然气、煤气、石油等管线铺设施工中，适用于沙土、黏土、卵石等地况。一般管径 300~1 200mm，最大直径可达 2 000mm，最大铺管长度可达 1 500m，最大管线埋深可在河床下 18m。

水平定向钻施工的特点主要是：不破坏地表，对环境干扰小，施工速度快，穿越精度高，管线方向和埋深易于调整，施工成本低，安全可靠。我国水平定向钻的研发制造起步较晚，但近十几年来发展很快，国内除徐工、三一、中联等大型工程机械企业已形成批量生产能力外，据不完全统计，水平定向钻生产企业已达 30 余家，产品规格型号齐全，已研制出最大推拉力 8 000kN 的大型水平定向钻。另外还有相当数量的租赁和施工企业。从技术发展上看，水平定向钻正向大型化和微型化，适应硬岩作业，自备锚固系统，钻杆自动堆放提取，钻杆连接自动润滑，超深度导向监控等方向发展。目前全年销售 2 000 台左右，总销售额约为 15 亿元。国内部分主要水平定向钻生产企业情况见表 2。

表 2　国内部分主要水平定向钻生产企业情况

序号	生 产 企 业	品牌	主要产品型号
1	徐工基础工程机械有限公司	徐工	XZ180、320、400、500、680、1000、1500、3000、5000
2	中联重科股份有限公司	中联	KSD15、18、25、25B
3	三一重机有限公司	三一	SD180、360、800、2000
4	上海谷登建筑机械制造有限公司	谷登	GD180、280、350、380、600、720、800、1100、1600、2100、2800、4000、5000、8000
5	沈阳北方交通重工集团	北方交通	ZDY3500F、3500L、3500LA、12000LF 等
6	恒天九五重工有限公司	恒天九五	JVD-200、280、320、380、450
7	无锡市安迈工程机械有限公司	安迈	MDL-150D、160G、135D、130DX、135G、120D1
8	桂林华力重工机械有限责任公司	华力	HL512B、518B、532B、580A、536B
9	深圳钻通工程机械股份有限公司	钻通	ZT-45D、12、10L、25A、105A、80D、60/85
10	北京中海恒通科技发展有限公司	中海恒通	HT-10C、16L/20L、25L、58L、42LB、120L
11	江苏德航工程机械装备有限公司	德航重工	DH550、150、280、320、380、800、1600B-L、8000-LL
12	德威土行孙工程机械有限公司	德威土行孙	DDW-6000、3000、4000、2000、1600、1200、600320、280、230、180、150、110 等
13	美国威猛制造公司	威猛	PL8000、D7X11a、D10X15、D33X44、D200X300、D300X500 等
14	柳州固瑞机械有限公司	固瑞	GR6023、6030、6032、6038、9023、9030
15	南京地龙非开挖工程技术有限公司	地龙	DL280、320、380、450DDL150、380、550、800ADDL1800、4000、5015 等
16	秦皇岛市海天路矿工程机械有限公司	海天路矿	CZ-5、CZ-6、CZ-8
17	泰安市力士工程机械有限公司	力士	CTQ-D1000

悬臂式巷道掘进机

悬臂式巷道掘进机是用于开凿平直地下巷道的专用机械，集切割、行走、装运、喷雾灭尘功能于一体，适于挖掘各种断面形状的巷道和隧道，具有安全高效、成巷质量好的特点，自 20 世纪 60 年代以来，得以广泛应用，原仅用于煤矿巷道开挖和开采，现已扩展到其他掘进领域。

我国悬臂式巷道掘进机产业的发展，也是起源于技术引进，在原来煤矿系统的煤机企业研发的基础上，三一重装等大型制造业企业的强势介入，大大提升了产品水平和制造能力。目前全国生产该产品的企业已有10余家，能生产轻型、中型和重型的，包括适用于硬岩掘进的各类产品，年销售1 600台左右，总销售额约50亿元。国内主要悬臂式巷道掘进机生产企业情况见表3。

表3 国内主要悬臂式巷道掘进机生产企业情况

序号	企业名称	产品型号
1	三一重型装备有限公司	EBZ100、132、160、200、200H200G、230、260A、280、300A318A、318H、360、418等
2	佳木斯煤矿机械有限公司	EBZ55、100、120、132、135、150、160、200、230、260、300、EBH350
3	北方重工集团有限公司(沈阳)	EBZ120、132、160A、200、240
4	沈阳北方交通重工集团	EBZ132、300、320
5	徐工集团	EBZ75 90、135、160、200、200R、230、260、320
6	南京航天晨光集团掘进机分公司	EBZ75A、75C、120C、132A、180、220
7	石家庄煤矿机械有限责任公司	EBZ55、75、100、135、150、200、200A、160A、230A、260A、300A、EBH260A、300A
8	内蒙古北方重工集团有限公司	EBZ90、132、132C、160、230、260
9	太原矿山机器集团有限公司	EBZ132PY、90
10	上海科煤机电有限公司	EBZ75、120、160、200，EBH120

〔撰稿人：中国工程机械工业协会掘进机械分会俞琚〕

工程机械配套件

生产发展情况

虽然近十年，中国工程机械领域在经济向好的大趋势下快速发展，成为全球最大、竞争最为激烈的市场，而且其产业链和工业体系也获得了长足发展，然而自2011年以来，欧美经济不景气，加之国家采取的宏观调控政策，使得2012年工程机械市场呈现出前高后低的发展趋势，面临较为严峻的挑战和压力。据中国工程机械工业协会统计，2012年中国工程机械行业销售额5 626亿元，同比增长2.96%。但是，不可否认的是工程机械行业依然是“朝阳产业”，尤其是配套件行业发展前景广阔，专家预计配套件行业年均复合增长将达19%，到2015年行业规模将接近500亿元。

根据2012年对工程机械配套件行业中主要企业的统计数据，2012年完成工业总产值1 012 903万元；工业销售产值1 096 080万元；主营业务收入1 052 394万元；利润48 503万元。2011—2012年工程机械配套件行业主要经济指标完成情况见表1。

表1 2011—2012年工程机械配套件行业主要经济指标完成情况

(单位:万元)

经济指标	2011年	2012年
工业总产值(当年价)	1 676 054	1 012 903
工业销售产值(当年价)	2 675 280	1 096 080
主营业务收入	1 644 874	1 052 394
工业增加值	371 955	221 115
出口交货值	173 856	108 077
利润总额	182 299	48 503

工程机械配套件行业产品分类及主要生产企业见表2。2011—2012年工程机械配套件产品产销存情况见表3。2011—2012年工程机械配套件行业主要生产企业的经济指标完成情况见表4。

表2 工程机械配套件行业产品分类及主要生产企业

产品分类	企业名称
液压件及液压附件	徐州徐工液压件有限公司、四川长江液压件有限责任公司、榆次液压有限公司、派克汉尼汾液压(天津)有限公司、浙江临海海宏集团有限公司、济南液压泵有限责任公司、合肥长源液压股份有限公司、中航工业贵州枫阳液压有限公司、苏州工业园区飞翔液压附件厂、伊顿流体动力(上海)有限公司、中航力源液压股份有限公司、泊姆克(天津)液压有限公司、山东锐驰机械有限公司、安徽惊天液压智控股份有限公司、浙江苏强格液压股份有限公司、博世力士乐(北京)液压有限公司、上海纳博特斯克液压有限公司、黎明液压有限公司、厦门银华机械厂、上海年久流体控制设备有限公司、河北盛世集团有限公司、宁波市恒通液压科技有限公司、江苏江阴市液压油管有限公司、徐州瑞隆机械工业发展有限公司、福州大学液压厂、宁波广天赛克思液压有限公司、宁波江北宇洲液压设备厂、意大利海德液控股份公司上海代表处、宁波大港意宁液压股份有限公司、江苏恒立高压油缸股份有限公司、北京华德液压工业集团有限公司、浙江圣邦机械有限公司、卡尔森精密机械(昆山)有限公司、烟台江山工贸有限公司、江阴市长龄机械制造有限公司、江苏恒源液压有限公司、盐城华星液压机械有限公司、江西福事特液压有限公司、北京铸通液压机电有制造限公司、高邮市迅达工程机械有限公司、江阴市力隆液压机械有限公司、川崎精密机械商贸(上海)有限公司、济南高新华能气动液压有限公司、河北金建液压机械有限公司、安徽金达利液压有限公司、宁波赛维思机械有限公司、江苏国瑞液压机械有限公司、安徽博一流体传动股份有限公司、烟台星辉劳斯堡液压机械有限公司、世元伊恩锑液压(上海)有限公司、烟台艾迪液压科技有限公司、宁波斯达弗液压传动有限公司、山东天一液压科技股份有限公司、张家口中航液压装备股份有限公司、徐州科源液压有限公司、上海合纵重工机械有限公司、太仓濂辉液压器材有限公司
变速箱、驱动桥	杭齿集团工程机械变速箱厂、徐州良羽科技有限公司、中南传动机械厂、江西分宜驱动桥有限公司、卡拉罗(中国)传动系统有限公司、徐州美驰车桥有限公司、徐州市振兴车桥厂、青海华鼎实业股份有限公司齿轮箱分公司、肥城金城车桥有限公司、六安金霞齿轮有限公司
液力变矩器	浙江临海机械有限公司、山推股份有限公司液力变矩器厂、成工集团液力变矩器厂、安徽合力股份有限公司蚌埠液力机械厂、大连液力机械有限公司、陕西航天动力高科技股份有限公司、中国船舶重工集团公司第七一一研究所变矩器厂、厦门亿统机械有限公司
回转支承、四轮一带等零部件	徐州罗特艾德回转支承有限公司、马鞍山方圆回转支承股份公司、烟台富野机械有限公司、亚实履带(天津)有限公司、山推工程机械股份有限公司履带底盘分公司、安徽宁国顺昌机械有限公司、山东省烟台市广兴履带厂、上海瑞吉机械传动技术有限公司、北京东山机械技术有限公司、艾迪姆履带(天津)有限公司、铁岭市机械橡胶密封件有限公司、黄石赛福摩擦材料有限公司、浙江银轮机械股份有限公司、爱克奇换热技术(太仓)有限公司、莱州市莱索制品有限公司、山东彩桥驾驶室有限公司、徐州巴特工程机械制造有限公司、山东山推工程机械结构件有限公司、徐州徐工集团金属结构件有限公司、浙江天成自控股份有限公司、芜湖盛力制动有限责任公司、宁波禾顺新材料有限公司、上海永信仪表有限公司、贵阳永青仪电科技有限公司、杭州中策橡胶有限公司永固分厂、山东海沃工程机械有限公司、无锡圣丰减震器有限公司、唐纳森无锡过滤器有限公司、济宁精益轴承有限公司、常州武滚轴承有限公司、济宁山推石油化工有限公司、中国石油化工股份有限公司润滑油研发(北京)中心、马鞍山统力回转支承有限公司、爱斯科(徐州)耐磨件有限公司、济宁永生工程机械制造有限公司、摩纳凯齿轮(江西)有限公司、天津日标工程机械配件有限公司、北京中工北方石油化工有限公司、广西南宁精祥仪表有限公司、中国石油化工股份有限公司润滑油研发(北京)中心、浙江凌翔科技有限公司、江苏巨超重工机械有限公司、特利马克(徐州)汽车零部件有限公司、天津彼洋科技有限公司、上海金研机械制造有

（续）

产品分类	企业名称
回转支承、四轮一带等零部件	限公司、福建唐力电力设备有限公司、马夸特开关（上海）有限公司、南阳市红阳锻造公司、长沙华德科技开发有限公司、青岛成通源电子有限公司、江苏泰隆减速机股份有限公司、济宁亚得旺机械有限公司、米巴精密零部件（中国）有限公司、宁波博威合金材料股份有限公司、马鞍山市力和机械有限公司、河北亚大汽车塑料制品有限公司、瑞钢钢板（中国）有限公司、广州先旗电子科技有限公司、济南科发中美高级润滑油有限公司、上海奥达科股份有限公司、山东铭德机械有限公司、道依茨发动机北京办事处、杭州浙大奔月科技有限公司、深圳市欧德里控制技术有限公司、双登集团股份有限公司、浙江双飞无油轴承股份有限公司、普莱斯工业小型驾驶室（苏州）有限公司、马鞍山市安耐特回转支承有限公司、河北雄县鑫海浮动油封厂

表3　2011—2012年工程机械配套件产品产销存情况　（单位：台/件/套）

企业名称	产量		销售量		库存	
	2011年	2012年	2011年	2012年	2011年	2012年
液压元件						
四川长江液压件有限责任公司	194 509	118 892	190 961	119 271	12 821	13 280
榆次液压有限公司	1 202 884	465 995	1 176 412	514 871	406 903	312 294
中航工业贵州枫阳液压有限责任公司	47 040	29 640	38 264	29 231	26 846	27 278
中航力源液压股份有限公司	84 171	75 669	83 912	75 501	10 681	11 287
济南液压泵有限责任公司	466 137	313 381	441 412	315 552	58 070	53 701
合肥长源液压股份有限公司	931 776		841 335		90 441	
江苏恒立高压油缸股份有限公司	226 247		223 768		6 849	
苏州工业园区飞翔液压附件厂	578 760	456 225	545 222	431 636	231 516	201 862
山东锐驰机械有限公司		57 960		58 349		10 303
宁波大港意宁液压有限公司	78 117		49 101		7 688	
浙江苏强格液压股份有限公司	50 038 387		44 088 265		4 393 391	
宁波广天赛克思液压有限公司	52 810		49 958		3 265	
浙江台州先顶液压有限公司	64 013	53 261	57 977	52 291	7 767	7 547
海盐管件制造有限公司	27 465 963	16 846 129	23 112 973	17 586 126	12 055 760	11 315 763
上海纳博特斯克液压有限公司	86 800	87 492	87 492	2 002	2 002	85 490
山东隆源液压科技有限公司	200 128	190 000	199 810	187 500	312	2 500
长沙华德科技开发有限公司		5 015		4 024		991
烟台星辉劳斯堡液压机械有限公司		130 000		120 000		1 000
烟台艾迪液压科技有限公司		3 745		3 649		180
液力变矩器						
浙江临海机械有限公司	34 327	9 547	34 327	10 880		4
安徽合力股份有限公司蚌埠液力机械厂	540 087	458 607	541 813	443 129	26 064	39 097
驱动桥						
江西省分宜驱动桥有限公司	8 913		8 456		1 008	
肥城金城车桥有限公司	18 750	11 453	18 300	12 812	450	916
山东云宇机械集团有限公司		245 559		239 894		5 665

（续）

企业名称	产量		销售量		库存	
	2011年	2012年	2011年	2012年	2011年	2012年
其他						
黄石赛福摩擦材料有限公司	8 700 000	685	8 450 000	663	1 900 000	199
烟台富野机械集团有限公司	186 679	171 130	185 606	182 314	27 628	16 444
济宁永生工程机械制造有限公司	469 808	253 166	322 849	421 868	908 609	2 411 162
芜湖盛力制动有限责任公司	2 355 984	1 630 000	2 273 333	1 730 000	107 986	100 000
浙江银轮机械股份有限公司	13 660 000	12 630 600	13 830 000	12 263 200	1 630 000	1 808 600
安徽省宣城市乾坤回转支承有限公司	16 580		13 126		3 454	
蚌埠市行星工程机械有限公司	9 000		5 017		6 500	
莱州市莱索制品有限公司	4 205 113		4 084 217		168 453	
乐清市白象汽车附件厂	420 000		390 000		30 000	
徐州徐工液压件有限公司	3 192 589		3 327 941		140 315	
浙江天成自控股份有限公司	603 484		600 605		9 531	
长沙航空工业中南传动机械厂		40 537		42 289		4 782
海特克液压有限公司	549 824	203 880	546 915	197 278	2 910	9 386
潍坊恒安散热器集团有限公司	1 870 000	1 866 000	1 860 000	1 856 000	10 000	10 000
北京华德液压工业集团有限责任公司	60 113	870 131	54 135	893 565	17 128	188 689
河北冀工胶管有限公司	5 000 000	4 500 000	4 950 000	4 400 000	50 000	100 000
安徽惊天液压智控股份有限公司	3 629	4 170	3 281	3 594	653	1 159
马鞍山统力回转支承有限公司		21 155		22 056		3 883
常州市武滚轴承有限公司		10 580 000		8 850 000		9 030 000
马鞍山市力和机械有限公司		6 500		6 500		0

表4　2011—2012年工程机械配套件行业主要生产企业经济指标完成情况　（单位：万元）

企业名称	工业总产值(当年价)		工业增加值		主营业务收入		利润总额	
	2011年	2012年	2011年	2012年	2011年	2012年	2011年	2012年
液压元件								
四川长江液压件有限责任公司	30 397	18 459	9 333	5 915	29 754	20 423	897	-873
榆次液压有限公司	46 183	29 454	12 521	6 367	54 529	37 564	-2 932	-2 248
马鞍山市力和机械有限公司		23 162				23 162		1
马鞍山统力回转支承有限公司		11 534		3 806		9 210		981
苏州工业园区飞翔液压附件厂		1 962		223		1 875		7
烟台艾迪液压科技有限公司		4 514		742		3 706		10
常州市武滚轴承有限公司		7 229		1 631		6 199		915
长沙华德科技开发有限公司		2 808		766		2 945		470
烟台星辉劳斯堡液压机械有限公司		5 730				4 900		267

（续）

企 业 名 称	工业总产值(当年价)		工业增加值		主营业务收入		利润总额	
	2011 年	2012 年	2011 年	2012 年	2011 年	2012 年	2011 年	2012 年
山东锐驰机械有限公司		10 705				11 658		-798
宁波大港意宁液压有限公司	34 190		13 676		33 246		11 039	
中航力源液压股份有限公司	56 636	51 101		20 191		60 998	5 841	4 017
济南液压泵有限责任公司	35 639	24 248	12 485	8 609	38 109	26 411	1 359	463
合肥长源液压股份有限公司	44 009		15 001		36 705		4 931	
江苏恒立高压油缸股份有限公司	114 578		47 309		113 339		37 967	
海盐管件制造有限公司	4 361	2 696	1 667	985	3 528	2 578	241	184
中航工业贵州枫阳液压有限责任公司	17 246	16 715	7 194	8 290	15 276	16 087	310	430
宁波广天赛克思液压有限公司	34 313		21 171		32 920		14 344	
液力变矩器								
浙江临海机械有限公司	18 902	6 701	5 883	961	17 535	6 707	1 650	-566
安徽合力股份有限公司蚌埠液力机械厂	38 561	32 646	10 754	10 754	38 686	31 651	4 923	4 403
驱动桥								
江西省分宜驱动桥有限公司	17 374		3 294		14 231		1 144	
肥城金城车桥有限公司	30 200	16 000			26 329	17 937	531	239
其他								
马鞍山方圆回转支承股份有限公司		27 243		7 160		28 157		1 855
黄石赛福摩擦材料有限公司	13 949	10 682	2 942	2 075	12 182	9 425	257	-98
烟台富野机械集团有限公司	38 425	27 608	7 321	5 501	35 018	28 246	99	-66
济宁永生工程机械制造有限公司	34 079	13 946			28 332	21 174	856	166
芜湖盛力制动有限责任公司	24 453	16 964	4 231	2 561	20 261	13 439	1 443	567
浙江银轮机械股份有限公司	131 947	115 186	16 831	27 032	153 924	129 886	9 979	4 066
莱州市莱索制品有限公司	48 773	26 354	17 174		41 636	22 100	5 584	1 441
浙江天成自控股份有限公司	25 463		7 087		25 052		4 205	
浙江苏强格液压股份有限公司	52 097		18 711		50 135		8 588	
中船重工重庆液压机电有限公司	16 018	17 086	5 216	4 093	12 510	12 599	79	-1 644
安徽省宣城市乾坤回转支承有限公司	8 000				9 000		1 350	
山东隆源液压科技有限公司	14 948	22 166			14 236	21 112	1 266	1 990
乐清市白象汽车附件厂	8 125		167		8 125		318	
蚌埠市行星工程机械有限公司	2 081		621		2 309		241	
浙江台州先顶液压有限公司	2 890	2 721	437	708	2 802	2 091	1	14
山东云宇机械集团	141 206	160 000	35 301	4 850	131 806	155 663	11 240	12 000
徐州徐工液压件有限公司	111 142		31 911		120 652		10 661	
长沙航空工业中南传动机械厂		51 968		19 202		58 213		2 024
海特克液压有限公司	40 999	21 279	12 742	6 384	39 237	19 909	2 385	560

（续）

企业名称	工业总产值(当年价)		工业增加值		主营业务收入		利润总额	
	2011年	2012年	2011年	2012年	2011年	2012年	2011年	2012年
潍坊恒安散热器集团有限公司	56 720	56 862		13 647	55 190	56 805	1 779	1 848
北京华德液压工业集团有限责任公司	86 661	60 334	34 510	25 577	90 226	78 469	5 052	3 069
河北冀工胶管有限公司	12 100	10 900	2 960	2 660	11 800	10 600	1 438	1 292
安徽惊天液压智控股份有限公司	18 938	17 563	6 628	6 147	16 909	15 681	4 180	3 889

产品进出口情况

据中国工程机械工业协会公布的统计数据显示:2012年中国工程机械国际市场呈现出口增速减缓,进口持续下降的特点。2012年工程机械行业进出口总额243.12亿美元,比2011年下降了44.13%,其中进口额56.91亿美元,同比下降37.4%;出口额186.20亿美元,同比增长14.5%;贸易顺差129.29亿美元,比2011年增加了57.52亿美元。

2012年,我国累计进口工程机械整机34.5亿美元,同比下降34.65%,占进口总额的60.62%;配套件进口22.41亿美元,同比下降41.21%,占进口总额的39.38%。在出口方面,2012年累计出口整机127.12亿美元,同比增长17.56%,占出口总额的68.27%;配套件出口59.08亿美元,同比增长8.30%,占出口总额的31.73%。2011—2012年工程机械配套件产品进出口情况见表5。

表5 2011—2012年工程机械配套件产品进出口情况

产品名称	进口			出口		
	2011年（万美元）	2012年（万美元）	同比增长（%）	2011年（万美元）	2012年（万美元）	同比增长（%）
8427所列机械的零件	16 338.8	14 458	-11.51	53 908.0	51 216.1	-4.99
升降机、倒卸式起重机或自动梯的零件	11 823.4	13 894.1	17.51	63 003.6	67 676.2	7.42
其他8428所列机械的零件	21 713.8	23 696.6	9.13	44 317.1	47 251.8	6.62
戽斗、铲斗、抓斗及夹斗	4 837.1	4 292.2	-11.27	8 342.1	10 852.0	30.09
推土机或侧铲推土机用铲	171.1	224.3	31.04	408.6	410.5	0.47
凿井机械的零件	544.2	965.2	77.38	9 120.8	5 312.9	-41.75
矿用电铲用零件	1 659.9	4 639.3	179.50	4 046.0	4 464.4	10.34
8426、8429及8430所列机械的其他零件	302 655.0	145 715.2	-51.85	280 056.0	312 117.5	11.45
手提式风动工具用的零件	4 394.9	2 743.9	-37.57	5 484.9	5 292.7	-3.51
8474所列机器的零件	16 520.6	12 705.3	-23.09	76 141.8	85 746.4	12.61
短距离运货的机动车辆及站台牵引车的零件	616.6	801.9	30.04	746.2	497.1	-33.38
合　计	381 275.3	224 135.8	-41.21	545 575.1	590 837.6	8.30

新动向

目前我国工程机械配套件行业已经实现中低端产品的完全自主供给,但现阶段最核心的液压泵、马达、减速机和整体式多路阀等配套件产品核心技术都掌握在欧、美、日等的企业手中,这些问题严重困扰着我国工程机械行业的健康发展。

推动关键零部件行业发展、解决关键零部件短板方面越来越引起行业共识,也越来越受到国家的重视。2011年发布的《中国工程机械行业"十二五"发展规划》指出:提高工程机械配套关键零部件的技术水平和制造水平是“十二五”期间的重点发展方向；要提高工程机械产品动力配套性能，全力抓好工程机械液压元件的产品开发和高精化、规模化制造；加大对专用传动部件可靠性和耐久性的系统性研究和开发。2012 年发布的《高端装备制造业“十二五”发展规划》中提到：鼓励支持企业加大技术改造，加强产业基础能力建设，大力发展高端装备所需关键基础件，如精密轴承、高精度齿轮传动装置，工程机械用高压柱塞泵/马达、密封件等基础零部件，加快产品的技术升级，实现产品设计、制造、测试等环节的自动化，提高产品稳定性和生产效率，提升制造过程的绿色化和智能化水平。

借助于国家政策的支持和工程机械配套件分会的引导推动，工程机械配套件行业取得了一定的成绩。

2012 年 8 月 7 日，山东常林集团中川液压有限公司在临沂公开发布了国内液压件行业的破冰之作——AP4V0112TVN 液压轴向柱塞泵、AP4V0112TE 液压轴向柱塞泵、MA170W 回转马达、VM28PF 主阀等 4 个高端液压件的代表性产品。该系列产品均通过了国家工业和信息化部组织的专家鉴定，结论为产品在国产化关键技术应用方面取得重大突破，填补了国内空白，产品性能达到国际同类产品先进水平。

2012 年 7 月 3 日，位于江苏江阴临港工程机械产业园的韩国斗山液压机械（江阴）有限公司举行了一期工程竣工投产仪式，该项目总投资 2 亿美元，二期工程投资 1 亿美元，占地面积 $66.7km^2$，一期预计年产液压行走马达系列 8 万套，实现销售 30 亿元。二期工程将在 2013 年启动，预计年产液压行走马达系列 12 万套，液压泵 2.4 万套，预计年销售 60 亿元。

2012 年 6 月 15 日，柳工与康明斯公司合资成立的“广西康明斯工业动力有限公司”厂房奠基仪式在柳江县新兴工业园举行。广西康明斯初始总投资为 10 亿元，注册资本 4 亿元，主要从事柴油发动机的应用开发、生产、销售和服务。广西康明斯的成立，旨在本地化生产专门用于工程机械市场的高品质动力产品，可以更好地支持中国客户的产品升级及其国内和国际市场的业务开拓。广西康明斯初期设计产能为 5 000 台，以满足包括柳工以及其他客户的需求。

此外，中航力源、中航枫阳、苏强格液压、力龙液压、北京华德、大港意宁、江苏瑞隆等企业研发的新产品也都得到了市场的认可。

尽管 2012 年经济增长速度放缓，市场表现低迷，产业发展形势严峻，但却仍然阻挡不了配套件企业锐意前行的脚步，2012 年，工程机械配套件行业企业用自己坚韧不屈、昂扬向上的姿态向困难宣战，通过自己不懈的坚持与努力，在推进行业发展的道路上继续前行。

〔撰稿单位：中国工程机械工业协会工程机械配套件分会〕

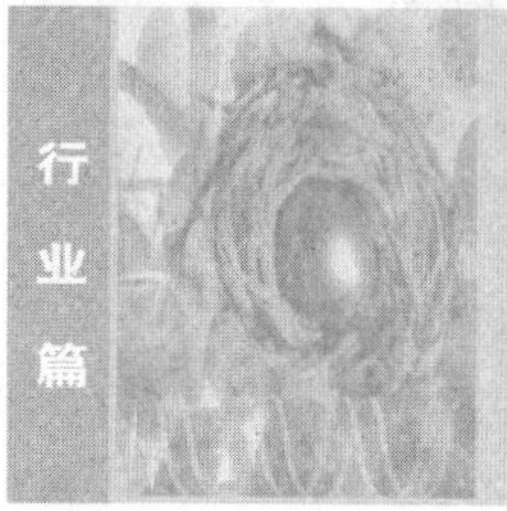

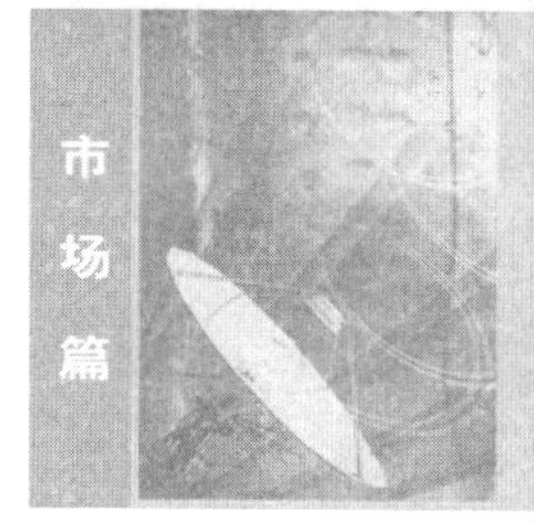

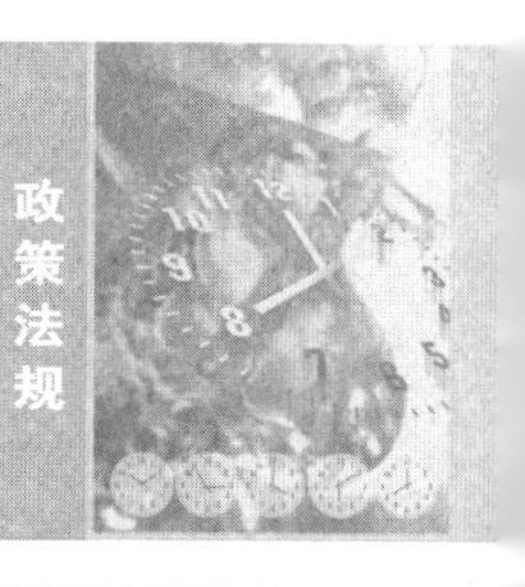

公布2012年工程机械行业主营业务收入超亿元企业综合排序，介绍行业主要企业转型、创新的最新成果

企业篇

品牌故事
专栏
Brand story
一汽無錫柴油機廠
SANY
SANY

讲述

知名品牌背後

感人的故事

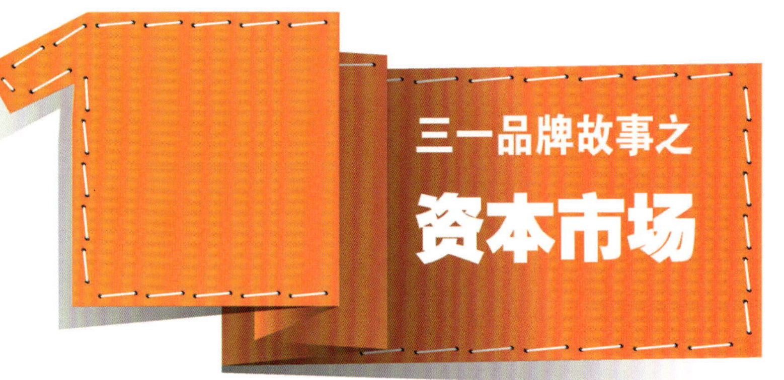

2011年，三一重工以215.84亿美元市值首次入围全球市值500强企业。是唯一上榜的中国机械企业。

三一入选全球市值500强

“这一喜讯，是三一向建党90 周年献礼的重大礼物。”2011年7月1日晚，三一集团“红心向党，唱响三一”红歌演唱会在五洲大剧院举行，刚开场，董事长梁稳根就来到舞台中央，首先向大家宣布了一个振奋人心的消息：“据英国《金融时报》7 月1 日公布的 2011 年全球上市企业 500 强名单，三一重工以215.84亿美元首次跻身500强，名列第431位。”现场顿时掌声雷动。为庆祝这一历史性时刻，全体三一员工每人获得了518 元的奖励。

《金融时报》全球企业500强每年按市值对全球最大公司进行年度排名，已连续发布15期，是目前全球最权威、最受关注的商业企业排行榜之一。三一重工以215.84亿美元的市值首次入围全球500强，也成为了中国机械行业首家进入世界500强的企业。三一的入选准确反映了企业的市场价值，以及投资者对三一发展潜能和前景的价值判断，进一步体现了三一的强大竞争力和品牌地位。

从股改第一股，到行业首家市值过千亿，再到上市八年市值增长近40倍，股东回报率全球排名第五。在产业报国的过程中，三一的卓越表现令人刮目相看。通过积极而有效的管理，三一不但实现了企业和股东利益的最大化，更以“三一速度”成为了高成长上市公司最具代表性的企业。

股东回报最高的工程机械制造企业

◆2010 年波士顿咨询集团发布报告，在对全球14个产业的 712 家上市公司进行调查后发现， 2005 年~2009 年期间，三一重工股东回报率67.4%，居全球第五，在全球工程机械企业中排名第一，在中国大陆企业中排名第二。

◆2005 年~2011 年，三一重工股东回报率平均值达到88%。

◆9年9次累计分红金额37.34亿元，远高于其仅有的两次从资本市场募集的共计19.9亿元资金。

“从股改第一股到市值逾越千亿，再到位列全球500强上市企业，三一重工纵横驰骋资本市场的能力有目共睹。成绩的背后是三一重工优异的经营业绩，更体现出中国工程机械产业整体实力的提升以及长期向好的发展态势。

——《工程机械与维修》杂志社 

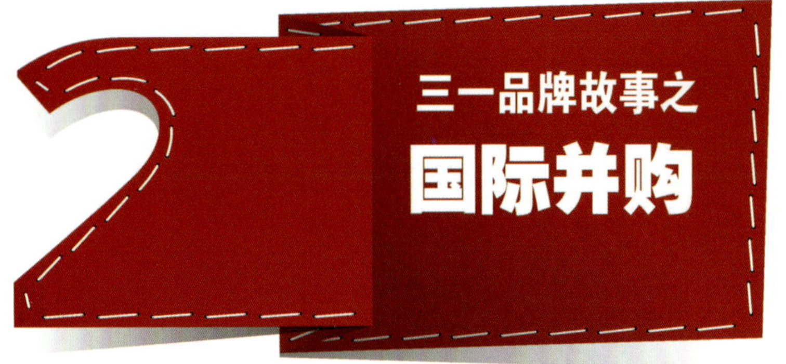

◆这是一个具有示范意义的交易。

——普茨迈斯特创始人、董事长施莱西特

◆合并完成后，毫无疑问将创造一个新的混凝土机械全球领导者。

——三一重工董事长梁稳根

◆“全球最大的混凝土机械制造商”与“全球混凝土机械第一品牌”的叠加效应，改变了世界混凝土机械的竞争格局，使三一国际化目标提前了5~10年。

——三一重工总裁向文波

手表见证龙象承诺

2011 年 12 月底，梁稳根到德国与普茨迈斯特创始人施莱西特先生洽谈两家企业的合并事宜，但由于德国律法的一些程序问题，当时无法确定是否能够顺利合并。对三一十分中意的施莱西特先生许下承诺，普茨迈斯特的合作对象只有三一，绝不找第二家中国公司谈判。他对梁稳根说：“我的表走的是德国时间，你的表走的是中国时间，两个手表有时差，我们现在交换手表，等它们终于走到一起的那一刻，我们再换回来。”

随后，两人交换了手表。施莱西特的手表，是妻子送给他的礼物，已经有 25 年历史；梁稳根的手表，是他唯一的儿子上班后用第一笔工资给他买的礼物。两块手表都有着特别的意义，十分珍贵，而且都是瑞士产的劳力士。

2012 年 1 月 31 日，三一与大象的战略合并尘埃落定。这也意味着“全球混凝土机械制造商”与“全球混凝土机械第一品牌”将产生叠加效应，改变世界混凝土机械领域的竞争格局。当天的新闻发布会现场，两人对合作充满期待和信心，都表示不再换回手表，而是由两人分别永久保存。同时，施莱西特又特意为梁稳根准备了一块全新的手表，他笑着表示：“这块手表是三一与普茨迈斯特全新合作的一个见证，你可以把它装在柜子里，随时都可以看到它。”

并购不到一年，“全球最大的混凝土机械制造商”与“全球混凝土机械第一品牌”的叠加效应不断彰显。而普茨迈斯特的销售业由 2011 年的 5.7 亿欧元跃升至 7 亿欧元，并完成了对欧洲第三大混凝土搅拌车和特种搅拌设备生产商 Intermix 的收购，产品线得以延伸，如虎添翼。

“合并后，三一重工拥有了“大象”的全球销售网络，并拥有了代表顶尖技术的“德国制造”标签；而普茨迈斯特也得到了三一重工雄厚的资金保障。随着中国公司努力“走出去”，此项收购可能开辟中国公司在欧洲收购的新纪元。

—— 国际金融报”

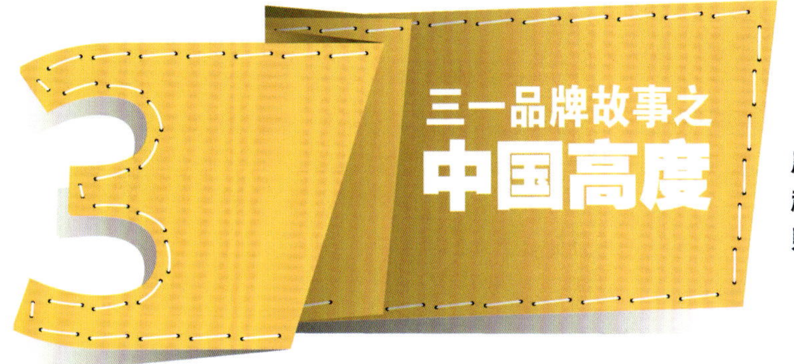

在中国，目前在建的400m以上的摩天大楼有14座，三一泵送设备参与了其中9座大楼的建设，占全国超高层建筑的近80%。而国内500m以上的摩天大楼，则全部由是三一设备负责建设。

86米世界最长臂架泵车

20世纪90年代末的中国还没有掌握研制臂架的关键技术，37m以上的长臂架只能依靠进口。“一定要研制出中国人自己的臂架！”梁稳根董事长的话掷地有声。

1999年，三一开始泵车臂架的研制，经过5个月的奋斗，硬是成功地研制出具有自主知识产权的37m臂架，从此便一发不可收拾。

“臂架每增长一米都难于上青天”。从第一台37m泵车到56m到66m再72m，三一不断刷新自己创造的记录，以强大的自主创新能力引领行业的进步。2011年9月19日，傲视群雄的86m泵车诞生，成为世界上真正可实现现场施工的世界最长臂架泵车。三一“智造”再次登上世界之巅，发出中华民族工业的最强音。

“自1998年三一37m臂架泵车成功研制开始，在随后的十多年里，三一勇攀技术高峰，66m、72m臂架泵车两度刷新吉尼斯世界纪录。2011年，86m臂架泵车的成功下线，再次证明了三一的实力，实现了自我超越。这些事实证明，三一已牢牢掌握世界混凝土泵车的最尖端技术，一次次站在泵车设计、制造领域的最前沿。

——中国建设报 ”

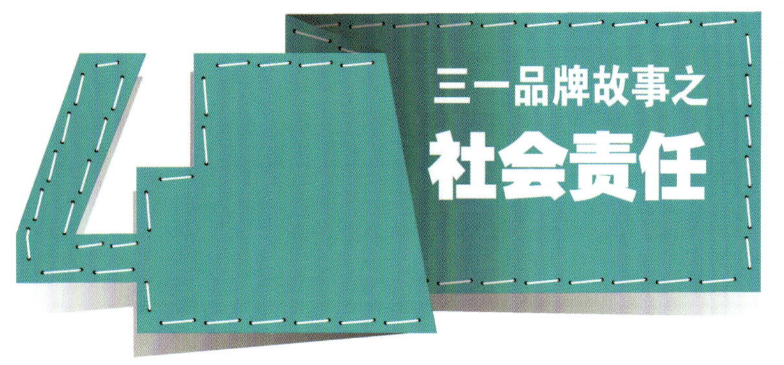

三一刚刚成立、进行工商注册时，希望将企业性质定为“社会型企业”，就是为体现企业的社会责任。正是基于这种认识，三一在实现企业自身发展的同时，以各种不同方式来履行“企业公民”的社会责任。

抗冰救灾

2008年1月13日开始，一场突发的冰雪灾害使湖南交通陷入“半瘫痪”状态，京珠高速公路湖南段数以万计的车辆和司乘人员被困。在董事长梁稳根的指示下，三一对平地机进行创造性的改装，并组织人力、物力、财力全力参与“破冰保畅通”的行动。

三一的23台平地机、3台起重机、51名操作手，在京珠高速公路坚守了10天10夜，西到邵阳隆回，东到潭澧段，北到岳阳，南到广西境内，破冰总行程943 km。

三一重工还紧急调配20多辆救援车、满载物资奔赴湖南各条高速公路支援救灾工作。同时，三一重工向灾区人民捐献爱心款300万元。

“三一集团在这次支援汶川大地震工作中反应迅速，积极主动，彰显了企业的社会责任感和人道主义的爱心，谨向同志们致谢！

——时任湖南省委书记张春贤”

汶川救援　传递大爱

2008年5月12日14点28分，四川汶川发生8.0级大地震，牵动三一两万多名三一员工的心。

三一集团第一时间作出反应，向四川地震灾区捐赠1800万元，并紧急调配8台汽车起重机、7台挖掘机驰援灾区。与此同时，50人组成的“湖南省青年志愿者三一集团抗震救灾服务队”火速赶赴灾区。

救援队兵分三路奔赴平武、北川、安县三个重灾区进行救援抢险，打通了安县晓茶路、平通到平武的九环线、北川路段三条救援生命线，共打通路段30多公里。在三一人的帮助和三一设备的直接援助下，共有20多名被困者成功获救。

“大长颈鹿”参与日本福岛救援

2011年3月11日，日本发生里氏9.0级强震，随后引发的核泄漏危机震惊世界。在接到日本方面急需采购三一62m泵车作为核电站救援设备的请求后，三一毅然捐赠了一台价值100万美元的62m泵车驰援日本，并紧急抽调了三名资深技术工程师赴日提供现场支持。

三一的泵车在福岛核电站进行了持续的注水降温作业，有效地缓解了危机。在整个作业中，三一的62m泵车工作稳定可靠，获得了日方的高度认可，也为“中国制造”赢得国际声誉，被日本人民亲切地称为“大长颈鹿”。

智利矿难救援 人性的奇迹

2010年8月5日，位于智利北部阿塔卡马沙漠中的圣何塞铜矿发生塌方事故，33名矿工被困700m深的地下。智利政府紧急行动，联合国际力量制定救援方案。有“神州第一吊”之称的三一重工400t 履带起重机被智利政府挑选为两台救援设备之一，被认为是“中国制造”崛起的标志。参与救援的三一服务工程师郝恒，是现场唯一的亚洲人。

> 面对攸关33条人命的救援行动，智利政府的选择显然是经过深思熟虑的，而这个决定，也意味着中国崛起的事实。中国大型起重机的发展，代表其国内技术瓶颈的突破。在国际媒体高度关注下，智利矿工救援行动使用中国制起重机，更凸显中国工程机械在南美市场的扩张。
>
> ——联合报

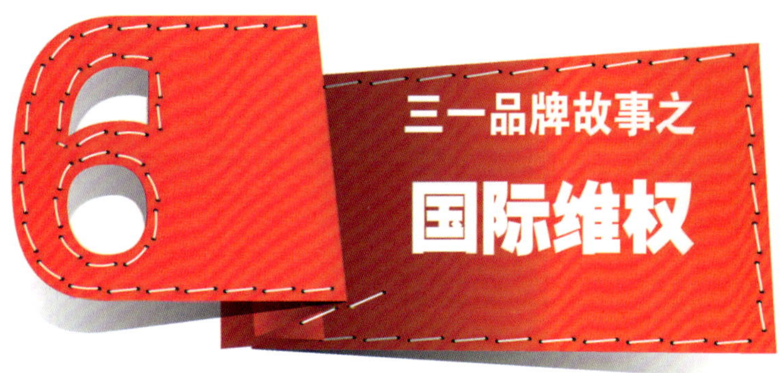

◆ 这是22年来美国总统首次以国家安全为由阻止外国企业在美国进行收购交易。

◆ 这是中国制造企业第一次拿起法律武器对美国贸易保护主义说“不”。

◆ 这也是三一作为中国高端制造的国家名片，第一次为中国企业走出去所遇的不公代言，为中国民众上了一堂深刻的国民教育课。

为尊严而战，三一集团起诉奥巴马

2012年3月，三一集团在美关联公司Ralls公司收购了位于美国俄勒冈州的4个风电场项目。此后，CFIUS（美国海外投资委员会，简称美国外资委）以涉嫌威胁美国国家安全为由，要求Ralls公司立即停工，且在所有设备移除完毕前禁止转让。9月28日，美国总统奥巴马更是签发总统令，要求中止该风场的风电项目。

面对奥巴马政府的咄咄逼人，三一集团没有选择忍气吞声，而是勇敢回击。10月1日，Ralls公司向美国哥伦比亚特区联邦地方分区法院递交诉状，将奥巴马总统和CFIUS列为共同被告，将其告上法庭。

2013年2月，哥伦比亚特区联邦地方分区法院正式受理了这一案件。法院认定，奥巴马总统没收三一风电项目存在程序问题，三一集团的起诉具有合理性。7月11日，法院再次就此案举行听证会，结果预计9月公布。

中国商务部：这是中国企业运用法律武器维护自身权益的选择，美方此举损人不利己，希望，美方猛然醒悟，迷途知返。

三一集团董事向文波：我们不是作秀，这起案件，过程比结果重要，尊严比金钱重要，公平、正义比利益更重要。

三一集团副总经理、美国Ralls公司首席执行官吴佳梁：我们坚信正义，坚信美国的司法公正。如果我们取得这场诉讼的胜利，这首先是美国民主与法制的胜利。

链接：

三一与奔驰商标之争——中国知识产权国际胜诉第一案

2006年，三一在英国申请注册公司的图形商标和文字“SANY”商标时，戴姆勒奔驰公司以三一商标侵犯其注册商标权为由，一纸诉状将三一推向了英国伦敦高等法院的被告席。

戴姆勒奔驰公司认为：“三一图形商标与奔驰的‘三叉星’近似，混淆消费者；三一图形商标存在侵权和仿冒嫌疑；三一商标借助奔驰品牌的优势发展，占据‘不公平优势’”。

面对侵权事件，三一积极应诉，开始了长达3年的艰难维权之路。面对翔实的证据，2009年10月23日，英国伦敦高等法院判决书裁定，驳回戴姆勒奔驰公司有关三一商标侵权其三叉星商标的诉讼。自此，三一与奔驰的商标之战取得了实质性的胜利。

三一的做法，也为众多中国涉外企业如何在外企巨头面前运用法律维权，提供了一个成功的范例，被誉为“中国知识产权国际胜诉第一案”，列入当年的全国十大知识产权事件。

“中央电视台：三一诉讼案是一部“国家形象片”。

凤凰卫视：三一起诉奥巴马，成美国法制里程碑。

中国经济网：三一起诉奥巴马，中国企业走出去的里程碑。”

一汽锡柴
品牌故事

FAW JIEFANG AUTOMOTIVE CO., LTD.
WUXI DIESEL ENGINE WORKS

锡柴用 70 年专心做一件事情

造中国最好的发动机

一位研究工厂发展史的锡柴职工说：锡柴用 70 年专心做一件事情——造中国最好的发动机；一位 20 世纪 70 年代就到锡柴工作的老师傅说：做什么都要做到最好，造发动机就要造中国最好的发动机；一位脸上充满自信的锡柴青年说：打造民族品牌高端动力，就是要造中国最好的发动机。

2013 年 9 月 26 日，是一汽解放锡柴建厂 70 周年纪念日。一个历经 70 年发展征程的老牌国有企业，一个中国内燃机行业的领军企业，一个以打造“民族品牌，高端动力”为己任的现代化制造企业，锡柴在业界早已声名远播。发动机省油、有力、耐用，不断出现 200 多万公里无大修的实用案例，更是让锡柴这一品牌在用户中家喻户晓。中国明星企业、中国工业先锋示范单位、中国名牌产品、国家免检产品、国家科技进步一等奖……了解锡柴的人都说，这些荣耀都是实至名归。

一汽解放锡柴是如何成为“民族品牌，高端动力”代言人的？就在其即将迎来 70 岁华诞之际，记者走进这个曾经一次又一次创造发展传奇的企业，透过光环亲眼见证其风采、底蕴和实力。结论却是：锡柴用 70 年只做一件事情，那就是造中国最好的发动机。

高端从这里诞生

——用户更满意的才是最好的

记者在一汽解放锡柴塘南厂区的门口驻足很久，以为自己走错地方了。位于无锡这个现代化城市的中心区域，距离商业中心南禅寺的距离不到 1km。在这样的黄金地段，还会保留一家大型制造企业吗？眼前这个道路和房屋整齐排列，绿树和鲜花相映增色的，会是那个具有 70 年历史的工厂吗？直到亲眼看见门前的厂牌，才确信：这里就是自己要找的“一汽解放汽车有限公司无锡柴油机厂”，广受用户亲睐的锡柴发动机就在这里“出生”。

走进锡柴厂门，沿着中央大道前行不远，坐落在东侧的现代化厂房就是投资 12 亿元建造的 CA6DL 机加工车间。车间拥有代表当今世界最先进水平的全自动柔性生产线，普遍采用从德国、英国、法国、意大利等引进的高、精、尖设备以及国内的顶级设备，而且自动化程度特别高，有效保证了零部件的加工精度和质量。从这里制造完成的零部件，经过专用输送通道运送到对面的装配车间，和来自全球供应商体系的其他零部件一起，组装成整机。亲眼看到这些高端设备的工作状态，看到车间规范有序的管理，看到锡柴工人娴熟精细的操作，看到从零部件加工制造到整机装配调试的全过程，看到每个环节严格细致的质量控制措施，我们更有理由对锡柴机的品质充满信心。

像这样的现代化车间，在锡柴并不是唯一的，也算不上是最好的。据介绍，锡柴已经形成了塘南、惠山、马山和新区四大基地的发展布局，厂区总面积达到 67 万 m^2。记者首先到达的塘南厂区，作为企业总部，是集行政、研发、营销、生产、质量、采购为一体的综合性基地。2012 年竣工投产的重型发动机惠山基地，投资达 20 多亿元，具有“设计领先、装备领先、管理领先”的特点，其高端设备的研究应用被列入国家级重大科技项目，不仅最能代表中国装备制造业的先进水平，还充分应用地源热泵等节能技术，是名副其实的“绿色工厂”。马山厂区是一汽在华东地区最大的改装车制造基地，不仅通过产业延伸起到了引领市场的作用，也为锡柴专心与整车匹配和用户的个性化使用需求研究提供了“试验田”。位于新区的发动机再制造基地，则是国家发改委首批批准建立的再制造工厂，率先进行可持续发展和循环经济的探索。四大基地资源互补，高效联动，形成装备国际领先、管理国内领先、质量行业领先的生产体系，具备 60 万台发动机和 15 000 辆改装车的年产能力。

曾被业界夸赞“让中国内燃机技术一举跨越 20 年”的奥威发动机，其实也并不是锡柴唯一的骄傲。作为产品系列最广、品种最齐全的动力超市，锡柴发动机产品有 7 大系列，数千个品种，排量跨越 2 ~ 13L，功率覆盖 40 ~ 520 马力，与一汽、东风、宇通、金龙、成工、山工等知名企业配套，作为各类重、中、轻型货车，大、中型客车，以及装载机、挖掘机、收割机、柴油发电机组等非道路机械的动力引擎，产品远销 40 多个国家和地区，市场保有量超过 300 万台。改装汽车产品则有自卸、厢式、半挂、罐式、环卫 5 大系列 200 多个品种，批量出口澳大利亚等多个国家。

锡柴产品以其卓越的性能、可靠的质量以及完备的售前、售中、售后服务保障，深受广大用户青睐。根据市场反馈的信息，锡柴机“省油、环保、可靠”的特点得到了用户的普遍认可，在保证正常维护保养的情况下，和同类产品相比故障率要低很多，不仅节省了维修费用，还能保证较高的出勤率，能够为用户创造更多的效益却消耗较少的成本，被用户亲切地称为挣钱机器。在南京举行的亚青会和在沈阳举行的全运会，有大批配套锡柴发动机的车辆提供服务，并以其卓越的品质引起广泛关注。

一汽無錫柴油機廠

高端是这样炼成的

——创新之路成就争先之梦

每个人都有自己的梦想，企业也有企业的梦想，锡柴的梦想就是“造中国最好的发动机”。

记者在塘南厂区看到一座“二次创业”纪念碑，一面刻着中国第一汽车集团公司原总经理耿昭杰题写的“争第一，创新业”。问一位 20 世纪 70 年代就到锡柴工作的老师傅，如何理解这句话。他说：做什么都要做到最好，造发动机就要造中国最好的发动机，这就是争第一；围绕一个确定的目标，坚持走自主创新之路，不断创造新的成果，这就是创新业。

1943 年建厂，1947 年研制出第一台柴油机，1979 年成功开发车用柴油机并开始进入汽车市场的尝试，1983 年在与同类企业的竞争中胜出成为配套一汽解放汽车的柴油机定点生产企业，1993 年正式成为一汽集团公司直属专业厂，2002 年夺得单品牌、单系列柴油机产销量世界第一，2004 年代表国际先进水平的锡柴奥威发动机在业界引起轰动并受到用户亲睐，2012 年“设计领先、装备领先、管理领先”的锡柴重型柴油机惠山基地建成投产……锡柴发展的每一步都走的那样的执著坚定，那是因为心中始终有一个明确的目标：造中国最好的发动机。

这个在抗日战争的硝烟中诞生的工厂，曾先后隶属于汪伪政权和国民政府，但是，“改良农耕技术促进生产力提升”的建厂初衷以及支撑国民经济的重要地位，决定了其一出生就承载着产业兴国的使命，烙上了自主创新的印记，而“造中国最好的发动机”的梦想也从此在锡柴人的心中生根。1949 年 4 月 23 日，锡柴由中国人民解放军无锡市军事管制委员会接收并恢复生产，使得这个梦想有了发芽并茁壮生长的空间。

新中国成立后，锡柴成长的每一步也都和中国经济的大局紧密关联，和国家装备制造业的发展紧密关联。计划经济时代，锡柴作为国营企业，根据国家和社会需要制造产品，其间开发了 4110 高速柴油机及其变型产品，应用于工业、农业、船用、地质钻探、国防等领域。市场经济时代，适应国家经济模式和产业结构的改变，锡柴开始尝试进军汽车行业，并最终抓住了与一汽合作的发展机遇。

1993 年，锡柴成为一汽集团公司的直属专业厂，从此进入一个跨越式发展的历史时期。柴油机销量 1993 年突破 1 万台，1996 年达到 4 万台，2000 年达到 8 万台，2007 年达到 20 万台，2010 年达到 46 万台。在

自主创新　引领市场

2007～2010 年的 3 年间，锡柴创造了柴油机销量、主营业务收入、利润三大主要经营指标年均增长率分别达到 30%、21%、33% 的发展传奇。2010 年，锡柴以销售收入 130 亿元的业绩昂首跨入了“百亿俱乐部”。

2011 年开始，随着我国汽车行业形势变化，发动机制造业也出现了整体走低的局面。面对猝然而至的发展逆境，锡柴并没有慌忙失措，而是以知危善为的智慧和克难奋进的勇气书写着逆境成长的励志篇章。2012 年，锡柴主要经营指标继续保持行业前列，总资产周转率、流动资产周转率、人均产值和人均销售收入等体现企业运营能力的指标继续位居行业第一，市场份额提升 0.8 个百分点，被列入无锡市首批“智慧百企”培育企业，并跻身中国企业文化竞争力十强单位，以精神、物质双丰收保持了稳健发展。

锡柴围绕“造中国最好的发动机”的目标，不断创新创造，促进了经济指标的稳步增长。经济指标的稳步增长又为加大创新力度，加快创新步伐提供了更好的条件。按照“生产一代、研发一代、储备一代”的思路，锡柴将数十年研制柴油机的丰富经验与国际最先进的技术相结合，不断推动产品的升级换代。1999 年，开始与奥地利 AVL 公司合作，开发奥威 CA6DL 柴油机，2013 年取得成功。随后，又陆续自主开发了奥威 CA6DN 和 CA6DM 柴油机。并通过对电控共轨、四气门、两级增压、新能源等技术的研究应用，不断优化产品性能，提升产品品质，适应国家排放标准升级和用户使用状况多样化的需求。

将高端进行到底

——立志成为中国动力专家

“锡柴要成为发动机行业的奔驰宝马”锡柴厂长钱恒荣对记者说了这么一句话。一位年轻的锡柴职工则充满自信地告诉记者：打造民族品牌高端动力，就是要造中国最好的发动机。“民族品牌，高端动力”正是锡柴在品牌战略中确定的品牌愿景。企业战略、领导意志和职工心愿达成了高度一致，锡柴人决心将高端进行到底。

锡柴将工厂的发展历程划分为第一次创业、第二次创业、第三次创业和第四次创业……第四次创业时间是从 2011 年到 2025 年。锡柴要在此期间实现四大转变：由学习型企业向创新型企业转变、由技术跟随型向技术引领型转变、由产品营销向品牌营销转变、由内涵管理向精益管理转变。第四次创业又分为三个阶段，其中第一阶段正好与国家第十二个五年计划的时间重合，所以锡柴人将这一阶段的详细部署称之为锡柴的“十二五”规划，提出了五大战略和四项建设。五大战略包括科技驱动战略、市场领航战略、品质领先战略、资源保障战略和人才兴企战略；四项建设包括品牌建设、体系建设、文化建设和惠民建设。当前，锡柴正在按照既定的目标和计划，积极推动五大战略和四项建设的实施。

新的创业时期，锡柴站立在更高的起点上，制定了更高的发展目标。但是，锡柴人“造中国最好发动机”的追求始终没有变。只是在新的阶段，“造中国最好发动机”融入了更多新的内涵，转化为“民族品牌，高端动力”这一品牌愿景。作为四项建设核心内容之一的“品牌建设”，现已成为锡柴统领各项工作的一条主线。从 2011 年品牌元年起，到 2025 年第四次创业末期，锡柴要用 15 年的时间蜕变成为中国领先、国际知名的高端动力品牌供应商。围绕这一目标，锡柴确定了中国动

力专家的品牌定位，并将“品牌、能效、创新、共生”四个元素融入品牌核心价值，规划了奥威、恒威、康威三大产品品牌的建设路线。

同样坚持不变的，还有锡柴通过多年实践探索出的发展路线——自主创新。自主创新已经成为了全体锡柴员工的战略共识和行动指南，大家充分认识到：锡柴

民族品牌 高端动力

续多年的稳健发展得益于自主创新，锡柴今后的长远发展离不开自主创新，所以要沿着这个认准的道路坚持走下去。2012 年，锡柴启动了技术创新战略转型研究项目，对影响工厂技术创新的因素进行分析，找出跟随型创新战略和领先型创新战略对企业要求的差异，对创新的动力机制、运营机制、发展机制和评价机制进行完善和强化，优化组织机构，增强技术力量，以科技驱动战略确定的“五大技术平台”和“十大核心技术”为中心，加强企业发展规划特别是产品策划管理，理顺产品平台，大力推进天然气发动机开发和重型柴油机的优化升级，加快自主创新步伐，使锡柴成为内燃机行业创新驱动的领跑者，成为高端品质的代言人。

随着国内市场的日趋成熟，内燃机行业可能不会再出现20世纪末和21世纪初那样的跨越式增长，持续稳定将成为行业发展的总趋势，同行之间的竞争则注定更加激烈。对此，锡柴人有着清醒的认识。他们表示：“我们不争销量的第一，而要争美誉度第一、品牌影响力第一。”

沧海横流，方显英雄本色。锡柴职工正凭着坚定的信念和坚强的意志，在国际化竞争的浪潮中克难奋进，砥砺前行，以“中国动力专家”的智慧和汗水打造“民族品牌、高端动力”，造中国最好的发动机，努力让中国品牌屹立在世界动力的巅峰。

品牌故事
Brand story
专栏

2012年工程机械行业主营业务收入超亿元企业综合排序

企业名称	营业收入		利润总额		综合指数	
	万元	排序	万元	排序	%	排序
徐州工程机械集团有限公司	10 117 841	1	295 976	3	225.08	26
中联重科股份有限公司	9 025 181	2	921 623	1	497.73	1
三一集团有限公司	8 236 876	3	738 095	2	320.63	10
广西柳工集团有限公司	1 637 715	4	37 121	8	153.01	52
山东临工工程机械有限公司	1 611 730	5	138 976	4	256.33	24
山东工程机械集团有限公司	1 370 756	6	-1 487	102	196.79	34
常林工程机械集团	951 145	7	13 360	16	116.28	70
杭叉集团有限公司	920 049	8	31 585	10	301.59	13
小松(中国)投资有限公司	820 368	9	65 903	5		
厦门厦工机械股份有限公司	814 983	10	14 438	15	125.40	67
中国龙工控股有限公司	775 660	11	31 639	9	133.56	61
成都神钢工程机械(集团)有限公司	735 432	12	6 445	26	98.36	80
安徽叉车集团有限责任公司	614 773	13	44 786	6	230.85	25
江麓机电集团有限公司	410 602	14	12 002	17	153.64	51
沈阳北方交通重工集团有限公司	375 250	15	39 473	7	352.70	5
山东鸿达建工集团有限公司	267 377	16	31 261	11	266.91	22
内蒙古北方重型汽车股份有限公司	266 519	17	24 291	12	385.68	3
成都神钢建设机械有限公司	263 453	18	1 368	56	134.11	60
山东山工机械有限公司	227 265	19	-9 961	112	177.75	40
山重建机有限公司	200 034	20	-5 161	110	60.21	89
山东华夏集团有限公司	185 116	21	4 112	31	389.95	2
山河智能装备股份有限公司	182 634	22	5 620	27	213.83	29
长治清华机械厂	178 961	23	8 027	23	138.76	58
广西玉柴重工有限公司	178 268	24	-19 597	113	9.85	100
方圆集团有限公司	177 663	25	16 046	13	111.81	73
山东蓬翔汽车有限公司	175 249	26	620	67	129.38	63
郑州宇通重工有限公司	169 477	27	1 006	64		
福田雷沃国际重工股份有限公司	164 169	28	-4 318	109	61.45	88
天津建筑机械厂	159 343	29	2 072	46	149.64	53

（续）

企 业 名 称	营业收入		利润总额		综合指数	
	万元	排序	万元	排序	%	排序
山东云宇机械集团	155 663	30	12 000	18	187.08	38
华菱星马汽车(集团)股份有限公司	138 106	31	2 656	38	273.85	19
浙江银轮机械股份有限公司	129 886	32	4 066	32	128.69	65
浙江诺力机械股份有限公司	122 578	33	8 440	21	264.38	23
力士德工程机械股份有限公司	120 010	34	15 624	14	375.99	4
青岛新型建设机械有限公司	116 207	35	9 534	20	313.70	12
辽宁抚顺永茂建筑机械有限公司	115 330	36	8 362	22	194.87	35
广西建工集团建筑机械制造有限责任公司	111 711	37	1 284	58	126.96	66
东风实业(十堰)车辆有限公司	108 532	38	2 245	44	267.78	20
贵州詹阳动力重工有限公司	104 459	39	7 974	24	221.46	28
浙江省建设机械集团有限公司	103 274	40	4 115	30	165.51	43
辽宁抚挖重工机械股份有限公司	100 818	41	10 079	19	207.23	32
泰安航天特种车有限公司	92 364	42	702	65	103.64	76
德州德工机械有限公司	81 025	43	3 611	36	172.24	41
北京华德液压工业集团有限责任公司	78 469	44	3 069	37	157.36	49
山东大汉建设机械有限公司	75 088	45	2 143	45		
宁波如意股份有限公司	71 377	46	3 620	35	159.12	47
陕西建设机械股份有限公司	70 489	47	477	73		
中航力源液压股份有限公司	60 998	48	4 017	33	142.49	55
长沙中传机械有限公司	58 213	49	2 024	47	129.74	62
潍坊恒安散热器集团有限公司	56 805	50	1 848	51		
上海金泰工程机械有限公司	51 311	51	4 136	29	333.47	9
利勃海尔机械(大连)有限公司	50 036	52	1 636	53	339.34	7
浙江美科斯叉车有限公司	46 970	53	2 248	43	99.83	79
上海华东建筑机械厂有限公司	46 654	54	−3 118	108	13.94	98
杰牌控股集团有限公司	44 325	55	6 905	25	299.34	14
山东同力达智能机械有限公司	43 693	56	2 269	42	314.63	11
河北宣化工程机械股份有限公司	42 599	57	1 105	61	67.32	87
大连叉车有限责任公司	42 312	58	131	84	101.02	78
中交西安筑路机械有限公司	41 935	59	510	71		
榆次液压有限公司	37 564	60	−2 248	106	35.72	95
浙江衢州煤矿机械总厂有限公司	37 175	61	1 480	54	142.38	56
蚌埠液力机械有限公司	31 651	62	4 403	28	284.61	16
湖南奥盛特重工科技有限公司	30 853	63	2 279	41	350.22	6
北起多田野(北京)起重机有限公司	28 279	64	113	87	122.08	69

（续）

企 业 名 称	营业收入		利润总额		综合指数	
	万元	排序	万元	排序	%	排序
烟台富野机械集团有限公司	28 246	65	-66	93	82.78	84
马鞍山方圆回转支承股份有限公司	28 157	66	1 855	50	123.33	68
沈阳三洋建筑机械有限公司	27 621	67	-570	96	95.06	82
本溪北方机械重汽有限责任公司	27 455	68	-103	94	82.77	85
徐州天地重型机械制造有限公司	26 543	69	1 064	62	276.73	18
济南液压泵有限责任公司	26 411	70	463	74	154.99	50
重庆大江信达车辆股份有限公司专用车公司	26 070	71	-1 540	103	4.89	101
哈尔滨东建机械制造有限公司	25 400	72	1 009	63		
江苏申锡建筑机械有限公司	25 043	73	1 690	52	221.84	27
内蒙古一机集团大地工程机械有限公司	24 058	74	503	72	109.51	75
广西玉柴专用汽车有限公司	23 380	75	11	89	139.80	57
中国长江航运集团电机厂	23 366	76	252	77	201.95	33
马鞍山市力和机械有限公司	23 162	77	-722	97	128.91	64
江苏靖江叉车有限公司	22 372	78	151	82	143.77	54
三一矿机有限公司	22 359	79	1 113	60		
莱州市莱索制品有限公司	22 100	80	1 441	55	194.50	36
济宁市永生工程机械制造有限公司	21 174	81	166	81	267.59	21
山东隆源液压科技有限公司	21 112	82	1 990	48	337.96	8
上海工程机械厂有限公司	20 744	83	194	80	137.44	59
烟台海山建筑机械有限公司	20 600	84	-533	95	192.63	37
四川长江液压件有限责任公司	20 423	85	-873	99	55.13	90
天水风动机械有限责任公司	20 203	86	2 326	39	158.21	48
海特克液压有限公司	19 909	87	560	70	159.84	46
泰州市腾发建筑机械有限公司	18 381	88	-2	91	46.60	92
安徽合叉叉车有限公司	18 226	89	34	88	166.44	42
肥城金城车桥有限公司	17 937	90	239	79	103.29	77
哈尔滨工程机械制造有限责任公司	17 302	91	585	68	97.52	81
上海宝达工程机械有限公司	17 300	92	240	78	111.99	72
江苏八达重工机械股份有限公司	17 170	93	434	75	160.20	45
江苏三上机电制造股份有限公司	17 123	94	1 194	59		
山东一能重工有限公司	17 000	95	1 880	49	186.72	39
扬州柳工建设机械有限公司	16 919	96	-1 471	101	15.12	97
北京京城重工机械有限责任公司	16 499	97	0	90	42.65	94
贵州枫阳液压有限责任公司	16 087	98	430	76	111.18	74
安徽惊天液压智控股份有限公司	15 681	99	3 889	34	291.86	15

（续）

企业名称	营业收入		利润总额		综合指数	
	万元	排序	万元	排序	%	排序
杭州爱知工程车辆有限公司	15 557	100	124	85	164.35	44
辽宁抚挖锦重机械有限公司	14 854	101	−2 040	105	53.94	91
牡丹江专用汽车制造有限公司	14 652	102	121	86	281.72	17
马尼托瓦克东岳重工有限公司	13 699	103	691	66	69.98	86
芜湖盛力制动有限责任公司	13 439	104	567	69	91.06	83
四川强力建筑机械有限公司	12 961	105	142	83		
中船重工重庆液压机电有限公司	12 599	106	−1 644	104	10.78	99
山东锐驰机械有限公司	11 658	107	−798	98	44.89	93
四川长江工程起重机有限责任公司	11 291	108	−6 876	111	−136.37	103
青岛前哨精密机械有限责任公司	10 717	109	2 286	40	212.06	30
中环动力(北京)重型汽车有限公司	10 688	110	−1 073	100	16.56	96
河北冀工胶管有限公司	10 600	111	1 292	57	209.29	31
重庆大江本大工程机械有限责任公司	10 535	112	−40	92	114.65	71
抚顺起重机制造有限责任公司	10 533	113	−2 772	107	−78.62	102

〔供稿单位:中国工程机械工业协会〕

企 业 专 栏

品质改变世界

三一泵送

三一重工股份有限公司是中国最大、全球第五的工程机械制造商,全球最大的混凝土机械制造商。泵送事业部是三一重工的“长子”,是三一重工最核心的事业部之一,产品有混凝土输送泵、混凝土输送泵车、混凝土成套设备、混凝土搅拌车、混凝土搅拌站等全系列混凝土产品。目前,混凝土输送机械、搅拌设备已成为国内第一品牌,混凝土输送泵车、混凝土输送泵市场占有率居国内首位,泵车产量居世界首位。

多年来,混凝土机械产品一直是三一重工的拳头产品,并取得了举世瞩目的成绩。从1998年成功研制出中国第一台具有自主知识产权的37m臂架泵车,到2011年86m泵车下线,三一重工先后3次打破最长臂架泵车吉尼斯世界纪录,从技术的“跟随者”发展成行业的“领导者”。2002年,三一重工在香港国际金融中心创下单泵垂直泵送混凝土406m的吉尼斯世界纪录;2007年12月,三一重工在上海环球金融中心以492m再次创造单泵垂直泵送的新高。目前国内300m以上的高楼,80%都是由三一混凝土设备完成施工任务,500m以上高楼,则全部是由三一的泵送设备完成施工任务。三一因此被冠以“世界泵王”的美誉。

强大的研发创新能力,使得三一重工混凝土机械一直稳稳屹立于世界之巅。2003年,三一重工研制出世界第一台三级配混凝土输送泵;2006年,混凝土泵送关键技术研究开发与应用项目荣获国家科技进步二等奖;2011年,三一重工技术创新平台荣获2010年度国家科技进步二等奖;2013年,三一重工混凝土泵车超长臂架技术及应用荣获2012年度国家技术发明奖二等奖。国家技术发明奖是迄今为止工程机械行业获得的国家级科技发明奖项的最高级别荣誉,三一重工成为工程机械行业唯一一家三次获得国家至高奖项的企业。

2012年,三一并购全球混凝土机械第一品牌普茨迈斯特,成为无可争议的全球混凝土机械领导者,双方强强联合,整合优势资源,“全球最大的混凝土机械制造商”与“混凝土机械全球第一品牌”的叠加效应日渐突显。2013年,融合普茨迈斯特顶尖技术与三一数十年泵车研制经验的C8泵车在全国上市发布,“中德科技·世界品质”的泵车革命席卷全国;2013年,融合普茨迈斯特55年的科技成果和核心技术,首创世界第一款移动砂浆成套设备A8砂浆大师,给建筑砂浆施工行业带来一次前所未有的“工业革命”;第一个对农村工程机械状况进行了深入研究,并率先研发出针对农村市场的V8城镇先锋混凝土成套设备,成为农村实现城镇化、社会实现“中国梦”的先锋利器;…一个个奇迹,在三一诞生;一个个梦想,在三一成为现实。

三一重机

三一重机有限公司成立于2003年,是中国最大、全球第五的世界知名工程机械制造商——三一重工旗下集挖掘机械研发、生产、销售于一体的专业制造公司。公司坐落于素有“金三角”之称的长三角海岸地带,拥有上海临港、江苏昆山两大生产制造基地,年产能力全球第一。

近几年来,三一重机以年均100%以上的惊人增速实现了跨越式发展。2008年,三一重机实现销售3 000台;2009年,三一重机实现销售超6 000台;2010年,三一重机实现销售12 000台,成为首家产销过万台的民族挖掘机企业;2011年,三一重机实现销售超20 000台,全国销量第一。特别是2012年,在全球经济跌宕起伏,工程机械行业深刻调整的市场状况下,三一挖掘机依然取得了令行业瞩目的优秀业绩,成为行业内唯一销量过万台的企业,销量达到16 037台。三一重机销售额连续两年超过百亿元,是中国市场占有率增幅最大的品牌,同时也是行业唯一一家占有率超过10%的品牌,已连续两年市场占有率蝉联第一,成为行业无可争议的领军企业。

秉承“创建一流企业,造就一流人才,做出一流贡献”的企业宗旨,三一重机坚持“自强不息,产业报国”的精神和“品质改变世界”的企业理念,围绕研发、制造、服务三大核心竞争力,立足打造世界挖掘机行业的一流品牌。

三一重机每年将销售额的6%甚至7%以上用于研发投入,目前,三一重机拥有1 000多名高端研发工程师,40多名外籍专家,建立了中国规模最大、最先进的研发试验体系;凭借先进的研发制造技术,三一重机先后研制出200t液压挖掘机、混合动力液压挖掘机、新一代正流量挖掘机、纯电动小挖等具有世界一流水准的创新性产品。2011年获批设立院士工作站。目前,三一重机的挖掘机型号已全面覆盖5~200t大、中、小挖三大系列,20多个品种。2012年11月25日,中国质量协会用户委员会卓越用户满意度测评中心发布了2012年挖掘机平均无故障时间调查结果,三一挖掘机行业平均无故障时间达到1 048.35h,一举超越行业竞争品牌,位列第一。

三一重机建立了国内第一条计算机辅助装配线,实行数字化生产管理,推进以准时化精益制造为主的现代生产方式,保障了产品对市场的响应速度。通过生产过程的精细化管理和严格的产品质量检测体系，保证了产品的高可靠性。世界最大的现代化挖掘机制造基地采用工程机械行业首家全数字化生产线，投入具有世界一流水准的自动化生产设备，实现了生产过程自动化控制，打造了绿色环保花园式样板工厂，形成了三一独特的 SPS 精益生产模式，被评为全国五星级管理现场。

秉承超出行业标准，超出客户期望的服务理念，三一重机通过最密集的服务网点、最先进的服务装备、最完善的保障体系，为客户创造最大价值，引领行业服务潮流。2011 年，三一重机先后推出 123 服务价值承诺、110 服务速度承诺、111 服务资源承诺等举措，成功打造出了中国服务的第一品牌。2012 年，据中国质量协会行业用户满意度测评结果，三一挖掘机服务品牌满意度以 90.4 分的绝对优势高居榜首，连续三年蝉联行业第一，中国服务第一品牌实至名归。

三一挖掘机依托强大的国际化销售能力和销售网络，目前已经将产品销往北美洲、欧洲、亚洲、非洲、拉丁美洲等五大洲 40 多个国家。不论在炎热的中东、寒冷的泛俄、工况恶劣的非洲，三一挖掘机均以突出的表现，赢得了市场的一致赞扬。特别是新开发出的符合欧Ⅳ标准的中小挖新品以及1.6t 纯电动小挖在参加法国国际工程机械展时，得到了工程机械同行和广大国际客户的一致赞扬。

2012 年，三一重机在国际市场也取得了骄人的业绩，挖掘机国际销售超过 2 000 台，同比增长 91%，雄踞中国企业榜首，各项指标均创三一挖掘机国际销售新高，三一挖掘机国际化已实现了质的飞跃。

目前，三一挖掘机在巴西、印度和美国均已实现了本地化生产。德国挖掘机组装线也在全面筹划中。相信在不久的将来，三一挖掘机将在中国挖掘机市场引领者的基础上，成为全球挖掘机行业的领跑者。

三一重起

三一重起系三一重工核心企业，主要从事高端、中大吨位汽车、履带、塔式、随车起重机系列产品的研发、制造和销售。目前，生产基地包括三一宁乡和三一湖州两大产业园。三一重起系列产品自投放市场以来，以其先进技术、制作精良、实用可靠和行业服务第一品牌赢得了广大用户的信赖。

在汽车起重机领域，2010 年 3 月 3 日，亚洲首台千吨级全地面起重机 SAC12000 在三一宁乡产业园正式下线，标志着中国超大吨位轮式起重机的研发和制造水平取得了重大突破，已经进入世界先进行列。随着产品线的进一步完善，特别是系列中大吨位产品在市场上取得的骄人业绩，三一汽车起重机逐步奠定国内中大吨位汽车起重机第一品牌地位。

在履带起重机领域，从神州第一吊 SCC4000 到亚洲第一吊 SCC9000，再到全球第一吊 SCC36000A，三一是行业内第一家成功实现履带起重机超起功能的制造企业，特别在智利矿难救援中，三一履带起重机誉满全球。作为国内履带起重机第一品牌，三一不断引领行业科技进步和产品升级换代。

在塔式起重机领域，以卓越技术立品牌，用国际标准创经典，2012 年，整合后的三一重起正式进军塔式起重机制造领域。同年，三一重起携手全球随车起重机第一品牌——帕尔菲格，建立合资公司，生产直臂式和折臂式随车起重机，借力帕尔菲格全球渠道优势，全速推进三一重起的国际化，以全球起重机械制造专家的定位，向第一品牌发起冲击。

〔撰稿单位：三一集团有限公司〕

卡特彼勒的中国四十年

卡特彼勒作为全球领先的制造商，在中国与工程机械、能源和动力系统、资源产业的客户建立了长期的战略合作伙伴关系，致力于为中国用户提供高质量的、高可靠性的产品、服务以及解决方案。

卡特彼勒在中国的发展历程可以追溯到40年以前,在20世纪70年代美国总统尼克松访华以后,卡特彼勒开始在中国拓展业务。在20世纪80年代中期,卡特彼勒在中国展开技术引进合作。20世纪90年代,卡特彼勒在中国建立制造工厂。2000年开始,卡特彼勒在中国逐步推进卡特彼勒全球业务模式。2004年,卡特彼勒融资部门开始在中国拓展融资业务。2005年,卡特彼勒再制造在中国开展业务,同年,卡特彼勒在中国建立研发中心。至此,卡特彼勒在中国的发展和其全球业务模式紧密地结合起来。截至目前,卡特彼勒在中国已经进入到全面推进部署卡特彼勒业务模式,为中国客户提供更好、高价值服务的阶段。

在最近10年,中国在工程机械、能源和动力系统以及资源等行业取得了飞速的发展,随着卡特彼勒的全球业务模式在中国的推进,关注客户的需求成为卡特彼勒新的目标。基于卡特彼勒高质量、高耐久性的产品,给中国客户增加价值,帮助中国客户成功。

卡特彼勒在“十二五”的整个中国经济发展过程中,积极参与了各个方面的项目的推进。包括像基础设施建设、农田水利、矿山、机场、港口,包括最近的城镇化建设、油田等一些关键的经济领域,依托卡特彼勒的产品和服务给中国的经济建设项目提供可靠的技术支持。在许多重大的中国建设项目中,诸如“西气东送”、“青藏铁路”、大型的水电站以及北京的地铁九号线的建设中,卡特彼勒的产品和服务通过代理商的有利服务和保证,使得这些项目中的许多技术难题和施工关键问题得到了解决,促进了这些重大的经济项目的按时完成。卡特彼勒的小型机械也积极参与到中国的建设社会主义新农村的项目建设中,给新时期的中国农民提供一个很好的致富手段和保证。

卡特彼勒作为全球工程机械、能源和动力系统以及资源产业的全球领先者,长期以来一直致力于可持续发展。不仅在战略上、在产品和服务的技术解决方案上,一直贯彻可持续发展的理念,做到产品研发的高标准、高效率、低排放,同时注重给中国客户提供更有效率和更低排放的解决方案。在进入中国的近40年来,在中国新能源项目方面,卡特彼勒与中国客户一起作出了卓越的贡献,比如山西晋城的煤层气发电项目,通过煤层气的发电来降低能耗、减少二氧化碳的排放,改善当地的环境。山东金能集团焦煤气热电联动项目,卡特彼勒在注重环境保护的同时,帮客户获得了很好的经济效益。

而在其他方面卡特彼勒也都做到了贯彻可持续性发展理念的执行。比如卡特彼勒以世界级的标准来设计制造厂房,从生产线设备的选择,就秉承可持续发展的思路,选择高效和可持续发展的新技术生产线,使得人机工程生产效率得到提高,包括卡特彼勒在中国的投资项目,也都是充分发挥土地资源的利用,最大效率提高投资的效益,谋求占用最少的资源而产生最大的效益。同时卡特彼勒积极地和中国的供应商开展合作,把卡特彼勒的可持续发展理念不仅在卡特彼勒自己的生产、产品系统上得以贯彻,同时也对供应商的生产系统提出了同样要求。可持续发展是卡特彼勒长期的一个战略,卡特彼勒将坚持致力于这个战略在中国的实施。

今天,中国已经进入到一个新的经济发展时期,可持续发展、经济与生态、经济与环境发展的平衡成为当前的重要话题。在这样一个新的战略的倡导下,相信卡特彼勒可持续发展战略理念以及产品和技术服务会为中国的经济、为中国的客户带来更好的效益。

在卡特彼勒的发展历程中,基于正直、卓越、团队和承诺的企业文化,一直为卡特彼勒所引以为傲。而在进入中国的近40年来,卡特彼勒也把这一文化传递和导入了中国,包括贯彻到每个员工、客户以及供应商的合作中。正是在这样的文化理念和价值观的建立中,卡特彼勒提高了员工凝聚力,提高了整个卡特彼勒中国团队的竞争性。而这一点也得到了整个行业,包括卡特彼勒客户、员工以及供应商的广泛认可。

与此同时，卡特彼勒一直非常关注本土员工的发展。对本土员工进行培养，让更多的本土员工进入管理团队，使更多的本土员工参与卡特彼勒的全球发展。卡特彼勒也做出了一系列的领导团队培训计划，充分发挥本土员工的才干。

在建立供应商体系方面，卡特彼勒也非常注重于把卡特彼勒理念和文化移植到与供应商的合作中，全面打造和提升卡特彼勒中国的合作团队的质量。以卓越的企业文化，建立更富有竞争力和工作热情的团队，提高卡特彼勒在中国的整体竞争力。

倡导安全生产也是卡特彼勒的特点之一，在卡特彼勒中国目前的24个大大小小的工厂中，都创建了属于卡特彼勒所独有的安全文化。今天，卡特彼勒中国的安全表现在卡特彼勒全球的事业部中名列前茅，达到世界级的安全标准。而这样的安全文化和安全表现，卡特彼勒也移植到了供应商的生产体系中，全面提升和提高卡特彼勒中国的生产系统、文化系统和管理系统的运作。

卡特彼勒在2005年设定的目标是“与中国共赢”，而且这一目标目前已经被提高到了卡特彼勒全球战略的高度。如何实现这个战略目标？这要求卡特彼勒不仅要把高质量、高效率、高耐用性的产品通过代理商服务带给客户，同时还要发展高效的有竞争力的员工、供应链、代理商的团队，使卡特彼勒全球业务模式在中国实现深入可持续的发展。

在开展业务的同时，卡特彼勒一直致力于通过卡特彼勒基金会与更多的社会公益组织合作，做一个合格的优秀的企业公民，从2011年开始，卡特彼勒与中华环保基金会倡导建设卡特彼勒公益林项目，同时通过卡特彼勒基金会在中国的教育系统资助中国的贫困学校。通过这些活动使卡特彼勒可持续发展能够得到一个延伸，体现卡特彼勒作为一个全球性的跨国公司在中国所扮演的一个优秀企业公民的良好形象。

而在国际事务上，卡特彼勒长期以来一直致力于贸易自由化的对话，积极参与到中美的经济健康发展关系的建立和对话活动中。同时卡特彼勒在中国一直致力于高标准的企业经营道德准则，把企业的文化能够贯彻到我们业务的发展中去。

中国经济将继续成为全球经济中很重要的一个部分。在全球经济一体化的今天，卡特彼勒有志于与中国经济一起成长一起发展。在中国经济走向可持续发展和环境生态的保护平衡这样的经济转型过程中，卡特彼勒相信以可持续发展的理念，让卡特彼勒产品为中国客户创造价值，向中国客户提供高效、节能的新产品和新技术，实现与中国的共赢。

〔供稿单位：卡特彼勒(中国)投资有限公司〕

艾迪，打造中国工程机械属具与液压件领军品牌

烟台艾迪精密机械股份有限公司系中外合资经营企业，主要从事液压破碎锤、快速连接器、拔桩机、液压剪、液压夯等工程机械属具的研发、生产与销售。公司创建于2003年，并于2012年改制为股份有限公司，注册资本为12 000万元，占地面积42 000m^2，拥有职工300余人。经过10年艰苦卓绝的努力，公司已经发展成为国内液压破碎锤行业的领军企业及风向标，产品出口到全球50多个国家及地区，树立了良好的企业形象及国际品牌。

2005年，公司顺利通过了ISO9001：2008国际质量管理体系认证及产品CE安全认证，实行全面的质量管理体系；2009年，公司成功加入美国设备制造商协会；2011年，公司获批为高新技术企业，拥有实用新型专利12个，自主品牌商标6个；2012年，公司荣获“履行社会责任优秀企业”荣誉称号等。

公司主营产品液压破碎锤自EDT100至EDT6000共计20种机型，每种机型分三角形、直

型、静音型3个类别,分别适用于1~60t大小不等的装备,能够充分满足市场中任何一款挖掘机的配置需求。产品自原材料采购至机械加工、热处理、研磨、装配、三坐标检测、打击测试等全部生产过程早已实现自主化,完全掌握破碎器的核心制造技术。10年的破碎器生产经验及先进的加工设备、高端的检测设备以及高素质的员工队伍,充分保障了一流的产品品质。同时,公司凭借强大的研发团队,每年都会推出1~2款新型破碎器,以满足不断发展的市场需求。

公司通过实行强有力的经销模式,建立健全国内市场及国际市场的营销体系,经营业绩是国内任何一家破碎锤生产商所望尘莫及的。即使在工程机械行业遭遇寒冬的2012年,公司凭借过硬的产品品质及良好的售后服务,实现了破碎器整机出口1 500万美金的销售业绩,出口国家主要为美国、挪威、澳大利亚、印度、巴西、沙特阿拉伯、东南亚、中东等全球60多个国家及地区,产品尤其受欧美市场的青睐,树立了良好的国际品牌形象,经受住市场的严酷考验。国内市场中,公司通过与三一体系部分代理商、小松、日立、加藤、斗山、现代、玉柴、山河智能等部分代理商以及金土地全国连锁的长期战略性合作,实现了破碎锤国内市场占有率第一、销售业绩第一的良好局面,得到了国内经销商及终端用户的一致好评!

注重品质及品牌建设的同时,公司更加注重产品的服务。公司当天收到订单,次日即可安排发货。对于产品,公司提供完善的售前、售中及售后服务,最大限度地满足客户需求。我们的承诺是:一小时之内给予答复,二十四小时内解决问题。

与此同时,2009年,烟台艾迪精密机械股份有限公司投资2 998万美元在烟台市福山区建立的全资子公司——烟台艾迪液压科技有限公司,占地面积65 000m^2,拥有职工300余人,主要从事工程机械和船舶用液压主泵、行走和回转马达、多路控制阀等液压产品的研发、生产与销售,填补了国内行业空白。

公司从国内外引进先进的生产和检测设备100多台套,目前拥有铸造和机加两个分厂,已经实现了从铸造、加工、组装到在线检测的全套生产。其中,铸造分厂拥有3t电炉2台,自动造型、浇注、砂处理线各1条,呋喃树脂线1条,制芯机20多台,规划年生产液压铸件一期12 000t,二期25 000t。机加分厂拥有数控车床、加工中心、磨床、热处理、清洗设备100多台套,测试设备8台,已建成集零部件制造、后处理、中间检验、装配流水线、总成测试、喷漆、自动化物流系统为一体的综合制造体系。

同时通过不断引进国内外液压、机械制造专业人才,以及ISO质量体系认证及ERP系统的建设,不断提高系统化管理水平,将建成国内一流、国际有一定竞争力的液压系统制造产业基地。

艾迪,致力于打造中国工程机械属具与液压件领军品牌!

〔供稿单位:烟台艾迪精密机械股份有限公司〕

中国合力　创新谱写辉煌

2012年,安徽合力股份有限公司(简称:合力)连续22年叉车产销量保持全国同行业第一,继续谱写着辉煌征程。

自2011年下半年以来,国际国内经济形势发生了深刻变化,世界经济复苏进程缓慢,中国经济开始逐渐步入中速增长阶段,同时面临着经济结构调整、产业转型升级的巨大挑战,包括工业车辆在内的我国工程机械行业,2012年都出现了不同程度的下滑。在宏观环境并不乐观的情况下,合力仍然保持并扩大了在工业车辆领域的领先局面,产销增长超过行业平均水平,国内市场占有率逐步攀升,合力的相对优势在稳步扩大。

合力的辉煌,依靠的是自主创新。合力一直以来重视创新工作对于企业发展的引领作用,制定了“坚持自主创新、打造自主品牌”的创新发展战略。

20 世纪 80 年代,我国叉车的技术水平落后于国际先进水平约 30 年。通过高起点的技术引进和消化吸收,合力构建了自主创新的技术基础,自 20 世纪 90 年代开始,合力开展了全方位的自主创新,迅速打开欧美市场,大幅度缩小了与国际先进水平的差距,提升了国际竞争力。

合力拥有的国家级企业技术中心,是 1995 年国家发改委等 4 部委首批认定的 100 家国家级企业技术中心之一,2005 年被科技部认定为首批 118 家国家级企业技术中心之一,是目前工业车辆行业唯一的国家级企业技术中心。技术中心集研究、开发、试制、实验与管理为一体,学科齐全,基础设施雄厚,目前建成了 15 个职能研究所、2 个专业研究室和 1 个中试基地,构建了包括前端公共技术及基础技术支持平台、产品及产业研发平台、后向服务平台的比较完整的矩阵产品研发体系,约有研发人员近 800 人,近几年承担了国家“863”计划项目、国家火炬计划项目、国家重点新产品项目和省重大科研攻关项目等一批重要的科研项目。

合力建立了严格的研发过程保障机制,不单纯片面追求创新速度,真正从精品出发,对产品的内涵外延进行深层次研究;合力高度重视和高校科研院所的产学研合作,以单一的科研和培训项目合作、联合共建重点实验室、建设产学研战略联盟等多种形式,建立了合作层次较深的长期稳定关系;合力建立了创新人才培养和激励约束机制,并以市场效益、创新难度等为检验标准建立了科技进步奖励基金制;合力以集成产品研发(IPD)为指导思想,研究实施快速响应市场并提高绩效的创新流程和方法,实现协同集成创新;2010—2012 年合力每年投入的研发费用始终保持在销售收入的 3%~5%左右,新产品产值率也一直保持在 53%以上。

目前,合力已能自主研制开发 0.5~46t 内燃平衡重式叉车、0.5~7t 电动叉车、集装箱正面起重机、堆高机、ZL30-50 轮式装载机、0.5~8t 内燃(电动)牵引车、1~80t 平板拖车、变速箱、变矩器、驱动器、转向桥、液压油缸、属具产品等,并在国内率先开展混合动力叉车和国内最大吨位的 8~10t 电动叉车的研发,形成了一批具有自主知识产权的核心技术,产品总体技术达到了国内领先水平,部分技术达到国际先进水平,核心技术自主控制权达到 90%以上,叉车主要零部件均自行研发和制造,扭转了过去叉车关键零部件几乎完全依赖进口的被动局面。

近年来,合力以国家经济结构调整与产业升级作为发展机遇,通过自主创新大力推进产品结构调整和新产品拓展,先后实施 K 系列、新 H 系列、GII 系列等新系列研发,与此同时,也深化开展了在 NVH、混合动力等基础领域的研究。

截至 2012 年底,合力主持或参与制定国家标准 10 项、行业标准 2 项,目前正在主持或参与的国家和行业标准有 5 项;拥有授权专利 182 项,其中发明专利 9 项、外观 21 项、实用新型 152 项,为国内叉车行业专利授权最多的企业。

通过自主创新,合力巩固并提高了我国自主品牌叉车的国内外市场占有率,避免了我国叉车产业被外资垄断;带动了我国叉车关键部件产业的发展,促进了民族叉车工业技术进步和产业升级;同时,培养了一大批技术人才,为我国叉车行业的发展壮大奠定了基础。

2012 年,合力的创新之路还在不同的层面持续延伸,结出了累累硕果。

合力与 SAP 达成战略合作,架构了以 SAP-ERP、SAP-PLM 为支撑的协同信息系统,搭建贯穿于研、产、供、销、服全业务的信息化平台,并获得国家工信部首届信息化和工业化深度融合示范企业的荣誉称号。

合力导入并实施了卓越绩效管理模式,分阶段、分步骤持续推进,不断诊断、改进公司经营活动,持续学习、整合先进的管理理念,已培养了企业卓越绩效评价师 62 人,并相继获得合肥市政府质量奖和安徽省政府质量奖。

2012年，合力在对企业发展历史进行认真总结思考的基础上，结合新时代的要求，对于企业文化体系进行了全新的诠释，发展并完善了以“和”为基本特征的合力文化体系、使命：合力提升未来。愿景：世界五强、百年合力。核心价值观：以人为本，以精品回报社会。合力将秉持提升未来的历史使命，为中国叉车行业的更好明天而不懈努力！

〔供稿单位：安徽叉车集团有限责任公司〕

苦练内功促转型　转型升级促发展

2012年在经济下行压力增大、国际市场不确定因素骤增的大环境下，企业遭遇前所未有的挑战，杭叉集团股份有限公司（简称：杭叉）却瞄准世界叉车前五强的目标，逆势而上，稳中求进，又交出了一份令人满意的答卷，在全球叉车制造商中的排名上升至第11位，为全面完成“十二五”目标任务打下了坚实的基础。

2012年，杭叉全年实现销售叉车66 116台，其中外销16 350台，实现集团营业收入92.01亿元，同比增长10.29%，实现利税总额5.09亿元，同比增长6.34%；归属母公司的净利润2.08亿元，同比增长9.29%。被评为2011年度中国机械工业百强企业、中国工业先锋示范单位、2012中国制造企业500强。

“十八”大召开前夕，浙江省省委书记赵洪祝，全国政协副主席、科技部部长万钢先后视察杭叉，对杭叉坚持民族品牌，引进、吸收、消化国外先进技术，走品牌化的自主发展道路给予了充分的肯定并寄予了厚望，进一步增强了我们“坚持发展，做强做大”的信心和动力。

一、调整布局

杭叉面对严峻的市场形势，及时调整布局，加大新产品的营销力度，以产品和服务的差异化赢取市场，确保行业领先地位。2011年9月，受宏观调控和投资增速放缓的影响，国内叉车行业月度销量同比增速开始放缓，2012年3月销量同比增速由正转负，同时竞争对手采取了低价策略抢夺市场，面对严峻的市场形势，领导班子冷静分析，积极应对，对市场布局进行调整，加快、加大对中西部销售网络的投入和建设，同时加大新产品的投放力度，适时推出了以A系列内燃车为主的经济型产品主攻国内市场，并推出100h无故障承诺和保姆式服务，不断完善售前售后服务工作，以差异化产品和服务赢得市场。2012年国内叉车行业同比增速下降10.6%，杭叉市场份额却稳步提升，其中中西部和东北地区取得了较好的增长表现，资金回笼率达到100%，进一步巩固了公司在行业内的影响力，继续保持了公司在行业中的领先地位。

在海外，通过构建与完善全球市场布局，优化、整合经销商资源，不仅稳固了欧美市场，还成功开拓了俄罗斯、巴西、印度等新兴市场。同时以合作产品进入为契机，以高端、经济型、迷你型等不同种类产品满足目标客户的需求，提升占有率。尽管外需低迷，外销实现销量同比增长16.11%，连续8年保持同行业出口第一的良好业绩。公司还成功举办了第二届全球经销商大会，吸引了五大洲56个国家的近百位客商。为有力支持销售，公司各部门积极配合，体现了杭叉强大的团队战斗力，在全体员工的共同努力下，较好地完成了公司的年度经营目标，确保了公司效益的增长，工业经济效益综合指数连续13年保持行业第一。

在几乎每家企业都在抱怨经济环境差的今天，杭叉却能以厚积薄发的姿态一路向前，真正做到稳中求进保增长，沉着应对市场疲软，确保行业领先。这也再次证明，机遇只给有准备的人。

近几年来，杭叉以企业搬迁为契机，坚持叉车主业不动摇，坚持走两头强中间精的发展道路，通过不断的技改投入和科技创新，获得了持续快速的发展。面对全球叉车行业的困难局面,杭叉瞄准全球市场,低调务实,提前布局,通过加强自主研发和国际合作,加快了产品的更新换代和品种扩展,有效拓展市场。

二、市场导向

杭叉以市场为导向,以研发和投入引领一代又一代的新品开发,好产品不怕冷市场,差异化产品成为开拓市场的重要法宝。在市场需求下行的背景下,开拓潜在市场是主题,差异化产品则是基础。公司以市场需求为导向,加快类似产品的开发,2012年,杭叉按计划实施开发新叉车项目23项。特别是4月份A系列叉车的推出,吸收了当代国内外叉车的长处,性价比高,配件通用性好,一上市就获得了用户的普遍认可(已累计销售9 600多台,7月份后占到内销总量的45%)对公司市场占有率的提升发挥重大作用。XF系列内燃叉车,采用全浮式连接变速箱,使叉车工作时的震动和噪音大幅下降,驾驶员工作舒适度大大提高,深受欧美高端买家欢迎。可搬动45t重货物的新一代叉车研发落地。目前,杭叉已形成1 000多个品种5 000多个规格的产品体系,成为行业中产品门类品种最齐全的企业。

杭叉强化技术创新体系建设,不断提高产品研发能力和水平,其试验检测中心是目前行业唯一国家认可实验室。公司已被列入浙江省工业车辆工程中心建设企业,杭叉研究院正在申报建设省级研究院。

随着工业园二期项目中杭叉试验检测中心(国家认可实验室)、科技大楼的建成和投入使用,杭叉拥有了一个与国际接轨的高起点科研基地,这里将真正成为杭叉自主创新、产品研发的摇篮,可以更好地集聚整合各种创新要素,组织开展科技创新,支撑企业持续发展,引领行业技术进步。同时也将成为培养高水平工程技术人才、建设高水平工程实验条件的重要科技平台。公司已通过省人事厅博士后科研工作站的认定,以进一步推动产学研紧密结合和科技成果转化,促进企业可持续发展。下一步将积极创建国家级企业技术中心,建设博士后流动站,吸引国内外高端人才,完善高效的自主创新体系,增强企业自主创新能力,提高产品档次和技术含量、完善产品系列。

三、国际合作

杭叉深化国际合作,加快合作项目高端产品的联合开发,三大国际合作项目初见成效。杭叉的国际化合作,体现了杭叉的国际化眼光,也是快速缩小与世界先进水品差距并加快进入世界叉车强企的必由之路。杭叉被国外同行视为最具国际视野的企业。在转型升级,自主创新的基础上,杭叉注重加强与国际工业车辆强势企业的合作,先后与世界著名的日本、法国和美国叉车公司开展了技术和生产合作。2012年,三大国际合作项目初见成效(已获取大量海外订单),不但提升了杭叉的品牌、技术和管理,也为出口的增长做出了重要贡献。杭叉与美国合作的大叉车项目已完成协议签署,已完成样机的试制,大大提升行业竞争力。

四、转型升级

杭叉围绕主业实施技改,进一步实现转型升级,努力打造世界级叉车航母。杭叉工业园二期工程顺利竣工投产,三期工程开始正式启动。在外界的各种诱惑之下,杭叉做到了坚持主业不动摇,无怨无悔、脚踏实地发展壮大装备制造业领域的实体经济。整体搬迁和杭叉工业园(一期)的建成,使杭叉成为了世界单个产能最大的叉车制造企业,并实现了从“传统制造”向“现代制造”的转型升级。杭叉在此基础上,投资3亿元、占地面积82 000.41m^2的杭叉工业园二期项目则围绕“做世界最强叉车企业”的目标,进一步实现转型升级,努力实现从“制造”到“智造”的转变。该项目已于2012年年底竣工并投入使用,该项目的建成使杭叉不仅拥有了一个与国际接轨的高起点创新平台,扩建的国家认可实验室、大吨位叉车生产线、外销成品库等一流设施,对提升大叉车生产能力、高端变速箱配套以及整机及零部件的研发检测水平都将发挥重要作用。

同时杭叉工业园三期工程,占地面积

$188\ 000.94m^2$，拟作为上市项目的年产5万台电动工业车辆及配套项目已签订入园协议，相关设计正由中国联合工程公司进行。上述技改项目完成后，杭叉将成为中国最大的新能源叉车及叉车关键零部件研发、制造和出口基地，将聚集众多的叉车关键零部件生产商，通过集聚效应，大大提升对行业的影响力，成为世界级的叉车航母，进一步实现企业转型升级，提高整体实力。

另外，投资2亿元，占地面积$40\ 000.2m^2$的临安横畈铸造基地投产，预计将形成2万台叉车平衡重生产、6万台叉车平衡重前处理能力，对促进整机生产发挥重要作用。

五、管理创新

坚持“两头强，中间精”的经营模式，管理创新助推效益提升。公司始终坚持“效益优先”原则，坚持“两头强中间精”的经营模式，在制造环节，真正体现“精”字。为提升品质，降低成本，公司坚持走专业化合作道路，树立全球采购的理念，在提升供应链，创造新价值方面，做了很好的尝试。成立了供应商管理办公室，建立起供应商优胜劣汰的动态管理机制，遴选引入实力强、产品性价比高的新供方，在确保安全供应的前提下，降低采购成本。实现产品品质的进一步提升和成本的有效控制。同时在核心零部件的有效控制和推进配件品牌化管理方面，也有了长足的进步。

三大国际合作项目的实施，则带动了公司工艺水平和质量管控体系的进一步完善，产品品质得到有效提升。

六、积极上市

杭叉积极谋求上市，满足企业下一步发展需要。2012年11月，杭叉向已正式向证监会确认进入上市培训辅导期，并已进入各项程序，开展了对历史沿革、财产、代理商、供应商、高管及环保等等的核查，要求非常严格，需要提供的材料也相当多，各项资料准备完毕，争取2013年二季度申报。使企业得到更快、更好的发展。

2013年的世界经济环境和国家宏观经济环境都有诸多不确定因素，但杭叉持续发展的目标不变。2013年杭叉的目标是销售叉车75 000台，其中外销20 000台，集团营业收入力争达到100亿元。

〔供稿单位：杭叉集团股份有限公司〕

风雨洗礼　砥砺前行

一、价值引领 共赢未来

山推工程机械股份有限公司（简称：山推）创建于1980年。是中国生产、销售铲土运输机械、压实机械、路面机械、建筑机械、工程起重机械等主机及工程机械关键零部件的国家大型一类骨干企业。全球建设机械制造商50强、中国企业500强。

风雨数十载，山推始终以实现客户价值为己任，携创新科技与卓越服务，为各类工程领域提供日新月异的产品，涵盖了推土机、吊管机、推耙机、平地机、装载机、压路机、垃圾压实机、混凝土搅拌运输车、混凝土臂架式泵车、履带起重机、高空作业车、消防车、履带底盘、工程机械“四轮”、传动部件、金属结构件等十大类系、140多个规格型号的产品。

1997年1月“山推股份”在深交所挂牌上市（股票代码：000680），入选沪深300指数股。2009年6月18日成立山东重工集团，山推成为其权属子公司。2011年山推实现营业收入147.02亿元，同比增长9.72%，实现较快发展，主导产品推土机连续三年产销量世界第一。

目前，国内已形成七大产业基地，并在阿联酋、南非、俄罗斯、巴西等地建立10家海外子公司，拥有国家级技术中心、山东省工程技术研究中心和博士后科研工作站等创新平台。**SHANTUI**商标系中国驰名商标。山推品牌为机电商会推荐出口品牌。2008 年山推股份公司荣获山东省质量管理奖，2010 年获建筑机械用户委员会质量管理先进企业称号，连续六年被评为中国工业行业排头兵企业。同年，获 2010 中国主板上市公司价值百强称号、获中国机械制造工业企业安全生产先进单位。2011 年被评为全国机械行业文明单位，荣获济宁市市长质量奖、山东省省长质量奖。2012 年被评为“全国企业化示范基地”。

二、技术革新　孜孜不倦

在创新的道路上，山推从未止步。我们深谙科技前沿，以孜孜不倦的进取，实现产品的飞跃，更成就价值的创领。我们更拥有强大的研发团队与领先的研发体系，从研发到制造，我们的每一次革新，都源自客户的需要。

1.领先的研发体系

整机验证平台。山推研究总院完善了《试验验证工作流程》，通过推行规范验证记录、建立故障信息平台、现场服务报告、验证问题周例会等多项措施，加快新产品的整机验证工作。

技术标准化平台。山推研究总院建立了覆盖公司各事业部和子公司产品的技术标准体系架构，统一公司技术标准，在同一平台下，整理完善技术标准，并建立监督与评价体系，努力创建 AAAA 级标准化企业。

实验测试平台。山推与浙江大学、同济大学、北京航空航天大学、山东理工大学等高校携手打造实验测试平台，推进零件实验、整机测试分析工作，提高产品研发能力、研发质量、技术创新能力及解决现场问题能力，为产品开发提供坚实的基础，形成真正的自主核心技术。

数字仿真平台。山推先后建立 5 大数字仿真分析手段，优化分析流程，完成 22 项重要项目的分析研究。数字仿真平台的建立，显著提高了产品开发效率，加强数据分析能力，为山推数字化样机平台的搭建奠定了坚实的基础。

2.精益求精的创新产品

在山推的研发团队里，每一天都有创新。“十二五”至今，山推完成新产品开发 40 余项，研制出 SD90 推土机、混合动力推土机，填补了国内外空白，在推耙机、铣刨机等相关领域取得了技术与质量双重突破，达到国际先进水平。

2013 年，山推继续加强与浙江大学、山东理工大学、吉林大学等科研合作，并与多家专业制造厂商进行了技术合作，对工程机械前沿技术进行研究和课题攻关，山推目前承担的国家级课题，混合动力推土机、工程机械液力变矩器等，有力的推动公司研发和科技人才的国际化进程。

3.严密知识产权保护

优质专利申报。山推研究总院通过成立由各级专家组成的“专利评审委员会”，对申报的专利进行专业评审和技术把关，从专业技术角度对专利的原理、实施方式和说明图例等方面提出修改建议，大大提高了专利的科技水平和申报成功率。为提高自主创新能力和公司核心竞争力等方面发挥了重要作用。

公司奖项申报。依托研发项目的成功开展，山推积极争取各级政策支持，累计获得各类资金支持数千万元，获得国家、省、市各类科技奖百余项，涵盖新产品、科研、论文、专利等各种科技成果。

4.完善的培训体系

针对新员工工作经验不足和对产品结构、作业工况不熟悉的现状，研究总院分批次开展了新员工操作技术培训活动，使新员工对产品性能、实际应用、作业工况等全面熟悉和掌握，在产品研发能力上得以迅速提升。为提高研发人员对产品工况的认识度，分批选派研发人员赴上海老港垃圾场、上海港务局等重要用户处进行长期的技术支持，全面了解客户对公司产品的性能要求。

三、立足中国 开拓全球

国际化之路，是山推长久以来的发展战略。从资金投入，到团队建设，再到渠道开拓，山推的布局已卓有成效。

1.出众的品牌推广

山推坚持统一海外形象，使山推品牌能在广大受众中形成良好的记忆度与极高的辨识度。同时，通过 Inernationalconstruction，world highway，ICON，Latin America 等业内国际知名媒体，网络及户外媒体，对山推品牌进行全方位的宣传造势。

除此之外，利用海外知名大型展会及区域促销会，使更大范围的受众认识到了山推、了解山推、喜爱山推，从而起到品牌推广的作用。

2.完善的团队建设

山推国际品牌推广网络及人才构成日渐完善，2012 年底已经初步形成了以山推股份为品牌导向，以进出口公司市场管理部为执行大本营，以更了解本地市场及文化的各海外分子公司品牌专员为先锋的品牌网络架构。

3.组建国际化营销网络

山推正大踏步地迈向营销网络的国际化。从 2004 年以来，为拓展海外市场，山推逐步在南非、中东、东南亚、独联体和南美洲设立分支机构，在南非、阿联酋、柬埔寨、俄罗斯、古巴、巴西、埃塞俄比亚等国家建立办事处，有效拓展了公司海外市场，扩大公司出口业务。到 2010 年，南非办事处、迪拜办事处和莫斯科办事处已经升级为海外子公司，成为可实现销售、库存、物流、服务支持等全智能的子公司。

自 2004 年开始实行海外市场代理制以来，山推逐步增加代理数量和业务覆盖范围，2005～2012 年，代理有从 9 家增加到 72 家，业务覆盖范围主要覆盖非洲、拉丁美洲、东南亚、独联体、欧洲和大洋洲地区。

四、卓越服务　创所未想

客户的信任是山推服务的准绳，也是我们得以自豪的标准。我们洞悉用户心愿，不仅为您呈现出众的工程机械，同时带来诸多优质服务，让每一位客户都深感放心。1.24 小时呼叫中心体系

山推不断创造新的服务标准，为用户提供完善的售前和售后服务。一如 24 小时客户关怀热线，让我们化被动为主动，以前所未有的资源保障和苛刻标准，为用户的工程生产保驾护航。开创了行业先锋，更好地履行了“山推服务，时时处处”的承诺，让客户毫无后顾之忧。

2.统一规范服务车

山推配备全国统一服务车，服务车辆车贴由山推股份统一配置。一线销售及服务车辆是山推对外展示品牌形象和品牌实力的门户，统一使用山推定制车贴，能够让客户感受到山推的企业文化，更深层次的了解山推，从而认可山推。

3.万里服务走基层

山推秉承为“价值引领、服务共赢”核心营销理念，加强厂商与新老客户交流与沟通，提升山推服务再升级社会影响力，于 2012 年开展了“万里服务走基层”主题活动。从销售一线到维修服务人员，山推上下时刻了解产品质量问题和客服需求，更深入到工地前线现场解决客户遇到的各种问题，用实际行动让客户感受到山推服务的温暖。

山推承袭三十年的积淀和进取，将继续开拓产品阵容和追求智能化，在全球布局各级市场。山推以客户价值为己任，持续提升软实力和竞争力，用不断进取的前沿科技，成就精益求精的非凡产品，不仅创造精湛的工程机械，更为客户的价值创领不止。

〔撰稿单位：山推工程机械股份有限公司〕

日立建机　实现您的梦想

中国的改革开放，使中国的基础建设方兴未艾，这为日立建机在中国的发展提供了一个施展才华的大舞台。以此为契机组建的日立建机（上海）有限公司（简称：日立建机），成为其进入中国市场的新的里程碑。日立建机用橙色铁壁构筑梦想，为中国现代化建设服务！

日立建机株式会社作为日立制作所旗下的大型建筑机械制造商，创始于1970年，在世界著名液压挖掘机制造商中名列前茅，并享有极高的声誉。雄厚的技术实力，严密的生产管理、高度的质量保证、完善的售后服务、使日立建机保持着世界市场占有率在业界领先骄人业绩。日立建机（上海）作为其在中国的销售、服务中心，成绩斐然，为日立建机在中国事业发展起极为重要的作用。

1995年，日立建机株式会社与日本三菱商事株式会社、香港暨永实业有限公司就共同组建了日立建机（中国）有限公司，作为在中国的生产基地，依托日立建机制作所的设计能力和先进技术，生产的各系列液压挖掘机被广泛应用。日立建机不仅以中国的市场为中心，本地化的研发和生产同步在进行。在合肥工厂的研发中心，有着一个90余人的团队，将来自日本本部的技术转换为适用中国的技术，并负责设计和开发适用于中国市场的新产品，同时负责研究如何有效降低生产的成本，以此提高产品的综合竞争力。日立建机的研发中心围绕此三方面有效地展开。

而对于质量较为成功的控制，使得日立建机的“中国制造”实现了整机和部件的出口。2011年，日本地震带动了日本市场需求的上升，在日立建机（中国）出口的700多台挖掘机中，有250台运往了日本。得到向来要求严格的日本市场的接纳，直接证明了日立建机（中国）的设备经得起考验。此外，日立建机（中国）的挖掘机整机，还销往澳大利亚、俄罗斯以及东南亚，产品的部件则远达欧洲等地，此前这些部件的供货地一直是日本。

充满机遇和潜力的巨大市场是吸引日立建机进入中国市场的主要原因。随着经济水平的提高，基础建设步伐的加快，市场需求量的增加，使得日立建机的销售额每年快速递增。一流的设备和技术为企业增强市场的竞争力创造了有利的条件。凭借日立100多年的机械制造经验及雄厚的技术开发能力，并导入生产、销售携有日立独创电控和液压系统的低噪、高效、环保、节能适应各种复杂工况的0.5~800t各种型号液压挖掘机，以其方便舒适的操作条件和兼顾环保，深得客户的喜爱。

2011年，在占据全球挖掘机需求量一半的中国，对于所有在此锐意拼搏的制造商来说，突变的市场让他们始料未及。在这场中外企业的集体下滑中，日立建机也在其中。不过日立建机（上海）有限公司时任董事总经理已8年的平冈明彦俨如从前表示：中国市场前10年高速的增长积累了庞大的基数，高位之下，恰逢相对收缩的外环境，下滑成为了必然。2011年以前，中国市场以青云直上之姿，走出了一条全球任何其他地区的市场都难以追踪的轨迹。中国市场行至今日，才算真正步入正轨。

过去，日立建机的常规型挖掘机，在中国市场的表现一直很稳健。一方面有赖于中国强劲市场的赋予，另一方面，日立建机的产品也足以与这个市场相匹配。

2012年，在常规挖掘机之外，日立建机的矿山巨人——800t自重的超大型液压挖掘机EX8000以及16台大吨位的自卸卡车EH3500进入中国。常态的市场步入绝非易事，对于日立建机来说，某些强项又恢复了。市场竞争越激烈，日立建机的这些优势反而愈加的明显，在全球矿用挖掘机领域，当今的日立建机市场占有率排名第一，占据着世界40%的份额。自1979年发售第一台矿用挖掘机机型以来，日立建机在这个领域已经走过了34年历程。今天在北美、澳洲乃至非洲、俄罗斯、中国等新兴市场，日立建机的大型挖掘机和矿用卡车以较高速度在不断增长。

2012年，日立建机的林业设备登陆中国，涉足刚刚开启的中国林业机械化时代，而未来，以大型液压挖掘机和矿用卡车为主的矿山设备无疑有着强大的发展后劲。

一直以来，客户永远追求的梦想是获取更多利润、事业持续发展、实现人生价值，因此他们希望能拥有这样一款挖掘机来实现自己的梦想，它应该具备能稳定获得高收益、在各种工况都能长久稳定使用、速度快、效率高、驾驶安全、舒适、保养方便、成本低的特征。

2013年，承载这些希望的新一代强悍而经济的液压挖掘机已经来临，ZAXIS-5系列机器具有高效低油耗、耐久可靠、安全舒适、保养便捷全新HIOS ⅢB液压系统实现更快速度和更大作业量、4冲程直喷发动机实现低油耗、多功能监控器提高作业效率、强化型前端工作装置、D型机架的上部回转平台、整体焊接的下部、坚固的驾驶室以及后方摄像头提高作业安全，相信它带来的综合性能，一定能为客户开拓精彩的未来，实现梦想。

日立建机(上海)有限公司作为中国的营销总部，与遍及全国的28个代理店及销售网点达到385个，保持着紧密的联系，时刻确保人力资源和信息提供的速度，通过细致周到的技术支持，保证施工现场的设备长期可靠的运行。建立在和“三位一体”经销商为起点的全方位战略合作，首先是共同对国际品牌认同，并在日立品牌大旗下形成的企业文化。以人为本、以人才培训发展为基础，日立建机一直把以培训经销商本地人才为主，以日立建机技术支持相辅的机制，为此日立建机(上海)还建立从营销管理和技术服务全方位导入，使用户感到为其服务经销商快捷和便利同时是符合日立标准国际化的服务，也使用户更加信任我们经销商，这种企业文化在于用户、厂家、经销商在互动中交流中得到发扬光大，最终建立起互相融合的先进管理模式。

站在客户的角度关注服务的提升，从2012年开始，优化代理商体系就成为我们的重要考虑，因为后市场服务的权重正变得前所未有地重要。尽管我们的代理商框架体系已经相对完善，但是我们还在进一步地奋发充实。无论是加强与当地院校的教育培训等合作，还是探索与代理商的新合作模式等，目的均在于全面提升代理商综合服务的能力，这其中不仅包括对应的速度，还要求服务技能的到位。

毫无疑问，这是一家怀揣着梦想的企业。展望未来，迈向更大的成功是日立建机奋发向前，锲而不舍的精神动力所在。拥有梦想，不仅是对社会庄重的诺言，也是对自身莫大的期许。日立建机以技术贡献社会，实践着人类开拓家园的愿景，铺设着自身全球化的道路。道路可以无限延伸，梦想可以无限放大——始于挖掘机的日立建机，将随同世界工程机械前行的脚步，延续着自己远大的梦想向前迈进。为建设中国更美好的家园而努力。

〔供稿单位：日立建机(上海)有限公司〕

维特根集团

维特根集团(Wirtgen Group)是德国一家制造筑养路机械设备及矿山开采设备的跨国公司。其产品以技术先进，品质优秀而享誉世界。

维特根集团自成立以来，一直秉承“追求新技术，开发新产品”的基本宗旨，在公路、铁路的维修、养护作业中，将环境保护的新概念融入高品质产品，使维特根集团得以持续地发展。

维特根公司成立于1961年，总部位于德国的维特哈根(Windhagen)，现在正发展成为全世界著名的筑养路机械设备及矿山开采设备研究与制造的跨国集团公司。在短短50余年时间，维特根迅速成长为拥有世界4大知名品牌——维特根(Wirtgen)、福格勒(Vögele)、悍马(Hamm)、克林曼(Kleemann)，55家分支机构，100多个全球代理商以及超过5 000名员工的跨国公司集团，并在美国、中国、巴西和印度拥有生产工厂。

作为全球领先的筑路设备制造商，维特根集团能够为用户提供技术领先、质量可靠的自行式筑养路设备、采矿设备及有用矿料加工设备，产品涵盖冷铣刨机，水泥滑模摊铺机，冷再生机，热再生机，露天采矿设备，粉料撒布机；福格勒(Vögele)沥青摊铺机；悍马(HAMM)压路机；以及克林曼破碎筛分设备等各种类别，其中铣刨机、摊铺机和压实机均属于世界前列。

在维特根集团的发展历程中，并购成为其迅速壮大的一个关键因素。继 1996 年维特根将全球领先的摊铺机制造商福格勒收至麾下后，2000 年，维特根收购世界第三大压实设备制造商悍马，借此，维特根迅速在全球道路设备领域确立起强大的市场地位。2006 年，世界自行式破碎机及筛分技术的领先者克林曼又归至维特根集团旗下，维特根集团的产品线不断延伸。在业务规模不断扩大的同时，最近几年，维特根集团开始提升制造能力和制造水平，分别对其维特根、悍马工厂进行升级和扩张，同时为福格勒和克林曼建立新厂房，其中，克林曼新工厂是维特根历史上最大的单笔投资。如此大手笔的投入力度，彰显了维特根对未来发展的信心，并为其未来更大的发展奠定了牢固的基础。

在不断加强自身能力的同时，近年来，维特根亦加快了市场拓展的步伐，其全球化布局不断提速，尤其是对海外市场的拓展力度日益加大。为了更好地贴近当地用户，维特根在不断地推动在新兴市场的本地化生产。在巴西，维特根集团建立起新工厂和现代化的培训中心，除了生产沥青搅拌站、悍马压实机和维特根冷铣刨机外，还成功推出其自有品牌的道路摊铺机，更好地满足拉丁美洲市场需求；在中国，2003 年，维特根在廊坊成立了维特根(中国)机械有限公司，2004 年独立的组装工厂落成并投产，目前主要生产维特根 W1900 和 W2000 大型铣刨机，W100H、W130H 小型铣刨机，福格勒超级系列 1800－2HD、1800－2L 摊铺机以及悍马 HD128、HD138 沥青压路机，2013 年，一座现代化的新工厂在廊坊开工建设，规模是原工厂的 5 倍，计划 2014 年底投入使用；在印度普纳，维特根新的销售和服务公司以及悍马压实机的组装工厂于 2010 年末建成并投入使用。

除了本地化生产，维特根在一些重要市场扩大了其销售和服务机构，以提高市场覆盖能力和渗透力。2009 年，维特根在美国田纳西州纳什维尔成立新培训中心；在匈牙利，维特根接管前代理商的公司成立了自己的销售和服务公司 Wirtgen Budapest；在土耳其，维特根成立了子公司。

维特根的全球足迹正不断扩大，其对全球资源的充分利用和整合有效地推动着维特根集团的整体发展。

四 大 品 牌

品牌	成立时间	总部	产品	核心技术
维特根	1961 年	德国 Windhagen	冷铣刨机、冷再生机、热再生机、滑模摊铺机、露天采矿机	切削技术、纵横坡控制、机器控制
福格勒	1836 年	德国 Ludwigshafen	轮式和履带式摊铺机、液压伸缩式和机械加长式熨平板、沥青摊铺用特殊设备	强夯技术、纵横坡控制、熨平板技术
悍马	1878 年	德国 Tirschenreuth	单钢轮压路机、串联式压路机、静碾压路机	振荡技术、压实控制、带 GPS 导航的压实控制及资料系统
克林曼	1857 年	德国 Göppingen	用于固定式或履带自行式破碎筛分设备上的反击式破碎机、颚式破碎机、二级破碎机	破碎及筛分技术、使用友好型机器的设计

发展历史

1961年,Reinhard Wirtgen成立了维特根公司。

1970年,第一台热铣刨机投入使用。

1979年,维特根实现技术升级,推出冷铣刨机。

1980年,研制第一台用于露天采矿设备。

1986年,研制冷再生机,开创了路面修复过程中队环境保护的新时代。

1989年,维特根重心放在滑模摊铺机,并成立独立的产品部门。

1996年,福格勒被收购成为维特根集团旗下品牌。

2000年,悍马被收购成为维特根集团旗下品牌。

2006年,克林曼被收购成为维特根集团旗下品牌。

2006年,维特根推出新一代小型铣刨机,9种产品型号。

2007年,维特根推出最新研发的W150大型铣刨机以及具有革命性的WIDRIVE机器控制系统,树立了铣刨技术的新标准。

2008年,维特根推出KMA220移动式冷再生搅拌站,搅拌容量达到220t/h。

2009年,推出高性能4200SM露天采矿机。

2010年,维特根推出两款超高效的大型铣刨机,将冷铣刨机产品系列扩展至17种型号。

2011年,维特根推出两款小型多功能水泥滑模摊铺机SP15和SP25。

2012年,福格勒推出全新一代"-3"系列摊铺机。

2012年,维特根中国针对中国市场推出了全新的维特根W100H/W130H铣刨机,福格勒1800-2HD/S1800-2L摊铺机和悍马HD128/HD138压路机。

维特根在中国

随着中国公路网建设的飞速发展,对于创新性道路施工工艺的需求也日益迫切。早在1982年,第一台维特根公司生产的铣刨机就被引进中国,并以优秀的产品质量、良好的售后服务及信誉与用户建立了亲密的合作伙伴关系。

随后的多年中,维特根公司研发的一系列筑养路机械,以其先进的工艺,在中国的道路建设中得到了普遍的认可。其中,就地冷再生和就地热再生技术在路面的修复过程中,通过回收、利用旧路面材料再生新路面,不仅降低了成本,节省了资源,也大大缩短了工期,而且特别有益于环保。维特根公司的沥青铣刨料回收技术已在中国成功地应用了10多年,约有7 000m^2的中国道路利用维特根公司的高科技设备进行了再生保养,累计节约7亿元的财政支出。

中国政府对循环经济及资源再生利用的日益重视,对固体废弃物再生利用的需求不断增加。维特根中国及时将克林曼移动式破碎筛分设备引入中国市场。由于克林曼设备拥有独特的技术优势,短时间内便受到中国市场的认可。克林曼是德国维特根集团的四大品牌之一,拥有150多年的历史,是世界领先的移动式破碎筛分设备专业制造商。克林曼移动式破碎筛分设备在世界市场上享有出色的声誉,其产品接近半数供应欧洲市场,在2012年的德国市场上,销量更是处于第一位。

为了在中国市场实现更好的发展,更好地为合作伙伴提供服务,维特根在香港成立了德国维特根香港有限公司,并于2004年在廊坊成立了维特根(中国)机械有限公司,作为维特根集团在中国的总部,以及服务于整个亚洲区域的生产基地,从而为维特根遍布全国的设备提供更有力的保障。同时还在国内的广州成立了子公司;在北京、上海、西安、乌鲁木齐等地成立了联络处,为了配合维特根一直注重的售后服务,在广州、成都建立了配件仓库,并于2010年7月21日在安徽芜湖设立了具备配件中心、设备大修及新机展示等综合功能的分公司,从而为广大的中国用户提供更快速、便捷的服务。2013年,刚刚在廊坊开工建设的一座现代化的新工厂将是目前工厂的5倍,预计2014年底投入使用,以便维特根中国更好地为客户服务。

如今,已站稳中国市场的维特根还在不断深进,以实现其更远大的目标。

〔撰稿单位:维特根(中国)机械有限公司〕

专业专注 德基机械

廊坊德基机械科技股份有限公司(以下简称"德基机械")是一家专注于先进装备制造业的企业,专业从事沥青混合料搅拌设备的研发、设计、制造、营销和服务,专注于提供高端节能环保型全系列沥青混合料搅拌成套设备和废旧沥青混合料再生利用搅拌设备及服务。

德基机械成立 10 多年,年产能超过 50 台套。德基机械定位以"科技创新"促进企业持续发展,以技术创新和研发设计为企业核心,始终坚持技术领先一步的理念。

在德基机械成长、发展的道路上,多次获得国内外相关领域的奖项与认可。在国内,德基机械在 2009 年中国筑路机械 60 年庆典颁奖大会上获得中国工程机械工业协会筑路机械分会授予的著名品牌奖、技术创新奖和行业发展贡献奖 3 个重要奖项,2011 年 11 月,德基机械被河北省设备管理协会认定为河北省沥青混合料搅拌设备技术中心,2011 年和 2012 年连续两年被全球工程机械产业大会评为中国(本土)工程机械制造商 50 强。德基机械是中国工程机械工业协会的理事单位、中国工程机械工业协会筑路机械分会副理事长单位和中国公路学会筑路机械分会副理事长单位,2012 年 5 月被中国公路学会筑路机械分会评定为突出贡献理事单位。国际方面,德基机械于 2008 年取得俄罗斯联邦机械产品的 PCT 认证,更于 2009 年成为中国首家沥青混合料搅拌设备通过欧洲 CE 认证的厂家。德基机械产品质量已经达到欧洲和世界先进水平,为德基机械进入国际市场铺平了道路。

德基机械生产的沥青混合料搅拌设备,成功应用于京藏高速、京港澳高速、胶州湾大桥、杭州湾大桥等国家重点工程建设项目,在国内近 30 个省、市、自治区的高等级公路及市政道路的建设与养护中发挥了重要作用,为中国道路建设做出了重要的贡献。德基机械产品近年来在中国高端沥青混合料搅拌设备排名前列,是德基机械产品"高品质"的一个重要体现,唯有"高品质"才能保证"高销量"。历经十几年的努力,德基机械引领行业打破了中国高端设备主要依靠进口的局面,成功演绎了以高端民族品牌替代进口品牌的民族制造业发展之路。

德基机械秉承"诚信为本、客户至上"的经营理念和"树民族品牌,铸世界品质"的发展目标,专业专注,立足中国放眼世界。德基机械于 2004 年开始开发海外市场,实行"背靠祖国,面向国际"的发展策略,致力于开发国际市场,已销售了超过 50 台套沥青混合料搅拌设备到国际市场,并取得了骄人的成绩。公司产品不但大量出口至以俄罗斯、印度等金砖国家为代表的新兴市场国家,而且销往澳大利亚、新加坡等发达国家,并获得海外用户的首肯。德基机械以"高品质、高效率、高性价比"的产品在国内外高端市场中处于领先地位,并展示了美好的市场前景。

德基机械一直致力于技术创新,其研发中心的建设以德基机械为核心,联合国、省级政府相关机关、高校、部研究机构、行业管理单位等共同打造国家级的科研中心,承担行业以及国家重点科研项目,并积极参与行业标准制订。2012 年,德基机械通过加强与清华大学、香港科技大学、交通运输部公路科学研究院产学研的深度合作,共建河北省绿色沥青路面智能装备及工艺工程技术研究中心。德基机械不断加大研发投入,重点围绕我国公路建设和维护中的"节能、减排、环保、再生"设备及工艺的研制与开发,主动承担省级、行业以及国家重点科研项目和重大公路建设与维护示范工程项目。

作为公路废旧沥青混合料道路建筑垃圾循环再生利用设备制造的倡导者，德基机械于2003年在国内最早成功研制开发出15%的厂拌常温再生和50%的厂拌双滚筒热再生设备，2006年又成功自主研发出20%的厂拌常温沥青混合料再生搅拌设备，并出口到澳大利亚，成为首家我国同行业中出口沥青混合料搅拌设备到澳大利亚的专业厂家。2009年，德基机械率先研制出再生环式厂拌沥青混合料再生利用搅拌设备，并于同年成功为新加坡客户进行常规型沥青混合料搅拌设备再生利用改造。德基机械的厂拌沥青混合料热再生搅拌设备设计在采用国际标准的同时，更充分考虑中国工况的具体要求，为客户提供设备和施工工艺应用全方位的支持，让客户得到全面的再生解决方案，并可以根据用户现有设备的具体情况进行改造和配套。

展望未来，一切源于专业和专注，德基机械将一如既往地致力于道路建设与养护专用设备及资源化利用智能装备的研发与应用，继续为国家节能减排工作贡献力量，为行业和国家循环经济的发展不断注入科技创新和活力。

〔供稿单位：廊坊德基机械科技股份有限公司〕

创新发展　打造高端工程装备自主品牌

2012年，在政府以及行业各界的支持下，中国铁建重工集团有限公司科技工作紧紧围绕“国内领先、世界一流”目标，以“创新、发展、巩固、提高”为主线，实施创新发展战略，构建特色研发体系，实施科技攻关战略，提升自主创新能力，实施人才强企战略，打造核心竞争能力。在承担“十二五”国家科技计划项目和科技创新平台建设上取得重大突破，率先通过了国家级企业技术中心认定，成功入围2012年国家火炬计划重点高新技术企业和国家级两化深度融合示范企业。牵头承担“十二五”国家重大装备科技计划重点项目3项，创新开拓了全断面掘进机在煤矿领域的应用，以施工装备带动施工技术进步，填补世界空白。公司盾构机已形成了自主设计制造和产业化能力，替代了进口，取得了显著的社会效益和经济效益，推动了我国大型掘进装备制造业的科技进步，打造了中国高端工程装备最具影响力的自主品牌。

铁建重工之所以能够取得这种成绩，是依靠科技创新引领企业发展的必然结果。概括为三句话：体系创新为先导、重大项目为突破、人才强企为支撑。

一、实施创新发展战略，构建特色研发体系

科技创新发展战略是集团“十二五”发展的核心战略，根据依托中国铁建的自身特点，确定了发展地下工程装备的产业布局，明确了“自主研发、全球采购、系统集成、自主产权”的产业化理念和“原始创新、集成创新、协同创新、持续创新”的自主创新体制，实施了“设计、制造、施工”三位一体的研发模式，致力于研发与施工技术和施工工法密切相关的高端装备，保证了地下工程装备的成功研制和可持续发展；公司通过制定规章制度，规范了企业的科技治理工作，做到了把自主创新摆到了促进企业持续、协调、快速发展的突出位置，构建了具有鲜明特色的科技创新体系。

集团资源重点向科研体系倾斜，新建了15 000m^2可容纳1 000人的研发大楼，吸纳了600人的科研人才队伍，研发投入的强度每年都在公司销售收入的5%以上。公司还组建了下辖9个分院的研究设计总院，总经理兼任总院院长，加强了对研发机构的领导，根据产业布局和专业特色设置了掘进机研究院、机械研究院、轨道装备研究院、液压技术研究院、电气技术研究院、工艺技术研究院、施工技术研究院、北京研究院、兰州研究院和中心实验室、地下工程装备实验室以及轨道装备实验室，研究院下设不同的专业研究所。形成了以施工技

术为先导、基础研究、产品研发、工艺开发、应用研究、工程实验相配套的具有自身特色的梯次研发结构,保证了产品研发与施工技术的有机融合,完善了创新链条,实现了科技力量的有效协同。研究总院组建以来,致力于地下工程装备和轨道装备共性、关键性、前瞻性的技术研究,共研发大型高端地下工程装备30多种,轨道装备300余项,大多为填补国内空白产品。特色研发体系增强了集团在重大装备方面的研发能力,确立了在该领域的主导地位,对集团承担国家重大技术装备项目起到了重大支撑和推进作用。

二、实施科技攻关战略,提升自主创新能力

集团注重科技创新平台建设,国内同行业率先通过了国家级企业技术中心认定,打造了集团在国内地下工程装备领域和股份公司工业板块第一个国家级科技创新平台。获批组建了博士后科研流动站协作研发中心、湖南省地下掘进装备工程技术研究中心、与铁四院联合组建了水下隧道工程实验室,构建了四位一体的科技创新平台。依托创新平台进行科技攻关,突破行业瓶颈技术,为项目的高效实施提供了强有力的保障。近年来先后承担和参与国家、省部级重大科技计划20余项,其中承担国家级科技计划重点项目3项,参与6项,通过承担湖南省科技重大专项"大型盾构设备研制及其产业化项目",掌握和突破了复合式土压平衡盾构核心技术,攻克了盾构总体设计与制造技术难题,实现了产业化,整机技术达到国际先进水平,项目荣获2012年湖南省科技进步一等奖和股份公司科技进步特等奖,同时荣获轨道交通行业十大创新产品。自主研制的HPS3016、HPSD3010、HPD10+HBS30混凝土喷射台车系列产品,创新采用了独特的臂座二级转台结构设计和滑移的导轨机构,利用可编程控制系统,实现了全自动喷射控制功能,满足不同隧道工况使用要求。该系列产品的研制填补了我国在大型自行式混凝土喷射台车这一领域的空白,国内首次成功应用于成渝和沪昆高铁隧道工程,成为国内唯一一家型号最全并取得完全成功应用的企业,产品主要技术性能达到国际领先水平。HPS3016混凝土喷射机械手和复合式土压平衡盾构设备研制及其应用两项科技成果同时荣获中施企协科学技术奖技术创新成果一等奖。国内率先自主研制出符合国情的TRD工法链刀式地下连续墙设备,成墙深度可达地下60m,较好满足深基坑支护的水泥土搅拌桩墙深、快、强的需要,填补国内空白。世界首创研发斜井TBM、深立井全断面掘进机、护盾式掘锚机等高端战略性新兴产品,攻克了双模式TBM集成和模式转换技术、刀盘设计和刀具常压更换技术、物料高效运输技术、高承压密封技术、供排水方式和通风等关键技术,形成全新的适应性设计理论,开创了国内煤矿全断面掘进机和护盾式掘锚机研究应用的新局面,以施工装备带动施工技术升级,推动社会发展进步。牵头承担国家"863"计划大直径全断面隧道掘进机装备和科技支撑计划预切槽隧道施工成套设备项目,ZTE6250复合式土压平衡盾构机列入2012年国家重点新产品计划,肩负国家高技术重大装备研发重任,作为主要起草单位参与了全国建筑机械行业标准《混凝土喷射台车》及《盾构机术语与商业规格》的编制工作,引领行业技术进步。通过科技攻关形成自主技术,申请专利147项,获得专利授权94项,其中发明专利申请48项,授权13项,自主知识产权硕果累累。重大科技项目的实施增强和提升了集团自主创新能力。

三、实施人才强企战略,打造核心竞争能力

针对战略性新兴产业,集团着力建设创新型科技人才队伍,完善人才结构,推出了科技人员职位层级管理,划分为首席专家、首席研究员、研究员、主任工程师、工程师等11个层级,其中首席专家行政待遇超过集团董事长,薪酬福利待遇向研发和技术系列重点倾斜;公司提倡"创合"企业文化,制定了科技人员引进住房补贴制、年薪制、技术津贴制、科技人员期权薪酬激励等科技激励政策,有效调动了科技人员的积极性;依托重大科研项目,积极推进创新团队建设,营造了事业留人的良好氛围;集团公司每年拿出超过400万元重奖作出突出贡献的科技人员，形成了重视科技、尊重人才的良好氛围，造就了有利于人才辈出的良好环境；积极开展多层次、多渠道、大规模在职科技人员的继续教育，建立了网络化、开放式、自主性的科技人才培养体系，不断提高科技人员科技创新的素质和能力；同时集团充分利用了中国铁建长期积累的施工经验和施工技术优势，在各施工单位和高校聘请了100多名专家和顾问作为产品研发的技术支持，形成优势互补、风险共担的开放式合作机制。集团在短时间内引进、培养建设了一支600余人素质优良、门类齐全、专业配套、结构合理的专业科技人才队伍，保证了产品开发和技术创新能力始终保持同行业领先水平。

今后，我们将继续坚定不移地做强做大战略性新兴产业，进一步营造创新环境，强化创新意识，打造创新平台，提升创新能力，培育创新主体，转化创新成果，把铁建重工建设成为“世界一流、国内领先”的地下工程装备行业领军企业。

〔供稿单位：中国铁建重工集团有限公司〕

不断追求高尚品质　持续打造永茂品牌

抚顺永茂建筑机械有限公司（简称永茂建机），始建于1996年，公司秉承“天道酬勤、人道重情”的企业文化，几十年间锐意进取，不断发展，企业规模不断扩大。公司于2006年6月出资绝对控股我国塔机生产的巨头之一——北京建筑工程机械厂，并于同年12月成功收购抚顺工程机械制造有限公司。从此，公司形成了一个覆盖中国绝大部地区并能够轻松应对国际市场挑战的生产制造网络。公司于2008年2月21日在新交所主板成功上市，随着公司规模的不断扩大使永茂建机成为集建筑机械、工程机械、塔式起重机、履带式起重机设计、制造、营销及售后服务为一体的综合型建筑机械类企业，实现了企业的多元化发展。

多年来公司凭借先进的技术、精湛的工艺、优秀的品质和完善的服务赢得良好的声誉。永茂塔机连续7年被评为“全国用户满意产品”，永茂公司连续6年被中国质量协会评为全国用户售后服务“满意单位”。“永茂”商标被评为中国驰名商标、辽宁省著名商标、辽宁省著名品牌、，企业连续多年获省市政府表彰。

公司在得到客户普遍好评、赢得良好声誉的同时也赢得了广泛的市场。几年间，公司不仅跻身中国大型塔机制造商的第一阵营，而且迅速占领国际市场，并取得较好的销售业绩。在公司多元化发展战略和国际化发展战略的双重推动下，公司整机产品已形成四大系列60多个品种，2005年以来永茂塔机的出口创汇连续6年高居全国同行业的首位！截至2012年底，永茂生产的塔机已经进入全球70多个国家和地区，而且，我国第一台进入欧洲和美国的塔机都出自抚顺永茂。打开永茂产品的分布地图，除了南极洲，全世界到处都飘扬着永茂的旗帜！

创业伊始永茂建机的生产管理与产品品质就始终向世界优秀制造企业看齐，这不仅使永茂建机能够全面应对国际市场的需求，而且国际标准的产品质量，国际化的产品配置使永茂建机在激烈的国内市场竞争中占据上风。在国际，永茂建机为芬兰滑雪场、迪拜跑马场、迪拜比斯杜拜塔、印度ABG船厂，俄罗斯跨海大桥等大型项目的建设中扮演着重要的角色。在国内，永茂塔机为国家大剧院、新央视、鸟巢、水立方、首都新机场、上海世博会、上海南站、南京长江二桥、大连红沿河核电站等国家重大工程的建设做出了卓越的贡献。2007年，永茂塔机被确定为中国核电站建设“指定性塔机”。同时水电、火电、造船、港口、桥梁、航天等工程项目随处可见永茂塔机的身影。

2009年永茂建机凭借着强烈的民族自豪感与国际领先的制造工艺出色地完成了“浴血奋斗”、“艰苦创业”、“众志成城”、“同一世界”四辆国庆彩车的制造任务并全部顺利通过国庆检阅，为祖国60周年华诞献礼。国庆之后永茂荣获由首都国庆60周年庆祝活动筹委会群众游行指挥部颁发的“奋进杯”、“彩车最佳组织单位”与“彩车设计制作优秀奖”3项荣誉。

2010年永茂凭借精湛的工艺、安全的性能、热情的服务不断获得荣誉，永茂的荣誉陈列室中收获颇丰。

研发机构

永茂建机始终坚持贯彻和推行“天道酬勤，人道重情”的企业文化，并以自主创新、科技兴企为目标，不断引进和吸收国内外先进技术，同时永茂建筑机械有限公司于2009年2月6日与我国著名工科院校——哈尔滨工业大学联合成立技术研发中心，双方将在起重机的开发和设计领域中开展进一步的合作，大力开发新产品。目前为止，永茂建机已累计申请并获得“YMD自适应回转机构”“托绳小车”等各种专利30多项。

公司拥有实力雄厚的自主研发团队，技术研发中心下设结构设计室、电气机构室等设计科室，团队包括设计人员、高级工程师、工程师以及享受国家津贴的高级专家多人。并于2008年获得辽宁省省级技术研发中心称号。

公司拥有品类齐全的机械加工及焊接设备；拥有加工中心及其他用于加工产品关键部件的精密仪器；拥有亚洲第一大的塔机试验场地；更重要的是，拥有技术过硬的且具有丰富经验的铸造、机加工、焊接、配电技术工人和安装队伍。

永茂建机技术研发中心在设计过程中采用国际先进的计算机软件，依据国家和国际各项最新设计标准保证设计以及制造质量。通过自身的不懈努力，永茂建机已经自主开发并研制出具有国际先进性能的ST塔头式、STT平头式、STL动臂式、QD屋面式以及SQ履带式等五大系列起重机产品，产品设计满足建筑、港口、船厂、核电以及火电站等各个领域的标准要求。并且获得了包括欧盟CE、新加坡MOM、韩国KOSHA、俄罗斯GOST、乌克兰Ukr SEPRO、美国SGS第三方认证、澳洲认证在内的诸多国际知名认证。

工程业绩

永茂建机的产品服务于全国各地，为国家重点工程和大型建筑的建设所使用（如：中国国家大剧院、秦山核电站、北京新机场、上海南站工程、长江大桥、奥体中心，北京鸟巢，水立方工程、大连红沿河核电站等项目）。产品同时出口亚洲、欧盟、东欧、美洲、澳大利亚、非洲、中东、东南亚及中国香港、澳门地区等70多个国家和地区

售后服务

永茂建机长期以来本着“以用户满意为宗旨”的工作指导思想，踏踏实实的朝着“国内领先、走向世界”的企业发展目标迈进。

为了满足客户需求，公司制定了严格的规章制度，并从装配、技术、电气等部门选拔优秀工程师和技工组成强大的售服队伍。在售前服务方面公司开通多部咨询电话，对来电客户做详细耐心答疑。

售后服务方面公司有专业售服队伍和专门售服车辆，随时可以深入全国各地为广大用户提供售后服务。销售的塔机自出厂之日起即对产品实行跟踪服务，售后服务人员会定期回访用户，将用户的意见和建议及时反馈给公司总部，公司委派专人随时分类整理各种信息，并制定整改措施，用来改进售后服务工作。公司全体售服人员凭借“过硬的工作作风和良好的敬业精神以及精湛的专业技术”赢得了广大用户的信赖。

同时公司在北京、天津、上海、武汉、济南、西安、沈阳、乌鲁木齐、广州、哈尔滨、大连等地也设有办事处以更加快捷的为用户服务。

〔供稿单位：抚顺永茂建筑机械有限公司〕

百炼成金　沉若泰岳

九十年锤炼铸造企业品质　上海金泰工程机械有限公司是柳工集团控股并和上海电气集团共同持股的国有公司。公司始建于1921年，至今已有90多年的历史，从事地下施工设备制造近60年。上海金泰是国内最早进入工程机械行业的知名企业。

公司在桩工机械发展历程中，先后与德国宝俄、意大利卡萨等世界桩工巨头开展深入的合作，1995—2003年间与宝峨成立合资公司，共同研发旋挖、抓斗等现代桩工设备，2013年与意大利卡萨公司结成战略合作关系，联合进军小口径多功能钻机市场。目前，形成具有自主知识产权的16大系列60余种型号的各类桩基础施工设备集群，产品广泛应用于高速公路、铁路、桥梁、水库大坝加固、港口、城市轨道交通建设、工民建基础设施、市政建设、地质勘探、地下水资源开发等领域，产品远销世界各地。为我国南水北调、奥运鸟巢、上海世博场馆、北上广城市大型交通枢纽等重大工程项目建设发挥着主力军作用。

上海金泰是中国工程机械工业协会副会长单位、中国矿业联合会地质与矿山装备分会理事单位、中国建筑业协会深基础施工分会理事单位，多项产品和研发项目享受国家及上海市政府的扶持、补贴及税收优惠政策。地下连续墙液压抓斗、多功能钻机、多轴搅拌钻机、循环钻机、水文水井钻机等产品多次荣获国家及上海市政府颁发的行业荣誉奖项。

先进制造保障产品品质　上海金泰具有国内最大的桩工机械生产基地，具备了年产1 000台各类桩工设备的能力。公司多年积累的优秀生产管理经验和高素质产业工人在先进的设施保障基础上，持续地为国内外客户提供性能稳定、效率卓越、价格合理的产品。

技术优势成就专业地位　我们相信，专注才能做好一项事业。上海金泰工程机械有限公司多年来专注于地下施工机械研发，在施工工法、生产工艺以及技术服务领域积累了大量的经验，这些经验无论对于客户还是对于金泰来说都是宝贵的财富。

上海金泰成立之初就将地下施工机械作为公司的唯一研发方向，投入巨额的研发资金，SD系列、SH系列旋挖钻机、SG系列连续墙抓斗至今已有10年的成长历程，迄今共生产销售了近千台套，设备的稳定性得到了时间和市场的考验。

金泰产品的专业优势来源于时间的历练。金泰是最早进入旋挖钻机、连续墙抓斗等现代桩工设备领域并实现批量生产的专业企业，通过多年的持续改进和技术升级，产品的应用性和稳定性比国内同行拥有更多的专业优势。

进行基础施工，设备的稳定性将是非常重要的一个指标。金泰保证设备的稳定性有三大大法宝：

1.严格的生产要求，金泰的质量理念是“绝不让一个不合格品流入市场”，通过企业文化将品质至上的理念灌输到全公司员工的心中，致使全公司上下都非常重视产品的品质；

2.为使可靠性更进一筹，除了自主研发制造的部件外，金泰产品的主要零部件均使用国际一流品牌，从川崎、力士乐的液压泵到派克的一个小小的接头，无不显示了金泰品牌的精髓就是高可靠性；

3.合理的设计，使设备各个部件匹配达到最佳水平。国际知名企业配套件和金泰严谨的加工工艺，是金泰设备在可靠性上具有无与伦比的优势。

完善的服务网络保障客户无忧　上海金泰一向重视售后服务，为了使您的施工顺利进行，金泰为您提供优质的售后服务，其来源于以下保障：

1.金泰拥有国内一流的售后团队，一方面来源于公司多年的产品售后经验；另一方面公司拥有一支自主培养的优秀服务团队，我们的售后服务人员对设备的每一类故障均能在最短时间内做出准确的诊断，为客户及时排除产品故障。

2.金泰拥有一流的售后硬件，为了更好的给客户提供服务，金泰在全国各大城市建立销售、技术服务、维修、保养、配件供应融资手续办理等六位一体的分公司，为客户提供全方位管家式的周到服务；

3.柳工集团遍布全球的服务网络是金泰公司售后服务的强大后盾。2012 年，公司加入柳工集团，成为柳工桩工机械板块的排头兵企业，柳工集团的强大实力和国际化潮流为上海金泰注入新的发展动力。通过对营销系统的全面整合，逐步形成了较为完整的国内外营销和服务网络，市场反应速度、服务质量及客户回馈等方面都有了崭新的转变。

工法研究拓展服务领域 由于地层的多变性，桩工机械在何种地质条件下采用何种工法对施工企业提高施工效率有极大的帮助，上海金泰工程机械有限公司拥有全国唯一的一家钻具研究所，我们的钻具研究所曾经远赴欧美和东南亚及印度等国家，为当地的客户指导施工，如果您的设备需要这方面服务，我们也将派专人为您现场指导，为您定制特别的钻头以适应您不同的地层需要。

完善的培训体系将课堂开到施工现场 设备的交付只是销售服务的开始。金泰不仅为客户提供 7 天的理论培训和 30 天的现场服务外，随时为客户提供施工现场的工法指导和帮助，针对特殊工况对客户操作机手进行持续的指导和培训。

自主研发体现专业实力 金泰一向重视产品技术的升级，每年在技术研发领域投入超过 8%，公司的研发中心被上海市认定为“市级企业技术中心”。目前，公司在桩工机械技术领域拥有 70 余项专利，专利数在行业内首屈一指。这些专利技术成为金泰产品有别于其他同行的核心差异。

市场高度认可促进金泰不断追求卓越 金泰的产品在国家体育场、京沪高铁、郑西高铁、京石高铁、石武高铁、武广高铁、哈大铁路、京津城际、唐海曹妃甸等一大批国家重点工程建设中均扮演了不可或缺的角色，赢得了客户的高度赞赏。此外，产品在全国范围内的施工，使公司积累了大量的施工数据，可为客户制订最详细的施工计划。

公司在精耕国内市场的同时积极拓展海外市场，产品热销于美国、俄罗斯、巴西、新加坡、印度等 20 多个国家和地区；此外，通过研发能力的提升，实现了针对国外地层特进行适用性开发，实现多国施工的产品及配件。

风雨九十载，持续创新路。“百炼成金，沉若泰岳”的“金泰”品质与“世界的柳工”相融合，必将为上海金泰开辟更为广阔的天地。作为行业的知名品牌，金泰产品经在中国民族产业发展和现代化建设中谱写了光辉的一篇。

〔供稿单位：上海金泰工程机械有限公司〕

诚实　守信　创新

贵州詹阳动力重工有限公司（以下简称“詹阳动力”），成立于 2005 年底，是由贵阳市工商资产经营管理有限公司和新加坡科技动力有限公司共同投资组建的合资企业。公司注册资本 4 820 万美元，现有员工 1 500 余人。公司成立以来，秉承 40 多年的工程机械研发和设计历史，坚持走“技术创新、整合资源、国际化经营”路线，实施差异化发展战略，企业的行业影响力和产品竞争力得到不断提升和增强，始终保持有效益的持续发展趋势。

在国际经济环境复杂多变的形势下，处于国内工程机械异常激烈的外部环境中，詹阳动力审慎分析自身面临的各种机遇和挑战，准确分析和定位产品市场，提出了“三年跨大步，五年上台阶，十年打造成全球特种工程车辆生产基地”的战略总规划。

为此，詹阳动力持续推动企业产品技术的自主创新，加大新产品的开发研制力度，抢占市场利润制高点。通过引进、消化国外先进技术，开展与国内多所科研院校技术合作和人才培养工作，不断提升自身的技术自主创新能力。以生产一代，试制一代，研发一代为产品的研发模式，确保企业每年向市场推出2至3款新产品。目前，企业拥有“詹阳”牌轮胎式液压挖掘机、履带式液压挖掘机和特种工程车辆三大系列产品，能够较好满足市场客户的不同需求。其中，公司研制出的51km/h的高速轮式液压挖掘机、100km/h的多用途工程车、高速叉装车、环保混合动力挖掘机、全地形特种工程车等多款代表国际先进水平的新产品，获得了国家省市各级政府和业内外的一致好评。部分产品还成功批量列装了部队，为国防事业做出了积极贡献。此外，公司还不断加强自身内部管理建设，提升企业的凝聚力和战斗力，致力各类社会公益活动，积极承担企业应尽的社会责任，为企业实现又好又快发展创造各项有利条件。

多年来，公司发展取得了良好成绩，各项生产经营指标始终保持着行业高位增长趋势，具备了坚实的发展基础。鉴于公司所取得的发展成绩，公司董事会多次批准员工增资方案，使得员工福利待遇得到较大改善和提升。

展望未来，詹阳动力仍将秉承“诚实、守信、创新，致力于向客户提供最具价值的产品和服务”的理念，以追求有效益的增长为出发点，依靠自身独特的产品研发能力，充分发挥企业制造优势，不断提升企业产品的核心竞争力，扩大产品系列，走产品多元化路径和差异化竞争模式，开展技术和营销模式创新，扩大企业生产总量，不断提升企业产品市场占有率，尽快实现企业做强做大的目标。

〔供稿单位：贵州詹阳动力重工有限公司〕

撑起职工的保护伞

——方圆集团有限公司

安全生产，是企业各项工作得以顺利进行的前提和基础，是企业创造效益、获得发展的根本保证。作为以开发生产建设机械、工程机械、交通机械、建材机械、桩工机械为主的生产企业——方圆集团，自始至终高度重视安全生产管理工作，将此项工作作为企业发展的“命根子”常抓不懈，并发挥政治优势，把思想政治工作渗透到安全生产管理的各个环节，有效解决了思想上的安全隐患，做实了安全工作“管理”的文章，夯实基础，筑牢防线，推动企业持续、健康、快速发展，创造出良好的经济效益和社会效益。今年以来，各项主要经济指标保持着良好的发展势头。

一、抓住安全生产工作的切入点，完善体系

方圆集团坚持“从严治本，基础取胜，防患未然，消除隐患”的工作方针，把确保安全提高到“讲政治”的高度，不断增强各级领导干部的责任感、紧迫感和危机感。集团成立了以总经理为组长的“安全生产管理小组”，各分厂、公司主要负责人兼任组员，各车间、班组分设兼职管理员，自上而下形成了“三级管理网络”，构筑了齐抓共管的良好局面，做到了“分级管理、分线负责”，安全管理“纵到底、横到边”，责任到个人。安全生产管理小组每月一次组织召开专门会议，部署落实阶段工作目标及工作计划，制定相应的规章制度及考核标准，并严格按计划逐步贯彻实施，按标准组织严格检查，确保安全生产管理工作深入扎实、系统有效地开展。集团还成立了独立于生产单位之外的“千分考核小组”，专门负责以安全生产为核心内容的生产监督工作，每月考核一次，考核结果直接与分厂、车间、个人奖金挂钩，奖优罚劣，真奖真罚，使安全生产管理与经济发展、集团综合管理工作紧密结合，从而构架起安全工作“层层有人问，层层有人抓，层层有人管”良好格局。在集团职工生活小区，每栋住宅楼、每个住宅单元都分别设立了兼职安全管理员，负责本楼区、本单元的安全监督检查工作，使安全管理网络延伸到各家各户。

另外，在安全管理工作中，集团大胆给职工放权，赋予职工安全生产知情权、教育培训权、参与安全管理权、安全生产监督权、事故隐患整改权、不安全状况停止作业权、抵制违章指挥权、紧急避险权、反映举报权、安全奖罚权等 10 项权利，并实行了安全一票否决责任制度，有效遏制了“三违”现象，集团与每位职工签订了安全生产责任状，激发和调动了职工参与集团各项管理尤其是安全生产管理的积极性、主动性和创造性。

二、抓住安全生产工作的关键点，教育至上

方圆集团坚持做好思想政治工作，抓好安全宣传教育工作，强化职工“安全第一”的思想观念，将安全生产变为职工的自觉行为。集团提出“不安全的生产就是犯罪”“安全为了生产、生产必须安全”的教育要求，并以醒目的横幅悬挂于厂区，教育广大干部职工树立正确的安全意识。新职工入厂，安全教育是职工培训的第一课，由安全保卫处组织开展安全知识技术技能培训，筑牢思想根基。集团充分利用职工大会、形势任务报告会、职工座谈会、党团支部三会一课等形式，对广大职工讲形势、讲任务、讲大局，努力营造安全生产的舆论氛围。同时利用黑板报、宣传栏、《方圆报》《方圆月刊》、“方圆电视”“方圆之声”广播、墙报等各种宣传工具，倡导安全文化，长期深入地开展安全生产宣传活动，强调人的安全观念、安全意识和安全行为，强调关心人、爱护人、尊重人，注重“珍惜生命，享受人生”，形成保护人的身心安全与健康的企业文明风尚和人人自觉遵循安全规章的安全文化氛围。经常性地播放电教片、专题片，为职工订购《安全生产手册》《安全生产常识》《岗位操作规范》等书籍，培养职工安全生产的自觉性。2013 年以来，集团共刊发反映安全生产内容的简报 80 余期，编办黑板报 40 余期，张贴安全生产标语 120 余条，播放录像片、专题片达 25 次，收到了良好的教育效果，启发职工牢记：安全伴随着生产活动全过程，只要有生产活动就要时时预防事故。使职工逐步树立起 5 个观念：一是安全就是效益、就是政治、就是福利的观念；二是人的因素第一和关键在于预防的观念；三是安全工作是一个动态变化复杂过程的观念；四是安全工作必须时时讲、天天抓和安全工作无小事的观念；五是安全工作是一项齐抓共管、人人参与的系统工程的观念。从而使“安全第一、预防为主”的思想潜移默化于职工的脑海之中。集团常年在外从事销售、安装服务的人员达 600 余人，不论人员走到哪里，安全宣传教育就跟到哪里，积极向社会传播和辐射，产生了极其良好的社会效益。

2013 年以来，围绕着《中华人民共和国道路交通安全法》，集团迅速组织开展专题培训教育活动，针对集团全体员工展开宣传、教育，分层次、分类别、分阶段开展系列讲座，邀请有关部门相关人员主持培训、担任培训教师，对集团员工分期分批开展交通安全法规教育。扎扎实实开展“安康杯”知识竞赛活动，集团职工人人参与，共发放竞赛试题8 500余份，举行安全知识竞赛活动 12 次，使职工从更深层次理解各岗位安全的内涵，真正体会到“安全—企业生命”的深刻内涵。2013 年 6 月份，集团轰轰烈烈地开展“遵章守法，关爱生命”为主题的安全月教育活动，制定了《方圆集团安全生产管理工作考核办法》，结合上级部门组织开展的“大检查、严治理、严监控”活动，集团组织开展专项检查，重点加大了对生产车间、仓库、货场等特殊部位和危化品的检查力度，加大遵守规章制度的约束力。另外，以减少小事故、杜绝大事故为目标，以全线出击、共同预防为契机，集中组织学习《安全生产法》《安全生产许可证条例》《道路交通法》国发《加强安全生产工作的决定》，使广大职工由“要我安全”向“我要安全”的观念转变，切实学法守法保安全。

另外,集团开展“安全教育进万家”教育活动,针对各类安全知识以试卷形式印发到各家各户,家庭每位成员参与答题,集团统一组织评阅,考核成绩张榜公布,对于考核不合格的家庭,进行分类引导,集中强化培训,确保培训效果,使安全意识铭刻在每位职工的脑海深处。

集团还建立了危险源档案,拟订了公司内部重要设备设施及公共场所的安全、消防应急预案,确保安全工作得到有效监控,有效保证了各项工作的高效、顺利开展。

三、抓住安全生产工作的结合点,注重落实

管理,重在落实。方圆集团坚持将安全工作的一系列措施方法落到实处,落实到检查违章违纪行为和消除事故的隐患上,从根本上改变违章指挥、违章作业、违反劳动纪律的行为,防止任何不安全事故发生。车间班组是集团最基层的生产单位,是企业有机整体的细胞,是搞好安全工作的落脚点。在安全管理工作中,集团下大力气抓好车间、班组建设,提高整体素质,保持旺盛活力,完成生产指标,消除生产事故。为此,在生产车间、科室开展“三标”“三无”建设,要求以标准化的现场、标准化的作业、标准化的班组进行安全管理,达到个人无违章、岗位无隐患、班组无事故的目的。标准化现场:物件摆放整齐规范,卫生整洁,遏制和消除危险因素;标准化作业:以工作标准去规范生产活动中的生产行为,主要控制职工个人行为;标准化车间班组:控制群体行为,实现车间班组生产安全,以此激发集团全员共抓安全。

管理是基础,检查是关键,安全检查是保证安全生产工作的一项重要措施。集团规定,各部门每周对安全工作要有布置有检查,以发现和消除事故隐患,做到防患于未然。对查出的问题做到“三定”“三不准”:定出具体负责人,定出整改时间,定出整改措施;凡是自己能解决的问题,班组不准推给车间,车间不准推给分厂,分厂不准推给集团。集团除了例行常规的安全检查外,还不定时派人到车间暗访暗检,通过暗检,了解车间班组是否把集团及部门的安全要求及有关规定贯彻到职工当中;通过暗检,进一步核实部门对查过的隐患是否做到定人定责,定时间进行整改;通过暗检,还将一些习惯性违章违规行为当场纠正,对一些能导致发生事故的危险行为进行曝光;通过暗检,对不认真学习,光喊口号,不抓实际的形式主义作风进行通报批评,对不遵守公司管理制度、违章作业发生事故造成伤害,给公司和个人造成损失的,实行一票否决,以“四不放过”的原则进行处理。2013 年以来,集团组织各种形式的检查达 65 次,突出检查了各部门的安全责任制落实情况、特殊工种作业人员的操作规程和危险较大的设备运作状况,共查处不安全事故隐患 13 处,均落实责任到人,责成有关单位限期整改。另外,集团拨专款 80 万元对在安全生产和安全生产管理中做出贡献的 160 名职工进行奖励。由于制度严、措施硬、奖罚分明,有效保证了生产工作的正常顺利进行,为企业发展创造出良好的内外部环境,发挥出积极、有力的推动作用。

另外,集团着眼长远,致力于培养综合型职工队伍,通过职工技术水平的提高,防患于未然。采取岗前培训、岗位培训、送出去学、请进来教等多种方式加强职工培训,提高职工的技术技能,并将安全操作规程、安全生产常识作为重要内容列入培训范围。培训结束后,组织严格考核,持证上岗。2013 年以来,集团共举办培训班 15 期,培训职工达 1 300 人次,共有 220 名特殊工种的职工顺利通过了劳动部门的考核,有 86 名职工通过了特殊培训考核,获得了市级劳动局颁发的持证上岗证书。

多“管”齐下抓安全,安全生产促发展。方圆集团于 1995 年 12 月在全国建机行业首家通过了 ISO9001、ISO9002 质量体系认证,2001 年 12 月集团又顺利通过 ISO9001：2000 版的质量管理体系认证和 ISO14001 环境管理体系认证;2003 年 12 月份,顺利通过了质量、环境、职工职业健康三体系整合认证;通过了起重机械安装、维修单位安全认可证的评审,并取得安装、维修资格证书;通过了安全生产管理基础工作评估鉴定,集团被评为安全生产管理一级单位，被烟台市总工会、烟台市安全生产监督管理局联合授予“烟台市‘安康杯’竞赛优胜单位”等荣誉称号，安全生产管理工作的有效开展，为集团各项工作保驾护航，为企业发展创造出良好的内外部环境，发挥出积极、有力的促动作用，有力推动了集团的持续、快速、健康发展，一年一大步，年年上台阶，为奉献社会、报效祖国做出积极的贡献。

〔供稿单位：方圆集团宣传部〕

超值的产品　超值的服务

利星行机械有限公司(简称：利星行机械)，1995 年成立于位于中国经济最发达区域长三角地区的江苏省昆山市，是全球 500 强排名第 155 位(2012 年)、全球工程机械排名第一的美国卡特彼勒在中国华东地区的独家代理商。

利星行机械是香港利星行集团在中国内地的子公司。香港利星行集团是一家业务多元化的跨国企业，主要从事豪华轿车、商用车的代理及分销，房地产开发，金融投资服务以及国际贸易等业务。利星行集团同时全资拥有中华机械，是卡特彼勒在中国台湾的独家代理公司。

今天，利星行机械已在上海、江苏、浙江、山东、河南、安徽和湖北建立了专业服务网络，为市场提供全系列卡特彼勒工程机械、发动机和发电机组的销售、租赁与服务业务，支持并见证着中国经济的迅速发展。

今天，利星行机械已发展为一个逾 12 亿美元企业，拥有一个 2 200 多人的专业敬业的员工团队。凭着对工程机械和发动机、发电机组的熟悉了解和丰富的经验，利星行机械致力于帮助中国客户获得超值的产品和服务。利星行机械长期目标是成为具有世界水平、中国一流的工程机械和采矿设备，柴油及天然气发动机以及涡轮发动机、发电机组的供应商。

蓬勃发展

中国高速发展的时期参与并见证她的腾飞和崛起，利星行机械不失时机地携卡特彼勒设备进入华东市场，尽心尽力地为客户提供优质服务，也很感谢客户对我们专业服务的认可。利星行机械成功的发展壮大，并且得到业内客户的认可与以下 3 点是分不开的。

1.增值服务。中国的工程机械代理制度从无到有，成为营销渠道的重要一环，利星行机械作为卡特彼勒代理商，扮演了一个先行者的角色。我们面向客户，坚持提供系统化，专业化的产品和服务，得到了业界和客户的普遍认可，从不了解到可信赖。

2.不断改进，多元化发展。从成立初期销售专注于挖掘机，到现在为多个工业和行业按需提供各类机器和动力；从单一的销售模式到现在含融资、二手机和租赁的多元化经营。市场在变化，客户在成长，利星行机械也在不断变化，不断成长。

3.卡特彼勒的品牌，这个世界知名的百年品牌长盛不衰，至今在全球仍然是行业的领跑者，为我们这个年轻企业提供了强有力的支持，卡特彼勒世界一流品牌和质量的产品是我们在市场上成功的基础。

全面解决方案

随着工程机械行业市场容量的增长，市场饱和度越来越高，拥有设备的客户就面临更新换代的需求，为此利星行机械依据客户需求，急时调整公司的业务，推出了以下的业务：

1.新机销售。提供全系列的卡特彼勒新机，拥有最专业的销售队伍，依据客户的需求帮助客户选取最适合的产品。

2.二手机销售。利星行机械提供的二手机为 CAT 资格认证机，对整机完全进行解体、维修、调试。机器的使用性能达到制造厂规定的标准范围，并提供相关法规所规定的质保。并且提供“以旧换新”和“直接回购机”业务。

3.租赁业务。提供型号齐全的挖掘机、滑移装载机、推土机、平地机、各式路面设备、发电机组、高空作业平台和空气压缩机等多种各类工程所需的设备,为客户提供一站式整体解决方案。

4.融资方案。公司依据客户的实际情况,可以提供灵活多变的融资方案。

5.卡特彼勒正厂二手零配件销售。

2013 年是利星行机械的“客户服务年”,作为专业的二手设备营运中心,利星行机械二手机营运中心也相应推出了二手零配件销售业务,为卡特彼勒用户降低成本,创造效益。利星行机械扬州提供的二手零配件来源,均为回收的出险以及以旧换新卡特彼勒原装机器上拆卸下来的卡特彼勒正品件,所有零配件拆卸后均经过修复,并按原厂要求经过试验合检测合格,保证可放心使用。

全方位服务

中国工程机械市场从价格竞争转向服务竞争,客户对专业化服务的需求使售后服务地位渐趋突显。通过良好的售后服务,体现对客户的关怀和情感,扩大品牌影响和信誉,提升客户忠诚度,提高企业竞争力。

利星行机械在售后服务上共投资 14 000 多万元,昆山总部拥有近 6 000m^2 的维修车间及全套的检测设备。昆山总部零配件仓库面积达 3 000 多 m^2,备用零件达到 15 000 多项,价值 5 000 多万元。拥有近千人的售后服务团队全部经过专业技术培训,服务车辆达 170 多辆确保客户享受到方便、及时、周到的服务。到目前为止,公司在区域内共建立了 52 个公司,45 个服务网点,并且已经成立了南京、杭州、济南、合肥、郑州、武汉省际服务中心,以及扬州二手机工厂、徐州物流中心,上海动力营运中心,为客户提供更便捷更贴心的服务。

利星行机械今后还将继续加大投资,加快分公司和服务网点建设,升级软硬件设施。公司将一如既往地为客户提供“超值的产品 超值的服务”,为客户的事业腾飞助一臂之力,为广大客户一起再创新的辉煌。

〔撰稿单位:利星行机械有限公司〕

为用户创造价值

陕西同力重工股份有限公司(简称:同力重工)——非公路宽体自卸车行业的领跑者。2004 年,中国第一台非公路宽体自卸车在同力重工诞生。十年以来,同力重工蝉联非公路宽体自卸车行业销量冠军。

今天,上万台同力重工的产品在世界各地露天矿山得到应用。同力重工作为行业标准的制定者,再一次引领行业发展的方向。

同力重工以其快速增长的业绩和为行业发展所做出的突出贡献,被中国工程机械行业协会授予 2011 年、2012 年中国工程机械制造商 50 强企业。

同力重工已不仅是一个企业,一个品牌,而是行业一座宏伟的丰碑!

技术创新引领行业发展

2012 年,行业内首家工程运输机械技术中心在同力重工成立,这不仅对于同力重工的发展是一次跨越,而且对于行业技术水平的提升都具有重要的意义。

从灵感创新到系统创新,从需求研究到专用技术研究、应用环节研究,同力重工获得了非公路宽体自卸车技术专利 67 项,取得了多项技术突破,创新驱动发展让同力重工实现了与世界先进成熟技术的对接。

同力重工从成立的那天起就深知,技术立业对于一个制造型企业的重要意义。在条件极其困难的当时,同力重工既不能花重金聘请技术专家,也不能不切实际的引进技术，摆在同力重工创业者面前的只有一条路：自主创新、自主研发。许多技术人员以矿区和办公室为家，经过多年的研发、创新实践，他们开创性地建立了非公路车辆地面力学物理模型、开发了非公路路况特征及使用特征的传动系统优化设计软件、建成了非公路车辆制动系统物理模型和非公路车辆转向系统运动学模型，并较好地将这些技术成果应用于产品之中，奠定了同力重工在非公路宽体自卸车领域的核心地位。

创业之初，同力重工为了降低研发成本，创业者们千方百计说服专业零部件制造商，与相关研究机构、院所合作开发，就是在这样的过程中同力重工研究出了中国第一台非公路宽体自卸车，同时也建立了同力重工特有的创新机制、引进创新型人才、培育创新文化。从行业第一代非公路宽体自卸车的诞生，到 2013 年以“安全、可靠、舒适、高效、经济、适用”等性能指标全面对标设计的第三代非公路宽体自卸车产品的投放市场，技术创新贯穿了同力重工发展的始终。

专业打造 满足用户需求

作为非公路宽体自卸车行业的领军企业，同力重工始终在工艺装备和质量管理方面保持着行业领先地位。2012 年同力重工通过了“ISO9001：2008 质量管理体系认证”，在企业内部建立起了全面质量管理控制体系。凭借专业的制造设备打造满足用户需求的高效产品，装配流水线、车架流水线、货箱生产线以及试车场工艺装备等全面升级并投入应用，使同力重工的制造能力及技术水平达到国内同行业领先地位。

同力重工为了有效解决产品差异化需求和规模化制造之间的矛盾，企业开发了销售车型和技术车型管理体系，建立了具有足够柔性的生产线和生产组织方式，以挑战最短制造周期，从而可以及时满足用户个性化的用车需求。其独创的生产组织方式使连续大批量、个性化、短交货期和高周转率四要素在生产过程中得以同时实现。

为提升产品质量，同力重工以开放的心态先后与区域相关的大中专院校、专业研究机构开展专项技术研究；和专业总成制造企业如：潍柴动力、法士特、美驰车桥、汉德车桥等知名企业在对用户进行需求分析的基础上，进行各大总成的专项开发合作，这些合作项目不仅有效解决了同力重工产品在研发资源方面的缺陷，更加快了技术向产业化的转型和产品质量的全面提升。在短短的几年时间内，同力重工便实现了企业从单一产品进步到系统创新，系统集成的跨越，形成了目前三大业务板块并驾齐驱，30 余种产品为支撑的产业格局。

同力重工将人力资源作为企业核心竞争力，将为员工搭建实现自我价值舞台，创造人才成长环境作为人力资源的理念核心。为此，同力重工投入大量资金丰富员工业余文化生活，建成了员工文化活动场所，先后建成了标准篮球场、羽毛球场等活动场地；开通了西安、咸阳员工上下班大巴；装修了员工宿舍，改善了单身职工的住宿环境；建成了员工厅餐，满足了企业规模发展员工不断提升的生活条件需求；定期为员工免费体检、与每位员工签订劳动合同，保障员工的合法权益等。

同力重工以惊人的发展速度，逐渐成为中国非公路宽体自卸车行业的领导者。

全面解决方案创造更大价值

在非公路宽体自卸车行业多元化、多角度碰撞的激烈竞争时代，同力重工不光向用户提供了高回报的产品，更在产品选型、产品运营、产品收益评估、产品退出市场等各个价值链上为用户提供全面的运营解决方案。

作为非公路宽体自卸车行业的领军企业，同力重工坚持“以满足用户需求”带动技术的不断创新，不断提升企业为用户创造价值的能力。应用“同力工法”“五个一养车模式”，依靠“量身定制、专业打造、特色服务”的经营宗旨，以科学的工况调研，为用户提供集培训、运营管理、绩效考核、金融租赁等全面的运营解决方案是同力重工的核心竞争优势。

如今，同力重工已成为非公路宽体自卸车行业的标准制定者和领导者，但同力重工并没有就此偏安一隅，满足于小富即安的生活。他们选择了新的目标、选择了稳中求进。同力重工以“真正好的产品，不是求人去购买，而是适应市场需求”为箴言而不断努力。产品已被广泛应用于露天煤矿、铁矿、有色金属矿山、水泥建材矿山、大型工程建设等多个领域。先后与中国水电、中煤、神华、中国黄金、中国五矿、冀东水泥、声威水泥、南方水泥等形成了重要合作伙伴关系。产品已出口俄罗斯、蒙古、印度尼西亚、南非等多个国家和地区。

未来，同力重工将继续从用户需求出发，倾力打造具有同力重工特色的矿山文化，凭借“一个工程运输机械技术中心，咸阳、天津两大生产基地，非公路宽体自卸车、非公路特种运输设备、刚性自卸车三大业务板块”的战略布局，在“十二五”末，实现国家级工程运输机械技术中心的落成，和年产万台的产业规模。

同力重工将继续肩负振兴中国非公路宽体自卸车行业的责任，以“成为中国领先的工程运输方案和设备供应商”作为战略愿景，继续引领非公路宽体自卸车行业健康、持续发展。

〔撰稿单位：陕西同力重工股份有限公司〕

科技创新　提升品质　持续发展

无锡市小天鹅建筑机械有限公司是一家以研制、生产、销售、租赁 ZLP 系列高处作业吊篮为主的民营企业，20 世纪 90 年代初为适应社会发展的需要，和中国建筑科学研究院联手，共同开发了 ZLP 系列高处作业吊篮，开创了国内用现代机械替代传统脚手架的先河，是国内率先生产高处作业吊篮的专业厂商。经过多年的努力，小天鹅牌、天爱牌 ZLP 系列高处作业吊篮以其卓越的品质、领先的技术、完善的服务赢得了国内外客户的赞誉，成为建筑机械行业中的著名品牌，已连续 16 年被全国建设机械设备用户委员会评为“用户满意产品”，7 次获得了吊篮行业唯一的用户满意“大拇指”奖。

随着经济全球化的推进，民营企业必须参与国际竞争。要在风起云涌的竞争中生存并发展，只有通过技术创新来赢得核心竞争力，从而推动企业的进步。无锡市小天鹅建筑机械有限公司作为国内建筑机械吊篮行业的龙头企业，始终以自主创新、科技领先为指导，坚定不移地把科学技术作为第一生产力，全方位实施“科技兴企”的战略，扬长避短，使企业保持平稳的发展势态。目前公司已有 3 大系列 20 多个产品，能满足高层、多层建筑物外墙施工、装修、装饰及造船作业，井道电梯安装，大型罐体、高大烟囱、电视塔、大型桥梁工程施工，还可根据客户要求及施工特点定制各种特殊规格的产品。近年公司又研发了新型施工升降机、智能化吊篮等施工设备。吊篮主要部件提升机、安全锁等均获国家多项专利。公司现在生产的产品有：ZLP 系列高处作业吊篮、施工升降机、多功能提升设备、应用物联网技术的智能化吊篮、圆柱型建筑用吊篮、船用检修吊篮、船用制造吊篮、烟囱用吊篮、桥用吊篮、电梯井安装吊篮、风力发电机风叶检修吊篮、风力发电机塔筒提升吊篮、高铁桥墩用吊篮、大型储油罐用吊篮、大型屋架用吊篮、电厂锅炉吊篮等。公司生产的吊篮在国内许多重点工程项目中得到应用：有北京人民大会堂、北京金融大厦、北京南洋大厦、北京合作银行、北京饭店、北京恒基中心、北京首都机场航站楼、上海巨金大厦、上海中枢广场、上海香港广场、上海浦东国际机场、深圳世贸中心、深圳赛格广场、深圳鸿昌广场、深圳科技大厦、大连世贸中心、大连金座大厦、大连船厂、大连香格里拉酒店、大连万科大厦、宁波北仑电厂、广州健力宝大厦、广州建行大厦、武汉世贸大厦、武汉长航大厦、武汉高铁、四川国际大厦、大庆油田、大亚湾核电站、杭州市府大厦、萧山国际机场、义乌国际大厦、雅安至西昌高速公路大桥、成渝高速公路大桥、象山大桥、宁波跨海大桥、嘉绍跨海大桥、山东邹城电厂、厦门海沧大桥、苏州国家电网检测中心、南京总工会大楼、南京中国银行大厦、南京河西万达广场、南京世贸中心、南京高铁南站、火车南站、拉萨布达拉宫、无锡联东 U 谷等。

科技创新、提升品质、持续发展是小天鹅人执著的追求，为发展吊篮的多元化服务，公司积极参与了国家“十一五”科技支撑项目子课题高层建筑外墙保温多功能施工平台及屋面支撑体系研究并通过由国资委组织的验收，其中间成果 ZLP1000A 高处作业吊篮和外墙施工多功能作业平台通过了住建部科技发展促进中心的科技成果评估，列为科技成果推广项目。此产品可广泛应用于高层建筑外墙保温施工，电厂烟囱内壁环保施工以及特大型桥梁的表面涂装施工，目前已向国内外风电塔筒及叶片的维护保养施工方向进行推广，外销推广的主要方向为北美市场。

QP500 型建筑物料提升机可与高处作业吊篮配合施工，安全可靠，有效提高施工效率；推出了用于多层建筑、井道等施工场合的物料提升 TP300 型便携式货用提升机；开发了能与桥梁检测车配合使用，用于大型桥梁局部位置的检查的 ZLP150 单人手动式专用吊篮；试制成功了用于多层和高层建筑的墙面清洁维护施工的 CUG 悬挂轨道式擦窗机和 CCG 插杆式擦窗机。近期又准备将高处作业吊篮应用于风力发电行业，推出了风电塔筒升降机和风电叶片维护平台。其中高处悬挂作业用提升机采用国际上先进的“a”形卷绳系统，具有重量轻、运行平稳的特点，最快提升速度达到了 18m/min，最大提升能力达到了 1000 kg，该产品能配套在整机上销售，也可单独销售给国内外用户，质量和性能均达到了国际先进水平，近三年来整机销量和提升机的销量都逐年增加，大批量进入欧美高端市场，是国内唯一大批量单独出口至发达国家的高处悬挂作业用提升机。而同时开发的带行程开关的离心限速式安全锁，也大批量出口欧美，其生产及销量占国内同类产品的 90% 以上。这 2 项产品配套使用可广泛应用于建筑外墙保温施工、电梯安装、风电设备维护等行业，对我国高层建筑无脚手架施工作业，提高施工效率，促进安全性具有极大的推动作用。

技术领先、性能卓越、质量可靠的“小天鹅”、“天爱”牌建筑吊篮销量连年攀升，市场占有率始终名列前茅，产品遍布全国各地，还远销德国、俄罗斯、乌克兰、哈萨克斯坦、阿拉伯联合酋长国、卡塔尔、科威特、印度、印度尼西亚、越南等国家和地区，并与这些国家的客户在技术、销售及服务等诸多领域建立了长期的深度合作，出口量不断得到刷新。

不懈的努力，换来了殊荣。企业连续被中国质量协会、中国用户委员会评为用户满意先进企业、用户满意服务单位、全国用户满意产品，被中国设备管理协会入选全国先进适用机电产品库，授予全国先进适用机电产品和全国质量信誉有保障供应商称号，被江苏省建筑安全与设备管理协会评为省建筑施工机械设备租赁十佳单位，是中国工程机械工业协会常务理事单位及装修与高空作业机械分会副理事长单位、中国质量管理协会建设机械行业分会理事单位、江苏省优秀企业、江苏省质量管理协会会员单位，是国家标准《高处作业吊篮》（CB19155-2003）、《擦窗机》GB19154-2003）起草和制定单位之一，也是《2010-2015 中国建筑业建筑技术发展纲要装修与高空作业机械行业规划》参与编制单位之一。公司是中国建设教育协会建设机械职业教育专业会员会的优秀会员单位，参与了吊篮国家标准编制，是国家指定的吊篮专业人员培训基地，在全国 CAD 应用工程整体项目国家验收中，被评为全国“九五”期间重大科技成果，确定为全国 CAD 应用工程国家级示范企业。

为了使企业保持强劲的生机和活动，成为吊篮行业的技术引导者，公司坚持以科技创新为突破口，不断将新的技术转化为生产力，获得了可观的经济价值和良好的社会效益，市场竞争力日渐提升。无锡市小天鹅建筑机械有限公司正由国内建筑机械生产的先行者逐步向世界建筑机械制造者的先进行列迈进。

〔供稿单位:无锡市小天鹅建筑机械有限公司〕

合作共分享　创新无止境

河南省克瑞实业集团创建于1995年,所从事业务横跨装备制造、现代农业、矿山开发、生物能源、矿山开发、管材行业、电子设备、金融服务、项目咨询等多领域,集团以“创新无止境、合作共分享”的企业理念,坚持走“环境友好、资源集约”的发展道路,产品广泛应用于基础设施建设、新能源利用、抗灾、减灾、救援等多个领域。

克瑞集团的装备制造业务板块,主要从事塔式起重机、施工升降机的研发、生产、销售、安装和租赁服务,能生产1 100N · m以下平头、塔头、动臂式全系列,行走式、内爬式等各类塔式起重机,是一家集研发、制造、销售、安装租赁为一体的科技型企业集团。

近年来,塔机租赁已经成为塔机市场业务的主流模式,同时伴随着融资租赁业务在塔机销售中渗透率的快速提升,市场对高品质产品、便利化服务以及资产安全管理和风险控制的需求越来越高。克瑞集团作为国内塔机主要制造商之一,紧紧把握市场脉搏,积极整合集团资源,充分利用集团纵贯塔机业务上下游的优势,以“热轧一次成型无缝方管”高品质产品为基础、以克瑞首创的“塔机4S店连锁销售、租赁、服务网络”为依托、以自主研发的“塔机远程安全监控管理系统”进行资产管理和风险控制为保障,经过不断的探索和实践,创立了一整套“使用安心、服务放心、资产管理和风险控制省心”的塔机租赁新模式,以适应塔机租赁市场发展趋势和满足市场需求。

克瑞集团下属公司华隆管业,通过引进消化高新技术,并转化成生产力,成功研制出热轧一次成型无缝方管,是我国国内唯一成功生产热轧一次成型无缝方管的民营企业。该技术在国内属于行业领先的专利技术,克瑞集团通过在产品生产过程中大量使用自主生产的热轧无缝方管,不但降低了塔机自身重量,而且提升了塔机部件的承受力,大大提升了克瑞塔机的产品品质。

克瑞集团首创的塔机4S店营销服务模式,经过不断发展完善,已经建立起覆盖全国集营销和服务为一体的专业塔式起重机4S店服务网络。克瑞塔机4S店的服务内容还延伸到产品销售的前后端,通过提供增值性的售前项目施工设备解决方案咨询服务、更为专业的售中全地形勘测并安装施工服务,以及售后持续稳定的定期巡检及时维修服务,为客户创造更多的价值。

完成全国布局的克瑞专业塔式起重机4S店,也形成了连锁服务的网络平台,通过导入标准化、统一化的服务内容与流程,克瑞的用户可以在国内任何一个地区,都能分享到克瑞连锁4S营销服务的标准化、统一化营销服务,无论是租赁办理,还是安装维护,大大方便了客户跨区域的设备应用与管理。

克瑞集团的战略合作伙伴——北京安邦公司,积极响应国家安全生产号召,成功研制出塔机远程安全监测管理系统(俗称塔机黑匣子),并通过了国家建设部的科技计划项目验收和国家指定安全检测部门的鉴定,产品取得了国家实用新兴技术专利,并顺利实现了产品的工业化和产业化。克瑞集团积极引进先进技术,与北京安邦公司结成战略合作伙伴关系,在行业内率先给塔机安装上塔机远程安全监测管理系统,并建立起克瑞塔机远程监控管理中心,大大提高了对塔机设备的资产安全管理水平,2012年,受国家住房和城乡建设部委托,克瑞集团作为主编单位联合相关科研院所及企业单位组成标准编制工作组，在相关研究和实际工程应用的基础上，编写国家级行业标准——《建筑塔式起重机安全监控系统应用技术规程》工程标准。

通过安装在塔机设备上的“塔机远程安全监控管理系统”，克瑞塔机远程监控管理中心可以协助客户，在网络上实时了解到塔机的工作状态，客户也可以通过电脑，在系统平台上随时获取塔机设备的数据和图像，并通过管理平台实现对受控终端塔机的实时监控、预警功能，从而保护塔机等租赁设备的安全运行，为帮助客户提高塔机使用安全系数、便利施工管理提供巨大支持。

克瑞塔机远程监控管理系统具备数据采集，数据显示，数据报警，数据储存，远程监控管理等功能，通过克瑞总部以及克瑞 4S 店的塔机远程监控管理中心，可以为工程机械设备的融资机构、银行、租赁公司以及个人客户提供一个方便的资产管理平台，从而降低客户资产管理成本，控制资产管理风险，保障资产运营安全。

作为塔机生产企业，克瑞集团利用自身产品线和服务平台的组合，不断创新服务，与客户共同成长；克瑞租赁看重与客户之间的长期稳定合作关系，通过深入了解客户需求，展开与客户的深度合作，以更加灵活的付费方式、维修服务、产品开发等服务，把传统的租赁关系，变为工程机械设备生产企业与应用单位之间的扁平化合作，共同承担设备管理责任，减少通道消耗，降低生产成本，提高工作效率，变供需关系为合作伙伴。

“合作共分享，创新无止境”，克瑞集团不断创新技术科技，提升产品质量和服务水平，通过打造平台化、网络化的服务体系，整合克瑞在电子信息、装备制造、地面营销服务等方面的优势资源，创建起塔机租赁服务、管理的新模式，满足市场需求，为行业发展不断探索新的思路。在行业和社会各界朋友的帮助和关怀下，克瑞集团正沿着“做强做大”的企业发展战略，不断稳步前行。

〔供稿单位：克瑞集团〕

川 崎 液 压

川崎重工业集团(KAWASAKI)成立于 1878 年，以造船业起步，事业涉及摩托车制造、铁路车辆、航空工业、燃气轮机、燃气发动机、能源设备、环境设备以及液压机器、机器人等领域，产品丰富多样，是一家横跨海、陆、空的大型跨国企业。经过一个多世纪，川崎重工拥有并积累了精湛的技术和享誉世界的品牌及研发能力，以“KAWASAKI”品牌闻名遐迩，制造工厂遍布全球各地，仅在中国就拥有 20 多家制造工厂、销售公司和代表处，并且又开始追求新的梦想，在不断创新的 21 世纪里继续充满活力，大展宏图。

作为川崎重工集团的下属分公司——川崎精密机械公司(KPM)从 1916 年开始了船用机械液压机械的研发和制造，经过了近百年的不懈努力和锐利进取已拥有在液压行业之中首屈一指的制造规模和生产设备。从各种液压元件、液压装置，到精密机械和控制系统，川崎精密机械公司不断研发并扩大产品种类，生产以液压泵、液压控制阀、执行机构、液压回转马达等为主，同时生产所有机械及成套设备使用的液压装置、液压甲板机械、电动液压操舵机、捕鱼用液压机械等的各种应用液压机械。

以流体动力为核心技术的川崎精密机械公司，通过优秀的研究团队和试验设备，不断地专心致力于新技术及新产品的研发，同时为提升产品质量、持续稳定供给、提高客户满意度而不懈努力。川崎精密机械公司的液压系统产品，通过日本、英国、中国、韩国、印度等五大生产基地，以及加上包括美国在内的六大销售服务基地，为全球客户迅速供应产品，并提供周到而全面的服务；其技术和产品在要求“力”的所有领域，以及实行“自动化”的各种领域均得到广泛应用；其“KPM”品牌在工程机械领域，特别是液压挖掘机方面，即使在全球范围内也占有压倒性的市场份额，并以其卓越的品质和性能，持续活跃在从日本到欧洲，美国和亚洲的世界大舞台上，不断赢得世界的信赖和更大的期望。

一、川崎液压中国

20 世纪 90 年代初，中国挖掘机行业的年产销售量在 2 000 台左右徘徊，产量低，机型少，液压挖掘机的设计和制造水平与国际一流产品相比，存在较大差距，特别在液压系统方面，“只控制功率、不控制流量”，不仅无法较好的取得热平衡，而且不能长时间连续使用（不间断使用时间最长 2h），造成了巨大的能量消耗。与此同时，世界各国的挖掘机液压系统已进入了功率和流量的同时控制时代，能耗低、可不间断地长时间使用，在能耗、效率等方面已领先国内挖掘机，而且在流量控制上，采用了负流量、正流量、负载敏感等控制方式。

面对国内挖掘机与国际相比存在的较大差距，1993 年 8 月，机械工业部天津工程机械研究所举办了中、日、英三国液压挖掘机技术交流与项目洽谈的国际交流会，国内各企业的技术副厂长，总工程师，技术负责人等近百人参加了此次交流会。日本川崎重工应邀参加了本次技术交流，公司委派波多野达士和陈爱明先生到会，并系统地介绍了与挖掘机流量控制有关的负流量控制方式与原理、总功率控制方式与原理以及川崎重工公司可提供的挖掘机上所需求的全套液压元件产品的性能、特点、国际市场上的占有率等，受到了各挖掘机厂家代表的一致好评，川崎重工的液压件从此逐步进入了中国挖掘机行业。

中国经济的蓬勃发展，为工程机械行业带来前所未有的发展机遇，中国挖掘机的销量从 1993 年 3 000台左右、达到了 2011 年近 18 万台。特别值得一提的是民族品牌挖掘机市场占有率达到了 40%以上，这是各挖掘机制造企业孜孜不倦，努力奋斗的结果。在此之间，川崎重工顺应各挖掘机制造企业的要求，为各企业提供了量身定制的差异化的液压系统和液压元件：功率控制方面，提供了总功率、无级变量功率的控制方式；流量控制方面，提供了负流量、正流量的控制方式；系统控制方面，提供了全液压、液压+发动机速度电子监控的控制、全电子控制的控制方式；产品方面，为各企业提供了 6～8t 小型挖掘机的主泵、先导阀，13～70t 的全套液压系统及液压元件（行走机构除外）、70～800t 挖掘机的主泵、回转机构、先导阀，满足了飞速发展的市场需求及迅速壮大的客户需要。川崎重工液压件以其高效能、低噪声、省能源、长寿命、灵活的控制方式得到各挖掘机制造企业的爱戴和广泛采用。

高品质的挖掘机离不开精细的制造工艺，制造过程中的液压元件的 2 次污染以及不良液压油的混入都将直接影响到液压元件的使用寿命。从 1994 年开始历时 4 年，川崎重工对中国所有客户细心地介绍了挖掘机制造过程中的液压元件污染度管理方式，以及出厂前的整机清洁度提高的工艺方法，并通过对挖掘机整机液压油污染度的实际测试，使客户进一步充分地了解到液压油污染度的实际状况及管理方法，川崎重工的液压油污染度管理理念及方法深深地植根于中国各挖掘机制造企业。

二、川崎液压的本土化

中国经济的日新月异，为各挖掘机制造企业带来了前所未有的发展空间，同时对液压元件的迅速稳定的供给也提出了新的要求。川崎重工基于配套件产商应尽的责任与义务，于 2005 年设立了川崎精密机械（苏州）有限公司，开始了液压泵、液压马达的中国制造。

川崎精密机械（苏州）有限公司从 2005 年租借第一工厂进行液压泵的制造、2007 年租借液压马达制造的第二工厂，到 2011 年 11 月 1 日自建第一工厂开业，2012 年 12 月自建第二工厂落成，设备导入后具备了年产 20 万台的生产能力。另外，产品国产化率达到了 50%左右，拥有了远远满足各挖掘机制造企业需要的能力与自信。

2008 年川崎重工响应中国政府提出的对关键零部件实现国产化的要求，与浙江春晖集团开始了挖掘机用成套液压件的合资合作的谈判。该合资合作项目,自始至终得到了商务部、工程机械行业、浙江省各级政府的各位领导的大力支持与关怀,迅速并顺利地于2009年成立了川崎春晖精密机械(浙江)有限公司,且仅用一年的时间实现了厂房的建设、设备安装、产品试制及批量生产,开始了中国本土中日合资生产挖掘机配套液压件的制造。目前批量生产挖掘机液压元件的同时,还生产混凝土机械等所需的液压元件,产品的国产化率现已超过40%。

三、川崎液压的服务

一流的产品需要一流的服务,川崎重工一贯本着“客户至上”的原则,从2002年在南京设立川崎精机南京代表处,2004年设立双凯液压(上海)销售有限公司,2007年设立了川崎精密机械(苏州)有限公司上海分公司,到2010年设立了川崎精密机械商贸(上海)有限公司及2011年成立了川崎精密机械商贸(上海)有限公司顾客服务中心,更加积极的展开贴近市场需求的售前和售后服务。

通过川崎精密机械商贸(上海)有限公司将日本总部机能的技术、服务、销售、维修、再制造等集约在中国本土,大大加快了市场的对应速度,使客户要求得到了充分的满足和实现。

关于挖掘机及液压系统日常使用中出现的种种故障现象,如何快速准确地作出判断、实施维修,对保障挖掘机使用终端客户的权益和挖掘机品牌的培育至关重要。作为售前服务的一环,川崎重工自液压元件进入中国开始,就及时地开展了围绕挖掘机及液压系统故障的分析、判断和处理的相关液压知识培训,对所有客户进行了每年免费定期培训一次,并多次举办了全国性的大型培训活动。从2011年开始川崎精密机械商贸(上海)有限公司顾客服务中心实施了每周定期举办两期免费培训的活动,使各挖掘机制造企业在完全应对各种液压件故障现象的同时,又掌握了排除挖掘机故障的方法。

产品的销售离不开完备的售后服务支持,川崎重工从1993年一进入中国市场,就立即设立了上海售后服务中心,紧接着又在北京、大连、深圳先后成立了售后服务中心或零配件销售中心。2011年川崎精密机械商贸(上海)有限公司顾客服务中心的设立,将川崎精密机械公司(KPM)的售后服务体系变得更加快捷、更加周密,维修零部件的库存储备、液压件的再制造都将在该售后服务体系中得到有效的实现。

二十年在历史长河中是短暂的,但在中国挖掘机的发展进程中却是厚重一笔,川崎重工十分荣幸能够参与其中,并与其共同发展。

中国作为世界经济发展的引擎,为了满足不断提升的城市化需要,在未来较长一段时间内,工程机械及挖掘机的强劲需求将继续保持,川崎重工将一如既往地履行供应商的义务与责任,为工程机械的蓬勃发展贡献绵薄之力。

〔供稿单位:川崎精密机械商贸(上海)有限公司〕

勇于创新　善于积淀

上海隧道股份机械制造分公司是上海城建隧道股份的全资直属企业,拥有50余年的地下施工装备制造和大型成套设备安装的辉煌业绩和经验,是中国第一家地下施工装备专业厂家。分公司获得瑞士SGS颁发的国际质量、环境、职业健康安全管理体系认证,是目前中国唯一一家专业从事盾构掘进机、顶管掘进机、钢模、管模等地下工程机械的高新企业。

依托于上海隧道股份母体,企业积累了丰富工程实践经验,拥有盾构研发制造的自主知识产权,采用“自主设计、上海制造、全国配套、全球采购”的方针,形成了集研发设计、加工制造、组装调试、技术服务、施工反馈、维修保养改制一体化的盾构产业链。企业可达地铁盾构年产量 40 台、大型或超大型盾构年产量 4~6 台的规模。市场覆盖全国各大城市及香港、台湾地区，并出口日本、新加坡、马来西亚、印度等国。

自主创新，盾构产业从这里起步

自主创新是企业前进发展的动力。自 1958 年起开始盾构研制，1967 年自行设计制造了国内第一台 ϕ 10.03m 网格挤压盾构，应用于中国第一条越江隧道——上海打浦路越江隧道施工，打破了外国专家“在上海挖掘隧道就好比在豆腐里面打洞”的预言，结合工程而开发的盾构隧道、隧道衬砌等四项关键技术获 1978 年全国科学大会奖。这条长约 2.7km 的隧道，在中国隧道建设千里长卷上书写浓墨重彩的“第一笔”。

20 世纪 80 年代中期，通过对盾构核心技术的研究与设计，自行研制了 ϕ 4.35m 加泥式大刀盘土压平衡盾构，并成功应用于工程，1990 年获得国家级科技进步一等奖。

20 世纪 90 年代，企业在盾构的研制和技术创新投入了大量的人力和物力，为取排水隧道、电缆隧道、共同沟、污水处理管道等地下工程研制了不同断面、不同直径（ϕ 600mm ~ ϕ 6.34m）的土压平衡和泥水平衡掘进机。

20 世纪个世纪末，随着我国地下工程高潮迭起，而洋盾构在中国市场占有率高居不下，外方紧紧捏着核心技术和关键设备，以联合生产盾构的形式，占领中国盾构市场。分公司秉承“兼容并蓄，为我所用”的原则，积极与国外同行开展了广泛交流、技术合作和相互之间的技术支持，从中吸取丰富的盾构制造经验和关键技术，分公司形成了具有完全自主知识产权的盾构设计制造集成技术。

“十五”期间，分公司承担了国家“863”计划、国产盾构重大攻关项目，于 2004 年成功研制出中国第一台具有完全自主知识产权的土压平衡盾构机“先行号”，在工程应用中“先行号”先后创造了日推进 38.4m 和月推进 566.4m 的纪录，刷新了当时国内进口盾构最快纪录，其主要综合指标达到国际先进水平。研制过程中获授权发明专利 4 项，实用新型专利 2 项，编制了由建设部组织的国内第一个土压平衡盾构设计制造行业标准。国产盾构获得上海市科技进步一等奖，被列入国家重点新产品计划。同时，由于“先行号”盾构样机的优异表现，企业一举获得了 22 台盾构的销售合同，形成了国产盾构批量生产，打破了长期以来国外盾构垄断中国盾构市场的局面。

此后，分公司再次参与国家“863”计划，承担了大直径泥水平衡盾构的研制与应用科研项目，成功研制出中国首台拥有完全自主知识产权国产大直径泥水平衡盾构，并应用于上海世博会建设重大配套工程——打浦路隧道复线工程，实现大直径泥水平衡盾构 R300m 小曲率半径施工，在国内外尚属首次。首台国产大直径盾构的首战告捷为国产大直径盾构的设计制造及施工做了有益的探索及经验积累，获得了 2010 年中国国际工业博览会金奖第一名，并被认定为上海市高新技术成果转化项目。

在半个多世纪的盾构产品不断升级换代过程中，企业通过合作制造和自主研制已累计生产了各类掘进机 200 余台，产品广泛应用于公路、水利、地铁、煤矿、电力等各行业领域，市场覆盖全国各大省市。其中，批量生产的 47 台具有完全自主知识产权的地铁土压平衡盾构，先后在上海、南京、杭州、苏州、宁波、天津、广州、武汉、郑州等地区使用。

持续发展，盾构品牌崛起海外

分公司以“立足上海、面向全国、走向世界”的经营方针，将目标瞄准国际市场，积极实施“走出去”战略。

2009 年，自主研发了符合英国 BS 标准的复合铰接式土压平衡盾构，成功销往新加坡，成为首台出口海外的中国盾构。BS 标准与国内标准相比，更注重产品的安全保障、环境保护、人性化设计，是国内盾构产品的空白。通过设计团队夜以继日的设计攻关，将可呼吸系统和自动消防系统、空调系统等全新设计方案引入了新加坡盾构项目，技术方案得到了新加坡业主的充分肯定，填补了国内盾构掘进机的空白。该盾构成功穿越新加坡复杂流沙层和市中心建筑物桩基，顺利完成了海外首条地铁隧道——新加坡市区线C902标地铁工程的掘进任务，施工中达到单日掘进15环，创造了新加坡地铁最快施工记录，受到新加坡业主的一致好评，实现了国产盾构首次掘向海外的完美收官。

2010年，分公司承接了香港净化海港计划二期的重要民生工程——香港昂船洲污水处理工程ϕ4.72m复合铰接式土压平衡盾构设计制造任务，完成了盾构“小身材，大功能”的设计特点，在现场施工中克服了香港特殊复杂地质条件、R250m小半径转弯、地下海水水量丰富等诸多难点，获得香港方代表的高度评价。

2011年，首次以参与国际装备市场公开竞标方式获得的3.3亿元地铁盾构出口订单。包含6台当今世界最高配置双绞式复合型土压平衡盾构在内的出口订单，创下了中国首个盾构批量出口记录，实现中国盾构走向国际的重大突破。

同年，分公司“走出去”战略迈向了新的国度，承接了2台印度钦奈地铁ϕ6.68m复合铰接式土压平衡盾构设计制造，实现了首台国产盾构出口印度，目前两台盾构均已投入地铁施工，成功适应当地黏土、砂土、砾石混合富水地质条件及炎热潮湿的恶劣天气状况顺利掘进。2012年，秉承着“中国制造”的高质量，分公司又承接了1台印度德里地铁盾构制造，出口印度盾构数量稳步提升为3台。

目前，分公司已累计承接出口盾构订单11台，先后应用于新加坡、印度等国家和中国香港地区，分公司的盾构产品以具有较高稳定性、较高施工生产率和良好性价比三大特点得到海外业主的青睐，进一步拓展了海外市场。

优质服务，内外兼修推动产业基地发展

分公司贯彻“持续经营”的持续发展理念，明确“设计制造服务一体化”目标任务，以客户为中心，开发了“售前服务—产品设计—产品制造—安装调试—售后服务”全过程的综合解决方案技术支撑体系，为客户提供技术咨询、盾构选型、设计制造、操作培训、施工指导、维修保养改制、备品备件供应的全套解决方案。

企业以超前的研发投入和充分的技术储备，为客户提供全方位的技术咨询，开展操作培训；采取理论与实践相结合的培训模式，为产品使用提供了保障；自主研发的盾构远程监控系统，具有盾构程序远程监控、调试、修改，盾构故障远程实时报警和异地远程诊断功能，大大提高了盾构施工效率；为客户做好备品备件储备，解决客户后顾之忧；同时建立健全售后服务制度，设立售后服务工作小组，践行“即时响应，精湛服务”的承诺，为用户提供便捷的服务。针对海外工程项目，企业结合自身施工实践，选派一批能力强、现场经验丰富的盾构保障技术人员组成海外项目外派小分队，为用户提供现场技术咨询、现场盾构维护维修、盾构转场等各类服务。

风雨兼程五十载，上海隧道股份机械制造分公司以“只进不退”的盾构精神为指导，勇于创新、善于积淀，成为中国盾构设计制造领域综合实力领先的企业。未来，分公司将进一步推进自主创新，不断优化产品升级，提升优质服务，内外兼修树立一流盾构品牌形象，全面推动中国盾构产业基地建设，引领中国盾构装备“掘”向更广阔的天地。

坚持科技创新之路，增强企业核心竞争实力

中交天和机械设备制造有限公司（简称：中交天和），系国资委下属世界500强企业中国交通建设集团有限公司（简称：中交集团）成员公司，由中交天津航道局有限公司和中和物产株式会社于

2010 年 4 月 2 日注册成立,注册资本金 5.6 亿元,位于江苏省常熟虞山镇高新技术产业园内。公司的诞生,是中交集团装备制造主业延伸的结果。

中交天和机械设备制造有限公司主营大、中型隧道盾构机,2011 年公司荣获亚洲制造业协会颁布的中国制造业十大创新企业,成为我国隧道掘进重大技术装备行业的标杆企业。2012 年 6 月,公司获得 ISO90001 质量管理体系认证;2013 年 1 月,公司获得 ISO14001 环境管理体系和 GB/T28001 职业健康安全管理体系的认证。为加强行业内的技术交流,2012 年 7 月,公司加入了中国工程机械工业协会掘进机分会。2012 年 8 月,公司经江苏省科技厅、江苏省财政厅、江苏省国家税务局及江苏省地方税务局联合认定为高新技术企业。2013 年 3 月,公司加入苏州市高新技术企业协会,为理事会理事单位。2013 年 5 月,公司获得 2012 年度“TOP50”轨道交通创新力企业奖。公司自主研发的国产首台套 ϕ 14.93m 泥水气压平衡复合式隧道掘进机通过了江苏省机械行业协会专家组的新产品鉴定,得到了工信部第 72 期国家重大技术装备攻关简报专门报道,获 2012 年度轨道交通行业十大创新产品奖。

1、立足于市场需求,勇于走创新之路

2002 年初,公司领导就敏锐地观察到,21 世纪是地下空间建设与开发的世纪。于是中交集团子公司——中和物产株式会社和中交上海港机开始涉足隧道盾构机的研发,后来又组建了上海真砂隆福机械设备有限公司专门从事盾构机的设计与研发,截至 2009 年底已完成制造了 42 台盾构机,拥有完整的制造设备和技术,由于当时缺少专门的超大型隧道盾构机的制造场地,无法适应日益扩大的市场发展需要。2010 年,遵照中交集团指示注册成立了中交天和机械设备制造有限公司,将集团内涉足盾构机行业人才和资源整合到中交天和公司,着力打造一家专业的以大、中型隧道盾构机为主的重大装备研发、设计和制造商。随着公司自主研制的两台 ϕ 14.93m 超大型泥水气压平衡复合式隧道盾构机成功出厂并应用,引起了行业内不小的轰动,无论是国内,还是国际上都具有很高的技术水准。公司的创新之路为企业创造了可观的经济效益和社会效益。

2、加大科研开发投入,保证科研创新顺利开展

为提供一个良好的科研环境,加大科研创新力度,公司早在 2010 年注册之初,就开始组建工程技术研究中心,经过常熟市科学技术局 1 年多的培育,2012 年 6 月获得了苏州市科学技术局认定为苏州市盾构工程技术研究中心,目前正在按照江苏省工程技术研究中心的标准积极组建江苏省盾构工程技术研究中心。该研发机构项目累计总投资 3 000余万元,拥有研发中心综合办公室 300 余 m^2,现场试制、检测场地及办公室 700 余 m^2,截至 2012 年 12 月底,累计投入研发经费 1 945.56 万元。

该研发机构制定了 3 项企业标准,并全部通过了苏州市常熟质量技术监督局的备案,申请了 4 项高新技术产品,全部获得江苏省科学技术厅组织的专家组认定,与大连理工大学、武汉理工大学结成了产学研联盟,共同就大型隧道盾构机的研发进行了合作,基本完成了主体生产、试制生产与检测中心的建设,完善了人才队伍的培养,壮大了研发中心的创新能力。并建立了一种向适应市场经济发展需要的自我发展的运行机制,具有良好的人才激励机制,逐步实现“科研、开发——中试、生产——产品、市场”的良性循环。

3、走产学研合作创新之路,发挥联合优势

中交天和充分利用院校在新能源、节能、降耗、高信息化技术、专业研发、频谱分析、应力分析、刚性分析、培训等等方面的优势。虽然仅仅成立 3 年,就已与大连理工大学、武汉理工大学等国内著名高校联合,以市场为需求为导向,以科技成果的工程化、产业化为基本任务,形成产、学、研联合开发机制。

2011 年与武汉理工大学签订超大型盾构机研发项目合作协议,进行超大型盾构机的结构制造、液压传动和自动化控制系统的研制。联合申请的

特种船舶关键技术获国家科技部“863”项目资金的支持。2012 年 3 月,公司通过纬三路项目指挥部获得了江苏省交通厅关于隧道掘进机研制与国产化科研项目资金的支持。2012 年 4 月,公司与大连理工大学签订大型隧道盾构机的研发与产业化合作协议,进行大型盾构机的产业化研发,并获得江苏省重大科技成果转化项目资金的支持。2012 年 12 月,公司与中交隧道局、同济大学、中交二公局等共同获得了交通运输部复杂地质条件下水下大断面盾构隧道建设关键技术研究的科研项目的支持。

产、学、研联合机制有效的弥补了中交天和自身内部研发内容的不足,形成优势互补、成果共享、风险共担的开放式合作机制,提高了创新效率,降低了创新风险,加快了成果转化的速度和效率。

4、加强知识产权建设,增强公司核心竞争力

中交天和非常重视自身的知识产权建设,建立了完善的知识产权管理制度,对于项目执行过程中产生的研究成果及时申请知识产权保护,并给予有效的管理和充分利用,与有关人员签订技术秘密保护协议,防止项目的主要参加人员在科研任务尚未结束前要求调离、辞职,导致该项目所涉及的技术秘密泄露。并且积极加强自身知识产权人才的培养,2013 年 6 月,公司委派 2 人参加了苏州第 12 期的知识产权工程师培训。

公司自 2010 年 4 月注册成立,截至 2013 年 8 月底,公司拥有授权发明专利 9 项、授权实用新型专利 10 项,申请发明专利 3 项,申请实用新型专利 5 项。2012 年 11 月,在第七届国际发明展览会上,公司拥有的发明专利“大型隧道盾构机电控系统故障定位方法”和“盾构掘进机本地及远程监控方法”分别荣获了金奖和银奖。

5、健全激励机制,重视人才引进与培养

健全激励机制,设立了管理、技术、操作人员三大岗位系列的晋升通道。突出对专业技术人才和操作技能人才的激励,设立奖励基金,重奖为企业效益和社会效益做出重大贡献的人员。设立重大科技专项,实行项目负责制。一系列的激励机制建设与激励举措,营造了良好的尊重知识、尊重人才、鼓励创新、宽容失败的创新氛围。

建立吸引人才、培养人才的环境。公司制定了一系列吸引人才的优惠政策,进一步改革分配制度,向高级人才倾斜,向关键岗位倾斜,向重大贡献和特殊贡献人才倾斜,组织了突出贡献专家、专业技术带头人、优秀科技人员等“科技三种人”的评选。加强继续教育工程,开展日语兴趣学习班、邀请专家到公司进行技术交流培训,参加工程硕士学习班等教育活动。

6、培育以创新、质量为核心的企业文化,创行业品牌

公司积极创建以尊重创新、鼓励创新及勇于创新为主要内容的企业文化,促进创新型企业建设。积极营造“诚信、质量——企业的生命”的质量文化理念和氛围,公司以“做社会精英、做行业精品”为质量理念,视质量为企业生命,坚持以人为本,顾客至上、精益求精的质量方针,建立健全了质量管理网络,全面提升企业管理水平,在质量管理过程中,公司围绕产品研发、生产、销售服务的全过程建立质量管理体系,采用过程化控制方法,对产、供、销的全过程控制进行识别,形成了企业的《质量手册》和《程序文件》,根据要求,对确定的过程分解落实到相应的管理部门,分别形成质量记录和建立绩效考核指标,做到责任明确,强调执行力,为公司管理体系的运行提供了保障。

公司始终把技术创新作为制订公司战略目标的重要依据,不断提高产品的质量,成立了质量攻关组,先进的生产、检测设备为企业生产高品质量高科技含量的产品奠立了坚实的物质基础,实现了产品一次性校验合格,历年来质量监督抽检无不合格记录,主要性能指标优于国家标准。

中央历来高度重视科技工作,把推动科技进步和创新作为国家战略加快推进。胡锦涛总书记在 2010 年 6 月两院院士大会上强调指出:科技竞争在综合国力竞争中的地位更加突出,科学技术日益成为社会经济发展的主要驱动力。谁能在科技创新

方面占据优势，谁就能够抢占先机，掌握发展的主动权。受世界金融危机及国内经济增速的周期性调整影响，工程机械行业利润大幅下滑，普遍处于微利或亏损状态，企业发展遇到前所未有的困难和挑战。严峻形势逼迫我们，必须加快科技创新，不断提高核心竞争力，以应对更加激烈严酷的市场竞争，实现建成世界一流企业的宏伟目标。

〔供稿单位：中交天和机械设备制造有限公司〕

创新推动进步

受房产调控、基建压缩等因素影响，2012 年国内工程设备市场增速放缓，众多工程设备产品在同质化严重的竞争环境中举步维艰。一些注重市场细分、定位精准的企业却独辟蹊径依靠技术创新走出成功之路。山东天工岩土工程设备有限公司（简称：天工）就是其优秀代表。

山东天工岩土工程设备有限公司系全国盾构刀具、矿山工具、工程刀具重点生产企业。公司位于美丽的江北水城——聊城，厂区面积 27 385m²，现有员工 468 人，其中专业技术人员 68 人。产品广泛应用于隧道、地铁、高速公路、冶金、矿山、市政工程、水利等行业。2009 年以来，天工工程设备高新技术产品收入占销售总额的 70%以上；2012 年实现销售收入比上年增长 93%，利税大幅度增长。2012 年 11 月，企业技术中心被认定为山东省省级企业技术中心。由于在技术创新方面的卓越成就，山东天工荣获山东省自主创新模范企业，刘学锦总裁也荣膺山东省自主创新模范企业家称号。

一个在夹缝中生存的民营工程设备企业，技术创新何以取得如此辉煌的成就？——“三抓三促”就是天工的制胜法宝。

一抓战略创新，强化协调领导工作，着力促进企业转型升级。当前经济社会进入重大转型期，投资驱动、规模扩张、出口导向的企业发展模式已发生重大转变。尤其是 2012 年以来国内机械行业处于持续低迷的状态下，如何在通往成功的道路上获得源源不断的动力？天工总裁刘学锦认为，必须按照“十八”大的要求，以创新驱动发展为动力，制定出适合自身特点的发展战略，着力寻求新的经济增长点。在刘学锦总裁的带领下，天工进一步明确了技术创新平台建设在公司发展中的核心地位，并以体制机制及创新能力建设为基础，以人才集聚培养、产学研合作、知识产权与标准为手段，以品牌塑造为路径，全面推进研发观念更新和创新体系建设。

在创新机构建设上，公司成立了技术创新管理办公室，直接负责公司的技术创新活动；配置专职技术管理人员，对技术创新工作进行日常管理。每年年初按照以市场为主导的方针制定年度技术创新计划，修订完善《技术创新管理制度》、《技术创新奖励办法》等一系列技术创新规章制度。公司总裁刘学锦亲自担任技术创新项目开发总负责人，由总工程师直接负责项目规划、实施与协调。公司领导亲历亲为的强力举措，极大地调动了技术人员创新的积极性，形成了“以机制促进创新、以投入保障创新、以合作带动创新、以专利保护创新、以创新推动进步”的创新机制，和“研发一代、储备一代、生产一代”的创新体系，研制缔造出高品质的工程机械产品，仅 2012 年就确定了 7 个技术创新和研发项目。

二抓技术及人才引进机制，促进创新平台创建。创新技术的核心是人才，天工从物质和精神方面关怀技术人才，扶持创新工作。刘学锦总裁认为，光靠几个硬项目、独立的技术无法支撑企业持续创新，创新平台才是催生成果的沃土。在技术人员激励方面，天工每年都有项目奖和科技创新奖；技术人员采用单独的薪酬制度，激励技术人员专注于技术创新。为充分发挥技术中心技术开发、信息资源整合等职能，山东天工与长安大学、东南大学、石家庄铁道大学等知名院校进行产学研合作，为技术创新提供了有力的人才及智力支持。通过技术创新平台建设，采取引进和培养相结合，以老带新、项目锻炼、有效激励、大胆任用年轻工程师担当研发骨干等方式，打造出一支工程机械行业资深人才队伍。

宽厚的技术创新平台成效得以凸显。天工盾构刀具工程研究中心通过聊城市科技局“市级工程研究中心”认定；天工盾构机用Y型中心刀、采掘机用T13镐型截齿及隧道掘进机用容积自动调节盘形滚刀等产品均达到国际先进水平；由公司起草的“盾构机用切削刀”行业标准，已通过专家评审；企业技术中心两年时间由市级晋级为省级，实现了技术创新平台快速跨越。

以技术创新平台的搭建及新产品的研发，成功打破了行业技术壁垒，带动了岩土工程设备行业产品技术稳步升级，也成为天工抢占技术制高点的战略性成果。近年来，天工7项科技成果通过山东省科技厅和聊城市科技局鉴定，其中2项达到国内领先水平，5项达到国际先进水平；6个技术创新项目列入山东省技术创新计划；4种新产品成为山东省省级新产品；8种高新技术产品先后被评为山东省产学研（工业设计）新产品、山东省中小企业科技进步奖、山东省机械工业科技进步奖和聊城市科技进步奖。技术升级转型以来，企业技术创新更是取得了长足进步——仅2012年就申请专利16项，其中发明专利7项，实用新型9项，取得国家授权专利3项，为生产工序解决技术难题11项，完成技术开发项目16个。2012年12月，公司被评为山东省专利明星企业。

三抓新产品和市场开发，强化质量与管理意识，促进技术核心竞争力。适应市场需求的核心技术是企业综合竞争力的重要体现，也是企业驾驭市场、持续发展的根本。近年来，天工销售额持续增长，市场占有率稳步上升，其奥秘就在于天工以自主研发为基础，抢占技术制高点，凭借过硬的产品质量和售后服务，牢牢抓住了行业从市场驱动向技术驱动转换中蕴藏的巨大机遇。

工程设备质量关系重大，决定企业的生命和形象。在刘学锦总裁的带领下，天工人坚持“质量第一”的观念，全面推行精品战略，强化质量意识，全方位、全过程贯彻“精益求精，追求卓越”的创优方针，以质量打造品牌，重金购置100余台主要生产设备，拥有完整的设计、试验、检测和计量手段，构建了锻造、热处理、焊接、机械加工及装配等现代化装备和完善的生产制造体系。

依托完善的生产制造体系，天工狠抓新产品的研发及质量工作，把“为建设美好世界提供优质先进的工程机械及刀具”作为其经营理念。针对目前盾构刀具、矿用截齿、铣刨齿等技术需求，细分市场，公司年生产能力已达到盾构刀具200套，矿用工具200万支及其他工程刀具100万只，质量合格率达到100%，赢得了广大客户的高度认可。2012年公司实现销售收入45 800万元，利税10 389万元。其中高新产品销售收入34 800万元，占销售总额的75.9%，比2011年大幅度增长。

在强化质量与管理的基础上，山东天工还充分发挥自身优势，注重开发和保护自主知识产权。2009年以来，已取得国家授权专利30余项，有7个科技成果通过省市科技部门鉴定，3项科技产品通过省级新产品鉴定，盾构机用重型强化先行刀列入2011年度国家火炬计划。2011年11月，天工被认定为山东省高新技术企业。

百川汇聚成大海。天工技术创新平台建设的实施完成，促进了我省高新技术产业的快速发展，加快了上下游配套和工程施工企业实力的提升，在行业内起到了良好的示范作用，推动了我国工程机械企业技术创新的整体进步。

〔供稿单位：山东天工岩土工程设备有限公司〕

创新之路成就争先之梦

一位研究一汽解放汽车有限公司无锡柴油机厂(简称:锡柴)发展史的老职工说:锡柴用70年专心做一件事情——造中国最好的发动机;一位20世纪70年代就到锡柴工作的老师傅说:做什么都要做到最好,造发动机就要造中国最好的发动机;一位脸上充满自信的锡柴青年说:打造民族品牌高端动力,就是要造中国最好的发动机。

锡柴用70年专心做一件事情——造中国最好的发动机

2013年9月26日,是锡柴建厂70周年纪念日。一个历经70年发展征程的老牌国有企业,一个中国内燃机行业的领军企业,一个以打造“民族品牌,高端动力”为己任的现代化制造企业,锡柴在业界早已声名远播。发动机省油、有力、耐用,不断出现两百多万公里无大修的实用案例,更是让锡柴这一品牌在用户中家喻户晓。中国明星企业、中国工业先锋示范单位、中国名牌产品、国家免检产品、国家科技进步一等奖等,了解锡柴的人都说,这些荣耀都是实至名归。

锡柴是如何成为“民族品牌,高端动力”代言人的?就在其即将迎来70岁华诞之际,记者走进这个曾经一次又一次创造发展传奇的企业,透过光环亲眼见证其风采、底蕴和实力。结论却是:锡柴用70年只做一件事情,那就是造中国最好的发动机。

高端从这里诞生——用户更满意的才是最好的

记者在锡柴塘南厂区的门口驻足很久,以为自己走错地方了。位于无锡这个现代化城市的中心区域,距离商业中心南禅寺的距离不到1km。在这样的黄金地段,还会保留一家大型制造企业吗?眼前这个道路和房屋整齐排列,绿树和鲜花相映增色的,会是那个具有70年历史的工厂吗?直到亲眼看见门前的厂牌,才确信:这里就是自己要找的一汽解放汽车有限公司无锡柴油机厂,广受用户青睐的锡柴发动机就在这里“出生”。

走进锡柴厂门,沿着中央大道前行不远,坐落在东侧的现代化厂房就是投资12亿元建造的CA6DL机加工车间。车间拥有代表当今世界最先进水平的全自动柔性生产线,普遍采用从德国、英国、法国、意大利等引进的高、精、尖设备以及国内的顶级设备,而且自动化程度特别高,有效保证了零部件的加工精度和质量。从这里制造完成的零部件,经过专用输送通道运送到对面的装配车间,和来自全球供应商体系的其他零部件一起,组装成整机。亲眼看到这些高端设备的工作状态,看到车间规范有序的管理,看到锡柴工人娴熟精细的操作,看到从零部件加工制造到整机装配调试的全过程,看到每个环节严格细致的质量控制措施,我们更有理由对锡柴机的品质充满信心。

像这样的现代化车间,在锡柴并不是唯一的,也算不上是最好的。据介绍,锡柴已经形成了塘南、惠山、马山和新区四大基地的发展布局,厂区总面积达到67万m^2。记者首先到达的塘南厂区,作为企业总部,是集行政、研发、营销、生产、质量、采购为一体的综合性基地。2012年竣工投产的重型发动机惠山基地,投资达20多亿元,具有“设计领先、装备领先、管理领先”的特点,其高端设备的研究应用被列入国家级重大科技项目,不仅最能代表中国装备制造业的先进水平,还充分应用地源热泵等节能技术,是名副其实的“绿色工厂”。马山厂区是一汽在华东地区最大的改装车制造基地,不仅通过产业延伸起到了引领市场的作用,也为锡柴专心与整车匹配和用户的个性化使用需求研究提供了“试验田”。位于新区的发动机再制造基地,则是国家发改委首批批准建立的再制造工厂,率先进行可持续发展和循环经济的探索。四大基地资源互补,高效联动，形成装备国际领先、管理国内领先、质量行业领先的生产体系，具备 60 万台发动机和15 000 辆改装车的年产能力。

曾被业界夸赞“让中国内燃机技术一举跨越 20 年”的奥威发动机，其实也并不是锡柴唯一的骄傲。作为产品系列最广、品种最齐全的动力超市，锡柴发动机产品有 7 大系列，数千个品种，排量跨越 2～13L，功率覆盖 29～382kW，与一汽、东风、宇通、金龙、成工、山工等知名企业配套，作为各类重、中、轻型卡车，大、中型客车，以及装载机、挖掘机、收割机、柴油发电机组等非道路机械的动力引擎，产品远销 40 多个国家和地区，市场保有量超过 300 万台。改装汽车产品则有自卸、厢式、半挂、罐式、环卫 5 大系列 200 多个品种，批量出口澳大利亚等多个国家。

锡柴产品以其卓越的性能、可靠的质量以及完备的售前、售中、售后服务保障，深受广大用户青睐。根据市场反馈的信息，锡柴机“省油、环保、可靠”的特点得到了用户的普遍认可，在保证正常维护保养的情况下，和同类产品相比故障率要低很多，不仅节省了维修费用，还能保证较高的出勤率，能够为用户创造更多的效益却消耗较少的成本，被用户亲切地称为挣钱机器。近期在南京举行的亚青会和在沈阳举行的全运会，有大批配套锡柴发动机的车辆提供服务，并以其卓越的品质引起广泛关注。

高端是这样炼成的——创新之路成就争先之梦

每个人都有自己的梦想，企业也有企业的梦想，锡柴的梦想就是“造中国最好的发动机”。记者在塘南厂区看到一座“二次创业”纪念碑，一面刻着原中国第一汽车集团公司总经理耿昭杰题写的“争第一，创新业”。问一位上世纪 70 年代就到锡柴工作的老师傅，如何理解这句话。他说：做什么都要做到最好，造发动机就要造中国最好的发动机，这就是争第一；围绕一个确定的目标，坚持走自主创新之路，不断创造新的成果，这就是创新业。

1943 年建厂，1947 年研制出第一台柴油机，1979 年成功开发车用柴油机并开始进入汽车市场的尝试，1983 年在与同类企业的竞争中胜出成为配套一汽解放汽车的柴油机定点生产企业，1993 年正式成为一汽集团公司直属专业厂，2002 年夺得单品牌、单系列柴油机产销量世界第一，2004 年代表国际先进水平的锡柴奥威发动机在业界引起轰动并受到用户青睐，2012 年“设计领先、装备领先、管理领先”的锡柴重型柴油机惠山基地建成投产。锡柴发展的每一步都走得那样的执著坚定，那是因为心中始终有一个明确的目标：造中国最好的发动机。

这个在抗日战争的硝烟中诞生的工厂，曾先后隶属于汪伪政权和国民政府，但是，“改良农耕技术促进生产力提升”的建厂初衷以及支撑国民经济的重要地位，决定了其一出生就承载着产业兴国的使命，烙上了自主创新的印记，而“造中国最好的发动机”的梦想也从此在锡柴人的心中生根。1949 年 4 月 23 日，锡柴由中国人民解放军无锡市军事管制委员会接收并恢复生产，使得这个梦想有了发芽并茁壮生长的空间。

新中国成立后，锡柴成长的每一步也都和中国经济的大局紧密关联，和国家装备制造业的发展紧密关联。计划经济时代，锡柴作为国有企业，根据国家和社会需要制造产品，其间开发了 4110 高速柴油机及其变型产品，应用于工业、农业、船用、地质钻探、国防等领域。市场经济时代，适应国家经济模式和产业结构的改变，锡柴开始尝试进军汽车行业，并最终抓住了与一汽合作的发展机遇。

1993 年，锡柴成为一汽集团公司的直属专业厂，从此进入一个跨越式发展的历史时期。柴油机销量 1993 年突破 1 万台，1996 年达到 4 万台，2000 年达到 8 万台，2007 年达到 20 万台，2010 年达到 46 万台。在 2007—2010 年的 3 年间，锡柴创造了柴油机销量、主营业务收入、利润三大主要经营指标年均增长率分别达到 30%、21%、33% 的发展传奇。2010 年，锡柴以销售收入 130 亿元的业绩昂首跨入了“百亿俱乐部”。

2011年开始，随着我国汽车行业形势变化，发动机制造业也出现了整体走低的局面。面对猝然而至的发展逆境，锡柴并没有慌忙失措，而是以知危善为的智慧和克难奋进的勇气书写着逆境成长的励志篇章。2012年，锡柴主要经营指标继续保持行业前列，总资产周转率、流动资产周转率、人均产值和人均销售收入等体现企业运营能力的指标继续位居行业第一，市场份额提升0.8个百分点，被列入无锡市首批“智慧百企”培育企业，并跻身中国企业文化竞争力十强单位，以精神、物质双丰收保持了稳健发展。

锡柴围绕“造中国最好的发动机”的目标，不断创新创造，促进了经济指标的稳步增长。经济指标的稳步增长又为加大创新力度，加快创新步伐提供了更好的条件。按照“生产一代、研发一代、储备一代”的思路，锡柴将数十年研制柴油机的丰富经验与国际最先进的技术相结合，不断推动产品的升级换代。1999年，开始与奥地利AVL公司合作，开发奥威CA6DL柴油机，2013年取得成功。随后，又陆续自主开发了奥威CA6DN和CA6DM柴油机。并通过对电控共轨、四气门、两级增压、新能源等技术的研究应用，不断优化产品性能，提升产品品质，适应国家排放标准升级和用户使用状况多样化的需求。

将高端进行到底——立志成为中国动力专家

“锡柴要成为发动机行业的奔驰宝马”锡柴厂长钱恒荣对记者说了这么一句话。一位年轻的锡柴职工则充满自信地告诉记者：打造民族品牌高端动力，就是要造中国最好的发动机。“民族品牌，高端动力”正是锡柴在品牌战略中确定的品牌愿景。企业战略、领导意志和职工心愿达成了高度一致，锡柴人决心将高端进行到底。

锡柴将工厂的发展历程划分为第一次创业、第二次创业、第三次创业和第四次创业。第四次创业时间是从2011年到2025年。锡柴要在此期间实现四大转变：由学习型企业向创新型企业转变、由技术跟随型向技术引领型转变、由产品营销向品牌营销转变、由内涵管理向精益管理转变。第四次创业又分为三个阶段，其中第一阶段正好与国家第十二个五年计划的时间重合，所以锡柴人将这一阶段的详细部署称之为锡柴的“十二五”规划，提出了五大战略和四项建设。五大战略包括科技驱动战略、市场领航战略、品质领先战略、资源保障战略和人才兴企战略；四项建设包括品牌建设、体系建设、文化建设和惠民建设。当前，锡柴正在按照既定的目标和计划，积极推动五大战略和四项建设的实施。

新的创业时期，锡柴站立在更高的起点上，制定了更高的发展目标。但是，锡柴人“造中国最好发动机”的追求始终没有变。只是在新的阶段，“造中国最好发动机”融入了更多新的内涵，转化为“民族品牌，高端动力”这一品牌愿景。作为四项建设核心内容之一的“品牌建设”，现已成为锡柴统领各项工作的一条主线。从2011年品牌元年起，到2025年第四次创业末期，锡柴要用15年的时间蜕变成为中国领先、国际知名的高端动力品牌供应商。围绕这一目标，锡柴确定了中国动力专家的品牌定位，并将“品牌、能效、创新、共生”四个元素融入品牌核心价值，规划了奥威、恒威、康威三大产品品牌的建设路线。

同样坚持不变的，还有锡柴通过多年实践探索出的发展路线——自主创新。自主创新已经成为了全体锡柴员工的战略共识和行动指南，大家充分认识到：锡柴持续多年的稳健发展得益于自主创新，锡柴今后的长远发展离不开自主创新，所以要沿着这个认准的道路坚持走下去。2012年，锡柴启动了技术创新战略转型研究项目，对影响工厂技术创新的因素进行分析，找出跟随型创新战略和领先型创新战略对企业要求的差异，对创新的动力机制、运营机制、发展机制和评价机制进行完善和强化，优化组织机构，增强技术力量，以科技驱动战略确定的“五大技术平台”和“十大核心技术”为中心，加强企业发展规划特别是产品策划管理，理顺产品平台，大力推进天然气发动机开发和重型柴油机的优化升级，加快自主创新步伐，使锡柴成为内燃机行业创新驱动的领跑者，成为高端品质的代言人。

随着国内市场的日趋成熟，内燃机行业可能不会再出现如 20 世纪末和 21 世纪初那样的跨越式增长，持续稳定将成为行业发展的总趋势，同行之间的竞争则注定更加激烈。对此，锡柴人有着清醒的认识。他们表示："我们不争销量的第一，而要争美誉度第一、品牌影响力第一。"

沧海横流，方显英雄本色。锡柴职工正凭着坚定的信念和坚强的意志，在国际化竞争的浪潮中克难奋进，砥砺前行，以"中国动力专家"的智慧和汗水打造"民族品牌、高端动力"，造中国最好的发动机，努力让中国品牌屹立在世界动力的巅峰。

〔供稿单位：一汽解放汽车有限公司无锡柴油机厂〕

精细管理谋发展　自主创新赢未来

新魁液压技术有限公司（简称：新魁公司）是一家中韩合作的高新技术企业，成立于 1995 年，是专业生产挖掘机液压缸及其他汽车、工程机械、工程车辆等行业配套用高压液压缸的实体企业。公司现有员工 600 多名，其中工程技术人员 120 多名，工厂占地面积 10 万 m^2，建筑面积 9 万多 m^2，年销售收入超 6 亿元。

新魁公司拥有一支强大的专业队伍，从事液压元件研发、设计、制造、销售、服务，专业生产为挖掘机、重型卡车、自卸车、叉车、收割机、平地机等工程机械、工程车辆、海洋机械、农用机械行业提供配套用高压液压缸、高端液压泵、液压阀、液压无级变速器（HST）等各类液压元件，能满足每一家主机厂对产品的需求，品质得到用户的肯定。为进一步做强、做大实体经济，更好地满足用户的需求，2010 年公司在杭州市萧山区建设四路投资 4 亿元，建设了年产 8 万只挖掘机液压缸，3 万只非标高压液压缸的新工厂。新工厂建筑面积 7 万 m^2，配备世界先进水平的挖掘机液压缸制造设备及实验设备。如全自动多功能热处理设备、全自动清洗设备、精密自动焊接、进口抛光机、加工中心、车削中心、全自动液压缸装配机、耐久性实验设备等 300 多台（套）。产品销往国内外各大主机厂。新工厂的建成投产，标志着新魁液压技术有限公司已成为国内最具实力、产品性能达到国际领先水平的一家现代化企业。

新魁公司始终秉承"新魁起步，诚信铺路"的经营理念，勇于承担社会责任，坚守"科技创新，行业夺魁"的经营方针，为客户提供超值的产品与服务。

一、精细管理谋发展

企业精细化管理是落实科学发展观的标志，是时代发展的趋势，是企业管理的必由之路，新魁成立至今已将近 18 年，正处在高速发展阶段，推行精细化管理不仅是公司内部管理的需要，而且是新魁战略发展的需要。

精细化管理是企业为适应集约化和规模化生产方式而建立的一种管理模式。精细化管理的内涵是精确定位、合理分工、细化责任、量化考核、节约成本。精确定位是指各部门、各岗位的职责都要定位准确，对每个系统的各道工序和各个环节都要规范清晰、有机衔接；合理分工是指细分工作职责和办事流程，从而建立一套制衡有序、管理有责、高效运行的内部管理系统；细化目标是指通过对各业务部门的责任细化，建立完善的内部管理制度；量化考核是指将各部门的经营目标数字化，经济责任具体化，对经营运行行为与结果进行控制的过程，考核时做到定量准确，考核及时，奖惩兑现。

1.抓战略体制

以精细化管理的导入为契机，以战略统领组织企业的管理活动，以规划为总纲获得持续发展和成功。2010 年年底，公司正式更名为新魁液压技术有限公司，突出技术，重在创新，以"科技创新、行业夺魁”为经营方针，明确技术是新魁快速发展的根本动力，创新是新魁持续发展和成功的根本保障。

在体制上，根据公司发展情况和未来发展目标，以精细化管理为手段，通过借鉴行业的最佳实践经验，稳步推进组织变革，制定相应的管控制度体系和分支机构的内控管理制度体制等多层次的管理制度，着力提升公司管理实力。公司秉承“新魁起步，诚信铺路”的经营理念，组建了结构合理的管理团队，按现代化制度运营管理，制度健全，管理规范，组织结构清晰，严格按照科学的精细化管理体系进行规范管理，产权明晰，用人机制灵活。

2.抓人才队伍

新魁推崇技术创新，以技术为先导和出发点，在人才的需求上重点抓三类人才队伍：一是具有自主创新能力且掌握核心技术的科技型人才；二是懂技术、精业务且具有现代工业企业管理能力的管理人才；三是具有过硬操作技能的技术工人。精细化管理对人才队伍的把握重在合理分工、细化责任。合理分工旨在细分工作职责和办事流程，从而建立一套制衡有序、管理有责、高效运行的内部管理系统。以科技型人才为技术核心，以管理人才为辅助支撑，以技术工人为生产主力，新魁的人才队伍建设旨在建立一支有能力、有实力、有干劲、有创新的高效团队。

新魁在发展的过程中，注重与员工的共同成长，只有员工的不断进步才会坚实企业发展的基石。上自董事长、总经理，下至班组长，对下属员工的发展与培育都非常注重，师带徒，徒尊教，具有良好融洽的人文传统。精细化管理重在合理分工、细化责任，各司其职。远见卓识的领导，以前瞻性的视野、敏锐的洞察力，把握企业发展的方向；齐心协力的员工，勤勤恳恳，有要求，有标准，有执行，有反馈，上下级齐努力，一起奋斗。在新魁公司，兵完不成的任务，将有责。在新魁的强将，都是从能练出强兵，领出好兵的团队中挑选出来的。新魁对有当好兵强将愿望的员工都会给予相应的发展平台，英雄不问出处，只看当下是否能努力拼搏，并且能有较好的绩效。因此培育员工、锻炼干部是新魁公司在低调中经久不衰的秘诀之一。当然一个企业的发展光靠自身人才的培育是不够全面与丰富的，所以引进外来优秀的人才，也是新魁人才发展战略之一。作为一个民营企业，特别是一个不喧哗的企业，引进人才也是真实而不弄虚，追求成功，而不徒虚名。新魁公司对人才的引进与吸引也是因材而用，因能定薪，突破国界，不惜重金，尊重人才，拒绝虚庸。上下形成：前线员工讲技能，求技艺；二线员工讲服务，求实绩；领导干部讲真才实学，求效益的良好企业文化。公司也努力为员工营造温馨的人文环境，让每一位新魁人在企业找到自身的价值与乐趣，共同建设新魁和谐的“家”文化。

目前，新魁具备一支有强大作战能力的技术队伍。公司特聘国外高端液压专家四位，担任项目总工，参与公司管理，引入世界先进的管理理念、管理方法、科学技术，在公司发展中取得卓越成效。公司现有一线操作技工300多名，具有技师资格与职称的占3%，工程技术人员120多人，其中业内高级国外与本土专家10名，具有中级以上技术职称的人员20多名，专门从事高压大流量液压元件开发设计的人员70多人，占企业职工总数的11.67%。公司能根据主机厂的不同要求设计出不同的产品，其产品销往国内外十余个国家和地区，受到广大用户的一致肯定。

3.抓客户服务

新魁一直致力于将生产型制造向服务性制造的转型升级，建立以客户为导向，以创新技术为支撑，综合集成各领域先进技术，打造服务性制造的核心竞争力。新魁始终秉承“新魁起步，诚信铺路”的经营理念，勇于承担社会责任，坚持“科技创新，行业夺魁”的经营方针，以“品牌经营、超值服务”为产品定位，为客户提供超值的产品与服务，将客户当前和未来的需求、期望、偏好作为改进产品和服务质量的基础，提高客户满意度和忠诚度，实现新魁的社会价值。新魁自成立那一天起，就奉行“诚信为本、服务社会”的企业使命，坚守“正直、守信、创新、进取、尊人重才、团结和谐”的核心价值观,努力营造企业“家”文化,为员工建立良好的工作氛围和生活环境,为企业内外部客户提供超值的服务,“超出客户所期望的”,这是新魁为之努力奋斗的目标,也是结果。公司每年会向周边困难户赠送实物与现金捐助,2010 年公司向社会捐赠留本冠名慈善基金 500 万元,被杭州市委评为“社会责任建设先进企业”。

二、自主创新赢未来

自 1995 年公司建立之初,就以“金鼎”为名,以“新魁”为商标,打响了“金品质鼎服务”的口号,“新魁”液压产品获得客户一致好评,荣获著名商标、客户信赖产品。2010 年,随着公司规模的不断扩大,为使品牌核心价值观、品牌愿景和品牌使命及时与公司发展战略相符,公司董事长毅然抛开了“金鼎”这个已经耳熟能详的公司名称,选择“新魁”这个品牌作为公司名称,将公司名称和品牌名称相统一,品牌战略意识和自主创新意识有了更突出主题的发展之路和建设目标。

公司从自身的优势与行业的特点出发,立下了“科技创新,行业夺魁”的战略目标,并紧紧围绕这一目标,开展各项工作。追求精湛的技艺,以“科技创新”为企业永续经营与发展的着力点,以“行业夺魁”为企业奋斗的目标。一步一进,持续不断创新高度。公司特聘国外高端人才,为自主创新提供技术支持;引进掌握产品核心技术的科技人才,作为公司自主创新的主力军,坚持“创新”才是发展的主动力。企业以“科技创新”为发展的着力点,鼓励员工发明创造的积极性,建立《合理化建议奖励制度》《科技创新激励体系》《职工技能定级定薪制度》《专利奖励制度》等一系列创新政策,促进员工不断挑战自我,成就自我。新魁坚信“创新”来自于每一位员工,“夺魁”是企业每一个员工的共同目标,“科技创新,行业夺魁”的口号必将激励着每一位新魁人奋勇前进。

近几年,公司根据行业发展情况,成功开发了为主机厂配套的自主创新产品共计 107 项,具有自我产权保护项目 4 项,自有专利 19 项。在技术方面取得重大进步:如气控液压阀、带 T 型支撑结构的缓冲机构液压缸、重型卡车驾驶室液压翻转系统手动泵站、一种柱塞液压缸、钢珠定心内孔撑涨夹具、电动式线性驱动器、脚踏式叉车制动阀、机液联用助力器、一种浮动缓冲环结构、一种四爪中心架等均申请了专利。2013 年 7 月,公司新产品——重型卡车驾驶室液压翻转机构和电动式线性驱动通过浙江省省级新产品鉴定。经过专家鉴定,认定产品在结构设计和制造工艺方面均有创新,具有安装保养方便、工作运行平稳、噪声低等特点,技术处国内领先水平。2013 年初,公司开始自行研发农业机械用静液压无级变速器(HST)项目,配备了世界领先的高精度生产加工和检验检测设备,包括全自动多功能热处理设备、高速数控车床、精密机器人自动焊接等。2013 年 6 月,HST 的关键零件精密加工技术和关键零部件热加工处理工艺获得突破性进展,其加工技术和处理工艺的改进大大提高了产品的加工精度,增加了产品的耐磨性,提高了产品质量。创新的加工技术和处理工艺,配合世界领先的高科技生产加工设备,使 HST 在产品质量、运行平稳性、主机配合性、使用寿命等方面均达到世界领先水平。

“新魁”牌液压缸、泵、阀系列产品被认定为全国机械制造行业质量放心、国家标准合格产品,公司获浙江省高新技术企业称号,公司技术中心被评为杭州市企业技术中心,部分员工工作室被认定为地区职工技能创新先进工作室,部分员工被授予地区工人先锋号等。

在精细化管理的指导下,在自主创新的驱动下,公司抓住机遇,迎接挑战,在挑战中奋勇向前,在困难中锐意进取,在创新中谋求发展,在发展中追求卓越,在卓越中持续前进。相信新魁必将翻开灿烂辉煌的新篇章。

〔撰稿单位:新魁液压技术有限公司〕

创新驱动　敢为人先

浙江高宇液压机电有限公司(以下简称高宇液压)创建于2006年4月,是一家专业生产工程机械、工程车辆液压零部件,集研发、生产、营销于一体的股份制企业,公司主要生产配套装载机、叉车、挖掘机、推土机、轮式起重机、履带式起重机、路面机械用的多路换向阀、变速操纵阀、流量放大阀、转向控制阀、制动阀等液压零部件,共30多个系列,200多个品种规格,是国家高新技术企业。

公司自成立以来,每年以80%的速度增长,作为液压行业的后来者,高宇液压经过短短六、七年的发展,走过了一条稳健的发展之路,取得了非凡业绩,这取决于高宇管理团队对公司每一步发展的正确定位。

一、以市场需要为导向

从2006年成立至今,高宇液压走过了7年发展历程。这七年,高宇液压经历了许多、成长了许多,并最终成为行业领先的企业。当时,中国土石方工程机械液压零部件的配套主要集中在少数几家供应商,高宇液压作为一名新手,要进入强手如林的工程机械液压行业并保持持续发展,如果仅仅是复制现在流行的常规产品,在一定阶段和时期内可以,但无法持续发展,更无法超越强者。只有研制出替代目前广泛使用的产品,以性能优越的产品作为市场的切入点,才有可能立足于市场。当然这有一定的风险性,但是如果不敢想敢做,敢为人先,就无法出奇制胜。

当时国产3~5t轮式装载机的液压系统普遍采用空心结构阀杆的DF25/32整体式手动多路换向阀,并且市场异常火爆。高宇液压管理团队通过产品市场调研分析认为:虽然该产品供不应求,但因受结构的限制,致使压力等级偏低,只有研制未来可替代产品以适应国内主机工作液压系统的更新换代及技术改造的要求,才能抢占先机,占据市场新的制高点。于是高宇确立了"高端定位、高起点切入,直接研制现有液压阀的升级换代产品"的战略。通过对已有的配套件行业生产经验和对装载机行业的广泛了解和深度分析,公司技术研发人员着手进行多路换向阀改型产品的研制。从2006年4月公司成立到10月短短6个月的时间,即自行成功研发了具有自主知识产权的深度改型产品GDF32多路换向阀,有效解决了国内目前3~5t装载机液压系统普遍存在的高温、高压、大流量下易出现阀杆换向时液压卡紧、主机工作装置沉降量大、操纵力偏大、操控性不好等技术难题,投放市场后备受用户青睐,并迅速替代了传统结构的多路阀,高宇液压随即成为工程机械主要配套厂家。2011年GDF系列多路换向阀的市场占有率高达60%,处于行业领先。2010年、2011年公司产品分别被评为首届工程机械配套件行业液压件及附件最具影响力品牌、最佳市场表现奖。

公司近几年研制开发的一批技术档次高、技术含量高、附加值高的高科技产品步入成熟期,形成批量,成为企业发展新的增长点。然而高宇液压的管理团队清醒地认识到:产品同质化趋势将导致恶性竞争。要在激烈的市场竞争中,赶超行业标杆企业和优秀企业,必须要紧跟行业发展趋势,始终瞄准国内主流产品的最新技术。根据我国装备制造业普遍存在中低端产能过剩,高端产品空白的现状,高宇液压制定了转型升级战略:确立了研发、生产中高端配套件以拓展配套领域的思路。

根据对未来五年市场的需求分析,2012年公司制定并实施产品研发战略规划:研发20~50t轮式起重机用液压阀组、小型挖掘机用液压阀组、履带起重机液压阀组、9~10t装载机多路阀及130~160t推土机多路阀。这标志着高宇液压正跨入新的领域和新的空间，开创高宇液压多领域突破、多层次跨越的新局面。

二、以技术创新为动力

工程机械行业是国民经济发展的重要行业，国家政策的大力支持，为行业的发展提供了有利的条件。高宇液压进入工程机械液压行业时间并不长，产品市场综合占有率却高达 30%以上，主导产品质量水平能在短短的几年快速升级并位居行业第一，这得益于公司始终坚持以技术创新为发展动力的战略思维。

技术创新是高宇液压发展历程上的重要策略，一直以来，高宇液压高度重视技术创新、产品研发，积极引进技术人才，增强技术研发力量，每年投入不少于销售收入 6%的研发经费，平均每年以 10～15 个的速度推出科技含量高、市场潜力大、附加值高的具有自主知识产权的新产品。公司近年来科技成果丰硕，在积极引进、消化吸收国内外先进技术的同时，注重自我创新，成功研制出多项具备国内或国际先进水平的高科技产品，多项产品填补国内技术空白。新产品研发及产品改善稳步推进，中高端产品研发进入实施阶段：如档位控制阀、转向控制阀的试制，优先阀、先导阀的测绘设计，推土机阀的试调制生产，高压多路换向阀组的技改等。2011 年公司产品（XDF3 电磁定位式比例先导阀、ZLF25B 流量放大阀、DCCT6 叉车电液操纵阀）通过浙江省省级新产品鉴定。目前公司拥有自有专利 11 项，其中 2 项发明专利，在技术方面取得了重大的进步。公司还参与了 JB/T 11303—2013 等 6 项行业标准的制订和修订工作，公司技术中心被确认为浙江省企业技术中心、浙江省高新技术企业研发中心。公司年产 2 万套高压多路换向阀组技改项目被列为 2013 年度中央投资产业振兴和技术改造专项项目，公司的技术研发团队被评为台州市企业重点技术创新团队。

高宇液压除了注重产品研发外，还意识到工艺攻关的独特作用与重要性，组织了一支队伍专门从事液压零部件的关键共性基础工艺研发攻关工作。包括对清洁度控制涉及的铸件清砂、去刺、防锈、油道清洗、油液污染度控制、表面涂装、精密孔加工技术、高耐用度加工刀具设计、辅助物流装备、检测试验技术攻关等。目前已设计实施了油道清洗、产成品内部残油清除工艺及装备等 5 项高精度、高效能的核心工艺技术及装备，在铸件高压清洗、去残油工艺等方面取得了突破性的效果，同时对产品原有的加工、装配、涂装工艺流程进行了改进提高，对提高产品品质、提高效率起到了积极作用。研发与工艺并重，两手都要抓两手都要硬，为高宇液压的发展提供了强有力的动力。

三、以现代化管理为手段

公司推行精细化管理，注重过程管理，强化现场经营，在生产车间推行 6S；全面实施 ERP 项目，加强运营考核和控制；完善内部风险控制体系建设，实施规范化管理，在规范中不断完善各项规章制度；推行“阳光采购”活动，增强供应商的选择透明度，努力降本增效；持续推进制度改革，以人为本，提高员工的凝聚力。

质量是企业的生命，只有全员质量意识的提升和全员积极参与，才能使质量真正获得质的提升。公司严格按照 TS16949 体系标准制定一系列的流程制度，将规范化质量管理措施落实到每一环节，让每位员工养成重质量的习惯。如果说技术创新是高宇液压步入行业领先地位的大门，那么实施全面的质量管理，从细节着手提升产品品质，则为自主创新提供了强有力的保证。

高宇液压公司从成立之初的几十人，逐渐发展到现有员工 300 多人，其中工程技术人员 60 余人。公司在发展的过程中不断地总结经验教训，形成了一套较完善的企业流程、标准，员工的归属感、执行力不断得到提升。高宇液压公司上至总经理，下至班组长等基层管理人员，十分重视下属员工的发展和培育，在高宇公司形成了浓厚的“师带徒，徒尊师”的气氛，为公司整体水平的提高提供了良好的企业文化氛围。

公司坚持走专业化生产、精益化管理的道路，不断完善质量体系，保证为客户提供优质的产品和服务。公司的五年战略规划提出：在保持装载机配套产品行业领先的基础上，向高端产品和市场发展，销售收入年均增长率30%以上，成为工程机械配套件行业的一流民族品牌。

〔撰稿单位：浙江高宇液压机电有限公司〕

促转型升级　创国际品牌

2013年北京华德液压工业集团有限责任公司（简称：华德液压）入选工信部全国36家工业品牌培育示范企业、工信部工程机械高端液压件及液压系统产业化协同工作平台成员单位。作为中国液压行业的中坚力量，面对宏观经济的低迷，华德液压按照“十二五”竞争战略要求，围绕技术和质量两条生命线，推进三大战略工程，加快工程机械关、主液压件产业化建设项目的实施，进一步加大战略结构调整力度，努力实现华德液压的转型升级。

在上级相关单位的大力支持下，华德液压成功申报了工程机械关、主液压件产业化建设项目，并于2011年启动实施。项目是以工程阀和通轴泵为代表的工程机械关键、主要液压元件的产业化建设项目，项目的实施将进一步提升我国工程机械领域液压产品的研发制造水平，进一步加快我国工程机械摆脱长期以来对高端液压件进口产品依赖的步伐，对于振兴我国装备制造业具有积极的推动作用。

华德液压对此项工作高度重视，成立关、主件办公室负责项目的推进，多次召开专题会，邀请相关专家对产品研发方向、布局方案进行研讨、论证，确保项目顺利实施。产品研发围绕挖掘机、起重机等工程机械，坚持自主创新，形成具有自主知识产权的系列化产品。工程阀规划10种产品，目前已成功实现25t起重机、70t起重机和中型挖掘机用工程阀的小批生产。通轴泵产品包括4V、10V、11V系列产品，排量28～500mL/r，目前，4V和10V系列产品已经批量供应市场，部分产品已列装国防装备。

技术改造以“掌握核心工序制造能力”为原则，投入设备近百台，目前已全部到位。设备包含精加工、检测、热处理、清洗、试验等，本次技术改造尤为重视清洗和热处理设备的投入，这将进一步提高华德液压产品的可靠性。

为确保项目落地，华德液压进一步优化空间布局。调整密云阀生产基地的布局，成立了工程阀加工、装配、试验车间；在卢沟桥生产基地，成立了通轴泵加工、装配、试验车间，逐步打造专业化、规模化、精益化的生产基地。

作为华德液压“十二五”战略的重要组成部分，公司将以此为契机，进一步加快推进项目实施，实现批量生产高端工程液压元件，为华德液压完成战略结构调整提供有力支撑。

“十二五”时期是我国全面建成小康社会的关键时期，国家“十二五”规划把增强创新能力、调整优化经济结构作为主攻方向。华德液压为了全面推动落实“十二五”战略，实现跨越式发展，在发展模式、管理架构、产品结构、品牌战略等层面进行了调整。

华德液压始终以振兴民族液压为己任，以工程机械关、主液压件产业化建设项目为依托，战略引领，管理创新、技术创新、模式创新并举，加快推进华德液压战略结构调整，提升中国高端液压元件“智造”水平，“铸世界品质，创国际品牌”，早日实现中国液压腾飞梦！

〔撰稿单位：北京华德液压工业集团有限责任公司〕

追求卓越　创造精品

河谷(佛山)汽车润滑系统制造有限公司(简称河谷公司)创办于1989年,属于中外合资经营企业,位于广东省佛山市高新技术开发区罗格围一期工业区,主要经营生产销售机械集中润滑系统和上述产品的售后维修服务。

一、生产情况

河谷公司前身是日华油机(佛山)有限公司,2004年12月,河谷公司与日本油机株式会社的母公司日本日和产业株式会社共同增资500万美元,成立河谷(佛山)汽车润滑系统制造有限公司。

河谷公司致力于汽车润滑制造系统的制造和研发,全部科技项目数达到25项,申请专利9项。公司引进一批国外CNC自动加工车床及一批CNC加工中心,有力地保证了润滑系统核心部件的质量和品质;并引进了国际先进的清洁工艺技术,专门订制了一套先进的自动清洁系统,使公司的润滑系统部件能做到完全的无污无损。河谷公司有科技人员55人,研发中心有35人,其中大专以上学历26人,高级以上职称2人。强大的公司实力,先进的技术装备,高素质的科技人员,使河谷公司现已经成为国内润滑系统行业的领头人和佼佼者。

公司对外的合作项目也硕果累累:2009年5月7日,配套东风底盘公司的东风装甲运兵车底盘集中润滑系统;2010年6月20日,配套湘电风能的XE93风力发电机组集中润滑系统;2011年12月28日,配套徐州重型机械公司的QY100/QY260系列汽车吊集中润滑系统。而且,河谷公司开发的ZJ系列高压柱塞油脂泵、SD片式分配器以及QY系列汽车吊集中润滑系统,已广泛应用于三一重工、徐工集团、广东华锐风电、三一科技履带、十堰十运重卡等国内著名厂家的各种工程机械设备上。该产品控制要求:温度为-40~80℃,震动加速度为5g,使用寿命为20年,适用压力为1.5~3MPa。现在,河谷公司系列润滑系统产品已经从中端走向高端,市场遍布海内外。

二、企业管理

河谷公司是一个位于高新技术开发区的制造型企业,技术研发是公司持续发展的关键,它对于公司产品的创新、公司在市场上的地位、公司在未来企业竞争中的格局具有重要影响。

1、制度管理

公司早在2009年就制定了《项目立项管理制度》《研发投入核算财务管理制度》《研究开发人员绩效考核奖励制度》。每项制度都有考核和奖惩,尤其是《研究开发人员绩效考核奖励制度》,坚持公平、公正、重绩效的原则,量化与定性指标相结合,形成了一套严格的考核办法。

(1)项目研发考核评价采用百分制办法,将项目考核分为进度考核、质量考核、成本控制考核三大块,为了提高项目开发人员的积极性,体现奖优罚劣的原则,在进度考核方面设有提前奖励,在成本控制方面设有节省奖励。

(2)项目研发考核评价执行部门为技术研发中心。技术研发中心依照以上评分标准对项目完成情况(包括阶段进度、质量、成本、产品技术水平、市场效益预测等)进行考核评价,考核评价结果经人力资源部和主管技术副总审核后,向员工公布。

(3)项目奖励基金的计提。按照本办法计提项目奖金,实际可计发项目奖金=项目奖励标的额×项目评价总得分/100。

(4)项目研发奖金的发放。研发中心获得计提奖金后,由项目组根据参与人员承担工作的权重,提交分配结果,经研发中心批准后报公司财务部,公司在完成项目开发次年的年会(员工大会)上向全体研发人员发放奖金。

2、科技管理

公司设置专有科技管理专员一名，通过了解政府的优惠政策，结合本公司的实际情况，申报合适的项目，包括公司的专利申请、高新技术产品及高新技术企业的申报、企业技术中心的申报等。以便使国家鼓励企业创新的政策落地生根，促进公司进一步的研发和创新。

3、研发的管理

研发采取依托企业领导下的主任负责制，全面负责中心日常行政管理，提出研究开发课题，制定奖励办法，选聘和邀请研发人员，决定内部组织设置，编制和执行财务预算，制定主要管理制度等。

研发中心下设技术委员会与管理小组，管理小组由产品研究组、设备研究组、市场调研组、品控组、核算组组成。产品研究组是研发中心的关键部门，它负责新产品的应用、新产品设计、新技术的攻关，整个中心的人力和物力也基本投入于此。

研究经费管理，有主任和总经理决定当年的研发费用收支预算，技术部财务独立核算，实行专款专用。主要研发经费来源于公司，按销售收入比例划拨研发经费，由财务部监督资金的使用，技术部主任和项目负责人需要接受相关部门的费用审计。项目负责人根据研究的需要向技术研发中心申请使用。

三、产品及应用

河谷（佛山）汽车润滑系统制造有限公司集中润滑系统主要有干、稀油两大系列各种润滑方式产品，包括油脂泵系列、油脂分配器系列、油脂补给装置及附件。

公司产品广泛应用与数控机械、加工中心、电梯、生产线、机床、锻压、铸造、纺织、塑料、木工、橡胶、矿山、冶金、建筑、印刷、食品等领域。公司产品销往全国各地，在全国主要城市设立了办事处；产品返销日本，并出口美国、德国、韩国、印度、巴西等国家和中国香港、台湾等地区。

河谷公司一直致力于研发，2012 年 2 月，河谷公司生产的容积式集中润滑系统产品被广东省科学技术厅评定为广东省高新技术产品；2012 年 7 月，河谷公司被广东省评为高新技术企业。公司发展越来越快，涉及领域也越来越广。目前，河谷公司正在进军军品产品领域，拓展更大的发展空间。

因为专业，河谷公司做得更好！河谷公司凭着“追求卓越、创造精品”的理念，凭着公司规模生产、精良工艺设备，生产出性能好、质量稳定的产品。河谷公司相信，公司的产品一定会令您的机械润滑更有保障！

〔撰稿单位：河谷（佛山）汽车润滑系统制造有限公司〕

凯和精工　创造价值

杭州凯和精工机械有限公司（简称：凯和精工）成立于 2003 年，坐落于美丽的西子湖畔——杭州高新技术开发区，是一家专业研制、生产、销售齿轮箱的美商独资企业。产品远销美国、加拿大等地，自 2012 年 1 月起正式投放国内市场。主导产品有 KHGF 行星/行走齿轮箱，KH 系列转向齿轮箱，SR/SK/SS/SF 系列减速齿轮箱等。凯和精工一直以来高度重视关键技术和前沿技术的研究，拥有自己的实验室、研发中心、检测中心，有很强的技术创新能力。

凯和精工始终专注于研发行业高端产品，把提升产品性能、可靠性、功能适应性等放在突出重要的位置上。优秀的团队、优良的技术和设备为增加竞争力创造了有利的条件。凯和精工生产的齿轮箱制造精密优良，传动精确安静，具有很好的承载能力和运行可靠性，在每种使用场合都能有优秀的表现。

凯和精工齿轮箱自 2012 年 1 月投放国内市场

以来，创造了几乎质量零投诉的优秀成绩，得到了市场和用户的高度赞赏和肯定。凯和精工品牌在涉入到的行业里市场影响力快速上升。

凯和精工一直秉持“优秀产品、按时交货、凯和精工用心服务”的理念，在提供优秀产品、保证按时交货的同时，提供高水平的服务，时刻想用户所想，急用户所急，帮用户创造更大价值。凯和精工一直坚持竭力为用户提供更大的使用价值。每天用更多的时间来思考用户的需求、凯和精工所能提供的价值及凯和精工能提供的价值是否是用户所需要的……

用户优秀的鉴赏能力与追求自身产品的完善，使其选择了凯和精工优秀的齿轮箱。凯和精工没有辜负用户的信任。在产品投放国内市场一年多的短暂时间内，凯和精工齿轮箱得到用户了很好的反馈，赢得了用户的高度肯定，凯和精工齿轮箱的最大使用价值得以体现。用户的肯定是凯和精工坚持不懈的动力，更是凯和精工获得发展空间的保障。凯和精工感谢用户的肯定和支持，将一如既往地坚持为用户提供更大的使用价值。

〔撰稿单位：杭州凯和精工机械有限公司〕

自主创新　打造领先适用的民族品牌

浙江海宏液压科技股份有限公司（原名浙江临海海宏集团有限公司）是生产工程机械液压件的专业企业。公司历史悠久，始建于 1970 年，产品技术含量高，是国家高新技术企业和中国机械工业核心竞争力优秀企业，在国内工程机械行业享有很高的知名度。公司经过 43 年的艰苦创业，在广大新老客户的支持下，正在不断的壮大，目前新厂房占地面积 10 万 m^2，厂房面积 8 万 m^2，具有年产液压件 70 万件的生产能力。

公司主要生产配套装载机、叉车、挖掘机、汽车、推土机、路面机械等机械的多路换向阀、变速操纵阀、流量放大阀、转向控制阀、制动阀等液压组件，共 40 多个系列、500 多个品种规格。产品主要配套柳工、厦工、徐工、安徽合力、杭叉、三一重工、约翰迪尔、临工、山工、成工、福田重工、龙工、山推、大连叉车、杭齿、绍兴金道、中南传动、斗山工程机械、江淮重工、北京现代、山东现代、沃得重工、山河智慧、常林股份、宇通重工等国内各大工程机械主机厂家，部分产品随主机或直接销往海外市场。

2013 年 6 月，公司二期高压液压阀系列产品项目顺利开工。该项目将投资 2.1 亿元，新建叉车阀、挖掘机阀、平地机阀及推土机阀生产线。在提升产能的同时，优化叉车阀产品结构，加快高端液压件产品开发。项目建成后，将形成年产 2.5 万件高压液压阀系列产品的生产能力，对填补国内技术空白，替代进口，实现企业转型升级具有重要意义。

公司一直以科技创新为战略，用户至上为宗旨，不断为广大用户提供质优价廉的产品。公司设有专业研究机构，被评为浙江省省级企业技术中心。该中心拥有一支素质高、创新意识强的科技研发队伍。中心成立以来，在中高压液压阀部分领域和个别产品中取得技术性突破，并开始为国内部分主机厂配套试用。自主研发的 27 项产品获国家发明专利和实用新型专利，2 项新产品列入国家火炬计划，产品技术先进性和质量可靠性处于国内液压行业前列。公司通过了 ISO9001：2008 质量管理体系换版认证，“临宏”牌工程机械液压阀被评为“浙江省名牌产品”。

公司以“自主创新，打造领先适用的民族品牌”为发展愿景；以“通过自主创新和合作，以中低压液压系统为基础，向高压、电控液压系统发展”为发展战略。

公司期待您的光临，愿与您携手共创美好未来！

〔撰稿单位：浙江海宏液压科技股份有限公司〕

系统论述及分析国内、国际工程机械市场总体状况和发展趋势，概述工程机械行业上市公司发展情况

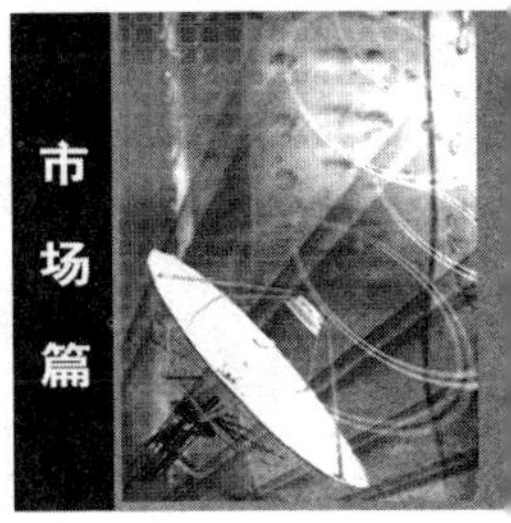

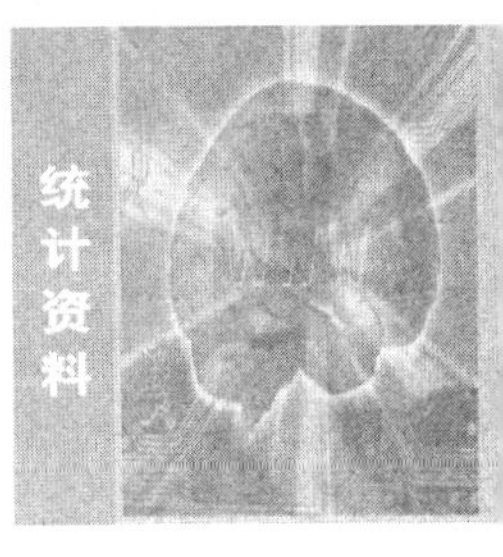

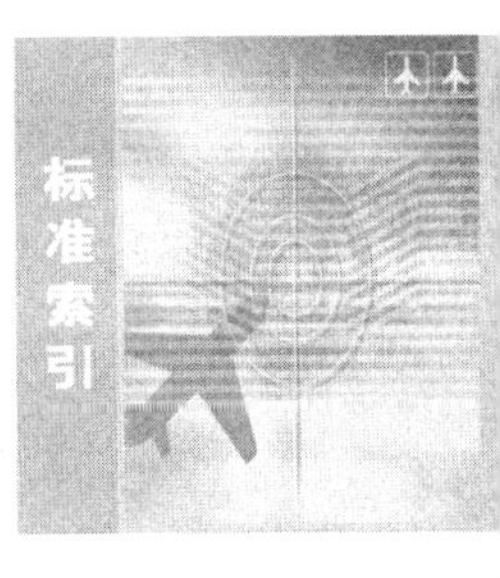

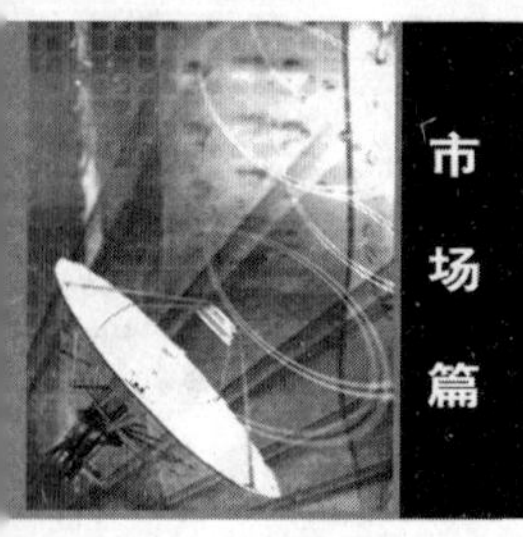

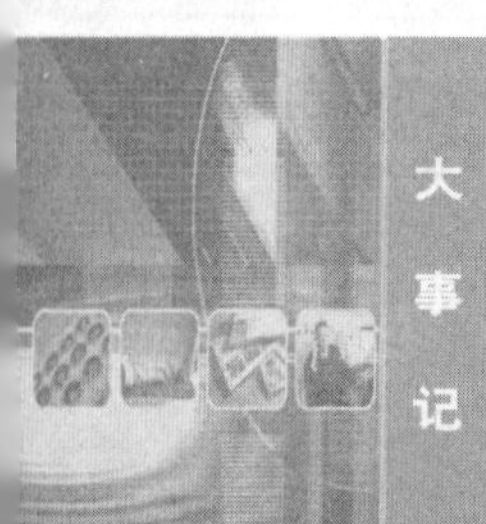

市场篇

2012 年工程机械产品进出口分析

据海关总署统计，2012 年我国工程机械进出口贸易额为 243.12 亿美元，比上年同期下降 4.13%。其中进口金额 56.91 亿美元，比上年下降 37.4%；出口金额 186.21 亿美元，比上年增长 14.5%，贸易顺差 129.29 亿美元，比上年同期扩大 57.52 亿美元。

一、工程机械产品进出口情况

2012 年，整机进口额为 34.5 亿美元，比上年下降 34.65%，占进口总额的 60.62%；零部件进口额为 22.41 亿美元，比上年下降 41.21%，占进口总额的 39.38%。其中履带挖掘机进口数量为 13 912 台，进口额为 15.26 亿美元，同比分别下降 55.65% 和 48.88%，降幅超过全行业整机降幅。进口下降较多的产品有：轮胎挖掘机、其他推土机、压路机、摊铺机、大型全地面起重机、履带起重机、集装箱叉车、零部件等。进口增长较多的产品有：混凝土搅拌车、电梯及扶梯、其他挖掘机、装载机、牵引车、随车起重机、其他起重机、筑路机及平地机等。2008—2012 年各月进口额见图 1。

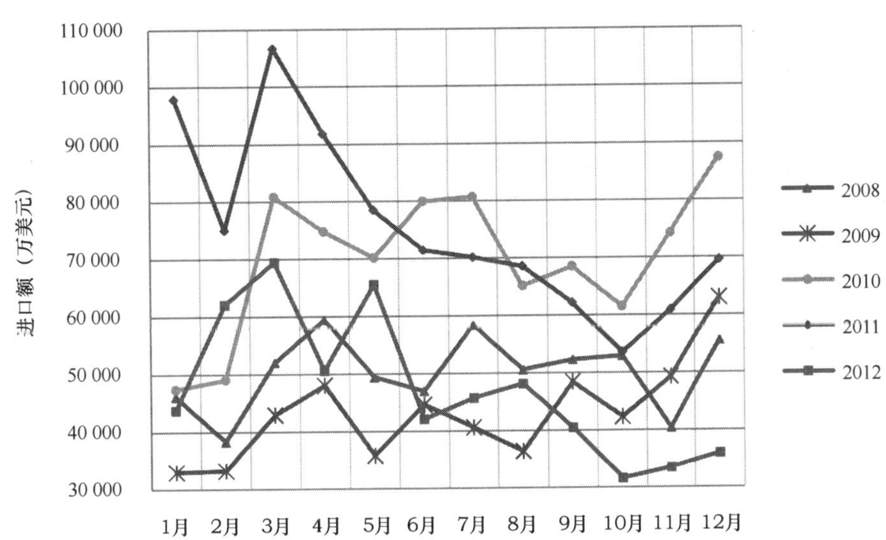

图 1　2008—2012 年各月进口额

出口方面，2012 年整机出口额为 127.12 亿美元，比上年增长 17.56%，占出口总额的 68.27%；零部件出口额为 59.08 亿美元，占出口总额的 31.73%，比上年增长 8.30%。2012 年出口增幅较大的产品有：履带挖掘机、其他挖掘机、装载机、大功率推土机、铲运机、其他全路面起重机、汽车起重机、堆垛机、叉车、混凝土搅拌车、凿岩机及隧道掘进机和打桩机及工程钻机等。2008—2012 年各月出口额见图 2。2012 年工程机械各月进出口情况见表 1。2012 年工程机械产品进出口分类汇总见表 2。

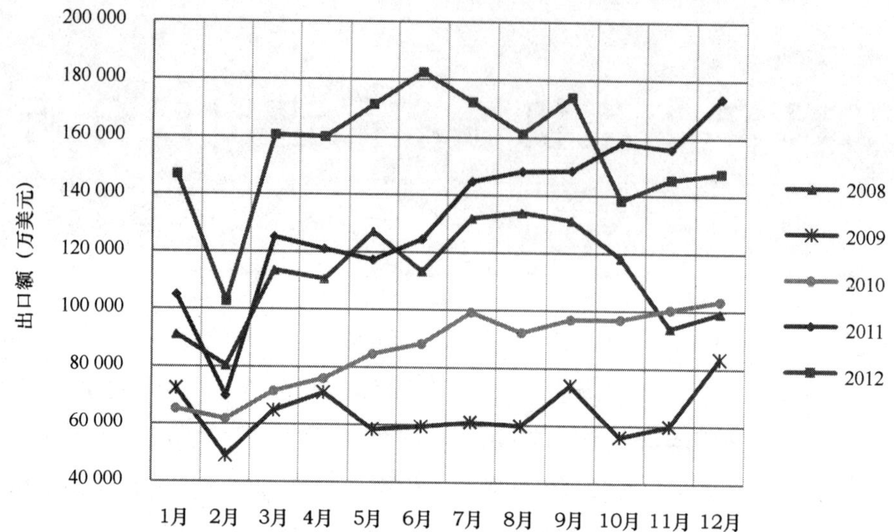

图2　2008—2012年各月出口额

表1　2012年工程机械各月进出口情况　（单位:万美元）

月份	进口						出口					
	2012年当月	2011年当月	同比增长(%)	2012年累计	2011年累计	同比增长(%)	2012年当月	2011年当月	同比增长(%)	2012年累计	2011年累计	同比增长(%)
1	43 783	98 612	-55.6				146 879	106 606	37.8			
2	62 111	75 756	-18.0	105 893	174 368	-39.3	102 714	71 679	43.3	249 592	178 285	40.0
3	69 428	107 826	-35.6	175 283	279 997	-37.4	160 624	127 528	26.0	410 247	305 599	34.2
4	50 560	91 958	-45.0	225 810	371 962	-39.3	159 984	122 962	30.1	570 243	428 554	33.1
5	65 516	78 782	-16.8	291 528	450 785	-35.3	171 343	119 294	43.6	741 407	547 685	35.4
6	42 076	71 802	-41.4	333 637	522 569	-36.2	182 563	127 408	43.3	923 976	674 989	36.9
7	45 691	70 348	-35.0	379 475	592 977	-36.0	172 246	148 808	15.8	1 095 753	823 860	33.0
8	48 105	69 109	-30.4	427 715	662 011	-35.4	161 390	152 593	5.8	1 257 073	976 248	28.8
9	40 472	62 339	-35.1	468 192	724 419	-35.4	174 114	151 301	15.1	1 431 009	1 126 724	27.0
10	31 591	53 569	-41.0	499 941	778 051	-35.7	138 239	162 634	-15.0	1 569 147	1 289 743	21.7
11	33 411	60 988	-45.2	533 449	839 256	-36.4	145 476	158 290	-8.1	1 714 620	1 448 031	18.4
12	35 922	69 714	-48.5	569 133	909 158	-37.4	147 679	179 118	-17.6	1 862 081	1 626 900	14.5

表2　2012年工程机械产品进出口分类汇总　（单位:万美元）

序号	货品名称	单位	出口				进口			
			数量	增长(%)	金额	增长(%)	数量	增长(%)	金额	增长(%)
1	履带式挖掘机	台	14 522	80.35	154 052	91.54	13 912	-55.65	152 610	-48.88
2	轮胎式挖掘机	台	287	0.70	2 323	1.28	85	-79.32	733	-69.13
3	其他挖掘机	台	130	-5.11	3 926	395.62	8	100.00	490	257.75

（续）

序号	货品名称	单位	出口				进口			
			数量	增长（%）	金额	增长（%）	数量	增长（%）	金额	增长（%）
4	装载机	台	44 942	16.77	196 129	18.25	507	-35.00	8 263	27.30
5	P>235.36kW(320hp)推土机	台	485	48.32	9 296	92.48	102	-17.07	7 385	-5.90
6	其他推土机	台	4 059	6.17	39 793	-1.46	81	-62.67	1 240	-48.67
7	筑路机及平地机	台	4 390	-19.06	39 432	-17.32	31	-38.00	1 903	13.54
8	铲运机	台	762	125.44	4 526	87.92	94	-13.76	4 277	-19.49
9	压路机	台	12 614	-1.58	35 678	-10.73	379	-52.45	1 167	-54.14
10	其他压实机械	台	32 599	54.65	3 510	6.73	0	-100.00	0	-100.00
11	摊铺机	台	894	11.19	4 872	4.47	213	-62.83	3 566	-63.51
12	沥青搅拌设备	台	1 346	96.50	12 743	11.52	58	1.75	921	-36.63
13	起重量>100t 全路面汽车起重机	辆	30	25.00	2 579	1.06	8	-76.47	2 850	-71.84
14	其他全路面汽车起重机	辆	1 081	38.59	12 804	37.56	1		109	
15	起重量>100t 的汽车起重机	辆	266	731.25	19 765	957.63	0	-100.00	0	-100.00
16	其他汽车起重机	辆	3 949	45.77	59 164	44.08	0	-100.00	0	-100.00
17	履带式起重机	台	853	11.21	31 435	-6.26	7	-80.00	2 229	-82.53
18	塔式起重机	台	2 375	3.49	33 858	1.59	35	-46.97	4 653	-9.65
19	随车起重机	台	293	-36.85	385	-14.68	322	96.34	675	119.49
20	其他起重机	台	13 989	79.07	26 452	-15.09	928	3.34	11 629	22.33
21	堆垛机	台	744	36.76	823	128.45	311	-42.94	3510	-27.35
22	电动叉车	台	42 485	28.18	29 971	39.90	6 349	-27.18	12 642	-19.01
23	内燃叉车	台	54 328	7.75	90 136	17.56	1 704	-8.44	12 330	-2.11
24	集装箱叉车	台	229	63.57	4 246	41.60	34	-33.33	352	-45.43
25	手动搬运车	台	1 686 161	-5.59	31 766	3.48	4 572	2.60	3 293	4.12
26	牵引车	台	25 811	7.85	3 304	5.60	2 126	2.71	3 240	33.29
27	凿岩机及隧道掘进机	台	29 225	6.18	25 196	19.48	197	-8.37	30 550	-0.88
28	风动工具	台	14 935 051	3.86	28 580	5.26	552 284	-14.56	8 693	-22.81
29	打桩机及工程钻机	台	23 037	7.90	13 399	20.71	105	14.13	3 806	-26.23
30	混凝土泵	台	2 716	3.62	4 870	-9.12	223	-40.05	707	-35.94
31	混凝土搅拌机械	台	757 777	5.04	37 832	17.03	1 925	13.37	9 956	-18.45
32	混凝土搅拌车	辆	4 724	58.52	26 201	57.75	7	600.00	95	480.15
33	电梯及扶梯	台	54 917	15.43	151 642	16.45	1 950	13.57	15 996	21.90
34	其他工程车辆	台	5 493	9.79	42 710	9.14	189	35.97	7 388	5.49

（续）

序号	货品名称	单位	出口				进口			
			数量	增长（%）	金额	增长（%）	数量	增长（%）	金额	增长（%）
35	其他	台	1 093 206	-17.78	87 843	-16.95	5 997	-5.29	27 735	-9.30
36	零部件	t	2 802 714	9.71	590 838	8.30	222 725	-53.67	224 136	-41.21
	合　计				1 862 081	14.46			569 133	-37.40
37	非公路用货运自卸车	辆	9 606		54 131		242		19 320	

注："非公路用货运自卸车"为2012年新增统计商品，含电动轮非公路用货运自卸车、其他非公路用货运机动自卸车，暂不计入总额。2011年及以前的"未列名特殊用途的机动车辆"从2012年起计入总额，并纳入"其他工程车辆"。（数据来源于中国工程机械工业协会工程机械进出口月度监测系统）

二、工程机械产品进出口地区分布

2012年，主要出口国家中，出口美国工程机械产品17.29亿美元，其中：零部件10.16亿美元，占出口美国总额的58.76%；非自推进泥土、矿山运送、平整等机械2.04亿美元，占11.8%；风动工具1.51亿美元，占8.73%。出口俄罗斯工程机械产品13.48亿美元，其中：装载机2.57亿美元，占出口俄罗斯总额的19.1%；矿用自卸车1.86亿美元，占13.79%；推土机1.51亿美元，占11.21%。出口日本工程机械产品8.98亿美元，其中：零部件8.49亿美元，占出口日本总额的94.54%；压路机1832万美元，占2.04%。2012年工程机械产品进出口地区分布见表3。2012年工程机械产品进出口前20位国家（地区）排序见表4。2012年工程机械产品出口主要地区分布见表5。

表3　2012年工程机械产品进出口地区分布　（单位：万美元）

地区	出口			进口		
	出口额	比重（%）	同比增幅（%）	进口额	比重（%）	同比增幅（%）
美国	172 865.92	9.02	23.62	68 651.12	11.67	9.34
欧盟	172 990.63	9.03	-1.52	196 826.21	33.45	-13.47
中国香港	20 701.47	1.08	-18.85	229.47	0.04	37.57
日本	89 751.64	4.68	5.89	174 486.36	29.65	-54.38
韩国	48 007.93	2.51	-16.68	100 528.09	17.08	-47.34
东盟	312 773.68	16.32	34.57	8 502.15	1.44	11.92
俄罗斯联邦	134 801.30	7.03	68.86	119.38	0.02	-58.06
印度	57 007.18	2.97	-35.43	5 035.25	0.86	178.90
非洲拉美	477 662.94	24.93	25.41	2 937.73	0.50	6.53
其他	429 649.05	22.43	18.66	31 137.04	5.29	-5.40

表4　2012年工程机械产品进出口前20位国家（地区）排序

序号	国别（地区）	出口额（万美元）	同比增长（%）	国别（地区）	进口额（万美元）	同比增长（%）
1	美国	172 865.92	23.62	日本	174 486.36	-54.38
2	俄罗斯联邦	134 801.30	68.86	韩国	100 528.09	-47.34

（续）

序号	国别（地区）	出口额（万美元）	同比增长（%）	国别（地区）	进口额（万美元）	同比增长（%）
3	日本	89 751.64	5.89	德国	81 186.70	-32.88
4	巴西	71 564.64	6.34	美国	68 651.12	9.34
5	印度尼西亚	65 211.35	33.64	瑞典	20 407.70	-17.30
6	澳大利亚	64 234.05	34.18	荷兰	19 214.14	68.03
7	委内瑞拉	61 964.73	22.95	意大利	13 677.52	-14.34
8	泰国	60 737.66	111.79	奥地利	13 037.34	64.70
9	印度	57 007.18	-35.43	法国	11 865.26	3.45
10	沙特阿拉伯	48 432.19	65.40	英国	11 492.99	9.01
11	韩国	48 007.93	-16.68	澳大利亚	10 912.68	12.01
12	新加坡	47 945.80	24.98	比利时	10 097.29	44.27
13	南非	39 754.90	33.85	芬兰	7 337.34	-21.72
14	阿拉伯联合酋长国	39 676.89	37.85	马来西亚	5 365.26	6.72
15	马来西亚	37 648.35	31.25	印度	5 035.25	178.90
16	缅甸	33 337.06	-7.20	中国台湾	5 011.29	-40.68
17	哈萨克斯坦	32 635.50	20.18	瑞士	3 668.47	1.96
18	德国	32 284.50	-6.51	加拿大	3 325.78	-37.59
19	加纳	29 575.44	191.89	挪威	2 456.00	53.05
20	越南	28 416.18	9.32	白俄罗斯	2 421.42	

表5　2012年工程机械产品出口主要地区分布

（单位：万美元）

序号	货品名称	美国	俄罗斯	日本	巴西	印度尼西亚	澳大利亚	委内瑞拉	泰国	印度
1	履带式挖掘机	1 369	6 090	353	8 826	8 403	661	4 548	11 094	1 596
2	轮胎式挖掘机		33		6	20	2		12	
3	其他挖掘机		3119			45	1		1	10
4	装载机	1 274	25 733	48.6	14 158	5 687	5 234	7 768	4 718	1 685
5	P>235.36kW（320hp）推土机		3 391		66	18	341	960		516
6	其他推土机	7	11 718	4	729	702	117	2 683	110	401
7	筑路机及平地机	16.0	3 422		1 186	666	79	195	843	758
8	铲运机		430			67	118	1 762		13
9	压路机	1 326	1 722	906	1 385	3 674	992	1 433	1 004	26
10	其他压实机械	3	161	926	177	151	26	22	6	3
11	摊铺机	1	276		53	48	1	1 089	60	5
12	沥青搅拌设备		1 828		6	1 255	194	889	215	439
13	起重量>100t 全路面汽车起重机				888					4

（续）

序号	货品名称	美国	俄罗斯	日本	巴西	印度尼西亚	澳大利亚	委内瑞拉	泰国	印度
14	其他全路面汽车起重机	3	6 263			81			41	28
15	起重量>100t的汽车起重机				725	141		17 296	141	29
16	其他汽车起重机	1 588	1 340		10 374	981	145	1 002	3 713	920
17	履带式起重机	1 742	1 079	29	2 169	1 543	601	566	827	3 441
18	塔式起重机	28.5	2 446	1	1 374	1 590	120	849	1 596	1 381
19	随车起重机	1	51	17	4	58	1		77	22
20	其他起重机	646	932	96.2	966	2 068	1 058	75	957	1 831
21	堆垛机		87		9	17	38	5	76	2.51
22	电动叉车	6 119	1 166	239	1 892	1 168	2 027	298	1 562	573
23	内燃叉车	5 481	6 825	12.1	6 477	2 900	6 570	2 647	2 677	1 088
24	集装箱叉车	33		95	100	217	198		564	
25	手动搬运车	6 146	1 910	445	1 110	496	928	96	692	662
26	牵引车	211	162	206	165	93	158	12	69	36
27	凿岩机及隧道掘进机	36	347	5	11	112	299		851	7331
28	风动工具	15 056	551	343	551	235	745	78	438	210
29	打桩机及工程钻机	805	722	271	397	2 137	54	523	103	182
30	混凝土泵	16	444		204	135	120	18	153	111
31	混凝土搅拌机械	1 841	5 496	183	334	1 960	662	2 592	741	1 174
32	混凝土搅拌车		2 586			2 733	6	2 712	3 031	
33	电梯及扶梯	2 505	8 980	199	4 352	6 490	6 174	3 118	3 888	8 872
34	其他工程车辆	255	1 300	36	172	1 100	436	5 570	171	113
35	其他	24 752	5 528	451	947	1 331	630	595	3 317	1 122
36	零部件	101 604	10 067	84 854	11 722	14 140	33 663	1 440	15 927	22 380
37	非公路用货运自卸车		18 595	33	30	2 747	1 838	1 125	1 065	45
	合　计	172 866	134 801	89 752	71 565	65 211	64 234	61 965	60 738	57 010

序号	货品名称	沙特阿拉伯	韩国	新加坡	南非	阿拉伯联合酋长国	马来西亚	缅甸	哈萨克斯坦	德国
1	履带式挖掘机	4 263	259	745	2 830	5 663	2 650	8 656	1 778	113
2	轮胎式挖掘机	9		24	11	3	13		445	
3	其他挖掘机			1			18	7.8	50	13
4	装载机	10 117	1 391	1 267	9 028	11 732	2 233	2 199	7 698	941
5	P>235.36kW(320hp)推土机	213			55	1		600	71	
6	其他推土机	1 226		27	349	11	174	606	2 131	
7	筑路机及平地机	829	180	2 751	2 041	262	266	185	1 744	37.7

（续）

序号	货 品 名 称	沙特	韩国	新加坡	南非	阿拉伯联合酋长国	马来西亚	缅甸	哈萨克斯坦	德国
8	铲运机	4			175	1	12	2	186	8
9	压路机	865	300	202	492	459	658	300	1 048	511
10	其他压实机械	15	1	2	35	49	6	7	2	101
11	摊铺机	15		11		12	2	10	162	
12	沥青搅拌设备	473	1	379	2	50	316	16	351	186
13	起重量>100t 全路面汽车起重机	513							241	
14	其他全路面汽车起重机	247		32	26	163	4	281	280	
15	起重量>100t 的汽车起重机	2			246	5			60	
16	其他汽车起重机	7 779	23	408	1 344	1 984	831	250	5 188	31
17	履带式起重机	933	98	3 799	197	207	614	329	1 378	
18	塔式起重机	675	1 416	5 094	99	1 639	2 781	206	145	
19	随车起重机	24		18		31	2	2		5
20	其他起重机	1 253	839	1 027	1 824	1 213	1 624	399	188	27
21	堆垛机	5	104		1	2	86			
22	电动叉车	216	568	1 156	595	183	391	26	94	1 015
23	内燃叉车	4 666	348	1 192	3 532	1 324	1 032	204	714	1 646
24	集装箱叉车	197	197	50	271	29	314	44		
25	手动搬运车	134	785	287	295	330	424	6	93	4 266
26	牵引车	31	263	40	62	18	9	45	20	91
27	凿岩机及隧道掘进机	25	1	6 398	59	3	11	46	103	1 393
28	风动工具	109	125	401	152	137	222	56	56	1 107
29	打桩机及工程钻机	336	4	591	75	15	1 212	180	49	97
30	混凝土泵	45	19	148	8	23	345	94	251	33
31	混凝土搅拌机械	397	178	755	174	279	674	333	564	378
32	混凝土搅拌车	509		5	813		950	461	605	
33	电梯及扶梯	4 711	5 935	7 107	2 425	3 476	7 899	613	1 649	743
34	其他工程车辆	449	11	763	184	434	290	1 024	1 461	
35	其他	281	1 310	327	3 272	4 167	408	6 218	459	2 192
36	零部件	6 658	33 580	12 554	8 700	5 714	10 653	1 132	2 888	17 348
37	非公路用货运自卸车	208	73	384	383	60	524	8 797	486	2
	合 计	48 432	48 009	47 946	39 755	39 678	37 648	33 335	32 636	32 285

注：上表为出口额总计在 3 亿美元以上的国家及地区。

三、2012 年工程机械进出口贸易特点

一是进口保持较低水平。受国内市场不振的影响，各月进口额呈现震荡下行态势。全年最低单月进口额仅为 3.16 亿美元，低于金融危机后 2009

年水平，为2007年2月以来最低月度进口额。主要产品中：履带挖掘机和零部件下降较多，其中履带挖掘机累计进口同比减少14.6亿美元，同比下降48.88%；零部件进口同比减少15.71亿美元，同比下降41.21%。两类产品合计下降占工程机械进口总额同比下降金额的89.14%。

进口来源国：欧盟、美国、日本、韩国的进口额仍占有绝对比重，合计占进口总额的91.85%。除美国进口增长外，其余均有下降，日本、韩国降幅较大，分别下降54.38%和47.34%。此外，东盟、印度、非洲、拉美等地区进口额增幅较高。

二是出口高速增长的势头发生改变，趋势不容乐观。在上年出口连续高速增长之后，2012年以来出口增幅明显下降，尤其是从下半年开始，出口额增幅明显下降，到四季度出现各月出口额同比下降。全年累计出口额已经从上半年累计增幅的36.9%，下降到14.5%。海外市场需求低迷开始在工程机械行业显现，为今后工程机械产品出口带来阴影。近两月下降较多的有：委内瑞拉、德国、印度、阿根廷、意大利、土耳其、英国、日本、加拿大、韩国、伊朗、墨西哥，以及中国香港地区。

三是受进口下降拖累，进出口贸易总额徘徊于上年同期水平。在国内市场持续不振的情况下，进口出现连续较大降幅。同时，出口在上年连续高增长的情况下，当年明显下降。2012年工程机械进出口贸易总额略低于2011年。

〔供稿人：中国工程机械工业协会吕莹〕

2012年工程机械上市公司总体表现

一、上市公司基本情况

截至2012年12月31日，我国以工程机械整机为主营业务的上市公司有21家，其中A股市场19家，香港市场2家。其中以土方机械为主的主要有柳工、厦工股份、徐工机械、中国龙工、常林股份、山推股份、河北宣工、山河智能；以建筑机械为主的包括三一重工、中联重科、华菱星马（2012年2月22日完成购买华菱汽车100%股权，更名为华菱星马，主营变为专用汽车、汽车配件、建材建筑机械、金属材料的制造生产）和建设机械（2012年7月16日，撤销ST，由建筑机械变为建设机械）共4家；专业叉车企业安徽合力1家；路面机械企业达刚路机、森远股份2家；施工起重运输设备企业天业通联1家，高空作业车企业海伦哲1家，矿山机械企业北方股份1家，路桥机械企业新筑股份1家，专业液压缸生产企业恒立油缸1家；回转支承生产企业方圆支承1家。2012年12月31日，21家工程机械上市公司年末总市值2 420.98亿元，比年初开盘时的2 589.38亿元减少了0.06%。

2012年有5家工程机械上市公司有意实施再融资。厦工股份成功公开增发1.6亿股，募集资金10.27亿元；股东大会通过1例：山推股份非公开增发1.06亿股；证监会核准2例：华凌星马非公开增发1.8亿股，建设机械非公开增发1亿股；发改委审核通过1例，山河智能非公开增发1.2亿股。发行企业债2例：厦工股份6月14日发行了面值不超过15亿元的公司债券。柳工2012年3月14日发行公司债券面值13亿元。此外，天业通联有意发行公司债券。工程机械上市公司主要产品见表1。

表1　工程机械上市公司主要产品

股票代码	股票名称	地址	上市时间	主要产品
000157.SZ 1157.HK	中联重科	长沙市	2000.10.12 2010.12.23	混凝土机械（混凝土泵车、拖泵、混凝土搅拌站、搅拌车）、起重机械、环卫机械、路面及桩工机械、土方机械、物料输送机械和系统、融资租赁等
000425.SZ	徐工机械	徐州市	1996.08.28	起重机械、铲运机械、工程机械备件、混凝土机械、压实机械、路面机械、消防机械
000528.SZ	柳工	柳州市	1993.11.18	轮式装载机、履带式液压挖掘机、路面机械、工程机械备件
000680.SZ	山推股份	济宁市	1997.01.22	推土机、压路机、装载机、平地机、工程机械配套件
000923.SZ	河北宣工	张家口市	1999.07.14	装载机、推土机、挖掘机、松土器等
002097.SZ	山河智能	长沙市	2006.12.22	挖掘机、旋挖钻机、计算机控制凿岩台车、液压静力压桩机、液压破碎锤、一体化液压潜孔钻机、配件及阀门
002147.SZ	方圆支承	马鞍山市	2007.08.08	电液锤、回转支承、空气锤
002459.SZ	天业通联	秦皇岛市	2010.08.10	铁路、公路桥梁架运设备、非公路运输设备、起重设备、无砟轨道铺装设备、隧道掘进设备
002480.SZ	新筑股份	成都市	2010.09.21	桥梁支座、预应力锚具、桥梁伸缩装置，多功能道路材料摊铺机、搅拌设备
300103.SZ	达刚路机	西安市	2010.08.12	沥青脱桶设备、沥青运输车、智能型沥青洒布车、同步封层车、稀浆封层车、沥青改性设备、乳化沥青设备
300201.SZ	海伦哲	徐州市	2011.04.07	高空作业车、电源车、工程抢修车、军用抢修车
300210.SZ	森远股份	鞍山市	2011.04.26	路面除雪和清洁设备、沥青路面就地再生设备、预防性养护设备
600031.SH	三一重工	长沙市	2003.07.03	混凝土机械（混凝土泵车、拖泵、混凝土搅拌站、搅拌车）、挖掘机、汽车起重机、履带起重机、桩工机械、路面机械、融资租赁等
600262.SH	北方股份	包头市	2000.06.30	侧卸式混凝土运输车、铰接式自卸车、矿用洒水车、履带式破碎机、煤斗型自卸车、挖掘装载机、越野卡车、岩斗型自卸车、自行式铲运机
600375.SH	华菱星马	马鞍山市	2003.04.01	专用汽车（不含小轿车）、汽车配件、建材建筑机械、金属材料的制造生产
600710.SH	常林股份	常州市	1996.07.01	平地机、扫路车、随车吊、摊铺机、挖掘机结构件、挖掘装载机、压路机、装载机
600761.SH	安徽合力	合肥市	1996.10.09	电瓶叉车、内燃叉车、牵引车、托盘叉车、阳极运输车、堆垛车、堆高机、叉车配套件、铸件、装载机等
600815.SH	厦工股份	厦门市	1994.01.28	装载机、叉车、挖掘机、路面机械等
600984.SH	建设机械	西安市	2004.07.07	摊铺机、稳拌机、翻斗车、结构件等
601100.SH	恒立油缸	常州市	2011.10.28	叉车液压缸、车辆液压缸、大型液压缸、多级液缸、工程液压缸、工业拉杆液压缸、海事液压缸、千斤顶液压缸、挖掘机液压缸、冶金液压缸
3339.HK	中国龙工	龙岩市	2005.11.17	轮式装载机、压路机、挖掘机、起重叉车、驱动桥、变速箱、齿轮、液压缸、管道

截至2012年12月31日，21家上市公司总资产和净资产总额分别为2 998.46亿元和1 108.18亿元，较上年同期分别增长16.51%和7.59%。其中中联重科、三一重工、徐工机械总资产规模分别为889.74亿元、644.61亿元和453.59亿元，列行业总资产前三名；净资产列前三名的亦为中联重科、三

一重工和徐工机械，分别为 392.39 亿元、153.51 亿元和 124.97 亿元。工程机械上市公司 2012 年资产规模及变化见表 2。

表 2　工程机械上市公司 2012 年资产规模及变化

股票代码	股票名称	总资产（万元）			净资产（万元）		
		2012 年	2011 年	同比增长（%）	2012 年	2011 年	同比增长（%）
000157.SZ	中联重科	8 897 446.00	7 158 177.16	24.30	3 923 902.00	3 466 192.00	13.20
000425.SZ	徐工机械	4 535 893.50	3 471 351.68	30.67	1 249 715.10	1 233 119.60	1.35
000528.SZ	柳工	2 258 392.48	2 275 133.06	−0.74	891 482.10	851 935.70	4.64
000680.SZ	山推股份	1 330 569.91	1 380 917.15	−3.65	407 501.80	410 836.30	−0.81
000923.SZ	河北宣工	144 496.86	128 108.59	12.79	59 742.20	58 104.60	2.82
002097.SZ	山河智能	530 861.71	481 185.88	10.32	171 316.30	174 700.10	−1.94
002147.SZ	方圆支承	121 134.34	119 192.74	1.63	88 757.10	91 035.90	−2.50
002459.SZ	天业通联	235 273.45	222 156.00	5.90	102 861.70	124 696.90	−17.51
002480.SZ	新筑股份	370 470.47	386 245.64	−4.08	177 590.30	191 300.30	−7.17
300103.SZ	达刚路机	86 581.48	72 979.04	18.64	72 351.66	69 368.90	4.30
300201.SZ	海伦哲	90 032.69	74 055.54	21.57	64 533.20	62 816.40	2.73
300210.SZ	森远股份	97 338.62	66 998.07	45.29	66 632.60	60 011.30	11.03
600031.SH	三一重工	6 446 140.00	5 130 671.76	25.64	1 535 152.00	1 355 183.10	13.28
600262.SH	北方股份	349 017.75	319 632.10	9.19	117 021.10	101 898.30	14.84
600375.SH	华菱星马	691 620.21	593 274.47	16.58	250 978.60	260 265.60	−3.57
600710.SH	常林股份	308 576.85	318 866.65	−3.23	207 823.00	208 408.80	−0.28
600761.SH	安徽合力	466 448.95	433 345.89	7.64	288 315.80	268 102.80	7.54
600815.SH	厦工股份	1 174 238.57	1 060 649.89	10.71	424 221.50	330 438.20	28.38
600984.SH	建设机械	101 154.88	86 667.46	16.72	27 140.10	27 319.20	−0.66
601100.SH	恒立油缸	381 470.55	341 402.88	11.74	330 475.00	313 544.10	5.40
3339.HK	中国龙工	1 367 412.70	1 614 043.30	−15.28	624 242.80	640 676.9	−2.57
合计/平均		29 984 571.97	25 735 054.95	16.51	11 081 755.96	10 299 955	7.59

二、工程机械上市公司 2012 年经营情况

1、上市公司收入普遍减少

2012 年随着房地产限购、银行信贷紧缩等严厉的宏观调控措施出台，国内投资增速快速下降，市场累积库存压力加大，同时，延续 2011 年下半年的欧洲主权债务危机，国内基础设施建设特别是铁路建设大面积停工，导致工程机械需求仍然不足。

2012 年全年，行业同比来看，挖掘机销量下降 35%、装载机销量下降 30%、推土机销量下降 22%、汽车起重机销量下降 35%、履带起重机销量下降 17%、随车起重机销量增加 4%、压路机销量下降 39%、叉车销量下降 7%、泵车销量下降约 5%。

2012年工程机械上市公司产品销量普遍跟随行业大势下滑。三一履带起重机、徐工随车起重机等成为少有的实现正增长的产品。

2012年一季度到四季度，土方机械(挖掘机、装载机、推土机等)、叉车和路面机械的销量同比降幅呈收窄趋势，而起重机械和混凝土机械(以泵车为主)的销量同比降幅仍在高位。

2012年21家上市公司完成营业收入1 871.34亿元，同比减少29.46%；实现营业利润185.78亿元，同比减少40.35%；实现净利润168.45亿元，同比减少37.24%。

行业竞争趋于激烈，产能利用率进一步下降，多数上市公司利润下降幅度大于收入下降幅度，只有路面机械和矿山机械等产品盈利能力有所上升。21家上市公司中仅有3家公司归属母公司的净利润增长，北方股份和森远股份增长超过30%，有9家公司降幅超过50%。我们可以看到，在行业出现调整的时期，工程机械行业分化加剧，但整体利润大幅下降。工程机械行业上市公司2012年业绩增长情况见表3。

表3　工程机械行业上市公司2012年业绩增长情况

股票代码	股票名称	营业收入(万元)	同比增长(%)	营业利润(万元)	同比增长(%)	归属母公司股东净利润(万元)	同比增长(%)
000157.SZ	中联重科	4 807 117.00	3.77	890 899.00	-6.36	733 005.00	-9.12
000425.SZ	徐工机械	3 213 244.60	-2.54	250 990.20	-35.62	246 630.53	-27.00
000528.SZ	柳工	1 262 966.70	-29.36	19 701.90	-86.97	27 835.55	-78.94
000680.SZ	山推股份	1 048 474.70	-28.69	-5 270.00	-108.28	3 061.70	-93.61
000923.SZ	河北宣工	42 599.00	-25.78	1 168.80	-18.46	539.88	-47.64
002097.SZ	山河智能	193 734.50	-37.30	-4 056.20	-127.34	908.07	-95.53
002147.SZ	方圆支承	34 477.80	-43.31	-892.70	-108.62	558.81	-94.08
002459.SZ	天业通联	49 331.80	-50.64	-34 940.50	-1 675.60	-31 799.67	-4 322.87
002480.SZ	新筑股份	76 176.10	-60.13	-16 598.80	208.27	-6 866.85	-143.43
300103.SZ	达刚路机	24 184.20	3.43	5 821.90	-23.87	5 335.41	-18.70
300201.SZ	海伦哲	30 614.30	21.22	2 495.80	-0.02	2 483.63	0.48
300210.SZ	森远股份	30 521.40	50.43	8 873.60	32.50	8 555.97	30.48
600031.SH	三一重工	4 683 053.50	-7.77	609 739.10	-38.08	568 609.50	-34.26
600262.SH	北方股份	255 410.90	21.02	14 188.40	16.42	16 876.79	34.07
600375.SH	华菱星马	447 549.90	-34.70	9 336.80	-83.35	16 786.18	-66.75
600710.SH	常林股份	136 798.60	-35.94	-4 610.40	-127.32	961.70	-94.28
600761.SH	安徽合力	597 571.90	-5.02	40 960.50	-14.14	34 942.69	-9.44
600815.SH	厦工股份	814 983.40	-32.04	11 513.40	-82.23	12 733.47	-77.79
600984.SH	建设机械	70 489.20	8.43	456.00	-60.95	686.18	-36.54
601100.SH	恒立油缸	104 514.60	-7.79	30 420.00	-17.74	27 522.80	-15.29
3339.HK	中国龙工	789 600.00	-37.93	27 565.40	-86.70	15 148.60	-91.23
合计/平均		18 713 414.10	-29.46	1 857 762.20	-40.35	1 684 515.94	-37.24

从经营效率来看,2012年工程机械上市公司整体水平与去年相比下降。21家上市公司2012年净资产收益率超过10%的公司有中联重科、徐工机械、森远股份、三一重工、北方股份、安徽合力共6家公司,较上年减少7家。其中仅有三一重工的净资产收益率超过20%,中联重科、徐工机械和北方股份的净资产收益率超过15%。工程机械行业上市公司2012年经营效率情况见表4。

表4　工程机械行业上市公司2012年经营效率情况

股票代码	股票名称	总股本(万股)		每股收益摊薄(元)		净资产收益率(%)	
		2012年	2011年	2012年	2011年	2012年	2011年
000157.SZ	中联重科	770 595.40	770 595.41	0.95	1.05	19.23	22.63
000425.SZ	徐工机械	206 275.80	206 275.82	1.20	1.64	15.14	22.29
000528.SZ	柳工	112 524.20	112 524.21	0.25	1.17	2.99	14.14
000680.SZ	山推股份	113 874.70	75 916.45	0.03	0.63	0.92	9.87
000923.SZ	河北宣工	19 800.00	19 800.00	0.03	0.05	0.72	1.78
002097.SZ	山河智能	41 145.00	42 145.00	0.02	0.48	0.53	11.46
002147.SZ	方圆支承	25 852.20	25 852.18	0.02	0.37	0.62	9.76
002459.SZ	天业通联	22 230.00	22 230.00	−1.43	0.03	−29.32	0.58
002480.SZ	新筑股份	28 000.00	28 000.00	−0.25	0.56	−3.57	7.96
300103.SZ	达刚路机	21 173.40	11 763.00	0.25	0.56	7.53	9.46
300201.SZ	海伦哲	17 600.00	8 000.00	0.14	0.31	3.89	3.90
300210.SZ	森远股份	13 473.00	7 485.00	0.64	0.88	13.46	10.93
600031.SH	三一重工	759 370.60	759 370.61	0.75	1.14	26.64	41.67
600262.SH	北方股份	17 000.00	17 000.00	0.99	0.74	17.57	14.03
600375.SH	华菱星马	40 574.10	40 574.06	0.41	1.24	6.28	18.76
600710.SH	常林股份	64 028.40	53 357.00	0.02	0.32	0.46	8.02
600761.SH	安徽合力	51 401.40	42 834.54	0.68	0.90	12.10	13.32
600815.SH	厦工股份	79 897.00	77 970.96	0.13	0.74	3.03	15.22
600984.SH	建设机械	14 155.60	14 155.60	0.05	0.08	2.39	3.82
601100.SH	恒立油缸	63 000.00	42 000.00	0.44	0.77	8.54	10.36
3339.HK	中国龙工	428 010.00	428 010.00	0.04	0.40	4.00	26.99
合计/平均				0.26	0.67	5.00	13.00

2、工程机械出口快速增长

出口方面,除压路机外,其他产品延续了较高的增长势头,出口占比显著提升。在国内景气下行、内需减少的背景下,出口的快速增长有效提升了行业的盈利能力,也证明了国产工程机械在世界市场中竞争力的增强。我国工程机械行业从通过性价比打开市场,到以技术、研发、设计逐渐向国外巨头靠近,这个趋势将一直延续,而2012年正是出口增长的拐点。

3、毛利率下降,三项费用比率上升

一方面,产品结构变动(包括高毛利率的混凝土机械收入占比下降、挖掘机等部分产品销售结构小型化等)、市场竞争加剧、规模效应下降(包括产能利用率明显下降等)使得毛利率下行压力很大;而另一方面,原材料成本下降以及人民币升值(影响关键零部件进口成本)等因素正支撑毛利率空间。综合影响之下，整体销售毛利率已连续4个季度同比下行，但目前仍与2011年同期相当，下行压力有限。2012年21家工程机械上市公司的平均毛利率23.17%，较2011年的24.44%降低了1.27个百分点。

21家工程机械上市公司的平均净利率3.94%，较上年的11.36%下降了7.42个百分点；三项费用比率18.85%，较2011年13.34%的水平下降了5.51个百分点。

在行业景气不佳的背景下，仍有7家公司毛利率同比上升，仅有2家公司净利率同比上升。其中路面机械企业达刚路机、森远股份和建设股份3家公司的净利率超过20%，盈利能力仍然处于高位。混凝土机械龙头企业中联重科的净利率也达到16%左右，同比略有下降。

销售规模下降而规模效应下降、加强营销服务以及加大对销售人员和经销商的扶持激励等对行业整体销售费用率的影响较大。工程机械行业上市公司2012年利润率与费用比率见表5。

表5　工程机械行业上市公司2012年利润率与费用比率

股票代码	股票名称	毛利率(%)		净利率(%)		三项费用比率(%)	
		2012年	2011年	2012年	2011年	2012年	2011年
000157.SZ	中联重科	32.30	32.40	15.66	17.64	11.72	10.85
000425.SZ	徐工机械	21.75	20.68	7.67	10.25	11.88	8.08
000528.SZ	柳工	16.61	19.01	2.21	7.42	13.73	9.52
000680.SZ	山推股份	13.94	14.12	0.22	3.75	13.56	9.22
000923.SZ	河北宣工	12.48	10.91	1.27	1.80	21.19	17.16
002097.SZ	山河智能	27.73	25.39	0.28	6.53	28.40	19.46
002147.SZ	方圆支承	23.41	32.20	0.68	15.66	23.81	13.94
002459.SZ	天业通联	4.10	23.72	-67.11	2.12	55.77	18.91
002480.SZ	新筑股份	20.55	27.84	-9.01	8.26	44.93	18.17
300103.SZ	达刚路机	30.00	32.71	22.06	28.07	4.71	7.00
300201.SZ	海伦哲	30.60	9.88	7.86	9.77	21.63	21.81
300210.SZ	森远股份	45.73	50.80	28.03	32.32	13.79	15.99
600031.SH	三一重工	31.75	36.48	12.84	18.44	18.58	15.93
600262.SH	北方股份	21.86	25.27	6.51	5.74	13.21	15.91
600375.SH	华菱星马	10.71	16.59	0.71	7.37	13.63	7.71
600710.SH	常林股份	18.06	11.12	6.36	7.89	10.79	9.42
600761.SH	安徽合力	10.74	17.61	1.51	6.82	12.88	9.66
600815.SH	厦工股份	23.79	15.34	0.97	4.81	18.38	10.52
600984.SH	建设机械	38.84	22.10	26.43	1.66	9.23	17.94
601100.SH	恒立油缸	32.30	43.40	15.66	28.67	11.72	10.44
3339.HK	中国龙工	19.37	25.60	1.92	13.54	22.32	12.49
平均		23.17	24.44	3.94	11.36	18.85	13.34

4、资产营运效率下降，现金流略有好转

2012年，各大厂商为抢占市场份额，采取了比较激进的销售手段，同时融资租赁也开始在工程机械销售中发挥更大的作用。各公司从二季度（大多数从三季度）开始加强控制信用销售和回款，同时销售收入增速也在放缓，从而应收款项规模的扩张速度正逐步放缓，随之回款违约率得到一定控制。21 家上市公司应收账款比率由 2011 年的 28.14% 升至 44.44%，大幅上升了 16.30 个百分点，反映出下游客户付款能力的减弱，回款周期延长。21 家公司中仅有 2 家公司应收账款比率下降。

21 家上市公司存货比率由 2011 年的 42.20% 上升至 55.97%，大幅上升了 13.77 个百分点。整体存货控制在与前一年同期基本相当的水平，但在销售规模收缩的背景下，存货周转率明显下滑。多数主机厂对 2012 年的春季市场复苏抱以过高期望，导致备货水平相对较高。21 家公司中仅有 6 家公司存货比例下降，其中河北宣工大幅下降 50.36 个百分点。有 3 家公司存货比例大幅上升，超过 50 个百分点，其中山推股份上升 68.6 个百分点，达到 94.07%。

21 家上市公司固定资产比率从 2010 年的 15.59% 上升至 19.14%，上升了 3.55 个百分点。21 家公司中有 6 家公司固定资产比率下降。上市公司资产质量见表 6。

表 6　上市公司资产质量

股票代码	股票名称	应收账款比率(%)		存货比率(%)		固定资产比率(%)	
		2012 年	2011 年	2012 年	2011 年	2012 年	2011 年
000157.SZ	中联重科	39.32	25.17	36.05	30.83	5.14	5.73
000425.SZ	徐工机械	55.21	29.64	25.99	25.70	12.93	7.40
000528.SZ	柳工	17.10	12.67	43.93	34.71	11.61	9.58
000680.SZ	山推股份	54.70	13.40	94.07	25.47	10.22	16.72
000923.SZ	河北宣工	25.96	29.15	27.67	78.03	19.27	9.69
002097.SZ	山河智能	83.66	41.29	97.22	58.13	11.03	10.92
002147.SZ	方圆支承	54.47	23.94	58.62	39.13	48.28	24.12
002459.SZ	天业通联	95.78	66.83	139.66	81.46	20.24	9.33
002480.SZ	新筑股份	79.29	57.48	102.89	39.81	18.02	11.95
300103.SZ	达刚路机	24.57	24.57	30.12	35.56	6.71	7.97
300201.SZ	海伦哲	53.35	44.01	84.82	32.09	19.99	8.75
300210.SZ	森远股份	69.20	31.28	75.61	79.88	11.55	11.02
600031.SH	三一重工	31.98	22.26	32.89	25.22	23.14	20.52
600262.SH	北方股份	22.09	26.32	61.67	65.96	13.47	16.44
600375.SH	华菱星马	11.93	4.68	36.67	30.11	31.46	21.39
600710.SH	常林股份	33.98	19.89	43.99	36.59	18.23	16.03
600761.SH	安徽合力	10.73	9.11	20.52	21.14	33.15	32.05
600815.SH	厦工股份	50.83	27.42	34.84	32.16	12.17	11.73
600984.SH	建设机械	59.94	45.46	33.11	32.22	20.59	25.62
601100.SH	恒立油缸	21.78	11.77	52.06	35.94	26.87	27.93
3339.HK	中国龙工	37.29	24.50	42.90	46.07	27.95	22.54
平均		44.44	28.14	55.97	42.20	19.14	15.59

注：应收账款比率为应收账款占营业收入的比率，存货比率是存货占当年营销成本的比率，固定资产比率为固定资产占总资产的比率。

和资产质量相关的指标是公司的经营效率指标。从存货周转率、应收账款周转率以及经营活动现金流等指标来看，在行业景气下行、需求萎缩的背景下，2012 年工程机械上市公司经营效率下降。

21家公司平均应收账款周转天数150.99天，比2011年上升了62.29天；21家公司平均存货周转天数197.08天，比2011年大幅增加了62.75天；21家公司的每股经营活动现金流从2011年的-0.33元上升至0.2元，上升了0.53元，体现了现金流状况有所改善。

21家公司中，应收账款周转天数下降的有2家；应收账款周转天数大幅上升，超过100天的有山推股份、山河智能、方圆支承、天业通联和新筑股份。存货周转天数下降的有2家；存货周转天数大幅上升，超过100天的有山推股份、山河智能、天业联通、新筑股份和海伦哲。大部分企业面对严峻的市场形势，开始注重现金管理，通过缩减开支、回收货款扭转了上年整体经营性现金流亏损的局面，每股经营活动现金流上升的有16家，经营活动现金流为负的则有徐工机械、天业联通、海伦哲、常林股份、厦工股份和建设股份。上市公司经营效率见表7。

表7　上市公司经营效率

股票代码	股票名称	应收账款周转天数		存货周转天数		每股经营活动现金流	
		2012年	2011年	2012年	2011年	2012年	2011年
000157.SZ	中联重科	114.42	72.30	118.29	105.38	0.38	0.27
000425.SZ	徐工机械	154.12	74.62	94.90	85.70	-1.68	-0.98
000528.SZ	柳工	63.06	36.93	164.96	112.37	0.51	-1.79
000680.SZ	山推股份	169.17	41.83	361.95	82.74	0.03	-2.34
000923.SZ	河北宣工	80.54	109.81	113.97	262.36	0.51	0.04
002097.SZ	山河智能	269.10	136.13	347.29	196.59	0.13	0.29
002147.SZ	方圆支承	174.06	73.36	215.49	122.23	0.15	-0.15
002459.SZ	天业通联	416.09	199.34	487.67	262.29	-0.39	-2.24
002480.SZ	新筑股份	402.23	198.25	348.43	163.34	1.15	0.11
300103.SZ	达刚路机	87.00	70.52	113.72	113.57	0.33	-0.25
300201.SZ	海伦哲	161.38	141.94	214.55	105.22	-0.27	0.03
300210.SZ	森远股份	161.99	94.63	222.73	195.79	0.25	0.06
600031.SH	三一重工	101.01	60.38	105.00	77.14	0.75	0.30
600262.SH	北方股份	78.90	106.03	204.82	220.60	1.54	0.23
600375.SH	华菱星马	34.38	14.81	145.72	75.15	1.89	0.67
600710.SH	常林股份	117.05	65.40	181.52	126.33	-0.15	-0.37
600761.SH	安徽合力	36.58	31.41	77.23	65.75	0.71	0.36
600815.SH	厦工股份	164.11	74.96	143.49	103.86	-1.57	-1.68
600984.SH	建设机械	183.36	137.44	114.27	110.81	-0.56	-0.11
601100.SH	恒立油缸	62.17	33.06	158.62	83.78	0.38	0.27
3339.HK	中国龙工	140.00	89.60	204.00	149.94	0.21	0.30
行业平均		150.99	88.70	197.08	134.33	0.20	-0.33

5、企业偿债能力下降

21家公司平均资产负债率48.74%，较2011年的44.80%上升3.94个百分点。2012年上半年整体呈明显恶化态势，2012年下半年有所改善，前期信用销售激进扩张导致资产负债率状况堪忧，短期内难以明显改变这一困局。

21家上市公司平均流动比率2.14，较2011年3.49的水平下降了1.35。平均速动比率1.60，较2011年2.81的水平下降了1.21个百分点。上市公司偿债能力见表8。

表8　上市公司偿债能力

股票代码	股票名称	流动比率		速动比率		资产负债率(%)	
		2012年	2011年	2012年	2011年	2012年	2011年
000157.SZ	中联重科	1.93	1.84	1.59	1.48	53.71	50.22
000425.SZ	徐工机械	1.70	1.71	1.39	1.30	61.37	56.34
000528.SZ	柳工	1.76	1.69	1.20	1.15	58.69	58.94
000680.SZ	山推股份	1.07	1.31	0.63	0.89	58.67	64.83
000923.SZ	河北宣工	1.34	1.29	0.97	0.68	63.09	54.67
002097.SZ	山河智能	1.23	1.63	0.80	1.05	68.10	63.15
002147.SZ	方圆支承	1.70	2.95	1.12	2.20	22.93	18.85
002459.SZ	天业通联	1.15	1.91	0.63	1.23	59.16	41.58
002480.SZ	新筑股份	1.95	2.36	1.46	1.95	49.82	48.56
300103.SZ	达刚路机	5.19	17.55	4.83	16.00	16.44	4.95
300201.SZ	海伦哲	2.41	5.29	1.67	4.50	27.47	14.46
300210.SZ	森远股份	3.22	10.72	2.67	9.23	31.04	10.43
600031.SH	三一重工	1.76	1.46	1.29	1.11	61.82	59.55
600262.SH	北方股份	1.67	1.37	0.91	0.78	70.22	71.93
600375.SH	华菱星马	1.03	1.38	0.64	0.75	60.67	54.65
600710.SH	常林股份	1.88	1.86	1.28	1.17	32.15	34.26
600761.SH	安徽合力	2.17	2.06	1.36	1.20	32.14	33.13
600815.SH	厦工股份	1.80	1.31	1.31	0.78	59.54	64.49
600984.SH	建设机械	1.06	1.05	0.82	0.77	71.17	67.36
601100.SH	恒立油缸	6.43	10.25	5.46	9.25	11.06	8.16
3339.HK	中国龙工	2.44	2.36	1.60	1.45	54.33	60.31
行业平均		2.14	3.49	1.60	2.81	48.74	44.80

三、市场表现与市场预测

2012年上证综合指数从年初开盘的2 212.33点至年底收盘的2 269.13点，深圳成分指数从年初开盘的8 980.76点至年底收盘的9 116.48点，香港恒生指数从年初开盘的18 770.64点至年底收盘的22 656.92点。同期工程机械上市公司表现弱于上证指数、深证成指和恒生指数，21家工程机械公司年末总市值2 420.98亿元，比2012年初开盘

2 589.38亿元减少了 6.5%。2012 年工程机械上市公司(A 股)市场表现见下图。

在 2012 年工程机械上市公司中,重组成功的建设机械摘帽上涨了 31.73%,还有 9 家公司市值增加。其中达刚路机、海伦哲、森远股份、安徽合力、恒立油缸因为股本增加而市值增加。21 家公司中,仅有 3 家公司股价上涨。2012 年工程机械市值变换见表 9。

表 9　2012 年工程机械市值变换

证券简称	总股本(万股)		年初开盘价(前复权)	年末收盘价(前复权)	总市值(亿元)		市值变化(%)
	2012.1.4	2012.12.30	〔单位〕元	〔单位〕元	2012.1.4	2012.12.30	
中联重科	770 595.41	770 595.40	7.78	9.21	592.59	709.71	19.76
徐工机械	206 275.82	206 275.80	14.33	11.53	293.32	237.83	-18.92
柳工	112 524.21	112 524.20	11.84	10.01	131.32	112.63	-14.23
山推股份	75 916.45	113 874.70	5.52	5.25	68.17	55.45	-18.66
河北宣工	19 800.00	19 800.00	9.10	4.87	10.83	10.39	-4.06
山河智能	42 145.00	41 145.00	8.63	6.84	36.29	28.14	-22.46
方圆支承	25 852.18	25 852.20	8.60	5.68	21.97	14.68	-33.18
天业通联	22 230.00	22 230.00	8.78	6.29	19.34	13.98	-27.71
新筑股份	28 000.00	28 000.00	12.58	12.50	34.72	35.00	0.81
达刚路机	11 763.00	21 173.40	17.88	11.23	20.50	23.77	15.95
海伦哲	8 000.00	17 600.00	15.40	7.68	12.22	13.51	10.56
森远股份	7 485.00	13 473.00	27.80	15.92	20.64	21.44	3.88
三一重工	759 370.61	759 370.60	12.61	10.59	952.25	804.17	-15.55
北方股份	17 000.00	17 000.00	13.79	13.89	23.27	23.61	1.46
华菱星马	40 574.06	40 574.10	10.72	8.85	43.45	35.90	-17.38
常林股份	53 357.00	64 028.40	6.35	4.20	33.40	26.89	-19.49
安徽合力	42 834.54	51 401.40	10.26	8.94	43.61	45.95	5.37
厦工股份	77 970.96	79 897.00	8.20	6.99	63.31	55.84	-11.80
建设机械	14 155.60	14 155.60	5.09	6.60	7.09	9.34	31.73
恒立油缸	42 000.00	63 000.00	16.85	11.25	70.18	70.87	0.98
中国龙工	428 010.00	428 010.00	2.58	2.04	90.91	71.88	-20.93
合计/平均					2 589.38	2 420.98	-0.06

2012 年工程机械上市公司表现为明显的投资品周期的特征,股价在行业持续不景气与业绩下降的压力下,出现大幅下挫,平均市盈率随着部分企业利润大幅减少有所上升,市净率有所减少。按当年业绩计算,21 家上市公司 2012 年年底平均市盈率为 30.56 倍,比 2011 年年底的 12.95 倍上升了 17.61 倍;2012 年年底平均市净率仅为 2.29 倍,比 2011 年年底的 2.8 倍下降了 0.51 倍。2012 年上市公司市场表现见表 10。2012 年工程机械上市公司(A 股)市场表现见下图。

表10　2012年上市公司市场表现

股票代码	股票名称	市盈率(倍)		市净率(倍)	
		2012.12.31	2011.12.31	2012.12.31	2011.12.31
000157.SZ	中联重科	9.68	7.35	1.74	1.67
000425.SZ	徐工机械	9.64	8.68	1.36	1.94
000528.SZ	柳工	40.47	9.94	1.21	1.41
000680.SZ	山推股份	181.13	14.22	1.32	1.58
000923.SZ	河北宣工	192.54	105.04	1.74	1.86
002097.SZ	山河智能	309.92	17.86	1.69	2.08
002147.SZ	方圆支承	262.77	23.27	1.66	2.40
002459.SZ	天业通联	-4.40	256.83	1.51	1.56
002480.SZ	新筑股份	-50.97	21.96	1.88	1.75
300103.SZ	达刚路机	44.57	31.24	3.29	2.96
300201.SZ	海伦哲	54.42	49.42	2.08	1.94
300210.SZ	森远股份	25.07	31.48	3.20	3.44
600031.SH	三一重工	14.14	11.01	3.49	4.84
600262.SH	北方股份	13.99	18.49	2.29	2.62
600375.SH	华菱星马	21.39	8.61	1.34	1.63
600710.SH	常林股份	279.63	19.87	1.29	1.60
600761.SH	安徽合力	13.15	11.30	1.52	1.58
600815.SH	厦工股份	43.86	11.04	1.19	1.71
600984.SH	建设机械	136.15	65.59	3.20	2.51
601100.SH	恒立油缸	25.75	21.60	2.14	2.24
3339.HK	中国龙工	37.1	5.26	0.9	1.42
行业平均		30.56	12.95	2.29	2.80

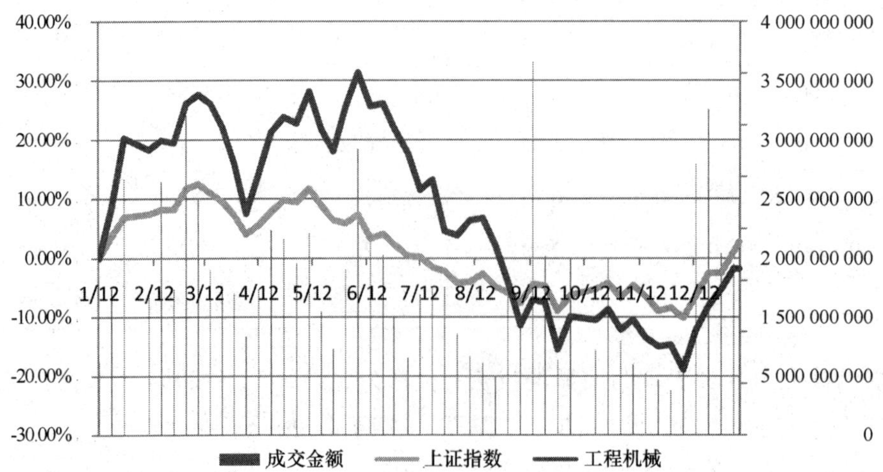

图　2012年工程机械上市公司(A股)市场表现

数据来源:Wind资讯,上市公司年度报告,北京鼎晖投资管理公司。

工程机械具有明显的周期性，2012 年则是景气周期的低点。从 2009 年下半年到 2011 年一季度，工程机械在相对宽松的货币政策环境下高速增长超过了一年半的时间，而且从 2010 年下半年以来主要工程机械企业启动融资租赁，加大信贷销售，很大程度上加速了工程机械市场容量的增加。但随着政府四万亿投资效应逐渐减退，市场库存与产能压力增加，从 2011 年二季度起，工程机械需求增长开始放缓，而且融资销售带来的存量增加一定程度上透支了工程机械的销售，行业出现整体回落。但在之后，在我国经济结构转型的大背景下（减轻对投资的依赖），我国工程机械市场发展的速度曲线出现了拐点，复合增长率下降到 10%~15%。

我国工程机械产能过剩的问题短期内难以消化，在投资增速预期不高的影响下，工程机械销量增速也不会太高，行业景气周期仍处于低位。但行业出口的快速增长趋势有望延续，但增速会出现回落。中长期来看，我国工程机械行业发展将由过去的“高速增长”转变为“稳定增长”，工程机械板块 PE、PB 的弹性或将逐步收窄。

〔撰稿人：北京鼎晖投资管理公司郑贤玲〕

2012 年全球工程机械市场表现

一、全球工程机械市场形势

全球工程机械市场在 2008—2009 年的衰退之后，由于新兴市场需求的强劲拉动而出现了大幅度的回升。但是，这种回升的趋势在 2012 年受到了遏制，当年全球市场销售量下降了 10%，整个市场目前已进入近十年来的第二个变化周期。经济体系内的深层次问题并未得到充分解决，政府应对衰退的刺激计划难以长期持续，对信贷规模的扩张必须加以调控以防范新的金融风险。因此，与经济景气密切相关的工程机械市场正处于不确定之中。2005—2012 年全球工程机械市场销售量及 2013—2015 年趋势预测见下图。

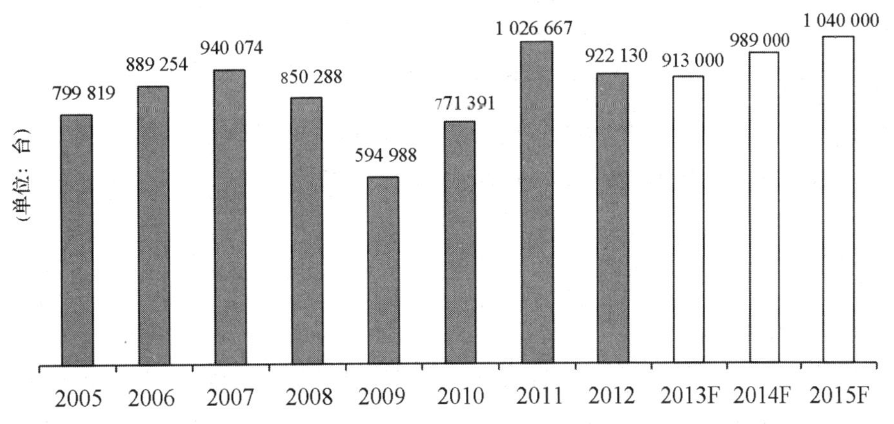

图　2005—2012 年全球工程机械市场销售量及 2013—2015 年趋势预测

统计范围：装载机、挖掘机、推土机、平地机、沥青混凝土摊铺机、铲运机、越野叉车、滑移—转向装载机、挖掘装载机、非公路自卸车。后同。

数据来源：英国工程机械咨询有限公司。

从区域市场的变化来看，2012 年全球市场的下降主要是由于我国市场需求的大幅度回落。2009 年以来，全球市场结构由于新兴市场比重上升而发生了重大变化，但目前开始进入相对稳定的阶段。按照 2012 年全球销售量的统计，我国仍然是最大的单一市场，虽比重有所回落，但仍保持在 30% 以上；以欧洲、美国、日本为代表的传统发达市场比重相对回升，合计占 36%；其他新兴市场则占三分之一。预计在未来几年间全球市场仍将保持这样的地区分布特征。

纵观 21 世纪以来全球工程机械需求的变化，目前的市场趋势表现为各主要地区市场的高度不确定性，唯一可以确定的是它的周期性上升与回落。当主要市场的周期性影响相互叠加时，必然会产生大幅度的波动。当前，全球新兴市场的高速增长已经回退，而传统发达市场的回升总体来看仍然乏力，全球市场正在等待新的推动力量。考虑到不同区域市场的综合影响，预计全球市场需求在当前的水平上将出现一个徘徊时期，但重新出现数年前大幅度下跌局面的可能性不大，相反，可能在一段时期的回落后重新进入增长，但由于各种因素的约束而不会重现高增长。

二、区域市场分析

2012 年全球工程机械市场销售量回落到 92 万台，相当于 2007 年的水平。以销售额计算，则较上年下降 6%，但仍保持在 1 000 亿美元以上。市场销售额的回落幅度小于销售量，反映了传统发达市场比重相对提高的情况。2010—2012 年全球工程机械市场分地区销售量见表 1。2010—2012 年全球工程机械市场分地区销售额见表 2。

表 1　2010—2012 年全球工程机械市场分地区销售量　（台）

	2010 年	2011 年	2012 年	2011—2012 年增长率（%）
中国	401 470	435 070	290 220	−33
北美	90 045	125 775	149 965	19
西欧	100 796	123 862	118 565	−4
日本	37 090	47 085	64 860	38
印度	42 815	54 065	50 775	−6
其他地区	99 175	240 810	247 745	3
增长率（%）	30	33	−10	

数据来源：英国工程机械咨询有限公司。

表 2　2010—2012 年全球工程机械市场分地区销售额　（亿美元）

	2010 年	2011 年	2012 年	2011—2012 年增长率（%）
中国	297.9	361.5	241.4	−33
北美	148.7	206.3	252.9	23
西欧	96.8	120.4	121.3	1
日本	27.3	31.9	45.2	42
印度	28.8	31.1	23.1	−26
其他地区	130.3	320.3	327.6	2
全球合计	729.8	1 071.5	1 011.6	−6
增长率（%）	33	47	−6	

数据来源：英国工程机械咨询有限公司。

对各主要区域市场的具体分析如下：

中国：中国市场在 21 世纪以来保持了十多年的持续增长，其间虽然增速曾有起伏，但是增长势头直至 2010 年一直未变。从 2000—2011 年，市场销售量增幅达到近 11 倍。由于持续增加的建设投资，特别由于它的加速扩张，我国市场一直受到新增需求的大力推动。这种情况在 2009—2010 年达到高峰，在刺激经济增长的政策影响下，迅速投入实施的大量新项目使工程机械的实际需求大幅度增加，2010 年市场销售量出现同比增长近 60%。

我国市场由于投资的高速扩张很快发生急剧转折，全国固定资产投资的实际增速从 2009 年的 32.4% 直线下降到 2011 年的 17.2%，使新增设备需求急剧萎缩，市场积压产品快速增加。虽然 2011

年全年市场销售量仍然维持了同比小幅增长，但整个市场已经高度泡沫化。至2012年，泡沫终于破裂，当年销售量同比下降33%。市场形势与两年前的繁荣景象形成巨大反差，几乎所有产品领域都出现了不同程度的下滑，其中占比重最大的轮式装载机和履带式挖掘机主导了整个市场的回落，全行业都受到严重冲击。

当前经济政策的着力点已经发生了从推动增长向调整结构的实质性转变，这对国内工程机械市场具有深刻影响。尽管一些重点领域的建设项目仍然受到支持，地方政府继续推出大型建设规划，但是对信贷规模和货币供应量的调控使整个资金供应面趋紧，很多建设项目的实施不能得到资金保障。此外，前期大量新机进入市场后开工不足，或仍保留在供应商手中，使新机销售市场承受巨大压力。因此，预计近期我国市场将处于徘徊局面，销售量很难回到2010—2011年的高峰水平，长期来看则很难再现高速增长。

租赁公司增加采购对市场的稳步增长做出了直接贡献。经济景气回升似乎为工程机械市场开辟了不错的前景。但是，市场的实际发展仍然取决于2012年上台后新项目的实施情况，特别是能否保证建设项目所需的资金。考虑到政府赤字的压力，以及对“量化宽松”政策即将退出的预期，建设市场的持续发展带有一定的不确定性。预计租赁业的购买行为将转向谨慎，对近期未来市场的预期并不甚乐观。

北美：北美市场在2009年跌入谷底，之后稳步爬升，逐年保持着两位数的增速。2012年市场销售量较上年增长19%，达到近15万台的水平。无论以销售量还是市场价值计算，北美市场都已经恢复到高于2008年的水平。这反映了美国经济在金融危机后逐步回升的带动因素。由于履带式挖掘机和59kW以上轮式装载机的销售比重提高，市场价值得到了更快的提升。目前，北美市场小型机械的比重较5年前略有下降，但仍然保持在60%以上。

西欧：西欧十五国市场的总销售量在2009年下滑近50%，跌至仅有8.6万台的谷底。之后的两年间市场回升了43%，但仍远未达到危机前的水平，这种复苏在2012年变换为同比下降4%，预示市场进入徘徊不前的局面。欧盟市场的基本问题在于对经济危机的化解仍然受制于政治上的冲突，经济复苏进程缓慢并且十分不确定。2012年，德国、法国和英国的市场比重均有所提高，目前三国的合计比重达到68%；而意大利的比重已从2009年的17%下降到7%，数年前曾充满活力的西班牙市场目前所占市场比重不到1%；北欧国家市场相对稳定，因此份额有所提升。西欧市场小型机械销售量的比重目前为67%，较2009年低谷期略有下降。因此，虽然市场总销售量减少，但市场价值仍有所增加。

日本：日本在2009年曾跌入不足3万台的低谷，但到2012年已快速上升到接近6.5万台的规模，即回到了2008年之前的水平。2012年，主要由于地震灾后重建计划的推动，工程机械需求激增38%。日本市场以挖掘机产品为主，履带式挖掘机销售量占国内市场的比重达到44%，以小型挖掘机为主导产品的小型机械占比达到45%，59kW以上轮式装载机的比重为8%。日本工程机械市场的未来走向取决于其经济走出衰退的持续性，以及经济回升与建设市场的相关性。鉴于灾后重建工作和翻修老旧基础设施的现实需求，如果经济增长能够持续带动建设投入，那么对其近期市场前景仍可保持谨慎乐观。

印度：印度市场一直被认为具有巨大的增长潜力，但是销售市场的实际发展进程却总是受到一些具体因素的困扰。其市场销售量在2009年跌至不足2.9万台的底部后，持续回升到2011年的5.4万台。但是，2012年市场走势完全背离年初的乐观预期，全年销售量同比下滑6%。这一结果背后存在诸多因素，如政府批准和管理项目的能力不足，腐败现象普遍，以及各种环境问题导致很多重大项目，尤其是不少矿山项目被搁置。由于履带式挖掘机和59kW以上轮式装载机等大中型产品均出现下滑而且比重下降，所以在这一轮市场下跌过程中市场价值的损失更加显著。尽管如此，对其未来长期需求增长仍然可以保持乐观。由于未来十年有大量工程需要完工，设备需求应保持在较高水平，并保持较大的增长潜力，尽管实际增速仍可能受到不同因素的影响。目前，印度市场以挖掘装载机为最普遍的通用型产品，比重达到64%；大中型土方机械的比重达到30%以上，并且是影响未来市场增长的主要领域。

三、我国工程机械行业面临结构性转变新挑战

在2008年金融危机之后的投资盛宴结束后，我国经济面临着不能持续依靠扩大投资来加快经济增长的难题。目前每年的信贷规模仍然保持在很高的水平，但是仍不足以支撑各个领域的全面扩张。因此，中国必须通过经济结构的调整来重新开拓增长的途径，对信贷投放要加以严格的控制以防范金融风险。货币供应偏紧和政府债务压力上升都不利于建设投资的增加，事实上很多部门和领域的建设项目都面临着资金困难的问题，在这种情况下如果仍寄希望于工程机械市场重新恢复高速增长是不现实的。

我国工程机械市场经历了前所未有的下降周期，其降幅之大使全行业因产能扩张、库存上升、资金短缺而遭受了严重损失。这也许可以看做是数年前国外同行业所承受的危机在中国市场的重现。在工程机械市场需求受外部影响而出现大幅度震荡的形势下求取生存之道，对全世界制造商而言都是一个严峻的课题。

中国制造商需要重新构建新的业务模式，即面向未来调整自己的业务结构。这是面临的新的挑战，同时也是能够成功实现转型的企业赢得未来市场竞争的机遇。在市场总规模增长空间有限的情况下，企业必须从结构变化中寻求新的机会。未来工程机械行业结构性变化的一个基本方向是过剩产能需要向市场新生需求转化或遭淘汰，整个行业乃至各个产品专业领域的集中度将继续提升。从企业层面的产业链来看，建立和提升关键部件自主供应能力是平衡整机产品生产能力的关键，这对于企业依靠技术进步提高长期竞争力具有重要意义；另一方面，企业必须更加重视提高后市场业务的贡献，改变营业收入过度依赖新机销售的局面。当前，我国不少企业已经进入国际市场，但仍面临着品牌认知度低、客户支持能力薄弱的问题，要在全球市场来布局自己的未来业务已经成为骨干企业的共识。这些结构调整问题相互交织、交叉影响，企业要从中找到发展的新途径，通过优化业务结构来稳固和加强自己的实力，盲目的外延式扩张将会进一步增加企业的经营风险，必须加以回避。

〔撰稿人：英国工程机械咨询有限公司北京代表处史杨〕

我国工程机械终端用户生存状况调查

多年来，人们的目光一直在制造和销售上，感受行业、企业发展的速度和市场惊人的接纳能力，销售手段、销售活动的不断翻新，促销力度的不计成本，让很多人盲目地加入到用户群体中。在宏观调控、工程量减少的今天，那些通过融资租赁和按揭贷款购买设备的用户群体的生存状态、生存能力如何，他们的经营状况怎样，关系到行业、企业、代理商的健康和未来。在充分认识这些问题的基础上，工程机械租赁分会进行了这次针对终端用户的调查工程。

一、产品选择

工程机械品种很多，这次调查在产品选择上主要根据以下标准：第一，产品保有量大；第二，散户租赁经营占比较高；第三，行业风险较大。按照以上标准，调查最终锁定挖掘机、装载机、轮式起重机、压路机4类产品，这4个主要产品占行业10大类主机年总销售量的60%以上。

1.挖掘机。市场保有量为121.2~131.3万台（数据来自中国工程机械工业协会）。近几年很多企业因为有四万亿投资时需求的拉动，纷纷扩充产能，挖掘机行业表现得尤为明显，还有很多其他行业的企业介入到这一行业。2010年以来挖掘机行业的产能急骤膨胀，国产品牌为了在行业中、用户中确立地位，力图在短期内打破外资企业一统中大型挖掘机的市场格局，在商务条件、促销力度上，步伐迈得很大，一些外资品牌也不同程度地跟进，销量也随之达到17万多台，创历史新高。在巨大销量的背后，是大量的应收账款。在工程量减少、出租率下降、回款率下降的情况下，用户的生存受到前所未有的考验。

2.装载机。2011年底市场保有量为151.4~164.1万台（数据来自中国工程机械工业协会）。装载机是一个比较成熟的行业，市场格局多年来一直比较稳定，虽然有外资品牌新进入市场，但并没掀起多大的波澜，从市场保有量、单台价格、商务条件、用户生存情况来看，装载机风险等级相对不高。

3.轮式起重机。2011年底市场保有量为21.1~22.9万台（数据来自中国工程机械工业协会）。近几年轮式起重机行业的年销售量增幅很高，从年产销1万多台到3万多台，且主要进入租赁领域，其主要机型20t、25t级这一特征更为明显。由于很多产品销售给个体用户进行散租，工程量减少，经济不景气，轮式起重机用户的生存状况很不乐观。

4.压路机。2011年底市场保有量为11.8~12.8万台（数据来自中国工程机械工业协会）。在租赁领域已经非常普遍，时间悠久，压路机租赁这几年一直处于低谷状况，从业者众多、竞争激烈，业务又经常跨区经营，成本上升，租赁利润下降明显。由于压路机施工季节性比较强，出租率不高，工程量的减少对用户的影响更大，与装载机相比，用户中缺少大的集团用户做支撑。

这次调查选择的这几个产品，按风险等级排序为：挖掘机第一，轮式起重机第二，压路机第三，装载机第四。

二、区域选择

在区域选择上主要考虑两个因素：首先是产品在这些地区的销售情况，按照挖掘机市场划分情况，一级市场必须全面覆盖，二级市场大部分覆盖，三级市场部分进入调研范围。由于各地域市场对产品的需求有所差别，因此在选择上还要考虑各区域的特殊性。在传统销售量比较大的华东地区，选择江苏、山东、安徽。在东北地区选择了辽宁，华北地区选择内蒙古、河北、山西，中部地区选择湖北、湖南、河南、江西等，西北地区选择陕西，华南选择四川；再有就是这些区域市场销售情况，各地区累加起来要超过全国市场的60%，才有代表性和说服力。各地区的产品租金不同，同一省份的租金也不相同，产品比较集中的地区，像省会城市租金偏低、县城稍高一些。总之发达地区要低、偏远地区要高，司机的工资水平也不尽相同，经验丰富的要高、新手要低一些。在充分考虑和数据分析后，最终选定以下省市自治区和直辖市，包括京、晋、冀、鲁、豫、陕、辽、内蒙古、湘、鄂、赣、苏、皖、川、闽，在以上15个区域，挖掘机2011年的总市场份额达到了65%，装载机达到了63.7%，汽车起重机达到了61.0%，压路机63.9%。对15个省各产品司机平均工资情况及各产品平均租金情况进行了统计。各省市司机平均工资-挖掘机见图1，各省市司机平均工资—装载机见图2，各省市司机平均工资—汽车起重机见图3，各省市司机平均工资—压路机见图4，各省市设备平均租金—20t级挖掘机见图5，各省市设备平均租金—ZL50型装载机见图6，各省市设备平均租金—20t级汽车起重机见图7，各省市设备平均租金—20t级压路机见图8。

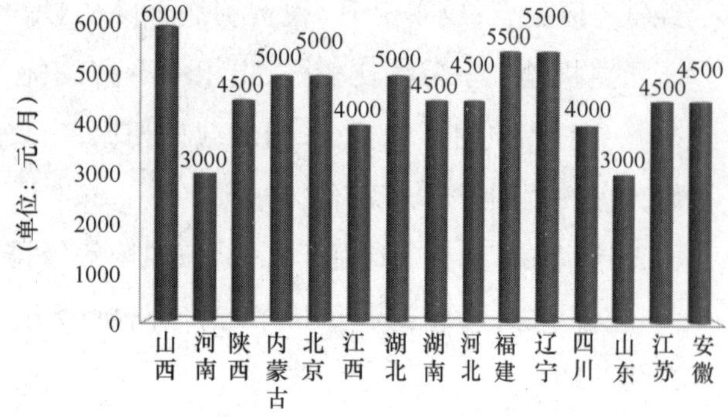

图1　各省市司机平均工资—挖掘机

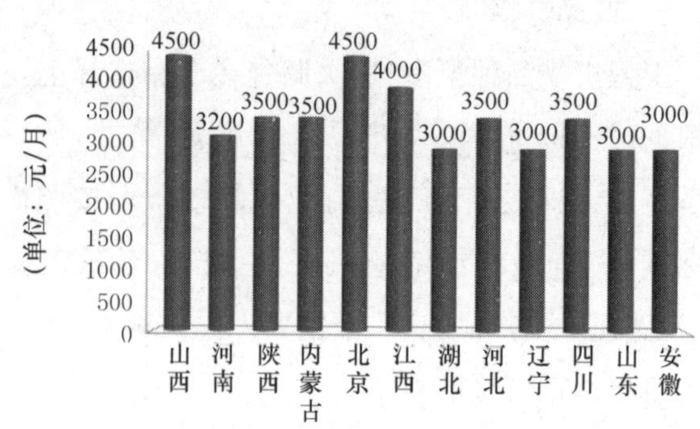

图2　各省市司机平均工资—装载机

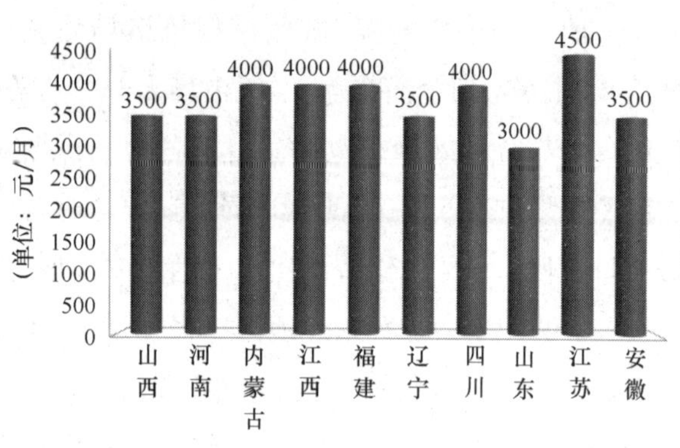

图3　各省市司机平均工资—汽车起重机

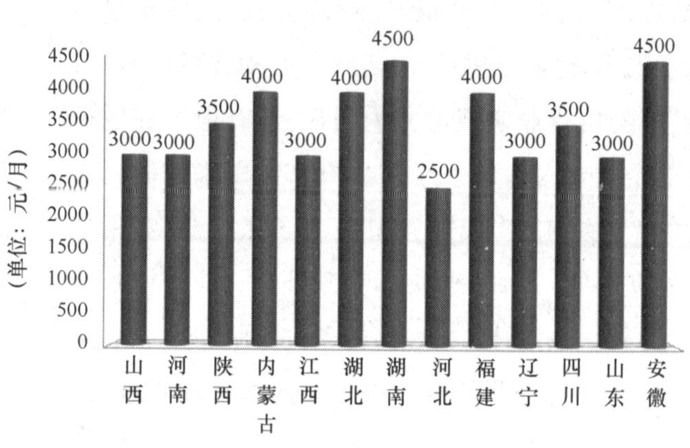

图4　各省市司机平均工资—压路机

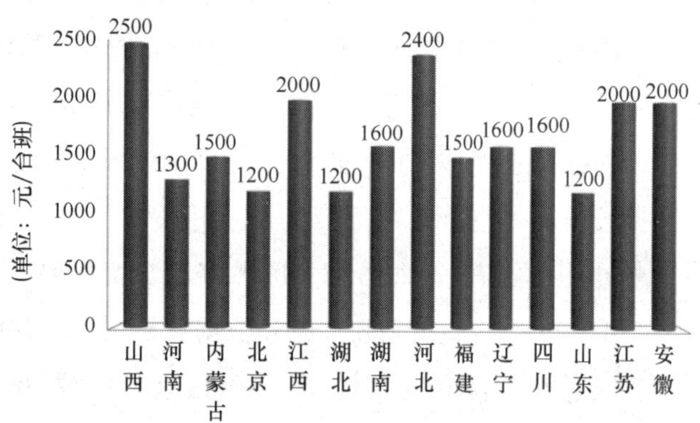

图5　各省市设备平均租金—20t级挖掘机

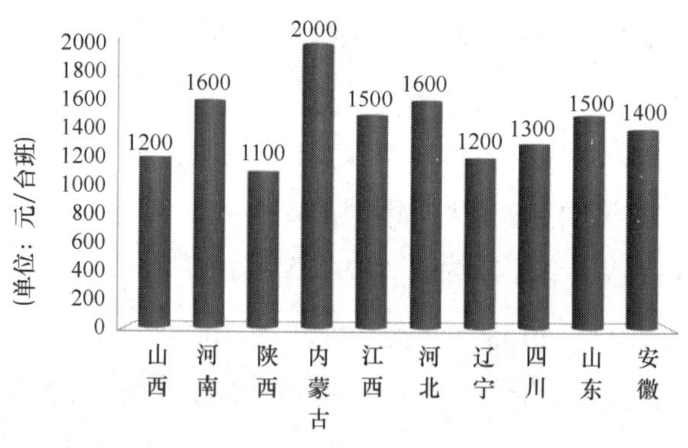

图6　各省市设备平均租金—ZL50型装载机

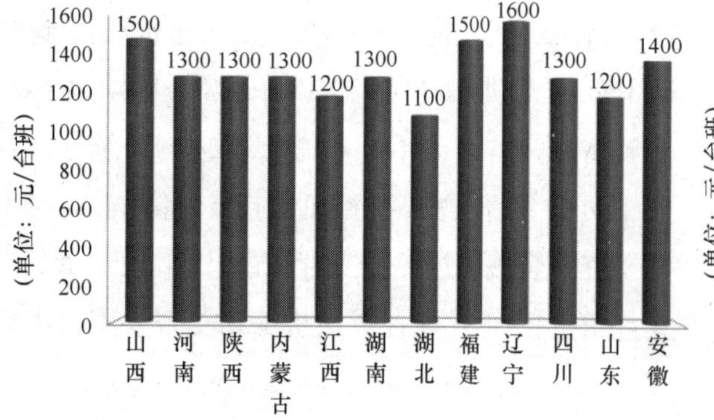

图7　各省市设备平均租金—20t级汽车起重机

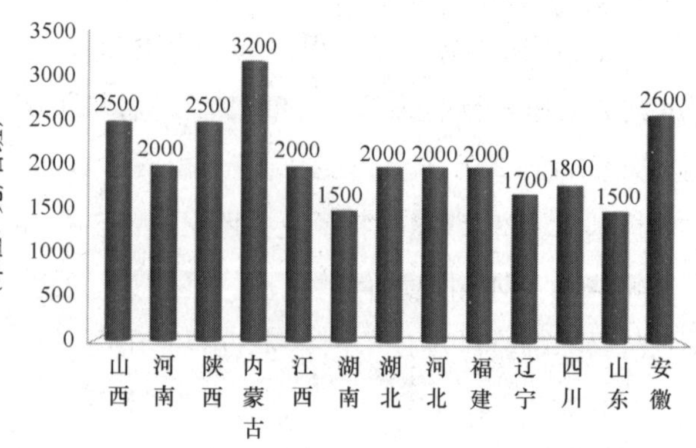

图8　各省市设备平均租金—20t级压路机

三、用户选择

1.用户群体构成

不同产品的用户有不同的特点，分析用户群体构成，主要是为调查样本选择做准备，挖掘机用户基本可以分成五类。第一类，自有工程，设备完全自用；第二类，有稳定的工程来源，与一些大型工程或能源基地有长期合作协议；第三类，有一部分稳定工程来源，自己承包小型工程或与他们有比较稳定的合作关系，但工程量不饱满；第四类，基本以零散工程为主，经营时间较长，有一定的经济基础，有较好的社会关系；第五类，跟风进入挖机经营行业，从业时间短，大约 2 年左右，经济基础较弱，无稳定活源。不同层面的挖掘机用户存在的风险等级是不一样的，前两类实力雄厚，主要是政策风险，逾期风险最低，第三类和第四类有一定实力，受影响因素较多，风险程度一般，第五类实力弱、承担风险能力差，风险等级最高。针对挖掘机用户的实际情况，该次调查的主要对象是第四、五类用户，在调查时特别关注了江西广丰。

装载机客户主要可分为四类：第一类，大型能源基地，自用设备；第二类，中转物流、港口、货场等，以自用为主，只有在工期紧、设备不够用的情况下，租赁少量设备；第三类，砂石料场，购买设备主要是自用；第四类、散活租赁。第一类和第二类用户，受政策影响较大，尤其是煤炭基地和煤场等与环保相关的领域；第三类用户与公路、铁路、房地产关联性强，受国家宏观调控的影响较大；第四类用户多以散活为主，实力偏弱，风险较高。本次调查的用户主要是第二、三类用户，第四类用户的比例不高。

汽车起重机用户主要分四类：第一类，自有工程购买，设备主要为自己承包的工程服务，属于优质用户；第二类，租赁公司购买，有实力，有稳定用户关系，出租率较高，也属于优质用户；第三类，个体购买，从业时间较长，自有设备不止一台，有一定的经济基础，风险较低；第四类，跟风进入本行业，从业时间短，经济实力弱，风险最高。汽车起重机的调查对象主要是二、三、四类，第三类占比较高。

压路机用户主要分为两类，一类是租赁公司购买，进行租赁业务，业务范围一般不局限于一个省，出租率较高；另一类是个体购买，自己做租赁或挂靠租赁公司代租，实力较弱，风险较高。在调查压路机时我们特别关注了徐州地区。

2.不同品牌用户样本分布不同

在每类产品里，因为品牌不同，用户分布的情况是不相同的。高端品牌对优质客户资源的占有要多一些，这部分用户对价格不太敏感，对产品质量、可靠性更在意；由于产品价格、商务条件以及工程资源等限制，低端用户对高端品牌购买愿望、能力有限，因此低端用户在高端品牌用户中的占比偏低。中端品牌的用户群体比较复杂，有一部分是高端用户，针对不同的工程选购相应的产品，占比不高；大部分为中端用户，他们对价格、质量都比较敏感，本身财力不是很雄厚；还有一部分是低端用户，虽然中端品牌的产品价格会稍高一点，但目前买设备主要利用融资租赁的方式，比以前门槛降低很多，3~4 年分期下来，每月还贷增加有限，所以有一些低端用户直接选购中端产品。对于低端品牌来讲，用户主要对价格敏感，对产品质量、可靠性没有概念，因为这部分用户经济实力弱，有些对产品不了解，缺少从业经验，所以一般看谁的价格低买谁的产品。很多用户买了低端品牌设备后，积累了一定的资金后，再次购买设备时，多数都会选择上一个台阶，至少选择中端产品，因此对低端品牌来讲，相当于为高端品牌进行用户培训，用户一旦有实力，有了从业经验，了解了整个设备市场的情况后，就会向高端转移，拿低端练手，练成后就走掉了，这和很多汽车车主一样。

3.用户选择标准

（1）销售量大的机型调查样本所占的比例较大；

（2）调查样本根据各型号产品的使用工况及特点进行分布；

(3)根据不同客户群体的风险程度进行分布;

(4)根据不同品牌用户分布情况,样本选择侧重不同;

(5)选择善于思考、表达的用户进行调查。

挖掘机每年的销量增速很快,其中 20 吨级的中型挖掘机销售量占绝对优势,小型挖掘机主要集中在 3.5 吨级和 5.5 吨级,因此,调查时 20 吨级、3.5 吨级、5.5 吨级的客户样本数量适度增加。因为小型挖掘机基本上是做零活,在大型工程中使用量不大,受政策影响不太明显,其单台价值低,用户还款压力小。小型挖掘机的风险要低很多,所以小型挖掘机样本比中型挖掘机样本要少。20 吨级用户数量庞大,竞争激烈,单台价值高,买这类产品的用户基本上要包月,工程量较大,受政策影响较大,是生存压力最大的阶层,因此这部分用户样本数量应该最多。30 吨级以上挖掘机用户数量与小型挖掘机基本差不多,虽然 30 吨级以上挖掘机多在矿山施工,受政策影响较大、单台价值高,但其数量相对较少,所以样本数量适当降低更合理。在不同品牌的样本选择时,高端品牌用户数量少一些,中、低端品牌用户数量多选择一些,主要都集中在散活租赁部分。

此次调查的用户有一部分是委托代理商选择的,另一部分是到一些城市的租赁市场随机调查的。代理商帮助选择的用户基本是自己客户群中经营比较好的,因此,此报告体现的用户生存情况应该是中等偏上的水平。

四、调查周期

此次调查历时 6 个多月,从 2011 年 11 月 22 日开始,到 2012 年 5 月 15 日结束。跨越 15 个省、市、自治区和直辖市。

五、问卷数量

此次调查客户共计 336 位,有一部分用户既有挖掘机又有装载机,还有些是集群用户,调查涉及的 5 类产品都有购买,按机种统计数量总数超过问卷总数。

六、涉及品牌

调查各产品品牌分布情况,见图 9~图 12。

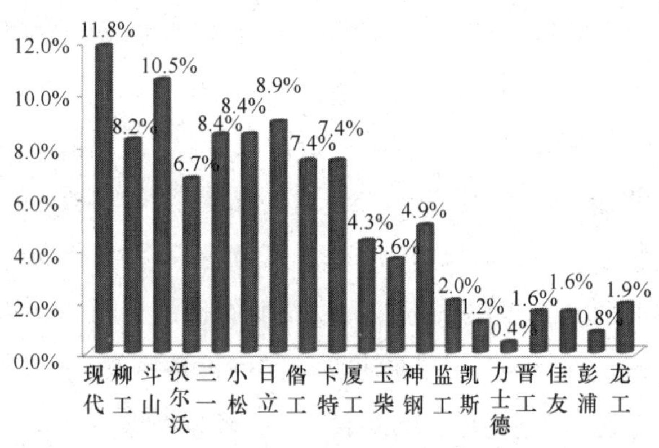

图 9　涉及品牌(挖掘机)

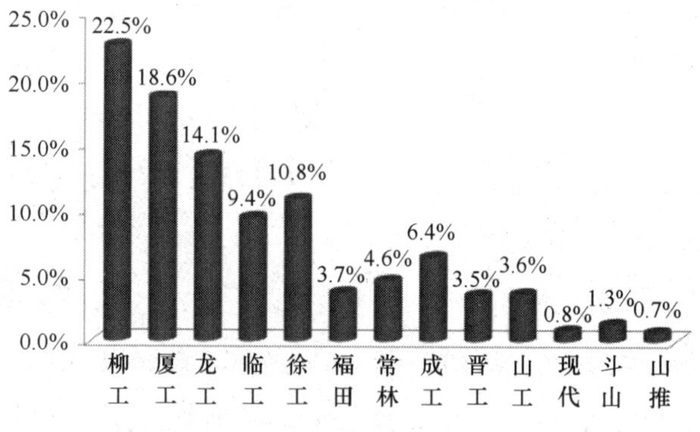

图 10　涉及品牌(装载机)

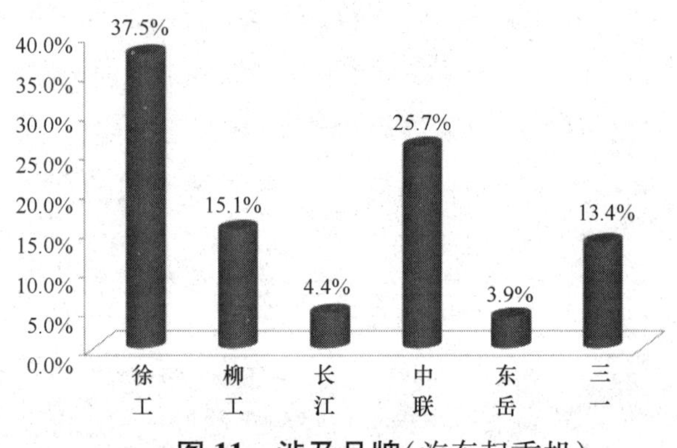

图 11　涉及品牌(汽车起重机)

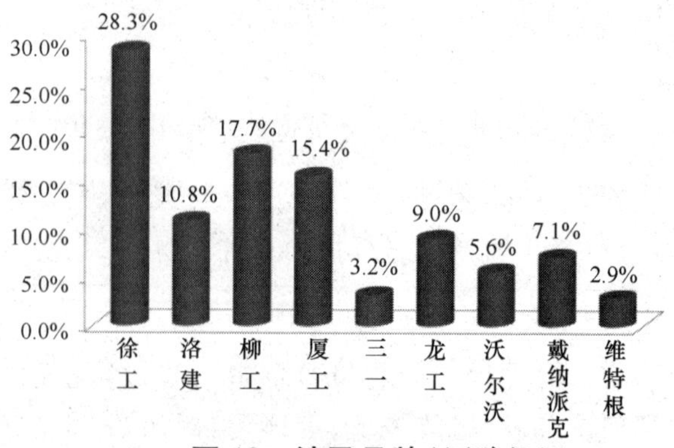

图 12　涉及品牌(压路机)

七、调查方式

参加调查的工作人员共8人，调查采取问卷和访谈相结合的方式，问卷和访谈话题均统一设置，补充问题根据不同省份的情况进行调整。调查采用到用户家中、办公地点、施工现场或工程机械租赁集散地等方式，与用户一对一交流，获取第一手资料。

八、用户访谈

调查的内容不限于调查表中的问题，通过与用户的交谈，有很多随机的问题加进来，了解用户周边从事相同业务的群体的经营情况，拓展调查范围。

这次调查于2012年7月进行分析总结，形成研究报告，由于报告内容较大，现摘录部分内容谨供行业同仁参考。

1.行业值得关注的一些问题

在与用户交谈过程会中，能够感受到他们的诉求和无奈，也能领悟到他们的窘境和行业的一些问题，以下是其中的一部分。

(1)回款问题。在走访的300多名的用户中，他们反映最突出的问题就是工程回款问题。虽然签合同时都约定了付款时间，但很少有按合同执行的，催款又不能催得太多的，否则会影响以后的合作，所以用户没法给出每月租金回款率有多少，只能以年为单位进行概算。

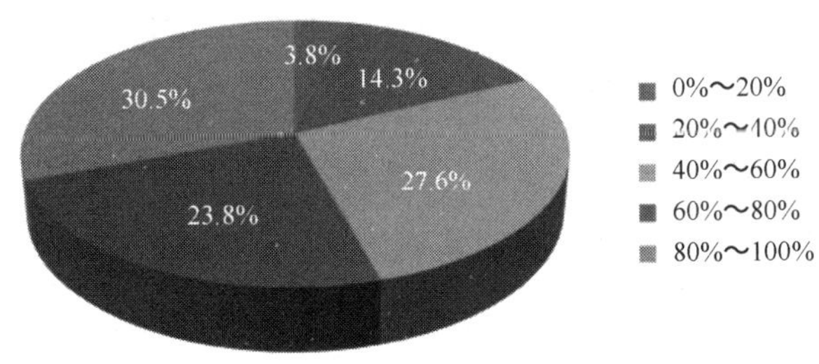

图13

①租金拖欠是一直存在的普遍现象。用户在经营设备时遇到的主要有两个问题：一是工程，设备出租率是否饱满；二是回款，能否按时拿到租金。租金拖欠是租赁这行业一直存在问题，一些经营设备比较早的用户，手里都有一叠白条。

②租金拖欠严重。自从2011年4月以后，工程量不仅减少，工程款拖欠更严重。有大约40%的用户年回款率不到60%。在调查时，只能问年回款率能有多少？因为用户说不清按月回款的情况。原来租金的给付是不定期的，即使合同规定按月支付租金，用户也很少能按合同规定拿到租金，又不敢催得太紧。

③直接影响融资还款。在调查时，一些老用户对设备的经营非常有经验，他认为回款如果达不到60%，设备是肯定经营不下去的。将各省调查的情况综合起来，这样算一笔账。以20t级挖掘机为例，15个省这个级别的挖机每月租金在25 000~35 000元之间，出租率10个月，这已经是比较高的了。年租金总额25万~35万之间，司机工资3 500~4 500元之间，全年42 000~54 000元之间。而设备融资租赁36个月，20t级平均价格90万元，首付10万元，每月还款约25 000元(加利息)，全年还款约30万元。即使回款率100%，用户也很难维持，因为还有养护费用没有计算在内。

回款问题直接考验用户的生存状况。以前租金拖欠对用户经营影响不大，因为那时租金比较高，司机工资比现在又低很多，利润还是比较丰厚。而现在一旦拖欠租金，不但会影响融资租赁还款，而且会影响设备的正常运营。有的用户在工地上干2~3个月，一分租金也拿不到，一面要还款，另一面要副驾驶员的工资钱，他们根本承担不了这双重压力。因此各品牌融资租赁的逾期率上升得很快。

(2)用户对质量服务更加关注。在调查时很多用户对产品质量和服务非常重视，越是有经验的用户越关注这方面。有关产品质量和服务的投诉甚至纠纷有所上升，尤其近几年，这类事件并不少见，而且不止在一类产品或品牌上发生过。综合分析有以下几个因素：

①商务条件下降，没有经验，没有实力的用户涌进。这些用户中，有的是真的想通过经营设备改变自己的现状，但也不乏投机者进来，还有少数人就是要诈骗。这些人中，投机者最危险，一旦赚不

到钱,就会找各种借口,降低自己的损失。

②产品质量因素。调查时用户对产品质量还是比较在意的,这关系到出租率,产品质量不过关,停工率就会上升,而且也影响口碑,设备总出问题,找活时就受影响,这是很多群体事件的原因之一。

③服务问题。很多企业承诺的比做的要好得多。用户对各品牌的服务评价都不高,这还是对三包期内的评价,三包期外就更不好评了,很多用户认为产品有问题是正常的,如果能及时解决,他们没意见,但往往是企业派人来得快,却排除不了故障,服务有效性不高,这对用户影响很大。有的用户因为故障停机时间长而丢掉工程,不得不再找其他活干。根据目前用户的生存情况,用户集体找理由退车或不还贷的可能性会有增加的趋势。所以不管是制造商还是代理商,都要准备几套成熟的紧急事件处理预案,甚至组织专人研究或成立相关机构。

(3)代理商的生存情况。

①业绩下滑。这次调查得到了很多代理商的帮助,谈起2012年的销售业绩,他们都有不同程度的下滑,有的与2011年同期相比下滑超过50%,因为过去两年公司人员、机构膨胀,人员成本压力增加,每月基本是入不敷出。

②应收账款压力。由于工程量减少,很多客户的设备出租率下降,收益降低。反映到融资租赁就是还款困难。因此,代理商的应收账款增加、逾期率上升,债权管理费用也相应增加,公司的运营成本升高。总之在市场不好时,代理商收入下降、成本上升。

③现金流压力。除了以上两点带来现金流紧张外,还有以旧换新,置换的旧产品难于迅速变现,占用了一部分现金流。可如果不开展以旧换新业务,就会少卖新机,影响市场占有率,代理商很难取舍。

④赢利点单一。代理商多数都是从销售获取利润,对后市场的关注和开发意识大多比较弱,培养其他的赢利点,可以提高生存能力,拓展生存空间,在危机中,不但要保存自己,更要改变自己,增益其所不能。当问起2012年全行业代理商有多少会亏损?有人认为95%以上要亏,有人觉得至少有80%要亏,认为有50%~60%要亏的是很乐观的。几乎所有被调查的代理商都认为单独做挖掘机的代理商,盈利的机会更低,多产品、多品牌的要好一些。当问到2012年有多少代理商会退出市场,认为在10%以内的算是比较乐观的,有人认为要达到20%,估计2013年要有20%~30%退出市场,用户洗牌,代理商也要迎来新一轮洗牌。

(4)促销活动之痛。行业中做促销活动的企业越来越多,自从2009年开始,有的企业搞促销活动效果立竿见影后,各企业纷纷效仿,促销力度不断升级,2012年在传统的销售旺季,几乎每个品牌、每家代理商都要开各种形式的展示会。目前市场区域越来越细分,在不同的区域连续做活动,出动所有人员,活动经费由代理商和企业共同承担,企业对代理商搞展销会在规模、力度上有要求,代理商按要求开展活动。3月份调查时,很多促销活动都在200人左右,一般在1~2天,可是成交量却差强人意。有的一个活动下来签约不到20台,200人吃住2天,再加上送这送那,销售人员提成,几乎没有利润,有的可能还要赔钱。每个品牌全国各地每月都在做活动,营销成效不大,成本却上升迅速。总结起来有以下几个问题:

①成本过高。以一个200人的会议为例,吃住2天,租场地作产品展示,还要租礼堂,政策解读,签约还要送礼品等等,营销成本上升过快,可又不能不做,因为大家都这样做。

②盲目追求规模,针对性下降。促销活动应该针对有效信息进行,但很多企业不管这个区域市场需求情况如何,要求代理商搞的活动要有规模、要有气势,这样业务人员即使没有这么多有效信息,也要请这么多的人来参加。如果有多少人真想买设备就请多少人,费用会降低,业务人员也能更好的说服用户,还可以将剩下的资金用在刀刃上。

③促销目的太单一。在2012年市场情况下，制造商应该及时调整营销策略，不应该一如既往地将精力完全放在销售上，应该指导代理商在危机形势下，加大后市场开拓力度，并寻求创新和突破。花费这么多经费做活动，只卖出去十几台车肯定是在浪费，配件、三包外服务、租赁应该同时启动、宣传或跟进。请用户来的目的不仅是卖车，还要问问用户，有什么可以为您做的？

④改变了用户的购买习惯和意识。现在很多用户习惯参加促销活动，即使想买车，也要对比几家后再说，而且都知道会送礼品，也要看谁送的多、更划算，这几年用户已经习惯于这样的方式，这对工程机械行业发展影响很大。促销活动对代理商来说，横竖都是输家，制造商损失一定的利润，这些都是可控的。用户有时一时冲动买车，有的买来就找不到活干，自己背债，代理商跟着垫资，制造商似乎没那么纠结，所以对市场的风险有点麻木，但最终风险还是要制造商埋单。

(5)服务培训不到位。在调查中发现，制造企业对代理商的服务人员培训力度不够，很多代理商的服务人员是新招的，尤其是2010年以前，新员工多，销售任务紧，培训工作不完善，很多服务人员的技术水平还较低。用户设备出现问题后，问题解决不了，致使很多用户抱怨。来几次、修几次可问题仍然得不到解决。

〔撰稿人：中国工程机械工业协会工程机械租赁分会李涵兵〕

公布2012年主要统计数据，准确、系统、全面地反映工程机械行业的主要经济指标

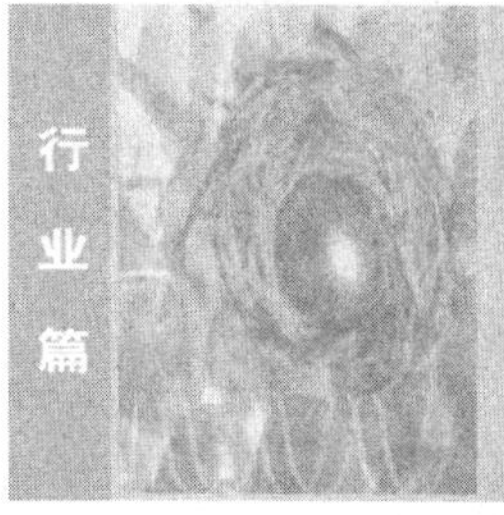

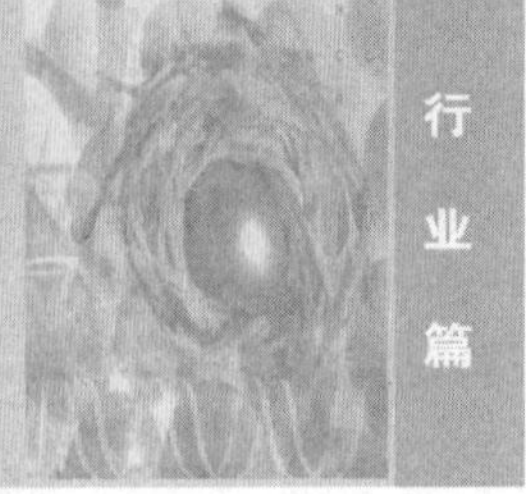

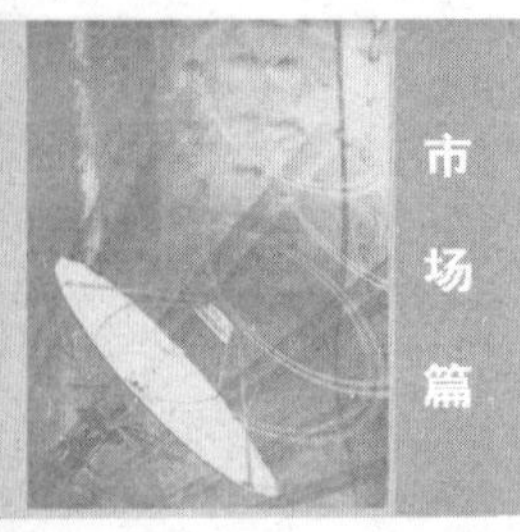

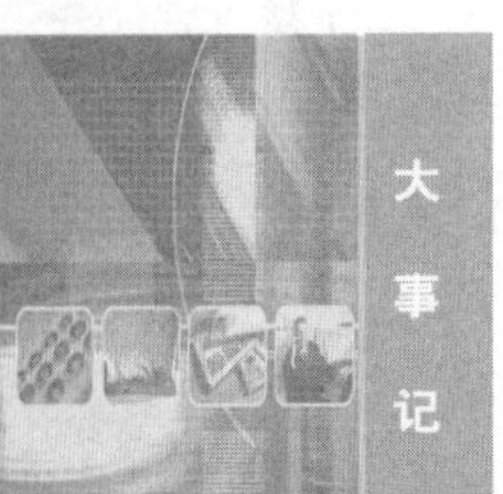

统计资料

2012年工程机械行业主要企业产品产销存统计
2011－2012年工程机械行业主要经济技术指标完成情况
2011－2012年工程机械十大类主机产品产销存对比情况
2012年工程机械行业及主要产品出口价格指数（GCCK－PPI）
2012年工程机械产品进口月报
2012年工程机械产品出口月报
2012年工程机械产品进出口量值
2012年工程机械进口按国家（地区）统计
2012年工程机械出口按国家（地区）统计
2012年工程机械产品进出口分类统计
2012年工程机械进出口贸易额前50位国家（地区）
2013年工程机械产品关税税率汇总

2012年工程机械行业主要企业产品产销存统计

1.挖掘机械

企业名称	产品类别	单位	产量	销量	库存
江麓机电集团有限公司	履带式液压挖掘机	台	214	255	264
日立建机(中国)有限公司	履带式液压挖掘机	台	4 839	6 426	259
广西玉柴重工有限公司	履带式液压挖掘机	台	3 992	5 014	0
山河智能装备股份有限公司	履带式液压挖掘机	台	3 491	3 102	529
力士德工程机械股份有限公司	履带式液压挖掘机	台	1 750	1 794	120
广西柳工机械股份有限公司	履带式液压挖掘机	台	4 519	5 421	0
内蒙古北方重型汽车股份有限公司	履带式液压挖掘机	台	33	51	115
山东临工工程机械有限公司	履带式液压挖掘机	台	3 415	4 092	1 389
中国龙工控股有限公司	履带式液压挖掘机	台	2 426	3 013	45
成都神钢工程机械(集团)有限公司	履带式液压挖掘机	台		7 293	2 686
小松(中国)投资有限公司	履带式液压挖掘机	台	9 155	9 155	0
河北宣化工程机械股份有限公司	履带式液压挖掘机	台	22	22	0
利勃海尔机械(大连)有限公司	履带式液压挖掘机	台	326	326	0
福田雷沃国际重工股份有限公司	履带式液压挖掘机	台	4 296	4 010	286
贵州詹阳动力重工有限公司	履带式液压挖掘机	台	884	837	468
山重建机有限公司	履带式液压挖掘机	台	3 429	4 536	735
中联重科股份有限公司	履带式液压挖掘机	台	3 101	2 878	0
成都神钢建设机械有限公司	履带式液压挖掘机	台	3 345	3 923	0
卡特彼勒(中国)投资有限公司	履带式液压挖掘机	台	7 636	7 636	
现代(江苏)工程机械有限公司	履带式液压挖掘机	台	4 103	4 103	
北京现代京城工程机械有限公司	履带式液压挖掘机	台	3 898	3 898	
阿特拉斯工程机械有限公司	履带式液压挖掘机	台	322	322	
斗山工程机械(中国)有限公司	履带式液压挖掘机	台	8 692	8 692	
广西开元机器制造有限公司	履带式液压挖掘机	台	1 031	1 031	
山东卡特重工机械有限公司	履带式液压挖掘机	台	1 140	1 140	
上海彭浦机器厂有限公司	履带式液压挖掘机	台	123	123	
熔盛机械有限公司	履带式液压挖掘机	台	1 121	1 121	
三一重工有限公司	履带式液压挖掘机	台	15 619	15 619	
沃尔沃建筑设备(中国)有限公司	履带式液压挖掘机	台	6 759	6 759	
厦门厦工机械股份有限公司	履带式液压挖掘机	台	3 442	3 442	
住友建机有限公司	履带式液压挖掘机	台	1 485	1 485	
贵州詹阳动力重工有限公司	轮胎式液压挖掘机	台	372	372	
斗山工程机械(中国)有限公司	轮胎式液压挖掘机	台	483	483	

（续）

企业名称	产品类别	单位	产量	销量	库存
卡特彼勒(中国)投资有限公司	轮胎式液压挖掘机	台	5	5	
利勃海尔机械(大连)有限公司	轮胎式液压挖掘机	台	2	2	
日立建机(中国)有限公司	轮胎式液压挖掘机	台	20	20	
熔盛机械有限公司	轮胎式液压挖掘机	台	1	1	
山河智能装备股份有限公司	轮胎式液压挖掘机	台	22	22	
沃尔沃建筑设备(中国)有限公司	轮胎式液压挖掘机	台	30	30	
厦门厦工机械股份有限公司	轮胎式液压挖掘机	台	1	1	
北京现代京城工程机械有限公司	轮胎式液压挖掘机	台	539	539	
广西柳工机械股份有限公司	挖掘装载机	台	359	301	0
徐州金正公路工程机械有限公司	挖掘装载机	台	12	4	8
烟台工程机械有限公司	挖掘装载机	台	5	3	3
广西玉柴重工有限公司	其他挖掘机	台	173	173	0
郑州富岛机械设备有限公司	其他挖掘机	台	1	0	1
辽宁抚挖重工机械股份有限公司	挖泥船	台	2	0	2
利勃海尔机械(大连)有限公司	抓料机	台	25	25	0

2.铲土运输机械

企业名称	产品类别	单位	产量	销量	库存
广西柳工机械股份有限公司	履带式推土机	台	229	304	0
山推工程机械股份有限公司	履带式推土机	台	6 012	6 240	816
天津建筑机械厂	履带式推土机	台	455	617	170
内蒙古一机集团大地工程机械有限公司	履带式推土机	台	341	292	63
河北宣化工程机械股份有限公司	履带式推土机	台	642	765	198
卡特彼勒(中国)投资有限公司	履带式推土机	台	89	89	
郑州宇通重工有限公司	轮胎式推土机	台	134	134	6
山推工程机械股份有限公司	推耙机	台	25	32	10
小松(中国)投资有限公司	履带式装载机	台	288	288	0
力士德工程机械股份有限公司	轮胎式装载机	台	850	816	34
山东山工机械有限公司	轮胎式装载机	台	7 646	7 959	0
常林股份有限公司	轮胎式装载机	台	5 193	5 585	1 269
郑州宇通重工有限公司	轮胎式装载机	台	1 156	1 160	350
广西柳工机械股份有限公司	轮胎式装载机	台	31 494	32 019	0
山东临工工程机械有限公司	轮胎式装载机	台	29 908	32 213	1 597
中国龙工控股有限公司	轮胎式装载机	台	20 448	22 843	3 912
成都神钢工程机械(集团)有限公司	轮胎式装载机	台	5 832	6 614	2 308
山东云宇机械集团有限公司	轮胎式装载机	台	1 210	1 161	49
徐州金正公路工程机械有限公司	轮胎式装载机	台	335	211	124
德州德工机械有限公司	轮胎式装载机	台	4 201	4 247	506
河北宣化工程机械股份有限公司	轮胎式装载机	台	4	4	0
利勃海尔机械(大连)有限公司	轮胎式装载机	台	173	173	0
安徽合力股份有限公司装载机分公司	轮胎式装载机	台	714	715	140

（续）

企业名称	产品类别	单位	产量	销量	库存
烟台工程机械有限公司	轮胎式装载机	台	143	167	51
厦门厦工机械股份有限公司	轮胎式装载机	台	20 597	21 777	2 330
福田雷沃国际重工股份有限公司	轮胎式装载机	台	6 237	6 915	2 483
山东一能重工有限公司	轮胎式装载机	台	3 637	3 293	385
中联重科股份有限公司	轮胎式装载机	台	861	797	0
山河智能装备股份有限公司	滑移装载机	台	233	191	76
广西柳工机械股份有限公司	滑移装载机	台	460	407	0
凯斯工程机械(上海)有限公司	滑移装载机	台	155	155	0
德州德工机械有限公司	滑移装载机	台	0	24	1
郑州宇通重工有限公司	铲运机	台	51	125	2
常林股份有限公司	平地机	台	450	613	90
广西柳工机械股份有限公司	平地机	台	519	509	0
山推工程机械股份有限公司	平地机	台	210	279	17
成都神钢工程机械(集团)有限公司	平地机	台	11	12	12
山东山工机械有限公司	平地机	台	94	92	0
徐州徐工筑路机械有限公司	平地机	台	1 573	1 580	0
广西玉柴专用汽车有限公司	中型自卸汽车	台	11	19	0
广西玉柴重工有限公司	非公路自卸车	台	12	6	0
湘电集团有限公司	大型电动轮车	台	27	23	8
东风实业(十堰)车辆有限公司	非公路自卸车	台	10	0	10
本溪北方机械重汽有限责任公司	矿用水车、矿用自卸车	台	7	7	0
内蒙古北方重型汽车股份有限公司	矿用自卸汽车	台	587	474	216
中环动力(北京)重型汽车有限公司	矿用自卸车	台	116	85	100
三一矿机有限公司	矿用自卸车	台	59	61	23
北京首钢重型汽车制造股份有限公司	矿用自卸车	台	11	12	17
泰安航天特种车有限公司	非公路自卸车	台	495	389	619
郑州宇通重工有限公司	非公路自卸车	台	425	436	62
山东临工工程机械有限公司	矿用自卸车	台	201	123	88
山东蓬翔汽车有限公司	非公路自卸车	台	229	216	21
山推工程机械股份有限公司	吊管机	台	39	52	2
陕西通运重工有限公司	宽体车	台	206	175	31
湘电集团有限公司	电梯及扶梯	台	323	324	2
抚顺起重机制造有限责任公司	改装车	台	144	163	71
沃尔沃建筑设备(中国)有限公司	铰接车	台	48	48	0
山东蓬翔汽车有限公司	改装汽车	台	2 473	2 653	80

3.工程起重机

企业名称	产品类别	单位	产量	销量	库存
中联重科工程起重机分公司	汽车起重机	台	4 289	4 296	109
徐州重型机械有限公司	汽车起重机	台	12 293	12 323	6
东风实业(十堰)车辆有限公司	汽车起重机	台	104	104	0

（续）

企业名称	产品类别	单位	产量	销量	库存
沈阳北方交通重工集团有限公司	汽车起重机	台	103	99	11
三一汽车起重机械有限公司	汽车起重机	台	2 442	2 559	107
重庆大江信达车辆股份有限公司专用车公司	汽车起重机	台	22	30	30
四川长江工程起重机有限责任公司	汽车起重机	台	244	197	157
马尼托瓦克东岳重工有限公司	汽车起重机	台	415	380	119
北京京城重工机械有限责任公司	汽车起重机	台	174	160	45
广东力士通机械股份有限公司	汽车起重机	台	0	0	2
辽宁抚挖锦重机械有限公司	汽车起重机	台	224	217	62
北汽福田汽车股份有限公司北京福田雷萨起重机分公司	汽车起重机	台	70	57	15
长春市神骏专用车制造有限公司	汽车起重机	台	0	3	6
北起多田野(北京)起重机有限公司	汽车起重机	台	241	194	111
安徽柳工起重机有限公司	汽车起重机	台	647	648	357
广西柳工机械股份有限公司	汽车起重机	台	684	640	0
中联重科股份有限公司	汽车起重机	台	22 957	23 207	0
徐州重型机械有限公司	全地面起重机	台	127	129	10
三一汽车起重机械有限公司	全地面起重机	台	69	67	4
江苏八达重工机械股份有限公司	双动力轮胎起重机	台	71	71	8
哈尔滨工程机械制造有限责任公司	轮胎起重机	台	85	78	9
广东力士通机械股份有限公司	轮胎起重机	台	1	2	15
日立建机(中国)有限公司	履带式起重机	台	31	23	8
中联重科工程起重机分公司	履带式起重机	台	228	241	44
郑州宇通重工有限公司	履带式起重机	台	99	96	12
徐州重型机械有限公司	履带式起重机	台	304	320	36
特雷克斯拓能(山东)重机制造有限公司	履带式起重机	台	6	8	7
上海三一科技有限公司	履带式起重机	台	363	392	17
北京南车时代机车辆机械有限公司	履带式起重机	台	44	33	11
辽宁抚挖重工机械股份有限公司	履带式起重机	台	226	243	18
北汽福田汽车股份有限公司北京福田雷萨起重机分公司	履带式起重机	台	8	6	6
安徽柳工起重机有限公司	履带式起重机	台	2	3	9
广西柳工机械股份有限公司	履带式起重机	台	2	3	0
郑州宇通重工有限公司	随车起重机	台	99	101	10
东风实业(十堰)车辆有限公司	随车起重机	台	15	15	0
石家庄煤矿机械有限责任公司随车起重机分公司	随车起重机	台	1 626	1 634	260
沈阳广成重工有限公司	随车起重机	台	137	118	27
徐州徐工随车起重机有限公司	随车起重机	台	5 175	5 236	118
泰安古河随车起重机有限公司	随车起重机	台	311	400	257
牡丹江专用汽车制造有限公司	随车起重机	台	535	749	61
长治清华机械厂	随车起重机	台	32	90	151
长春市神骏专用车制造有限公司	随车起重机	台	418	341	257
华菱星马汽车(集团)股份有限公司	随车起重机	台	28	12	0
东风实业(十堰)车辆有限公司	清障车	辆	97	97	0

（续）

企业名称	产品类别	单位	产量	销量	库存
石家庄煤矿机械有限责任公司随车起重机分公司	清障车	辆	1	5	0
沈阳北方交通重工集团有限公司	清障车	辆	0	820	0
徐州徐工随车起重机有限公司	清障车	辆	4	4	0
中国重汽集团公司泰安五岳专用汽车有限公司	底盘	台	124	124	0
东风神宇车辆有限公司	底盘	台	1 099	1 099	0
徐州徐工随车起重机有限公司	其他	台	137	137	0
北京京城重工机械有限责任公司	汽车起重机专用底盘	台	95	105	0
江苏八达重工机械股份有限公司	履带式抓料机	台	107	105	7
辽宁抚挖锦重机械有限公司	井架车	台	4	0	4
中联重科工程起重机分公司	强夯机	台	0	0	0
郑州宇通重工有限公司	强夯机	台	136	82	56
徐州重型机械有限公司	强夯机	台	30	28	2
上海三一科技有限公司	强夯机	台	39	37	2
北京南车时代机车车辆机械有限公司	强夯机	台	2	0	2
辽宁抚挖重工机械股份有限公司	强夯机	台	64	59	17

4.建筑起重机

企业名称	产品类别	单位	产量	销量	库存
泰州市腾发建筑机械有限公司	塔式起重机	台	642	612	30
方圆集团有限公司	塔式起重机	台	648	648	0
江麓机电集团有限公司	塔式起重机	台	254	254	90
山东明龙建筑机械有限公司	塔式起重机	台	2 000	1 700	300
山东鸿达建工集团有限公司	塔式起重机	台	3 200	3 160	40
湖北沙洋长林建筑机械有限公司	塔式起重机	台	105	95	10
四川强力建筑机械有限公司	塔式起重机	台	160	150	10
重庆市中建机械制造有限公司	塔式起重机	台	112	102	10
中国人民解放军第六四零九工厂	塔式起重机	台	96	74	22
浙江省建设机械集团有限公司	塔式起重机	台	3 773	3 773	0
重庆大江本大工程机械有限责任公司	塔式起重机	台	362	359	25
沈阳三洋建筑机械有限公司	塔式起重机	台	150	142	8
新乡克瑞重型机械科技股份有限公司	塔式起重机	台	1 900	1 700	200
济南建筑机械厂有限公司	塔式起重机	台	102	105	22
哈尔滨东建机械制造有限公司	塔式起重机	台	402	382	21
东莞市毅新庆江机械制造有限公司	塔式起重机	台	196	173	25
张家港浮山建设机械有限公司	塔式起重机	台	238	205	43
马尼托瓦克起重设备(中国)有限公司	塔式起重机	台	481	481	0
广东省建筑机械厂	塔式起重机	台	21	19	2
辽宁抚顺永茂建筑机械有限公司	塔式起重机	台	1 154	1 039	0
佛山市南海高达建筑机械有限公司	塔式起重机	台	110	110	0
浙江虎霸建设机械有限公司	塔式起重机	台	1 233	1 233	0
上海宝达工程机械有限公司	塔式起重机	台	32	24	8

（续）

企业名称	产品类别	单位	产量	销量	库存
济南圆鑫机械有限公司	塔式起重机	台	600	350	60
四川建设发展股份有限公司	塔式起重机	台	45	45	0
重庆杰渝建筑机械有限公司	塔式起重机	台	101	98	9
上海市吴淞建筑机械厂有限公司	塔式起重机	台	55	45	10
烟台海山建筑机械有限公司	塔式起重机	台	737	681	65
山东华夏集团有限公司	塔式起重机	台	1 340	1 012	328
山东大汉建设机械有限公司	塔式起重机	台	5 203	5 204	318
哈尔滨华拓金属结构有限公司	塔式起重机	台	101	86	15
广西建工集团建筑机械制造有限责任公司	塔式起重机	台	1 363	1 239	124
华菱星马汽车(集团)股份有限公司	塔式起重机	台	3 033	3 291	0
四川建设机械(集团)股份有限公司	塔式起重机	台	650	650	0
徐工集团建设机械分公司	塔式起重机	台	1 500	1 500	0
泰州市腾发建筑机械有限公司	施工升降机	台	131	125	6
江苏申锡建筑机械有限公司	施工升降机	台	14	14	0
方圆集团有限公司	施工升降机	台	366	264	26
江麓机电集团有限公司	施工升降机	台	289	291	64
山东明龙建筑机械有限公司	施工升降机	台	1 000	850	150
山东鸿达建工集团有限公司	施工升降机	台	420	412	8
重庆市中建机械制造有限公司	施工升降机	台	33	33	0
中国人民解放军第六四零九工厂	施工升降机	台	302	232	70
浙江省建设机械集团有限公司	施工升降机	台	698	698	0
重庆大江本大工程机械有限责任公司	施工升降机	台	10	9	1
新乡克瑞重型机械科技股份有限公司	施工升降机	台	302	265	37
潍坊新奇机电工程有限公司	施工升降机	台	965	943	22
济南建筑机械厂有限公司	施工升降机	台	24	26	2
哈尔滨东建机械制造有限公司	施工升降机	台	152	152	14
广东省建筑机械厂	施工升降机	台	69	64	0
佛山市南海高达建筑机械有限公司	施工升降机	台	82	82	0
浙江虎霸建设机械有限公司	施工升降机	台	480	0	0
重庆红岩建设机械制造有限责任公司	施工升降机	台	140	137	17
上海宝达工程机械有限公司	施工升降机	台	837	688	149
重庆杰渝建筑机械有限公司	施工升降机	台	32	32	9
上海市吴淞建筑机械厂有限公司	施工升降机	台	10	2	8
烟台海山建筑机械有限公司	施工升降机	台	241	222	19
山东华夏集团有限公司	施工升降机	台	300	196	24
山东大汉建设机械有限公司	施工升降机	台	1 483	1 483	78
广西建工集团建筑机械制造有限责任公司	施工升降机	台	1 676	1 604	72
广州市京龙工程机械有限公司	施工升降机	台	3 300	3 300	0
潍坊新奇机电工程有限公司	建筑卷扬机	台	170	168	2
泰州市腾发建筑机械有限公司	门式升降机	台	5	5	0

5.工业车辆

企业名称	产品类别	单位	产量	销量	库存
台励福机器设备(青岛)有限公司	电动平衡重乘驾式叉车	台	2 200	2 200	0
龙工(上海)叉车有限公司	电动平衡重乘驾式叉车	台	687	669	83
江苏靖江叉车有限公司	电动平衡重乘驾式叉车	台	197	196	5
安徽叉车集团有限责任公司	电动平衡重乘驾式叉车	台	5 346	5 729	
安徽合叉叉车有限公司	电动平衡重乘驾式叉车	台	249	267	21
杭叉集团股份有限公司	三支点、四支点电动平衡重乘驾式叉车	台	5 538	5 598	381
宝鸡双力叉车制造有限公司(原宝鸡叉车制造公司五厂)	电动平衡重乘驾式叉车	台	1	1	0
浙江美科斯叉车有限公司	电动平衡重乘驾式叉车	台	544	556	17
广西柳工机械股份有限公司	电动平衡重乘驾式叉车	台	317	284	0
浙江诺力机械股份有限公司	电动平衡重乘驾式叉车	台	272	272	0
大连叉车有限责任公司	电动平衡重乘驾式叉车	台	310	301	40
中国龙工控股有限公司	电动、内燃平衡重式叉车	台	14 199	12 676	1 904
台励福机器设备(青岛)有限公司	电动乘驾式仓储车辆	台	500	500	0
安徽叉车集团有限责任公司	电动乘驾式堆垛叉车	台	1 496	1 591	
杭叉集团股份有限公司	电动乘驾式仓储叉车	台	6 653	6 631	162
浙江美科斯叉车有限公司	电动乘驾式仓储叉车	台	170	170	7
浙江诺力机械股份有限公司	电动乘驾式仓储叉车	台	13	13	0
台励福机器设备(青岛)有限公司	电动步行式仓储车辆	台	500	500	0
宁波如意股份有限公司	电动步行式仓储车辆	台	4 793	4 793	0
安徽叉车集团有限责任公司	步行式堆垛叉车	台	4 936	5 297	
浙江美科斯叉车有限公司	电动步行式仓储车辆	台	40	40	2
浙江诺力机械股份有限公司	电动步行式仓储车辆	台	10 173	10 173	0
山河智能装备股份有限公司	内燃叉车	台	609	544	317
台励福机器设备(青岛)有限公司	内燃平衡重式叉车(实心胎)	台	1 000	1 000	0
安徽合叉叉车有限公司	内燃平衡重式叉车(实心胎)	台	2 584	2 688	347
杭叉集团股份有限公司	内燃平衡重式叉车(其他轮胎)	台	54 186	53 815	3 156
大连叉车有限责任公司	内燃平衡重式叉车	台	3 024	3 111	512
台励福机器设备(青岛)有限公司	内燃平衡重式叉车	台	20 000	20 000	0
宁波如意股份有限公司	内燃平衡重式叉车	台	282	282	0
龙工(上海)叉车有限公司	内燃平衡重式叉车	台	13 483	13 998	1 748
江苏靖江叉车有限公司	内燃平衡重式叉车	台	1 782	1 866	46
安徽叉车集团有限责任公司	内燃充气叉车	台	54 714	56 068	
宝鸡双力叉车制造有限公司(原宝鸡叉车制造公司五厂)	内燃平衡重式叉车	台	129	129	53
浙江美科斯叉车有限公司	内燃平衡重式叉车	台	5 120	5 120	238
广西柳工机械股份有限公司	内燃平衡重式叉车	台	7 411	7 940	0

（续）

企业名称	产品类别	单位	产量	销量	库存
浙江诺力机械股份有限公司	内燃平衡重式叉车	台	32	32	0
东风实业(十堰)车辆有限公司	牵引车	台	9	9	0
台励福机器设备(青岛)有限公司	牵引车	台	500	300	0
龙工(上海)叉车有限公司	牵引车	台	1	1	0
江苏靖江叉车有限公司	牵引车	台	557	564	12
浙江美科斯叉车有限公司	牵引车	台	1	1	0
大连叉车有限责任公司	牵引车	台	194	164	46
杭叉集团股份有限公司	门架式柴油机越野叉车	台	6	6	0
浙江美科斯叉车有限公司	越野叉车	台	4	4	0
宁波如意股份有限公司	手动和半电动车辆	台	535 929	535 929	0
浙江诺力机械股份有限公司	手动和半电动车辆	台	915 885	915 885	0
龙工(上海)叉车有限公司	其他车辆	台	33	21	9
安徽合叉叉车有限公司	手动搬运车	台	0	14	0
杭叉集团股份有限公司	其他车辆	台	70	66	7

6.路面与压实机械

企业名称	产品类别	单位	产量	销量	库存
广西柳工机械股份有限公司	静碾压路机	台	87	87	0
山推工程机械股份有限公司	静碾压路机	台	47	67	6
常林股份有限公司	静碾压路机	台	19	33	1
徐工集团科技分公司	静碾压路机	台	86	86	
国机重工(洛阳)有限公司	静碾压路机	台	25	25	
海阳路通重工机械有限公司	静碾压路机	台	14	14	
山东临工工程机械有限公司	静碾压路机	台	7	7	
龙工路面机械有限公司	静碾压路机	台	18	18	
山推工程机械股份有限公司	轮胎压路机	台	14	14	
江麓机电集团有限公司	轮胎压路机	台	3	4	2
常林股份有限公司	轮胎压路机	台	23	23	5
广西柳工机械股份有限公司	轮胎压路机	台	40	43	
厦工(三明)重型机器有限公司	轮胎压路机	台	62	68	5
徐工集团科技分公司	轮胎压路机	台	342	342	
国机重工(洛阳)有限公司	轮胎压路机	台	57	57	
海阳路通重工机械有限公司	轮胎压路机	台	130	130	
三一重工有限公司	轮胎压路机	台	204	204	
山东临工工程机械有限公司	轮胎压路机	台	4	4	
青岛科泰重工有限公司	轮胎压路机	台	58	58	
龙工路面机械有限公司	轮胎压路机	台	5	5	
山推工程机械股份有限公司	机械单钢轮压路机	台	742	757	10
常林股份有限公司	机械单钢轮压路机	台	560	610	41
广西柳工机械股份有限公司	机械单钢轮压路机	台	626	684	
厦工(三明)重型机器有限公司	机械单钢轮压路机	台	411	430	60
山东山工机械有限公司	机械单钢轮压路机	台	27	155	
徐工集团科技分公司	机械单钢轮压路机	台	1 162	1 162	
国机重工(洛阳)有限公司	机械单钢轮压路机	台	375	375	

（续）

企业名称	产品类别	单位	产量	销量	库存
洛阳路通重工机械有限公司	机械单钢轮压路机	台	411	411	
三一重工有限公司	机械单钢轮压路机	台	162	162	
龙工路面机械有限公司	机械单钢轮压路机	台	503	503	
山推工程机械股份有限公司	液压单钢轮压路机	台	80	84	5
常林股份有限公司	液压单钢轮压路机	台	47	53	16
江麓机电集团有限公司	液压单钢轮压路机	台	40	50	88
广西柳工机械股份有限公司	液压单钢轮压路机	台	268	251	0
卡特彼勒(中国)投资有限公司	液压单钢轮压路机	台	2	6	
厦工(三明)重型机器有限公司	液压单钢轮压路机	台	478	500	42
中联重科股份有限公司	液压单钢轮压路机	台	45	79	
徐工集团科技分公司	液压单钢轮压路机	台	296	296	
国机重工(洛阳)有限公司	液压单钢轮压路机	台	19	19	
洛阳路通重工机械有限公司	液压单钢轮压路机	台	399	399	
三一重工有限公司	液压单钢轮压路机	台	281	281	
青岛科泰重工有限公司	液压单钢轮压路机	台	267	267	
龙工路面机械有限公司	液压单钢轮压路机	台	52	52	
山推工程机械股份有限公司	双钢轮压路机	台		1	0
常林股份有限公司	双钢轮压路机	台	1	6	13
广西柳工机械股份有限公司	双钢轮压路机	台	7	16	
卡特彼勒(中国)投资有限公司	双钢轮压路机	台		6	
厦工(三明)重型机器有限公司	双钢轮压路机	台	44	51	3
中联重科股份有限公司	双钢轮压路机	台	38	82	
徐工集团科技分公司	双钢轮压路机	台	210	210	
国机重工(洛阳)有限公司	双钢轮压路机	台	93	93	
洛阳路通重工机械有限公司	双钢轮压路机	台	209	209	
三一重工有限公司	双钢轮压路机	台	235	235	
青岛科泰重工有限公司	双钢轮压路机	台	68	68	
龙工路面机械有限公司	双钢轮压路机	台	24	24	
常林股份有限公司	轻型压路机	台	3	9	1
卡特彼勒(中国)投资有限公司	轻型压路机	台	16	8	
广西柳工机械股份有限公司	轻型压路机	台	20	24	
厦工(三明)重型机器有限公司	轻型压路机	台	210	232	35
徐工集团科技分公司	轻型压路机	台	297	297	
国机重工(洛阳)有限公司	轻型压路机	台	469	469	
洛阳路通重工机械有限公司	轻型压路机	台	149	149	
三一重工有限公司	轻型压路机	台	9	9	
青岛科泰重工有限公司	轻型压路机	台	6	6	
龙工路面机械有限公司	轻型压路机	台	96	96	
山推工程机械股份有限公司	垃圾压实机	台	11	10	2
江麓机电集团有限公司	垃圾压实机	台	4	4	1
广西柳工机械股份有限公司	垃圾压实机	台	6	6	
厦工(三明)重型机器有限公司	垃圾压实机	台	33	38	1
国机重工(洛阳)有限公司	垃圾压实机	台	17	17	
青岛科泰重工有限公司	垃圾压实机	台	3	3	
力士德工程机械股份有限公司	压路机	台	100	97	3
厦工(三明)重型机器有限公司	其他压路机	台	130	136	2

（续）

企业名称	产品类别	单位	产量	销量	库存
广西柳工机械股份有限公司	多功能摊铺机	台		16	
陕西建设机械股份有限公司	多功能摊铺机	台	154	161	0
中交西安筑路机械有限公司	沥青摊铺机	台	60	48	
中交西安筑路机械有限公司	沥青搅拌机(站)	套	57	76	
廊坊德基机械科技股份有限公司	沥青搅拌机(站)	套	50	48	7
陕西建设机械股份有限公司	拌和机	台	10	11	0
方圆集团有限公司	稳定土拌和站	台	52	52	
沈阳北方交通重工集团有限公司	KFM5140GLQ 沥青洒布车	台		15	
沈阳北方交通重工集团有限公司	沥青加热设备	台	0	75	0
德州德工机械有限公司	冷再生机	台	15	15	12
广西柳工机械股份有限公司	路面洗刨机	台	0	5	0
徐州徐工筑路机械有限公司	路面洗刨机	台	100	113	0
陕西建设机械股份有限公司	路面洗刨机	台	20	10	0
沈阳北方交通重工集团有限公司	沥青滚筒、路机养护车、料仓	台		120	
沈阳北方交通重工集团有限公司	稀浆封层车	台		25	
中交西安筑路机械有限公司	稀浆封层机	台	11	15	
沈阳北方交通重工集团有限公司	同步碎石封层车	台		10	
德州德工机械有限公司	破碎机	台	1	2	9
中联重科股份有限公司	路面机械	台	185	209	

7.混凝土机械

企业名称	产品类别	单位	产量	销量	库存
方圆集团有限公司	混凝土搅拌机	台	3 602	3 600	23
上海华东建筑机械厂有限公司	混凝土搅拌机	台	60	64	39
韶关新宇建设机械有限公司	混凝土搅拌机	台	6	6	0
青岛新型建设机械有限公司	混凝土搅拌机	台	1 345	1 341	88
方圆集团有限公司	混凝土搅拌站	台	430	428	2
上海华东建筑机械厂有限公司	混凝土搅拌站	台	48	43	10
山东鸿达建工集团有限公司	混凝土搅拌站	台	120	118	2
韶关新宇建设机械有限公司	混凝土搅拌站(楼)	台	22	22	0
青岛新型建设机械有限公司	搅拌站(楼)	套	865	890	11
徐州天地重型机械制造有限公司	搅拌站(楼)	套	79	79	0
广西玉柴专用汽车有限公司	混凝土搅拌运输车	辆	0	14	7
方圆集团有限公司	混凝土搅拌运输车	辆	120	120	0
上海华东建筑机械厂有限公司	混凝土搅拌运输车	辆	904	868	186
中集车辆(集团)有限公司	混凝土搅拌运输车	辆	5 480	5 380	100
山东鸿达建工集团有限公司	混凝土搅拌运输车	辆	220	212	8
东风实业(十堰)车辆有限公司	混凝土搅拌运输车	辆	11	11	0
徐州天地重型机械制造有限公司	混凝土搅拌运输车	辆	68	56	12
山推工程机械股份有限公司	混凝土搅拌运输车	辆	658	859	530
扬州柳工建设机械有限公司	混凝土搅拌运输车	辆	453	543	0
方圆集团有限公司	混凝土泵	台	80	80	0
青岛新型建设机械有限公司	混凝土泵	台	703	706	51
徐州天地重型机械制造有限公司	拖式混凝土泵	台	30	23	7
山东鸿达建工集团有限公司	混凝土泵车	辆	110	107	3
徐州天地重型机械制造有限公司	混凝土泵车	辆	16	7	9

（续）

企业名称	产品类别	单位	产量	销量	库存
广东力士通机械股份有限公司	混凝土泵车	辆	73	73	0
广西柳工机械股份有限公司	混凝土泵车	辆	0	35	0
华菱星马汽车(集团)股份有限公司	重型混凝土泵车	辆	29	11	0
广西建工集团建筑机械制造有限责任公司	布料杆	台	2	0	2
佛山市云雀振动器有限公司	混凝土振动器	台	28 434	27 638	6 239
佛山市云雀振动器有限公司	插入式振动棒	条	132 686	133 057	15 815
华菱星马汽车(集团)股份有限公司	重型散装水泥运输车	辆	566	613	0
青岛新型建设机械有限公司	配料机	台	936	955	64
徐州天地重型机械制造有限公司	其他混凝土机械	台	89	81	8
中联重科股份有限公司	混凝土机械	台	23 079	22 141	0
三一集团有限公司	混凝土机械	台	29 513	29 632	456
浙江省建设机械集团有限公司	混凝土机械	台	2 903	2 703	200

8.掘进机械

企业名称	产品类别	单位	产量	销量	库存
北京市三一重机有限公司	土压平衡盾构机	台	0	1	0
小松(中国)投资有限公司	盾构机	台	0	3	0
上海隧道工程股份有限公司机械制造分公司	复合式土压平衡盾构机、复合铰接式土压平衡盾构机	台	5	5	0
徐工集团凯宫重工南京有限公司	土压平衡盾构机	台	4	4	0
海瑞克股份公司	泥水平衡盾构机	台	27	27	0
盾建重工制造有限公司	土压平衡盾构机	台	2	2	0
中铁隧道装备制造有限公司	泥水盾构机	台	31	31	0
上海力行工程技术发展有限公司	土压平衡盾构机	台	2	2	0
北方重工集团有限公司盾构机分公司	土压平衡盾构机	台	2	2	0
中国铁建重工集团有限公司	土压平衡盾构机	台	30	30	0
上海隧道工程股份有限公司机械制造分公司	大直径矩形顶管机	台	1	1	0
海瑞克股份公司	顶管机	台	5	5	0
上海力行工程技术发展有限公司	顶管机	台	1	1	0
北方重工集团有限公司盾构机分公司	硬岩掘进机	台	3	3	0
秦皇岛天业通联重工股份有限公司	TBM	台	1	1	0
北方重工集团有限公司盾构机分公司	敞开式 TBM	台	2	2	0

9.桩工机械

企业名称	产品类别	单位	产量	销量	库存
中国人民解放军第六四零九工厂	柴油打桩锤	台	210	157	50
东台市东达工程机械有限公司	导杆柴油锤	台	288	248	40
方圆集团有限公司	桩机	台	42	42	2
郑州富岛机械设备有限公司	液压打桩锤	台	2	1	1
东台市东达工程机械有限公司	打桩架	台	69	58	11
山东卓力桩机有限公司	打桩架	台	82	66	16
湖北毅力机械有限公司	静压桩机	台	30	28	2
山河智能装备股份有限公司	静压桩机	台	194	193	7
广西建工集团建筑机械制造有限责任公司	静压桩机	台	3	1	2
上海金泰工程机械有限公司	旋挖钻机	台	60	57	11

（续）

企业名称	产品类别	单位	产量	销量	库存
广西玉柴重工有限公司	旋挖钻机	台	21	31	0
北京市三一重机有限公司	旋挖钻机	台	424	420	23
山河智能装备股份有限公司	旋挖钻机	台	189	173	23
郑州富岛机械设备有限公司	旋挖钻机	台	18	15	3
辽宁抚挖重工机械股份有限公司	旋挖钻机	台	1	0	1
湖南奥盛特重工科技有限公司	旋挖钻机	台	0	69	9
中联重科股份有限公司上海分公司	旋挖钻机	台	271	265	29
山东鑫国重机科技有限公司	旋挖钻机	台	35	29	6
内蒙古北方重型汽车股份有限公司	旋挖钻机	台	0	2	19
中联重科股份有限公司	旋挖钻机	台	350	335	0
徐州徐工基础工程机械有限公司	旋挖钻机	台	330	317	50
北京市三一重机有限公司	其他钻机	台	3	4	1
河北新钻钻机有限公司	其他钻机	台	48	46	2
北京市三一重机有限公司	连续墙液压抓斗	台	0	2	4
山东鑫国重机科技有限公司	旋喷沉桩多功能桩机	台	4	2	2
郑州勘察机械有限公司	其他钻机	台	32	34	6
徐州徐工基础工程机械有限公司	连续墙抓斗	台	5	4	2

10.市政与环卫机械

企业名称	产品类别	单位	产量	销量	库存
广西玉柴专用汽车有限公司	中型洒水车	辆	0	5	2
东风实业(十堰)车辆有限公司	洒水车	辆	49	49	0
广西玉柴专用汽车有限公司	垃圾车	辆	453	432	55
东风实业(十堰)车辆有限公司	垃圾车	辆	414	414	0
长治清华机械厂	垃圾车	辆	37	42	87
广西建工集团建筑机械制造有限责任公司	立体停车设备	台	49	15	34
重庆市中建机械制造有限公司	其他环卫与市政机械	台	8	8	0
石家庄煤矿机械有限责任公司随车起重机分公司	其他工程机械	台	14	9	7
徐州徐工随车起重机有限公司	环卫设备	台	450	454	1
中联重科股份有限公司	环卫设备	辆	12 482	12 658	0

11.装修与高空作业机械

企业名称	产品类别	单位	产量	销量	库存
重庆大江信达车辆股份有限公司专用车公司	高空作业车	辆	26	18	12
杭州爱知工程车辆有限公司	高空作业车	辆	428	420	53
石家庄煤矿机械有限责任公司随车起重机分公司	高空作业车	辆	2	1	3
沈阳北方交通重工集团有限公司	高空作业车	辆	0	516	0
徐州天地重型机械制造有限公司	高空作业车	辆	61	46	15
徐州徐工随车起重机有限公司	高空作业车	辆	140	154	2
北京京城重工机械有限责任公司	高空作业车	辆	191	221	84
广东力士通机械股份有限公司	高空作业车	辆	1	1	0
抚顺起重机制造有限责任公司	高空作业车	辆	9	7	4
杭州赛奇高空作业机械有限公司	高空作业升降平台	台	395	355	52
江麓机电集团有限公司	森林消防车	辆	23	23	0

（续）

企业名称	产品类别	单位	产量	销量	库存
抚顺起重机制造有限责任公司	消防车	辆	125	150	63
江苏申锡建筑机械有限公司	高处作业吊篮	台	14 985	14 985	800
无锡市小天鹅建筑机械有限公司	吊篮	台	5 917	4 664	1 253
江苏申锡建筑机械有限公司	擦窗机	台	162	162	0
抚顺起重机制造有限责任公司	其他	台	10	6	4

12. 钢筋及预应力机械

企业名称	产品类别	单位	产量	销量	库存
重庆市中建机械制造有限公司	钢筋切断机	台	142	142	
重庆市中建机械制造有限公司	其他钢筋及预应力机械	台	22	22	0

13. 凿岩机械与气动工具

企业名称	产品类别	单位	产量	销量	库存
浙江衢州煤矿机械总厂有限公司	手持式	台	1 227	1 227	1 150
天水风动机械有限责任公司	气腿式	台	53 368	53 368	7 575
浙江衢州煤矿机械总厂有限公司	气腿式	台	13 148	13 148	6 447
湘潭风动机械有限公司	气腿式凿岩机	台	4 780	4 780	943
天水风动机械有限责任公司	向上式、导轨式、手持式凿岩机	台	3 764	3 764	1 631
洛阳风动工具有限公司	电动凿岩机	台	2 897	2 897	458
天水风动机械有限责任公司	凿岩钻车	辆	6	6	16
河北宣化工程机械股份有限公司	锚杆钻机	台	2	2	0
天水风动机械有限责任公司	冲击器	台	59	59	241
洛阳风动工具有限公司	冲击夯	台	0	0	38
山河智能装备股份有限公司	潜孔钻机、切削钻机	台	139	125	35
南京工程机械厂有限公司	凿岩机械	台	443	443	36
洛阳风动工具有限公司	气动、内燃、柴油凿岩机	台	16 571	16 571	2 954
南京工程机械厂有限公司	台架	台	141	141	1
天水风动机械有限责任公司	凿岩钻架	台	150	150	54
浙江衢州煤矿机械总厂有限公司	单体液压支柱	台	547 485	547 485	48 486
洛阳风动工具有限公司	潜孔钻	台	23	23	20
天水风动机械有限责任公司	气钻	台	4 038	4 038	1 810
青岛前哨精密机械有限责任公司	气钻	台	12 509	12 509	3 539
上海上船利富船舶工具有限公司	气钻	台	119	119	36
杭州风动工具制造有限公司	气钻	台	2 000	2 000	100
天水风动机械有限责任公司	气砂轮	台	12 487	12 487	386
青岛前哨精密机械有限责任公司	气砂轮	台	6 078	6 078	1 363
徐州三刃风动工具有限公司	气砂轮	台	1 228	1 228	156
上海气动工具厂	气砂轮	台	12 872	12 872	208
镇江丹凤机械有限公司	气砂轮	台	11 940	11 940	232
山东同力达智能机械有限公司	气砂轮	台	6 178	6 178	1 400
上海上船利富船舶工具有限公司	气砂轮	台	629	629	259
天津市柏益风动工具有限公司	气砂轮	台	10 986	10 986	562
天水风动机械有限责任公司	气扳机	台	2 234	2 234	2 247
青岛前哨精密机械有限责任公司	气扳机	台	14 383	14 383	1 641

（续）

企业名称	产品类别	单位	产量	销量	库存
上海民生电器有限公司	气扳机	台	1 227	1 227	345
山东同力达智能机械有限公司	风扳机	台	6 419	6 419	2 770
山东春龙风动机械有限公司	旋转式气扳机、冲出气扳机	台	78 084	78 084	23 536
青岛前哨精密机械有限责任公司	气螺刀、气剪刀	台	3 827	3 827	1 146
浙江衢州煤矿机械总厂有限公司	锚杆机	台	2	2	3
青岛前哨精密机械有限责任公司	铆枪	台	2 515	2 515	832
天水风动机械有限责任公司	捣固机	台	124	124	83
徐州三刃风动工具有限公司	捣固机	台	633	633	119
上海气动工具厂	捣固机	台	942	942	144
义乌市风动工具有限公司	捣固机	台	1 520	1 520	20
杭州风动工具制造有限公司	捣固机	台	5 600	5 600	120
宁波市鄞州甬盾风动工具制造有限公司	捣固机	台	1 210	1 210	516
天水风动机械有限责任公司	气镐	台	7 664	7 664	555
徐州三刃风动工具有限公司	风镐	台	647	647	98
义乌市风动工具有限公司	风镐	台	43 626	43 626	67
杭州风动工具制造有限公司	风镐	台	29 120	29 120	605
宁波市鄞州甬盾风动工具制造有限公司	风镐	台	41 297	41 297	17 537
天水风动机械有限责任公司	气铲	台	354	354	4
青岛前哨精密机械有限责任公司	气铲	台	195	195	74
徐州三刃风动工具有限公司	气铲	台	4 975	4 975	837
上海气动工具厂	气铲	台	1 528	1 528	135
义乌市风动工具有限公司	气铲	台	2 600	2 600	25
山东同力达智能机械有限公司	气铲	台	2 103	2 103	800
上海上船利富船舶工具有限公司	气铲	台	332	332	66
宁波市鄞州甬盾风动工具制造有限公司	气铲	台	3 840	3 840	413
烟台市石油机械有限公司	气动绞车	辆	485	485	0
天水风动机械有限责任公司	气马达	台	197	197	92
烟台市石油机械有限公司	气马达	台	10 208	10 208	730
天水风动机械有限责任公司	其他	台	541	541	238
南京工程机械厂有限公司	风动工具	台	19 889	19 889	2 841
沈阳风动工具厂有限公司	采矿专用	台	1 760	1 760	703
青岛前哨精密机械有限责任公司	其他	台	6 939	6 939	4 319
洛阳风动工具有限公司	气动破碎机	台	26	26	16
徐州三刃风动工具有限公司	角磨机	台	182	182	53
烟台市石油机械有限公司	气动预供油泵	台	1 431	1 431	235
镇江丹凤机械有限公司	气缸	台	26 838	26 838	0
山东同力达智能机械有限公司	智能扳机、磨光机	套	13 212	13 212	1 700
上海上船利富船舶工具有限公司	风磨机、倒角机、气泵	台	3 072	3 072	1 710
宁波市鄞州甬盾风动工具制造有限公司	镐钎	支	177 639	177 639	14 829

14. 工程机械配套件

企业名称	产品类别	单位	产量	销量	库存
浙江银轮机械股份有限公司	冷却器	万只	620	603	87
中国长江航运集团电机厂	其他动力系统附属装置	万 kW	54	55	8
浙江银轮机械股份有限公司	模块	万只	12	10.6	4
蚌埠液力机械有限公司	液力变矩器	台	45 664	42 757	5 357

（续）

企业名称	产品类别	单位	产量	销量	库存
山推工程机械股份有限公司	液力变矩器	台	63 730	62 498	6 275
浙江临海机械有限公司	液力变矩器	台	9 544	10 876	0
肥城金城车桥有限公司	液力变矩器、变速箱	台	2 633	3 049	0
山东云宇机械集团有限公司	变速箱	只	960	744	216
长沙中传机械有限公司	工业车辆变速箱	台	40 537	42 289	4 782
肥城金城车桥有限公司	驱动桥	台	8 725	9 641	916
山东云宇机械集团有限公司	驱动桥总成	台	43 390	42 070	1 320
肥城金城车桥有限公司	转向桥	台	95	122	0
山东云宇机械集团有限公司	制动器	只	200 000	195 920	4 080
黄石赛福摩擦材料有限公司	摩擦片	万片	685	663	199
江苏三上机电制造股份有限公司	电机及传动装置	台(套)	45 780	45 780	0
常州市武滚轴承有限公司	滚针轴承	万套	1 058	885	903
蚌埠液力机械有限公司	液压缸	件	412 943	400 372	33 740
山东锐驰机械有限公司	液压缸	件	57 960	58 349	10 303
莱州市莱索制品有限公司	液压缸配件	万件	25	250	1
山东隆源液压科技有限公司	液压缸	件	30 000	29 500	500
四川长江液压件有限责任公司	液压缸	件	34 929	32 719	7 393
烟台星辉劳斯堡液压机械有限公司	液压缸	万支	13	12	0
榆次液压有限公司	油缸	件	6 797	6 153	4 554
四川长江液压件有限责任公司	齿轮泵	台	53 257	53 453	3 388
济南液压泵有限责任公司	齿轮泵	台	294 651	295 238	53 701
榆次液压有限公司	齿轮泵	台	49 815	46 798	58 841
烟台艾迪液压科技有限公司	齿轮泵	台	3 745	3 649	180
海特克液压有限公司	叶片泵	台	54 071	54 128	921
浙江台州先顶液压有限公司	叶片泵	台	40 795	40 226	6 770
榆次液压有限公司	叶片泵	台	34 155	34 267	38 334
中航力源液压股份有限公司	柱塞泵	台(套)	52 246	51 936	6 057
北京华德液压工业集团有限责任公司	柱塞泵	台	8 197	9 631	3 496
海特克液压有限公司	柱塞泵	台	5 716	5 701	15
中航力源液压股份有限公司	液压马达	台(套)	23 423	23 565	5 230
北京华德液压工业集团有限责任公司	液压马达	台	22 984	26 916	68 867
济南液压泵有限责任公司	液压马达	台	12 008	13 030	0
海特克液压有限公司	液压马达	台	21 164	17 510	3 664
榆次液压有限公司	液压马达	台	502	502	0
四川长江液压件有限责任公司	多路阀	件	17 731	18 873	2 270
济南液压泵有限责任公司	多路阀	件	5 731	5 916	0
浙江台州先顶液压有限公司	操纵阀	台	12 466	12 065	777
北京华德液压工业集团有限责任公司	其他液压阀	件	838 950	857 018	116 326
海特克液压有限公司	其他液压阀	件	122 929	119 939	4 786
榆次液压有限公司	液压阀	件	374 726	427 151	210 565
浙江衢州煤矿机械总厂有限公司	三用阀	台	389 037	389 037	2 711
杰牌控股集团有限公司	减速机	台	165 884	163 884	2 757

（续）

企业名称	产品类别	单位	产量	销量	库存
济南液压泵有限责任公司	减速机	台	991	1 368	0
河北冀工胶管有限公司	液压胶管总成	万 in	450	440	10
海盐管件制造有限公司	液压管接头	件	16 846 129	17 586 126	11 315 763
山东隆源液压科技有限公司	油箱	件	160 000	158 000	2 000
莱州市莱索制品有限公司	密封件	万件	750	750	8
四川长江液压件有限责任公司	液压系统及装置、其他液压件	台件	12 975	14 226	229
苏州工业园区飞翔液压附件厂	液压元件	件	456 225	431 636	201 862
贵州枫阳液压有限责任公司	液压件	件	29 640	29 231	27 278
莱州市莱索制品有限公司	链轨节	万件	650	645	9
山推工程机械股份有限公司	履带链轨总成	条	87 451	88 801	2 447
烟台富野机械集团有限公司	履带链轨总成	条	25 025	26 776	4 723
莱州市莱索制品有限公司	支重轮	万件	85	85	2
烟台富野机械集团有限公司	驱动轮总成	只	73 908	78 580	10 821
济宁市永生工程机械制造有限公司	支重轮、托轮、引导轮、驱动轮	件	126 583	210 934	1 205 581
烟台富野机械集团有限公司	履带板、履带涨紧装置总成	块(只)	10 103	12 652	494
马鞍山市力和机械有限公司	铲斗、门架、车架	个	6 500	6 500	0
长沙华德科技开发有限公司	工程机械智能监控系统	套	5 015	4 024	991
浙江衢州煤矿机械总厂有限公司	测力计	台	12	12	53
安徽惊天液压智控股份有限公司	液压锤	台	4 170	3 594	1 159
马鞍山统力回转支承有限公司	回转支承	套	21 155	22 056	3 883
马鞍山方圆回转支承股份有限公司	回转支承	套	50 080	49 624	15 717
潍坊恒安散热器集团有限公司	其他配套件:散热器	万台	187	186	1
潍坊新奇机电工程有限公司	其他配套件	台	945	935	10
烟台富野机械集团有限公司	其他配套件	件	62 094	64 306	406
芜湖盛力制动有限责任公司	汽车配件及工程	万只	163	173	10
中联重科股份有限公司	液压件	件	295 868	305 061	0
天水风动机械有限责任公司	配件	台	266	266	520
浙江衢州煤矿机械总厂有限公司	空压机	台	183	183	198
洛阳风动工具有限公司	工矿配件	t	232	232	66
上海气动工具厂	除锈器	台	1 072	1 072	161
烟台市石油机械有限公司	上扣器	台	142	142	0
天水风动机械配件有限公司	弹簧、水针、包装箱、胶圈、叶片、橡胶制品	万件	407	407	281
上海上船利富船舶工具有限公司	吊钩	只	6 985	6 985	2 963
山东春龙风动机械有限公司	定值拧紧工具	台	879	879	184

15. 其他专用工程机械

企业名称	产品类别	单位	产量	销量	库存
重庆大江信达车辆股份有限公司专用车公司	其他专用工程机械	台	405	405	0
杭州爱知工程车辆有限公司	其他专用工程机械	辆	1	4	1

〔供稿人:中国工程机械工业协会 王淑琴〕

2011—2012 年工程机械行业主要经济指标完成情况

序号	项　目	单位	2012 年	2011 年	同比增长（%）
1	工业总产值（现价）	亿元	3 600.4	3 929.2	-8.37
2	工业增加值	亿元	668.8	772.1	-13.38
3	营业收入	亿元	3 868.6	4 316.9	-10.38
4	出口交货值	亿元	265.7	260.2	2.11
5	利润总额	亿元	272.6	411.2	-33.71
6	固定资产净值	亿元	599.9	345.1	73.84
7	流动资产平均余额	亿元	3 151.5	2 976.4	5.88
8	年末负债	亿元	2 888.4	2 475.8	16.67
9	计算机拥有量	台	80 004	71 068	12.57
10	职工人数	人	270 655	283 337	-4.48
11	工资总额	亿元	155.3	156.7	-0.88
12	完成基建投资	亿元	79.4	100.7	-21.19
13	年末资产总计	亿元	4 729.6	4 164.9	13.56
14	所有者权益	亿元	1 712.0	1 587.8	7.83
15	利息支出	亿元	45.1	38.3	17.64
16	存货	亿元	769.3	808.5	-4.84
17	营业税金及附加	亿元	15.6	14.3	9.39
18	全员劳动生产率	元/人	233 033	272 520	-14.49
19	行业年平均工资	元/人	54 118.5	55 304.9	-2.15
20	综合指数		230.5	284.1	
21	统计企业数	家	202	1 89	6.88

2011—2012 年工程机械十大类主机产品产销存对比情况

（单位:台）

序号	产 品 名 称	产、销、存	2011 年	2012 年	同比增加	同比增长（%）
1	挖掘机	产	178 000	105 711	-72 289	-40.61
		销	176 504	118 622	-57 882	-32.79
		存	13 333	6 896	-6 437	-48.28

（续）

序号	产品名称	产、销、存	2011年	2012年	同比增加	同比增长（%）
2	装载机	产	238 560	134 129	-104 431	-43.78
		销	241 845	141 775	-100 070	-41.38
		存	30 865	15 615	-15 250	-49.41
3	推土机（含轮式）	产	11 364	8 563	-2 801	-24.65
		销	12 197	9 238	-2 959	-24.26
		存	1 855	1 253	-602	-32.45
4	平地机	产	5 000	2 857	-2 143	-42.86
		销	4 756	3 085	-1 671	-35.13
		存	382	119	-263	-68.85
5	压路机	产	20 223	11 298	-8 925	-44.13
		销	21 473	11 778	-9 695	-45.15
		存	2 589	342	-2 247	-86.79
6	摊铺机	产	2 222	2 032	-190	-8.55
		销	2 188	2 179	-9	-0.41
		存	155	42	-113	-72.90
7	工程起重机（汽车起重机、全地面起重机、轮胎起重机）	产	36 201	23 424	-12 777	-35.29
		销	36 437	23 402	-13 035	-35.77
		存	1 010	1 183	173	17.13
8	塔式起重机	产	45 823	29 066	-16 757	-36.57
		销	45 491	26 217	-19 274	-42.37
		存	274	1 795	1 521	555.11
9	叉车（内燃及电动）	产	240 663	209 291	-31 372	-13.04
		销	239 939	212 374	-27 565	-11.49
		存	13 112	7 135	-5 977	-45.58
10	履带起重机	产	1 376	1 584	208	15.12
		销	1 337	1 574	237	17.73
		存	109	247	138	126.61

2012年工程机械行业及主要产品出口价格指数（GCCK-PPI）

月份	内容	工程机械行业	工程机械整机	工程机械零部件	主要产品							
					塔式起重机	履带起重机	电动叉车	内燃叉车	手动搬运车	装载机	履带挖掘机	混凝土搅拌车
1月	指数	353.68	529.10	171.11	126.03	316.99	86.45	127.56	153.48	144.70	207.60	122.13
	同比增长（%）	29.58	36.60	11.20	-6.27	11.95	20.06	11.83	25.25	14.95	5.16	13.04
	环比增长（%）	-20.57	-24.82	-20.57	-25.19	-11.61	-12.59	2.21	15.07	-2.02	5.81	1.75

（续）

月份	内容	工程机械行业	工程机械整机	工程机械零部件	主要产品							
					塔式起重机	履带起重机	电动叉车	内燃叉车	手动搬运车	装载机	履带挖掘机	混凝土搅拌车
2月	指数	431.90	681.85	171.74	140.89	190.58	105.28	135.70	127.59	140.80	214.37	106.44
	同比增长(%)	15.28	17.82	5.82	7.64	−15.18	13.70	18.62	−3.41	6.68	7.21	17.26
	环比增长(%)	22.11	28.87	0.37	11.79	−39.88	21.77	6.38	−16.87	−2.69	3.26	−12.84
3月	指数	394.53	608.19	172.15	142.54	268.8	93.59	131.26	145.72	130.94	192.32	99.26
	同比增长(%)	19.64	25.54	1.99	12.31	9.08	1.09	16.13	18.52	4.84	−5.94	−13.71
	环比增长(%)	−8.65	−10.80	0.24	1.17	41.04	−11.10	−3.27	14.21	−7.00	−10.28	−6.75
4月	指数	396.39	610.50	173.56	116.39	228.24	100.59	133.72	136.07	162.55	204.36	115.21
	同比增长(%)	10.15	10.74	8.06	−20.45	−2.76	−2.09	19.09	6.27	26.02	1.74	13.00
	环比增长(%)	0.47	0.38	0.82	−18.34	−15.09	7.47	1.87	−6.62	24.14	6.26	16.06
5月	指数	432.20	681.90	172.31	126.30	201.32	95.04	126.01	142.16	148.70	217.08	112.79
	同比增长(%)	33.15	42.13	5.65	6.92	−25.45	7.90	8.94	8.27	16.34	11.00	7.79
	环比增长(%)	9.03	11.70	−0.72	8.51	−11.80	−5.51	−5.76	4.48	−8.52	6.23	−2.10
6月	指数	423.36	661.60	175.45	116.71	358.32	105.92	125.82	140.33	152.16	218.24	113.75
	同比增长(%)	35.65	45.70	6.74	−8.04	34.81	23.99	8.60	7.02	14.25	9.43	1.13
	环比增长(%)	−2.05	−2.98	1.82	−7.60	77.99	11.45	−0.15	−1.29	2.33	0.53	0.85
7月	指数	409.28	634.00	175.37	139.27	168.27	105.49	133.00	153.91	149.34	231.96	103.71
	同比增长(%)	6.43	6.26	7.06	0.47	−52.96	2.73	14.80	14.60	9.75	25.09	−8.53
	环比增长(%)	−3.32	−4.16	−0.04	19.33	−53.04	−0.41	5.70	9.68	−1.86	6.29	−8.82
8月	指数	387.04	585.10	180.94	150.99	200.59	101.48	129.69	150.02	139.48	218.60	107.37
	同比增长(%)	0.24	−1.22	5.48	11.7	−42.30	10.55	14.21	8.85	−3.69	1.28	−8.76
	环比增长(%)	−5.43	−7.72	3.17	8.42	19.20	−3.80	−2.49	−2.53	−6.60	−5.76	3.53
9月	指数	443.67	730.40	145.21	166.88	218.99	103.39	116.32	143.77	146.42	195.92	148.23
	同比增长(%)	38.53	60.97	−19.75	42.91	−13.68	6.78	0.28	9.02	−7.54	−21.31	14.77
	环比增长(%)	14.63	24.85	14.63	10.52	9.17	7.89	−10.31	−4.17	4.98	−10.38	38.06
10月	指数	446.05	704.75	176.78	117.60	216.94	108.34	137.16	142.20	111.71	226.14	115.69
	同比增长(%)	9.97	3.66	3.30	−10.28	−24.94	12.09	12.84	5.55	−19.13	3.96	11.67
	环比增长(%)	0.54	−3.52	21.74	−29.53	−0.94	4.78	17.92	−1.09	−23.70	15.43	−21.95
11月	指数	441.88	692.20	181.36	110.30	319.98	103.77	120.87	142.05	128.45	234.32	111.96
	同比增长(%)	13.92	16.38	5.13	−9.48	31.59	16.80	−0.66	6.73	−9.56	9.65	1.99
	环比增长(%)	−0.93	−1.78	2.59	−6.21	47.50	−4.22	−11.88	−0.11	14.98	3.62	−3.23
12月	指数	426.15	662.70	179.94	132.91	203.31	310.89	117.53	144.50	115.01	218.48	114.05
	同比增长(%)	−4.30	−5.83	2.08	−21.11	−43.31	214.35	−5.83	8.34	−22.12	11.36	−4.98
	环比增长(%)	−3.56	−4.26	−0.78	20.50	−36.46	199.61	−2.76	1.73	−10.46	−6.76	1.87

2012 年工程机械

序号	税号	进口货品名称	单位	1月		2月		3月		4月		5月	
				数量	金额	数量	金额	数量	金额	数量	金额	数量	金额
1	84134000	混凝土泵	台	8	72	23	92	12	31	23	61	25	45
2	84262000	塔式起重机	台	2	134	3	363	0	0	5	1 167	2	911
3	84264110	轮胎式自推进起重机	台	5	69	0	0	1	57	10	129	0	0
4	84264190	带胶轮的其他自推进起重机械	台	3	63	0	0	6	85	4	56	2	28
5	84264910	履带式起重机	台	0	0	0	0	1	787	1	8	1	72
6	84264990	不带胶轮的其他自推进起重机械	台	0	0	6	135	0	0	0	0	0	0
7	84269100	供装于公路车辆的其他起重机	台	6	12	1	9	12	36	6	15	31	94
8	84269900	未列名起重机	台	18	26	23	409	68	941	54	48	67	893
9	84271010	电动机推进的有轨巷道堆垛机	台	15	423	3	63	4	129	5	90	10	191
10	84271020	电动机推进的无轨巷道堆垛机	台	9	5	4	12	19	19	9	145	33	57
11	84271090	其他电动叉车及装有升降或搬运装置的工作车	台	481	932	504	1 635	562	977	451	998	525	1 215
12	84272010	集装箱叉车	台	2	16	0	0	2	19	3	42	2	19
13	84272090	其他机动叉车、其他装有升降或搬运装置的工作车	台	59	764	122	802	96	522	91	351	165	1 253
14	84279000	未列名叉车等装有升降或搬运装置的工作车	台	153	308	778	192	109	167	135	73	575	160
15	84281010	载客电梯	台	95	699	206	1 537	283	2 287	140	1 277	179	1 620
16	84281090	其他升降机及倒卸式起重机	台	26	235	24	152	34	120	27	172	14	81
17	84284000	自动梯及自动人行道	台	0	0	0	0	0	0	2	14	0	0
18	84291110	履带式推土机，$P>235.36$kW（320hp）	台	12	897	1	32	8	725	6	387	19	1 262
19	84291190	其他履带式推土机	台	1	9	2	15	7	61	1	12	7	186
20	84291910	其他推土机，$P>235.36$kW（320hp）	台	2	118	2	126	1	44	1	129	2	258
21	84291990	未列名推土机	台	0	0	0	0	0	0	0	0	0	0
22	84292010	筑路机及平地机，$P>235.36$kW（320hp）	台	1	144	2	77	2	4	0	0	0	0

产品进口月报

（单位:万美元）

6月		7月		8月		9月		10月		11月		12月	
数量	金额	数量	金额	数量	金额	数量	金额	数量	金额	数量	金额	数量	金额
14	74	8	12	28	17	23	47	7	38	30	125	18	78
4	29	2	273	3	343	6	387	0	0	3	335	5	712
1	43	1	109	0	0	2	182	1	50	0	0	1	47
4	53	0	0	10	128	4	53	0	0	3	120	2	49
1	897	0	0	0	0	2	42	0	0	0	0	1	422
0	0	0	0	0	0	1	5	0	0	0	0	0	0
15	16	22	47	30	64	34	75	25	55	98	160	42	92
28	461	80	202	24	2 982	24	213	61	682	29	75	45	666
10	925	15	266	17	415	1	203	15	84	10	258	5	94
21	22	37	39	2	12	14	9	3	5	19	27	31	17
437	756	492	927	690	1 629	571	828	505	912	550	1 019	586	820
4	36	8	73	0	0	4	37	8	87	1	23	0	0
157	662	190	2 178	235	2 658	166	924	137	668	167	750	114	586
884	477	368	379	215	424	328	313	87	314	168	167	803	372
196	1 213	153	2 064	101	732	126	1 010	134	1 234	195	1 261	121	939
19	172	19	133	10	35	57	96	19	758	46	94	42	236
0	0	3	9	0	0	0	0	0	0	12	80	6	33
2	135	7	410	12	1 102	8	602	1	32	5	233	2	139
12	136	13	215	6	97	12	181	6	76	6	132	8	119
1	55	5	314	0	0	5	352	0	0	0	0	0	0
0	0	0	0	0	0	0	0	0	0	0	0	0	0
0	0	1	64	0	0	0	0	0	0	1	149	1	149

序号	税号	进口货品名称	单位	1月		2月		3月		4月		5月	
				数量	金额	数量	金额	数量	金额	数量	金额	数量	金额
23	84292090	其他筑路机及平地机	台	0	0	0	0	2	119	2	104	6	481
24	84293010	斗容量超过 $10m^3$ 的铲运机	台	0	0	0	0	0	0	0	0	0	0
25	84293090	其他铲运机	台	5	195	10	421	3	153	3	137	5	228
26	84294011	机重 18t 及以上的振动压路机	台	1	10	0	0	11	95	0	0	1	10
27	84294019	其他机动压路机	台	10	31	35	80	41	138	49	114	27	81
28	84294090	未列名捣固机械及压路机	台	0	0	0	0	0	0	0	0	0	0
29	84295100	前铲装载机	台	29	126	31	368	39	989	31	702	25	803
30	84295211	上部 360°旋转的轮胎式挖掘机	台	10	112	3	13	10	83	2	24	7	45
31	84295212	上部 360°旋转的履带式挖掘机	台	930	11 307	1 755	21 083	1 962	23 854	1 731	19 778	1 390	15 013
32	84295219	上部 360°旋转的其他挖掘机	台	0	0	0	0	0	0	0	0	0	0
33	84295290	上部 360°旋转的机械铲、装载机	台	0	0	0	0	0	0	0	0	2	39
34	84295900	其他机械铲、挖掘机及机铲装载机	台	13	62	5	25	9	44	1	5	6	105
35	84301000	打桩机及拔桩机	台	3	1 093	2	14	3	459	1	0	2	80
36	84302000	扫雪机及吹雪机	台	86	73	157	300	137	180	162	40	61	230
37	84303100	自推进的截煤机、凿岩机及隧道掘进机	台	9	1 808	13	2 924	13	2 010	10	942	13	1 404
38	84303900	非自推进的截煤机、凿岩机及隧道掘进机	台	1	266	25	1	1	420	4	44	4	1 254
39	84305020	矿用电铲	台	0	0	0	0	1	2 597	0	0	0	118
40	84306100	非自推进的捣固或压实机械	台	63	38	63	81	629	94	43	7	24	32
41	84306911	钻筒直径在 3m 以上的非自推进工程钻机	台	0	0	0	0	0	0	0	0	1	2
42	84306919	其他非自推进工程钻机	台	8	215	0	0	2	7	4	43	1	19
43	84306920	非自推进的铲运机	台	0	0	0	0	0	0	0	0	0	0
44	84306990	未列名非自推进泥土、矿等运送、平整等机械	台	49	3	23	121	3	4	4	126	5	162
45	84312000	8427 所列机械的零件	t	1 049	981	1 398	1 312	1 497	1 566	1 177	1 083	1 472	1 365
46	84313100	升降机、倒卸式起重机或自动梯的零件	t	689	776	1 486	1 787	1 050	1 562	1 110	1 033	534	1 229
47	84313900	其他 8428 所列机械的零件	t	750	1 497	639	1 589	654	1 578	882	1 478	872	1 708
48	84314100	戽斗、铲斗、抓斗及夹斗	个	89	361	1 232	262	199	504	1 303	434	334	353
49	84314200	推土机或侧铲推土机用铲	个	118	71	104	11	10	16	11	5	53	3
50	84314390	凿井机械的零件	t	19	50	5	32	15	87	27	107	29	53
51	84314910	矿用电铲用零件	t	56	106	60	284	229	538	86	193	160	213

（续）

6月		7月		8月		9月		10月		11月		12月	
数量	金额	数量	金额	数量	金额	数量	金额	数量	金额	数量	金额	数量	金额
0	0	3	134	1	4	7	396	0	0	1	61	1	17
0	0	0	0	0	0	0	0	0	0	0	0	0	0
12	579	13	489	16	752	7	430	5	220	4	161	11	512
0	0	0	0	1	13	0	0	0	0	0	0	0	0
22	73	39	114	41	101	31	132	37	92	15	42	18	41
0	0	0	0	0	0	0	0	0	0	0	0	0	0
41	802	40	498	68	1 605	26	546	13	190	47	554	6	417
3	28	12	137	8	61	14	108	7	53	5	47	3	19
1 076	12 025	1 293	10 650	874	9 760	723	8 822	528	5 562	574	5 161	1 011	9 244
0	0	0	0	0	0	0	0	0	0	0	0	0	0
1	5	2	2	2	419	0	0	0	0	1	26	0	0
8	48	24	119	12	59	2	10	20	105	0	0	11	81
4	1	7	1 048	3	147	9	150	8	168	2	0	1	0
39	105	111	130	83	236	727	143	149	141	320	147	14	46
3	381	9	2 078	6	1 731	7	2 319	7	1 708	15	2 679	11	2 027
18	881	4	502	6	343	5	1 233	4	1 233	4	721	5	1 640
0	0	0	677	0	0	1	30	2	1 074	1	717	0	0
68	331	150	24	339	33	394	264	47	17	55	351	24	69
0	0	0	0	0	0	0	0	0	0	0	0	0	0
5	141	19	78	1	14	2	41	6	0	5	32	5	50
0	0	0	0	0	0	0	0	0	0	48	12	0	0
0	0	7	38	2	125	11	9	4	115	18	17	22	246
1 427	1 313	1 382	1 239	1 419	1 244	1 129	1 034	1 348	1 213	1 211	1 163	1 142	989
799	987	911	1 128	853	1 134	748	1 127	773	1 144	740	1 102	702	1 010
807	1 705	971	2 380	1 146	2 470	979	2 393	997	2 342	923	2 282	871	1 927
68	208	515	536	90	273	467	576	124	164	163	434	354	188
50	7	4	4	10	2	12	2	22	4	143	93	17	7
17	44	39	75	40	97	126	139	62	132	24	76	13	64
230	466	134	342	124	192	552	1 789	85	213	94	233	83	187

序号	税号	进口货品名称	单位	1月		2月		3月		4月		5月	
				数量	金额	数量	金额	数量	金额	数量	金额	数量	金额
52	84314990	8426、8429 及 8430 所列机械的其他零件	t	18 027	16 614	26 154	19 592	24 435	19 356	17 578	14 088	17 958	13 331
53	84671100	旋转式(包括旋转冲击式的)手提风动工具	台	20 046	259	19 583	540	42 049	510	26 830	418	24 919	408
54	84671900	其他手提式风动工具	台	9 020	184	26 797	350	22 459	373	26 253	341	28 429	407
55	84679200	手提式风动工具用的零件	t	39	170	60	281	55	253	61	231	59	249
56	84743100	混凝土或砂浆混合机器	台	7	102	29	49	56	81	43	92	40	109
57	84743200	矿物与沥青的混合机器	台	1	8	4	460	9	60	6	50	2	11
58	84743900	固体矿物质的其他混合或搅拌机器	台	57	302	99	878	80	1 025	126	640	77	924
59	84749000	8474 所列机器的零件	t	650	752	957	1 076	1 068	1 332	898	917	1 027	1 231
60	84791021	沥青混凝土摊铺机	台	13	97	11	236	36	520	31	476	31	642
61	84791022	稳定土摊铺机	台	0	0	0	0	0	0	0	0	0	0
62	84791029	其他摊铺机	台	0	0	0	0	1	9	1	17	6	18
63	84791090	其他公共工程用机器	台	97	386	189	626	141	188	191	412	241	529
64	87041030	电动轮非公路用货运自卸车	辆	0	0	1	177	12	2 159	7	1 443	7	1 443
65	87041090	其他非公路用货运机动自卸车	辆	15	671	9	603	22	654	33	662	33	662
66	87051021	最大起重量≤50t 全路面起重车	辆	0	0	0	0	0	0	0	0	0	0
67	87051022	50t<最大起重量≤100t 全路面起重车	辆	0	0	0	0	0	0	0	0	0	0
68	87051023	最大起重量>100t 全路面起重车	辆	1	325	0	0	1	414	0	0	0	0
69	87051091	最大起重量≤50t 其他起重车	辆	0	0	0	0	0	0	0	0	0	0
70	87051092	50t<最大起重量≤100t 其他起重车	辆	0	0	0	0	0	0	0	0	0	0
71	87051093	最大起重量>100t 其他起重车	辆	0	0	0	0	0	0	0	0	0	0
72	87053010	装有云梯的救火车	辆	0	0	0	0	0	0	0	0	0	0
73	87053090	其他机动救火车	辆	1	50	3	145	3	231	5	274	2	114
74	87054000	机动混凝土搅拌车	辆	0	0	0	0	0	0	0	0	0	0
75	87059060	飞机加油车、调温车、除冰车	辆	1	17	2	143	6	181	1	29	0	0
76	87059070	道路(包括跑道)扫雪车	辆	2	92	0	0	0	0	0	0	0	0
77	87059090	未列名特殊用途的机动车辆	辆	4	88	25	991	15	562	7	798	3	221
78	87091110	电动牵引车	辆	86	103	117	87	108	89	88	88	136	375
79	87091190	其他电动的短距离运货车辆	辆	9	11	1	1	9	13	6	6	22	12
80	87091910	其他机动牵引车	辆	32	42	27	98	32	39	32	38	30	32
81	87091990	其他短距离运货机动车辆	辆	11	36	6	3	9	9	14	16	29	27
82	87099000	短距离运货的机动车辆及站台牵引车的零件	t	27	33	40	58	46	77	33	57	63	131
83	89051000	挖泥船	艘	0	0	1	136	0	0	0	0	1	13 369
		合计			44 454		62 890		72 241		52 664		67 620

（续）

6月		7月		8月		9月		10月		11月		12月	
数量	金额	数量	金额	数量	金额	数量	金额	数量	金额	数量	金额	数量	金额
10 585	11 074	12 479	10 707	8 982	10 418	8 579	8 801	7 156	7 390	7 304	6 971	7 940	7 579
30 995	404	25 141	432	17 268	375	32 653	503	13 120	305	27 584	386	18 407	382
19 833	269	30 699	333	17 521	297	20 499	318	11 428	274	26 813	248	14 537	348
54	272	47	250	50	261	38	206	34	193	42	204	31	175
39	68	24	51	45	33	34	209	49	125	48	84	31	111
6	48	1	3	6	35	14	197	4	23	4	26	1	0
148	1 258	115	440	86	811	91	524	93	450	164	960	350	749
867	929	880	1 125	996	1 482	485	632	650	707	1 187	1 471	962	1 066
21	382	12	167	21	284	13	399	12	191	5	96	4	62
0	0	0	0	0	0	0	0	0	0	0	0	0	0
0	0	1	1	1	1	0	0	1	27	0	0	0	0
224	556	205	509	103	414	214	416	82	183	191	273	36	200
4	1 144	2	733	8	1 819	8	2 060	3	700	8	1 160	4	933
12	399	11	509	13	451	6	178	6	443	4	114	0	0
0	0	0	0	0	0	0	0	0	0	0	0	0	0
0	0	0	0	0	0	0	0	1	109	0	0	0	0
0	0	2	478	2	1 146	1	127	0	0	1	359	0	0
0	0	0	0	0	0	0	0	0	0	0	0	0	0
0	0	0	0	0	0	0	0	0	0	0	0	0	0
0	0	0	0	0	0	0	0	0	0	0	0	0	0
0	0	1	32	0	0	0	0	0	0	1	80	1	72
0	0	0	0	5	359	2	100	1	29	3	71	3	146
0	0	0	0	0	0	2	27	0	0	5	69	0	0
0	0	0	0	3	200	1	40	0	0	5	145	3	87
0	0	0	0	0	0	1	16	0	0	1	52	0	0
4	81	10	414	7	203	14	249	8	466	19	375	17	262
93	121	55	54	60	68	93	78	86	84	128	185	67	79
16	168	192	360	19	14	4	24	4	3	10	8	3	18
30	33	30	33	31	34	32	37	32	39	38	59	32	52
30	60	39	87	34	168	62	68	37	44	49	116	20	103
44	62	35	79	32	53	27	52	31	62	24	56	37	82
0	0	0	0	0	0	1	198			0	0	0	0
	43 619		46 933		50 375		42 709		32 734		34 685		36 855

2012 年工程机械

序号	税号	出口货品名称	单位	1月		2月		3月		4月		5月	
				数量	金额	数量	金额	数量	金额	数量	金额	数量	金额
1	84134000	混凝土泵	台	118	222	81	223	178	405	638	400	649	414
2	84262000	塔式起重机	台	207	2 836	114	1 746	177	2 743	223	2 822	235	3 227
3	84264110	轮胎式自推进起重机	台	2	55	5	92	1	1	6	120	3	54
4	84264190	带胶轮的其他自推进起重机械	台	29	992	21	731	39	1 345	39	1 418	21	567
5	84264910	履带式起重机	台	62	3 017	42	1 229	76	3 136	66	2 312	76	2 348
6	84264990	不带胶轮的其他自推进起重机械	台	1	23	0	0	1	0	4	89	7	15
7	84269100	供装于公路车辆的其他起重机	台	21	18	8	15	27	48	32	35	30	24
8	84269900	未列名起重机	台	163	439	95	615	103	510	1 035	423	794	551
9	84271010	电动机推进的有轨巷道堆垛机	台	0	0	0	0	1	4	0	0	0	0
10	84271020	电动机推进的无轨巷道堆垛机	台	80	37	27	51	55	34	61	41	81	83
11	84271090	其他电动叉车及装有升降或搬运装置的工作车	台	2 909	1 753	2 354	1 727	3 697	2 411	3 254	2 281	4 103	2 717
12	84272010	集装箱叉车	台	16	336	10	232	24	419	12	255	14	277
13	84272090	其他机动叉车、其他装有升降或搬运装置的工作车	台	4 199	6 981	3 019	5 339	4 673	7 994	4 225	7 363	4 650	7 637
14	84279000	未列名叉车等装有升降或搬运装置的工作车	台	131 465	2 644	89 475	1 496	148 356	2 833	146 749	2 617	158 970	2 961
15	84281010	载客电梯	台	2 849	7 436	1 815	4 320	3 350	8 286	2 944	7 255	3 668	9 724
16	84281090	其他升降机及倒卸式起重机	台	718	454	431	324	756	400	3 570	398	1 483	409
17	84284000	自动梯及自动人行道	台	1 287	4 160	981	2 973	1 383	4 410	1 642	4 188	1 489	4 896
18	84291110	履带式推土机，$P>235.36$kW(320hp)	台	13	272	41	642	50	823	47	735	65	1 034
19	84291190	其他履带式推土机	台	231	2 356	265	2 679	366	3 485	381	4 052	417	4 161
20	84291910	其他推土机，$P>235.36$kW(320hp)	台	0	0	0	0	7	79	1	0	1	0
21	84291990	未列名推土机	台	1	12	18	213	3	19	0	0	9	63
22	84292010	筑路机及平地机，$P>235.36$kW(320hp)	台	2	17	0	0	0	0	8	129	5	1

产品出口月报

（单位:万美元）

6月		7月		8月		9月		10月		11月		12月	
数量	金额	数量	金额	数量	金额	数量	金额	数量	金额	数量	金额	数量	金额
193	347	149	680	168	468	141	472	112	345	161	488	128	406
196	2 487	191	2 892	186	3 053	231	3 864	166	2 122	242	2 902	219	3 164
6	154	4	105	27	531	11	403	3	69	6	102	9	130
50	1 221	46	1 300	44	820	29	912	16	540	39	1 292	32	1 074
80	4 400	99	2 557	94	2 894	66	2 218	67	2 231	63	3 094	67	2 091
0	0	9	87	0	0	0	0	0	0	2	41	0	0
36	61	22	29	25	34	25	38	24	37	15	15	30	35
485	236	585	946	579	698	1 462	600	271	279	284	619	248	263
2	10	0	0	0	0	0	0	10	86	0	0	1	18
57	36	48	34	79	46	66	39	56	231	74	39	46	34
3 682	2 718	3 833	2 818	3 840	2 716	3 723	2 682	3 295	2 488	3 626	2 622	4 184	3 215
17	268	27	516	21	375	20	328	15	263	37	644	16	333
5 072	8 317	4 716	8 175	4 780	8 079	5 282	8 008	3 963	7 084	4 899	7 717	4 880	7 475
161 661	2 973	143 974	2 904	142 564	2 803	169 297	3 189	130 214	2 426	132 533	2 467	131 920	2 498
3 230	8 424	3 227	8 376	3 183	7 975	3 604	10 202	2 897	7 553	3 338	8 431	3 825	9 784
1 071	630	306	685	230	397	504	644	527	430	529	613	366	574
1 563	4 962	1 561	4 964	1 584	5 128	1 581	4 725	1 263	3 698	1 649	4 819	1 468	4 993
44	1 335	53	1 228	13	249	20	318	67	1 194	37	1 139	22	304
320	3 189	405	4 024	345	3 187	311	2 755	380	3 511	237	2 346	299	3 155
2	26	2	17	0	0	0	0	0	0	1	0	6	2
19	227	8	28	7	76	15	38	14	137	2	26	6	31
3	26	0	0	1	12	1	8	0	0	0	0	0	0

序号	税号	出口货品名称	单位	1月		2月		3月		4月		5月	
				数量	金额	数量	金额	数量	金额	数量	金额	数量	金额
23	84292090	其他筑路机及平地机	台	574	5 128	311	3 003	512	5 301	573	3 327	415	3 556
24	84293010	斗容量超过 $10m^3$ 的铲运机	台	150	835	0	0	0	0	125	926	3	47
25	84293090	其他铲运机	台	30	250	10	109	37	259	35	143	31	213
26	84294011	机重18t及以上的振动压路机	台	52	364	54	366	101	701	114	670	171	990
27	84294019	其他机动压路机	台	804	3 056	844	1 940	1 757	4 019	1 206	3 145	1 383	3 383
28	84294090	未列名捣固机械及压路机	台	2 366	425	1 909	553	2 753	219	2 918	215	2 244	315
29	84295100	前铲装载机	台	2 993	13 986	2 685	12 209	4 343	18 365	3 724	19 549	4 057	19 482
30	84295211	上部360°旋转的轮胎式挖掘机	台	16	161	8	63	26	186	29	185	31	195
31	84295212	上部360°旋转的履带式挖掘机	台	845	8 477	517	5 355	1 264	11 747	1 100	10 862	1 269	13 311
32	84295219	上部360°旋转的其他挖掘机	台	10	77	6	109	14	127	7	11	17	211
33	84295290	上部360°旋转的机械铲、装载机	台	0	0	0	0	293	467	0	0	3	1 548
34	84295900	其他机械铲、挖掘机及机铲装载机	台	224	430	160	413	135	634	453	858	371	1 347
35	84301000	打桩机及拔桩机	台	87	895	67	371	9 227	137	110	876	118	976
36	84302000	扫雪机及吹雪机	台	9 706	246	11 087	89	0	0	4 312	81	10 128	112
37	84303100	自推进的截煤机、凿岩机及隧道掘进机	台	33	1 988	17	3 832	93	2 352	109	1 775	173	2 029
38	84303900	非自推进的截煤机、凿岩机及隧道掘进机	台	2 118	158	2 084	67	3 046	167	2 970	220	2 285	147
39	84305020	矿用电铲	台	0	0	0	0	0	0	1	64	0	0
40	84306100	非自推进的捣固或压实机械	台	39 075	1 135	11 314	297	29 056	561	28 587	584	35 425	771
41	84306911	钻筒直径在3m以上的非自推进工程钻机	台	2	17	5	14	0	0	1	3	4	5
42	84306919	其他非自推进工程钻机	台	2 252	459	558	212	2 241	400	1 607	438	2 127	498
43	84306920	非自推进的铲运机	台	1 022	111	1 129	88	945	97	1 104	114	1 187	112
44	84306990	未列名非自推进泥土、矿等运送、平整等机械	台	4 206	1 360	1 952	1 370	4 589	1 590	6 031	1 663	5 817	2 051
45	84312000	8427所列机械的零件	t	31 371	4 538	23 339	3 193	35 709	5 093	31 694	4 564	33 135	4 724
46	84313100	升降机、倒卸式起重机或自动梯的零件	t	28 914	6 030	20 033	4 161	28 013	5 762	28 125	5 697	29 381	6 186
47	84313900	其他8428所列机械的零件	t	13 629	4 526	7 987	2 526	13 676	4 253	11 533	3 304	13 778	4 059
48	84314100	戽斗、铲斗、抓斗及夹斗	个	15 705	795	8 032	517	10 914	769	21 690	944	16 205	1 264
49	84314200	推土机或侧铲推土机用铲	个	1 296	28	474	20	1 064	30	593	26	1 132	28
50	84314390	凿井机械的零件	t	1 621	693	984	434	1 352	619	1 760	771	1 806	733
51	84314910	矿用电铲用零件	t	687	265	656	229	944	317	1 113	391	1 136	397

（续）

6月		7月		8月		9月		10月		11月		12月	
数量	金额	数量	金额	数量	金额	数量	金额	数量	金额	数量	金额	数量	金额
393	3 246	340	3 210	335	2 215	314	2 896	235	2 138	268	2 353	334	2 925
2	60	0	0	0	0	0	0	0	0	0	0	0	0
57	350	15	215	49	303	18	334	133	139	32	183	36	161
126	972	72	479	72	503	65	469	87	650	69	451	81	484
1 189	2 955	953	2 172	611	1 625	864	1 968	459	1 222	776	1 562	773	1 961
2 410	332	2 790	273	2 787	263	2 990	191	3 456	187	2 367	188	3 737	362
3 877	19 051	3 788	18 268	3 452	15 549	3 487	16 488	2 982	10 758	3 120	12 942	3 168	11 766
25	175	36	419	14	82	33	327	18	126	30	200	22	210
1 304	13 752	1 329	14 896	1 377	14 546	1 735	16 425	1 231	13 452	1 302	14 742	1 253	13 229
6	5	9	17	6	55	11	52	12	70	13	67	13	105
2	1 547	1	7	6	66	2	3 086	0	0	0	0	6	20
327	842	228	580	369	658	353	663	269	640	148	504	128	388
119	645	170	705	69	321	112	583	155	791	142	668	104	558
35 272	612	90 211	1 343	168 104	3 195	108 179	2 165	60 742	1 293	25 651	527	13 874	353
467	1 140	67	875	49	2 172	458	2 347	62	754	27	1 292	220	2 891
1 796	216	3 502	255	3 151	210	1 676	90	2 117	82	2 654	104	3 045	129
4	5 443	1	156	0	0	200	1 097	4	6	3	1 687	4	1 295
30 259	593	22 158	505	33 329	537	28 143	517	19 801	416	27 226	427	26 736	487
1	5	0	0	0	0	0	0	8	4	11	13	0	0
910	800	3 551	495	2 575	243	1 950	409	1 975	664	745	353	1 215	366
1 176	94	858	118	1 040	100	823	82	848	80	812	85	685	76
4 650	1 829	6 038	2 117	7 097	2 439	5 201	2 197	13 003	3 521	9 124	3 604	10 769	2 332
32 129	4 651	30 311	4 418	31 437	4 485	28 255	4 169	26 008	3 733	25 685	3 765	27 199	3 868
27 850	5 579	26 339	5 788	26 996	5 749	27 801	6 083	25 181	5 131	28 296	5 920	28 511	5 641
12 141	3 946	12 783	3 784	12 678	4 367	15 361	4 750	12 582	3 966	11 451	3 472	13 222	4 289
24 088	985	67 271	1 020	115 145	1 155	87 485	901	17 205	845	21 875	807	15 893	852
877	31	2 258	26	1 565	29	1 088	26	1 501	43	4 503	84	1 381	40
1 062	615	1 225	438	536	215	499	202	358	173	510	238	363	202
999	410	927	284	503	304	1 062	488	849	303	1 275	444	1 252	634

序号	税号	出口货品名称	单位	1月		2月		3月		4月		5月	
				数量	金额	数量	金额	数量	金额	数量	金额	数量	金额
52	84314990	8426、8429及8430所列机械的其他零件	t	108 000	25 602	79 000	19 071	117 000	28 356	113 000	28 361	118 000	28 638
53	84671100	旋转式(包括旋转冲击式的)手提风动工具	台	627 007	915	203 918	493	408 079	920	447 028	905	434 343	909
54	84671900	其他手提式风动工具	台	819 135	1 381	539 941	701	949 878	1 765	873 787	1 709	882 243	1 729
55	84679200	手提式风动工具用的零件	t	589	455	326	217	501	404	570	508	597	481
56	84743100	混凝土或砂浆混合机器	台	70 471	2 862	49 085	1 463	79 246	2 363	83 785	3 347	95 348	2 527
57	84743200	矿物与沥青的混合机器	台	34	661	51	1 268	51	1 599	45	866	53	1 034
58	84743900	固体矿物质的其他混合或搅拌机器	台	4 120	855	1 569	576	2 570	772	6 268	688	2 734	696
59	84749000	8474所列机器的零件	t	21 551	6 706	15 866	5 282	21 893	7 323	21 906	6 730	23 276	7 435
60	84791021	沥青混凝土摊铺机	台	63	514	16	76	16	158	126	793	49	625
61	84791022	稳定土摊铺机	台	4	73	0	0	0	0	1	20	2	45
62	84791029	其他摊铺机	台	21	44	14	8	19	14	173	72	23	82
63	84791090	其他公共工程用机器	台	8 977	544	8 546	556	12 525	933	12 520	873	14 275	794
64	87041030	电动轮非公路用货运自卸车	辆	61	885	34	17	95	49	101	49	101	49
65	87041090	其他非公路用货运机动自卸车	辆	799	3 771	442	2 781	1 182	6 802	593	3 594	593	3 594
66	87051021	最大起重量≤50t全路面起重车	辆	48	641	50	454	116	1 336	71	852	128	1 278
67	87051022	50t<最大起重量≤100t全路面起重车	辆	4	66	2	91	7	199	22	409	2	10
68	87051023	最大起重量>100t全路面起重车	辆	0	0	3	113	4	261	1	85	4	438
69	87051091	最大起重量≤50t其他起重车	辆	196	2 154	111	1 355	228	2 785	271	3 266	304	4 115
70	87051092	50t<最大起重量≤100t其他起重车	辆	53	1 457	24	547	54	1 517	43	1 114	61	1 365
71	87051093	最大起重量>100t其他起重车	辆	64	5 058	0	0	2	95	3	308	3	5
72	87053010	装有云梯的救火车	辆	0	0	3	216	1	24	0	0	0	0
73	87053090	其他机动救火车	辆	8	47	8	346	2	15	16	91	0	0
74	87054000	机动混凝土搅拌车	辆	487	2 965	202	1 072	432	2 138	512	2 941	416	2 339
75	87059060	飞机加油车、调温车、除冰车	辆	3	56	1	29	1	25	0	0	10	62
76	87059070	道路(包括跑道)扫雪车	辆	1	8	0	0	0	0	0	0	0	0
77	87059090	未列名特殊用途的机动车辆	辆	440	2 913	215	1 670	404	3 256	565	5 821	542	4 139
78	87091110	电动牵引车	辆	78	20	14	6	31	18	169	23	60	15
79	87091190	其他电动的短距离运货车辆	辆	892	125	495	40	1 526	93	2 034	177	663	84
80	87091910	其他机动牵引车	辆	12	28	15	37	12	21	46	117	38	119
81	87091990	其他短距离运货机动车辆	辆	659	96	123	24	380	69	502	73	583	64
82	87099000	短距离运货的机动车辆及站台牵引车的零件	t	72	36	22	27	89	54	164	47	106	64
83	89051000	挖泥船	艘	6	105	8	790	12	552	9	1 452	22	2 397
		合计			151 534		105 512		167 474		163 627		174 986

（续）

6月		7月		8月		9月		10月		11月		12月	
数量	金额	数量	金额	数量	金额	数量	金额	数量	金额	数量	金额	数量	金额
117 268	28 810	109 511	27 800	108 021	26 759	113 175	28 644	89 818	22 976	89 581	23 624	90 518	23 656
604 626	935	487 430	1 010	533 643	1 014	259 159	722	317 484	672	399 444	708	468 923	888
851 808	1 781	928 802	1 776	848 930	1 649	945 887	1 875	680 483	1 387	739 612	1 326	709 177	1 388
494	470	440	461	537	483	412	420	513	451	452	470	376	475
96 869	2 631	67 403	2 603	44 808	1 949	39 145	1 682	22 173	1 500	24 197	1 312	45 975	2 105
54	2 157	48	1 045	33	458	773	1 055	25	930	23	832	155	819
1 975	618	6 550	942	5 291	957	3 433	947	1 752	2 514	1 509	1 155	4 860	783
23 293	7 730	24 934	7 089	22 007	8 318	24 308	8 633	19 016	5 887	23 811	7 461	22 530	7 017
49	446	22	384	19	184	36	224	7	155	24	299	26	245
0	0	4	63	2	12	1	0	2	35	21	19	2	37
27	77	35	47	20	56	26	27	19	6	13	73	19	32
8 586	956	11 580	746	9 122	629	9 655	749	7 339	459	11 745	607	11 000	689
65	1 391	76	35	136	75	101	48	102	58	75	37	157	78
782	5 790	869	6 445	919	4 591	505	2 866	453	2 790	562	2 894	686	5 321
87	895	79	949	142	1 641	72	782	95	966	54	478	51	578
11	296	14	367	9	223	4	131	4	69	6	33	3	99
2	181	1	130	3	146	4	461	2	223	3	289	3	251
323	4 482	341	3 643	252	3 276	328	4 191	191	2 195	267	3 192	258	2 810
102	2 367	86	2 180	64	1 525	158	3 981	39	903	89	1 997	108	2 814
64	6 476	79	5 012	1	54	39	2 237	4	90	4	249	3	181
0	0	0	0	0	0	0	0	1	17	2	31	0	0
3	15	8	124	13	121	13	82	7	44	0	0	57	212
387	2 195	458	2 368	406	2 173	387	2 121	374	2 157	340	1 898	323	1 837
0	0	0	0	0	0	0	0	0	0	14	269	1	25
0	0	0	0	2	3	0	0	0	0	0	0	0	0
582	5 637	638	4 404	406	3 332	444	2 966	400	2 319	355	2 386	334	2 022
46	12	141	20	39	31	50	27	197	19	80	27	50	42
1 041	88	1 156	80	989	64	448	64	804	69	809	96	538	88
16	44	31	82	24	25	22	64	29	103	52	35	46	123
472	183	880	136	3 296	25	821	123	371	218	326	57	4 755	95
46	23	63	27	160	86	55 136	30	92	23	61	32	205	50
13	133	24	3 529	12	5 275	15	1 426	9	5 939	17	422	12	3 117
	189 745		178 726		166 056		177 029		141 087		148 408		153 078

2012年工程机械产品进出口量值

（单位：万美元）

序号	税号	货品名称	单位	出口				进口			
				数量	增长（%）	金额	增长（%）	数量	增长（%）	金额	增长（%）
1	84134000	混凝土泵	台	2 716	3.62	4 870.19	-9.12	223	-40.05	706.74	-35.94
2	84262000	塔式起重机	台	2 375	3.49	33 858.41	1.59	35	-46.97	4 652.85	-9.65
3	84264110	轮胎式自推进起重机	台	83	40.68	1 814.98	41.98	22	69.23	684.50	29.04
4	84264190	带胶轮的其他自推进起重机械	台	435	20.50	12 221.14	-3.93	38	8.57	634.05	-16.50
5	84264910	履带式起重机	台	853	11.21	31 434.70	-6.26	7	-80.00	2 229.20	-82.53
6	84264990	不带胶轮的其他自推进起重机械	台	28	-36.36	344.70	-62.14	7	250.00	140.66	66.01
7	84269100	供装于公路车辆的其他起重机	台	293	-36.85	384.68	-14.68	322	96.34	675.58	119.49
8	84269900	未列名起重机	台	5 485	60.29	6 158.71	-46.19	521	32.91	7 682.89	40.09
9	84271010	电动机推进的有轨巷道堆垛机	台	14	250.00	117.38	503.81	110	-41.80	3 140.77	-26.23
10	84271020	电动机推进的无轨巷道堆垛机	台	730	35.19	705.20	107.03	201	-43.54	368.76	-35.73
11	84271090	其他电动叉车及装有升降或搬运装置的工作车	台	42 485	28.18	29 971.39	39.90	6 349	-27.18	12 642.36	-19.01
12	84272010	集装箱叉车	台	229	63.57	4 246.40	41.60	34	-33.33	351.78	-45.43
13	84272090	其他机动叉车、其他装有升降或搬运装置的工作车	台	54 328	7.75	90 135.63	17.56	1 704	-8.44	12 330.21	-2.11
14	84279000	未列名叉车等装有升降或搬运装置的工作车	台	1 686 161	-5.59	31 766.07	3.48	4 572	2.60	3 293.08	4.12
15	84281010	载客电梯	台	37 920	23.35	97 753.11	25.54	1 929	13.60	15 874.06	22.11
16	84281090	其他升降机及倒卸式起重机	台	7 958	102.70	5 912.22	23.21	340	-25.44	2 486.97	-6.07
17	84284000	自动梯及自动人行道	台	16 997	0.97	53 889.26	2.94	21	10.53	121.72	0.13

（续）

序号	税号	货品名称	单位	出口				进口			
				数量	增长（%）	金额	增长（%）	数量	增长（%）	金额	增长（%）
18	84291110	履带式推土机，*P*＞235.36kW（320hp）	台	465	55.52	9 170.90	98.97	83	−17.82	5 990.26	−4.47
19	84291190	其他履带式推土机	台	3 957	6.03	38 922.80	−1.23	81	−62.50	1 240.03	−48.61
20	84291910	其他推土机，*P*＞235.36kW（320hp）	台	20	−28.57	124.82	−43.35	19	−13.64	1 395.09	−11.58
21	84291990	未列名推土机	台	102	12.09	870.36	−10.54	0	−100.00	0	−100.00
22	84292010	筑路机及平地机，*P*＞235.36kW（320hp）	台	15	0	192.04	33.78	8	0	587.24	−27.85
23	84292090	其他筑路机及平地机	台	4 375	−19.12	39 240.41	−17.47	23	−45.24	1 315.77	52.61
24	84293010	斗容量超过 $10m^3$ 的铲运机	台	280	2 233.33	1 868.56	388.24	0		0	
25	84293090	其他铲运机	台	482	47.85	2 657.61	31.19	94	−13.76	4 277.60	−19.49
26	84294011	机重 18t 及以上的振动压路机	台	1 061	−3.02	7 060.42	11.53	14	−74.55	127.74	−61.07
27	84294019	其他机动压路机	台	11 553	−1.44	28 617.43	−14.92	365	−50.81	1 039.17	−53.12
28	84294090	未列名捣固机械及压路机	台	32 599	54.65	3 510.21	6.73	0		0	
29	84295100	前铲装载机	台	41 626	15.84	188 321.81	17.80	396	−28.13	7 600.53	65.27
30	84295211	上部 360°旋转的轮胎式挖掘机	台	287	0.70	2 323.33	1.28	85	−79.32	733.01	−69.13
31	84295212	上部 360°旋转的履带式挖掘机	台	14 522	80.35	154 051.98	91.54	13 912	−55.65	152 610.22	−48.88
32	84295219	上部 360°旋转的其他挖掘机	台	112	2.75	737.72	26.30	0		0	
33	84295290	上部 360°旋转的机械铲、装载机	台	18	−35.71	3 188.35	1 432.34	8	100.00	490.33	257.75
34	84295900	其他机械铲、挖掘机及机铲装载机	台	3 316	29.84	7 807.32	30.27	111	−51.53	662.96	−64.97
35	84301000	打桩机及拔桩机	台	1 299	23.36	8 019.53	23.05	45	36.36	3 160.73	−19.57
36	84302000	扫雪机及吹雪机	台	546 486	−27.84	10 148.12	−30.73	1 968	−19.51	1 767.43	−1.84
37	84303100	自推进的截煤机、凿岩机及隧道掘进机	台	1 248	80.61	23 411.99	18.96	119	−7.03	22 488.24	27.08
38	84303900	非自推进的截煤机、凿岩机及隧道掘进机	台	27 977	4.27	1 784.23	26.73	78	−10.34	8 061.48	−38.59

（续）

序号	税号	货品名称	单位	出口				进口			
				数量	增长（%）	金额	增长（%）	数量	增长（%）	金额	增长（%）
39	84305020	矿用电铲	台	19	375.00	9 748.70	64 978.10	5	25.00	5 212.49	53.13
40	84306100	非自推进的捣固或压实机械	台	330 858	-10.04	6 849.59	-10.63	1 899	65.27	1 339.81	-30.10
41	84306911	钻筒直径在 3m 以上的非自推进工程钻机	台	32	52.38	59.84	-60.81	1		1.65	
42	84306919	其他非自推进工程钻机	台	21 706	7.05	5 319.97	20.08	59	0	643.87	-47.66
43	84306920	非自推进的铲运机	台	11 649	7.73	1 161.82	7.51	48	-75.13	11.78	-81.03
44	84306990	未列名非自推进泥土、矿等运送、平整等机械	台	78 457	8.71	26 090.15	42.78	148	138.71	966.09	-20.89
45	84312000	8427 所列机械的零件	t	356 455	-7.65	51 216.09	-4.99	15 594	-11.14	14 457.96	-11.51
46	84313100	升降机、倒卸式起重机或自动梯的零件	t	325 584	7.81	67 676.16	7.42	10 236	12.41	13 894.09	17.51
47	84313900	其他 8428 所列机械的零件	t	150 749	7.68	47 251.79	6.62	10 684	-7.02	23 696.60	9.13
48	84314100	戽斗、铲斗、抓斗及夹斗	个	404 481	70.19	10 852.01	30.09	4 926	-66.31	4 292.15	-11.27
49	84314200	推土机或侧铲推土机用铲	个	17 627	119.41	410.52	0.47	554	70.46	224.26	31.04
50	84314390	凿井机械的零件	t	11 970	-33.27	5 312.90	-41.75	426	183.63	965.22	77.38
51	84314910	矿用电铲用零件	t	11 403	-7.48	4 464.41	10.34	1 857	211.49	4 639.31	179.50
52	84314990	8426、8429 及 8430 所列机械的其他零件	t	1 253 071	4.42	312 117.54	11.45	166 825	-59.51	145 715.21	-51.85
53	84671100	旋转式(包括旋转冲击式的)手提风动工具	台	5 191 292	13.94	10 096.96	7.05	298 597	-14.23	4 878.84	-28.88
54	84671900	其他手提式风动工具	台	9 743 759	-0.81	18 482.77	4.31	253 687	-14.94	3 813.80	-13.34
55	84679200	手提式风动工具用的零件	t	5 789	-2.61	5 292.67	-3.51	571	-15.79	2 743.87	-37.57
56	84743100	混凝土或砂浆混合机器	台	716 100	6.79	26 360.93	13.65	445	-11.35	1 114.68	-34.96
57	84743200	矿物与沥青的混合机器	台	1 346	96.50	12 743.26	11.52	58	1.75	921.23	-36.63
58	84743900	固体矿物质的其他	台	41 677	-18.01	11 471.37	25.61	1 480	23.75	8 841.78	-15.76

（续）

序号	税号	货品名称	单位	出口				进口			
				数量	增长（%）	金额	增长（%）	数量	增长（%）	金额	增长（%）
		混合或搅拌机器									
59	84749000	8474 所列机器的零件	t	264 446	8.83	85 746.43	12.61	10 616	−23.51	12 705.32	−23.09
60	84791021	沥青混凝土摊铺机	台	446	−12.89	4 028.46	9.13	202	−64.50	3 492.98	−63.90
61	84791022	稳定土摊铺机	台	39	680.00	304.54	139.42	0	−100.00	0	−100.00
62	84791029	其他摊铺机	台	409	42.51	539.21	−36.21	11	266.67	73.44	−23.75
63	84791090	其他公共工程用机器	台	125 578	3.52	8 706.76	−9.72	1 926	−22.09	4 733.28	−67.93
64	87041030	电动轮非公路用货运自卸车	辆	1 115		2 783.84		61		13 471.67	
65	87041090	其他非公路用货运机动自卸车	辆	8 491		51 347.04		181		5 848.49	
66	87051021	最大起重量≤50t全路面起重车	辆	993	43.91	10 808.97	44.23	0		0	
67	87051022	50t<最大起重量≤100t 全路面起重车	辆	88	−2.22	1 994.92	10.03	1		109.38	
68	87051023	最大起重量>100t全路面起重车	辆	30	25.00	2 578.56	1.06	8	−76.47	2 849.84	−71.84
69	87051091	最大起重量≤50t其他起重车	辆	3 069	44.49	37 403.65	42.45	0		0	
70	87051092	50t<最大起重量≤100t 其他起重车	辆	880	50.43	21 760.40	46.98	0		0	
71	87051093	最大起重量>100t其他起重车	辆	266	731.25	19 765.35	957.63	0		0	
72	87053010	装有云梯的救火车	辆	7	133.33	272.45	69.24	3	−25.00	183.99	−62.80
73	87053090	其他机动救火车	辆	135	−36.02	1 097.59	−58.66	28	55.56	1 519.79	73.04
74	87054000	机动混凝土搅拌车	辆	4 724	58.52	26 201.12	57.75	7	600.00	95.26	480.15
75	87059060	飞机加油车、调温车、除冰车	辆	30	42.86	465.63	47.46	22	22.22	840.94	63.01
76	87059070	道路（包括跑道）扫雪车	辆	3	−40.00	10.59	−61.99	3	−81.25	144.22	−70.57
77	87059090	未列名特殊用途的机动车辆	辆	5 318	11.65	40 864.11	13.59	133	60.24	4 699.47	1.61
78	87091110	电动牵引车	辆	955	18.63	260.53	24.54	1 117	−9.04	1 411.90	18.01
79	87091190	其他电动的短距离运货车辆	辆	11 395	−38.34	1 067.24	5.46	295	123.48	638.08	346.15
80	87091910	其他机动牵引车	辆	343	−2.56	813.42	−0.85	378	12.17	538.54	4.07

（续）

序号	税号	货品名称	单位	出口				进口			
				数量	增长（%）	金额	增长（%）	数量	增长（%）	金额	增长（%）
81	87091990	其他短距离运货机动车辆	辆	13 118	205.50	1 162.44	6.95	336	-9.92	651.79	13.54
82	87099000	短距离运货的机动车辆及站台牵引车的零件	t	1 138	-38.37	497.08	-33.38	437	23.58	801.86	30.04
83	89051000	挖泥船	艘	159	-15.87	25 137.85	-53.83	3	-57.14	13 703.86	84.84
		合　计				1 916 211.74	14.46			588 452.80	-37.40

2012年工程机械进口按国家（地区）统计

（单位：万美元）

国别代码	国家（地区）名称	进口额	比上年增长（%）	占进口总额比重（%）
	亚洲	**296 805.46**	**-50.15**	**50.44**
102	巴林	0.13		0.00
106	缅甸	2.17	3 000.00	0.00
109	朝鲜	0.72		0.00
110	中国香港	229.47	37.57	0.04
111	印度	5 035.25	178.90	0.86
112	印度尼西亚	136.15	-44.04	0.02
113	伊朗	0.01	-99.93	0.00
115	以色列	3.77	-93.40	0.00
116	日本	174 486.36	-54.38	29.65
122	马来西亚	5 365.26	6.72	0.91
129	菲律宾	130.53	16.44	0.02
130	卡塔尔	0.08		0.00
131	沙特阿拉伯	0.68	-98.52	0.00
132	新加坡	1 798.63	157.44	0.31
133	韩国	100 528.09	-47.34	17.08
134	斯里兰卡	4.86	157.14	0.00
136	泰国	926.16	-19.18	0.16

（续）

国别代码	国家（地区）名称	进口额	比上年增长（%）	占进口总额比重（%）
137	土耳其	452.90	-4.82	0.08
138	阿拉伯联合酋长国	22.37	479.53	0.00
141	越南	143.25	-61.19	0.02
142	中华人民共和国	2 527.30	-26.97	0.43
143	中国台湾	5 011.29	-40.68	0.85
145	哈萨克斯坦	0.03	-40.00	0.00
	非洲	**444.84**	**9.52**	**0.08**
220	加纳	0.02		0.00
232	摩洛哥	0.20		0.00
241	塞舌尔	0.01		0.00
244	南非	443.81	9.48	0.08
247	坦桑尼亚	0.80		0.00
	欧洲	**205 530.03**	**-11.80**	**34.93**
301	比利时	10 097.29	44.27	1.72
302	丹麦	1 260.01	-8.24	0.21
303	英国	11 492.99	9.01	1.95
304	德国	81 186.70	-32.88	13.80
305	法国	11 865.26	3.45	2.02
306	爱尔兰	359.11	103.98	0.06
307	意大利	13 677.52	-14.34	2.32
308	卢森堡	391.15	60.26	0.07
309	荷兰	19 214.14	68.03	3.27
310	希腊	0.39	-94.83	0.00
311	葡萄牙	61.86	90.93	0.01
312	西班牙	2 778.12	10.14	0.47
315	奥地利	13 037.34	64.70	2.22
316	保加利亚	118.14	1 559.27	0.02
318	芬兰	7 337.34	-21.72	1.25
321	匈牙利	454.78	96.25	0.08
324	马耳他	0.15	-37.50	0.00
326	挪威	2 456.00	53.05	0.42

（续）

国别代码	国家（地区）名称	进口额	比上年增长（%）	占进口总额比重（%）
327	波兰	1 115.96	1.71	0.19
328	罗马尼亚	231.25	21.97	0.04
330	瑞典	20 407.70	-17.30	3.47
331	瑞士	3 668.47	1.96	0.62
334	爱沙尼亚	20.35	-42.37	0.00
335	拉脱维亚	20.89	-94.14	0.00
339	阿塞拜疆	0.46		0.00
340	白俄罗斯	2 421.42		0.41
344	俄罗斯联邦	119.38	-58.06	0.02
347	乌克兰	3.09	1 616.67	0.00
350	斯洛文尼亚	158.30	31.74	0.03
351	克罗地亚	14.29	209.00	0.00
352	捷克	1 114.09	-33.17	0.19
353	斯洛伐克	425.38	480.96	0.07
355	波斯尼亚—黑塞哥维那	0.01		0.00
358	塞尔维亚	20.70	10 794.74	0.00
	南美洲	**2 497.47**	**6.20**	**0.42**
402	阿根廷	9.08	68.15	0.00
410	巴西	1 978.66	8.69	0.34
412	智利	85.35	109.14	0.01
413	哥伦比亚	21.23	2 023.00	0.00
419	厄瓜多尔	62.85	-39.67	0.01
429	墨西哥	335.72	-11.03	0.06
432	巴拿马	2.99		0.00
434	秘鲁	1.59	-28.70	0.00
	北美洲	**71 976.90**	**5.67**	**12.23**
501	加拿大	3 325.78	-37.59	0.57
502	美国	68 651.12	9.34	11.67
	大洋洲	**11 198.10**	**14.16**	**1.90**
601	澳大利亚	10 912.68	12.01	1.85
609	新西兰	285.42	326.57	0.05

2012年工程机械出口按国家（地区）统计

（单位：万美元）

国别代码	国家（地区）名称	出口额	比上年增长（%）	占出口总额比重（%）
	亚洲	**829 788.96**	**10.27**	**43.30**
101	阿富汗	641.34	39.15	0.03
102	巴林	1 159.11	62.46	0.06
103	孟加拉国	5 870.40	20.95	0.31
104	不丹	22.12	-69.47	0.00
105	文莱	2 038.02	38.86	0.11
106	缅甸	33 337.06	-7.20	1.74
107	柬埔寨	5 485.85	48.41	0.29
108	塞浦路斯	140.91	-53.00	0.01
109	朝鲜	6 886.11	5.92	0.36
110	中国香港	20 701.47	-18.85	1.08
111	印度	57 007.18	-35.43	2.98
112	印度尼西亚	65 211.35	33.64	3.40
113	伊朗	24 728.63	-32.56	1.29
114	伊拉克	6 920.27	-33.56	0.36
115	以色列	3 516.77	1.35	0.18
116	日本	89 751.64	5.89	4.68
117	约旦	1 392.32	-4.49	0.07
118	科威特	4 212.05	10.83	0.22
119	老挝	7 778.96	59.23	0.41
120	黎巴嫩	1 493.55	1.79	0.08
121	中国澳门	2 148.30	9.13	0.11
122	马来西亚	37 648.35	31.25	1.96
123	马尔代夫	251.44	-64.85	0.01
124	蒙古	22 542.14	0.72	1.18
125	尼泊尔	373.63	-27.29	0.02
126	阿曼	4 451.42	100.21	0.23
127	巴基斯坦	10 603.44	51.21	0.55
128	巴勒斯坦	236.18	93.99	0.01

（续）

国别代码	国家（地区）名称	出口额	比上年增长（%）	占出口总额比重（%）
129	菲律宾	24 174.45	51.69	1.26
130	卡塔尔	4 982.16	-11.72	0.26
131	沙特阿拉伯	48 432.19	65.40	2.53
132	新加坡	47 945.80	24.98	2.50
133	韩国	48 007.93	-16.68	2.51
134	斯里兰卡	7 089.01	-48.77	0.37
135	叙利亚	486.04	-85.49	0.03
136	泰国	60 737.66	111.79	3.17
137	土耳其	27 000.34	17.24	1.41
138	阿拉伯联合酋长国	39 676.89	37.85	2.07
139	也门共和国	1 107.06	77.90	0.06
141	越南	28 416.18	9.32	1.48
143	中国台湾	12 075.49	-0.47	0.63
144	东帝汶	301.06	44.53	0.02
145	哈萨克斯坦	32 635.50	20.18	1.70
146	吉尔吉斯斯坦	3 864.68	16.50	0.20
147	塔吉克斯坦	6 836.02	95.87	0.36
148	土库曼斯坦	8 311.53	84.88	0.43
149	乌兹别克斯坦	11 158.96	224.47	0.58
	非洲	**250 825.80**	**40.46**	**13.09**
201	阿尔及利亚	25 847.84	39.07	1.35
202	安哥拉	20 720.88	89.91	1.08
203	贝宁	703.50	6.78	0.04
204	博茨瓦那	282.66	-84.45	0.01
205	布隆迪	67.82	34.99	0.00
206	喀麦隆	4 750.07	-18.92	0.25
208	佛得角	7.34	-62.78	0.00
209	中非	81.41	9.13	0.00
211	乍得	977.00	-16.49	0.05
212	科摩罗	35.85	12 704.00	0.00
213	刚果	3 685.29	-1.53	0.19

（续）

国别代码	国家（地区）名称	出口额	比上年增长（%）	占出口总额比重（%）
214	吉布提	7 812.19	357.58	0.41
215	埃及	3 200.76	-8.64	0.17
216	赤道几内亚	2 805.42	0.54	0.15
217	埃塞俄比亚	19 286.54	233.54	1.01
218	加蓬	2 416.38	-13.93	0.13
219	冈比亚	23.12	-15.62	0.00
220	加纳	29 575.44	191.89	1.54
221	几内亚	3 134.70	64.44	0.17
222	几内亚（比绍）	25.76	810.25	0.00
223	科特迪瓦共和国	1 243.59	438.70	0.07
224	肯尼亚	9 396.30	36.88	0.49
225	利比里亚	2 791.88	50.37	0.15
226	利比亚	3 292.47	48.83	0.17
227	马达加斯加	519.70	27.81	0.03
228	马拉维	244.34	107.02	0.01
229	马里	586.39	-56.34	0.03
230	毛里塔尼亚	1 340.22	57.55	0.07
231	毛里求斯	1 192.92	56.01	0.06
232	摩洛哥	2 991.65	-14.56	0.16
233	莫桑比克	4 526.02	43.70	0.24
234	纳米比亚	2 249.35	121.26	0.12
235	尼日尔	1 711.64	324.70	0.09
236	尼日利亚	15 686.66	11.18	0.82
237	留尼汪	164.35	97.58	0.01
238	卢旺达	249.31	-21.74	0.01
240	塞内加尔	894.87	-61.61	0.05
241	塞舌尔	70.99	104.05	0.00
242	塞拉利昂	1 531.78	-9.15	0.08
243	索马里	67.33	1 033.50	0.00
244	南非	39 754.90	33.85	2.07
246	苏丹	4 360.09	-27.81	0.23

（续）

国别代码	国家（地区）名称	出口额	比上年增长（%）	占出口总额比重（%）
247	坦桑尼亚	6 509.37	-12.31	0.34
248	多哥	1 778.79	30.20	0.09
249	突尼斯	3 708.78	51.46	0.19
250	乌干达	6 009.28	143.47	0.31
251	布基纳法索	267.08	337.76	0.01
252	民主刚果	2 814.36	-30.02	0.16
253	赞比亚	4 999.09	2.36	0.26
254	津巴布韦	2 960.73	60.31	0.15
255	莱索托	694.07	175.36	0.04
257	斯威士兰	7.55		0.00
258	厄立特里亚	55.12	-98.94	0.00
260	南苏丹共和国	711.66		0.04
299	非洲其他国家（地区）	3.20		0.00
	欧洲	**331 018.11**	**20.85**	**17.27**
301	比利时	19 764.17	25.69	1.03
302	丹麦	4 049.78	-7.96	0.21
303	英国	24 491.51	-1.17	1.28
304	德国	32 284.50	-6.51	1.69
305	法国	10 286.96	0.35	0.54
306	爱尔兰	1 868.01	19.54	0.10
307	意大利	18 792.78	-21.85	0.98
308	卢森堡	29.71	-45.91	0.00
309	荷兰	18 475.00	11.63	0.96
310	希腊	1 121.13	24.58	0.06
311	葡萄牙	558.08	-26.47	0.03
312	西班牙	7 060.03	-4.20	0.37
313	阿尔巴尼亚	141.81	14.01	0.01
315	奥地利	2 287.43	5.11	0.12
316	保加利亚	770.06	3.30	0.04
318	芬兰	6 571.69	25.70	0.34
320	直布罗陀	3.75	37 400.00	0.00

（续）

国别代码	国家(地区)名称	出口额	比上年增长(%)	占出口总额比重(%)
321	匈牙利	1 052.98	-13.27	0.06
322	冰岛	15.46	56.00	0.00
323	列支敦士登	4.31		0.00
324	马耳他	77.74	-60.22	0.00
325	摩纳哥	47.33	4 450.96	0.00
326	挪威	1 876.31	-1.13	0.10
327	波兰	5 558.48	-21.49	0.29
328	罗马尼亚	1 191.51	-8.42	0.06
330	瑞典	10 489.99	-5.81	0.55
331	瑞士	1 368.49	-20.67	0.07
334	爱沙尼亚	1 190.56	17.08	0.06
335	拉脱维亚	925.88	-15.41	0.05
336	立陶宛	1 484.56	21.57	0.08
337	格鲁吉亚	1 335.65	0.19	0.07
338	亚美尼亚	359.82	17.36	0.02
339	阿塞拜疆	4 984.02	75.59	0.26
340	白俄罗斯	3 430.85	92.53	0.18
343	摩尔多瓦	98.49	-51.90	0.01
344	俄罗斯联邦	134 801.30	68.86	7.03
347	乌克兰	7 745.32	24.52	0.40
350	斯洛文尼亚	853.32	20.80	0.04
351	克罗地亚	519.58	-12.94	0.03
352	捷克	2 424.50	2.93	0.13
353	斯洛伐克	226.88	40.95	0.01
354	前南斯拉夫马其顿	40.67	68.83	0.00
355	波斯尼亚—黑塞哥维那	104.21	36.28	0.01
358	塞尔维亚	237.65	-32.87	0.01
359	黑山	15.85	-38.28	0.00
	南美洲	**226 818.90**	**12.12**	**11.84**
401	安提瓜和巴布达	2.25	-90.01	0.00
402	阿根廷	13 711.56	-28.06	0.72

（续）

国别代码	国家（地区）名称	出口额	比上年增长（%）	占出口总额比重（%）
403	阿鲁巴岛	67.98	167.53	0.00
404	巴哈马	57.78	-91.35	0.00
405	巴巴多斯	48.16	178.70	0.00
406	伯利兹	33.85	1 700.53	0.00
408	玻利维亚	861.34	-75.71	0.05
410	巴西	71 564.64	6.34	3.73
412	智利	18 645.81	34.88	0.97
413	哥伦比亚	9 938.72	17.98	0.52
414	多米尼加	55.28	-11.17	0.00
415	哥斯达黎加	759.51	-36.27	0.04
416	古巴	1 546.08	-6.58	0.08
417	库腊索岛	416.94	407.78	0.02
418	多米尼加共和国	715.67	-27.86	0.04
419	厄瓜多尔	4 693.52	29.10	0.24
420	法属圭亚那	0.59	-90.31	0.00
421	格林纳达	10.11	-19.83	0.00
422	瓜德罗普岛	21.12	100.00	0.00
423	危地马拉	1 113.64	3.43	0.06
424	圭亚那	766.56	212.42	0.04
425	海地	61.94	28.37	0.00
426	洪都拉斯	295.54	-21.31	0.02
427	牙买加	575.31	100.39	0.03
428	马提尼克岛	2.69	63.03	0.00
429	墨西哥	11 824.65	8.13	0.62
431	尼加拉瓜	150.64	-47.78	0.01
432	巴拿马	9 138.97	143.03	0.48
433	巴拉圭	1 244.51	-8.12	0.06
434	秘鲁	12 351.56	27.02	0.64
435	波多黎各	109.48	216.14	0.01
437	圣卢西亚	89.78	900.89	0.00
438	圣马丁岛	2.81	-72.34	0.00

（续）

国别代码	国家(地区)名称	出口额	比上年增长（%）	占出口总额比重（%）
439	圣文森特和格林纳丁斯	30.77		0.00
440	萨尔瓦多	226.07	-13.84	0.01
441	苏里南	552.25	33.79	0.03
442	特立尼达和多巴哥	187.50	-36.48	0.01
444	乌拉圭	2 958.36	35.39	0.15
445	委内瑞拉	61 964.73	22.95	3.23
446	英属维尔京群岛	15.01	307.88	0.00
449	荷属安地列斯群岛	5.22	-76.83	0.00
	北美洲	**198 642.56**	**22.49**	**10.37**
501	加拿大	25 758.40	15.34	1.34
502	美国	172 865.92	23.62	9.02
504	百慕大群岛	18.24	580.60	0.00
	大洋洲	**79 117.41**	**37.77**	**4.13**
601	澳大利亚	64 234.05	34.18	3.35
603	斐济	864.74	21.89	0.05
607	新喀里多尼亚	169.94	-71.82	0.01
608	瓦努阿图	23.00	-99.17	0.00
609	新西兰	3 615.12	21.17	0.19
611	巴布亚新几内亚	9 297.08	350.44	0.49
612	社会群岛	8.02	11 357.14	0.00
613	所罗门群岛	400.22	99.91	0.02
614	汤加	320.05	268.34	0.02
617	萨摩亚	36.52	-2.90	0.00
618	基里巴斯	21.96	323.12	0.00
620	密克罗尼西亚联邦	14.46	53.50	0.00
621	马绍尔群岛共和国	21.63	162.82	0.00
622	帕劳共和国	10.60		0.00
623	法属波利尼西亚	79.90	10.74	0.00
699	大洋洲其他国家(地区)	0.12	-69.23	0.00

2012年工程机械产品进出口分类统计

（单位：万美元）

序号	货品名称	单位	进口				出口			
			数量	增长（%）	金额	增长（%）	数量	增长（%）	金额	增长（%）
1	履带式挖掘机	台	13 912	-55.65	152 610.22	-48.88	14 522	80.35	154 052	91.54
2	轮胎式挖掘机	台	85	-79.32	733.01	-69.13	287	0.70	2 323	1.28
3	其他挖掘机	台 8	100.00	490.33	257.75	130	-5.11	3 926	395.62	
4	装载机	台	507	-35.00	8 263.49	27.30	44 942	16.77	196 129	18.25
5	*P* >235.36KW(320hp)推土机	台	102	-17.07	7 385.35	-5.90	485	48.32	9 296	92.48
6	其他推土机	台	81	-62.67	1 240.03	-48.67	4 059	6.17	39 793	-1.46
7	筑路机及平地机	台	31	-38.00	1 903.01	13.54	4 390	-19.06	39 432	-17.32
8	铲运机	台	94	-13.76	4 277.60	-19.49	762	125.44	4 526	87.92
9	非公路用货运自卸车	辆	242		19 320.16		9 606		54 131	
10	压路机	台	379	-52.45	1 166.91	-54.14	12 614	-1.58	35 678	-10.73
11	其它压实机械	台	0	-100.00	0	-100.00	32 599	54.65	3 510	6.73
12	摊铺机	台	213	-62.83	3 566.42	-63.51	894	11.19	4 872	4.47
13	沥青搅拌设备	台	58	1.75	921.23	-36.63	1 346	96.50	12 743	11.52
14	起重量>100吨全路面汽车起重机	辆	8	-76.47	2 849.84	-71.84	30	25.00	2 579	1.06
15	其他全路面汽车起重机	辆	1		109.38		1 081	38.59	12 804	37.56
16	起重量>100吨的汽车起重机	辆	0	-100.00	0	-100.00	266	731.25	19 765	957.63
17	其他汽车起重机	辆	0	-100.00	0	-100.00	3 949	45.77	59 164	44.08
18	履带式起重机	台	7	-80.00	2 229.20	-82.53	853	11.21	31 435	-6.26
19	塔式起重机	台	35	-46.97	4 652.85	-9.65	2 375	3.49	33 858	1.59
20	随车起重机	台	322	96.34	675.58	119.49	293	-36.85	385	-14.68
21	其他起重机	台	928	3.34	11 629.07	22.33	13 989	79.07	26 452	-15.09
22	堆垛机	台	311	-42.94	3 509.53	-27.35	744	36.76	823	128.45
23	电动叉车	台	6 349	-27.18	12 642.36	-19.01	42 485	28.18	29 971	39.90
24	内燃叉车	台	1 704	-8.44	12 330.21	-2.11	54 328	7.75	90 136	17.56
25	集装箱叉车	台	34	-33.33	351.78	-45.43	229	63.57	4 246	41.60
26	手动搬运车	台	4 572	2.60	3 293.08	4.12	1 686 161	-5.59	31 766	3.48
27	牵引车	台	2 126	2.71	3 240.31	33.29	25 811	7.85	3 304	5.60
28	凿岩机及隧道掘进机	台	197	-8.37	30 549.72	-0.88	29 225	6.18	25 196	19.48

（续）

序号	货品名称	单位	进口				出口			
			数量	增长（%）	金额	增长（%）	数量	增长（%）	金额	增长（%）
29	风动工具	台	552 284	-14.56	8 692.64	-22.81	14 935 051	3.86	28 580	5.26
30	打桩机及工程钻机	台	105	14.13	3 806.25	-26.23	23 037	7.90	13 399	20.71
31	混凝土泵	台	223	-40.05	706.74	-35.94	2 716	3.62	4 870	-9.12
32	混凝土搅拌机械	辆	1 925	13.37	9 956.46	-18.45	757 777	5.04	37 832	17.03
33	混凝土搅拌车	台	7	600.00	95.26	480.15	4 724	58.52	26 201	57.75
34	电梯及扶梯	台	1 950	13.57	15 995.78	21.90	54 917	15.43	151 642	16.45
35	其他工程车辆	台	189	35.97	7 388.41	5.49	5 493	9.79	42 710	9.14
36	其他	台	5 997	-5.29	27 734.74	-9.30	1 093 206	-17.78	87 843	-16.95
37	零部件	t	222 725	-53.67	224 136	-41.21	2 802 714	9.71	590 838	8.30
	合计				588 453	-37.40			1 916 212	14.46

2012年工程机械进出口贸易额前50位国家（地区）

（单位：万美元）

序号	进口			出口			进出口		
	国家（地区）	进口额	比上年增长（%）	国家（地区）	出口额	比上年增长（%）	国家（地区）	进出口额	比上年增长（%）
1	日本	174 486.36	-54.38	美国	172 865.92	23.62	日本	264 238.00	-43.45
2	韩国	100 528.09	-47.34	俄罗斯联邦	134 801.30	68.86	美国	241 517.04	19.20
3	德国	81 186.70	-32.88	日本	89 751.64	5.89	韩国	148 536.02	-40.23
4	美国	68 651.12	9.34	巴西	71 564.64	6.34	俄罗斯联邦	134 920.68	68.41
5	瑞典	20 407.70	-17.30	印度尼西亚	65 211.35	33.64	德国	113 471.20	-27.02
6	荷兰	19 214.14	68.03	澳大利亚	64 234.05	34.18	澳大利亚	75 146.73	30.43
7	意大利	13 677.52	-14.34	委内瑞拉	61 964.73	22.95	巴西	73 543.30	6.41
8	奥地利	13 037.34	64.70	泰国	60 737.66	111.79	印度尼西亚	65 347.50	33.25
9	法国	11 865.26	3.45	印度	57 007.18	-35.43	印度	62 042.43	-31.14
10	英国	11 492.99	9.01	沙特阿拉伯	48 432.19	65.40	委内瑞拉	61 964.73	22.95
11	澳大利亚	10 912.68	12.01	韩国	48 007.93	-16.68	泰国	61 663.82	106.75
12	比利时	10 097.29	44.27	新加坡	47 945.80	24.98	新加坡	49 744.43	27.35
13	芬兰	7 337.34	-21.72	南非	39 754.90	33.85	沙特阿拉伯	48 432.87	65.14

（续）

序号	进口			出口			进出口		
	国家(地区)	进口额	比上年增长(%)	国家(地区)	出口额	比上年增长(%)	国家(地区)	进出口额	比上年增长(%)
14	马来西亚	5 365.26	6.72	阿拉伯联合酋长国	39 676.89	37.85	马来西亚	43 013.61	27.59
15	印度	5 035.25	178.90	马来西亚	37 648.35	31.25	南非	40 198.71	33.52
16	中国台湾	5 011.29	−40.68	缅甸	33 337.06	−7.20	阿拉伯联合酋长国	39 699.26	37.91
17	瑞士	3 668.47	1.96	哈萨克斯坦	32 635.50	20.18	荷兰	37 689.14	34.68
18	加拿大	3 325.78	−37.59	德国	32 284.50	−6.51	英国	35 984.50	1.87
19	西班牙	2 778.12	10.14	加纳	29 575.44	191.89	缅甸	33 339.23	−7.19
20	中华人民共和国	2 527.30	−26.97	越南	28 416.18	9.32	哈萨克斯坦	32 635.53	20.18
21	挪威	2 456.00	53.05	土耳其	27 000.34	17.24	意大利	32 470.30	−18.85
22	白俄罗斯	2 421.42		阿尔及利亚	25 847.84	39.07	瑞典	30 897.69	−13.73
23	巴西	1 978.66	8.69	加拿大	25 758.40	15.34	比利时	29 861.46	31.41
24	新加坡	1 798.63	157.44	伊朗	24 728.63	−32.56	加纳	29 575.46	191.89
25	丹麦	1 260.01	−8.24	英国	24 491.51	−1.17	加拿大	29 084.18	5.14
26	波兰	1 115.96	1.71	菲律宾	24 174.45	51.69	越南	28 559.43	8.33
27	捷克	1 114.09	−33.17	蒙古	22 542.14	0.72	土耳其	27 453.24	16.80
28	泰国	926.16	−19.18	安哥拉	20 720.88	89.91	阿尔及利亚	25 847.84	39.07
29	匈牙利	454.78	96.25	中国香港	20 701.47	−18.85	伊朗	24 728.64	−32.59
30	土耳其	452.90	−4.82	比利时	19 764.17	25.69	菲律宾	24 304.98	51.44
31	南非	443.81	9.48	埃塞俄比亚	19 286.54	233.54	蒙古	22 542.14	0.72
32	斯洛伐克	425.38	480.96	意大利	18 792.78	−21.85	法国	22 152.22	1.99
33	卢森堡	391.15	60.26	智利	18 645.81	34.88	中国香港	20 930.94	−18.48
34	爱尔兰	359.11	103.98	荷兰	18 475.00	11.63	安哥拉	20 720.88	89.91
35	墨西哥	335.72	−11.03	尼日利亚	15 686.66	11.18	埃塞俄比亚	19 286.54	233.54
36	新西兰	285.42	326.57	阿根廷	13 711.56	−28.06	智利	18 731.16	35.10
37	罗马尼亚	231.25	21.97	秘鲁	12 351.56	27.02	中国台湾	17 086.78	−16.98
38	中国香港	229.47	37.57	中国台湾	12 075.49	−0.47	尼日利亚	15 686.66	11.18
39	斯洛文尼亚	158.30	31.74	墨西哥	11 824.65	8.13	奥地利	15 324.77	51.85
40	越南	143.25	−61.19	乌兹别克斯坦	11 158.96	224.47	芬兰	13 909.03	−4.74
41	印度尼西亚	136.15	−44.04	巴基斯坦	10 603.44	51.21	阿根廷	13 720.64	−28.03
42	菲律宾	130.53	16.44	瑞典	10 489.99	−5.81	秘鲁	12 353.15	27.01
43	俄罗斯联邦	119.38	−58.06	法国	10 286.96	0.35	墨西哥	12 160.37	7.49
44	保加利亚	118.14	1 559.27	哥伦比亚	9 938.72	17.98	乌兹别克斯坦	11 158.96	224.47
45	智利	85.35	109.14	肯尼亚	9 396.30	36.88	巴基斯坦	10 603.44	51.21
46	厄瓜多尔	62.85	−39.67	巴布亚新几内亚	9 297.08	350.44	哥伦比亚	9 959.95	18.23

（续）

序号	进口 国家（地区）	进口额	比上年增长（%）	出口 国家（地区）	出口额	比上年增长（%）	进出口 国家（地区）	进出口额	比上年增长（%）
47	葡萄牙	61.86	90.93	巴拿马	9 138.97	143.03	西班牙	9 838.15	-0.54
48	阿拉伯联合酋长国	22.37	479.53	土库曼斯坦	8 311.53	84.88	肯尼亚	9 396.30	36.88
49	哥伦比亚	21.23	2 023.00	吉布提	7 812.19	357.58	巴布亚新几内亚	9 297.08	350.44
50	拉脱维亚	20.89	-94.14	老挝	7 778.96	59.23	巴拿马	9 141.96	143.11

2013 年工程机械产品关税税率汇总

序号	税则号列	货品名称	最惠国	协定税率（%） 东盟	亚太	智利	巴基斯坦	新加坡	新西兰	秘鲁	哥斯达黎加	中国香港	中国澳门	中国台湾	特惠税率（%） 最不发达37国
1	84134000	混凝土泵	8	0		1.6	5		0	0	0	0			0
2	84262000	塔式起重机	10	0		0	5		0	0	0				0
3	84264110[暂]01	55t 轮胎式起重机	3												
4	8426411090	其他轮胎式起重机	5	0		1	0		0	0	0				0
5	84264190	其他带胶轮的自推进起重机	5	0		1	0		0	0	0				0
6	84264910	履带式起重机	8	0		2.4	5		0	0	0	0			0
7	84264990	其他不带胶轮的自推进起重机	13	0		2.6	6.5		0	7.8	5.2	0			
8	84269100	供装于公路车辆的起重机	10	0		0	5		0	0	0				0
9	84269900	其他起重设备	6	0		1.2	5		0	0	0				0
10	84271010	有轨巷道堆垛机	9	0		1.8	5		0	0	0				0
11	84271020	无轨巷道堆垛机	9	0		1.8	5		0	0	0				0
12	84271090	其他电动机推进的叉车及可升降工作车	9	0		1.8	5		0	0	0				0
13	84272010	集装箱叉车	9	0	8.6	0	5		0	0	0				0
14	84272090	其他机动叉车及有类似装置工作车	9	0	8.6	0	5		0	0	0				0
15	84279000	其他叉车及可升降的工作车	9	0		0	5		0	0	0				0

（续）

序号	税则号列	货品名称	最惠国	协定税率(%)											特惠税率(%)
				东盟	亚太	智利	巴基斯坦	新加坡	新西兰	秘鲁	哥斯达黎加	中国香港	中国澳门	中国台湾	最不发达37国
16	84281010[暂]01	无障碍升降机	4												
17	8428101090	载客电梯	8	0	5.6	0	5	0	0	0	0	0	0		0
18	84281090	其他升降机及倒卸式起重机	6	0	4.2	0	0		0	0	0	0	0	0	0
19	84284000	自动梯及自动人行道	5	0		0	0		0	0	0				0
20	84291110	履带式推土机 $P>235.36kW$ (320hp)	7	0		1.4	5		0	0	0				0
21	84291190	其他履带式推土机	7	0		1.4	5		0	0	0				0
22	84291910	其他推土机 $P>235.36kW$ (320hp)	7	0		0	5		0	0	0				0
23	84291990	未列名推土机	7	0		0	5		0	0	0				0
24	84292010	筑路机及平地机 $P>235.36kW$ (320hp)	5	0		1	0		0	0	0				0
25	84292090	其他筑路机及平地机	5	0		1	0		0	0	0				0
26	84293010	斗容量>10m³的铲运机	3	0		0	0		0	0	0				0
27	84293090	斗容量≤10m³的铲运机	5	0		0	0		0	0	0				0
28	84294011	机重≥18t振动压路机	7	0		1.4	5		0	0	0				0
29	84294019	其他机动压路机	8	0		1.6	5		0	0	0				0
30	84294090	未列名捣固机械及压路机	6	0		1.2	5		0	0	0				0
31	84295100	前铲装载机	5	0		1	0		0	0	0				0
32	84295211	轮胎式挖掘机	8	0	7.2	1.6	5		0	0	0				0
33	84295212	履带式挖掘机	8	0		1.6	5		0	0	0	0			0
34	84295219	其他挖掘机	8	0	7.2	1.6	5		0	0	0				0
35	84295290	其他上部结构可转360°的挖掘机类似机械	8	0	7.2	1.6	5		0	0	0				0
36	84295900	其他机械铲、挖掘机及装载机	8	0		1.6	5		0	0	0				0
37	84301000	打桩机及拔桩机	10	0		0	5		0	0	0				0
38	84302000	扫雪机及吹雪机	10	0		0	5		0	0	0				0
39	84303110	凿岩机	10	0		2	5		0	0	0				0
40	84303120	隧道掘进机	10	0		2	5		0	0	0				
41	84303900	其他非自推进的截煤机、凿岩机及掘进机	6	0		0	5		0	0	0				0
42	84305020	矿用电铲	7	0		1.4	5		0	0	0				0

（续）

序号	税则号列	货品名称	最惠国	协定税率(%)											特惠税率(%)
				东盟	亚太	智利	巴基斯坦	新加坡	新西兰	秘鲁	哥斯达黎加	中国香港	中国澳门	中国台湾	最不发达37国
43	84306100	非自推进的捣固或压实机械	6	0		0	5		0	0	0				0
44	84306911	钻筒直径>3m的工程钻机	6	0		0	5		0	0	0				0
45	84306919	其他工程钻机	6	0		0	5		0	0	0				0
46	84306920	非自推进的铲运机	6	0		0	5		0	0	0				0
47	84306990	未列名非自推进泥土、矿物等运送、平整等机械	6	0		0	5		0	0	0				0
48	84312010	8427所列机械装有差速器的驱动桥及其零件	6	0	5.4	0	0		0	0	0				0
49	84312090[暂]	其他8427所列机械的零件	3												
50	84313100[暂] 01	无障碍升降机零件	1												
51	8431310090	其他升降机、倒卸式起重机或自动梯的零件	3	0		0	0		0	0	0				0
52	84313900	其他8428所列机械的零件	5	0	2.5	1	0		0	0	0	0			0
53	84314100[暂]	戽斗、铲斗、抓斗及夹斗	3	0	5.4	1.2	0		0	0	0				0
54	84314200	推土机或侧铲推土机用铲	6	0		0	5		0	0	0				0
55	84314390	凿井机械零件	5	0	3.5	1	0		0	0	0	0			0
56	84314991	矿用电铲用零件	5	0	4.5	1	0		0	0	0	0			0
57	84314999	8426、8429及8430所列机械的其他零件	5	0	4.5	1	0		0	0	0	0			0
58	84671100	旋转式手提风动工具	8	0		0	5		0	0	0				0
59	84671900	其他手提式风动工具	8	0		0	5		0	0	0				0
60	84679200	手提式风动工具的零件	6	0		0	5		0	0	0				0
61	84743100	混凝土或砂浆混合机器	7	0		0	5		0	0	0				0
62	84743200	矿物与沥青的混合机器	7	0		1.4	5		0	0	0				0
63	84743900	其他混合或搅拌机器	5	0		1	0		0	0	0				0
64	84749000	8474所列机器的零件	5	0		1	0		0	1	0				0
65	84791021	沥青混凝土摊铺机	8	0	5.6	1.6	5		0	0	0				0
66	84791022	稳定土摊铺机	8	0	5.6	1.6	5		0	0	0				0
67	84791029	其他摊铺机	8	0	5.6	1.6	5		0	0	0				0
68	84791090	其他公共工程用机器	8	0	5.6	1.6	5		0	0	0				0
69	87041030	非公路电动轮货运自卸车	6	0		0	5		0	0	0				
70	87041090	其他非公路货运自卸车	6	0		0	5		0	0	0				

（续）

序号	税则号列	货品名称	最惠国	协定税率(%)											特惠税率(%)
				东盟	亚太	智利	巴基斯坦	新加坡	新西兰	秘鲁	哥斯达黎加	中国香港	中国澳门	中国台湾	最不发达37国
71	87042300[暂]02	起重≥55t 汽车起重机用底盘	8												
72	87042300[暂]03	车重≥31t 清障车专用底盘	10												
73	87051021	最大起重量≤50t 的全路面起重车	15	0		0	12		0	9	6				
74	87051022	50t<最大起重量≤100t 全路面起重车	10	0		0	5		0	0	0				0
75	87051023	最大起重量>100t 全路面起重车	10	0		0	5		0	0	0				0
76	87051091	最大起重量≤50t 的其他起重车	15	0		0	12		0	9	6				
77	87051092	50t<最大起重量≤100t 的其他起重车	10	0		0	5		0	0	0				0
78	87051093	最大起重量>100t 的其他起重车	10	0		0	5		0	0	0				0
79	87053010	装有云梯的救火车	3	0		0	0		0	0	0				0
80	87053090	其他机动救火车	3	0		0	0		0	0	0				0
81	87054000	机动混凝土搅拌车	15	0	13.5	0	7.5		0	9	6				
82	87059060	飞机加油车、调温车、除冰车	12	0	10.8	0	5		0	2.4	4.8				
83	87059070	道路(包括跑道)扫雪车	12	0	10.8	0	5		0	2.4	4.8				
84	87059091	混凝土泵车	12	0	10.8	0	5		0	2.4	4.8				
85	87059099[暂]01	跑道除冰车	10												
86	8705909990	未列名特殊用途的机动车辆	12	0	10.8	0	5		0	2.4	4.8				
87	87091110	电动牵引车	10	0		0	5		0	0	0				0
88	87091190	其他电动短距离运货车辆	10	0		0	5		0	0	0				0
89	87091910	其他牵引车	10.5	0		0	5		0	2.1	4.2				0
90	87091990	其他短距离运货机动车辆	10.5	0		0	5		0	2.1	4.2				0
91	87099000	短距离运货车、站台牵引车用零件	8.4	0		0	5		0	0	0				0
92	89051000	挖泥船	3	0		0	0		0	0	0				0

数据来源:《中华人民共和国海关进出口税则(法律文本)(2013)》

注:2013 年工程机械进口关税税率比 2012 年略有下调,其中,智利、秘鲁、哥斯达黎加分别比 2012 年降低三分之一。

〔供稿单位:中国工程机械工业协会〕

中国工程机械工业年鉴2013

标准索引

记载工程机械产品行业标准

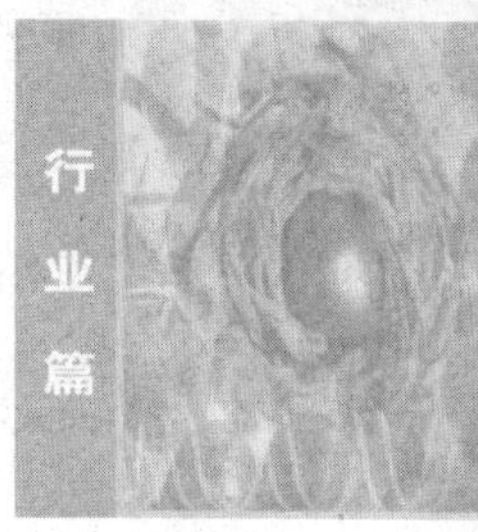

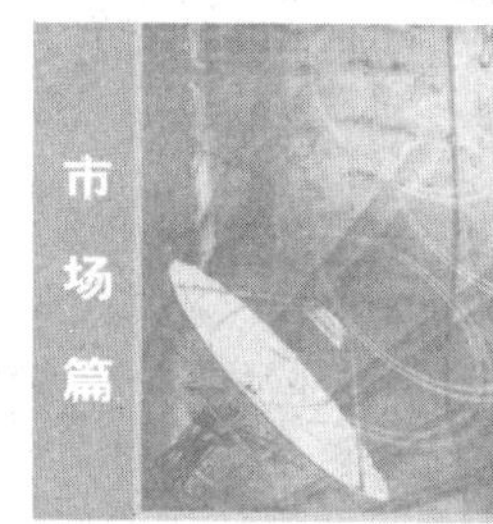

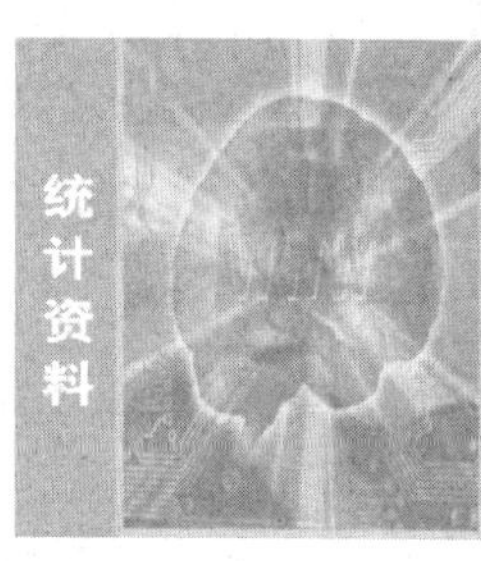

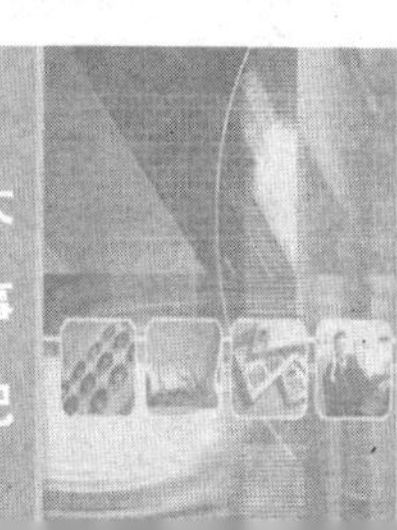

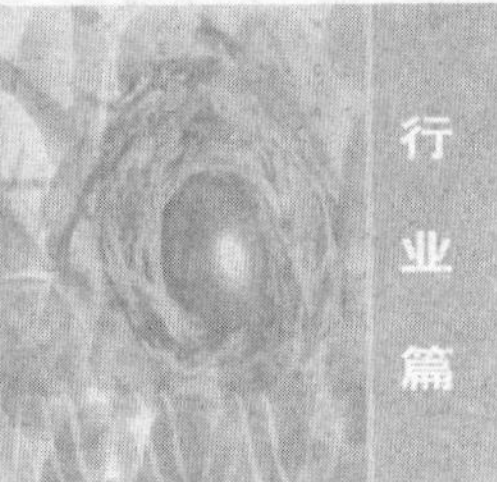

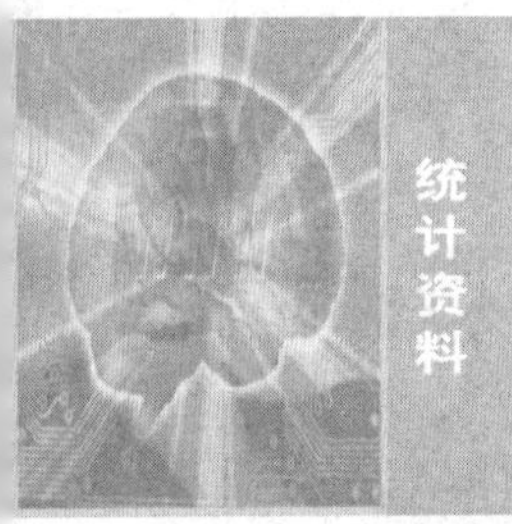

标准索引

标 准 索 引

序号	标准号	标 准 名 称
1	GB 5082—1985	起重吊运指挥信号
2	GB/T 783—1987	起重机械　最大起重量系列
3	GB/T 8499—1987	土方机械　测定重心位置的方法
4	GB 3883.13—1992	手持式电动工具的安全　第二部分:不易燃液体电喷枪的专用要求
5	GB/T 13752—1992	塔式起重机　设计规范
6	GB/T 14289—1993	土方机械　检测孔
7	GB/T 14781—1993	土方机械　轮式机械的转向能力
8	GB 12265.3—1997	机械安全　避免人体各部位挤压的最小间距
9	GB/T 17299—1998	土方机械　最小入口尺寸
10	GB/T 17301—1998	土方机械　操作和维修空间　棱角倒钝
11	GB/T 17772—1999	土方机械　保护结构的实验室鉴定　挠曲极限量的规定
12	GB/T 17908—1999	起重机和起重机械　技术性能和验收文件
13	GB/T 17909.1—1999	起重机　起重机操作手册　第 1 部分:总则
14	GB/T 17910—1999	工业车辆　叉车货叉在使用中的检查和修复
15	GB/T 17920—1999	土方机械　提升臂支承装置
16	GB/T 17922—1999	土方机械　翻车保护结构　试验室试验和性能要求
17	GB/T 8591—2000	土方机械　司机座椅标定点
18	GB/T 9142—2000	混凝土搅拌机
19	GB/T 18148—2000	压实机械　压实性能试验方法
20	GB/T 8592—2001	土方机械　轮胎式机器转向尺寸的测定
21	GB/T 18453—2001	起重机　维护手册　第 1 部分:总则
22	GB/T 18576—2001	建筑施工机械与设备　术语和定义
23	GB/T 2883—2002	工程机械　轮辋规格系列
24	GB 5226.2—2002	机械安全　机械电气设备　第 32 部分:起重机械技术条件
25	GB/T 18717.1—2002	用于机械安全的人类工效学设计　第 1 部分:全身进入机械的开口尺寸确定原则
26	GB/T 18717.2—2002	用于机械安全的人类工效学设计　第 2 部分:人体局部进入机械的开口尺寸确定原则
27	GB/T 18874.1—2002	起重机　供需双方应提供的资料　第 1 部分: 总则

（续）

序号	标准号	标 准 名 称
28	GB/T 18874.5—2002	起重机　供需双方应提供的资料　第5部分:桥式和门式起重机
29	GB/T 18875—2002	起重机　备件手册
30	GB/T 7920.5—2003	土方机械　压路机和回填压实机 术语和商业规格
31	GB/T 7920.8—2003	土方机械　铲运机　术语和商业规格
32	GB/T 7920.9—2003	土方机械　平地机　术语和商业规格
33	GB/T 7920.12—2003	沥青混凝土摊铺机　术语
34	GB/T 7920.15—2003	沥青储存、熔化和加热装置　术语
35	GB/T 8196—2003	机械安全　防护装置　固定式和活动式防护装置设计与制造一般要求
36	GB/T 13749—2003	柴油打桩机　安全操作规程
37	GB/T 16273.6—2003	设备用图形符号　第6部分:运输、车辆检测及装载机械通用符号
38	GB 19154—2003	擦窗机
39	GB 19155—2003	高处作业吊篮
40	GB/T 2893.1—2004	图形符号　安全色和安全标志　第1部分:工作场所和公共区域中安全标志的设计原则
41	GB/T 7920.14—2004	道路施工与养护设备　沥青洒布车/喷洒机　术语和商业规格
42	GB/T 7920.16—2004	道路施工与养护设备　石屑撒布机　术语和商业规格
43	GB/T 8910.1—2004	手持便携式动力工具　手柄振动测量方法　第1部分:总则
44	GB/T 8910.2—2004	手持便携式动力工具　手柄振动测量方法　第2部分:铲和铆钉机
45	GB/T 8910.3—2004	手持便携式动力工具　手柄振动测量方法　第3部分:凿岩机和回转锤
46	GB/T 13333—2004	混凝土泵
47	GB 13750—2004	振动沉拔桩机　安全操作规程
48	GB 3883.17—2005	手持式电动工具的安全　第二部分:木铣和修边机的专用要求
49	GB/T 4307—2005	起重吊钩　术语
50	GB/T 5140—2005	叉车　挂钩型货叉　术语
51	GB/T 5141—2005	平衡重式叉车　稳定性试验
52	GB/T 5142—2005	前移式和插腿式叉车　稳定性试验
53	GB/T 5183—2005	叉车　货叉　尺寸
54	GB/T 7920.4—2005	混凝土机械　术语
55	GB/T 7920.6—2005	建筑施工机械与设备　打桩设备　术语和商业规格
56	GB/T 8511—2005	振动压路机
57	GB/T 10054—2005	施工升降机
58	GB/T 10171—2005	混凝土搅拌站(楼)
59	GB/T 10913—2005	土方机械　行驶速度测定
60	GB/T 13328—2005	压路机　通用要求
61	GB/T 13331—2005	土方机械　液压挖掘机　起重量
62	GB/T 19924—2005	流动式起重机　稳定性的确定
63	GB/T 19928—2005	土方机械　吊管机和安装侧臂的轮胎式推土机或装载机的起重量

（续）

序号	标准号	标 准 名 称
64	GB/T 19929—2005	土方机械　履带式机器制动系统的性能要求和试验方法
65	GB/T 19930—2005	土方机械　小型挖掘机倾翻保护结构的试验室试验和性能要求
66	GB/T 19931—2005	土方机械　挖沟机术语和商业规范
67	GB/T 19932—2005	土方机械　液压挖掘机司机防护装置的试验室试验和性能要求
68	GB/T 19933.1—2005	土方机械　司机室环境　第 1 部分:总则和定义
69	GB/T 19933.2—2005	土方机械　司机室环境　第 2 部分:空气滤清器的试验
70	GB/T 19933.3—2005	土方机械　司机室环境　第 3 部分:司机室增压试验方法
71	GB/T 19933.4—2005	土方机械　司机室环境　第 4 部分:司机室的空调、采暖和(或)换气试验方法
72	GB/T 19933.5—2005	土方机械　司机室环境　第 5 部分:风窗玻璃除霜系统的试验方法
73	GB/T 19933.6—2005	土方机械　司机室环境　第 6 部分:司机室太阳光热效应的测定
74	GB/T 3787—2006	手持式电动工具的管理、使用、检查和维修安全技术规程
75	GB/T 5144—2006	塔式起重机安全规程
76	GB/T 5973—2006	钢丝绳用楔形接头
77	GB/T 5974.1—2006	钢丝绳用普通套环
78	GB/T 5974.2—2006	钢丝绳用重型套环
79	GB/T 5975—2006	钢丝绳用压板
80	GB/T 5976—2006	钢丝绳夹
81	GB/T 7920.10—2006	道路施工与养护设备　稳定土拌和机　术语和商业规格
82	GB/T 7920.11—2006	道路施工与养护设备　沥青混合料搅拌设备　术语和商业规格
83	GB/T 7920.13—2006	混凝土路面铺筑机械与设备　术语
84	GB/T 8706—2006	钢丝绳-术语、标记和分类
85	GB 8918—2006	重要用途钢丝绳
86	GB/T 8910.6—2006	手持便携式动力工具　手柄振动测量方法　第 6 部分：冲击钻
87	GB/T 20118—2006	一般用途钢丝绳
88	GB/T 20119—2006	平衡用扁钢丝绳
89	GB 20178—2006	土方机械　安全标志和危险图示通则
90	GB/T 20303.1—2006	起重机　司机室　第 1 部分:总则
91	GB/T 20303.2—2006	起重机　司机室　第 2 部分:流动式起重机
92	GB/T 20303.3—2006	起重机　司机室　第 3 部分:塔式起重机
93	GB/T 20303.4—2006	起重机　司机室　第 4 部分:臂架起重机
94	GB/T 20303.5—2006	起重机　司机室　第 5 部分:桥式和门式起重机
95	GB/T 20304—2006	塔式起重机　稳定性要求
96	GB/T 20305—2006	起重用钢制圆环校准链　正确使用和维护导则
97	GB/T 20315—2006	道路施工与养护设备　路面铣刨机　术语和商业规格
98	GB/T 20652—2006	M(4)、S(6)和 T(8)级焊接吊链
99	GB/T 20776—2006	起重机械分类

（续）

序号	标准号	标 准 名 称
100	GB 3883.3—2007	手持式电动工具的安全　第二部分:砂轮机、抛光机和盘式砂光机的专用要求
101	GB 3883.5—2007	手持式电动工具的安全　第二部分:圆锯的专用要求
102	GB 3883.10—2007	手持式电动工具的安全　第二部分:电刨的专用要求
103	GB 3883.14—2007	手持式电动工具的安全　第二部分:链锯的专用要求
104	GB 3883.15—2007	手持式电动工具的安全　第二部分:修枝剪的专用要求
105	GB/T 8419—2007	土方机械　司机座椅振动的试验室评价
106	GB/T 10055—2007	施工升降机　安全规程
107	GB/T 16936—2007	土方机械 发动机净功率试验规范
108	GB/T 20863.1—2007	起重机械分级　第 1 部分:总则
109	GB/T 20863.2—2007	起重机械分级　第 2 部分:流动式起重机
110	GB/T 20863.3—2007	起重机械分级　第 3 部分:塔式起重机
111	GB/T 20863.4—2007	起重机械分级　第 4 部分:臂架起重机
112	GB/T 20863.5—2007	起重机　分级　第 5 部分:桥式和门式起重机
113	GB 20891—2007	非道路移动机械用柴油机排气污染物排放限值及测量方法(中国Ⅰ、Ⅱ阶段)
114	GB/T 20900—2007	电梯、自动扶梯和自动人行道　风险评价和降低的方法
115	GB/T 20904—2007	水平定向钻机　安全操作规程
116	GB/T 20946—2007	起重用短环链　验收总则
117	GB/T 20947—2007	起重用短环链　T 级(T、DAT 和 DT 型)高精度葫芦链
118	GB/T 20969.1—2007	特殊环境条件　高原机械　第 1 部分:高原对内燃动力机械的要求
119	GB/T 20969.2—2007	特殊环境条件　高原机械　第 2 部分:高原对工程机械的要求
120	GB/T 20969.3—2007	特殊环境条件　高原机械　第 3 部分:高原型工程机械选型、验收规范
121	GB/T 21014—2007	土方机械　计时表
122	GB/T 21152—2007	土方机械　轮胎式机器 制动系统的性能要求和试验方法
123	GB/T 21153—2007	土方机械　尺寸、性能和参数的单位与测量准确度
124	GB/T 21154—2007	土方机械　整机及其工作装置和部件的质量测量方法
125	GB/T 21155—2007	土方机械　前进和倒退音响报警　声响试验方法
126	GB/T 21156.1—2007	特殊环境条件　沙漠机械　第 1 部分:干热沙漠内燃动力机械
127	GB/T 21156.2—2007	特殊环境条件　沙漠机械　第 2 部分:干热沙漠工程机械
128	GB/T 1955—2008	建筑卷扬机
129	GB 2893—2008	安全色
130	GB/T 2893.2—2008	图形符号　安全色和安全标志　第 2 部分:产品安全标签的设计原则
131	GB 2894—2008	安全标志及其使用导则
132	GB/T 3811—2008	起重机设计规范
133	GB 3883.1—2008	手持式电动工具的安全　第一部分: 通用要求
134	GB 3883.16—2008	手持式电动工具的安全　第二部分: 钉钉机的专用要求
135	GB 3883.22—2008	手持式电动工具的安全　第二部分:开槽机的专用要求

（续）

序号	标准号	标 准 名 称
136	GB/T 5013.5—2008	额定电压450/750V及以下橡皮绝缘电缆　第5部分:电梯电缆
137	GB/T 5031—2008	塔式起重机
138	GB/T 5143—2008	工业车辆　护顶架 技术要求和试验方法
139	GB/T 5182—2008	叉车　货叉　技术要求和试验方法
140	GB/T 5184—2008	叉车　挂钩型货叉和货叉架　安装尺寸
141	GB 5226.1—2008	机械电气安全　机械电气设备　第1部分:通用技术条件
142	GB/T 5465.2—2008	电气设备用图形符号　第2部分:图形符号
143	GB/T 5898—2008	手持式非电类动力工具　噪声测量方法　工程法(2级)
144	GB/T 6068—2008	汽车起重机和轮胎起重机试验规范
145	GB/T 6375—2008	土方机械　牵引力测试方法
146	GB/T 6946—2008	钢丝绳铝合金压制接头
147	GB/T 6974.1—2008	起重机　术语　第1部分:通用术语
148	GB/T 6974.3—2008	起重机　术语　第3部分:塔式起重机
149	GB/T 6974.5—2008	起重机　术语　第5部分:桥式和门式起重机
150	GB/T 7586—2008	液压挖掘机　试验方法
151	GB/T 8498—2008	土方机械　基本类型　识别、术语和定义
152	GB/T 8506—2008	平地机　试验方法
153	GB/T 8533—2008	小型砌块成型机
154	GB/T 8595—2008	土方机械　司机的操纵装置
155	GB/T 8910.4—2008	手持便携式动力工具　手柄振动测量方法　第4部分: 砂轮机
156	GB/T 8910.5—2008	手持便携式动力工具　手柄振动测量方法　第5部分: 建筑工程用路面破碎机和镐
157	GB/T 9139—2008	液压挖掘机　技术条件
158	GB/T 9465—2008	高空作业车
159	GB/T 10168—2008	土方机械 挖掘装载机 术语和商业规格
160	GB/T 10175.1—2008	土方机械　装载机和挖掘装载机　第1部分:额定工作载荷的计算和验证倾翻载荷计算值的测试方法
161	GB/T 10175.2—2008	土方机械　装载机和挖掘装载机　第2部分:掘起力和最大提升高度提升能力的测试方法
162	GB/T 13332—2008	土方机械　液压挖掘机和挖掘装载机　挖掘力的测定方法
163	GB/T 13751—2008	挖掘装载机　试验方法
164	GB/T 14917—2008	土方机械　维修服务用仪器
165	GB/T 16277—2008	沥青混凝土摊铺机
166	GB/T 16273.1—2008	设备用图形符号　第1部分:通用符号
167	GB 16754—2008	机械安全　急停　设计原则
168	GB/T 16755—2008	机械安全　安全标准的起草与表述规则
169	GB/T 16855.1—2008	机械安全　控制系统有关安全部　件 第1部分:设计通则

（续）

序号	标准号	标 准 名 称
170	GB/T 16856.2—2008	机械安全　风险评价　第 2 部分:实施指南和方法举例
171	GB/T 17047—2008	混凝土制品机械　术语
172	GB/T 18224—2008	桥式抓斗卸船机　安全规程
173	GB/T 18577.1—2008	土方机械　尺寸与符号的定义　第 1 部分:主机
174	GB/T 18577.2—2008	土方机械　尺寸与符号的定义　第 2 部分:工作装置和附属装置
175	GB/T 20969.4—2008	特殊环境条件　高原机械　第 4 部分:高原自然环境试验导则 内燃动力机械
176	GB/T 20969.5—2008	特殊环境条件　高原机械　第 5 部分:高原自然环境试验导则　工程机械
177	GB/T 21457—2008	起重机和相关设备　试验中参数的测量精度要求
178	GB/T 21458—2008	流动式起重机　额定起重量图表
179	GB/T 21467—2008	工业车辆在门架前倾的特定条件下堆垛作业　附加稳定性试验
180	GB/T 21468—2008	托盘堆垛车和高起升平台堆垛车　稳定性试验
181	GB/T 21682—2008	旋挖钻机
182	GB/T 21934—2008	土方机械　沉头方颈螺栓
183	GB/T 21935—2008	土方机械　操纵的舒适区域与可及范围
184	GB/T 21936—2008	土方机械　安装在机器上的拖曳装置　性能要求
185	GB/T 21937—2008	土方机械　履带式和轮胎式推土机的推土铲　容量标定
186	GB/T 21938—2008	土方机械　液压挖掘机和挖掘装载机动臂下降控制装置　要求和试验
187	GB/T 21939—2008	土方机械　低速机器报警装置　超声波及其他系统
188	GB/T 21940—2008	土方机械　推土机、平地机和铲运机用刀片　主要形状和基本尺寸
189	GB/T 21941—2008	土方机械　液压挖掘机和挖掘装载机的反铲斗和抓铲斗　容量标定
190	GB/T 21942—2008	土方机械　装载机和正铲挖掘机的铲斗　容量标定
191	GB/T 22166—2008	非校准起重圆环链和吊链　使用和维护
192	GB/T 22242—2008	装修机械　术语
193	GB/T 22352—2008	土方机械　吊管机　术语和商业规格
194	GB/T 22353—2008	土方机械　电线和电缆　识别和标记通则
195	GB/T 22354—2008	土方机械　机器生产率　术语、符号和单位
196	GB/T 22355—2008	土方机械　铰接机架锁紧装置　性能要求
197	GB/T 22356—2008	土方机械　钥匙锁启动系统
198	GB/T 22357—2008	土方机械　机械挖掘机 术语
199	GB/T 22358—2008	土方机械　防护与贮存
200	GB/T 22359—2008	土方机械　电磁兼容性
201	GB 22361—2008	打桩设备　安全规范
202	GB/T 22414—2008	起重机　速度和时间参数的测量
203	GB/T 22415—2008	起重机　对试验载荷的要求
204	GB/T 22416.1—2008	起重机　维护　第 1 部分:总则
205	GB/T 22417—2008	叉车　货叉叉套和伸缩式货叉　技术性能和强度要求

（续）

序号	标准号	标 准 名 称
206	GB/T 22418—2008	工业车辆　车辆自动功能的附加要求
207	GB/T 22419—2008	工业车辆　集装箱吊具和抓臂操作用指示灯　技术要求
208	GB/T 22420—2008	两向和多向运行叉车　稳定性试验
209	GB/T 22437.1—2008	起重机　载荷与载荷组合的设计原则　第1部分:总则
210	GB/T 22437.3—2008	起重机　载荷与载荷组合的设计原则　第3部分:塔式起重机
211	GB/T 22437.5—2008	起重机　载荷与载荷组合的设计原则　第5部分:桥式和门式起重机
212	GB/T 22664—2008	手持式电动工具　石材切割机
213	GB/T 22665.1—2008	手持式电动工具手柄的振动测量方法　第1部分:电钻和冲击钻
214	GB/T 22665.2—2008	手持式电动工具手柄的振动测量方法　第2部分:螺丝刀和冲击扳手
215	GB/T 22665.3—2008	手持式电动工具手柄的振动测量方法　第3部分:砂轮机、抛光机和盘式砂光机
216	GB/T 22665.4—2008	手持式电动工具手柄的振动测量方法　第4部分:非盘式砂光机和抛光机
217	GB/T 22665.5—2008	手持式电动工具手柄的振动测量方法　第5部分:圆锯
218	GB/T 22665.6—2008	手持式电动工具手柄的振动测量方法　第6部分:锤类工具
219	GB 3883.18—2009	手持式电动工具的安全　第二部分:石材切割机的专用要求
220	GB 4053.1—2009	固定式钢梯及平台　安全要求　第1部分:钢直梯
221	GB 4053.2—2009	固定式钢梯及平台　安全要求　第2部分:钢斜梯
222	GB 4053.3—2009	固定式钢梯及平台　安全要求　第3部分:工业防护栏杆及钢平台
223	GB/T 5465.1—2009	电气设备用图形符号　第1部分:概述与分类
224	GB/T 5972—2009	起重机　钢丝绳 保养、维护、安装、检验和报废
225	GB 12602—2009	起重机械超载保护装置
226	GB/T 18874.4—2009	起重机　供需双方应提供的资料　第4部分:臂架起重机
227	GB/T 23577—2009	道路施工与养护机械设备　基本类型　识别与描述
228	GB/T 23578—2009	道路施工与养护机械设备　滑模摊铺机　术语和商业规格
229	GB/T 23579—2009	道路施工与养护机械设备　粉料撒布机　术语和商业规格
230	GB/T 23580—2009	连续搬运设备　安全规范 专用规则
231	GB/T 23720.1—2009	起重机　司机培训　第1部分:总则
232	GB/T 23721—2009	起重机　吊装工和指挥人员的培训
233	GB/T 23722—2009	起重机　司机(操作员)、吊装工、指挥人员和评审员的资格要求
234	GB/T 23723.1—2009	起重机　安全使用　第1部分:总则
235	GB/T 23724.1—2009	起重机　检查　第1部分:总则
236	GB/T 23725.1—2009	起重机　信息标牌　第1部分:总则
237	GB/T 24809.1—2009	起重机　对机构的要求　第1部分:总则
238	GB/T 24809.3—2009	起重机　对机构的要求　第3部分:塔式起重机
239	GB/T 24809.4—2009	起重机　对机构的要求　第4部分:臂架起重机
240	GB/T 24809.5—2009	起重机　对机构的要求　第5部分:桥式和门式起重机
241	GB/T 24810.1—2009	起重机　限制器和指示器　第1部分:总则

（续）

序号	标准号	标 准 名 称
242	GB/T 24810.2—2009	起重机　限制器和指示器　第2部分:流动式起重机
243	GB/T 24810.3—2009	起重机　限制器和指示器　第3部分:塔式起重机
244	GB/T 24810.4—2009	起重机　限制器和指示器　第4部分:臂架起重机
245	GB/T 24810.5—2009	起重机　限制器和指示器　第5部分:桥式和门式起重机
246	GB/T 24811.1—2009	起重机和起重机械　钢丝绳选择　第1部分:总则
247	GB/T 24811.2—2009	起重机和起重机械　钢丝绳选择　第2部分:流动式起重机 利用系数
248	GB/T 24812—2009	4级链条用锻造环眼吊钩
249	GB/T 24813—2009	8级链条用锻造环眼吊钩
250	GB/T 24814—2009	起重用短环链　吊链等用4级普通精度链
251	GB/T 24815—2009	起重用短环链　吊链等用6级普通精度链
252	GB/T 24816—2009	起重用短环链　吊链等用8级普通精度链
253	GB/T 24817.1—2009	起重机械　控制装置布置形式和特性　第1部分:总则
254	GB/T 24817.3—2009	起重机械　控制装置布置形式和特性　第3部分:塔式起重机
255	GB/T 24817.4—2009	起重机械　控制装置布置形式和特性　第4部分:臂架起重机
256	GB/T 24817.5—2009	起重机械　控制装置布置形式和特性　第5部分:桥式和门
257	GB/T 24818.1—2009	起重机　通道及安全防护设施　第1部分:总则
258	GB/T 24818.3—2009	起重机　通道及安全防护设施　第3部分:塔式起重机
259	GB/T 24818.5—2009	起重机　通道及安全防护设施　第5部分:桥式和门式起重机
260	GB/T 2893.3—2010	图形符号　安全色和安全标志　第3部分:安全标志用图形符号设计原则
261	GB 6067.1—2010	起重机械安全规程　第1部分:总则
262	GB/T 6974.2—2010	起重机　术语　第2部分:流动式起重机
263	GB/T 8593.1—2010	土方机械　司机操纵装置和其他显示装置用符号　第1部分:通用符号
264	GB/T 8593.2—2010	土方机械　司机操纵装置和其他显示装置用符号　第2部分:机器、工作装置和附件的特殊符号
265	GB/T 10051.1—2010	起重吊钩　第1部分:力学性能、起重量、应力及材料
266	GB/T 10051.2—2010	起重吊钩　第2部分:锻造吊钩技术条件
267	GB/T 10051.3—2010	起重吊钩　第3部分:锻造吊钩使用检查
268	GB/T 10051.4—2010	起重吊钩　第4部分:直柄单钩毛坯件
269	GB/T 10051.5—2010	起重吊钩　第5部分:直柄单钩
270	GB/T 10051.6—2010	起重吊钩　第6部分:直柄双钩毛坯件
271	GB/T 10051.7—2010	起重吊钩　第7部分:直柄双钩
272	GB/T 10051.8—2010	起重吊钩　第8部分:吊钩横梁毛坯件
273	GB/T 10051.9—2010	起重吊钩　第9部分:吊钩横梁
274	GB/T 10051.10—2010	起重吊钩　第10部分:吊钩螺母
275	GB/T 10051.11—2010	起重吊钩　第11部分:吊钩螺母防松板
276	GB/T 10051.12—2010	起重吊钩　第12部分:吊钩闭锁装置

（续）

序号	标准号	标 准 名 称
277	GB/T 10051.13—2010	起重吊钩　第 13 部分:叠片式吊钩技术条件
278	GB/T 10051.14—2010	起重吊钩　第 14 部分:叠片式吊钩使用检查
279	GB/T 10051.15—2010	起重吊钩　第 15 部分:叠片式单钩
280	GB/T 10170—2010	挖掘装载机　技术条件
281	GB/T 10183.1—2010	起重机　车轮及大车和小车轨道公差　第 1 部分:总则
282	GB/T 10183.4—2010	起重机　车轮及大车和小车轨道公差　第 4 部分:臂架起重机
283	GB/T 14780—2010	土方机械　排液、加液和液位螺塞
284	GB/T 14782—2010	平地机　技术条件
285	GB 15052—2010	起重机　安全标志和危险图形符号　总则
286	GB 16710—2010	土方机械　噪声限值
287	GB/T 16937—2010	土方机械　司机视野　试验方法和性能准则
288	GB/T 17300—2010	土方机械　通道装置
289	GB/T 17771—2010	土方机械　落物保护结构　试验室试验和性能要求
290	GB/T 17808—2010	道路施工与养护机械设备　沥青混合料搅拌设备
291	GB/T 17909.2—2010	起重机　起重机操作手册　第 2 部分:流动式起重机
292	GB/T 17921—2010	土方机械　座椅安全带及其固定器　性能要求和试验
293	GB/T 22437.2—2010	起重机　载荷与载荷组合的设计原则　第 2 部分:流动式起重机
294	GB/T 22437.4—2010	起重机　载荷与载荷组合的设计原则　第 4 部分:臂架起重机
295	GB/T 23720.3—2010	起重机　司机培训　第 3 部分:塔式起重机
296	GB/T 23723.3—2010	起重机　安全使用　第 3 部分:塔式起重机
297	GB/T 23723.4—2010	起重机　安全使用　第 4 部分:臂架起重机
298	GB/T 23724.3—2010	起重机　检查　第 3 部分:塔式起重机
299	GB/T 23725.3—2010	起重机　信息标牌　第 3 部分:塔式起重机
300	GB/T 24817.2—2010	起重机械　控制装置布置形式和特性　第 2 部分:流动式起重机
301	GB/T 24818.2—2010	起重机　通道及安全防护设施　第 2 部分:流动式起重机
302	GB/T 25195.1—2010	起重机　图形符号　第 1 部分:总则
303	GB/T 25195.2—2010	起重机　图形符号　第 2 部分:流动式起重机
304	GB/T 25195.3—2010	起重机　图形符号　第 3 部分:塔式起重机
305	GB/T 25196.1—2010	起重机　状态监控　第 1 部分:总则
306	GB/T 25602—2010	土方机械　机器可用性　术语
307	GB/T 25603—2010	土方机械　水平定向钻机　术语
308	GB/T 25604—2010	土方机械　装载机　术语和商业规格
309	GB/T 25605—2010	土方机械　自卸车　术语和商业规格
310	GB/T 25606—2010	土方机械　产品识别代码系统
311	GB/T 25607—2010	土方机械　防护装置　定义和要求
312	GB/T 25608—2010	土方机械　非金属燃油箱的性能要求

（续）

序号	标准号	标 准 名 称
313	GB/T 25609—2010	土方机械　步行操纵式机器的制动系统　性能要求和试验方法
314	GB/T 25610—2010	土方机械　自卸车车厢支承装置和司机室倾斜支承装置
315	GB/T 25611—2010	土方机械　机器液体系统作业的坡道极限值测定　静态法
316	GB/T 25612—2010	土方机械　声功率级的测定　定置试验条件
317	GB/T 25613—2010	土方机械　司机位置发射声压级的测定　定置试验条件
318	GB/T 25614—2010	土方机械　声功率级的测定　动态试验条件
319	GB/T 25615—2010	土方机械　司机位置发射声压级的测定 动态试验条件
320	GB/T 25616—2010	土方机械　辅助启动装置的电连接件
321	GB/T 25617—2010	土方机械　机器操作的可视显示装置
322	GB/T 25618.1—2010	土方机械　润滑油杯　第1部分:螺纹接头式
323	GB/T 25618.2—2010	土方机械　润滑油杯　第2部分:油枪注油嘴
324	GB/T 25619—2010	土方机械　滑移转向装载机附属装置的连接
325	GB/T 25620—2010	土方机械　操作和维修　可维修性指南
326	GB/T 25621—2010	土方机械　操作和维修　技工培训
327	GB/T 25622—2010	土方机械　司机手册　内容和格式
328	GB/T 25623—2010	土方机械　司机培训方法指南
329	GB/T 25624—2010	土方机械　司机座椅 尺寸和要求
330	GB/T 25625—2010	土方机械　自卸车　教练员座椅/环境空间
331	GB/T 25626—2010	冲击压路机
332	GB/T 25627—2010	工程机械　动力换挡变速器
333	GB/T 25628—2010	土方机械　斗齿
334	GB/T 25629—2010	液压挖掘机　中央回转接头
335	GB/T 25637.1—2010	建筑施工机械与设备　混凝土搅拌机　第1部分:术语与商业规格
336	GB/T 25638.1—2010	建筑施工机械与设备　混凝土泵　第1部分:术语与商业规格
337	GB/T 25639—2010	道路施工与养护机械设备　沥青混凝土路面摊铺作业机群智能化　术语
338	GB/T 25640—2010	道路施工与养护机械设备　沥青混凝土路面摊铺作业机群智能化　信息交换
339	GB/T 25641—2010	道路施工与养护机械设备　沥青混合料厂拌热再生设备
340	GB/T 25642—2010	道路施工与养护机械设备　沥青混合料转运机
341	GB/T 25643—2010	道路施工与养护机械设备　路面铣刨机
342	GB/T 25648—2010	道路施工与养护机械设备　稳定土拌和机
343	GB/T 25649—2010	道路施工与养护机械设备　稀浆封层机
344	GB/T 25650—2010	混凝土振动台
345	GB 25684.1—2010	土方机械　安全　第1部分:通用要求
346	GB 25684.2—2010	土方机械　安全　第2部分:推土机的要求
347	GB 25684.3—2010	土方机械　安全　第3部分:装载机的要求
348	GB 25684.4—2010	土方机械　安全　第4部分:挖掘装载机的要求

（续）

序号	标准号	标 准 名 称
349	GB 25684.5—2010	土方机械　安全　第5部分:液压挖掘机的要求
350	GB 25684.6—2010	土方机械　安全　第6部分:自卸车的要求
351	GB 25684.7—2010	土方机械　安全　第7部分:铲运机的要求
352	GB 25684.8—2010	土方机械　安全　第8部分:平地机的要求
353	GB 25684.9—2010	土方机械　安全　第9部分:吊管机的要求
354	GB 25684.10—2010	土方机械　安全　第10部分:挖沟机的要求
355	GB 25684.11—2010	土方机械　安全　第11部分:土方回填压实机的要求
356	GB 25684.12—2010	土方机械　安全　第12部分:机械挖掘机的要求
357	GB 25684.13—2010	土方机械　安全　第13部分:压路机的要求
358	GB/T 25685.1—2010	土方机械　监视镜和后视镜的视野　第1部分:试验方法
359	GB/T 25685.2—2010	土方机械　监视镜和后视镜的视野　第2部分:性能准则
360	GB/T 25686—2010	土方机械　司机遥控的安全要求
361	GB/T 25687.1—2010	土方机械　同义术语的多语种列表　第1部分:综合
362	GB/T 25687.2—2010	土方机械　同义术语的多语种列表　第2部分:性能和尺寸
363	GB/T 25688.1—2010	土方机械　维修工具　第1部分:通用维修和调整工具
364	GB/T 25688.2—2010	土方机械　维修工具　第2部分:机械式拉拔器和推拔器
365	GB/T 25689—2010	土方机械　自卸车车厢　容量标定
366	GB/T 25690—2010	土方机械　升运式铲运机　容量标定
367	GB/T 25691—2010	土方机械　开斗式铲运机　容量标定
368	GB/T 25692—2010	土方机械　自卸车和自行式铲运机用限速器　性能试验
369	GB/T 25693—2010	土方机械　遥控拆除机
370	GB/T 25694—2010	土方机械　滑移转向装载机
371	GB/T 25695—2010	建筑施工机械与设备　旋挖钻机成孔施工通用规程
372	GB/T 25696—2010	道路施工与养护机械设备　沥青路面加热机　术语和商业规格
373	GB/T 25697—2010	道路施工与养护机械设备　沥青路面就地热再生复拌机
374	GB 25849—2010	移动式升降工作平台　设计计算、安全要求和测试方法
375	GB/T 25850—2010	起重机　指派人员的培训
376	GB/T 25851.1—2010	流动式起重机　起重机性能的试验测定　第1部分:倾翻载荷和幅度
377	GB/T 25852—2010	8级链条用锻造起重部件
378	GB/T 25853—2010	8级非焊接吊链
379	GB/T 25854—2010	一般起重用D形和弓形锻造卸扣
380	GB/T 25855—2010	索具用8级连接环
381	GB 25856—2010	仅载货电梯制造与安装安全规范
382	GB/T 25896.1—2010	设备用图形符号　起重机　第1部分:通用符号
383	GB/T 25896.2—2010	设备用图形符号　起重机　第2部分:流动式起重机符号
384	GB/T 25896.3—2010	设备用图形符号　起重机　第3部分:塔式起重机符号

（续）

序号	标准号	标准名称
385	GB/T 25977—2010	除雪车
386	GB/T 25981—2010	护栏清洗车
387	GB/T 26080—2010	塔机用冷弯矩形管
388	GB 26133—2010	非道路移动机械用小型点燃式发动机排气污染物排放限值与测量方法（中国第一、二阶段）
389	GB/Z 26139—2010	土方机械　驾乘式机器暴露于全身振动的评价指南　国际协会、组织和制造商所测定协调数据的应用
390	GB/T 5905—2011	起重机　试验规范和程序
391	GB/T 8420—2011	土方机械　司机的身材尺寸与司机的最小活动空间
392	GB/T 10597—2011	卷扬式启闭机
393	GB/T 14406—2011	通用门式起重机
394	GB/T 14405—2011	通用桥式起重机
395	GB/T 14560—2011	履带起重机
396	GB/T 14627—2011	液压式启闭机
397	GB/T 14687—2011	工业脚轮和车轮
398	GB/T 14695—2011	臂式斗轮堆取料机　型式和基本参数
399	GB/T 16178—2011	场（厂）内机动车辆安全检验技术要求
400	GB 16899—2011	自动扶梯和自动人行道的制造与安装安全规范
401	GB/T 20418—2011	土方机械　照明、信号和标志灯以及反射器
402	GB/T 26408—2011	混凝土搅拌运输车
403	GB/T 26409—2011	流动式混凝土泵
404	GB 26469—2011	架桥机安全规程
405	GB/T 26470—2011	架桥机通用技术条件
406	GB/T 26471—2011	塔式起重机　安装与拆卸规则
407	GB/T 26472—2011	流动式起重机　卷筒和滑轮尺寸
408	GB/T 26473—2011	起重机　随车起重机　安全要求
409	GB/T 26474—2011	集装箱正面吊运起重机　技术条件
410	GB/T 26476—2011	机械式停车设备　术语
411	GB/T 26477.1—2011	起重机　车轮和相关小车承轨结构的设计计算　第 1 部分：总则
412	GB 26504—2011	移动式道路施工机械　通用安全要求
413	GB 26505—2011	移动式道路施工机械　摊铺机安全要求
414	GB 26545—2011	建筑施工机械与设备　钻孔设备安全规范
415	GB/T26546—2011	工程机械减轻环境负担的技术指南
416	GB 26557—2011	吊笼有垂直导向的人货两用施工升降机
417	GB/T 26558—2011	桅杆起重机
418	GB/T 26559—2011	机械式停车设备　分类

（续）

序号	标准号	标 准 名 称
419	GB/T 26560—2011	机动工业车辆　安全标志和危险图示　通则
420	GB/T 26561—2011	搬运 6m 及其以上长度货运集装箱的平衡重式叉车　附加稳定性试验
421	GB/T 26665—2011	制动器　术语
422	GB/T 26945—2011	集装箱空箱堆高机
423	GB/T 26946.1—2011	侧面式叉车　第 1 部分:稳定性试验
424	GB/T 26946.2—2011	侧面式叉车　第 2 部分:搬运 6m 及其以上长度货运集装箱叉车的附加稳定性试验
425	GB/T 26947—2011	手动托盘搬运车
426	GB/T 26948.1—2011	工业车辆驾驶员约束系统技术要求及试验方法　第 1 部分:腰部安全带
427	GB/T 26949.10—2011	工业车辆　稳定性验证　第 10 部分:在由动力装置侧移载荷条件下堆垛作业的附加稳定性试验
428	GB/T 26950.1—2011	防爆工业车辆　第 1 部分:蓄电池工业车辆
429	GB/T 27542—2011	蓄电池托盘搬运车
430	GB/T 27543—2011	手推升降平台搬运车
431	GB/T 27544—2011	工业车辆　电气要求
432	GB/T 27545—2011	水平循环类机械式停车设备
433	GB/T 27546—2011	起重机械　滑轮
434	GB/T 27547—2011	升降工作平台　导架爬升式工作平台
435	GB/T 27548—2011	移动式升降工作平台　安全规则、检查、维护和操作
436	GB/T 27549—2011	移动式升降工作平台　操作人员培训
437	GB/T 27613—2011	液压传动　液体污染　采用称重法测定颗粒污染度
438	GB/T 27693—2011	工业车辆安全　噪声辐射的测量方法
439	GB/T 27694—2011	工业车辆安全　振动的测量方法
440	GB 27695—2011	汽车举升机安全规程
441	GB/T 27696—2011	一般起重用 4 级锻造吊环螺栓
442	GB/T 27697—2011	立式油压千斤顶
443	GB/T 27996—2011	全地面起重机
444	GB/T 27997—2011	造船门式起重机
445	GB/T 27998—2011	平衡式起重机
446	GB 3883.2—2012	手持式电动工具的安全　第二部分:螺丝刀和冲击扳手的专用要求
447	GB 3883.4—2012	手持式电动工具的安全　第二部分:非盘式砂光机和抛光机的专用要求
448	GB 3883.6—2012	手持式电动工具的安全　第二部分:电钻和冲击电钻的专用要求
449	GB 3883.7—2012	手持式电动工具的安全　第二部分:锤类工具的专用要求
450	GB 3883.8—2012	手持式电动工具的安全　第二部分:电剪刀和电冲剪的专用要求
451	GB 3883.9—2012	手持式电动工具的安全　第二部分:攻丝机的专用要求
452	GB 3883.11—2012	手持式电动工具的安全　第二部分:往复锯(曲线锯、刀锯)的专用要求
453	GB 3883.12—2012	手持式电动工具的安全　第二部分:混凝土振动器的专用要求

（续）

序号	标准号	标 准 名 称
454	GB 3883.19—2012	手持式电动工具的安全　第二部分：管道疏通机的专用要求
455	GB 3883.20—2012	手持式电动工具的安全　第二部分：捆扎机的专用要求
456	GB 3883.21—2012	手持式电动工具的安全　第二部分：带锯的专用要求
457	GB/T 15706—2012	机械安全　设计通则　风险评估与风险减小
458	GB/T 19876—2012	机械安全　与人体部位接近速度相关的安全防护装置的定位
459	GB/T 28264—2012	起重机械　安全监控管理系统
460	GB/T 28391—2012	建筑施工机械与设备　人力移动式液压动力站
461	GB/T 28392—2012	道路施工与养护机械设备　热风式沥青混合料再生修补机
462	GB/T 28393—2012	道路施工与养护机械设备　沥青碎石同步封层车
463	GB/T 28394—2012	道路施工与养护机械设备　沥青路面微波加热装置
464	GB 28395—2012	混凝土及灰浆输送、喷射、浇注机械　安全要求
465	GB/T 26949.1—2012	工业车辆 稳定性验证　第1部分：总则
466	GB 28755—2012	简易升降机安全规程
467	GB/T 28756—2012	缆索起重机
468	GB/T 28757—2012	除流动式、塔式和浮式起重机以外的起重机　稳定性基本要求
469	GB/T 28758—2012	起重机　检查人员的资格要求
470	GB/T 29009—2012	建筑施工机械与设备　移动式破碎机　术语和商业规格
471	GB/T 29010—2012	建筑施工机械与设备　履带式建设废弃物处理机械　术语和商业规格
472	GB/T 29011—2012	建筑施工机械与设备　液压式钢板桩压拔桩机　术语和商业规格
473	GB/T 29012—2012	道路施工与养护机械设备　道路灌缝机
474	GB/T 29013—2012	道路施工与养护机械设备　滑模式水泥混凝土摊铺机
475	GB/T 29086—2012	钢丝绳　安全　使用和维护
476	GB/T 29009—2012	建筑施工机械与设备　移动式破碎机　术语和商业规格
477	GB/T 29010—2012	建筑施工机械与设备　履带式建设废弃物处理机械　术语和商业规格

〔供稿人：中国工程机械工业协会标准化工作委员会李静〕

政策法规

记载对工程机械行业产生重要影响的政策法规

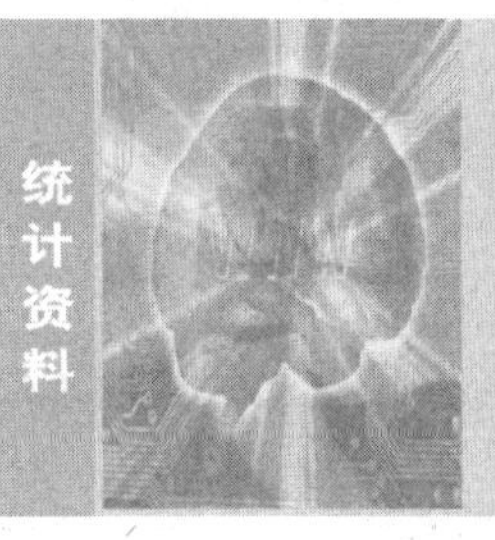

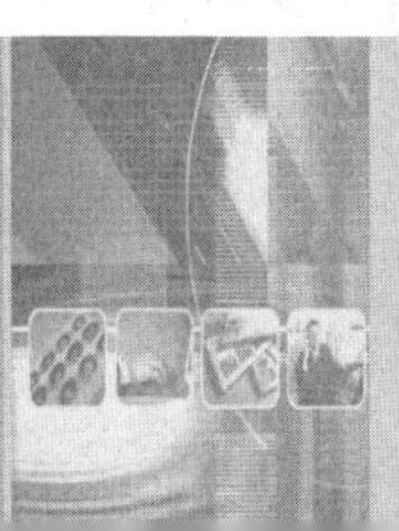

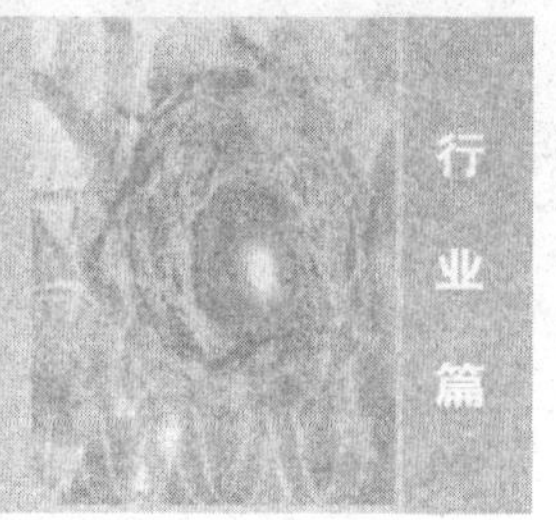

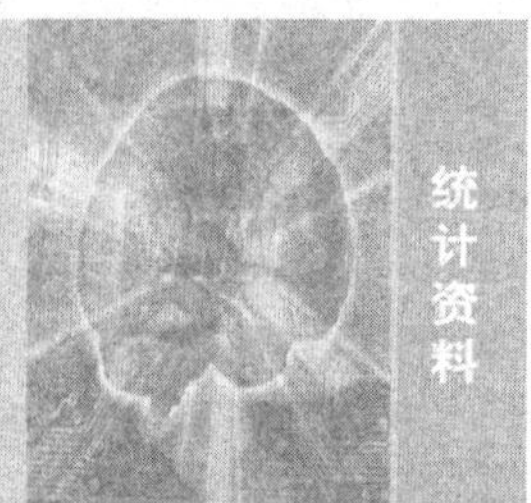

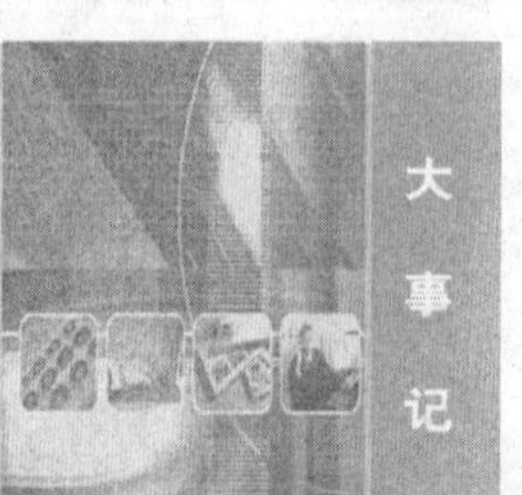

政策法规

中华人民共和国特种设备安全法

（中华人民共和国主席令　第4号）

《中华人民共和国特种设备安全法》已由中华人民共和国第十二届全国人民代表大会常务委员会第三次会议于2013年6月29日通过，现予公布，自2014年1月1日起施行。

中华人民共和国特种设备安全法

（2013年6月29日第十二届全国人民代表大会常务委员会第三次会议通过）

目　录

第一章　总　则

第一条　为了加强特种设备安全工作，预防特种设备事故，保障人身和财产安全，促进经济社会发展，制定本法。

第二条　特种设备的生产（包括设计、制造、安装、改造、修理）、经营、使用、检验、检测和特种设备安全的监督管理，适用本法。

本法所称特种设备，是指对人身和财产安全有较大危险性的锅炉、压力容器（含气瓶）、压力管道、电梯、起重机械、客运索道、大型游乐设施、场（厂）内专用机动车辆，以及法律、行政法规规定适用本法的其他特种设备。

国家对特种设备实行目录管理。特种设备目录由国务院负责特种设备安全监督管理的部门制定，报国务院批准后执行。

第三条　特种设备安全工作应当坚持安全第一、预防为主、节能环保、综合治理的原则。

第四条　国家对特种设备的生产、经营、使用，实施分类的、全过程的安全监督管理。

第五条　国务院负责特种设备安全监督管理的部门对全国特种设备安全实施监督管理。县级以上地方各级人民政府负责特种设备安全监督管理的部门对本行政区域内特种设备安全实施监督管理。

第六条　国务院和地方各级人民政府应当加强对特种设备安全工作的领导，督促各有关部门依法履行监督管理职责。

县级以上地方各级人民政府应当建立协调机制，及时协调、解决特种设备安全监督管理中存在的问题。

第七条　特种设备生产、经营、使用单位应当遵守本法和其他有关法律、法规，建立、健全特种设备安全和节能责任制度，加强特种设备安全和节能管理，确保特种设备生产、经营、使用安全，符合节能要求。

第八条 特种设备生产、经营、使用、检验、检测应当遵守有关特种设备安全技术规范及相关标准。

特种设备安全技术规范由国务院负责特种设备安全监督管理的部门制定。

第九条 特种设备行业协会应当加强行业自律，推进行业诚信体系建设，提高特种设备安全管理水平。

第十条 国家支持有关特种设备安全的科学技术研究，鼓励先进技术和先进管理方法的推广应用，对做出突出贡献的单位和个人给予奖励。

第十一条 负责特种设备安全监督管理的部门应当加强特种设备安全宣传教育，普及特种设备安全知识，增强社会公众的特种设备安全意识。

第十二条 任何单位和个人有权向负责特种设备安全监督管理的部门和有关部门举报涉及特种设备安全的违法行为，接到举报的部门应当及时处理。

第二章 生产、经营、使用

第一节 一般规定

第十三条 特种设备生产、经营、使用单位及其主要负责人对其生产、经营、使用的特种设备安全负责。

特种设备生产、经营、使用单位应当按照国家有关规定配备特种设备安全管理人员、检测人员和作业人员，并对其进行必要的安全教育和技能培训。

第十四条 特种设备安全管理人员、检测人员和作业人员应当按照国家有关规定取得相应资格，方可从事相关工作。特种设备安全管理人员、检测人员和作业人员应当严格执行安全技术规范和管理制度，保证特种设备安全。

第十五条 特种设备生产、经营、使用单位对其生产、经营、使用的特种设备应当进行自行检测和维护保养，对国家规定实行检验的特种设备应当及时申报并接受检验。

第十六条 特种设备采用新材料、新技术、新工艺，与安全技术规范的要求不一致，或者安全技术规范未作要求、可能对安全性能有重大影响的，应当向国务院负责特种设备安全监督管理的部门申报，由国务院负责特种设备安全监督管理的部门及时委托安全技术咨询机构或者相关专业机构进行技术评审，评审结果经国务院负责特种设备安全监督管理的部门批准，方可投入生产、使用。

国务院负责特种设备安全监督管理的部门应当将允许使用的新材料、新技术、新工艺的有关技术要求，及时纳入安全技术规范。

第十七条 国家鼓励投保特种设备安全责任保险。

第二节 生 产

第十八条 国家按照分类监督管理的原则对特种设备生产实行许可制度。特种设备生产单位应当具备下列条件，并经负责特种设备安全监督管理的部门许可，方可从事生产活动：

（一）有与生产相适应的专业技术人员；

（二）有与生产相适应的设备、设施和工作场所；

（三）有健全的质量保证、安全管理和岗位责任等制度。

第十九条 特种设备生产单位应当保证特种设备生产符合安全技术规范及相关标准的要求，对其生产的特种设备的安全性能负责。不得生产不符合安全性能要求和能效指标以及国家明令淘汰的特种设备。

第二十条 锅炉、气瓶、氧舱、客运索道、大型游乐设施的设计文件，应当经负责特种设备安全监督管理的部门核准的检验机构鉴定，方可用于制造。

特种设备产品、部件或者试制的特种设备新产品、新部件以及特种设备采用的新材料，按照安全技术规范的要求需要通过型式试验进行安全性验证的，应当经负责特种设备安全监督管理的部门核准的检验机构进行型式试验。

第二十一条 特种设备出厂时，应当随附安全技术规范要求的设计文件、产品质量合格证明、安装及使用维护保养说明、监督检验证明等相关技术资料和文件，并在特种设备显著位置设置产品铭牌、安全警示标志及其说明。

第二十二条 电梯的安装、改造、修理，必须由电梯制造单位或者其委托的依照本法取得相应许可的单位进行。电梯制造单位委托其他单位进行电梯安装、改造、修理的，应当对其安装、改造、修理进行安全指导和监控，并按照安全技术规范的要求进行校验和调试。电梯制造单位对电梯安全性能负责。

第二十三条 特种设备安装、改造、修理的施工单位应当在施工前将拟进行的特种设备安装、改造、修理情况书面告知直辖市或者设区的市级人民政府负责特种设备安全监督管理的部门。

第二十四条 特种设备安装、改造、修理竣工后，安装、改造、修理的施工单位应当在验收后三十日内将相关技术资料和文件移交特种设备使用单位。特种设备使用单位应当将其存入该特种设备的安全技术档案。

第二十五条 锅炉、压力容器、压力管道元件等特种设备的制造过程和锅炉、压力容器、压力管道、电梯、起重机械、客运索道、大型游乐设施的安装、改造、重大修理过程，应当经特种设备检验机构按照安全技术规范的要求进行监督检验；未经监督检验或者监督检验不合格的，不得出厂或者交付使用。

第二十六条 国家建立缺陷特种设备召回制度。因生产原因造成特种设备存在危及安全的同一性缺陷的，特种设备生产单位应当立即停止生产，主动召回。

国务院负责特种设备安全监督管理的部门发现特种设备存在应当召回而未召回的情形时，应当责令特种设备生产单位召回。

第三节　经　营

第二十七条 特种设备销售单位销售的特种设备，应当符合安全技术规范及相关标准的要求，其设计文件、产品质量合格证明、安装及使用维护保养说明、监督检验证明等相关技术资料和文件应当齐全。

特种设备销售单位应当建立特种设备检查验收和销售记录制度。

禁止销售未取得许可生产的特种设备，未经检验和检验不合格的特种设备，或者国家明令淘汰和已经报废的特种设备。

第二十八条 特种设备出租单位不得出租未取得许可生产的特种设备或者国家明令淘汰和已经报废的特种设备，以及未按照安全技术规范的要求进行维护保养和未经检验或者检验不合格的特种设备。

第二十九条 特种设备在出租期间的使用管理和维护保养义务由特种设备出租单位承担，法律另有规定或者当事人另有约定的除外。

第三十条 进口的特种设备应当符合我国安全技术规范的要求，并经检验合格；需要取得我国特种设备生产许可的，应当取得许可。

进口特种设备随附的技术资料和文件应当符合本法第二十一条的规定，其安装及使用维护保养说明、产品铭牌、安全警示标志及其说明应当采用中文。

特种设备的进出口检验，应当遵守有关进出口商品检验的法律、行政法规。

第三十一条 进口特种设备，应当向进口地负责特种设备安全监督管理的部门履行提前告知义务。

第四节　使　用

第三十二条 特种设备使用单位应当使用取得许可生产并经检验合格的特种设备。

禁止使用国家明令淘汰和已经报废的特种设备。

第三十三条 特种设备使用单位应当在特种设备投入使用前或者投入使用后三十日内，向负责特种设备安全监督管理的部门办理使用登记，取得使用登记证书。登记标志应当置于该特种设备的显著位置。

第三十四条 特种设备使用单位应当建立岗位责任、隐患治理、应急救援等安全管理制度，制定操作规程，保证特种设备安全运行。

第三十五条 特种设备使用单位应当建立特种设备安全技术档案。安全技术档案应当包括以下内容：

（一）特种设备的设计文件、产品质量合格证明、安装及使用维护保养说明、监督检验证明等相关技术资料和文件；

（二）特种设备的定期检验和定期自行检查记录；

（三）特种设备的日常使用状况记录；

（四）特种设备及其附属仪器仪表的维护保养记录；

（五）特种设备的运行故障和事故记录。

第三十六条 电梯、客运索道、大型游乐设施等为公众提供服务的特种设备的运营使用单位，应当对特种设备的使用安全负责，设置特种设备安全管理机构或者配备专职的特种设备安全管理人员；其他特种设备使用单位，应当根据情况设置特种设备安全管理机构或者配备专职、兼职的特种设备安全管理人员。

第三十七条 特种设备的使用应当具有规定的安全距离、安全防护措施。

与特种设备安全相关的建筑物、附属设施，应当符合有关法律、行政法规的规定。

第三十八条 特种设备属于共有的，共有人可以委托物业服务单位或者其他管理人管理特种设备，受托人履行本法规定的特种设备使用单位的义务，承担相应责任。共有人未委托的，由共有人或者实际管理人履行管理义务，承担相应责任。

第三十九条 特种设备使用单位应当对其使用的特种设备进行经常性维护保养和定期自行检查，并作出记录。

特种设备使用单位应当对其使用的特种设备的安全附件、安全保护装置进行定期校验、检修，并作出记录。

第四十条 特种设备使用单位应当按照安全技术规范的要求，在检验合格有效期届满前一个月向特种设备检验机构提出定期检验要求。

特种设备检验机构接到定期检验要求后，应当按照安全技术规范的要求及时进行安全性能检验。特种设备使用单位应当将定期检验标志置于该特种设备的显著位置。

未经定期检验或者检验不合格的特种设备，不得继续使用。

第四十一条 特种设备安全管理人员应当对特种设备使用状况进行经常性检查，发现问题应当立即处理；情况紧急时，可以决定停止使用特种设备并及时报告本单位有关负责人。

特种设备作业人员在作业过程中发现事故隐患或者其他不安全因素，应当立即向特种设备安全管理人员和单位有关负责人报告；特种设备运行不正常时，特种设备作业人员应当按照操作规程采取有效措施保证安全。

第四十二条 特种设备出现故障或者发生异常情况，特种设备使用单位应当对其进行全面检查，消除事故隐患，方可继续使用。

第四十三条 客运索道、大型游乐设施在每日投入使用前，其运营使用单位应当进行试运行和例行安全检查，并对安全附件和安全保护装置进行检查确认。

电梯、客运索道、大型游乐设施的运营使用单位应当将电梯、客运索道、大型游乐设施的安全使用说明、安全注意事项和警示标志置于易于为乘客注意的显著位置。

公众乘坐或者操作电梯、客运索道、大型游乐设施，应当遵守安全使用说明和安全注意事项的要求，服从有关工作人员的管理和指挥；遇有运行不正常时，应当按照安全指引，有序撤离。

第四十四条 锅炉使用单位应当按照安全技术规范的要求进行锅炉水(介)质处理，并接受特种设备检验机构的定期检验。

从事锅炉清洗，应当按照安全技术规范的要求进行，并接受特种设备检验机构的监督检验。

第四十五条 电梯的维护保养应当由电梯制造单位或者依照本法取得许可的安装、改造、修理单位进行。

电梯的维护保养单位应当在维护保养中严格执行安全技术规范的要求，保证其维护保养的电梯的安全性能，并负责落实现场安全防护措施，保证施工安全。

电梯的维护保养单位应当对其维护保养的电梯的安全性能负责；接到故障通知后，应当立即赶赴现场，并采取必要的应急救援措施。

第四十六条 电梯投入使用后，电梯制造单位应当对其制造的电梯的安全运行情况进行跟踪调查和了解，对电梯的维护保养单位或者使用单位在维护保养和安全运行方面存在的问题，提出改进建议，并提供必要的技术帮助；发现电梯存在严重事故隐患时，应当及时告知电梯使用单位，并向负责特种设备安全监督管理的部门报告。电梯制造单位对调查和了解的情况，应当作出记录。

第四十七条 特种设备进行改造、修理，按照规定需要变更使用登记的，应当办理变更登记，方可继续使用。

第四十八条 特种设备存在严重事故隐患，无改造、修理价值，或者达到安全技术规范规定的其他报废条件的，特种设备使用单位应当依法履行报废义务，采取必要措施消除该特种设备的使用功能，并向原登记的负责特种设备安全监督管理的部门办理使用登记证书注销手续。

前款规定报废条件以外的特种设备，达到设计使用年限可以继续使用的，应当按照安全技术规范的要求通过检验或者安全评估，并办理使用登记证书变更，方可继续使用。允许继续使用的，应当采取加强检验、检测和维护保养等措施，确保使用安全。

第四十九条 移动式压力容器、气瓶充装单位，应当具备下列条件，并经负责特种设备安全监督管理的部门许可，方可从事充装活动：

(一)有与充装和管理相适应的管理人员和技术人员；

(二)有与充装和管理相适应的充装设备、检测手段、场地厂房、器具、安全设施；

(三)有健全的充装管理制度、责任制度、处理措施。

充装单位应当建立充装前后的检查、记录制度，禁止对不符合安全技术规范要求的移动式压力容器和气瓶进行充装。

气瓶充装单位应当向气体使用者提供符合安全技术规范要求的气瓶，对气体使用者进行气瓶安全使用指导，并按照安全技术规范的要求办理气瓶使用登记，及时申报定期检验。

第三章 检验、检测

第五十条 从事本法规定的监督检验、定期检验的特种设备检验机构，以及为特种设备生产、经营、使用提供检测服务的特种设备检测机构，应当具备下列条件，并经负责特种设备安全监督管理的部门核准，方可从事检验、检测工作：

(一)有与检验、检测工作相适应的检验、检测人员；

(二)有与检验、检测工作相适应的检验、检测仪器和设备；

(三)有健全的检验、检测管理制度和责任制度。

第五十一条 特种设备检验、检测机构的检验、检测人员应当经考核，取得检验、检测人员资格，方可从事检验、检测工作。

特种设备检验、检测机构的检验、检测人员不得同时在两个以上检验、检测机构中执业；变更执业机构的，应当依法办理变更手续。

第五十二条 特种设备检验、检测工作应当遵守法律、行政法规的规定，并按照安全技术规范的要求进行。

特种设备检验、检测机构及其检验、检测人员应当依法为特种设备生产、经营、使用单位提供安全、可靠、便捷、诚信的检验、检测服务。

第五十三条 特种设备检验、检测机构及其检验、检测人员应当客观、公正、及时地出具检验、检测报告，并对检验、检测结果和鉴定结论负责。

特种设备检验、检测机构及其检验、检测人员在检验、检测中发现特种设备存在严重事故隐患时，应当及时告知相关单位，并立即向负责特种设备安全监督管理的部门报告。

负责特种设备安全监督管理的部门应当组织对特种设备检验、检测机构的检验、检测结果和鉴定结论进行监督抽查，但应当防止重复抽查。监督抽查结果应当向社会公布。

第五十四条 特种设备生产、经营、使用单位应当按照安全技术规范的要求向特种设备检验、检测机构及其检验、检测人员提供特种设备相关资料和必要的检验、检测条件，并对资料的真实性负责。

第五十五条 特种设备检验、检测机构及其检验、检测人员对检验、检测过程中知悉的商业秘密，负有保密义务。

特种设备检验、检测机构及其检验、检测人员不得从事有关特种设备的生产、经营活动，不得推荐或者监制、监销特种设备。

第五十六条 特种设备检验机构及其检验人员利用检验工作故意刁难特种设备生产、经营、使用单位的，特种设备生产、经营、使用单位有权向负责特种设备安全监督管理的部门投诉，接到投诉的部门应当及时进行调查处理。

第四章 监督管理

第五十七条 负责特种设备安全监督管理的部门依照本法规定，对特种设备生产、经营、使用单位和检验、检测机构实施监督检查。

负责特种设备安全监督管理的部门应当对学校、幼儿园以及医院、车站、客运码头、商场、体育场馆、展览馆、公园等公众聚集场所的特种设备，实施重点安全监督检查。

第五十八条 负责特种设备安全监督管理的部门实施本法规定的许可工作，应当依照本法和其他有关法律、行政法规规定的条件和程序以及安全技术规范的要求进行审查；不符合规定的，不得许可。

第五十九条 负责特种设备安全监督管理的部门在办理本法规定的许可时，其受理、审查、许可的程序必须公开，并应当自受理申请之日起三十日内，作出许可或者不予许可的决定；不予许可的，应当书面向申请人说明理由。

第六十条 负责特种设备安全监督管理的部门对依法办理使用登记的特种设备应当建立完整的监督管理档案和信息查询系统；对达到报废条件的特种设备，应当及时督促特种设备使用单位依法履行报废义务。

第六十一条 负责特种设备安全监督管理的部门在依法履行监督检查职责时，可以行使下列职权：

（一）进入现场进行检查，向特种设备生产、经营、使用单位和检验、检测机构的主要负责人和其他有关人员调查、了解有关情况；

（二）根据举报或者取得的涉嫌违法证据，查阅、复制特种设备生产、经营、使用单位和检验、检测机构的有关合同、发票、账簿以及其他有关资料；

（三）对有证据表明不符合安全技术规范要求或者存在严重事故隐患的特种设备实施查封、扣押；

（四）对流入市场的达到报废条件或者已经报废的特种设备实施查封、扣押；

（五）对违反本法规定的行为作出行政处罚决定。

第六十二条 负责特种设备安全监督管理的部门在依法履行职责过程中，发现违反本法规定和安全技术规范要求的行为或者特种设备存在事故隐患时，应当以书面形式发出特种设备安全监察指令，责令有关单位及时采取措施予以改正或者消除事故隐患。紧急情况下要求有关单位采取紧急处置措施的，应当随后补发特种设备安全监察指令。

第六十三条 负责特种设备安全监督管理的部门在依法履行职责过程中，发现重大违法行为或者特种设备存在严重事故隐患时，应当责令有关单位立即停止违法行为、采取措施消除事故隐患，并及时向上级负责特种设备安全监督管理的部门报告。接到报告的负责特种设备安全监督管理的部门应当采取必要措施，及时予以处理。

对违法行为、严重事故隐患的处理需要当地人民政府和有关部门的支持、配合时，负责特种设备安全监督管理的部门应当报告当地人民政府，并通知其他有关部门。当地人民政府和其他有关部门应当采取必要措施，及时予以处理。

第六十四条 地方各级人民政府负责特种设备安全监督管理的部门不得要求已经依照本法规定在其他地方取得许可的特种设备生产单位重复取得许可，不得要求对已经依照本法规定在其他地方检验合格的特种设备重复进行检验。

第六十五条 负责特种设备安全监督管理的部门的安全监察人员应当熟悉相关法律、法规，具有相应的专业知识和工作经验，取得特种设备安全行政执法证件。

特种设备安全监察人员应当忠于职守、坚持原则、秉公执法。

负责特种设备安全监督管理的部门实施安全监督检查时，应当有两名以上特种设备安全监察人员参加，并出示有效的特种设备安全行政执法证件。

第六十六条 负责特种设备安全监督管理的部门对特种设备生产、经营、使用单位和检验、检测机构实施监督检查，应当对每次监督检查的内容、发现的问题及处理情况作出记录，并由参加监督检查的特种设备安全监察人员和被检查单位的有关负责人签字后归档。被检查单位的有关负责人拒绝签字的，特种设备安全监察人员应当将情况记录在案。

第六十七条 负责特种设备安全监督管理的部门及其工作人员不得推荐或者监制、监销特种设备；对履行职责过程中知悉的商业秘密负有保密义务。

第六十八条 国务院负责特种设备安全监督管理的部门和省、自治区、直辖市人民政府负责特种设备安全监督管理的部门应当定期向社会公布特种设备安全总体状况。

第五章 事故应急救援与调查处理

第六十九条 国务院负责特种设备安全监督管理的部门应当依法组织制定特种设备重特大事故应急预案，报国务院批准后纳入国家突发事件应急预案体系。

县级以上地方各级人民政府及其负责特种设备安全监督管理的部门应当依法组织制定本行政区域内特种设备事故应急预案，建立或者纳入相应的应急处置与救援体系。

特种设备使用单位应当制定特种设备事故应急专项预案，并定期进行应急演练。

第七十条 特种设备发生事故后，事故发生单位应当按照应急预案采取措施，组织抢救，防止事故扩大，减少人员伤亡和财产损失，保护事故现场和有关证据，并及时向事故发生地县级以上人民政府负责特种设备安全监督管理的部门和有关部门报告。

县级以上人民政府负责特种设备安全监督管理的部门接到事故报告，应当尽快核实情况，立即向本级人民政府报告，并按照规定逐级上报。必要时，负责特种设备安全监督管理的部门可以越级上报事故情况。对特别重大事故、重大事故，国务院负责特种设备安全监督管理的部门应当立即报告国务院并通报国务院安全生产监督管理部门等有关部门。

与事故相关的单位和人员不得迟报、谎报或者瞒报事故情况，不得隐匿、毁灭有关证据或者故意破坏事故现场。

第七十一条 事故发生地人民政府接到事故报告，应当依法启动应急预案，采取应急处置措施，组织应急救援。

第七十二条 特种设备发生特别重大事故，由国务院或者国务院授权有关部门组织事故调查组进行调查。

发生重大事故，由国务院负责特种设备安全监督管理的部门会同有关部门组织事故调查组进行调查。

发生较大事故，由省、自治区、直辖市人民政府负责特种设备安全监督管理的部门会同有关部门组织事故调查组进行调查。

发生一般事故，由设区的市级人民政府负责特种设备安全监督管理的部门会同有关部门组织事故调查组进行调查。

事故调查组应当依法、独立、公正开展调查，提出事故调查报告。

第七十三条 组织事故调查的部门应当将事故调查报告报本级人民政府，并报上一级人民政府负责特种设备安全监督管理的部门备案。有关部门和单位应当依照法律、行政法规的规定，追究事故责任单位和人员的责任。

事故责任单位应当依法落实整改措施，预防同类事故发生。事故造成损害的，事故责任单位应当依法承担赔偿责任。

第六章 法律责任

第七十四条 违反本法规定，未经许可从事特种设备生产活动的，责令停止生产，没收违法制造的特种设备，处十万元以上五十万元以下罚款；有违法所得的，没收违法所得；已经实施安装、改造、修理的，责令恢复原状或者责令限期由取得许可的单位重新安装、改造、修理。

第七十五条 违反本法规定，特种设备的设计文件未经鉴定，擅自用于制造的，责令改正，没收违法制造的特种设备，处五万元以上五十万元以下罚款。

第七十六条 违反本法规定，未进行型式试验的，责令限期改正；逾期未改正的，处三万元以上三十万元以下罚款。

第七十七条 违反本法规定，特种设备出厂时，未按照安全技术规范的要求随附相关技术资料和文件的，责令限期改正；逾期未改正的，责令停止制造、销售，处二万元以上二十万元以下罚款；有违法所得的，没收违法所得。

第七十八条 违反本法规定，特种设备安装、改造、修理的施工单位在施工前未书面告知负责特种设备安全监督管理的部门即行施工的，或者在验收后三十日内未将相关技术资料和文件移交特种设备使用单位的，责令限期改正；逾期未改正的，处一万元以上十万元以下罚款。

第七十九条 违反本法规定，特种设备的制造、安装、改造、重大修理以及锅炉清洗过程，未经监督检验的，责令限期改正；逾期未改正的，处五万元以上二十万元以下罚款；有违法所得的，没收违法所得；情节严重的，吊销生产许可证。

第八十条 违反本法规定，电梯制造单位有下列情形之一的，责令限期改正；逾期未改正的，处一万元以上十万元以下罚款：

（一）未按照安全技术规范的要求对电梯进行校验、调试的；

（二）对电梯的安全运行情况进行跟踪调查和了解时，发现存在严重事故隐患，未及时告知电梯使用单位并向负责特种设备安全监督管理的部门报告的。

第八十一条 违反本法规定，特种设备生产单位有下列行为之一的，责令限期改正；逾期未改正的，责令停止生产，处五万元以上五十万元以下罚款；情节严重的，吊销生产许可证：

（一）不再具备生产条件、生产许可证已经过期或者超出许可范围生产的；

（二）明知特种设备存在同一性缺陷，未立即停止生产并召回的。

违反本法规定，特种设备生产单位生产、销售、交付国家明令淘汰的特种设备的，责令停止生产、销售，没收违法生产、销售、交付的特种设备，处三万元以上三十万元以下罚款；有违法所得的，没收违法所得。

特种设备生产单位涂改、倒卖、出租、出借生产许可证的，责令停止生产，处五万元以上五十万元以下罚款；情节严重的，吊销生产许可证。

第八十二条 违反本法规定，特种设备经营单位有下列行为之一的，责令停止经营，没收违法经营的特种设备，处三万元以上三十万元以下罚款；有违法所得的，没收违法所得：

（一）销售、出租未取得许可生产，未经检验或者检验不合格的特种设备的；

（二）销售、出租国家明令淘汰、已经报废的特种设备，或者未按照安全技术规范的要求进行维护保养的特种设备的。

违反本法规定，特种设备销售单位未建立检查验收和销售记录制度，或者进口特种设备未履行提前告知义务的，责令改正，处一万元以上十万元以下罚款。

特种设备生产单位销售、交付未经检验或者检验不合格的特种设备的，依照本条第一款规定处罚；情节严重的，吊销生产许可证。

第八十三条 违反本法规定，特种设备使用单位有下列行为之一的，责令限期改正；逾期未改正的，责令停止使用有关特种设备，处一万元以上十万元以下罚款：

（一）使用特种设备未按照规定办理使用登记的；

（二）未建立特种设备安全技术档案或者安全技术档案不符合规定要求，或者未依法设置使用登记标志、定期检验标志的；

（三）未对其使用的特种设备进行经常性维护保养和定期自行检查，或者未对其使用的特种设备的安全附件、安全保护装置进行定期校验、检修，并作出记录的；

（四）未按照安全技术规范的要求及时申报并接受检验的；

（五）未按照安全技术规范的要求进行锅炉水（介）质处理的；

（六）未制定特种设备事故应急专项预案的。

第八十四条 违反本法规定，特种设备使用单位有下列行为之一的，责令停止使用有关特种设备，处三万元以上三十万元以下罚款：

（一）使用未取得许可生产，未经检验或者检验不合格的特种设备，或者国家明令淘汰、已经报废的特种设备的；

（二）特种设备出现故障或者发生异常情况，未对其进行全面检查、消除事故隐患，继续使用的；

（三）特种设备存在严重事故隐患，无改造、修理价值，或者达到安全技术规范规定的其他报废条件，未依法履行报废义务，并办理使用登记证书注销手续的。

第八十五条 违反本法规定，移动式压力容器、气瓶充装单位有下列行为之一的，责令改正，处二万元以上二十万元以下罚款；情节严重的，吊销充装许可证：

（一）未按照规定实施充装前后的检查、记录制度的；

（二）对不符合安全技术规范要求的移动式压力容器和气瓶进行充装的。

违反本法规定，未经许可，擅自从事移动式压力容器或者气瓶充装活动的，予以取缔，没收违法充装的气瓶，处十万元以上五十万元以下罚款；有违法所得的，没收违法所得。

第八十六条 违反本法规定，特种设备生产、经营、使用单位有下列情形之一的，责令限期改正；逾期未改正的，责令停止使用有关特种设备或者停产停业整顿，处一万元以上五万元以下罚款：

（一）未配备具有相应资格的特种设备安全管理人员、检测人员和作业人员的；

（二）使用未取得相应资格的人员从事特种设备安全管理、检测和作业的；

（三）未对特种设备安全管理人员、检测人员和作业人员进行安全教育和技能培训的。

第八十七条 违反本法规定，电梯、客运索道、大型游乐设施的运营使用单位有下列情形之一的，责令限期改正；逾期未改正的，责令停止使用有关特种设备或者停产停业整顿，处二万元以上十万元以下罚款：

（一）未设置特种设备安全管理机构或者配备专职的特种设备安全管理人员的；

（二）客运索道、大型游乐设施每日投入使用前，未进行试运行和例行安全检查，未对安全附件和安全保护装置进行检查确认的；

（三）未将电梯、客运索道、大型游乐设施的安全使用说明、安全注意事项和警示标志置于易于为乘客注意的显著位置的。

第八十八条 违反本法规定，未经许可，擅自从事电梯维护保养的，责令停止违法行为，处一万元以上十万元以下罚款；有违法所得的，没收违法所得。

电梯的维护保养单位未按照本法规定以及安全技术规范的要求，进行电梯维护保养的，依照前款规定处罚。

第八十九条 发生特种设备事故，有下列情形之一的，对单位处五万元以上二十万元以下罚款；对主要负责人处一万元以上五万元以下罚款；主要负责人属于国家工作人员的，并依法给予处分：

（一）发生特种设备事故时，不立即组织抢救或者在事故调查处理期间擅离职守或者逃匿的；

（二）对特种设备事故迟报、谎报或者瞒报的。

第九十条 发生事故，对负有责任的单位除要求其依法承担相应的赔偿等责任外，依照下列规定处以罚款：

（一）发生一般事故，处十万元以上二十万元以下罚款；

（二）发生较大事故，处二十万元以上五十万元以下罚款；

（三）发生重大事故，处五十万元以上二百万元以下罚款。

第九十一条 对事故发生负有责任的单位的主要负责人未依法履行职责或者负有领导责任的，依照下列规定处以罚款；属于国家工作人员的，并依法给予处分：

（一）发生一般事故，处上一年年收入百分之三十的罚款；

（二）发生较大事故，处上一年年收入百分之四十的罚款；

（三）发生重大事故，处上一年年收入百分之六十的罚款。

第九十二条 违反本法规定，特种设备安全管理人员、检测人员和作业人员不履行岗位职责，违反操作规程和有关安全规章制度，造成事故的，吊销相关人员的资格。

第九十三条 违反本法规定，特种设备检验、检测机构及其检验、检测人员有下列行为之一的，责令改正，对机构处五万元以上二十万元以下罚款，对直接负责的主管人员和其他直接责任人员处五千元以上五万元以下罚款；情节严重的，吊销机构资质和有关人员的资格：

（一）未经核准或者超出核准范围、使用未取得相应资格的人员从事检验、检测的；

（二）未按照安全技术规范的要求进行检验、检测的；

（三）出具虚假的检验、检测结果和鉴定结论或者检验、检测结果和鉴定结论严重失实的；

（四）发现特种设备存在严重事故隐患，未及时告知相关单位，并立即向负责特种设备安全监督管理的部门报告的；

（五）泄露检验、检测过程中知悉的商业秘密的；

（六）从事有关特种设备的生产、经营活动的；

（七）推荐或者监制、监销特种设备的；

（八）利用检验工作故意刁难相关单位的。

违反本法规定，特种设备检验、检测机构的检验、检测人员同时在两个以上检验、检测机构中执业的，处五千元以上五万元以下罚款；情节严重的，吊销其资格。

第九十四条　违反本法规定，负责特种设备安全监督管理的部门及其工作人员有下列行为之一的，由上级机关责令改正；对直接负责的主管人员和其他直接责任人员，依法给予处分：

（一）未依照法律、行政法规规定的条件、程序实施许可的；

（二）发现未经许可擅自从事特种设备的生产、使用或者检验、检测活动不予取缔或者不依法予以处理的；

（三）发现特种设备生产单位不再具备本法规定的条件而不吊销其许可证，或者发现特种设备生产、经营、使用违法行为不予查处的；

（四）发现特种设备检验、检测机构不再具备本法规定的条件而不撤销其核准，或者对其出具虚假的检验、检测结果和鉴定结论或者检验、检测结果和鉴定结论严重失实的行为不予查处的；

（五）发现违反本法规定和安全技术规范要求的行为或者特种设备存在事故隐患，不立即处理的；

（六）发现重大违法行为或者特种设备存在严重事故隐患，未及时向上级负责特种设备安全监督管理的部门报告，或者接到报告的负责特种设备安全监督管理的部门不立即处理的；

（七）要求已经依照本法规定在其他地方取得许可的特种设备生产单位重复取得许可，或者要求对已经依照本法规定在其他地方检验合格的特种设备重复进行检验的；

（八）推荐或者监制、监销特种设备的；

（九）泄露履行职责过程中知悉的商业秘密的；

（十）接到特种设备事故报告未立即向本级人民政府报告，并按照规定上报的；

（十一）迟报、漏报、谎报或者瞒报事故的；

（十二）妨碍事故救援或者事故调查处理的；

（十三）其他滥用职权、玩忽职守、徇私舞弊的行为。

第九十五条　违反本法规定，特种设备生产、经营、使用单位或者检验、检测机构拒不接受负责特种设备安全监督管理的部门依法实施的监督检查的，责令限期改正；逾期未改正的，责令停产停业整顿，处二万元以上二十万元以下罚款。

特种设备生产、经营、使用单位擅自动用、调换、转移、损毁被查封、扣押的特种设备或者其主要部件的，责令改正，处五万元以上二十万元以下罚款；情节严重的，吊销生产许可证，注销特种设备使用登记证书。

第九十六条　违反本法规定，被依法吊销许可证的，自吊销许可证之日起三年内，负责特种设备安全监督管理的部门不予受理其新的许可申请。

第九十七条　违反本法规定，造成人身、财产损害的，依法承担民事责任。

违反本法规定，应当承担民事赔偿责任和缴纳罚款、罚金，其财产不足以同时支付时，先承担民事赔偿责任。

第九十八条　违反本法规定，构成违反治安管理行为的，依法给予治安管理处罚；构成犯罪的，依法追究刑事责任。

第七章　附　则

第九十九条　特种设备行政许可、检验的收费，依照法律、行政法规的规定执行。

第一百条　军事装备、核设施、航空航天器使用的特种设备安全的监督管理不适用本法。

铁路机车、海上设施和船舶、矿山井下使用的特种设备以及民用机场专用设备安全的监督管理，房屋建筑工地、市政工程工地用起重机械和场（厂）内专用机动车辆的安装、使用的监督管理，由有关部门依照本法和其他有关法律的规定实施。

第一百零一条　本法自2014年1月1日起施行。

全国人民代表大会常务委员会关于修改《中华人民共和国劳动合同法》的决定

（中华人民共和国主席令　第 73 号）

《全国人民代表大会常务委员会关于修改〈中华人民共和国劳动合同法〉的决定》已由中华人民共和国第十一届全国人民代表大会常务委员会第三十次会议于 2012 年 12 月 28 日通过，现予公布，自 2013 年 7 月 1 日起施行。

全国人民代表大会常务委员会关于修改《中华人民共和国劳动合同法》的决定

（2012 年 12 月 28 日第十一届全国人民代表大会常务委员会第三十次会议通过）

第十一届全国人民代表大会常务委员会第三十次会议决定对《中华人民共和国劳动合同法》作如下修改：

一、将第五十七条修改为：经营劳务派遣业务应当具备下列条件：

（一）注册资本不得少于人民币二百万元；

（二）有与开展业务相适应的固定的经营场所和设施；

（三）有符合法律、行政法规规定的劳务派遣管理制度；

（四）法律、行政法规规定的其他条件。

“经营劳务派遣业务，应当向劳动行政部门依法申请行政许可；经许可的，依法办理相应的公司登记。未经许可，任何单位和个人不得经营劳务派遣业务。”

二、将第六十三条修改为：“被派遣劳动者享有与用工单位的劳动者同工同酬的权利。用工单位应当按照同工同酬原则，对被派遣劳动者与本单位同类岗位的劳动者实行相同的劳动报酬分配办法。用工单位无同类岗位劳动者的，参照用工单位所在地相同或者相近岗位劳动者的劳动报酬确定。”

“劳务派遣单位与被派遣劳动者订立的劳动合同和与用工单位订立的劳务派遣协议，载明或者约定的向被派遣劳动者支付的劳动报酬应当符合前款规定。”

三、将第六十六条修改为：“劳动合同用工是我国的企业基本用工形式。劳务派遣用工是补充形式，只能在临时性、辅助性或者替代性的工作岗位上实施。”

“前款规定的临时性工作岗位是指存续时间不超过六个月的岗位；辅助性工作岗位是指为主营业务岗位提供服务的非主营业务岗位；替代性工作岗位是指用工单位的劳动者因脱产学习、休假等原因无法工作的一定期间内，可以由其他劳动者替代工作的岗位。”

“用工单位应当严格控制劳务派遣用工数量，不得超过其用工总量的一定比例，具体比例由国务院劳动行政部门规定。”

四、将第九十二条修改为：“违反本法规定，未经许可，擅自经营劳务派遣业务的，由劳动行政部门责令停止违法行为，没收违法所得，并处违法所得一倍以上五倍以下的罚款；没有违法所得的，可以处五万元以下的罚款。”

“劳务派遣单位、用工单位违反本法有关劳务派遣规定的，由劳动行政部门责令限期改正；逾期不改正的，以每人五千元以上一万元以下的标准处以罚款，对劳务派遣单位，吊销其劳务派遣业务经营许可证。用工单位给被派遣劳动者造成损害的，劳务派遣单位与用工单位承担连带赔偿责任。”

本决定自2013年7月1日起施行。

本决定公布前已依法订立的劳动合同和劳务派遣协议继续履行至期限届满，但是劳动合同和劳务派遣协议的内容不符合本决定关于按照同工同酬原则实行相同的劳动报酬分配办法的规定的，应当依照本决定进行调整；本决定施行前经营劳务派遣业务的单位，应当在本决定施行之日起一年内依法取得行政许可并办理公司变更登记，方可经营新的劳务派遣业务。具体办法由国务院劳动行政部门会同国务院有关部门规定。

《中华人民共和国劳动合同法》根据本决定作相应修改，重新公布。

国务院关于修改《信息网络传播权保护条例》的决定

（中华人民共和国国务院令　第634号）

《国务院关于修改〈信息网络传播权保护条例〉的决定》已经2013年1月16日国务院第231次常务会议通过，现予公布，自2013年3月1日起施行。

国务院关于修改《信息网络传播权保护条例》的决定

国务院决定对《信息网络传播权保护条例》作如下修改：

将第十八条、第十九条中的“并可处以10万元以下的罚款”修改为：“非法经营额5万元以上的，可处非法经营额1倍以上5倍以下的罚款；没有非法经营额或者非法经营额5万元以下的，根据情节轻重，可处25万元以下的罚款”。

本决定自2013年3月1日起施行。

《信息网络传播权保护条例》根据本决定作相应修改，重新公布。

信息网络传播权保护条例

（2006年5月18日中华人民共和国国务院令第468号公布
根据2013年1月30日《国务院关于修改〈信息网络传播权保护条例〉的决定》修订）

第一条　为保护著作权人、表演者、录音录像制作者（以下统称权利人）的信息网络传播权，鼓励有益于社会主义精神文明、物质文明建设的作品的创作和传播，根据《中华人民共和国著作权法》（以下简称著作权法），制定本条例。

第二条　权利人享有的信息网络传播权受著

作权法和本条例保护。除法律、行政法规另有规定的外,任何组织或者个人将他人的作品、表演、录音录像制品通过信息网络向公众提供,应当取得权利人许可,并支付报酬。

第三条 依法禁止提供的作品、表演、录音录像制品,不受本条例保护。

权利人行使信息网络传播权,不得违反宪法和法律、行政法规,不得损害公共利益。

第四条 为了保护信息网络传播权,权利人可以采取技术措施。

任何组织或者个人不得故意避开或者破坏技术措施,不得故意制造、进口或者向公众提供主要用于避开或者破坏技术措施的装置或者部件,不得故意为他人避开或者破坏技术措施提供技术服务。但是,法律、行政法规规定可以避开的除外。

第五条 未经权利人许可,任何组织或者个人不得进行下列行为:

(一)故意删除或者改变通过信息网络向公众提供的作品、表演、录音录像制品的权利管理电子信息,但由于技术上的原因无法避免删除或者改变的除外;

(二)通过信息网络向公众提供明知或者应知未经权利人许可被删除或者改变权利管理电子信息的作品、表演、录音录像制品。

第六条 通过信息网络提供他人作品,属于下列情形的,可以不经著作权人许可,不向其支付报酬:

(一)为介绍、评论某一作品或者说明某一问题,在向公众提供的作品中适当引用已经发表的作品;

(二)为报道时事新闻,在向公众提供的作品中不可避免地再现或者引用已经发表的作品;

(三)为学校课堂教学或者科学研究,向少数教学、科研人员提供少量已经发表的作品;

(四)国家机关为执行公务,在合理范围内向公众提供已经发表的作品;

(五)将中国公民、法人或者其他组织已经发表的、以汉语言文字创作的作品翻译成的少数民族语言文字作品,向中国境内少数民族提供;

(六)不以营利为目的,以盲人能够感知的独特方式向盲人提供已经发表的文字作品;

(七)向公众提供在信息网络上已经发表的关于政治、经济问题的时事性文章;

(八)向公众提供在公众集会上发表的讲话。

第七条 图书馆、档案馆、纪念馆、博物馆、美术馆等可以不经著作权人许可,通过信息网络向本馆馆舍内服务对象提供本馆收藏的合法出版的数字作品和依法为陈列或者保存版本的需要以数字化形式复制的作品,不向其支付报酬,但不得直接或者间接获得经济利益。当事人另有约定的除外。

前款规定的为陈列或者保存版本需要以数字化形式复制的作品,应当是已经损毁或者濒临损毁、丢失或者失窃,或者其存储格式已经过时,并且在市场上无法购买或者只能以明显高于标定的价格购买的作品。

第八条 为通过信息网络实施九年制义务教育或者国家教育规划,可以不经著作权人许可,使用其已经发表作品的片断或者短小的文字作品、音乐作品或者单幅的美术作品、摄影作品制作课件,由制作课件或者依法取得课件的远程教育机构通过信息网络向注册学生提供,但应当向著作权人支付报酬。

第九条 为扶助贫困,通过信息网络向农村地区的公众免费提供中国公民、法人或者其他组织已经发表的种植养殖、防病治病、防灾减灾等与扶助贫困有关的作品和适应基本文化需求的作品,网络服务提供者应当在提供前公告拟提供的作品及其作者、拟支付报酬的标准。自公告之日起30日内,著作权人不同意提供的,网络服务提供者不得提供其作品;自公告之日起满30日,著作权人没有异议的,网络服务提供者可以提供其作品,并按照公告的标准向著作权人支付报酬。网络服务提供者提供著作权人的作品后,著作权人不同意提供的,网络服务提供者应当立即删除著作权人的作品,并按照公告的标准向著作权人支付提供作品期间的报酬。

依照前款规定提供作品的，不得直接或者间接获得经济利益。

第十条 依照本条例规定不经著作权人许可、通过信息网络向公众提供其作品的，还应当遵守下列规定：

（一）除本条例第六条第一项至第六项、第七条规定的情形外，不得提供作者事先声明不许提供的作品；

（二）指明作品的名称和作者的姓名（名称）；

（三）依照本条例规定支付报酬；

（四）采取技术措施，防止本条例第七条、第八条、第九条规定的服务对象以外的其他人获得著作权人的作品，并防止本条例第七条规定的服务对象的复制行为对著作权人利益造成实质性损害；

（五）不得侵犯著作权人依法享有的其他权利。

第十一条 通过信息网络提供他人表演、录音录像制品的，应当遵守本条例第六条至第十条的规定。

第十二条 属于下列情形的，可以避开技术措施，但不得向他人提供避开技术措施的技术、装置或者部件，不得侵犯权利人依法享有的其他权利：

（一）为学校课堂教学或者科学研究，通过信息网络向少数教学、科研人员提供已经发表的作品、表演、录音录像制品，而该作品、表演、录音录像制品只能通过信息网络获取；

（二）不以营利为目的，通过信息网络以盲人能够感知的独特方式向盲人提供已经发表的文字作品，而该作品只能通过信息网络获取；

（三）国家机关依照行政、司法程序执行公务；

（四）在信息网络上对计算机及其系统或者网络的安全性能进行测试。

第十三条 著作权行政管理部门为了查处侵犯信息网络传播权的行为，可以要求网络服务提供者提供涉嫌侵权的服务对象的姓名（名称）、联系方式、网络地址等资料。

第十四条 对提供信息存储空间或者提供搜索、链接服务的网络服务提供者，权利人认为其服务所涉及的作品、表演、录音录像制品，侵犯自己的信息网络传播权或者被删除、改变了自己的权利管理电子信息的，可以向该网络服务提供者提交书面通知，要求网络服务提供者删除该作品、表演、录音录像制品，或者断开与该作品、表演、录音录像制品的链接。通知书应当包含下列内容：

（一）权利人的姓名（名称）、联系方式和地址；

（二）要求删除或者断开链接的侵权作品、表演、录音录像制品的名称和网络地址；

（三）构成侵权的初步证明材料。

权利人应当对通知书的真实性负责。

第十五条 网络服务提供者接到权利人的通知书后，应当立即删除涉嫌侵权的作品、表演、录音录像制品，或者断开与涉嫌侵权的作品、表演、录音录像制品的链接，并同时将通知书转送提供作品、表演、录音录像制品的服务对象；服务对象网络地址不明、无法转送的，应当将通知书的内容同时在信息网络上公告。

第十六条 服务对象接到网络服务提供者转送的通知书后，认为其提供的作品、表演、录音录像制品未侵犯他人权利的，可以向网络服务提供者提交书面说明，要求恢复被删除的作品、表演、录音录像制品，或者恢复与被断开的作品、表演、录音录像制品的链接。书面说明应当包含下列内容：

（一）服务对象的姓名（名称）、联系方式和地址；

（二）要求恢复的作品、表演、录音录像制品的名称和网络地址；

（三）不构成侵权的初步证明材料。

服务对象应当对书面说明的真实性负责。

第十七条 网络服务提供者接到服务对象的书面说明后，应当立即恢复被删除的作品、表演、录音录像制品，或者可以恢复与被断开的作品、表演、录音录像制品的链接，同时将服务对象的书面说明转送权利人。权利人不得再通知网络服务提供者删除该作品、表演、录音录像制品，或者断开与该作品、表演、录音录像制品的链接。

第十八条 违反本条例规定，有下列侵权行为之一的，根据情况承担停止侵害、消除影响、赔礼道歉、赔偿损失等民事责任；同时损害公共利益的，可以由著作权行政管理部门责令停止侵权行为，没收违法所得，非法经营额5万元以上的，可处非法经营额1倍以上5倍以下的罚款；没有非法经营额或者非法经营额5万元以下的，根据情节轻重，可处25万元以下的罚款；情节严重的，著作权行政管理部门可以没收主要用于提供网络服务的计算机等设备；构成犯罪的，依法追究刑事责任：

（一）通过信息网络擅自向公众提供他人的作品、表演、录音录像制品的；

（二）故意避开或者破坏技术措施的；

（三）故意删除或者改变通过信息网络向公众提供的作品、表演、录音录像制品的权利管理电子信息，或者通过信息网络向公众提供明知或者应知未经权利人许可而被删除或者改变权利管理电子信息的作品、表演、录音录像制品的；

（四）为扶助贫困通过信息网络向农村地区提供作品、表演、录音录像制品超过规定范围，或者未按照公告的标准支付报酬，或者在权利人不同意提供其作品、表演、录音录像制品后未立即删除的；

（五）通过信息网络提供他人的作品、表演、录音录像制品，未指明作品、表演、录音录像制品的名称或者作者、表演者、录音录像制作者的姓名（名称），或者未支付报酬，或者未依照本条例规定采取技术措施防止服务对象以外的其他人获得他人的作品、表演、录音录像制品，或者未防止服务对象的复制行为对权利人利益造成实质性损害的。

第十九条 违反本条例规定，有下列行为之一的，由著作权行政管理部门予以警告，没收违法所得，没收主要用于避开、破坏技术措施的装置或者部件；情节严重的，可以没收主要用于提供网络服务的计算机等设备；非法经营额5万元以上的，可处非法经营额1倍以上5倍以下的罚款；没有非法经营额或者非法经营额5万元以下的，根据情节轻重，可处25万元以下的罚款；构成犯罪的，依法追究刑事责任：

（一）故意制造、进口或者向他人提供主要用于避开、破坏技术措施的装置或者部件，或者故意为他人避开或者破坏技术措施提供技术服务的；

（二）通过信息网络提供他人的作品、表演、录音录像制品，获得经济利益的；

（三）为扶助贫困通过信息网络向农村地区提供作品、表演、录音录像制品，未在提供前公告作品、表演、录音录像制品的名称和作者、表演者、录音录像制作者的姓名（名称）以及报酬标准的。

第二十条 网络服务提供者根据服务对象的指令提供网络自动接入服务，或者对服务对象提供的作品、表演、录音录像制品提供自动传输服务，并具备下列条件的，不承担赔偿责任：

（一）未选择并且未改变所传输的作品、表演、录音录像制品；

（二）向指定的服务对象提供该作品、表演、录音录像制品，并防止指定的服务对象以外的其他人获得。

第二十一条 网络服务提供者为提高网络传输效率，自动存储从其他网络服务提供者获得的作品、表演、录音录像制品，根据技术安排自动向服务对象提供，并具备下列条件的，不承担赔偿责任：

（一）未改变自动存储的作品、表演、录音录像制品；

（二）不影响提供作品、表演、录音录像制品的原网络服务提供者掌握服务对象获取该作品、表演、录音录像制品的情况；

（三）在原网络服务提供者修改、删除或者屏蔽该作品、表演、录音录像制品时，根据技术安排自动予以修改、删除或者屏蔽。

第二十二条 网络服务提供者为服务对象提供信息存储空间，供服务对象通过信息网络向公众提供作品、表演、录音录像制品，并具备下列条件的，不承担赔偿责任：

（一）明确标示该信息存储空间是为服务对象

所提供，并公开网络服务提供者的名称、联系人、网络地址；

（二）未改变服务对象所提供的作品、表演、录音录像制品；

（三）不知道也没有合理的理由应当知道服务对象提供的作品、表演、录音录像制品侵权；

（四）未从服务对象提供作品、表演、录音录像制品中直接获得经济利益；

（五）在接到权利人的通知书后，根据本条例规定删除权利人认为侵权的作品、表演、录音录像制品。

第二十三条　网络服务提供者为服务对象提供搜索或者链接服务，在接到权利人的通知书后，根据本条例规定断开与侵权的作品、表演、录音录像制品的链接的，不承担赔偿责任；但是，明知或者应知所链接的作品、表演、录音录像制品侵权的，应当承担共同侵权责任。

第二十四条　因权利人的通知导致网络服务提供者错误删除作品、表演、录音录像制品，或者错误断开与作品、表演、录音录像制品的链接，给服务对象造成损失的，权利人应当承担赔偿责任。

第二十五条　网络服务提供者无正当理由拒绝提供或者拖延提供涉嫌侵权的服务对象的姓名（名称）、联系方式、网络地址等资料的，由著作权行政管理部门予以警告；情节严重的，没收主要用于提供网络服务的计算机等设备。

第二十六条　本条例下列用语的含义：

信息网络传播权，是指以有线或者无线方式向公众提供作品、表演或者录音录像制品，使公众可以在其个人选定的时间和地点获得作品、表演或者录音录像制品的权利。

技术措施，是指用于防止、限制未经权利人许可浏览、欣赏作品、表演、录音录像制品的或者通过信息网络向公众提供作品、表演、录音录像制品的有效技术、装置或者部件。

权利管理电子信息，是指说明作品及其作者、表演及其表演者、录音录像制品及其制作者的信息，作品、表演、录音录像制品权利人的信息和使用条件的信息，以及表示上述信息的数字或者代码。

第二十七条　本条例自2006年7月1日起施行。

劳务派遣行政许可实施办法

（中华人民共和国人力资源和社会保障部令　第19号）

《劳务派遣行政许可实施办法》已经人力资源社会保障部第10次部务会审议通过，现予公布，自2013年7月1日起施行。

劳务派遣行政许可实施办法

第一章　总　则

第一条　为了规范劳务派遣，根据《中华人民共和国劳动合同法》《中华人民共和国行政许可法》等法律，制定本办法。

第二条　劳务派遣行政许可的申请受理、审查批准以及相关的监督检查等，适用本办法。

第三条 人力资源社会保障部负责对全国的劳务派遣行政许可工作进行监督指导。

县级以上地方人力资源社会保障行政部门按照省、自治区、直辖市人力资源社会保障行政部门确定的许可管辖分工，负责实施本行政区域内劳务派遣行政许可工作以及相关的监督检查。

第四条 人力资源社会保障行政部门实施劳务派遣行政许可，应当遵循权责统一、公开公正、优质高效的原则。

第五条 人力资源社会保障行政部门应当在本行政机关办公场所、网站上公布劳务派遣行政许可的依据、程序、期限、条件和需要提交的全部材料目录以及监督电话，并在本行政机关网站和至少一种全地区性报纸上向社会公布获得许可的劳务派遣单位名单及其许可变更、延续、撤销、吊销、注销等情况。

第二章 劳务派遣行政许可

第六条 经营劳务派遣业务，应当向所在地有许可管辖权的人力资源社会保障行政部门（以下称许可机关）依法申请行政许可。

未经许可，任何单位和个人不得经营劳务派遣业务。

第七条 申请经营劳务派遣业务应当具备下列条件：

（一）注册资本不得少于人民币 200 万元；

（二）有与开展业务相适应的固定的经营场所和设施；

（三）有符合法律、行政法规规定的劳务派遣管理制度；

（四）法律、行政法规规定的其他条件。

第八条 申请经营劳务派遣业务的，申请人应当向许可机关提交下列材料：

（一）劳务派遣经营许可申请书；

（二）营业执照或者《企业名称预先核准通知书》；

（三）公司章程以及验资机构出具的验资报告或者财务审计报告；

（四）经营场所的使用证明以及与开展业务相适应的办公设施设备、信息管理系统等清单；

（五）法定代表人的身份证明；

（六）劳务派遣管理制度，包括劳动合同、劳动报酬、社会保险、工作时间、休息休假、劳动纪律等与劳动者切身利益相关的规章制度文本；拟与用工单位签订的劳务派遣协议样本。

第九条 许可机关收到申请材料后，应当根据下列情况分别作出处理：

（一）申请材料存在可以当场更正的错误的，应当允许申请人当场更正；

（二）申请材料不齐全或者不符合法定形式的，应当当场或者在 5 个工作日内一次告知申请人需要补正的全部内容，逾期不告知的，自收到申请材料之日起即为受理；

（三）申请材料齐全、符合法定形式，或者申请人按照要求提交了全部补正申请材料的，应当受理行政许可申请。

第十条 许可机关对申请人提出的申请决定受理的，应当出具《受理决定书》；决定不予受理的，应当出具《不予受理决定书》，说明不予受理的理由，并告知申请人享有依法申请行政复议或者提起行政诉讼的权利。

第十一条 许可机关决定受理申请的，应当对申请人提交的申请材料进行审查。根据法定条件和程序，需要对申请材料的实质内容进行核实的，许可机关应当指派 2 名以上工作人员进行核查。

第十二条 许可机关应当自受理之日起 20 个工作日内作出是否准予行政许可的决定。20 个工作日内不能作出决定的，经本行政机关负责人批准，可以延长 10 个工作日，并应当将延长期限的理由告知申请人。

第十三条 申请人的申请符合法定条件的，许可机关应当依法作出准予行政许可的书面决定，并自作出决定之日起 5 个工作日内通知申请人领取《劳务派遣经营许可证》。

申请人的申请不符合法定条件的，许可机关应当依法作出不予行政许可的书面决定，说明不予行政许可的理由，并告知申请人享有依法申请行政复议或者提起行政诉讼的权利。

第十四条 《劳务派遣经营许可证》应当载明单位名称、住所、法定代表人、注册资本、许可经营事项、有效期限、编号、发证机关以及发证日期等事项。《劳务派遣经营许可证》分为正本、副本。正本、副本具有同等法律效力。

《劳务派遣经营许可证》有效期为3年。

《劳务派遣经营许可证》由人力资源社会保障部统一制定样式，由各省、自治区、直辖市人力资源社会保障行政部门负责印制、免费发放和管理。

第十五条 劳务派遣单位取得《劳务派遣经营许可证》后，应当妥善保管，不得涂改、倒卖、出租、出借或者以其他形式非法转让。

第十六条 劳务派遣单位名称、住所、法定代表人或者注册资本等改变的，应当向许可机关提出变更申请。符合法定条件的，许可机关应当自收到变更申请之日起10个工作日内依法办理变更手续，并换发新的《劳务派遣经营许可证》或者在原《劳务派遣经营许可证》上予以注明；不符合法定条件的，许可机关应当自收到变更申请之日起10个工作日内作出不予变更的书面决定，并说明理由。

第十七条 劳务派遣单位分立、合并后继续存续，其名称、住所、法定代表人或者注册资本等改变的，应当按照本办法第十六条规定执行。

劳务派遣单位分立、合并后设立新公司的，应当按照本办法重新申请劳务派遣行政许可。

第十八条 劳务派遣单位需要延续行政许可有效期的，应当在有效期届满60日前向许可机关提出延续行政许可的书面申请，并提交3年以来的基本经营情况；劳务派遣单位逾期提出延续行政许可的书面申请的，按照新申请经营劳务派遣行政许可办理。

第十九条 许可机关应当根据劳务派遣单位的延续申请，在该行政许可有效期届满前作出是否准予延续的决定；逾期未作决定的，视为准予延续。

准予延续行政许可的，应当换发新的《劳务派遣经营许可证》。

第二十条 劳务派遣单位有下列情形之一的，许可机关应当自收到延续申请之日起10个工作日内作出不予延续书面决定，并说明理由：

（一）逾期不提交劳务派遣经营情况报告或者提交虚假劳务派遣经营情况报告，经责令改正，拒不改正的；

（二）违反劳动保障法律法规，在一个行政许可期限内受到2次以上行政处罚的。

第二十一条 劳务派遣单位设立子公司经营劳务派遣业务的，应当由子公司向所在地许可机关申请行政许可；劳务派遣单位设立分公司经营劳务派遣业务的，应当书面报告许可机关，并由分公司向所在地人力资源社会保障行政部门备案。

第三章 监督检查

第二十二条 劳务派遣单位应当于每年3月31日前向许可机关提交上一年度劳务派遣经营情况报告，如实报告下列事项：

（一）经营情况以及上年度财务审计报告；

（二）被派遣劳动者人数以及订立劳动合同、参加工会的情况；

（三）向被派遣劳动者支付劳动报酬的情况；

（四）被派遣劳动者参加社会保险、缴纳社会保险费的情况；

（五）被派遣劳动者派往的用工单位、派遣数量、派遣期限、用工岗位的情况；

（六）与用工单位订立的劳务派遣协议情况以及用工单位履行法定义务的情况；

（七）设立子公司、分公司等情况。

劳务派遣单位设立的子公司或者分公司，应当向办理许可或者备案手续的人力资源社会保障行政部门提交上一年度劳务派遣经营情况报告。

第二十三条 许可机关应当对劳务派遣单位提交的年度经营情况报告进行核验，依法对劳务派遣单位进行监督，并将核验结果和监督情况载入企业信用记录。

第二十四条 有下列情形之一的，许可机关或者其上级行政机关，可以撤销劳务派遣行政许可：

（一）许可机关工作人员滥用职权、玩忽职守，给不符合条件的申请人发放《劳务派遣经营许可证》的；

（二）超越法定职权发放《劳务派遣经营许可证》的；

（三）违反法定程序发放《劳务派遣经营许可证》的；

（四）依法可以撤销行政许可的其他情形。

第二十五条 申请人隐瞒真实情况或者提交虚假材料申请行政许可的，许可机关不予受理、不予行政许可。

劳务派遣单位以欺骗、贿赂等不正当手段和隐瞒真实情况或者提交虚假材料取得行政许可的，许可机关应当予以撤销。被撤销行政许可的劳务派遣单位在 1 年内不得再次申请劳务派遣行政许可。

第二十六条 有下列情形之一的，许可机关应当依法办理劳务派遣行政许可注销手续：

（一）《劳务派遣经营许可证》有效期届满，劳务派遣单位未申请延续的，或者延续申请未被批准的；

（二）劳务派遣单位依法终止的；

（三）劳务派遣行政许可依法被撤销，或者《劳务派遣经营许可证》依法被吊销的；

（四）法律、法规规定的应当注销行政许可的其他情形。

第二十七条 劳务派遣单位向许可机关申请注销劳务派遣行政许可的，应当提交已经依法处理与被派遣劳动者的劳动关系及其社会保险权益等材料，许可机关应当在核实有关情况后办理注销手续。

第二十八条 当事人对许可机关作出的有关劳务派遣行政许可的行政决定不服的，可以依法申请行政复议或者提起行政诉讼。

第二十九条 任何组织和个人有权对实施劳务派遣行政许可中的违法违规行为进行举报，人力资源社会保障行政部门应当及时核实、处理。

第四章 法律责任

第三十条 人力资源社会保障行政部门有下列情形之一的，由其上级行政机关或者监察机关责令改正，对直接负责的主管人员和其他直接责任人员依法给予处分；构成犯罪的，依法追究刑事责任：

（一）向不符合法定条件的申请人发放《劳务派遣经营许可证》，或者超越法定职权发放《劳务派遣经营许可证》的；

（二）对符合法定条件的申请人不予行政许可或者不在法定期限内作出准予行政许可决定的；

（三）在办理行政许可、实施监督检查工作中，玩忽职守、徇私舞弊，索取或者收受他人财物或者谋取其他利益的；

（四）不依法履行监督职责或者监督不力，造成严重后果的。

许可机关违法实施行政许可，给当事人的合法权益造成损害的，应当依照国家赔偿法的规定给予赔偿。

第三十一条 任何单位和个人违反《中华人民共和国劳动合同法》的规定，未经许可，擅自经营劳务派遣业务的，由人力资源社会保障行政部门责令停止违法行为，没收违法所得，并处违法所得 1 倍以上 5 倍以下的罚款；没有违法所得的，可以处 5 万元以下的罚款。

第三十二条 劳务派遣单位违反《中华人民共和国劳动合同法》有关劳务派遣规定的，由人力资源社会保障行政部门责令限期改正；逾期不改正的，以每人 5000 元以上 1 万元以下的标准处以罚款，并吊销其《劳务派遣经营许可证》。

第三十三条 劳务派遣单位有下列情形之一的，由人力资源社会保障行政部门处 1 万元以下的

罚款;情节严重的,处1万元以上3万元以下的罚款:

(一)涂改、倒卖、出租、出借《劳务派遣经营许可证》,或者以其他形式非法转让《劳务派遣经营许可证》的;

(二)隐瞒真实情况或者提交虚假材料取得劳务派遣行政许可的;

(三)以欺骗、贿赂等不正当手段取得劳务派遣行政许可的。

第五章 附 则

第三十四条 劳务派遣单位在2012年12月28日至2013年6月30日之间订立的劳动合同和劳务派遣协议,2013年7月1日后应当按照《全国人大常委会关于修改〈中华人民共和国劳动合同法〉的决定》执行。

本办法施行前经营劳务派遣业务的单位,应当按照本办法取得劳务派遣行政许可后,方可经营新的劳务派遣业务;本办法施行后未取得劳务派遣行政许可的,不得经营新的劳务派遣业务。

第三十五条 本办法自2013年7月1日起施行。

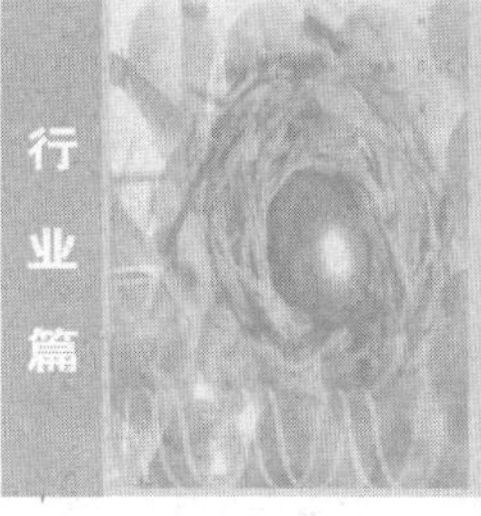

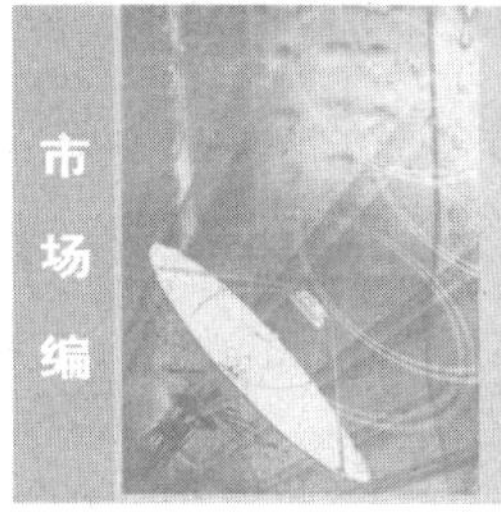

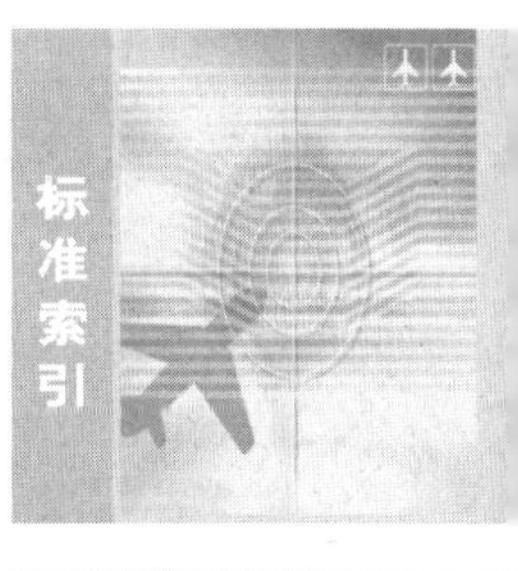

大事记

记载2012年度发生的工程机械行业的重大事件

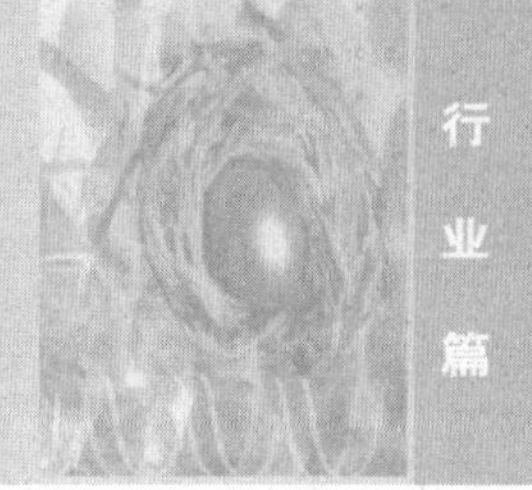

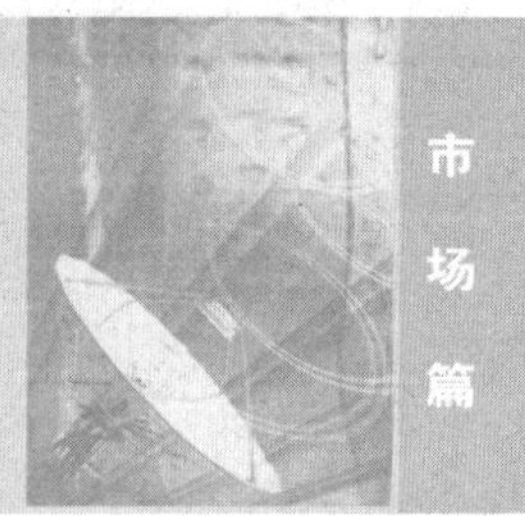

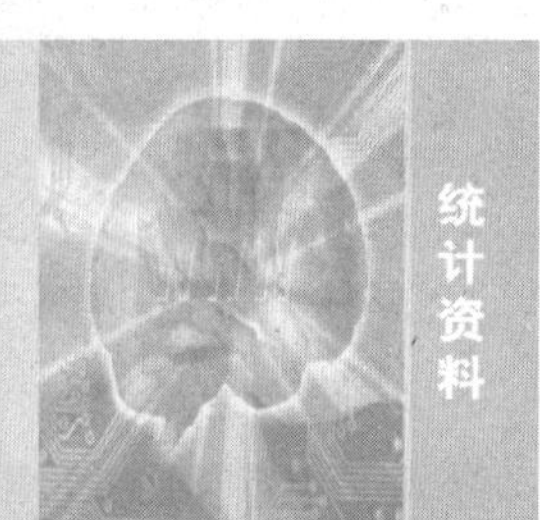

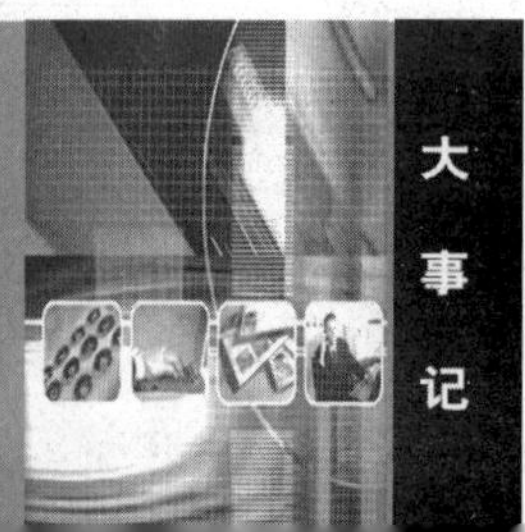

中国工程机械行业大事记（2012年）

中国工程机械行业大事记(2012年)

1月

4日 由中国工程机械工业协会(简称协会)主办,工程机械与维修杂志社、行业内多家主流媒体联合承办的“2011中国工程机械十大新闻”评审会议成功举行。本次评选出的十大新闻,是中国工程机械工业协会和媒体对于行业在2011年发展进行的综合性盘点,也是一次对于典型事件认真的梳理过程,一定程度上反映了我国工程机械行业2011年所发生的变化。

6日 山东临工工程机械有限公司在临沂举办了山东临工两万台挖掘机生产基地落成典礼暨新产品发布会。协会苏子孟秘书长出席发布会。临沂市市委、市政府领导,临工相关领导,沃尔沃建筑设备(中国)有限公司领导以及众多行业内人士、新闻媒体和临工经销商近千人见证了落成典礼和新品发布。在发布会现场,临工正式推出了5款新一代挖掘机产品。

7—10日 2011年度机械工业技能鉴定工作总结暨表彰大会在西安召开,来自机械行业从事职业技能鉴定工作的全国各地120家单位的201人出席会议。会议期间,工程机械行业分中心召开所属鉴定点专场会议,有24家鉴定点,34人出席会议。鉴于2011年工程机械行业职业技能鉴定分中心的鉴定工作取得了较好的成绩,工程机械行业分中心及分中心所属的7家鉴定站(点)获得先进集体奖;江琳等3人获得优秀管理者奖。至此,工程机械行业分中心自成立以来已连续五年被评为先进集体。

8日 中联重科土方机械分公司渭南工业园盛大开园。渭南工业园是中联重科土方机械分公司专业生产挖掘机的工业园区,园区包括主机生产园、配套生产园和预留发展园,占地面积133.3万m^2(2 000亩),其中,主机生产园投资11.2亿元,占地面积66.7万m^2(1 000亩),建设年产大中型液压挖掘机10 000台,小型液压挖掘机10 000台的生产线,年销售收入到2014年将突破100亿元。

10日 广西柳工机械股份有限公司与波兰工程机械企业Huta Stalowa Wola公司签署有条件收购协议。我国驻波兰大使馆、波兰政府、柳州市政府、中国工程机械工业协会、HSW公司、柳工等相关领导及公司、媒体等代表共约100人参加。这是迄今为止我国在波兰最大的投资项目,同时也是柳工目前最大的海外投资项目。

12日 力士德配套商务年会在山东临沂举行,来自全国各地170余名配套商厂家代表齐聚一堂,共商发展大计。2012年力士德的达产目标为5 000台,这也符合力士德公司业已形成的“先做精,后做大,再做强”的发展理念。此次会议还对相关配套商进行了表彰和嘉奖,评选出了19家“优秀配套商”厂家和40余家“合格配套商”厂家。

14日 由徐工重型研制的RT系列越野轮胎起重机关键技术暨RT60、RT100越野轮胎起重机产品鉴定会在徐工重型举行。中国工程机械工业协会、中国科学院、中国工程机械学会相关专家以及各大专院校和业内知名企业的领导齐聚一堂,听取徐工重型越野轮胎起重机关键技术的研究报告并对产品进行现场鉴定测试。该产品的成功研制，填补了国内空白，打破了国外企业的技术垄断，提升了民族品牌在国际工程机械市场的影响，带动相关配套产业发展，其中重载驱动桥、多通道中心回转体、油缸、专用控制阀件已实现国产化，具有广泛的社会效益。

17日 国家工业和信息化部运行检测协调局向中国工程机械工业协会发出“感谢信”，对一年来协会作为联系企业和政府桥梁和纽带，及时向国家相关部门提供行业运行情况并提出许多好的政策措施建议，协助完成国家工业和信息化部运行检测协调局委托的应急工作，并且有力地支撑了经济运行监测协调局的工作等表示感谢。同时希望协会在2012年这一“十二五”规划承上启下的重要年度中，继续加大工作力度，积极反映行业和企业情况，支持开展好应急协调等重点工作，在各项事业上取得更大成绩。

29日 山河智能SWDM22F旋挖钻机从第二产业园出发，发往江西，喜迎桩工营销龙年开门红。据统计，2012年1月，山河智能桩工营销实现旋挖钻机、静力压桩机等产品的销售额逾4 000万元。

30日 中联重科将8亿元的工程机械设备，包括混凝土机械、工程起重机械、环卫机械等在内的中联重科全系列工程机械共计448台(套)设备，从中联重科各大工业园同时发车，批量发往巴西等海外市场以及全国各地。

31日 三一重工召开“三一重工、中信产业基金收购德国普茨迈斯特”新闻发布会。三一重工公司旗下三一德国有限公司将联合中信基金收购德国混凝土机械巨头普茨迈斯特100%股权，其中三一德国收购90%，中信基金收购10%。三一德国的出资额为3.24亿欧元(折合人民币26.54亿元)。通过这次收购，三一将拥有对方的全部专利，这将奠定三一重工在全球混凝土机械行业的世界地位。

2月

3日 中国工程机械工业协会秘书长苏子孟与工程机械配套件分会会长郑尚龙、秘书长贾晓雯，铲土运输机械分会秘书长尚海波，挖掘机分会秘书长李宏宝等协会领导赴韩国出席江山液压(韩国)株式会社(以下简称江山液压)剪彩仪式。目前，江山液压已成功为熔盛机械等国内十几家挖掘机生产企业配套，也与部分国内主流挖掘机生产企业寻求战略合作并已开始进行技术交流。此次剪彩仪式标志着江山液压产品正式进入批量生产阶段，这将大大缓解国内关键液压元件供应紧张的状态。

6日 三一如东工业园投资项目签约仪式在长沙三一工业城三一集团总部举行。三一如东工业园由三一集团投资建设，项目占地面积133.3万m^2(2 000余亩)，计划总投资30亿元，主要产品包括混凝土机械设备和三一集团的其他装备产品，建成投产后五年内力争实现销售规模100亿元。

14日 徐工集团全地面起重机关键技术开发与产业化项目荣获2011年度国家科学技术进步奖二等奖。这是工程机械行业年度唯一获奖项目。该项目的成功研制不仅打破了国际垄断，而且显著提升了我国工程机械高端装备制造业的全球竞争力。目前，徐工集团已实现了全地面起重机关键技术及产品的自主研发，国内首创技术15项，国内首创或填补国内空白产品13项，起重性能、操纵微动性、油气悬挂、电液比例转向等关键技术指标达到国际领先水平。

24日 工信部装备司召集相关部门人员专门听取了中国工程机械工业协会针对中国工程机械行业2011年运行情况及行业当前发展趋势、出现的新动向、存在的问题等情况所做的汇报。协会苏子孟秘书长、王金星副秘书长、吕莹、尹晓荔主任参加了汇报。听取协会汇报后，装备司的领导对中国工程机械工业协会为行业健康稳定发展所做的工作给予了积极评价，对行业所取得的各项成就给予了充分肯定，同时，就协会反映的问题、所提建议进行了详细了解和解答，对行业相关工作提出了指导性意见，并对行业协会今后的工作提出了新的要求。

27 日　三一美国公司第一台 SY215C9C3K 组装挖掘机成功下线。三一美国公司领导，美国桃树市相关领导，以及三一美国所有员工共同见证了这一时刻。三一美国公司处于挖掘机配置和销售的高端市场，竞争十分激烈。为打响品牌，其利用本土优势，深入调研和分析，细致了解北美市场的特点和需求，立志研发和组装适销对路的产品，攻入主流市场。

28 日　山重建机有限公司在山东临沂制造基地举行第 10 000台挖掘机下线仪式。第 10 000台挖掘机的顺利下线，充分体现了山东重工集团内部产业协同的优势，进一步彰显了山东重工集团机械板块的竞争实力。

3 月

1 日　中国工程机械工业协会顺利通过民政部 2011 年度年检。民政部根据《社会团体登记管理条例》的有关规定，对全国性社会团体开展了 2011 年年度工作检查。民政部通过对协会内部建设、财务会计情况以及业务活动开展等 7 个方面的工作进行检查，最终确定：中国工程机械工业协会 2011 年度年检合格。

2 日　山推工程机械股份有限公司第 50 000 台推土机下线。成立于 1980 年的山推公司是我国推土机行业的龙头企业，其生产规模逐年扩大，尤其是近年增长迅速，2002 年，公司推土机年产量突破 1 000 台，2010 年年产量突破 10 000 台，模块化设计、全液压技术、推土机自动找平等多项专利技术在产品中得到广泛应用。第 5 万台推土机的成功下线，标志着山推推土机产业整体实力进一步增强，实现了从量变到质变的飞跃。

4 日　中国工程机械工业协会会长祁俊、秘书长苏子孟等与来京参加全国“两会”的部分工程机械行业代表举行了工程机械行业两会代表见面会，大家齐聚一堂共商行业大事。两会代表均表示一定不辱使命，要积极反映行业诉求和行业热点、难点问题，为行业发展建言献策，为行业争取良好的扶持政策和发展环境。

5—8 日　中国工程机械工业协会分支机构 2011 年工作会议在山东青岛召开。协会会长祁俊、秘书长苏子孟出席会议，来自协会秘书处及各分支机构的秘书长和顾问共 61 人参加了会议。会议由苏子孟秘书长主持。祁俊会长向与会代表传达了 2011 年 11 月四届三次理事会关于“加快调整转型、创新升级，促进工程机械行业平稳快速发展”工作报告的要点，他概括性地总结了 2011 年我国工程机械行业发展的特点，解析了 2012 年行业发展所面临的形势，并对行业发展前景进行了展望，提出了 2012 年行业工作的主要任务。苏子孟秘书长对 2011 年的协会工作进行了总结回顾，并指出了目前协会工作中存在的几个突出问题，并就存在的问题提出了解决的措施和要求，同时根据国资委、民政部和中机联的指示精神，结合协会实际，将协会 2012 年的工作意见概括为：确立一个中心任务，即为国家经济发展大局服好务；履行好支撑政府开展行业管理工作和引领行业科学发展两大职责；发挥好服务行业、反映诉求、规范行为的三大作用；树立四大意识：大局意识、整体意识、精品意识、效益意识;争创五个一流:一流的服务质量、一流的能力水平、一流的作用发挥、一流的规范制度、一流的诚实守信。

7 日 由柳工印度工厂试制的首批 3 台 414 平地机顺利完成装配并下线,这标志着印度工厂引进路面产品的战略目标取得了突破。这次装配工作的顺利完成,为印度工厂后续生产平地机奠定了基础。

11 日 中国工程机械工业协会混凝土制品机械分会 2012 年年会暨技术交流会在广州顺利召开。中国工程机械工业协会、中国工程建设标准化协会砌体结构委员会领导,相关国外知名企业以及全国各地行业主要单位代表近 40 人出席了本次会议。德国海斯、意大利索泰等外资企业首次参加本行业年会。协会王金星副秘书长在大会上作了主题为《中国工程装备制造业"十二五"发展瞭望》的报告,分析了工程机械行业"十一五"发展的宏观形势,展望了"十二五"发展趋势。此届年会为与会者详细论述了混凝土制品机械行业的现状、问题与发展思路,同时倡导行业要注重专业化分工、寻求差异化发展。

12 日 "技术领航 品质制胜——2012 徐工矿山型装载机发布会"在唐山遵化举行,以徐工 ZL50G、LW500KL、LW600K 矿山型装载机为主的三款产品耀世登场,来自唐山遵化地区的 300 余名专业用户代表参加了发布会。本次活动也是徐工年内在国内推广矿山型装载机活动的首站,意义重大。

12 日 中联重科工程起重机公司"打造行业服务第一品牌启动仪式"在北京希尔顿逸林酒店隆重举行。启动仪式上,象征着服务第一品牌的火炬进行了交接,预示着"高效服务超越期待"薪火相传的火炬开始了第一棒的传递,同时也拉开了工程起重机行业服务品牌竞争的序幕。

13—17 日 一百余台徐工装载机在上海装船,批量发往俄罗斯,刷新了徐工装载机批量出口东欧和中亚地区的新纪录。

16 日 徐工 120 台液压挖掘机批量出口南美哥伦比亚发车仪式隆重举行,开启了出口南美的跨洋之旅。此次出口的主打机型 XE215C、XE230C 均由挖机公司自主研发,采用国内外先进的设计、工艺和制造技术,并在提高作业效率、适应恶劣工况环境方面做了改进升级,具有装载率高、功率大、油耗低等特点,成为当地市政工程建设的首选产品,深受南美用户青睐。

19 日 商务部机电和科技产业司听取了中国工程机械工业协会统计信息部主任吕莹就工程机械产品当前进出口情况的汇报。汇报中重点介绍了工程机械产品 2011 年进出口总体情况、工程机械产品出口的特点和问题,并提出了进一步支持工程机械产品出口的措施建议。

20 日 徐工集团上海临港基地一期项目开工奠基仪式在上海临港物流园奉贤园区隆重举行。项目总占地面积约 155.3 万 m^2(2 330 亩),总投资 100 亿元以上。项目将分二期建设,主要生产制造挖掘机、推土机、大型工程机械及面向海外的主机和高端零部件;将建设上海徐工研究院和销售服务中心;后续还将发展港口机械、海工装备等战略性产业。徐工集团力求将临港项目打造成支撑徐工国际化发展的重要基地、掘进新兴产业的战略基地和上海高端装备制造的全新高地,并将利用上海得天独厚的区位、人才等综合优势,加快上海徐工研究院建设,重点突破新材料、新工艺、高端零部件等核心技术。

21 日 中国国机重工集团有限公司控股四川长江起重机公司在泸州正式签约。同时,中国机械工业集团有限公司与四川省泸州市人民政府战略合作的签约仪式也在泸州市隆重举行。中国工程机械工业协会苏子孟秘书长出席仪式并致辞。

22 日 交通运输部举行新

闻发布会,针对高速公路近年发展建设速度太快、规模太大,是否需降温的问题进行了说明。从总体上说,我国高速公路建设仍处在一个大建设和大发展的时期,这无疑对依赖高速公路建设投资拉动的工程机械制造行业是个信心的提振。

23日 玉柴重工下属子公司——玉柴桩工(常州)有限公司自主研发的第一台YCR260全电控旋挖钻机调试成功。该产品首次将电液比例控制技术应用到旋挖钻机中,达到了国际先进水平。

24日 中国工程机械工业协会2012年统计工作会议在广西壮族自治区桂林市召开,协会相关分会领导、主要工程机械企业代表和相关行业代表72人参加了会议,苏子孟秘书长出席会议并发表重要讲话。会议由协会统计信息部主任吕莹主持。他介绍了2011年宏观经济运行情况、2012年一季度宏观经济数据预计及其对工程机械行业的影响。

27日 由协会支持和指导的“2011中国工程机械年度产品TOP50”颁奖典礼在北京隆重举行。50款在技术创新、市场表现和应用贡献三个维度上表现突出的工程机械产品荣登年度获奖榜单。来自中国工程机械工业协会及下属分支机构、相关行业协会、发改委、工信部、商务部、中国机械工业联合会,以及工程机械制造企业、施工企业、科研院所、高校、新闻媒体的200余位嘉宾参加了此次年度盛会。年度TOP50评选活动的宗旨在于归纳和总结过去一年工程机械行业在技术和产品方面取得的最新成就,记录产业技术进步的足迹。评选目标锁定在我国工程机械市场上的产品,评选的核心标准为产品的技术创新、市场表现和应用贡献。经过多年的精心打造,该项评选活动已经成为梳理行业产品发展脉络、记录行业技术进步足迹的行业盛事。同时,“中国工程机械年度产品TOP50”颁奖典礼也已演化成为业内人士一年一度共同把脉行业市场、产品、技术发展的高端峰会。

27日 在天津市滨海新区全国示范性劳动竞赛总结表彰大会上,天津柳工机械有限公司喜获全国“五一”劳动奖状荣誉表彰,成为此次表彰大会上获此殊荣的两家企业之一。2011年,在整个工程机械市场不景气的情况下,天津柳工实现产值11.3亿元,国际市场订单同比增长78%。

28日 中国国机重工集团有限公司(以下简称国机重工)在河南举办大型联合促销活动。这是国机重工首次联合旗下常林股份、鼎盛重工、国机重工(洛阳)有限公司、四川长起4家企业及河南13家代理商共同举行的大型促销活动,旨在发挥区域效应,利用国机重工及旗下各企业的资源互补优势,辐射周边区域,带动规模效应,提高国机重工及旗下品牌的市场知名度和产品的市场占有率。

29日 福建省泉州市工程机械行业协会第二届会员大会在泉州召开。泉州市工程机械行业协会由2006年12月成立的泉州装载机行业协会更名而来。目前,泉州机械装备行业(含汽配)规模以上企业已超过600家,2011年的产值达630多亿元,预计到“十二五”末,机械装备行业将成为泉州又一个产值超过千亿元的产业集群。

30日 天津山河起重机械产品批量交付仪式暨新产品技术交流会在山河智能第三产业园举行。天津山河装备开发有限公司是山河智能装备集团控股子公司,是集团在北方投资设立的最大子公司,占地面积123.3万m^2(1 850亩),计划总投资45亿元,总建筑面积60万m^2。项目达产后,员工总数将达到5 000余人,各种机械产品年产能10 000台以上,年销售收入100亿元以上。目前,一期工程16万m^2的厂房已建成,当年6月将全面投产。

30日　陆德公司迎来了15周年厂庆和新厂区乔迁启动的双喜临门。陆德公司十五周年厂庆和新厂搬迁启动是公司发展新的契机，见证了公司从无到有、从弱到强的历程。

31日　柳工股份公司3月出口整机超千台暨上海港单次装运出口180台庆祝仪式在总部举行。柳工股份公司高层领导及300多名员工代表参加了庆典。柳工一季度累计实现出口整机2 053台，同比增长32%，其中3月份单月出口就达1 045台。

月内　受福建省科技厅委托，福建省三明市科技局组织省内外专家、学者召开专题会议，对厦工三重公司承担的福建省2009年区域重大科技项目——“高性能平地机研究与开发”进行了验收。

4月

1日　中交西筑公司的3套J系列沥青混合料搅拌设备陆续发往俄罗斯，5月初正式在俄罗斯投入项目施工。此次出口俄罗斯的沥青混合料搅拌设备充分显示出国产沥青混合料搅拌设备的优良品质和领先水平。此外，在今年行业不很景气的大环境里，中交西筑公司开年交出的海外成绩单为行业增添了一抹难得的朝气。

1日　财政部、工业和信息化部、海关总署和国家税务总局联合发布《关于调整重大技术装备进口税收政策有关目录的通知》，明确当年最新修订的《国家支持发展的重大技术装备和产品目录》和《重大技术装备和产品进口关键零部件、原材料商品清单》开始执行，凡符合规定条件的国内企业为生产新目录中所列重大技术装备和产品而进口的清单中相关的零部件和原材料商品，将免征关税和进口环节增值税。其中工程机械领域，取消了混凝土搅拌车，增加了履带式全地形工程车等项目。

7日　国内首款天然气装载机——雷沃LNG（液化天然气）装载机在山东潍坊市首发。该装载机由福田雷沃国际重工股份有限公司研发，以节能减排、绿色环保著称，在保证动力和安全性的前提下，可比柴油装载机节约燃料成本约一半。该机是在雷沃ETX柴油装载机的基础上研发而来的。

15—16日　内蒙古科学技术厅主持科技成果鉴定会，对北方股份开发的新产品NTE260电动轮矿用自卸车进行了科技成果鉴定。NTE260电动轮矿用车是北方股份公司自主研发、拥有完全自主知识产权的新产品，不仅打破了国外矿车企业巨头长期以来对我国矿车高端技术的垄断，还填补了国家在这一吨位领域的空白。

16—21日　第九届法国国际工程机械、建筑机械、零部件和工程车辆博览会（INTERMAT2012）在法国巴黎维勒班展览中心举行。中国工程机械工业协会和中国机电产品进出口商会第三次联合组团参展，并取得了良好的出展效果。此次法国展总面积达到37.5万m^2，共有超过1 500家展商（其中有来自44个国家的985家海外企业）参加展会，参观人数为20万人次（其中35%的人员来自全球162个国家），其中我国企业为145家，展出面积达到2.41万m^2，特划出了中国中小供应商集中展示的“中国馆”专区。

17日　三一重工股份有限公司与德国普茨迈斯特控股有限公司在德国埃尔西塔（Aichtal）正式对外宣布完成收购交割。此次交易亦是德国著名中型企业与中国企业的首次合并，普茨迈斯特创始人施莱西特曾称其为“一个中德示范性交易”。

17日　价值超千万元的山河智能潜孔钻机批量发往安哥拉共和国，参与泛华建设集团的DunDo项目建设。作为国内唯一一家拥有自主知识产权的一体化液压潜孔钻机生产企业，山河智能成功研发出液压潜孔钻机，打破了进口钻机一统天下、垄断国内高端钻机市场的局面。

18日 2012印度尼西亚国际工程机械、矿山机械及建材机械展览会的主办方中国工程机械工业协会和贸促会机械行业分会共同举办了新闻发布会。中国工程机械工业协会秘书长苏子孟出席了发布会并介绍了中国工程机械行业当前运行形势及产品出口到印尼以及东盟十国的情况。此次展会得到了印度尼西亚公共工程部、工业部、印尼国家联合建筑商协会、印尼承包商协会的大力支持，展出面积10 000m^2，有来自印度尼西亚、中国、新加坡，泰国、比利时、马来西亚、印度7个国家的120家企业参展。

18—19日 中国工程机械工业协会代理商工作委员会开展的以“关爱中小代理商成长，帮助中小代理商发展”为主题的系列活动首次在昆山成功举行。此次活动为代理商工作委员会开辟了新的工作思路，也让更多的中小代理商团结起来，共同迎接工程机械行业的未来。

21日 三一SCC4000履带起重机完成了备受关注的埃塞俄比亚阿达玛（ADAMA）风电EPC项目最后一台风电机组吊装任务。中国驻埃塞俄比亚大使馆、埃塞俄比亚政府相关部门及中国水电顾问集团等相关领导出席仪式并见证了这一历史时刻。总装机容量51MW的阿达玛（ADAMA）风电EPC项目是埃塞俄比亚乃至东非高原上首个风力发电项目，也是我国第一个技术、标准、管理、设备整体走出去的风电项目，采用我国标准进行设计、施工和验收，采用我国风机设备和我国监理，具有重要的战略意义和现实意义。

26日 三一重工大庆再制造基地项目在龙凤区光明产业新城开工。这是三一重工继牡丹江之后的又一个再制造基地，对壮大大庆市现代装备制造业规模，加快培育新兴产业具有重要意义。该再制造基地项目总投资5亿元，占地面积5万m^2，年可生产、销售各类工程机械整机550台。

28日 山特维克矿山工程机械（洛阳）技术服务中心正式动工建设，该中心建成后将成为山特维克集团面向中西部地区进一步发展的平台和窗口。山特维克矿山工程机械（洛阳）技术服务中心建成后，将以洛阳为中心，服务范围覆盖河南、河北、山西、陕西、山东、安徽及两湖、两广等地区，并辐射西南、西北及内蒙古等周边地区。

28日 河北宣工公司新型TS160-3湿地推土机试制成功。TS160-3湿地推土机达到结构先进合理、性能稳定、操作轻便灵活、生产作业率高的技术要求，适应泥泞和沼泽等黏性、松软、高含水量地区的作业环境。

30日 三一重工与印度尼西亚工业部举行了投资协议签字仪式。根据协议，三一将在印度尼西亚爪哇省投资2亿美元兴建三一印尼产业园，三一重工也由此成为第一家在印尼制造业领域进行大型投资的中国企业。

5月

3日 柳工股份公司“发扬‘899’精神，配件月收再破亿”庆典在柳州配件公司举行。受宏观经济影响，柳工配件业务在2011年3月销售收入一度冲破亿元瓶颈之后出现连续下滑，最低点曾跌至当年1月份的3 000多万元。面对复杂的环境和不利的条件，柳工后市场业务快速应对市场变化，在当年市场需求持续下滑的情况下，再次取得配件业务4月份单月销售收入破亿元的佳绩。

5日 山推公司总价值2.5亿元、共计302台（套）主机设备从青岛发运到拉丁美洲地区。这是山推公司围绕“价值引领”的营销战略思路，积极拓展国内外市场的结果。

8 日 20 台 JCM922D 履带式挖掘机在山重建机临沂工厂整装待发，进军伊朗市场。山重建机在开拓国际市场的道路上迈出了标志性的一步。伊朗是一个山地国家，地处热带及亚热带地区，地形条件多样，施工环境复杂，这对工程机械设备提出了很高要求。此次合作中，伊朗客户经过多方对比，在充分考虑机器性能、价格、施工情况等因素后，最终选择了山重建机的 JCM 挖掘机。

9—11 日 全球工程机械行业协会第二十二届联合技术联络会议在韩国首尔举行。CCMA（中国工程机械工业协会）、KOCEMA（韩国建筑机械制造商协会）、AEM（美国制造商协会）、CECE（欧盟建筑机械协会）、CEMA（日本建筑机械制造商协会）等知名大协会参加了此次会议，德国 VDMA 协会的代表和法国标准化协会的代表也参加了此次会议。此外，还有 ISO/TC127 组织和 ISO/TC195 组织的负责人、世界工程机械主要制造企业的代表、检测机构的代表、研究院所的代表共计 41 人参加了会议。

协会副秘书长王金星和国家工程机械质量监督检验中心的陆明在会上分别介绍了协会标准发布、工程机械零部件再制造标准，非道路自卸车、矿用自卸车与宽体自卸车分类、定义，ISO20474 转化 GB25684 标准问题以及土方机械产品 CQC 标志自愿认证的有关情况。会议最后讨论通过了由协会提出的联合技术联络会议确立会议宗旨的议案，会议确定了 2013 年 23ndJTLM 在欧洲召开。

9 日 柳工机械波兰有限责任公司首台装载机、挖掘机成功下线，标志着柳工迈出了系列产品在欧洲地区实现本地化生产的历史性的重要一步。

10 日 两台徐工混凝土拌和站顺利抵达委内瑞拉加拉加斯“委内瑞拉住房建设项目开工仪式”现场并安装完成。该工地上的徐工产品已达 40 余台，给参加仪式的委内瑞拉住房项目部和石油部的相关领导及当地媒体人士留下了深刻的印象。截至目前，项目进展顺利，总计 6 025台设备中已有 4 500 台抵达委内瑞拉，同时有 60 多名徐工服务人员常年奔赴委内瑞拉各地进行指导安装、培训及售后服务。

14 日 由四川邦立重机有限责任公司自行设计研发的国内最大的 CED2200-7 特大型电动液压挖掘机顺利完成生产调试并下线。CED2200-7 特大型电动液压挖掘机是采用 6 000V 高压电驱动的履带式特大型矿用液压挖掘机，重 220t，功率 800kW，标准斗容量 11m^3，可配置正、反铲工作装置及其他作业机具，而机电液一体化的智能装置可大幅度提高矿山挖掘的生产效率，满足矿山用户对矿山型挖掘机的不同需求。

15 日 徐工千吨级履带起重机再次挑战海洋工程吊装极限，在山东蓬莱与德马克 3 台履带起重机同台秀技，高负载行走，将长约 60m、重达 800 余吨的结构件，顺利嫁接到 200 多米远的导管架上，完成吊装史上难度超大的一次施工。

15 日 “掘战达人”沃尔沃杯第二届全国挖掘机操作手绿色节油挑战赛正式启动。该项比赛是由中国工程机械工业协会和沃尔沃建筑设备（中国）有限公司联合主办，获得了国家工信部节能与综合利用司和运行监测协调局的大力支持。工信部、协会和沃尔沃建筑设备公司的有关领导一同出席本届大赛的启动仪式。

16 日 中联重科成功中标某海外项目超大型塔机采购订单。此次中标，不仅意味着创造了中国超大型塔机出口新纪录，更标志着以中联重科为代表的中国超大型塔机设计与制造技术已获得国际市场认可。此次中标项目中的出口塔机包括 D800-42 和 D1100-63 两种型号，其中的 D1100-63 超大型塔机最大工作幅度达 80m，最大起重力矩达 1 100t · m，主要技术性能指标达到国际先进水平，符合欧洲 FEM（欧洲物料搬运机械协会）标准，具有强大的市场竞争力。

16 日 中联重科土方机械公司的国家“863”计划重点项目成果——ZE205E-H1 混合动力挖掘机在渭南工业园成功下线，这一里程碑式产品的诞生，标志着中联重科已成为国内外少数能够全面掌握混合动力技术的工程机械企业之一，即将全面开启以高效、绿色、节能为典型特征的新型挖掘机产业化时代。

17 日 印度尼西亚国际工程机械、矿山机械、建材机械及建筑材料展览会（2012 INDO ICON）在雅加达国际展览中心隆重开幕。中国驻印尼大使馆、中国工程机械工业协会、印尼政府等部门的相关领导和印尼当地的代理商、施工单位、承包商代表出席了开幕式。此次展会面积 10 000m^2，有来自中国、印度尼西亚、新加坡，泰国、比利时、马来西亚、印度 7 个国家的 120 家企业参展，展会观众 20 000人，展会同期围绕印尼政府未来基础实施投资情况及矿业行业法律法规展开一系列会议论坛，邀请我国专家，做有关我国工程机械行业发展情况报告。此届展会在各参与单位的积极努力和密切配合下，组织得非常成功。

17 日 徐工集团重型机械有限公司与山西恒远盛吊装设备租赁有限公司隆重举行签约仪式，签约项目涉及系列起重机 22 台，总价值超过 1.3 亿元。这已是徐工“金引擎计划”的第 15 个项目。“金引擎计划”是徐工重型聚焦市场、聚焦客户推出的一项崭新举措。该项计划以大力扶持和培育具备发展潜力且有意愿做大做强的客户为核心主题，共有“八项支撑”计划，其中包含经营能力支撑、管理能力支撑、政策支撑、服务支撑、交流平台搭建、项目支撑、品牌建设支撑、培训支撑。除了“八项支撑”，申报成功的客户还将享受到一系列专属扶持方案。

25 日 中国工程机械工业协会路面与压实机械分会在洛阳召开 2012 压实机械行业高层碰面会，国内路面机械骨干企业的主要负责人以及维特根、沃尔沃等外资路面机械企业的负责人近 40 人参加了会议。会议围绕压实机械行业当前的市场发展形势与走势展开了深入的讨论交流，并就当前环境下企业的发展策略和应对措施广泛达成了共识。

29 日 第十三届俄罗斯国际建筑及工程机械展览会（CTT2012）在莫斯科展览中心克洛库斯举行。中国工程机械工业协会和北京西麦克国际展览有限责任公司联合组织我国展商参展，取得了良好的出展效果。此届展会总面积达到 12.4 万 m^2，共有来自 28 个国家的 911 家展商参展，展商数量比上届增长了 15%，参观人数约 3 万人次，这是俄罗斯、中亚及东欧地区每年最大规模的工程机械产品交易及展示平台。其中有 80 家我国企业携带整机、零部件、模型及展板等集体亮相，构成一抹亮丽的风景，向世界展示了我国工程机械行业的实力和风采。

30 日 中联重科土方机械获得 200 台挖掘机大单，这是公司成立以来获得的单笔最大销售订单，总金额达到 3 亿多元，创造了挖掘机行业单笔销售的新纪录。

30 日 柳工集团欧维姆公司举行“五月佳绩庆典暨铜陵桥项目启动仪式”。柳工集团高层领导及供应商代表等 200 余人参加了庆典仪式，共庆欧维姆公司 5 月份收获 1.51 亿元市场订单的佳绩。

30 日 由辽宁省阜新永生集团自主研发的首台（套）大型多功能除雪机投入批量生产，并在我国北方大部分地区投入使用。该机集除雪、破冰、撒布、壁障、装卸多功能于一体，具有高效、节能、更换简单、多变灵活且实用性强等特性，是我国迄今为止首台、首套自主研发生产的大型多功能除雪机，填补了我国冬季大型除雪设备的空白。以每年市场需求 240 台计算，将为国家节约采购资金 2 亿~4 亿元。

6 月

18 日 中国工程机械工业协会铲土运输机械分会主办的 2012 年中国铲土运输机械行业统计会在重庆召开。中国工程机械工业协会、主要铲土运输机械生产企业的相关领导和统计负责人员参加了会议。

20 日 锦州天港水陆运输处单笔购买了 24 台天然气装载机，成为山东临工天然气装载机上市以来的第一笔大订单。从样机出口到赢得订单，山东临工只用了 1 个月时间。

20 日 三一重工德国贝德堡产业园开业典礼成功举行。据悉，三一在德国科隆的投资项目是迄今为止我国在欧洲最大的一笔投资项目，建成后将包括一家工程设备制造工厂、一个研发中心和一个培训基地。项目达产后，年产工程机械产品3 000 台，预计将实现年销售收入 3.5 亿欧元。

21 日 柳工集团新欧洲总部在荷兰阿尔梅勒市建成开业。荷兰政府、阿尔梅勒市以及我国驻荷兰领事馆相关领导等出席了典礼。柳工集团欧洲子公司新址搬迁显示了柳工进一步开拓欧洲市场的决心，提升了柳工作为世界级工程设备制造商的全球品牌形象，使柳工可以进一步为欧洲区域提供更加优质的服务。

21 日 受国家发改委产业协调司委托，中国工程机械工业协会召开了工程机械行业经济运行情况座谈会。协会、国家发展和改革委员会相关领导和行业内主要工程机械企业负责人参加了此次座谈会。此次座谈会强调了工程机械行业处于比较关键的发展时期，企业经营活动中出现了与以往不同的情况。企业在向管理部门提出建议的同时，还要做好自身的工作，加快转型升级，转变增长方式，促进工程机械行业健康发展。

25 日 以“新格局、新腾飞”为主题的徐工集团全地面起重机、装载机智能化、混凝土泵送机械、混凝土搅拌机械制造基地竣工投产暨产品下线仪式在位于徐州经济技术开发区的徐工装载机智能化制造基地内隆重举行。国家工信部规划司、中国机械工业联合会、中国质量协会、中国工程机械工业协会、徐州市委、徐工集团相关领导，来自海内外的 400 多名客户和供应商、经销商代表及员工代表等近千人共同出席了仪式。

26—28 日 国家工信部装备司、中国工程机械工业协会和中国液压气动密封件工业协会在天津市召开了工程机械高端液压件和系统产业化协同工作平台筹备工作会。工信部、相关行业协会、科研院所领导及企业代表 80 余人出席会议。该工作平台是由市场需求驱动，政府引导，行业协会组织协调，工程机械主机企业、液压元件企业、相关配套件及材料生产企业、科研院所与高等院校自愿参加的政、产、学、研、用相结合的产业化协同工作平台，按照“市场驱动、政府引导、产需对接、项目牵引、产业链联动、重点突破、滚动发展”的原则，改变主机企业和液压件企业发展的“两张皮”现状，加快高端液压元件的自主创新和产业化进程。

28 日 中国工程机械工业协会在北京举办了协会分支机构财务培训交流座谈会。协会各分支机构主管财务的领导及财务人员约 30 人参加了培训交流座谈会。此次财务培训交流会宣贯了国家相关财务管理的政策和制度，提高了各分支机构财务人员依法进行财务管理的意识，交流了财务管理经验。此次会议达到了预期效果，取得圆满成功。

28 日 巴西政府宣布对我国部分工程机械产品的进口关税由 14%提高到 35%,致使我国部分企业的出口涉税产品在巴西销售几乎停滞。仅时隔两个月,巴西政府再次对装载机(59hp 以上)、挖掘机(90 ~ 450hp)、压路机(全部型号)等产品的进口关税由 14% 提高到 25%。巴西政府推出此政策的理由是加强本国制造业与进口机械产品的竞争力。巴西政府的这种贸易保护行为,极大地限制了我国产品在巴西和拉美市场的销售和竞争力。鉴于此种情况,中国工程机械工业协会已紧急上报商务部、工信部、财政部关税司、中国机械工业联合会,建议紧急采取强硬措施制止这种行为,同时,中国工程机械工业协会联合国内工程机械主要出口企业积极配合国家有关部门采取反制措施。

7 月

2 日 山重建机公司举行了挖掘机出口非洲发运仪式。此次出口非洲的挖掘机共计 10 台,其中 JCM924C 挖掘机 8 台、JCM936C 挖掘机 2 台。这是该公司积极推进渠道建设,大力拓展海外业务的成果,当年 1—6 月公司自营挖掘机出口同比增长 203%。未来,在山重建机整个业务中,国际市场所占比例将提升至 30%以上。

6 日 徐工集团欧洲有限公司奠基仪式在德国克雷菲尔德市隆重举行。我国驻法兰克福使馆、德国北威州政府、徐州市政府、徐工集团高层领导,部分配套商及国内外媒体,共同见证了这一具有里程碑意义的重要时刻。该公司位于德国克雷菲尔德市,占地面积 1.64 万 m^2,投资 3 600 多万欧元,功能定位是一家尖端技术研发主导型企业。此次奠基成功,标志着徐工未来在研发布局上将有更多项目扎根欧洲,围绕国际尖端技术项目进行系统整合和建设,为徐工发展注入世界的力量。

6 日 徐工集团与全球混凝土机械领先者——德国施维英公司在德国赫恩举行股权合作项目交割仪式。我国徐州市、德国北威州政府人员,徐工集团和施维英德方股东及公司管理层参加了仪式。交割完成后,徐工集团将拥有施维英有限公司 52%的控股权。此次收购是徐工集团继成功收购德国 FT 公司、荷兰 AMCA 公司后,进行的又一新的国际并购项目。工程机械行业两大“巨头”徐工集团与施维英公司的携手,对中德友谊、产业合作以及全球工程机械的发展均具有历史性意义,将形成一个当前规模约 100 亿元、极具成长性的庞大板块。

7 日 由中国工程机械工业协会维修及再制造分会和代理商工作委员会、易极投资控股有限公司联合主办的中国首届二手设备发展高峰论坛在北京圆满结束。中国工程机械工业协会相关分会、中国拍卖行业协会、高等院校、易极投资控股有限公司高层、行业相关企业、代理商以及来自全国各地的众多媒体共同出席了此次高峰论坛。

11—12 日 中国工程机械工业协会工程机械租赁分会主办的首届中国工程机械融资租赁用户生存状况发布会(挖掘机行业)暨 2012 年国际工程机械融资租赁峰会在北京召开。协会会长祁俊出席峰会并做了《上半年工程机械行业运行形势与下半年运行预测》的报告,对工程机械行业整体运行形势进行了详细的说明和讲解,结合当前企业的实际状况深入浅出地为与会者分析了当前工程机械行业运行形势的利与弊,以及如何克服当前的实际困难,使整个行业尽早走出低谷。此次发布会使大家详细地了解到工程机械行业面临的困境,特别是挖掘机用户的生存状况和面临的实际问题,了解到行业下半年的运行形势以及二手设备市场及流通的实际情况,取得圆满成功。

11 日 由中国机械工业联

合会主办，中国工程机械工业协会和相关行业协会协办，沈鼓集团承办的机械工业主攻高端 推进转型升级工作交流会在沈阳召开。国家工信部、国家能源局、沈阳市政府、协会等领导以及机械行业骨干企业、机械工业工程研究中心与重点实验室、相关科研院所、大专院校、行业组织等代表120余人出席会议。此次会议指出了推进转型升级要靠政策指引，行业努力，依托工程，积极作为，创新机制，构建体系，加大投入，统筹资源等措施和方法，以及如何推进主攻高端战略目标如期实现。

12—14日 由中国工程机械工业协会代理商工作委员会主办的以“市场低迷期代理商的机遇与挑战”为主题的2012年度中国工程机械精英代理商热点论坛在吉林省延吉市成功落下帷幕。协会代理商工作委员会相关领导和来自全国各地的近100位代理商代表参加了此次论坛。此次会议内容丰富、形式多样，为代理商认识当下宏观环境和行业面临的问题，确定应对思路、方案，以及制定面向未来的长久发展战略提供了有益参考。

14日 2012年中国装载机行业高层峰会在山东临沂召开。行业内知名企业、中国工程机械杂志社、山东临工高层领导与受邀嘉宾共同参加了此次峰会。此次峰会对装载机行业面临的形势进行了全面分析，对关系行业发展的重要问题进行了建设性磋商并达成共识，共同探讨行业未来发展之道。

14日 山河智能公司工业车辆华中大区新品发布会在四川成都举行。会上，山河智能工业车辆事业部副总经理颜静介绍了工业车辆新产品系列的功能特性，推介了山河智能最新推出的SWFE系列节能叉车和SWTH系列伸缩臂叉装车。据悉，SWFE系列节能电动叉车作为集团重点战略产品之一，配置有再生制动装置，其特有的液压电控系统可以将叉车在回收货叉下行时产生的势能转换为电能储存，有效节约能量的同时更进一步减轻环境负担。会议现场实现叉车签售数十台。

16日 以“绿色迁安、魅力钢城、国之重器、腾飞徐工”为主题日的徐工迁安地区产品展销会在河北省迁安市国际会展中心广场隆重举行，这是迁安地区有史以来举办的规模最大的工程机械展销会。会上当场实现订机300多台（套），其中，仅徐工装载机就实现销售200余台，刷新了单场展销会成交纪录。

17日 中国工程机械工业协会召开了中国机械工业名牌产品评选细则研讨会。此次研讨会的召开是为了落实中国机械工业品牌战略推进委员会的2010—2015年机械工业名牌产品实施方案，推进机械工业品牌战略，引导、鼓励和支持企业创名牌。会议对列入2010年名牌产品评选试点的叉车和凿岩机两类工程机械产品的“评选细则”进行了讨论修改。

17日 由国家标准化管理委员会主办的国际标准化组织/起重机技术委员会（ISO/TC96）秘书处成立大会在湖南长沙隆重举行。秘书处设在中联重科。此次会议由国家标准化管理委员会主办，湖南省质量技术监督局、中联重科股份有限公司、北京起重运输机械设计研究院承办。国家标准化管理委员会、湖南省相关政府部门、相关行业协会、中联重科等领导出席会议。

19日 根据中国机械工业科学技术奖励工作办公室的统一安排，中国机械工业科学技术奖工程机械专业组在北京举行了一年一度的工程机械行业中国机械工业科学技术奖评审活动。来自工程机械行业协会、企业和专业院校、研究院所的15位专家集中通过网络参加了项目的初审工作。本年度行业共有20多家单位通过网络申报系统报送了55项评审项目，涉及起重机械、土方机械、路面机械、混凝土机械、工业车辆、高空作业机械等多类产品，申报项目呈现出创新点多、技术含量高、社会效益和经济效益显著等特点。经评委们严谨细致的评审，初审共推荐特等奖项目1个，一等奖项目3个，二等奖项目8个，三等奖项目16个。

20日 中交西筑公司3台LTD450型沥青摊铺机、2台MS9J稀浆封层设备和1台TBS350同步碎石封层车顺利交付印度尼西亚客户。此次出口的3款产品均是行走机械设备的主打机型，从工艺设计、产品结构、关键件选配、加工制造、装配、加载试验等环节都有着严格的质量管控，并模拟当地工况进行了负载连续试车，有力地确保了出口设备的稳定性。

26日 中国工程机械工业协会掘进机械分会经中华人民共和国民政部和国有资产管理委员会审核批准在上海隆重成立。来自国家国资委、工信部、上海市经信委、行业协会、中国工程院等相关领导，掘进机械生产企业、配套企业、施工、租赁、科研、试验检测单位、高等院校相关代表，以及多家行业媒体参加了成立大会。

30日 中国工程机械工业协会取得合法信用评价资质，可在商务部信用办和国资委协会办的监督指导下全面开展工程机械行业企业信用等级评价工作。在商务部信用工作办公室和国资委行业协会联系办公室联合发布的商信用函〔2012〕1号文中，公布了第八批行业信用评价参与单位名单，协会名列其中。这表明中国工程机械工业协会取得了合法的信用评价资质。

月内 由福田雷沃重工生产的60台雷沃挖掘机，作为我国政府援助缅甸的挖掘机项目被选中的机型，在青岛港装船正式启运发往缅甸。此次用于我国政府援助缅甸项目的挖掘机包括38台雷沃FR220型中型挖掘机和22台雷沃FR60型小型挖掘机。此次雷沃挖掘机成为我国政府援外项目的选用机型，证明了我国国产挖掘机具有可靠的产品质量，企业具有优异的海外服务。

月内 国家财政部、工信部联合下达2012年度第二批科技成果转化项目补助资金计划，山推工程机械股份公司工程机械用液力变速器及其关键零部件技术产业化项目、山东泰丰液压股份有限公司高压大流量电液比例阀生产技术产业化项目，被列入2012年重大科技成果转化专项计划，共获得财政专项支持资金6 600万元。其中山推股份获支持资金5 000万元。

8月

4日 徐工集团向房山灾区捐赠的总价值280万元的16台挖掘机和装载机顺利送达北京市房山区。在房山区委区政府和徐工集团相关领导举行了简短的交接仪式后，设备立即投入了当地救灾和重建中。

6日 三一重机向北京市房山区政府捐赠10台挖掘机，用于日前遭受特大暴雨袭击的房山区的灾后重建。10台挖掘机包括4台SY225C挖掘机、6台SY95C挖掘机。据悉，该批设备全部用于灾区的清淤、修路等工作。

7日 山东中川液压有限公司高端液压产品发布会在临沂隆重召开。此次公开发布的AP4V0112TVN液压轴向柱塞泵、AP4V0112TE液压轴向柱塞泵、MA170W回转马达、VM28PF主阀等4个高端液压件的代表性产品均通过了国家工信部组织的专家鉴定。鉴定结论为：产品在国产化关键技术应用方面取得突破，填补了国内空白，产品性能达到国际同类产品先进水平。

8日 由中国工程机械工业协会工程运输机械分会、中国汽车工程学会矿用汽车分会主办，郑州宇通重工有限公司承办的

2012 年“宇通重工杯”中国矿用车机手争霸赛在河南省郑州市隆重举行。此次大赛的目的是为了提高矿用车机手操作水平，增强机手的维修保养常识，最大限度地减少矿用车故障和事故的发生，在矿用车行业内倡导培养“安全节能、熟练高效”的矿用车驾驶习惯。

21 日 中联重科与印度最大的工程起重机制造商 ELECTROMECH 公司（简称 EM 公司）在长沙签署协议，合资建厂并为印度本土市场研制和生产塔式起重机。这是中联重科继并购意大利 CIFA 后开辟的第二个海外基地，目标为稳坐全球最大的塔式起重机制造商宝座。

21 日 安徽省首台大型盾构机在合肥熔安动力结构车间正式下线。这台名为“英雄号”盾构机的下线，填补了安徽重大装备制造业在该领域的空白。

25 日 广西柳工机械股份有限公司核心铸件研发制造项目在广西柳州奠基。该铸件研发制造项目规划总占地面积 96.5 万 m^2（1 448 亩），总投资6.4 亿元，拟分两期实施。这标志着柳工铸造业向高端铸件迈进，将为柳工在国内国际市场占据重要竞争地位提供有力的支撑。

月内 河北宣工集团 T140-1 和 T165-2 履带推土机顺利通过国家工程机械质量监督检验中心的型式试验。

9 月

3 日 潍柴动力股份有限公司和德国凯傲集团在山东济南举行了战略合作协议签字仪式。潍柴动力继 KKR 和高盛之后成为凯傲新的主要投资者和战略合作伙伴，双方将在物料搬运和液压驱动技术领域展开密切合作。这次合作是继潍柴动力 2008 年 12 月成功收购法国具有 130 年历史的博杜安游艇发动机公司、潍柴集团 2012 年 1 月收购全球第一游艇品牌的意大利法拉帝集团之后，又一次具有里程碑意义的重大投资事项，也是迄今我国企业在德国最大的并购案例。

4 日 中国工程机械工业协会维修及再制造分会 2012 年会暨第三届工程机械再制造发展论坛、第三届工程机械服务总监论坛在济南召开。此次大会由中国工程机械工业协会维修及再制造分会主办，沃尔沃建筑设备（中国）有限公司承办，《工程机械与维修》杂志及第一工程机械网协办，济南天业工程机械有限公司及复强动力有限公司支持。相关企业、协会及相关分会、科研院所等领导参加会议。

10 日 2012 中国挖掘机械多功能应用技术研讨会在上海市浦东临港新城隆重召开。此次研讨会是由中国工程机械工业协会委托中国工程机械工业协会挖掘机械分会和英国米勒公司联合举办的。中国工程机械工业协会、协会挖掘机械分会、上海三一重机、英国米勒公司相关领导，以及来自中外挖掘机行业的整机企业、代理商、用户和属具供应商以及相关媒体近 100 人参加了本次会议。会议主要目的是为了在挖掘机械行业推广使用更加高效、节能、安全的属具连接设备，提高挖掘机械产品的使用效率，为挖掘机用户创造更多利益。

10—12 日 由中国工程机械工业协会混凝土机械分会、中国工程机械学会混凝土机械分会联合主办的 2012 年全国混凝土机械年会暨学术交流会在河南洛阳成功召开。中国工程机械工业协会、协会混凝土机械分会、全国混凝土机械标准化技术委员会等单位的相关领导及 80 家企业的 110 余名会员共聚一堂，商讨混凝土机械发展大计。

13 日 以“挑战·创新·跨越”为主题的中国工程机械工业协会工程机械配套件年会在上海浦东隆重召开。协会及相关分会、相关外资企业与来自整机企业、配套件企业、行业媒体代表等 230 余人参加了会议。会议全面分析了工程机械配套件行业当前面临的严峻的国内外形势，并结合行业企业的发展现状，共同探讨了行业未来发展的变革思路。

19—22日 中国工程机械工业协会施工机械化分会和中国建筑学会建筑施工分会在湖北省武汉市召开了2012年年会暨机械化施工新技术经验交流会。大会以“积极推进绿色施工”为主题，来自建筑施工、租赁和建筑机械生产企业的近百位代表围绕绿色施工新技术、新工艺、新设备、钢结构制作及机械化施工技术、绿色施工管理及信息化技术研究等话题进行了深入交流。

26日 以“质量、诚信、服务、品牌”为主题的中国工程机械工业协会用户工作委员会和中国质量协会工程机械分会、全国建设机械设备用户委员会年会在成都隆重召开。中国工程机械工业协会、中国质量协会领导以及相关骨干施工企业代表、四川省当地行业协会领导和设备制造企业代表参加了会议。

26日 由全球起重机峰会组委会、《中国工程机械》杂志社主办，以“问·未来”为主题的2012全球起重机峰会暨中国吊装百强大会在北京嘉里大酒店隆重召开。国家发改委学术委员会等行业相关领导与来自美国、德国、日本和中国的全球起重机领军企业高层，以及来自我国核工业、冶金、电力、石油、石化、建筑工程及市政等领域的逾百家吊装行业标杆企业和用户代表，经济类主流媒体及工程机械行业媒体代表等300余人齐聚一堂，共同探讨我国吊装企业群体的未来发展之道。

28日 中联重科在湖南长沙举行盛大庆典活动，喜迎公司20周年华诞。为了献礼20周年，中联重科还发布了三款创世界纪录的产品，分别为X6泵车、D1250-80塔机和ZACB01轮式起重机。湖南省省委、省政府各级领导，相关协会、行业企业代表以及来自全球的经销商和供应商参加了相关活动，共同见证20年来中联重科的非凡成就。

月内 由中联重科研制的全球首款上装可整体装入集装箱的搅拌车在广东省深圳港顺利装入集装箱发往泰国。由于上装可整体装入集装箱，运输方便性凸显，既能有效保护上装在运输过程中免受损伤，同时也能大幅降低运输成本，从而提高了中联重科搅拌车在国际市场的竞争力。

月内 山推8216-RE润滑履带总成研制成功，填补了国内空白。该润滑履带于2012年年初进行装机试验，经过半年多的市场验证和逐步改善，客户反映运行状况良好，润滑履带总成的开发为公司进一步开拓国内外市场奠定了基础。目前，润滑履带已进入量产阶段。

月内 由山东德工机械有限公司生产的DGL400路面冷再生机在天津港装船，踏上了赶赴赞比亚的征程。DGL400路面冷再生机主要适用于乡村公路旧沥青路面的就地冷再生作业和各种等级公路的稳定土拌和，一机两用，是传统后置式稳定土拌和机的更新换代产品。自2007年推向市场以来，以施工效率高、再生/拌和均匀、平整度高、稳定性好等特点得到了国内外市场的认可。

月内 山东力士德公司45台CL956-3系列装载机出口伊朗。CL956-3系列装载机采用国际知名品牌动力系统，在掘起力、牵引力等方面具有优势。高强度的车体结构和工作装置，保障了装载机能够适应多种施工环境，受到伊朗客户的肯定。2012年市场环境错综复杂，力士德公司积极应对，变革创新，不断拓展海外市场，产品出口额再创新高，1—8月份该公司产品出口额同比增长了150%。

月内 由三一重工公司牵头实施的“863”课题“混凝土泵车远程监控及维护应用系统研制”通过国家科技部组织的验收。该课题由三一重工牵头，清华大学、中南大学、华中科技大学、湖南大学共同完成。课题通过对37m、46m、48m和56m四种型号泵车臂架结构的研究，攻克了多项核心关键技术，研发出了新一代工程机械专用运动控制器(SYMC)、混凝土泵车远程监控及维护系统等多项智能产品。目前，课题研究成果已在三一重工生产的泵车等工程机械产品上广泛使用，其中运动控制器已经全面取代进口，可降低维护费用3%~5%。

10月

16—18日 由国家工程机械质量监督检验中心主办的第八届全国工程机械与车辆技术质量信息交流会暨中国工程机械工业协会质量工作委员会会员大会在湖南长沙举行，近400名来自国内的行业代表出席了会议。会议特邀中国工程机械工业协会苏子孟秘书长和国家发改委产业经济与技术经济研究所胡春力所长作了专题讲座，分别介绍了当前我国工程机械行业的发展形势与市场状况和国内外经济形势对我国制造业产生的影响。

22—24日 以“理性发展——可持续成长必由之路”为主题的中国挖掘机械行业年会在常州市召开。国家发展研究中心、工信部、常州市武进区政府、中国工程机械工业协会等有关领导以及包括35位挖掘机主机制造企业负责人在内的350余名代表共聚一堂。会议提出了挖掘机械行业应在促进技术进步和行业进步方面发挥积极的作用，为我国向制造强国发展提供有力而持久的技术支撑。为了实现挖掘机行业发展的长远目标，行业企业应该推进以企业为主体的技术创新体系的建设、加人关键技术和共性技术的研发、加大人才培养力度，从而推动行业理性可持续发展。

22—25日 中国工程机械工业协会装修与高空作业机械分会二届四次年会暨技术交流会在江苏省无锡市召开，会员代表390多人出席了会议。此次会议内容丰富，讨论激烈。在多方面取得共识，提出了许多建设性意见，会议取得了良好的效果。

25—27日 中国工程机械工业协会代理商工作委员会以“转型期的应对与发展”为主题在河南开封召开了中国工程机械第十届营销高峰论坛暨2012中国工程机械代理商年会。行业协会、主要行业企业领导，工程机械精英代理商代表、用户代表、行业媒体等近500人参加了本次会议。

26日 中国工程机械工业协会路面与压实机械分会年度会议暨路面机械与液压技术发展研讨会在长沙正式拉开帷幕。协会相关分会领导、行业内主要工程机械企业负责人和相关科研院所代表参加了此次会议。协会副秘书长俞据作了《当前我国工程机械行业形势分析及发展展望》的报告，报告深度剖析了当年市场的形式以及科学地展望了未来的市场走势。

27日 徐工集团矿山机械设备制造生产基地及配套项目在迁安市正式签约，这是徐工集团目前在华北地区唯一的投资项目。项目总投资30亿元，分两期建设，项目投产后实现销售收入50亿元，利税7.5亿元。

30日 “掘战达人”沃尔沃杯第二届全国挖掘机操作手绿色节油挑战赛全国总决赛在上海完美落幕。现场，来自国家工信部节能与综合利用司、中国工程机械工业协会以及沃尔沃建筑设备公司的领导共同见证了这一重要时刻，并为大赛送上寄语。“掘战达人”比赛由中国工程机械工业协会和沃尔沃建筑设备(中国)有限公司联合主办，获得了国家工信部节能与综合利用司和运行监测协调局的大力支持。此届大赛共吸引了157 942名操作手报名，同比比上年增长80%。

31日 以“内涵与外延——寻找市场跌宕中的契机”为主题

的中国工程机械工业协会工程起重机分会2012年年会在山东泰安召开。国家质检总局、工程机械质量监督检验中心、工程起重机分会相关领导与行业主要企业负责人,以及其他70多家工程起重机主机企业和配套件企业代表、行业媒体等共120余人参加了此次会议。会议针对目前国内工程起重机行业现状,围绕行业发展热点问题进行了交流探讨。

11月

7日 中国工程机械工业协会第四届二次会员代表大会暨第十一届工程机械发展高层论坛(四届四次理事会、四届七次常务理事会)在古都西安胜利召开。国务院国资委行业办、陕西省国资委、国家工信部信息化司、协会等领导和协会副会长、常务理事、理事单位负责人,所属各专业分支机构负责人以及来自工程机械行业部分会员单位的代表,各相关媒体代表近300人参加了本次会议。大会以"分析面临形势,提振行业信心、促进转型升级"为中心议题,代表们认真听取了祁俊会长所作的题为《坚定信心,转型升级,促进工程机械行业稳健增长》的工作报告、苏子孟秘书长所作的《协会秘书处2012年度工作总结和2013年度工作计划》,以及协会常务理事、山推工程机械股份有限公司董事长张秀文代表理事会提交大会审议的11项议案和对议案所作的说明。

26日 国际起重机协会联盟峰会International Crane Stakeholders Assembly(简称ICSA)在上海浦东东锦江希尔顿逸林酒店举行。此次峰会由中国工程机械工业协会工程起重机分会(CCMA)和澳大利亚起重机工业协会(CICA)主办,徐工集团(XCMG)和国家工程机械质量监督检验中心(CMQSTC)协办,第一工程机械网承办。参加此次会议的人士包括来自欧洲、美国、澳大利亚在内的众多国际工程起重机协会及起重机制造商的技术人员或管理高层人员以及用户40余人。

26日 由慧聪工程机械配件网主办、中国工程机械工业协会工程机械配套件分会指导的奉贤临港杯·2012中国工程机械配套件行业高峰论坛暨年度企业评选活动在上海隆重举行。此次活动主题为"责任 创新 发展"。工信部、相关行业协会领导,行业专家,国内著名工程机械企业代表,以及媒体代表共300多人出席了本届颁奖典礼。

27—30日 由中国工程机械工业协会参与主办的第六届中国国际工程机械、建材机械、工程车辆及设备博览会在上海新国际博览中心成功举办。此届展会又有多项记录被再次刷新:其展示面积、展商数量和观众数量都再创新高。该届展会首次使用上海新国际博览中心室内外全馆,展示面积共30万m^2,较2010年增长逾30%。展会汇聚了来自38个国家和地区的2 718家参展企业。

27日 徐工集团与南美公司的2 000台徐工设备采购合同在bauma China 2012开幕式现场正式签约,采购总值达1.15亿美元。南美客户及徐工集团等双方领导参加了签字仪式。此次项目的签订实施,充分体现了徐工品牌的国际影响力和竞争力,进一步彰显了徐工集团开拓国际市场的决心。

28日 BICES2013海外合作伙伴联谊活动在上海新国际博览中心举行。越南建设部、欧洲建筑设备委员会(CECE)、英国工程机械学会(CEA)、西班牙建筑及矿业设备制造商协会(ANMOPYC)、土耳其建筑机械进口商协会(IMDER)、韩国建筑机械制造商协会(KOCEMA)及巴西技术设备和维修协会(Sobratema)、印度建筑商协会(BAI)等国际相关政府机构及行业协会,部分行业相关的国际展商及主流行业媒体、用户协会单位代表共120多人参与了此次会议。会议上与会代表还就2013年工程机械市场情况、BICES观众组织及高峰论坛的有关情况进行了深入交流。

12月

19—22日 中国工程机械工业协会2012年分支机构工作会议在贵阳市召开。祁俊会长、苏子孟秘书长及来自协会各分支机构的秘书长等共55人参加了会议。会议进一步提高了大家对行业协会作用的认识,明确了坚持为政府、行业、企业、会员单位服务的方向,树立了整体意识,明确了2013年的工作目标和任务,是一次总结过去、展望未来、明确任务、确立目标的会议,为2013年协会工作的全面开展奠定了良好基础。

26日 国内盾构机生产能力最大的企业之一——中国铁建重工集团四喜临门,举行了国家认定企业技术中心、湖南省地下掘进装备工程技术研究中心、博士后科研流动站协作研发中心、集团研究设计总院联合揭牌仪式。这标志着湖南省、中国铁建以及国家地下掘进装备工程技术研发及产业化将进入一个新的里程碑。

28日 山河智能集团北方基地——天津山河装备开发有限公司一期投产庆典在天津市北辰科技园区天津山河厂区隆重举行。天津市政府各相关部门的领导、中国工程机械工业协会、国家工程机械质量监督检验中心及协会相关分会等分支机构的负责人应邀出席了此次投产仪式。

〔撰稿人:中国工程机械工业协会尹晓荔〕

机械工业出版社“十二五”重磅推出：

国家出版基金重点支持项目——

《中国战略性新兴产业研究与发展》

一期12分册：新能源汽车、生物质能、太阳能、风能、轨道交通、智能电网、工程机械、农业机械、数控机床、水电设备、轴承、齿轮。

权威专家——中国科学院原院长路甬祥担任图书编委会主任。各相关行业权威研究院所、协会的权威专家担任主编及撰稿人。

权威机构——中国科学院电工研究所、中国农业机械化科学研究院、中国农业机械工业协会、中国汽车工程学会、北京汽车经济研究会、中国水利水电科学研究院、中国工程机械工业协会、国家发展和改革委员会能源研究所、国家发展和改革委员会综合运输研究所、中国轴承工业协会、郑州机械研究所、中国机械通用零部件工业协会齿轮分会担任各分册组编单位。

读者定位：

(1)各级政府和行业决策规划管理人员。
(2)企业决策者、技术、管理及市场人员。
(3)投资、证券及咨询机构人员。
(4)科研院所研究人员。

科技創新為战
用户至上為
萬泰認證
认证证书
ISO9001:2008
ISO9000
浙江名牌产品
浙江省
企业技术中心
高新技术企业
CDA、CDB系列多路
挖机中央回转

中国好司机
TOPDRIVER
SDLG
人人争当好司机
齐心驱动中国
SDLG
SDLG
LGS820B
SDLG